Dictionnaire Infernal, Ou, Recherches Et Anecdotes, Sur Les Démons, Les Esprits, Les Fantômes, Les Spectres, Les Revenants, Les Loup-Garoux, Les Possédés, Les Sorciers, Le Sabbat, Les Magiciens, Les Salamandres, Les Sylphes, Les Gnomes, Etc

DICTIONNAIRE

INFERNAL.

I.

Prix de cet ouvrage :

12 fr., et 15 fr. franc de port.

IMPRIMERIE DE FAIN, PLACE DE L'ODÉON.

1.

La Superstition.

DICTIONNAIRE
INFERNAL,
ou
RECHERCHES ET ANECDOTES,

Sur les Démons, les Esprits, les Fantômes, les Spectres, les Revenants, les Loups-garoux, les Possédés, les Sorciers, le Sabbat, les Magiciens, les Salamandres, les Sylphes, les Gnomes, etc. , les Visions, les Songes, les Prodiges, les Charmes, les Maléfices, les Secrets merveilleux, les Talismans, etc. ; en un mot, sur tout ce qui tient aux Apparitions, à la Magie, au Commerce de l'Enfer, aux Divinations, aux Sciences secrètes, aux Superstitions, aux Choses mystérieuses et surnaturelles etc., etc., etc.

Par J. A. S. COLLIN DE PLANCY

Il n'y a point de peur qui trouble l'homme, comme celle que la superstition lui inspire. Car celui-là ne craint point la mer, qui ne navigue point ; ni les combats, qui ne suit point les armées ; ni les brigands, qui ne sort point de sa maison ; ni l'envie, qui mène une vie privée, ni les tremblemens de terre qui demeure dans les Gaules, ni la foudre, qui habite l'Éthiopie ; mais l'homme superstitieux craint toutes choses, la terre et la mer, l'air et le ciel, les ténèbres et la lumière, le bruit et le silence ; il craint même jusqu'à un songe.

PLUTARQUE.

TOME PREMIER.

PARIS,

P. MONGIE aîné, Libraire, Boulevard Poissonnière, N°. 18.

1818.

PRÉFACE.

Tous les ouvrages que la superstition et les folles croyances ont inspirés jusqu'à présent, ne sont pour la plupart que de ridicules amas d'extravagances, ou d'imparfaites compilations, ou des discussions froides et partielles; et le nombre en est immense : la seule bibliothéque du Panthéon possède plus de quinze mille volumes sur la magie, et sur tout ce qui découle plus ou moins directement de cette source. Une pareille mine n'est peut-être pas à négliger, puisqu'elle présente le tableau des plus tristes écarts de l'imagination, et les plus grossières erreurs du genre humain.

Cependant l'Encyclopédie, qui doit traiter de tout, s'est effrayée d'un travail épineux et difficile, et n'a parlé de la magie et des contes populaires que par quelques traits connus et insignifians. Avant et depuis cet ouvrage, plusieurs savans ont écrit, les uns sur les préjugés, les autres sur les erreurs du vulgaire, ceux-ci sur les superstitions,ceux-là sur les terreurs imaginaires, quelques-uns sur les apparitions et les prodiges, d'autres sur la magie et les sorciers, sur le charlatanisme èt les jongleries, sur les absurdités et les divinations, etc. Aucun n'a songé à réunir, en un seul corps d'ouvrage, tous ces monumens de l'ignorance, de la fourberie, de l'imposture et du fanatisme.

Un de nos littérateurs les plus distingués nous a donné, il n'y a pas long-temps, le *Dictionnaire de toutes les Mythologies.* Parmi tant de fables, il a omis les nôtres. Le DICTIONNAIRE INFERNAL remplira le vide; et, avec quelques articles de plus, on pourrait peut-être l'appeler aussi l'*Histoire de la Mythologie moderne.*

Je me suis proposé, dans cet ouvrage, d'épargner au lecteur la peine de feuilleter des milliers de volumes. J'ai voulu lui offrir, dans un cadre étroit, ce que les *démonomanes et gens de même sorte* nous ont laissé de plus curieux. On ne doit pas s'attendre à trouver ici des fables

aussi séduisantes que celles-du paganisme.
Là, un jeune homme, au milieu d'un bois,
dans ses douces et tendres rêveries, pouvait croire, dit Saint-Foix, que plusieurs
nymphes le regardaient; que quelqu'une
le trouverait peut-être aimable, se rendrait
visible, palpable, et le comblerait de faveurs
et de plaisirs. Ici, les déserts, le silence, les
ténébres ne présentent à l'imagination
effrayée que des démons, des spectres, des
fantômes et des objets hideux.

Les anciens, à la verité, croyaient comme
nous aux présages, aux divinations, à la
magie, aux évocations, aux revenans, etc.;
mais tout cela était moins noir chez eux,
qu'il ne l'a été chez nous, dans des siècles
peu reculés. Et cependant, la religion
chrétienne devait être exempte, plus que
toute autre, de ces monstrueuses superstitions. On doit donc s'étonner de l'en voir
étouffée, contre le vœu de son fondateur;
et ce qui doit plus surprendre encore, c'est
que, dans des jours de lumières, nous enten
dions, comme au quinzième siècle, plaider la cause de l'ignorance et de l'erreur.
Je n'ai pas besoin de citer des écrivains

connus; mais il en est d'obscurs, que certains lecteurs recherchent, et que les sots
admirent, qui soutiennent les préjugés,
qui défendent le mensonge, qui prétendent
que *la tradition effrayante de l'histoire*
des revenans est dans les intérêts de la
morale ; que la peur des prodiges surna-
turels des apparitions est une espèce de
tribunal invisible, qui exerce une in-
fluence très-salutaire sur les consciences,
et qui semble être le précurseur de la
justice céleste ; que ce Code pénal-moral
avait beaucoup de puissance parmi le
peuple ; que l'appréhension du sorcier
de l'endroit empêchait bien des crimes, etc,
et mille autres impertinences qui, accompagnées d'anecdotes bien plates et bien effroyables, ne tendent qu'à ramener l'erreur
dans les esprits faibles. Qu'on jette donc
les yeux sur les temps de barbarie, et qu'on
voie s'il s'y commettait moins de meur-
tres, moins de vols, moins de trahisons
qu'aujourd'hui, si la crainte des apparitions empêchait les assassinats, et si *le*
sorcier de l'endroit n'en était pas ordinairement le plus méprisable. La suporstition

empêchait un crime : elle en inspirait mille autres ; et pour un homme qu'elle retenait dans le devoir, elle faisait cent bourreaux et dix mille victimes. Lisez l'histoire de l'inquisition, vous y trouverez souvent plus de condamnés en un jour, que nos tribunaux n'en jugent en un an.

Des sophistes outrés ont attribué ces horreurs à l'esprit du christianisme : c'est allier la fureur du tigre à la douceur de l'agneau. Jésus-Christ est venu prêcher la clémence; il a prié pour ses bourreaux; il a pardonné à ses ennemis; il a pleuré sur les malheurs de Jérusalem coupable; il a apporté au monde la paix du ciel et le culte le plus simple; il a condamné les superstitions des pharisiens, qui portaient sur leurs vêtemens des préservatifs et des amulettes; etc. D'ailleurs le fanatisme s'est montré dans toutes les religions ; la superstition a régné sur tous les peuples; les hérésies n'ont déchiré la religion chrétienne, qu'après en avoir déchiré vingt autres. L'expérience de tous les siècles prouve que la superstition a toujours resserré les esprits et abruti les cœurs. La vérité au contraire vient les

ennoblir. J'ose donc élever la voix en sa
faveur. J'écris dans un temps où elle ne
craint point de paraitre, sous un gouvernement éclairé, impartial : la fraude et le
mensonge ne viendront point me fermer
la bouche.

Je n'ai rien à dire au lecteur sur l'ouvrage que je lui présente. C'est à lui de le
juger. J'ai consulté tous les livres qui, à ma
connaissance, traitent des superstitions
diverses, et de ces cent mille extravagances
infernales, qui dégradent l'esprit humain.
J'ai choisi les faits les plus remarquables
et ce qui nous touche de plus près. J'ai
analysé une partie des principales divinations, dont on n'a donné jusqu'ici qu'une
idée souvent fausse. J'ai recueilli aussi
quelques traits qui nous sont étrangers,
pour jeter de la variété dans l'ouvrage, et
pour comparer nos erreurs à celles des
autres peuples. J'avoue, au reste, que
quoique je ne cite pas toujours les sources
où je puise, il n'y a guère de morceaux
dans ce dictionnaire, que je n'aie lus ou
extraits quelque part ; et que je ne suis
riche que de découvertes.

DISCOURS PRÉLIMINAIRE.

Superstitio, fusa per gentes, omnium oppressit ferè animos, atque hominum imbecillitatem occupavit. Cicer. *de Divin*, lib. II.

Quand on s'arrête un moment sur les différens cultes des peuples, on ne trouve de toutes parts que des religions entourées de mile erreurs, la vérité défigurée par le mensonge, les idées de la divinité ensevelies dans un chaos de superstitions ridicules, et la dignité de l'homme avilie par les plus monstrueuses faiblesses. Alors on s'écrie : l'erreur et le doute sont-ils donc à jamais le partage de la nature humaine?....

Il n'est point de nation si sauvage qui n'ait trouvé dans son âme, dans l'harmonie de la nature, dans tout l'ensemble de ce bel univers, l'éloquent témoignage de l'existence d'un Dieu ; mais chacun, loin de chercher à le connaître, s'est forgé une vaine idole, sur sa propre ressemblance, et chacun la fait servir à ses passions. Le méchant en a fait un monstre ; l'ambitieux, un potentat ; le lâche, un barbare ; le fanatique, un tyran qui ne respire que la ven

geance; l'honnête homme seul se l'est représenté comme un père.

Cependant, la plupart des religions sont pures, dans leur origine. Ici, c'est un être créateur,
à qui on offre les premiers fruits de la terre; là,
c'est le soleil, qu'on adore comme le père de
la lumière et de la fécondité; ailleurs, une providence invisible, honorée par des cœurs sans
détour: la clémence et l'amour forment toute
son essence; les vertus sont ses plus chères ho-
locaustes; l'univers est son temple; la nature
proclame sa grandeur, et surtout sa bonté. Mais
ce culte est trop simple pour l'homme, ami du
merveilleux et du mensonge. Il a fallu créer des
fables, inventer des cérémonies; et ce premier
pas, en occupant l'esprit des objets extérieurs,
fit oublier celui à qui on croyait rendre hommage. Bientôt les mœurs se corrompent, les
vices se répandent; les uns les consacrent, en
les donnant à leurs dieux; les autres inventent
les mauvais esprits, à qui ils attribuent tout le
mal qu'ils font, en se réservant toutefois l'honneur du peu de bien qu'ils peuvent faire. De là,
un Jupiter incestueux et parricide, une Junon
vindicative et jalouse, un Mars emporté et
cruel, une Vénus prostituée, un Mercure voleur, etc. De là aussi les Arimane, les Satan,

les Até, les Moloch, le dieu du mal des Mexicains, et tous les génies malfaisans.

Ainsi, entouré de démons qui sont les ministres redoutables de ses vengeances, DIEU est craint s'il n'est aimé. On l'apaise par des sacrifices; on gagne ses bonnes grâces, en ensanglantant son autel; on déchire le sein des êtres vivans, pour plaire à celui qui leur a donné la vie; on lui vend les animaux qu'il a créés, et l'homme dispose de ce qui n'est point à lui. La superstition s'étendit plus loin encore; elle enfonça le couteau dans le cœur de l'homme, et offrit à DIEU, comme un acte expiatoire, le plus horrible des forfaits (1).

Jésus-Christ, en éloignant le sang des sacrifices, venait aussi détruire l'erreur et les pratiques superstitieuses. On lui demande ce qu'il faut faire pour mériter les récompenses éter-

(1) Cécrops, le premier législateur des Athéniens, en leur recommandant d'offrir aux Dieux les prémices de leurs fruits et de leurs moissons, leur défendit expressément d'immoler aucun être vivant: il prévoyait, dit Saint-Foix, que, si l'on commençait une fois à sacrifier des animaux, les prêtres, pour établir leur despotisme et faire trembler les rois mêmes, ne tarderaient pas à demander des victimes humaines, comme plus honorables. Trois cents ans après, Jephté, Agamemnon, Idoménée, qui étaient contemporains, immolent leurs propres enfans.

nelles ; et il répond : « Vous aimerez le Sei-
» gneur votre Dieu, de tout votre cœur, de
» toute votre âme, de tout votre esprit. C'est là
» le premier commandement. Et voici le se-
» cond , qui est semblable au premier : Vous
» aimerez votre prochain comme vous-même.
» Toute la loi et les prophètes sont renfermés
» dans ces deux commandemens (1) ». Il a dit
ailleurs : « Aimez vos ennemis, faites du bien
» à ceux qui vous persécutent, afin que vous
» ressembliez à votre père , qui est dans le
» ciel, qui fait lever son soleil sur les bons et
» sur les méchans, et qui laisse tomber la rosée
» sur les justes et sur les injustes (2). Enfin,
» agissez envers les autres, comme vous vou-
» driez qu'ils agissent envers vous; et vous au-
» rez rempli toute la loi que Dieu vous im-
» pose. » (3)

Jésus-Christ annonçait un Dieu qui aime les
cœurs purs, qui hait l'hypocrisie, qui lit dans

---

(1) Saint Mathieu, chap. 22. — Saint Marc, chap. 12.

(2) Saint Mathieu, chap. 5.

(3) Saint Luc. chap. 6.—Saint Jean l'évangéliste, dans son
extrême vieillesse, se contentait de dire aux fidèles: *Mes
enfans, aimez vous les uns les autres*. Et comme on lui
disait qu'il répétait toujours la même chose, il répondit :
*c'est le précepte de Jésus-Christ ; et si on le garde, on
fait tout ce que Dieu nous demande*.

les replis de l'âme, qui en sonde les profondeurs les plus cachées, qui s'offense d'un culte
absurde et indigne de lui, qui méprise les vaines cérémonies des pharisiens et de ceux qui
leur ressemblent.... Et cependant, la superstition règne au sein du christianisme, aussi
puissante que jamais; elle l'entoure d'un brouil-
lard d'erreurs qui en ternit l'éclat, et parvient à
rendre méprisable, aux yeux du vulgaire, tous
les principes d'une religion dont il ne voit plus
les beautés incomparables.

Car, qu'on ne s'y trompe point, le peuple
s'attache aux cérémonies, aux pompes, à tout
ce qui l'étonne; il croit tout, d'une foi robuste,
tant que ses yeux sont encore fermés; mais
qu'il s'éclaire sur les jongleries et les prodiges,
qu'il découvre le mensonge où il croyait trouver la vérité, il devient bientôt plus incrédule
que l'homme instruit, parce que, incapable de
rien discerner, il confond les dogmes de l'existence de DIEU et de l'immortalité de l'âme,
avec les miracles de la sainte ampoule, et les
histoires de revenans; qu'il juge les préceptes
de Jésus-Christ, sur la conduite de ceux qui
les profanent, en se vantant de les suivre; et
qu'une seule erreur découverte lui en fait soupçonner mille. On peut conclure de là que l'in-

crédulité naît souvent de la crédulité trop abusée : nous en avons les tristes preuves. La superstition , qui s'attache à toutes les religions,
finit toujours par les détruire. Elle seule voit
son règne éternel; les siècles passent sans l'af-
faiblir, et le temps ne brise point son sceptre
de fer. Elle maîtrise tous les cœurs , même celui de l'athée ; et tel ne croit plus à Dieu , qui
croit encore aux démons , aux présages et aux
songes.

On pourrait trouver l'origine de toutes les
superstitions dans ces quatre causes, qui souvent logent ensemble dans le même cœur : l'i-
gnorance, l'orgueil , le fanatisme et la peur.

Les maladies inconnues , les accidens peu
communs, les phénomènes , les événemens qui
passaient le cours ordinaire des choses, furent
attribués aux démons, ou à des hommes qui
se servaient de leur puissance. On aima mieux
rejeter sur des êtres surnaturels les merveilles
qu'on ne comprenait point , que d'avouer son
ignorance. Les prodiges furent si bien reçus,
que tout finit par devenir prodige ; et quoiqu'ils ne soient pas vrais , dit Barclai, depuis
qu'ils ont trouvé qui les écrive, plusieurs les
respectent, l'admiration les augmente, et l'antiquité les autorise. Toutes les vieilles histoires

en sont pleines. Nembrod, chez les Chaldéens ;
Menès, en Égypte ; Bélus, en Assyrie ; Licurgue, à Lacédémone ; Inachus, à Athènes ;
Numa, chez les Romains, etc., sont entourés
de prodiges (1).

Le désir de dominer et de s'élever au-dessus
des autres hommes inventa les devins et les
astrologues. On remarqua le cours des astres,
leur existence inaltérable, leur influence sur
les saisons et la température : on imagina de
leur attribuer le même pouvoir sur les êtres
libres et indépendans ; on étudia leur marche,
et on trouva écrit dans des masses impassibles,
le sort de l'homme avec toutes ses variations.

Les Chaldéens, qu'on se plaît à regarder
comme les premiers astrologues, étaient déjà
fort adonnés à l'astrologie du temps d'Abraham.
*J'ai lu, dans les registres du ciel, tout ce qui doit
vous arriver, à vous et à vos fils*, disait Bélus à
ses crédules enfans, *et je vous dévoilerai les
secrets de votre destinée* (2).

_____

(1) Dans les annales de la Chine, le P. Martini rapporte
que sous, le règne d'Yao, le soleil resta dix jours de suite sur
l'horison ; ce qui fit craindre aux Chinois un embrasement
général.

(2) Atlas et Prométhée, tous deux grands astrologues,
vivaient du temps de Joseph. Quand Jupiter délivra Prométhée,

D'autres, sans chercher les choses de la terre
dans les signes du ciel, virent dans les songes,
dans le vol des oiseaux, dans les entrailles des
victimes, dans le mouvement de l'eau, dans
les feuilles agitées du vent, dans le chant du
coq, dans la main, dans les miroirs, et plus
récemment dans les cartes, dans les rides du
front, dans les traits du visage, dans les tubé-
rosités du crâne, etc., toutes les nuances du
caractère de l'homme, ses pensées les plus cachées, les secrets impénétrables de l'avenir ; et
devinrent pour ainsi dire des dieux, en distri-
buant aux mortels les espérances et les craintes,
les bonnes et les mauvaises destinées.

Un grand nombre, dédaignant de pareils
moyens, ne suivit aucun système. Libres de
toute règle, ils se dirent inspirés et prophéti-
sèrent. On les crut : leur nombre s'augmenta ;
la rivalité engendra l'envie ; et les devins eux-
mêmes accusèrent les confrères qu'ils voulaient
décrier, de commercer avec l'enfer. La crainte

---

de l'aigle ou du vautour qui devait lui dévorer les entrailles,
pendant trente mille ans, le dieu qui avait juré de ne le
point détacher du Caucase, ne voulut pas fausser son serment, et lui ordonna de porter à son doigt un anneau, où
serait enchassé un fragment de ce rocher. C'est là, selon
Pline, l'origine des bagues enchantées.

que ces derniers inspirèrent prit la place du respect ; et tous ceux qui voulurent se faire craindre se donnèrent pour sorciers. Ils se multiplièrent tellement que, dans des temps peu reculés, chaque village possédait encore les siens. (1)

Mais, outre les sorciers qui se donnaient pour tels, l'ignorance en faisait tous les jours. Les grands hommes, les mathématiciens, les artistes tant soit peu habiles, les bateleurs même passèrent pour sorciers ou magiciens. Les hérésies et les schismes en produisirent des multitudes. Dans la religion chrétienne, surtout, chaque parti traitait d'amis du diable ceux des partis divisés. On est fort étonné de voir accusés de magie, Orphée, Numa, Pythagore, Mahomet, Luther et mille autres qui n'étaient que des imposteurs, et qui, comme la plupart des anciens conquérans, trouvaient dans la crédulité des peuples un chemin à la domination, et domptaient par les craintes religieuses. Quelques-uns, il est vrai, n'abusèrent point de ces ressources ; Licurgue et Numa les firent contribuer au bonheur des mortels igno-

_____

(1) Il y a des peuples chez qui tous les devins sont des prophètes. Il faut que cela soit ainsi chez les Turcs, puisqu'ils en comptent cent vingt-quatre mille.

rans. Mais à ces deux exemples, on peut opposer des milliers de forfaits inspirés par la superstition.

La magie est si ancienne, qu'il n'est guère possible de découvrir son origine. On trouve des magiciens au commencement de toutes les histoires : leur influence ne diminue qu'à mesure que les peuples s'éclairent. Si l'on veut suivre les théologiens, la magie existe avant le déluge. Cham était un grand magicien. Le Pharaon devant qui Moïse fait des miracles est entouré de magiciens, qui s'efforcent de lutter contre l'envoyé de Dieu (1). L'histoire des Juifs présente à chaque pas des enchanteurs et des magiciens. Dans les annales des Chinois, on trouve déjà un magicien, qui cherche à séduire le peuple par ses prestiges, sous le règne de Xao-Hao, quatrième empereur de la Chine, qui vivait, selon quelques-uns, du temps de

---

(1) Origène, en parlant des amis de Job, dit qu'ils demeurèrent sept jours et sept nuits avec lui, qu'ils adoraient Dieu avec piété, qu'ils ne s'attachaient ni aux augures, ni aux divinations, ni aux préservatifs, ni aux talismans, ni à la magie, ni aux enchantemens damnables, etc. — Job vivait du temps de Moïse, selon quelques-uns. Saint Jérome le fait contemporain de Joseph, et attribue le livre de Job à l'auteur du Pentateuque.

Nachor, grand-père d'Abraham. Je sais que l'histoire des premiers souverains de cette monarchie est fabuleuse ; mais le trait que je cite n'en prouve pas moins qu'on a cru de bonne heure aux magiciens. Circé, Médée, Amphiaraüs, Tirésias, Abaris, Trismégiste, etc., florissaient du temps des juges d'Israël. Orphée, qui précéda la guerre de Troie, est regardé par nos démonomanes comme l'inventeur du sabbat ; et cela, parce qu'il institua les orgies et les fêtes nocturnes de Bacchus. Tzetzez dit qu'Orphée apprit en Égypte la funeste science de la magie, qui y était en grand crédit, et surtout l'art de charmer les serpens. Tout le monde connaît la fable de sa descente aux enfers. Pausanias l'explique par un voyage en Thesprotide, où l'on évoquait, par des enchantemens, les âmes des morts. L'époux d'Euridice, trompé par un fantôme qu'on lui fit voir pendant quelques instans, mourut de regret ; ou du moins, selon d'autres auteurs, il renonça pour jamais à la société des hommes, et se retira sur les montagnes de Thrace. Leclerc prétend qu'Orphée était un grand magicien, que ses hymnes sont des évocations infernales, et que, si l'on veut suivre Apollodore et Lucien, c'est lui qui a mis en vogue dans la Grèce, la magie, l'art de lire dans les astres, et l'évocation des mânes.

Avitus, dans son poëme du Péché originel, fait remonter plus loin encore l'existence de la magie. « Un sot orgueil, dit-il, et le désir de » trop savoir avaient perdu nos premiers pa- » rens, et faisaient de leur race une race cor- » rompue. Les enfans d'Adam, héritiers de sa » curiosité malheureuse, cherchèrent bientôt à » connaître l'avenir par des moyens coupables. » Ils consultèrent les astres, tirèrent des horos- » copes et inventèrent la magie (1). ».

Quelques écrivains ont prétendu que les Lacédémoniens n'avaient point de sorciers, parce que, quand ils voulurent apaiser les mânes de Pausanias, qu'on avait laissé mourir de faim dans un temple, et qui s'était montré depuis à certaines personnes, on fut obligé de faire venir des sorciers d'Italie, pour chasser le spectre du défunt. Mais ce trait ne prouve rien, sinon que les sorciers de Lacédémone n'étaient pas aussi habiles que ceux de l'Italie.

---

(1) Namque hinc posteritas vitiato germine duxit
Artibus illicitis cognoscere velle futura.....
Quœrere nunc astris quo quisquam sidere natus,
Prospera quàm ducat restantis tempora vitæ....
Jàm magicam dignè valeat quis dicere fraudem, etc.
ALCIMI AVITI *Poemat. lib. II.*

Ælien rapporte qu'il y avait des magiciens à Lacédémone ; et les sorciers ne devaient pas y manquer, puisque ce pays était voisin de la Thessalie , et que la Thessalie possédait un si grand nombre de sorciers , et surtout de sorcières, que le nom de *sorcière* et de *Thessalienne* étaient synonymes (1).

. L'histoire moderne a suivi les traces de l'histoire ancienne. Les vieilles chroniques de l'Espagne, celles de la Germanie et de tous les pays du nord sont entourées de fables ridicules. On sait combien de magiciens et d'enchanteurs parurent à la cour du roi Arthus. Le règne de nos premiers rois pourrait presque se comparer, pour le merveilleux et les mœurs chevaleresques, aux temps héroïques de la Grèce et de l'Égypte. La magie et les sorciers avaient un grand crédit en France sous la première race. Aimoin et Frédégaire représentent la mère de Clovis , la fameuse Bazine, comme une sorcière, ou tout au moins comme une magicienne. Le soir de ses noces, disent-ils , elle pria son époux de passer la première nuit dans une entière continence, d'aller seul à la porte du palais, et de

---

(1) Pline. — On faisait une différence entre les magiciens et les sorciers. Les premiers étaient des enchanteurs respectables; les seconds , des malheureux vendus aux puissances de l'enfer.

lui rapporter ce qu'il y aurait vu. Childéric sortit, et ne fut pas plutôt dehors, qu'il vit d'é-
normes animaux se promener dans la cour ;
c'étaient des léopards, des licornes et des lions.
Quoique ce spectacle l'eût un peu effrayé, Ba-
sine le fit encore sortir une seconde, et même
une troisième fois. Il vit d'abord des loups et des
ours ; puis enfin, des chiens et d'autres petits
animaux qui s'entre-déchiraient. La reine lui
expliqua alors ce que signifiaient ces visions
prodigieuses. Les lions et les licornes représentaient Clovis ; les loups et les ours, ses enfans ; et les chiens, les derniers rois de sa race,
qui seraient un jour renversés du trône par les
grands et le peuple, dont les petits animaux
étaient la figure.

Nos chroniqueurs présentent beaucoup de
traits de ce genre. Le nom de sorcier ou de
magicien était la plus grande injure du temps
de Frédégonde. Charlemagne prononça une
sentence contre une aurore boréale, parce que
les théologiens et les savans d'alors débitaient
que c'était une horde de sorciers envoyés sur des
nuages, par le duc de Bénévent, pour ensorceler la France. Les sorciers se multiplièrent tellement dans les 14°., 15°. et 16°. siècles, qu'on les
brûla par milliers dans toute l'Europe. Mais les

bûchers firent l'effet des persécutions, et la sorcellerie ne s'éteignit qu'avec les flammes qu'on
entretenait pour la détruire. Cependant on vit
encore des sorciers, et un grand nombre de
charlatans, sur la fin du règne de Louis XIV.
L'arme du ridicule les attaqua victorieusement;
les terreurs infernales devinrent des chimères;
et, s'il se trouve encore aujourd'hui une multitude de petits esprits qui croient aux sorciers
et aux revenans, ce sont de ces gens qui ne doutent de rien, qui regardent les mensonges des
anciens comme des choses très-respectables, les
contes de fées comme des aventures possibles;
et qui frissonnent en lisant des histoires de
spectres et des contes noirs (1).

---

(1) Celui-là, dit Naudé, se ferait à bon droit moquer de lui,
qui voudrait se persuader que Turnus, le petit Tydée et
Rodomont lancèrent autrefois contre leurs ennemis des quartiers de montagnes, parce que les poëtes l'assurent; ou que
Jésus-Christ monta au ciel, à cheval sur un aigle, parce qu'il
est ainsi représenté dans une église de Bordeaux; ou que les
apôtres jouaient des cymbales, aux funérailles de la vierge,
parce que le caprice d'un peintre les voulut représenter de la
façon; ou que le sauveur envoya son portrait, fait de la
main de Dieu même, au roi Abgare, parce qu'un historien
sans jugement l'a rapporté; etc. Quoiqu'on soit encore bien
superstitieux, on ne croit plus guère à ces fables antiques,
et l'incrédulité actuelle, à l'égard de certaines choses, fait

Néanmoins on voit toujours subsister les traces déplorables des superstitions. Les démons et la magie ont produit le dualisme. On a vu le mal plus répandu que le bien, et on a été jusqu'à croire que le principe du mal, les démons, étaient au moins aussi puissans que DIEU, le principe du bien. Pour peu qu'on ait le jugement sain, tous les désordres de ce monde ne peuvent faire douter un instant de l'unité de DIEU; mais le dogme des deux principes n'en a pas moins eu de nombreux partisans. On en attribue l'origine à Zoroastre. Les manichéens l'ont professé ouvertement; et il ne s'est si généralement répandu dans tous les siècles, que parce qu'il flatte la faiblesse humaine. Vainement on croit cette opinion éteinte; elle sera reçue, tant qu'il y aura des esprits faibles sur la terre; les mots seulement ne sont plus en usage; et on pourrait compter aujourd'hui

---

dire aux dévots que nous vivons dans un siècle abominable. Mais les siècles de la plus crasse ignorance produisaient aussi leurs incrédules. Moïse dit que l'impiété des hommes a été la cause du déluge. David, Salomon, les prophètes, les apôtres, les conciles, gémissent de voir la terre chargée d'impies. Saint Grégoire disait dans son temps : *La destruction de Sodôme et de Gomorre est une image de l'enfer*, *dont on rit en ce monde*, etc.

des millions de dualistes, à qui il ne manque que le nom de manichéens.

Les divinations ont fait naître le fatalisme : le libre arbitre ne peut exister chez des hommes qui trouvent partout écrite, une destinée inévitable.

La foi aux apparitions et les terreurs que l'enfer inspire, ont rendu les cœurs lâches et pusillanimes. Les hommes sont devenus de timides esclaves : leur vie s'écoule dans un effroi sans relâche ; la nuit même ne leur donne pas le repos. Des songes hideux rappellent dans l'âme superstitieuse toutes les craintes de la journée, et en apportent de nouvelles. « Le » sommeil, dit Plutarque, fait oublier à l'es- » clave la sévérité de son maître, et au malheu- » reux la pesanteur des fers dont il est garotté ; » l'inflammation d'une plaie, la malignité d'un » ulcère, les douleurs les plus aiguës laissent » quelque relâche pendant la nuit, à ceux qui » en sont tourmentés. Mais la superstition ne » fait point de trêve, pas même avec le som- » meil. Elle ne permet point à une âme de » respirer un seul moment, et les gens su- » perstitieux, lorsqu'ils sont éveillés, s'entre- » tiennent encore de leurs illusions, redoutent » une ombre chimérique, et ne peuvent con-

» cevoir qu'il n'y ait rien de réel, dans ces fan-
» tômes qui les épouvantent. Mais ce qui sur-
» prend davantage, c'est que la mort même,
» qui vient mettre fin aux maux de l'homme,
» et qui devrait engloutir la superstition, sem-
» ble au contraire lui donner plus de forces.
» L'imagination passe les limites du tombeau,
» et porte les terreurs au-delà de la vie. Les
» portes de l'enfer s'ouvrent, pour laisser voir à
» l'âme superstitieuse des rivières de feu, les
» noirs torrens du Styx, et des fleuves de lar-
» mes. Là, elle aperçoit d'épaisses ténèbres,
» remplies de spectres hideux et de figures af-
» freuses, qui poussent des cris et des gémisse-
» mens effroyables. Là, se présentent à son
» esprit épouvanté, des juges, des bourreaux,
» des tourmens, enfin des abîmes et des ca-
» vernes pleines de misères et de douleurs. »

Encore si la superstition n'enfantait que les
craintes, elle ne nuirait qu'aux cervelles étroites.
Mais elle a causé tant de maux à l'humanité entière ! Elle a élevé les hérésies, les schismes,
les guerres de parti, les tribunaux secrets, les
inquisitions, les *Auto-da-fé*, les croisades ;
elle a allumé, dans toute la terre et dans tous
les siècles, des bûchers perpétuels contre la
liberté de la pensée ; elle a inspiré les ravages,

les assassinats, les régicides, la destruction des Indiens, le carnage des Albigeois, l'extinction d'une multitude de Juifs, les proscriptions multipliées, les persécutions; et, sans sortir de France, ce massacre de la Saint-Barthélemy, ce jour d'épouvantable mémoire, ce crime inouï, dans le reste des annales du monde, tramé, médité, préparé pendant deux années entières, qui se consomma dans Paris, dans la plupart de nos grandes villes, dans le palais de nos rois. « Je n'ai pas la force d'en dire davan- » tage, ajoute un philosophe du dernier siècle : » lorsque Agamemnon vit entrer sa fille dans la » forêt où elle devait être immolée, il se cou- » vrit le visage du pan de sa robe... Un homme » a osé entreprendre l'apologie de cette jour- » née exécrable. Lecteur, si l'ouvrage de cet » homme de sang te tombe jamais sous la main, » dis à Dieu, avec moi : O Dieu ! garantis-moi » d'habiter avec ses pareils sous le même toit. »

Voilà les fruits de la superstition, sans parler de tout ce qui n'est point du ressort de cet ouvrage; et c'en est assez, je crois, pour qu'on s'efforce de la détruire. Aussi tous les grands hommes, quelques pères de l'église, et plusieurs conciles l'ont-ils condamnée ouvertement.

De quelque côté que l'on se tourne, dit Cicéron, on ne trouve que superstitions. Si vous écoutez un devin, si vous entendez un mot de présage, si vous faites un sacrifice, si vous donnez attention au vol d'un oiseau, si vous voyez un diseur de bonne fortune ou un aruspice, s'il fait des éclairs, s'il tonne, si la foudre tombe quelque part, si vous réfléchissez sur vos songes, vous ne pourrez jamais être tranquilles, et les craintes vous tourmenteront sans relâche. Laissez donc à la religion tous ses droits, mais arrrachez toutes les racines de la superstition (1).

Le divin Platon, dans son traité des lois, veut qu'on chasse les magiciens de la société, après qu'on les aura sévèrement punis (2), non du mal qu'ils peuvent opérer par la vertu de leurs prétendus charmes, mais de celui qu'ils voudraient faire. Ceux qui ont lu Sénèque, Lucien, Juvénal, Callimaque, etc., savent quel cas ils faisaient des superstitions de leur temps. Socrate mourut, pour avoir blâmé trop ouvertement les absurdités de la religion d'Athènes.

Saint Augustin, qui met presque Socrate au rang des saints, dit que les superstitions sont

----

(1) *De Divin. lib.*2.

(2) Il en exclut aussi les poëtes, mais après les avoir comblés d'honneurs divins.

l'opprobre du genre humain (1); que tous les
honneurs du culte ne doivent se rapporter qu'à
DIEU; qu'il y a de la superstition dans la magie,
dans les augures, dans les ligatures ou noue-
mens d'aiguillettes, dans les remèdes que la
médecine condamne, dans les charmes, dans les
caractères, dans les préservatifs, dans les vaines
observances, dans l'astrologie judiciaire, etc.

Origène condamne aussi, avec beaucoup de
force, la foi aux enchantemens, aux maléfices,
aux présages, aux divinations, au chant des
oiseaux, aux talismans; et il invite tous ceux
qui veulent l'entendre à fuir comme l'enfer ces
folies superstitieuses. Mais il pousse le zèle
trop loin, lorsqu'il dit (2) que la loi de DIEU
qui veut la mort des idolâtres (3), veut aussi
qu'on extermine les enchanteurs, les devins et
les sorciers. Quoique les sorciers, les devins et
les enchanteurs ne soient que de méprisables
charlatans, *il ne faut pourtant pas les brûler.*
Le pape Léon X se contentait de les noter d'in-

_____

(1) *De Verâ religione. cap.* 55.

(2) *Tract. III. in Job.*

(3) Rien ne prouve, dans la vie de Jésus-Christ, qu'il soit
venu apporter la mort à personne. Mais on trouve, dans un de
nos livres saints : *Ne patiaris maleficos in terrâ vivere.*
Reste à savoir comment on expliquera *maleficus.*

famie, et de les enfermer en cas d'opiniâtreté.

Le quatrième concile de Carthage exclut de l'assemblée des fidèles tous ceux qui observent les superstitions. Le concile provincial qui se tint à Toulouse en 1590, ordonne aux confesseurs et aux prédicateurs de déraciner, par de fréquentes exhortations et par des raisons solides, les pratiques superstitieuses que l'ignorance a introduites dans la religion. Le concile de Trente, après avoir parlé de diverses erreurs, enjoint formellement aux évêques de défendre aux fidèles tout ce qui peut les porter à la superstition (1), etc.

Enfin, plusieurs grands hommes des derniers siècles ont pris à tâche de renverser le monstrueux édifice des superstitions. Ils l'ont attaqué par la force des raisonnemens, par des argumens irrésistibles, par le bon sens, par le ridicule. Ils en ont montré le néant. Ils ont démasqué l'erreur à tous les yeux qui ont voulu s'ouvrir. Mais le plus grand nombre s'est fait une loi de rester dans l'aveuglement ; et, malgré les efforts de la saine philosophie (2), pour étein-

(1) *Quæ ad superstitionem spectant, tanquàm scandala prohibeant. etc.*   Decret. de purgatorio.

(2) Je n'entends point, par *philosophie*, ce sophisme exageré qui se fait un jeu de déchirer la religion et de braver

dre les torches de la superstition, c'est un feu qui fume encore et qui est loin d'être entièrement étouffé. Je l'ai vu dans l'esprit du peuple qu'il dévore et qu'il égare; je l'ai vu chez les grands; je l'ai vu chez des gens éclairés : j'en pourrais citer un, qui a donné au public des ouvrages estimés, et qui, nouveau don Quichotte, se montre sage et plein de jugement, pourvu qu'il ne parle pas de l'alchimie. La pierre philosophale est désormais son unique étude; et après vingt ans de recherches, il possède déjà, si on l'en veut croire, l'*élixir de vie*, qui lui assure une existence de plusieurs siècles. Cependant il est goutteux, infirme, d'une santé extrêmement faible; et il n'a pas cinquante ans.

Un autre, assez connu par un bon livre de mathématiques, se plonge dans la cabale, et croit aux esprits élémentaires, à la puissance des mots mystiques, aux révélations, aux extases; il assure que les salamandres, les sylphes, les ondins, les gnomes, sont à ses or-

les mœurs; je ne reconnais point pour *philosophes* ces tristes orgueilleux qui ont pris le mot de *sages*, et qui se croient, dans leur esprit, aussi grands que des divinités. J'entends par *philosophie*, ce que les anciens attachaient à ce mot : *l'amour de la sagesse.*

dres, et que son âme a déjà trois fois abandonné son corps, pour s'élever au niveau de
ces intelligences spirituelles ; mais en même
temps , il avoue qu'il n'a vu les hôtes des élémens, que pendant son sommeil , et qu'il ne
peut se rappeler qu'imparfaitement la forme
des esprits avec qui il a conversé dans ses extases. (1)

Ces gens-là sont des fous, dira-t-on ; mais
ceux qui soutiennent que les histoires de revenans sont véritables, que toutes les possessions
sont authentiques ; que les sorciers existent et
peuvent exister, parce que des historiens graves l'affirment , et que leur grand'mère y a
cru ; ceux que les songes rendent gais ou tristes,
suivant ce qu'ils leur présagent ; ceux qui consultent les diseuses de bonne aventure , qui
tournent la roue de fortune , qui se font tirer
les cartes, qui croient aux amulettes, qui crai-

---

(1) Le même homme (si toute fois il trouve un libraire,
car les gnomes ne l'ont point enrichi) se dispose à faire imprimer un ouvrage cabalistique, en trois gros volumes in-8.,
où il prouve, par des argumens admirables, que l'homme
peut commercer avec les esprits , que les élémens en sont
peuplés, qu'ils ont été créés pour nous, et qu'après notre
mort, nous passerons trois mille ans , ni plus ni moins , dans
leur compagnie, avant d'entrer en paradis.

gnent le nouement de l'aiguillette et les philtres amoureux; ceux qui n'entreprennent rien le vendredi, qui s'effraient quand ils entendent le chien de la mort, ou le cri de la chouette, qui prennent des billets de loterie, sur l'avis de tel ou tel rêve, tous ceux-là, parce que le nombre en est immense, sont-ils donc bien plus sages...?

Ainsi les lumières, que les vrais philosophes ont répandues à grands flots sur les erreurs superstitieuses, ne les ont point déracinées. Elles tyrannisent encore l'immense majorité des hommes; et l'on peut répéter aujourd'hui ce que disait, il y a plus de cent ans, le curé Thiers, dans la préface de son traité des superstitions : « Elles sont si généralement répan- » dues, que tel les observe qui n'y pense nulle- » ment, tel en est coupable qui ne le croit pas; » elles entrent jusque dans les plus saintes pra- » tiques de l'église; et quelquefois même, ce » qui est tout-à-fait déplorable, elles sont pu- » bliquement autorisées, par l'ignorance de » certains ecclésiastiques, qui devraient em- » pêcher, de toutes leurs forces, qu'elles ne » prissent racine dans l'église.

» Les prédicateurs n'en parlent presque ja- » mais, dans leurs sermons; et ce que la plu-

» part des pasteurs en disent, dans leurs prônes,
« est si vague et si indéterminé, que les peuples
» n'en sont ni touchés, ni instruits. » En effet,
qui n'a entendu répéter cent fois qu'il y a des
jours heureux et des jours malheureux ; qu'on
ne doit pas se baigner dans la canicule ; qu'on
peut conjurer les nuées, en sonnant les cloches ;
que le jour de Saint-Médard, lorsqu'il est pluvieux, amène trente jours de pluie ; qu'il ne
faut pas couper ses ongles le vendredi ; que de
deux personnes mariées ensemble, celle-là
mourra la première, qui aura, dans ses noms
et prénoms, un nombre impair de lettres ; que
la vue d'une araignée annonce de l'argent ; que
plusieurs paroissiens mourront dans la semain
quand on fait une fosse le dimanche, que c'est
un bon augure pour une jeune fille, que la première personne qu'elle rencontre, le jour de
l'an, ne soit pas de son sexe, etc.

La crédulité est si grande encore, que j'ai
entendu, il n'y a pas long-temps, un prêtre,
qui passait pour bon théologien et dirigeait
un nombreux séminaire, se vanter hautement
d'avoir délivré, en 1805, une jeune paysanne
possédée de trois démons du second ordre......
Et sur deux cents personnes, à qui il parlait
alors, douze ou quinze seulement doutaient

en silence de sa véracité. J'ai connu, dans un
village des Ardennes, deux hommes, maintenant bien portans, qui ont boité plus d'un an,
pour se faire guérir à l'attouchement du saint-
suaire. Et en avouant la supercherie, ils se
faisaient passer pour impies, ingrats et endia-
blés, sans persuader ceux qui les écoutaient, de
l'impuissance des reliques, et sans gâter, le
moins du monde, la réputation du miracle. Que
devons-nous penser des anciens prodiges,
quand de nos jours on rejette la vérité, pour
s'en tenir au mensonge.

Que des peuples ignorans aient été imbus
d'erreurs grossières; que les Américains aient
pris les Espagnols pour des démons; que les
Krudner, les Adam-Muller, les Glintz, pro-
phétisent dans les hameaux du Nord; qu'ils pu-
blient leurs visions extravagantes; que, de leur
plein pouvoir, ils annoncent aux villageois effrayés la colère d'un Dieu qu'ils ne peuvent
comprendre : il n'y a rien là qui doive bien
étonner. Mais nous, que nous croupissions encore dans la superstition, quand nous pouvons
en sortir, que nous recherchions les ténèbres,
comme le hibou, quand nous pouvons, comme
l'aigle, regarder le soleil : voilà ce qui passe
toute imagination. Je sais qu'il se trouve en

France un petit nombre d'hommes, qui ont secoué le joug des préjugés et de l'erreur ; mais combien en peut-on compter ? un sur dix mille. Car on ne doit pas regarder comme tels ces prétendus esprits forts, qui ne croient à rien, et qui croient à tout; ces sophistes à la mode, qui méprisent toutes les religions, qui foulent aux pieds la morale, et qui frémissent quand quelque railleur leur parle d'évoquer le diable ; ces tristes épicuriens, qui voudraient n'avoir point d'âme, qui cherchent à se persuader qu'il n'y a point de Dieu, et qui parlent de *leur destinée*, qui se plaignent de *leur étoile*, qui consultent, avec une confiance sans bornes, la sibylle du faubourg Saint-Germain, qui se troublent, s'ils perdent trois gouttes de sang par le nez, ou s'ils se voient treize à la même table, ou s'il se trouve dans leur chambre trois flambeaux allumés. (1)

_____

(1) Hobbes, l'honneur de l'Angleterre et l'un des plus célèbres écrivains de son siècle, Hobbes, que la liberté de sa philosophie, la nouveauté et la hardiesse de quelques-unes de ses propositions, firent passer pour athée, ce même Hobbes, dit l'auteur de sa vie, avait une peur effroyable des fantômes, de ces fantômes dont il a nié l'existence ; et sa crainte était telle qu'il n'osait demeurer seul, quoiqu'il fût bien persuadé, disait-il, qu'il n'y a point de substance détachée de la matière.

Le plus grand nombre croit aux prodiges, parce qu'on néglige de s'éclairer, qu'on refuse de retourner sur ses pas, et qu'on ne veut point avouer qu'on a été dans l'erreur. Et quand on cherche à les en tirer, quand on leur demande ce que signifie tel ou tel prodige, les admirateurs du merveilleux vous répondent qu'*on détruit, en les expliquant, les choses incompréhensibles* (1).... Mais la raison se révolte contre ce qu'elle ne comprend point, et on ne croit véritablement, que quand on est persuadé.

Avant de prononcer qu'un fait est digne ou indigne de notre croyance, disoit Diderot, il faut avoir égard aux circonstances, au cours ordinaire des choses, à la nature des hommes, au nombre de cas où de pareils événemens ont été démontrés faux, à l'utilité, au but, à l'intérêt, aux passions, à l'impossibilité physique, aux monumens, à l'histoire, aux témoins, à leur caractère, en un mot, à tout ce qui peut entrer dans le calcul de la probabilité.

Et quels sont les faits que les livres de prodiges nous donnent à croire? Par qui ont-ils

_____

(1) *Quod tanto impendio absconditur, etiam solummodò demonstrare, destruere est.* TERTULLIAN.

été rapportés? Dans quels temps? Pour quel but?... Tous ces faits sont absurdes, impossibles, hors de la nature, racontés sur le témoignage des insensés, des visionnaires, et des bonnes femmes, par des auteurs ignorans, imbus de préjugés, ou trop faibles pour lutter contre le torrent des opinions; ces faits sont écrits, pour la plupart, dans les siècles de barbarie, et souvent pour les plus vils motifs du fanatisme, ou de l'esprit de domination, pour épouvanter les âmes et soumettre les peuples par la terreur.

Mais le fanatisme se flattait vainement de rendre l'homme vertueux, en le faisant trembler. Toutes les nations superstitieuses n'ont été que des hordes de barbares, et les temps de la superstition sont aussi ceux des crimes. Qu'on prêche le DIEU de clémence à un Tartare, qu'on l'instruise d'exemples, qu'on adoucisse ses mœurs, on en fera peut-être un homme. Mais si on lui annonce un DIEU cruel, ou une vaine idole, qui échange ses faveurs pour des cérémonies ridicules, sa barbarie ne fera que changer de nom. Marmontel n'a rien imaginé d'invraisemblable, en faisant adorer Barthélemy de las Casas aux adorateurs du tigre.

On offre à l'homme une divinité terrible, implacable, qui punit de supplices éternels un moment de faiblesse !.... Que les prosélytes de cette idée monstrueuse examinent leur conscience : ils n'y trouveront que la crainte. C'est dans des cœurs plus nobles, que le DIEU souverainement bon reçoit un culte d'amour (1). Le remords croit prévenir sa justice, en élevant des monastères, avec les dépouilles de la veuve et les sueurs de l'indigent, en se déguisant sous un habit sacré, en achetant des pardons : DIEU *ne demande pas des mains pleines, mais des mains pures.* DIEU pardonne à un repentir sincère : il méprise les coups de fouets des moines,

_____

(1) Il y a encore sur les opinions qu'on se fait de la Divinité une foule de choses inconcevables. — Tout le monde sait que, le jour de l'Annonciation (25 mars), l'église célèbre les vêpres, immédiatement après la messe : la moitié des chrétiens explique cette coutume, en disant que DIEU a abandonné au diable tous les enfans qui naissent ce jour-là, entre les deux offices.... — On reproche aux chrétiens des siècles barbares la persuasion où ils étaient, que DIEU ne pouvait leur envoyer qu'une mort naturelle, s'ils avaient vu par hasard une image de saint Christophe (*) ; et des chrétiens modernes récitent, pendant un an et un jour, les oraisons de sainte Brigitte, pour apprendre, par révélation, le moment précis de leur mort..... etc.

(*) *Christophorum videas, posteà tutus eas.*

les austérités qui l'offensent et les petitesses orgueilleuses.

J'en ai dit assez, je pense, pour rappeler au lecteur combien de maux la superstition peut produire. Que tous les hommes éclairés se liguent donc avec moi pour l'anéantir; que les préjugés tombent; que l'erreur se dissipe; que le père ne cherche plus à retenir son fils dans un austère devoir, en trompant son cœur simple et facile : les yeux de l'esprit s'ouvrent avec l'âge; et l'on doit s'attendre à recevoir, de celui qu'on a trompé, imposture pour imposture. Conservons à notre siècle son beau nom de siècle de lumières; dévoilons la vérité; signalons le mensonge; renversons la superstition; et répétons à toute la terre que l'homme ne s'élève point à DIEU par la crainte, que le méchant, qui l'honore avec un sentiment d'effroi, ne peut se flatter de lui plaire, et qu'un père ne demande à ses enfans que leurs cœurs et leur amour.

Oderunt peccare boni, virtutis amore;
Oderunt peccare mali, formidine pœnæ.
HORAT.

VISION
DE CYRANO-BERGERAC,

PROPRE A SERVIR D'INTRODUCTION

Je sortis hier à la promenade, pour dissiper les ridicules imaginations dont j'avais l'esprit rempli; et m'étant enfoncé dans un petit bois, après environ un quart d'heure de chemin, j'aperçus un manche à balai qui se vint mettre entre mes jambes à califourchon, et bon gré malgré que j'en eusse, je me sentis envolé par le vague de l'air.

Bientôt, sans me souvenir de la route de mon enlèvement, je me trouvai sur mes pieds, au milieu d'un désert, où ne se rencontrait aucun sentier; je repassai cent fois sur mes brisées : cette solitude était pour moi un nouveau monde. Je résolus de pénétrer plus loin; mais sans apercevoir aucun obstacle, j'avais beau pousser contre l'air, mes efforts ne me faisaient rencontrer partout que l'impossibilité de passer outre. A la fin, fort harassé je tombai sur mes genoux; et ce qui m'étonna davantage, ce fut d'avoir passé en un moment de midi à minuit. Je voyais les étoiles luire au ciel, avec un feu bluetant; la lune était en son plein, mais beaucoup plus

pâle qu'à l'ordinaire. Elle s'éclipsa trois fois, et trois fois dé-
passa son cercle. Les vents étaient paralysés ; les fontaines
étaient muettes ; les oiseaux avaient oublié leur ramage ; les
poissons se croyaient enchassés dans du verre ; tous les animaux n'avaient de mouvemens que ce qu'il leur en fallait
pour trembler. L'horreur d'un silence effroyable régnait partout, et partout la nature semblait être en suspens de quelque
grande aventure.

Je mêlais ma frayeur à celle dont la face de l'horison
paraissait agitée, quand, au clair de lune, je vis sortir du
fond d'une caverne, un grand et vénérable vieillard vêtu de
blanc, le visage basané, les sourcils touffus et relevés, l'œil
effrayant, la barbe renversée par-dessus les épaules ; il avait
sur la tête un chapeau de verveine, et sur le dos une ceinture,
tissue de fougère de mai, faite en tresses. A l'endroit du cœur,
était attachée sur sa robe une chauve-souris à demi-morte ;
et autour de son cou, un carcan chargé de sept différentes
pierres précieuses, dont chacune portait le caractère de la
planète qui la dominait.

Ainsi mystérieusement habillé, portant à la main gauche
un vase fait en triangle, plein de rosée, et à la droite une
houssine de sureau en sève, dont le bout était ferré d'un mélange de tous les métaux, il baisa le pied de sa grotte ; puis,
après s'être déchaussé, arrachant en grommelant certains
mots, du creux de sa poitrine, il s'approcha à reculons d'un

gros chêne, à quatre pas duquel il creusa trois cercles l'un dans l'autre : la nature, obéissant aux ordres du nécromancier, prenait d'elle-même, en frémissant, les figures qu'il voulait y tracer.

Il y grava les noms des intelligences, tant du siècle que de l'année, de la saison, du mois, de la semaine, du jour et de l'heure. Ensuite il posa son vase au milieu des cercles, le découvrit, mit le bout de sa baguette entre ses dents, se coucha, la face tournée vers l'orient, et s'endormit. Peu après, j'aperçus tomber dans le vase cinq grains de fougère. Il les prit tous, quand il fut éveillé ; en mit deux dans ses oreilles, un dans sa bouche, replongea le quatrième dans le vase, et jeta le cinquième hors des cercles.

Mais à peine celui-là fut-il parti de sa main, que je le vis environné de plus d'un million d'animaux de mauvais augure, tant d'insectes que de parfaits. Il toucha de sa baguette un chat-huant, un renard et une taupe qui aussitôt entrèrent dans les cercles, en jetant un formidable cri. Il leur fendit l'estomac, avec un couteau d'airain, puis leur ayant arraché le cœur, il les enveloppa, chacun dans trois feuilles de laurier, et les avala. Il sépara le foie qu'il épreignit dans un vase de figure hexagone : cela fini, il commença les fumigations ; il mêla la rosée et le sang dans un bassin, il y trempa un gant de parchemin vierge qu'il mit à sa main droite, et, après quatre ou cinq hurlemens horribles, il fer-

ma les yeux et commença les invocations. Il ne remuait presque point les lèvres; j'entendais néanmoins, dans sa gorge,
un bruissement comme de plusieurs voix entremêlées. Il fut
élevé de terre à la hauteur d'une palme, et de fois à autre
il attachait attentivement la vue sur l'ongle de l'index de sa
main gauche. Il avait le visage enflammé, et se tourmentait
fort. Après plusieurs contorsions effroyables, il tomba en
gémissant sur les genoux; mais aussitôt qu'il eut articulé trois
paroles d'une certaine oraison, devenu plus fort qu'un homme, il soutint sans vaciller les monstrueuses secousses d'un
vent épouvantable qui soufflait contre lui, tantôt par bouffées,
tantôt par tourbillons; ce vent semblait tâcher à le faire sortir
des cercles. Mais n'en ayant pu venir à bout, les trois ronds
tournèrent sur lui. Ce prodige fut suivi d'une grêle, rouge
comme du sang, et d'un torrent de feu qui se divisait en
globes, dont chacun se fendait en éclairs, avec un grand
coup de tonnerre.

Bientôt une lumière blanche et claire dissipa ces tristes
météores. Tout au milieu parut un jeune homme, la
jambe droite sur un aigle, la gauche sur un lynx, qui donna
au magicien trois phioles, pleines de je ne sais quelles liqueurs.
Le magicien lui présenta trois cheveux, l'un pris au-devant
de sa tête, les deux autres aux tempes; il fut frappé sur
l'épaule d'un petit bâton que tenait le fantôme, et puis tout
disparut.

Alors, le soleil se remontra, et les étoiles reprirent la couleur du ciel. Je m'allais remettre en chemin, pour retrouver mon village; mais, sur ces entrefaites, le sorcier m'ayant envisagé, s'approcha du lieu où j'étais. Encore qu'il cheminât à pas lents, il fut plutôt à moi que je ne l'aperçus bouger. Il étendit sous ma main une main si froide, que mes doigts en demeurèrent fort long-temps engourdis. Il n'ouvrit ni la bouche, ni les yeux; et, dans ce profond silence, il me conduisit, à travers des mâsures, sous les effroyables ruines d'un vieux château inhabité, où les siècles, depuis mille ans, travaillent à mettre les chambres dans les caves.

Aussitôt que nous fûmes entrés: vante-toi, me dit-il en se tournant vers moi, d'avoir contemplé face à face le sorcier Agrippa, dont l'âme, par métempsycose, est celle qui jadis animait le savant Zoroastre, prince des Bactriens. Depuis que je disparus d'entre les hommes, je me conserve ici, par le moyen de l'or potable, dans une santé qu'aucune maladie n'a jamais interrompue. De vingt ans en vingt ans, j'avale une prise de cette médecine universelle, qui me rajeunit, et restitue à mon corps ce qu'il a perdu de ses forces. Si tu as considéré trois phioles que m'a présentées le roi des démons ignés, la première en est pleine; la seconde, de poudre de projection; et la troisième, d'huile de talc. Au reste, tu me dois de la reconnaissance, puisqu'entre tous les mortels, je t'ai choisi pour assister à des mystères, que je ne célèbre qu'une fois en vingt ans.

Après ces paroles, le magicien disparut, les couleurs des objets s'éloignèrent, je me trouvai sur mon lit, et je m'aperçus que toute cette vision n'était qu'un songe.

(*Tiré de la lettre pour les sorcien.*)

DICTIONNAIRE

INFERNAL.

A

ADRAMELECK, — Grand chancelier des enfers, président du haut conseil des diables. (Suivant les *Démonomanes.*)

AGRIPPA. — Henri Corneille Agrippa , l'un des plus grands hommes de son siècle, naquit à Cologne en 1486, d'une famille noble et ancienne; il vécut errant et malheureux, et mourut à l'hôpital de Grenoble.

Ses lumières causèrent ses malheurs; il était trop instruit pour le temps où il parut ; on l'accusa de sorcellerie, et plus d'une fois il fut obligé de fuir pour se soustraire aux mauvais traitemens de la populace ignorante, qui débitait sur son compte une foule d'absurdités.

De graves historiens n'ont pas rougi d'écrire que dans ses voyages il payait ses hôtes en monnaie fort bonne en apparence, mais qui se changeait, au bout de quelques jours, en petits morceaux de corne ou de coquille.

I.

1

Tandis qu'il professait à Louvain, un de ses écoliers, lisant un livre de conjurations, fut étranglé par le diable. Agrippa, craignant qu'on ne le soupçonnât d'être l'auteur de cette mort, parce qu'elle était arrivée chez lui, commanda au malin esprit de rentrer dans le corps, et de le faire marcher sept ou huit jours sur la place publique, avant de le quitter. Le diable obéit, et laissa le corps chez les parens du jeune homme.

On ne peut nier, dit Thevet, qu'Agrippa n'ait été ensorcelé de la plus fine et exécrable magie qu'on puisse imaginer, et de laquelle, au vu et au su de chacun, il a fait profession évidente. Il était si subtil, qu'il *grippait*, de ses mains podagres et crochues, des trésors que beaucoup de vaillans capitaines ne pouvaient gagner par le cliquetis de leurs armes et leurs combats furieux. Il composa le livre de la Philosophie occulte, censuré par les chrétiens, pour lequel il fut chassé de la Flandre, où il ne put dorénavant être souffert; de manière qu'il prit la route d'Italie, qu'il empoisonna tellement, que plusieurs gens de bien lui donnèrent encore la chasse, et il n'eut rien de plus hâtif que de se retirer à Dôle. Enfin il se rendit à Lyon, dénué de facultés; il y employa toutes sortes de moyens pour vivoter, remuant le mieux qu'il pouvait la queue du bâton; mais il gagnait si peu, qu'il mourut en un chétif cabaret, abhorré de tout le monde, et détesté comme un magicien maudit, parce que toujours il menait en sa compagnie un diable sous la figure d'un chien noir.

Paul Jove ajoute qu'aux approches de la mort, comme on le pressait de se repentir, il ôta à ce chien un collier garni de clous qui formaient des inscriptions nécromantiques, et lui dit · *Va-t'en, malheureuse bête, tu as causé ma perte !...* Qu'alors le chien prit aussitôt la fuite vers la rivière, s'y jeta, la tête en avant, et n'en sortit point.

Wierius, qui fut disciple d'Agrippa, dit qu'en effet il avait constamment deux chiens dans son étude ; et c'était, au quinzième siècle, une preuve qu'on était sorcier, et intimement lié avec le diable, quand on vivait retiré, ou qu'on montrait de l'attachement pour un animal quelconque.

C'était d'ailleurs une consolation pour les sots, que de pouvoir rabaisser ou avilir un homme, dont ils ne pouvaient atteindre la hauteur. Dans les siècles de l'ignorance, et avant le rétablissement des lettres, dit le savant Naudé, ceux qui s'amusaient à les cultiver étaient réputés *grammairiens* et *hérétiques* ; ceux qui pénétraient davantage dans les causes de la nature, passaient pour *irréligieux* ; celui qui entendait la langue hébraïque était pris pour un *juif*, et ceux qui recherchaient les mathématiques et les sciences moins communes, étaient soupçonnés comme *enchanteurs* et *magiciens*.

AIGUILLETTE. — Le nouement de l'aiguillette était connu des anciens aussi-bien que des modernes, et a rendu de tous temps les sorcières redoutables aux nouveaux époux. Mais jamais ce maléfice ne fut plus fréquent qu'au seizième siècle, qui fut en même temps le siècle des exorcismes, des bûchers, des charmes, de la magie et des sorciers.

Le nouement de l'aiguillette devient si commun, écrit Delancre, qu'il n'y a guère d'hommes qui s'osent marier qu'à la dérobée. On se trouve lié sans savoir par qui, et de tant de façons que le plus rusé n'y comprend rien. Tantôt le maléfice est pour l'homme, tantôt pour la femme, ou pour tous les deux. Ici c'est pour un jour, là pour un mois, ailleurs pour un an. L'un aime et est haï; les époux se mordent et s'égratignent, quand ce vient aux embrassemens; ou bien, le diable interpose entre eux un fantôme, qui les empêche de se joindre; la chaleur s'éteint dans les reins; le mari ne peut achever l'œuvre; les principes de la génération ne se trouvent plus à leur place.... Tous ces maléfices sont de l'invention du diable, et n'excèdent ni ses forces ni son industrie. Il en a donné le secret à ses suppôts, qui n'y vont pas de main-morte, et font passer de bien mauvaises nuits à ceux qu'ils affligent.

Lorsque le mariage ne pouvait se consommer, ou parce que l'époux était usé, ou parce que la femme était mal conformée, ou pour mille autres causes, même pour cette impuissance temporaire dont parle Montaigne, qui n'est produite que par la trop grande passion, on publiait aussitôt que le couple malheureux était ensorcelé. On attribuait alors aux sorciers tous les accidens qu'on ne comprenait point, sans se donner la peine d'en chercher la véritable cause. Mais le plus souvent , l'impuissance n'était occasionée que par la peur du maléfice , qui frappait les esprits et affaiblissait les organes ; et cet état alarmant ne cessait que quand la sorcière soupçonnée voulait bien guérir l'imagination du malade, en lui disant qu'elle le restituait.

— Une nouvelle épousée de Niort, dit Bodin , accusa sa voisine de l'avoir liée. Le juge fit mettre la voisine au cachot. Au bout de deux jours , elle commença à s'y ennuyer , et s'avisa de faire dire aux mariés de coucher ensemble. Dès lors ils furent déliés et la sorcière lâchée.

— Hérodote raconte qu'Amasis , roi d'Égypte , fut lié et empêché de connaitre Laodicée son épouse, jusqu'à ce qu'il fût délié par les charmes et imprécations solennelles de la magie.

— Justine , femme de l'empereur Marc-Aurèle , étant devenue folle d'amour pour un gladiateur, nerveux et puissant , qu'elle avait vu combattre nu , se trouva liée avec son mari , dit Delancre , et les Chaldéens consultés opinèrent qu'il fallait tuer le gladiateur , et donner son sang à boire à l'impératrice. On le fit , et elle guérit du charme.

— Le roi Théodoric eut aussi l'aiguillette nouée , et ne put consommer son mariage. Jean de Bohème fut obligé de divorcer pour le même sujet , après avoir inutilement essayé de connaitre sa femme, pendant trois longues années.

On raconte une foule de traits d'impuissance semblable , qu'on ne croit plus maintenant que dans

quelques villages. Les moyens qu'on employait pour
jeter ou détruire le maléfice de l'aiguillette, prouvent
assez la sottise de ceux qui l'ont tant redouté.

Nouement de l'aiguillette. — Qu'on prenne la
verge d'un loup nouvellement tué ; qu'on aille
à la porte de celui qu'on veut lier, et qu'on l'appelle
par son propre nom. Aussitôt qu'il aura répondu, on
liera la verge, avec un lacet de fil blanc, et le mari
sera aussi impuissant qu'un châtré, à l'acte de
Vénus (1).

Contre l'aiguillette nouée. — On prévient ce maléfice, en portant un anneau, dans lequel soit en-
châssé l'œil droit d'une belette ; ou en mettant du
sel dans sa poche, lorsqu'on sort du lit pour aller à
l'autel ; ou, selon Pline, en frottant de graisse de
loup le seuil et les poteaux de la porte, qui ferme la
chambre à coucher des époux.

Quand on a le malheur d'être noué sans avoir
songé à s'en garantir, qu'on étende les nouveaux
mariés nus à terre. L'époux baisera le gros doigt du
pied gauche de la mariée ; la femme, le gros doigt
du pied droit du mari. Ils feront ensuite un signe de
croix avec la main, et un autre avec le talon (2).

Il y a encore plusieurs moyens aussi singuliers,
mais moins faciles que ceux-ci ; on était sûr de se
tirer d'embarras en les employant, et la vertu de
ces cérémonies n'était contestée que par une mé-

(1) Le petit Albert.
(2) Thiers.

oréance impardonnable. On ne voit pourtant pas clairement quelle influence peuvent avoir un lacet de fil blanc et une verge de loup sur l'acte conjugal, ni comment il se peut faire que l'œil d'une belette répare des forces perdues.

Les auteurs qui ont écrit là-dessus parlent ensuite d'un autre maléfice, à la vérité plus rare et moins connu, qui empêche d'uriner. Celui-là s'appelle *cheviller* les gens. J'en ai connu un, dit Wecker, qui en mourut (Il est vrai qu'il avait la pierre). Et le diable, qui parfois aime à se divertir, chevilla un jour la seringue d'un apothicaire, si l'on en croit la Légende dorée, en fourrant invisiblement sa queue dans le piston. On s'en aperçut à ce que l'eau ne voulut pas sortir, pour le soulagement d'un malade qui était un grand pécheur.

AJOURNEMENT. — Ferdinand III, roi d'Espagne, croyant avoir à se plaindre de deux braves gentilshommes, les condamna à mort, quoiqu'innocens. Ils entendirent leur sentence avec beaucoup de fermeté; mais lorsqu'ils furent sur l'échafaud, ils sommèrent l'injuste monarque de comparaître, dans trente jours, devant le tribunal de Dieu; et Ferdinand mourut le trentième jour (1).

— François, duc de Bretagne, craignant que son frère ne cherchât à lui disputer le trône, le fit assassiner comme il revenait d'Angleterre. Le prince, en

_____

(1) Ritius.

mourant, ajourna son meurtrier devant Dieu ; et le
duc mourut au bout de l'année , le jour désigné par
sa victime (1)

Les écrivains superstitieux rapportent plusieurs
ajournemens pareils à ceux-ci , mais s'il s'en trouve
quelques-uns dont on puisse prouver l'accomplissement, on doit l'attribuer au hasard , ou à une main
vendue, ou à l'imagination frappée. Dieu ne change
pas ses décrets éternels pour se plier aux caprices
d'un homme qui respire la vengeance. (Voyez *Templiers.*)

ALASTOR , — Démon cruel et sévère , grand
exécuteur des sentences du monarque infernal.

ALBERT-LE-GRAND. — Albert-le-Grand , né
dans la Souabe , à Lawigen , sur le Danube, en 1205,
fut , dit-on , le plus curieux de tous les hommes. Il
était d'un esprit fort grossier dans sa jeunesse , il devint ensuite un des plus grands docteurs de son temps ,
et retomba avec l'âge dans la stupidité. Ce qui fit
dire qu'il avait été métamorphosé d'âne en philosophe , et de philosophe en âne. Il mourut à Cologne , âgé de quatre-vingt-sept ans. Ses ouvrages sont
imprimés en vingt et un volumes in-fol. On met sur
son compte un livre de secrets merveilleux, auquel il
n'a pas eu la moindre part.

Mathieu de Luna lui attribue faussement l'invén-

_____

(1) Æneas Sylvius.

tion du gros canon, de l'arquebuse et du pistolet. On ne trouve rien, dans les autres auteurs, qui puisse favoriser cette opinion.

Il travailla, selon quelques-uns, à la pierre philosophale. Mayer dit que saint Dominique en avait fait la précieuse découverte, et que ceux à qui il l'avait laissée, la communiquèrent à Albert-le-Grand, qui paya ses dettes par ce moyen, et en donna le secret à saint Thomas d'Aquin, son élève. (Voyez *Alchimie.*)

Albert-le-Grand avait une pierre marquée naturellement d'un serpent, à qui on a accordé cette vertu admirable, que si elle était mise en un lieu que les autres serpens fréquentassent, elle les attirait tous.

Comme il était insigne magicien et habile astrologue, il fit un automate qui lui servait d'oracle, et résolvait toutes les questions qu'on lui proposait. Il fut trente ans à le composer, avec des métaux bien choisis, et sous l'inspection des astres. C'est ce qu'on appelle *l'androïde d'Albert-le-Grand.* Cet automate fut brisé par saint Thomas d'Aquin, qui ne put s'accoutumer à son trop grand caquet.

On donne aussi à Virgile, au pape Sylvestre II et à Roger Bacon, de pareilles androïdes, qu'ils regardaient comme leurs oracles. Mais si l'on dit qu'Albert-le-Grand consultait son automate, on pourra dire également que le créateur consulte sa créature.

Il se peut qu'Albert-le-Grand ait fait une statue mécanique qui aura étonné dans son temps. Mais qu'aurait-on dit alors si quelqu'un eût possédé le fameux automate de Kampile, ou les chefs-d'œuvre de Vaucanson : ce berger qui jouait du flageolet avec autant de netteté que de précision, en s'accompagnant du tamb'ourin ; et ce canard qui croassait, volait, barbottait dans l'eau, buvait, prenait du grain, l'avalait, le digérait par dissolution, le rendait par les voies ordinaires, qui imitait enfin tous les mouvemens d'un animal vivant ?....

ALCHIMIE. — L'alchimie, qui s'appelle aussi *philosophie hermétique*, est cette partie éminente de la chimie qui s'occupe de transmuer les métaux.

Le secret chimérique de faire de l'or a été en vogue parmi les Chinois, long-temps avant qu'on en eût les premières notions en Europe. Ils parlent dans leurs livres, en termes magnifiques, de la semence d'or et de la poudre de projection. Ils promettent de tirer de leurs creusets, non-seulement de l'or, mais encore un remède spécifique et universel, qui procure à ceux qui le prennent une espèce d'immortalité.

Zozime, qui vivait au commencement du cinquième siècle, est un des premiers parmi nous qui ait écrit sur l'art de faire de l'or et de l'argent, ou la manière de fabriquer la pierre philosophale.

Cette précieuse pierre, qu'on appelle aussi élixir universel, eau du soleil, poudre de projection, qu'on a tant cherchée, et qu'on n'a jamais pu découvrir, procurerait à celui qui aurait le bonheur de la posséder, des richesses incompréhensibles, une santé toujours florissante , une vie exempte de toutes sortes de maladies , et même, au sentiment de plus d'un cabaliste , l'immortalité. Il ne trouverait rien qui lui pût résister , ni qui l'empêchât de faire universellement tout ce que bon lui semblerait, et serait comme un dieu sur la terre.

Pour faire ce grand œuvre, il faut de l'or, du plomb, du fer, de l'antimoine, du vitriol, du sublimé, de l'arsenic, du tartre, du mercure, de l'eau, de la terre et de l'air; auxquels on joint un œuf de coq, du crachat, de l'urine et des excrémens humains. Un philosophe a dit avec raison, que la pierre philosophale était une salade, et qu'il y fallait du sel, de l'huile et du vinaigre.

Comme le possesseur de cette pierre serait le plus glorieux, le plus puissant, le plus riche et le plus heureux des mortels; qu'il convertirait à son gré tout en or, et jouirait de tous les agrémens de la vie, on ne doit pas s'étonner si tant de gens ont passé leur vie dans les fourneaux pour la découvrir. L'empereur Rodolphe n'avait rien plus à cœur que cette inutile recherche. Le roi d'Espagne, Philippe II, employa des sommes immenses à faire travailler les chimistes aux conversions des métaux, sans en rien tirer. Tous ceux qui ont marché sur leurs traces n'ont pas eu plus de succès, de sorte qu'on ne sait pas encore quelle est la couleur et la forme de la pierre philosophale.

Les alchimistes soutiennent que plusieurs sages l'ont possédée, entre autres Salomon, et surtout le fameux Paracelse. La boîte de Pandore, la toison d'or de Jason, le caillou de Sisyphe, la cuisse d'or de Pythagore, ne sont, selon eux, que le grand œuvre. D'autres prétendent qu'on ne peut posséder ce secret que par les secours de la magie, et que le démon qui l'enseigne se nomme *le Démon barbu*.

— Jean Gauthier, baron de Plumerolles, se vantait de savoir faire de l'or. Charles IX, trompé par ses promesses, lui fit donner 120,000 livres, et l'adepte se mit à l'ouvrage. Mais après avoir travaillé huit jours, il se sauva avec l'argent du monarque. On courut à sa poursuite; on l'attrapa, et il fut pendu.

— En 1616, le gouvernement francais donna de même, à Guy de Crusembourg, 20,000 écus pour travailler, dans la Bastille, à faire de l'or. Il s'évada au bout de trois semaines, avec les 20,000 écus, et ne reparut plus en France.

— Un rose-croix, passant à Sédan, donna à Henri Ier., prince de Bouillon, le secret de faire de l'or, qui consistait à faire fondre dans un creuset un grain d'une poudre rouge qu'il lui remit, avec quelques onces de litharge.

Le prince fit l'opération devant le charlatan, et tira trois onces d'or, pour trois grains de cette poudre; il fut encore plus ravi qu'étonné, et l'adepte, pour achever de le séduire, lui fit présent de toute sa poudre transmutante. Il y en avait trois cent mille grains. Le prince crut posséder trois cent mille onces d'or. Le philosophe était pressé de partir; il ne lui restait plus rien; le duc de Bouillon lui donna 40,000 écus, et le renvoya avec honneur.

Mais comme, en arrivant à Sedan, le charlatan avait fait acheter toute la litharge qui se trouvait chez les apothicaires de cette ville, et l'avait fait revendre ensuite, chargée de quelques onces d'or; quand cette litharge fut épuisée, le prince ne fit plus d'or, ne vit plus le rose-croix, et en fut pour ses 40,000 écus.

— Un autre adepte, qui se disait de même possesseur de la pierre philosophale, demandait une récompense à Léon X. Ce pape, le protecteur des arts, trouva sa réclamation juste, et lui dit de revenir le lendemain. Le charlatan se flattait déjà de la plus brillante fortune; mais Léon lui fit donner une grande bourse vide, en lui disant que, puisqu'il savait faire de l'or, il n'avait besoin que d'une bourse pour le contenir.

ALCORAN. — Ce mot, en arabe, signifie *le livre par excellence*. C'est le code des musulmans. Toutes leurs lois, civiles et religieuses, se trouvent rassemblées dans l'Alcoran, avec leur culte, leur paradis et leur doctrine.

Les musulmans croient, comme article de foi, que l'ange Gabriel apporta à leur prophète, pendant le cours de vingt-trois ans, tout ce qui est contenu dans l'Alcoran, verset à verset, écrit sur un parchemin, fait de la peau du bélier qu'Abraham immola à la place de son fils Isaac.

Tout l'alcoran doit être écrit sur le linge du grand vizir; souvent il ne l'est pas dans son cœur.

• ALECTRYOMANCIE. — Divination par le moyen du coq.

On traçait un cercle sur la terre, on le partageait en vingt-quatre espaces égaux, dans chacun desquels on figurait une des lettres de l'alphabet, et, sur chaque lettre, on mettait un grain d'orge ou de blé. Cela fait, on plaçait au milieu du cercle un coq fait à ce manége; on observait soigneusement sur quelles lettres il enlevait le grain, et de ces lettres rassemblées on formait un mot, qui servait de réponse à ce qu'on cherchait à connaître.

— Jamblique, voulant savoir qui succéderait à l'empereur Valens, employa ce moyen. Le coq tira les lettres T H E O D.... L'empereur, instruit de la prophétie, fit mourir une centaine de sorciers, et tous les hommes de considération, dont le nom commençait par les lettres prédites. Néanmoins il eut pour successeur Théodose (1).

Cette divination était fort en usage chez les Grecs et chez les Romains, et on a cité souvent le trait que je viens de rapporter pour prouver qu'elle était sûre, quoique ce soit peut-être la seule fois qu'elle ait été justifiée par l'événement. D'ailleurs, cette prédiction répandue devait nécessairement éveiller l'ambition, frapper les esprits crédules, et pouvait placer sur le trône un homme qui, sans cela, n'eût jamais songé à y monter.

Quelques paysans emploient encore une espèce de

_____

(1) Bodin.

divination par les grains. Voici comment cela se pratique. On met douze grains de blé sur un foyer bien net et bien chaud, en leur donnant les noms des douze mois de l'année. Les grains qui brûlent annoncent cherté de grain, dans les mois qu'ils désignent.

ALEXANDRE DE PAPHLAGONIE, célèbre imposteur, né en Paphlagonie, au deuxième siècle. Comme les poëtes avaient débité qu'Esculape se montrait sous la forme d'un serpent, Alexandre résolut de profiter de la crédulité populaire, pour usurper le titre d'homme inspiré. Il s'associa un Bizantin artificieux, nommé Croconas, et courut avec lui les provinces de l'empire romain. Il y avait en Macédoine des serpens extrêmement doux, et les Macédoniens savaient les rendre si familiers, qu'ils tétaient les femmes et jouaient avec les enfans, sans leur faire aucun mal. Alexandre étudia leur méthode, et éleva un de ces animaux, pour établir dans sa patrie un culte qui pût y attirer les offrandes des nations.

Les deux imposteurs passèrent à Chalcédoine ; là, ils cachèrent dans un vieux temple d'Apollon, qu'on démolissait, quelques lames de cuivre, où ils écrivirent qu'Esculape avait résolu de se fixer dans le bourg d'Abonus, en Paphlagonie.

Ces lames furent bientôt découvertes : Croconas, comme le plus éloquent, prêcha cette prophétie dans toute l'Asie-Mineure, et surtout dans la contrée qui

allait être honorée de la présence du dieu de la
santé; tandis qu'Alexandre, vêtu en prêtre de Cy-
bèle, annonçait un oracle de la sibylle, portant qu'il
allait venir de Sinople, sur le Pont-Euxin, un libérateur d'Ausonie; et, pour donner plus de poids à
ses promesses, il se servait de termes mystiques et
inintelligibles, mêlant la langue juive avec la grecque
et la latine, qu'il prononçait d'un ton plein d'enthousiasme, ce qui faisait croire qu'il était saisi
d'une fureur divine : ses contorsions étaient effrayantes; sa bouche vomissait une écume abondante, par le moyen d'une racine qui provoquait les
humeurs.

Les Paphlagoniens s'empressèrent de construire
un temple digne du dieu qui leur donnait la préférence ; et, tandis qu'on en jette les fondemens,
Alexandre cache, dans la fontaine sacrée, un œuf,
où était renfermé un serpent qui venait de naître.
Il se rend ensuite dans la place publique, ceint d'une
écharpe d'or. Ses pas étaient chancelans comme s'il
eût été transporté d'une ivresse mystérieuse, ses yeux
respiraient la fureur, sa bouche était écumante et
ses cheveux épars, à la manière des prêtres de Cy-
bèle. Il monte sur l'autel, il exalte la prospérité dont
le peuple va jouir; la multitude l'écoute avec un respect religieux; bientôt chacun se prosterne et fait
des vœux au dieu qu'on attend.

Quand il voit les imaginations embrasées du feu
de son fanatisme, il entonne un hymne en l'honneur
d'Esculape, qu'il invite de se montrer à l'assemblée,

Il enfonce en même temps un vase dans l'eau, d'où il tire un œuf, et s'écrie : *Peuple, voici votre dieu!* Il le casse, et l'on en voit sortir un petit serpent.

Tout le monde est frappé d'un étonnement stupide ; l'un demande la santé, l'autre les honneurs et les richesses. Alexandre, enhardi par ses succès, fait annoncer le lendemain que le dieu qu'ils avaient vu si petit la veille, avait repris sa grandeur naturelle.

Les Paphlagoniens courent en foule admirer ce prodige ; ils trouvent l'imposteur couché sur un lit, et vêtu de son habit de prophète. Le serpent apprivoisé était entortillé à son cou, et semblait le caresser. Il n'en laissait voir que la queue, et substituait à la tête une tête de dragon, artistement fabriquée, dont il dirigeait la mâchoire à son gré, par le moyen d'un crin de cheval.

Cette imposture illustra la Paphlagonie, où chacun vint en foule apporter ses offrandes. Croconas, son complice, partageait avec lui les applaudissemens du vulgaire, lorsqu'il mourut à Chalcédoine, de la morsure d'une vipère.

Alexandre, destitué de l'appui d'un imposteur plus adroit que lui, n'en soutint pas moins sa réputation ; les imaginations étaient ébranlées, les yeux fascinés réalisèrent tous les fantômes. Sa renommée s'étendit jusqu'à Rome, où il fut appelé par Marc-Aurèle, en 174. L'accueil que lui fit cet empereur philosophe, lui acquit la confiance des courtisans et du peuple. On le révéra comme le dispensateur de

l'immortalité, parce qu'il promettait à tous de prolonger leur vie au-delà du terme ordinaire.

Il prédit qu'il vivrait cent cinquante ans, et qu'a-
lors il serait frappé de la foudre ; il était de son intérêt de faire croire qu'il mourrait par un accident,
pour ne pas décrier les promesses qu'il faisait aux
autres, de prolonger leur existence. Ses prédictions
furent démenties par l'événement ; il mourut d'un
ulcère à l'âge de soixante-dix ans.

Tels sont le plus souvent les inspirés, et les prétendus faiseurs de miracles.

ALMANACH. — Nos ancêtres traçaient le cours
des lunes, pour toute l'année, sur un petit morceau
de bois carré, qu'ils appelaient *al monagt*. Telles sont,
selon quelques auteurs, l'origine et l'étymologie des
almanachs.

— Bayle rapporte, dans son Dictionnaire, l'anecdote suivante, pour faire voir qu'il se rencontre des
hasards puérils, qui éblouissent les petits esprits sur
la vanité de l'astrologie, et les empêchent de la condamner absolument.

Marcellus, professeur de rhétorique au collége de
Lisieux, avait composé en latin l'éloge du maréchal
de Gassion, mort d'un coup de mousquet, au siége
de Lens. Il était près de le réciter en public, quand
un vieux docteur courut représenter au recteur de
l'université que le maréchal était mort dans la religion prétendue réformée, et que son oraison funèbre
ne devait pas se prononcer dans une université ca-

tholique. Le recteur convoqua une assemblée pour
en décider ; il y fut résolu, à la pluralité des voix, que
le vieux docteur avait raison, et on alla sur-le-
champ défendre à Marcellus de prononcer son panégyrique.

Pendant que les sages gémissaient intérieurement
sur cette défense, les astrologues triomphaient, faisant observer à tout le monde que, dans l'almanach
du célèbre Larrivey pour cette année 1648, entre
autres prédictions, il se trouvait écrit en gros caractère : *Latin perdu.*

AME. —

Non omnis moriar, multaque pars mei
Vitabit libitinam.   Horat.

Tous les peuples ont reconnu l'immortalité de
l'âme, et les hordes les plus barbares ne l'ont jamais
été assez pour se rabaisser jusqu'à la brute. Tout
nous apprend que notre âme est immortelle. La raison
nous en fournit plusieurs preuves : si l'âme est spirituelle, elle est immortelle, car il n'y a de mortel que
ce qui est corruptible, il n'y a de corruptible que ce
qui a des parties séparées l'une de l'autre : ce qui est
spirituel est indivisible ; il est donc incorruptible.
Or l'âme est spirituelle, car tout ce qui pense et
qui réfléchit sur les pensées est spirituel. Nous ne
pouvons douter que nous ne pensions, que nous ne
connaissions, que nous ne voulions, que nous ne ré-
fléchissions : le doute si nous pensons est lui-même

une pensée. Il y a donc en nous un principe spirituel qui nous fait penser; et ce principe est l'âme.

. L'animal n'est attaché qu'à la terre; l'homme seul élève ses regards vers un plus noble séjour. L'insecte est à sa place dans la nature; l'homme n'est point à la sienne.

Chez certains peuples, on attachait les criminels à des cadavres, pour rendre leur mort plus affreuse : tel est ici bas le sort de l'homme; en foulant la terre, il ne marche que sur la destruction, sur les cendres de l'homme..... Cette âme, qui n'aspire qu'à s'élever, qui est étrangère aux accidens du corps, que les vicissitudes du temps ne peuvent altérer, s'anéantirait-elle avec la matière?....

Non, la conscience, le remords, ce désir de pénétrer dans un avenir inconnu, ce respect que nous portons aux tombeaux; tout nous crie le contraire.

L'amour seul, dit Saint-Foix, aurait suffi pour établir l'idée de l'immortalité de l'âme parmi les peuples les plus sauvages : j'aimais, j'étais aimé; la mort m'a enlevé cet objet qui m'était si cher : non, je ne saurais me persuader que je ne le reverrai plus.

Les gens qui ne s'attachent qu'à la matière, qui veulent tout juger par les yeux du corps, nient l'existence même de l'âme, parce qu'ils ne la voient point. Mais voit-on le sommeil ?.... Cependant il existe.

On a cherché de tous temps à définir ce que c'est que l'âme. Selon les uns, c'est un rayon de la divinité; selon d'autres, c'est la conscience, c'est l'esprit, c'est le sentiment des plaisirs et des peines inté-

rieures ; c'est cet espoir d'une autre vie qui ne se voit
que dans l'homme ; c'est, dit l'hébreu Léon, le cerveau avec ses deux puissances, le sentiment et le
mouvement volontaire ; c'est une flamme, a dit un
autre.

Quelques-uns ont été plus avant, et ont voulu
connaître la figure de l'âme. Un savant a prétendu
qu'elle ressemblait à un vase sphérique de verre poli,
qui a des yeux de tous côtés.

— Les Juifs croient, dit Hoornbeeck, que les
âmes ont toutes été créées ensemble avec la lumière ;
et non-seulement qu'elles ont été créées ensemble,
mais par paires d'une âme d'homme et d'une âme de
femme ; de sorte que les mariages sont heureux, et
accompagnés de douceur et de paix, lorsqu'on se
marie avec l'âme à laquelle on a été accouplé dès le
commencement, mais qu'ils sont malheureux dans le
cas contraire. On a à lutter contre ce malheur jusqu'à ce qu'on puisse être uni, par un second mariage, à l'âme dont on a été fait le pair dans la création ; et cette rencontre est si rare !.....

Ces mêmes Juifs, dans leurs cérémonies funèbres,
sont persuadés que si on omettait une seule des observations et des prières prescrites, l'âme ne saurait
être portée par les anges jusqu'au lit de Dieu, pour
s'y reposer éternellement ; mais qu'étant obligée
d'errer çà et là, elle serait rencontrée par des troupes
de démons qui lui feraient souffrir mille peines. Ils
disent aussi qu'avant d'entrer en paradis ou en enfer,
l'âme revient pour la dernière fois dans son corps et

le fait lever sur ses pieds ; qu'alors l'ange de la mort
s'approche avec une chaine, dont la moitié est de
fer et l'autre moitié de feu, et lui en donne trois
coups. Au premier, il disjoint tous les os et les fait
tomber confusément à terre ; au second, il les brise
et les éparpille ; et au dernier, il les réduit en
poudre. Les bons anges viennent ensuite et enseve-
lissent ces cendres.

Les Juifs croient enfin que ceux qui ne sont pas
enterrés dans la terre promise ne pourront point ressusciter ; mais que toute la grâce que Dieu leur fera,
ce sera de leur ouvrir quelques petites fentes, au travers desquelles ils verront le séjour des bienheureux.
Le rabbin Juda, pour consoler les vrais Israélites, assure que les âmes des justes, enterrés loin du pays
de Chanaan, rouleront, par de profondes cavernes
que Dieu pratiquera sous terre, jusqu'à la montagne
des Oliviers, d'où elles entreront en paradis.

— Chez les Si-Fans, quand le chef d'un canton
est à l'agonie, on étend des fleurs et des herbes odo-
riférantes tout le long de sa cabane ; douze jeunes
garçons et douze jeunes filles, qu'on a choisis,
entrent ; et à un certain signal, chacun de ces couples
travaille avec ardeur à la production d'un enfant,
afin que l'âme du mourant, en quittant son corps,
en trouve aussitôt un autre et ne soit pas long-temps
errante.

— Il y a, parmi les Siamois, une secte qui croit
que les âmes, après la mort, vont et viennent où
elles veulent ; que celles des hommes qui ont bien

vécu acquièrent une nouvelle force, une vigueur
extraordinaire, et qu'elles poursuivent, attaquent et
maltraitent celles des méchans partout où elles les
rencontrent. — « Vous êtes opiniâtre, entêté comme
» tous les petits génies, haineux comme un faux dé-
» vot, dès qu'on vous résiste; vous m'avez perdu dans
» l'esprit du roi ; je vous réponds que mon âme ros-
» sera bien la vôtre quand nous serons morts, » disait
un Siamois de cette secte à un ministre (1).

— Les anciens croyaient que toutes les âmes
pouvaient revenir, après la mort, excepté les âmes
des noyés. Servius en dit la raison : c'est que l'âme,
selon eux, n'était autre chose qu'un feu *qui s'étei-
gnait dans l'eau.* (Voyez *paradis.*)

AMOUR. —

Ce n'est point par effort qu'on aime ;
L'amour est jaloux de ses droits ;
Il ne dépend que de lui-même :
On ne l'obtient que par son choix ;
Tout reconnaît sa loi suprême,
Lui seul ne connaît point de lois.
J.-B. ROUSSEAU.

Cependant les magiciens ont prétendu le contraire, et leur pouvoir ambitieux s'est étendu jusqu'à
lui. Tout le monde connaît la vertu des philtres. Il
en est qui enflamment les intestins, causent la démence et souvent la mort, mais leur force est naturelle : telles sont les mouches cantharides.

_____

(1) Saint-Foix.

— Un Lyonnais avait épousé une femme qui ne l'aimait point, et qui s'obstinait à lui refuser les faveurs conjugales. Il lui fit avaler trois ou quatre de ces mouches pulvérisées, dans un verre de vin rouge; il s'attendait à être heureux : il fut veuf le lendemain.

— Suétone rapporte que Césonia donna à Caligula un breuvage pour s'en faire aimer; mais ce breuvage lui fit perdre l'esprit.

— Lucile, femme de Lucrèce, voulant ranimer l'amour de son mari, lui donna un philtre amoureux, dit l'historien Josèphe, et ce philtre le rendit si furieux qu'il se tua de sa propre main.

Philtres amoureux. — L'hippomanes est le plus fameux de tous les philtres. C'est un morceau de chair noire et ronde, de la grosseur d'une figue sèche, que le poulain apporte sur le front en naissant. Il fait naître l'amour quand, étant mis en poudre, il est pris avec le sang de celui qui veut se faire aimer. Jean-Baptiste Porta détaille au long les surprenantes propriétés de l'hippomanes; il est fâcheux qu'on n'ait jamais pu le trouver, ni au front du poulain naissant, ni ailleurs.

Mais, si ce moyen manque, on peut encore se rendre aimable, en portant sur l'estomac la tête d'un milan, ou en faisant avaler à l'objet trop sévère le poil du bout de la queue d'un loup... Ou bien, tirez de votre sang, un vendredi du printemps, mettez-le sécher au four, réduisez-le bien en poudre fine et faites-en boire une pincée à la personne que vous aimez. Si la première dose ne suffit pas, répétez la jusqu'au succès.

Parmi ces secrets absurdes, on en trouve de naturels, mais qu'on ne laisse pas, chez certaines gens, d'attribuer à la magie : ainsi, pour échauffer une épouse trop froide, qu'on lui fasse manger le ventre d'un lièvre bien épicé. Pour obtenir un effet contraire, dans une femme d'un tempérament opposé, qu'on lui donne un bouillon de veau, de pourpier et de laitue.

Les philtres sont en fort grand nombre et plus ridicules les uns que les autres. Les anciens les connaissaient autant que nous; et on rejetait chez eux sur les charmes magiques, les causes d'une passion violente, un amour disproportionné, le rapprochement de deux cœurs, entre qui la fortune avait mis une barrière, ou que les parens ne voulaient point unir.

—Zorobabel était si éperdu d'amour pour Aspame, sa concubine, qu'elle le souffletait comme un esclave, et lui ôtait le diadème, pour en orner sa tête, indigne d'un tel ornement, dit Delancre; elle le faisait rire et pleurer, quand bon lui semblait : *le tout par philtres et fascination.* — Les yeux de nos dames font tous les jours d'aussi grands prodiges.

Contre les philtres. — Si on est amoureux d'une personne, par quelque breuvage infernal, qu'on prenne sa chemise à deux mains, qu'on pisse par la têtière et par la manche droite, aussitôt on sera délivré du maléfice !...(1) (Voyez *Maléfices, Charmes*).

_____

(1) Les admirables secrets d'Albert-le-Grand.

AMPOULE. — *Histoire de la sainte ampoule,
envoyée miraculeusement du ciel à saint Remi, évêque
de Reims, pour le baptême du roi Clovis.* — « Le
» temps venu qu'il fallait aller au baptistère, on
» prépara le chemin depuis l'hôtel du roi. Les rues
» furent tendues de côté et d'autre, l'église ornée et
» le baptistère parfumé de baumes et d'autres di-
» verses senteurs, tellement que, par la grâce de
» Dieu, le peuple pensait être rassasié des odeurs et
» délices d'un paradis. Ainsi donc, le saint évêque
» Remy, précédé de son clergé, avec le livre des
» évangiles, les croix et les litanies, et tenant la
» main du roi Clovis, suivi de la reine et du peuple,
» s'achemina au lieu du baptistère. On dit qu'en y
» allant, le roi lui demanda si cette belle cérémonie
» était le royaume de Dieu, duquel il lui avait fait
» promesse : Non, dit l'évêque, mais c'est le com-
» mencement et l'entrée de la voie par laquelle on y
» parvient.

» Quand ils furent arrivés au baptistère, le clerc
» qui portait le chrême n'en put approcher, à cause
» de la grande foule du peuple qui le retenait : telle-
» ment qu'après la sanctification des fonts, il y eut
» faute de chrême, Dieu le voulant ainsi. Mais le
» saint évêque, haussant les yeux vers le ciel, pria
» secrètement en pleurant ; et voici que incontinent
» une colombe, blanche comme neige, se présenta,
» portant en son bec une ampoule ou fiole, pleine
» de chrême, envoyé du ciel, de qui l'odeur était
» tant admirable, et la suavité tant ineffable, que

» nul des assistans jamais auparavant n'avait senti
» la pareille. L'évêque prit cette ampoule, et après
» qu'il eut aspersé du chrême l'eau baptismale, sou-
» dain la colombe s'évanouit.

» Le roi, ému de si grande merveille, plein d'al-
» légresse, incontinent renonça aux pompes et aux
» œuvres du diable, et requit l'évêque d'être bap-
» tisé. Alors le vénérable évêque lui dit rondement
» et disertement : *Baisse la tête, Sicambre; brûle ce*
» *que tu as adoré, adore ce que tu as brûlé* (1). Le
» roi fit confession de la foi orthodoxe : puis le saint
» évêque le plongea par trois fois dans l'eau baptis-
» male, sous le nom divin de la souveraine et très-
» inséparable Trinité, Père, Fils et Saint-Esprit, et
» l'oignit du saint chrême. Les sœurs du roi furent
» aussi baptisées, avec trois mille hommes de l'ar-
» mée française, sans mettre en compte les femmes
» et les enfans. Et pouvons croire qu'en cette journée
» les saints anges furent fort réjouis au ciel, comme
» pareillement les hommes dévots reçurent une joie
» grande en terre (2). »

Depuis lors, le chrême de la sainte ampoule a toujours servi au sacre de nos rois. C'est une tradition
populaire, dans le diocèse de Reims, que la miraculeuse fiole se conserve toujours pleine, quoiqu'on

---

(1) *Depone colla, Sicamber* ; *adora quod incendisti : incende*
quod adorasti.

(1) Floardus : Histoire de l'église métropolitaine de Reims,
traduite en français, par maître Nicolas Chesneau.

y puise au besoin, sans lésiner, et qu'aucune main
d'homme ne remplisse le vide.

La sainte ampoule fut perdue diverses fois, ou dans
des guerres, ou par des accidens; mais elle revint
toujours à son premier gîte, rapportée tantôt par un
ange, tantôt par un pigeon blanc. On raconte que,
sous le règne de Charles VII, l'arrivée des Anglais
dans la ville de Reims fit disparaître la sainte ampoule, qu'on retrouva par après dans l'oreille d'un
âne, pour le sacre dudit roi Charles VII. La sainte
ampoule est maintenant perdue, sans qu'on sache
pourquoi elle ne reparaît pas, selon son ancienne et
glorieuse habitude.

AMULETTE. — Préservatif superstitieux qu'on
porte sur soi, auquel la crédulité donne de grandes
vertus.

Les croix et les bagues de saint Hubert préservent
de la morsure des loups et des chiens enragés. Un bon
homme, muni d'une grande quantité de ces amulettes, qu'il vendait aux idiots, fut dévoré par des
loups, en traversant les Pyrénées. Les paysans ébahis
de cet événement qu'ils ne comprenaient point,
conclurent de là que le marchand était apparemment
un grand pécheur, puisque saint Hubert l'avait abandonné; d'autant plus que les loups n'avaient pas
touché aux bagues (qui étaient de cuivre), ni aux
croix (qui étaient de plomb).

Chez les anciens, les amulettes se faisaient avec certaines pierres, sur lesquelles on prononçait des pa-

roles mystérieuses. Les Chrétiens les font avec des
linges, des métaux, des images, qu'ils sanctifient
par l'attouchement des reliques, ou avec des morceaux de papier chargés de versets, qu'on dit de l'é-
criture sainte, *quand ils sont intelligibles.*

. — Alexandre Alès, de la confession d'Augsbourg,
né en 1500, à Édimbourg, raconte que, dans sa jeunesse, étant monté sur le sommet d'une très-haute
montagne, il fit un faux pas et roula vers un précipice. Comme il était près de s'y engloutir, il se sentit
transporter en un autre lieu, sans savoir par qui ni
comment, et se retrouva sain et sauf, *sans contusion
ni blessures.* Les uns attribuèrent ce miracle aux
amulettes qu'il portait sur lui, selon la coutume des
enfans de ce temps-là; pour lui, il l'attribue à la foi
et aux prières de ses parens.

— Lorsque la reine de Navarre, épouse du brave
don Inigo, envoya son fils au tombeau de saint
Jacques de Compostelle, à qui elle l'avait consacré
avant sa naissance, elle mit au cou de l'enfant un
reliquaire précieux, et une amulette que son époux
avait arrachée à un chevalier maure, expirant sous
ses coups. La puissance de l'amulette était d'adoucir
la fureur des bêtes les plus cruelles.

En traversant une forêt, une ourse enleva le petit
prince des mains de sa nourrice, et l'emporta dans
sa caverne; mais, loin de lui faire aucun mal, elle
l'éleva avec la plus grande tendresse; il devint par
la suite très-fameux, sous le nom de don Ursino,
et fut reconnu de son père à qui il succéda. — Mais

la très-véridique et merveilleuse histoire de *don Ur-.
sino* est un roman.....

ANAGRAMME. — Il y eut des gens, surtout dans
le quinzième et le seizième siècle, qui prétendaient
trouver des sens cachés dans les mots qu'ils décom-
posaient, et une divination dans les anagrammes.

   — Le cardinal de Richelieu entreprit de marier
madame de Combalet, sa nièce, avec le comte de
Soissons. Le gentilhomme, chargé de proposer ce
mariage, reçut pour récompense un soufflet, et le
comte de Soissons déclara *qu'il n'épouserait jamais
les restes de ce galeux de Combalet*. Le cardinal
voulut prouver au prince que la jeune veuve était
encore vierge. Le principal argument dont il se servit
fut l'anagramme du nom de sa nièce, qui s'appelait
Marie de Vigneros, où l'on trouve ces mots : *Vierge
de son mari*. Le prince ne se laissa point persuader
par des anagrammes.

   — On cite comme une anagramme heureuse celle
qu'on a faite sur le meurtrier de Henri III, *Frère dit
Jacques Clément*, où l'on trouve : *C'est l'enfer qui
m'a créé*.

   — Deux jésuites, le père *Proust* et le père *d'Orléans*, faisaient des anagrammes. Le père Proust
trouva, dans le nom de son confrère : *Asne d'or;* et
le père d'Orléans découvrit dans celui du père
Proust : *Pur sot*.

   — *César Coupé*, célèbre anagrammatiste, et fertile en bons mots contre les maris qui avaient des

femmes coquettes, en épousa une qui fit parler d'elle.
Il fut obligé de s'en séparer. Quelqu'un qui avait une
revanche à prendre avec ce satirique, publia l'a-
nagramme de son nom, ou l'on trouvait : *Coca
séparé.*

— Louis quatorzième, roi de France et de Navarre : *Va, Dieu confondra l'armée qui osera te résister.*—En perdant beaucoup de temps à de pareilles
puérilités, on trouvera des sens cachés dans toutes
les phrases, puisque les mêmes lettres écrivent une
foule de mots.

— Quand Louis XIII épousa l'infante Anne d'Autriche, on prouva, dit Saint-Foix, qu'il y avait
entre eux une merveilleuse et très-héroïque corres-
pondance. Le nom de *Loys de Bourbon* contient
treize lettres ; ce prince avait treize ans lorsque le
mariage fut résolu ; il était le treizième roi de France
du nom de *Loys. Anne d'Autriche* avait aussi treize
lettres en son nom ; son âge était de treize ans, et
treize infantes du même nom se trouvaient dans la
maison d'Espagne. *Anne* et *Loys* étaient de la même
taille ; leur condition était égale ; ils étaient nés la
même année et le même mois.

— On fit une recherche à peu près semblable
sur le nombre quatorze, relativement à Henri IV. Il
naquit quatorze siècles, quatorze décades et quatorze ans après Jésus-Christ. Il vint au monde le
le 14 de décembre, et mourut le 14 de mai. Il a
vécu quatre fois quatorze ans, quatorze semaines,

quatorze jours. Il y a quatorze lettres dans son nom : *Henri de Bourbon.*

Les Juifs cabalistes ont fait des anagrammes la troisième partie de leur cabale. Leur but est de trouver, dans la transposition des lettres ou des mots, des sens cachés ou mystérieux.

ANE. — Divination par la tête d'âne. (Voyez *képhaléonomancie*).

ANNEAU. — Les livres de prodiges parlent quelquefois de l'anneau des voyageurs. Celui qui le portait pouvait aller de Paris à Orléans, et revenir d'Orléans à Paris, le même jour, sans éprouver la moindre fatigue. Malheureusement on en a perdu le secret.

Il y a un autre anneau merveilleux qui rend invisible. Voici la manière de le faire : on prend les poils qui se trouvent au haut de la tête de la hyène, on les tresse; on les porte ensuite dans le nid d'une huppe, où ils doivent rester neuf jours. Quand on a au doigt cet anneau, on est invisible; on redevient visible en l'ôtant. Mais on doit avoir soin de le commencer un mercredi de printemps, sous les auspices de Mercure (1).

ANNÉE PLATONIQUE. — Deux Allemands, étant au cabaret et parlant de ce cette grande année

_____

(1) Le petit Albert.

platonique, où toutes les choses doivent retourner à leur premier état, voulurent persuader au maître du logis, qui les écoutait attentivement, qu'il n'y avait rien de si vrai que cette révolution : de sorte, disaient-ils, que dans seize mille ans d'ici, nous serons à boire chez vous, à pareil jour, à pareille heure et dans cette même chambre; et là-dessus, ils le prièrent de leur faire crédit jusque-là. Le cabaretier leur répondit qu'il le voulait bien; mais, ajouta-t-il, parce qu'il y a seize mille ans, jour pour jour, heure pour heure, que vous étiez à boire ici, comme vous faites, et que vous vous en allâtes sans payer, acquittez le passé et je vous ferai crédit du présent.

ANTECHRIST: — Par Antechrist, on entend ordinairement, dit l'abbé Bergier, un tyran impie et cruel à l'excès, grand ennemi de Jésus-Christ, qui doit régner sur la terre, lorsque le monde touchera à sa fin. Les persécutions qu'il exercera contre les élus seront la dernière et la plus terrible épreuve qu'ils auront à subir. Jésus-Christ même a prédit, selon l'opinion de plusieurs commentateurs, que les élus y auraient succombé, si le temps n'en eût été abrégé en leur faveur : c'est par ce fléau que Dieu annoncera le jugement dernier et la vengeance qu'il doit prendre des méchans.

L'Antechrist aura un grand nombre de précurseurs; il viendra peu de temps avant la fin du monde.

Saint Jérôme prétend que ce sera un homme engendré par un démon; d'autres, un démon revêtu

I.   3

d'une chair apparente et fantastique, ou un démon
incarné. Mais, suivant saint Irénée, saint Ambroise,
saint Augustin, et presque tous les autres pères,
l'Antechrist doit être un homme de la même nature
et conçu par la même voie que tous les autres, de
qui il ne différera que par une malice et une impiété plus dignes d'un démon que d'un homme.

Il sera juif, et de la tribu de Dan, selon Mal-
venda, qui appuie son sentiment sur ces paroles de
Jacob mourant à ses fils : *Dan est un serpent dans le
sentier* (1), sur celles-ci de Jérémie : *Les armées de
Dan dévoreront la terre* ; et sur le chapitre VII de
l'Apocalypse, où saint Jean a omis la tribu de Dan,
dans l'énumération qu'il fait des autres tribus.

L'Antechrist sera toujours en guerre; il fera des
miracles qui étonneront la terre; il persécutera les
justes.

Élie et Énoch viendront enfin et convertiront les
Juifs. L'Antechrist leur fera donner la mort, qu'ils
n'ont point encore reçue, et qu'ils ne doivent recevoir que de lui.

Alors Jésus-Christ descendra du ciel, tuera l'Antechrist avec l'épée à deux tranchans, qui sortira de
sa bouche, et régnera sur la terre, pendant mille
ans selon les uns, pendant un temps indéterminé
selon les autres.

Quelques-uns prétendent que le règne de l'Antechrist durera cinquante ans; l'opinion du plus grand

_____

(1) Genèse, chap. 49.

nombre est que ce règne ne durera que trois ans et demi, après quoi les anges feront entendre les trompettes du dernier jugement, et Jésus-Christ viendra finir les siècles. Le mot du guet de l'Antechrist sera, dit Boguet : *Je renie le baptême.*

Plusieurs commentateurs ont prévu le retour d'Élie, dans ces paroles de Malachie : *Je vous enverrai le prophète Élie avant que le jour du Seigneur ne vienne répandre la terreur.* Mais il n'est pas sûr que Malachie ait voulu parler de cet ancien prophète, puisque Jésus-Christ a fait à saint Jean-Baptiste l'application de cette prédiction , lorsqu'il a dit : *Élie est déjà venu, mais on ne l'a point connu* (1). Et quand l'ange prédit à Zacharie la naissance de son fils, il lui dit qu'*il précédera le Seigneur avec l'esprit et le pouvoir d'Élie* (2).

Il n'est pas certain non plus que Jésus-Christ ait prédit la fin du monde, puisque tout ce qu'il a dit peut s'entendre de la ruine de Jérusalem et de la fin de la république juive ; comme , par l'Antechrist , on a peut-être voulu désigner les persécuteurs de l'église.

ANTIPATHIE —*Les* astrologues, qui veulent expliquer tout , quoique le plus souvent ils ne sachent rien , prétendent que ce sentiment naturel d'opposition qu'on a pour quelqu'un ou pour quelque chose, est produit par les astres. Ainsi, deux personnes, nées

(1) Saint Mathieu , chap. 17.
(2) Saint Luc , chap. 1.

sous le même aspect, auront un désir mutuel de se rapprocher, et s'aimeront sans savoir pourquoi ; de même que d'autres se haïront sans motif, parce qu'ils seront nés sous des conjonctions opposées. Mais comment expliqueront-ils les antipathies que de grands hommes ont eues pour les choses les plus communes? on en cite un grand nombre, auxquelles on ne peut rien comprendre.

— Lamothe-Levayer ne pouvait souffrir le son d'aucun instrument, et goûtait le plus vif plaisir au bruit du tonnerre.

César ne pouvait entendre le chant du coq, sans frissonner.

Le chancelier Bacon tombait en défaillance, toutes les fois qu'il y avait une éclipse de lune.

Marie de Médicis ne pouvait souffrir la vue d'une rose, pas même en peinture, et elle aimait toute autre sorte de fleurs.

Le duc d'Épernon s'évanouissait à la vue d'un levraut.

Le maréchal d'Albret se trouvait mal, dans un repas où l'on servait un marcassin ou un cochon de lait.

Henri III ne pouvait rester seul dans une chambre où il y avait un chat.

Uladislas, roi de Pologne, se troublait et prenait la fuite, quand il voyait des pommes.

Scaliger frémissait de tout son corps, en voyant du cresson.

Érasme ne pouvait sentir le poisson, sans avoir la fièvre.

Un Anglais se mourait quand il lisait le cinquante-troisième chapitre d'Isaïe.

Le cardinal Henri de Cardonne tombait en syncope, quand il sentait l'odeur des roses.

Ticho-Brahé sentait ses jambes défaillir à la rencontre d'un lièvre ou d'un renard.

Cardan ne pouvait souffrir les œufs; le poëte Arioste, les bains; le fils de Crassus, le pain; César de Lescalle, le son de la vielle.

On trouve quelquefois la cause de ces antipathies dans les premières sensations de l'enfance. Une dame, qui aimait beaucoup les tableaux et les gravures, s'évanouissait lorsqu'elle en trouvait dans un livre. Elle en dit la raison : étant encore petite, son père l'aperçut un jour, qui feuilletait les livres de sa bibliothéque, pour y chercher des images; il les lui retira brusquement des mains, et lui dit, d'un ton terrible, qu'il y avait dans ces livres des diables qui l'étrangleraient, si elle osait y toucher.... Ces sottes menaces, assez ordinaires aux parens, occasionent toujours de funestes effets, qu'on ne peut plus détruire.

— Pline, qui était aussi crédule qu'éloquent, assure qu'il y a une telle antipathie entre le loup et le cheval, que si le cheval passe où le loup a passé, il sent aux pieds un engourdissement qui l'empêche presque de marcher....

ANTHROPOMANCIE.—Divination par l'inspection des entrailles d'hommes ou de femmes éventrées.

— Héliogabale pratiquait cette exécrable divination. Julien l'Apostat, dans ses opérations magiques et dans des sacrifices nocturnes, faisait tuer un grand nombre d'enfans pour consulter leurs entrailles. Dans sa dernière expédition, étant à Carra, en Mésopotamie, il s'enferma dans le temple de la Lune, et après avoir fait ce qu'il voulut, avec les complices de son impiété, il scella les portes et y posa une garde qui ne devait être levée qu'à son retour. Mais il fut tué dans la bataille qu'il livra aux Perses; et ceux qui entrèrent dans le temple de Carra, sous le règne de Jovien son successeur, y trouvèrent une femme pendue par les cheveux, les mains étendues, le ventre ouvert, et le foie arraché.

APOLLONIUS DE THYANE. — Né à Thyane, en Cappadoce, un peu après Jésus-Christ.

Sa mère fut avertie de sa naissance par un démon, et le conçut, sans avoir de commerce avec un homme. Un des plus hauts salamandres fut son père, selon les cabalistes; les cygnes chantèrent quand il vint au monde, et la foudre tomba du ciel.

Sa vie fut une suite de miracles. Il ressuscitait les morts, délivrait les possédés, voyait des fantômes, apparaissait à ses amis, quoique séparé d'eux par plusieurs centaines de lieues, et se montrait, le même jour, en divers endroits du monde.

Il comprenait le chant des oiseaux.

Un jour, qu'il était à Rome, il y eut une éclipse

de lune, accompagnée de tonnerre. Apollonius regarda le ciel et dit d'un ton prophétique : *Quelque chose de grand arrivera et n'arrivera pas.* Trois jours après, la foudre tomba sur la table de Néron, et renversa la coupe qu'il portait à sa bouche. Le peuple trouva dans cet événement l'accomplissement de la prophétie.

Dans la suite, l'empereur Domitien ayant voulu le faire maltraiter, il disparut, sans qu'on sut par où il s'était sauvé, et se rendit à Éphèse. La peste infestait cette ville : les habitans le prièrent de les en délivrer. Apollonius leur commanda de sacrifier aux dieux. Après le sacrifice, il vit le diable, en forme de gueux tout déguenillé ; il commanda au peuple de l'assommer à coups de pierre, ce qui fut exécuté. Mais quand on ôta les pierres, on ne trouva plus, à la place du gueux lapidé, qu'un chien noir, qui fut jeté à la voirie, et la peste cessa.

Apollonius fut regardé par les uns comme un insigne magicien, comme un dieu par les autres, comme rien par les sages. Sa vie est un roman : Philostrate l'écrivit cent ans après la mort du personnage, pour l'opposer à celle de Jésus-Christ. Apollonius est annoncé par un démon ; le messie le fut par un ange. L'un et l'autre naît d'une vierge. Les cygnes chantent à la naissance du héros de Philostrate ; les anges à celle de l'Homme-Dieu. Il en est à peu près de même de tous les autres prodiges, avec cette différence, que ceux d'Apollonius ne méritaient pas même le peu de succès qu'ils ont eu.

APPARITIONS. —

Simulacra, modis pallentia miris,
Visa sub obscurum.   Vɪʀɢ.

Les démons apparaissent la nuit plutôt que le jour, et la nuit du vendredi au samedi plus volontiers qu'en toute autre, si l'on en croit Bodin.

Quand les esprits apparaissent à un homme seul, disent les cabalistes (1), ils ne présagent rien de bon ; quand ils apparaissent à deux personnes à la fois, rien de mauvais; ils ne se sont jamais montrés à trois personnes ensemble.

Le diable parlait à Apollonius, sous la figure d'un orme; à Pythagore, sous celle d'un fleuve ; à Simon le magicien, sous celle d'un chien. S'il paraît sous une figure humaine, on le reconnaît ordinairement à son pied fourchu ou armé de griffes.

Des sorciers brûlés à Paris ont dit, en justice, que quand le diable veut se faire un corps aérien pour se montrer aux hommes, *il faut que le vent lui soit favorable*, *et que la lune soit pleine*. Et lorsqu'il apparaît, c'est toujours avec quelque défaut : ou trop noir, ou trop blanc, ou trop rouge, ou trop grand, ou trop petit.

— Dans la nuit du 22 juillet 1620, apparurent, entre le château et le parc de Lusignan, deux hommes de haute taille, armés de toutes pièces, dont le vêtement était enflammé, tenant d'une main un glaive

_____

(1) Manassé-ben-Israël.

de feu , et de l'autre une lance toute flamboyante ,
de laquelle dégouttait du sang. Ces deux hommes se
rencontrant ainsi l'épée à la main , se battirent assez
long-temps. Enfin l'un d'eux fut blessé , et fit en
tombant un si horrible cri, qu'il réveilla tous les environs. Il apparut alors une longue souche de feu
qui traversa la rivière et gagna le parc. De pauvres
gens , qui se trouvaient dans le bois , en pensèrent
mourir de frayeur ; et la garnison de Lusignan , alarmée du cri qu'avait poussé l'homme de feu en tombant , étant allée sur les murailles pour observer ce
qui se passait, on vit en l'air une grande troupe d'oiseaux , les uns noirs , les autres blancs, criant tous ,
*d'une voix hideuse et épouvantable. Deux flambeaux
les précédaient , et une figure d'homme les suivait
sous la forme d'un hibou* (1). On sait quelles terreurs
causaient , au quinzième siècle, un météore, une aurore boréale , une nuée lumineuse, quelques exhalaisons , et tels autres phénomènes que le peuple
grossissait , qui , en passant de bouche en bouche ,
devenaient de plus en plus effroyables , et recevaient
le dernier coup de pinceau de la main du narrateur
ignorant et crédule , prompt à écouter et à imaginer
des merveilles , pour plaire à ses lecteurs. (*Voyez
Aurore boréale.*)

— Delancre dit qu'en Égypte , un maréchal fer-
rant étant occupé à forger pendant la nuit , il lui apparut un diable sous la forme d'une belle femme ,

_____

(1) Leloyer.

qui le sollicitait à la caresser. Mais lui, quoique bel homme, était chaste et de bonnes mœurs; c'est pourquoi, avant de se laisser séduire, il jeta un fer chaud à la face du démon, qui s'enfuit en pleurant...

— Quelques historiens rapportent qu'à la sortie d'Antioche, l'ombre de l'empereur Sévère apparut à Caracalla, et lui dit pendant son sommeil : *Je te tuerai comme tu as tué ton frère.* — Si l'on personnifiait le remords, il y aurait bien des manières de le représenter.

— La politique a employé quelquefois les prodiges pour mener la multitude à son gré, et ce moyen est toujours sûr. Jules-César étant avec son armée sur les bords du Rubicon, il apparut un homme d'une taille au-dessus de l'ordinaire, qui s'avança, en sifflant, vers le général. Les soldats accourent, le fantôme saisit une trompette, sonne la charge et passe le fleuve. Aussitôt, sans délibérer davantage, César s'écrie : « Allons où les présages des dieux et » l'injustice des ennemis nous appellent (1). » L'armée le suivit avec ardeur.

— Pendant que les Romains faisaient la guerre en Macédoine, Publius Vatinius, revenant à Rome, vit subitement devant lui deux jeunes gens, beaux et bien faits, montés sur des chevaux blancs, qui lui annoncèrent que le roi Persée avait été fait prisonnier, la veille, par le consul Paul-Émile. Il alla annoncer au sénat cette heureuse nouvelle, et les sénateurs,

---

(1) Suétone.

croyant déroger à la majesté de leur caractère, en s'arrêtant à des puérilités, firent mettre cet homme en prison.

Mais après qu'on eut reconnu, par les lettres du consul, que le roi de Macédoine avait effectivement été pris ce jour-là, on tira Vatinius de sa prison, on le gratifia de plusieurs arpens de terre, et le sénat connut par là que Castor et Pollux étaient les protecteurs de l'empire romain (1). Si cette révélation hasardée, qui pouvait bien n'être qu'une vision de Vàtinius, ou une prédiction concertée avec le sénat, se fût trouvée démentie par l'événement, le prophète était en prison, considéré comme un insensé, et la majesté des sénateurs ne courait aucun risque.

— Guillaume-le-Roux, roi d'Angleterre, chassait dans une forêt. Le comte de Cornouailles, s'étant un peu écarté, vit un grand bouc velu et noir, qui portait un homme nu blessé d'une flèche au travers du corps. Le comte, sans s'effrayer, conjure le bouc, au nom du dieu vivant, de lui dire qui il est, et qui il porte ? Le bouc répondit *qu'il était le diable*; *qu'il portait Guillaume-le-Roux, tyran infâme qui n'avait cessé d'affliger les gens de bien, et qu'il allait le présenter au tribunal de Dieu.....* Ce jour-là, Guillaume fut tué d'une flèche lancée *au hasard* par un de ses serviteurs (2); et ce prodige fut publié pour pallier l'assassinat.

_____

(1) Valère-Maxime.
(2) Mathieu Pâris.

— On vit un jour, à Milan, un ange dans les nuages, armé d'une longue épée, et les ailes étendues. Les habitans épouvantés le prirent pour l'ange exterminateur ; la consternation devenait générale, lorsqu'un jurisconsulte fit remarquer que ce n'était que la représentation, qui se faisait dans les nuées, d'un ange de marbre placé au haut du clocher de Saint-Gothard.

— Pendant le siége de Jérusalem par Titus, et peu de jours avant la ruine de la ville, on vit tout à coup paraître un homme absolument inconnu, qui se mit à parcourir les rues et les places publiques, en criant sans cesse, durant trois jours et trois nuits : *Malheur à toi, Jérusalem !* On le fit battre de verges, on le déchira de coups pour lui faire dire d'où il sortait ; mais sans pousser une seule plainte, sans répondre un seul mot, sans donner le moindre témoignage de souffrance, il criait toujours : *Malheur à toi, Jérusalem !* Enfin, le troisième jour, à la même heure où il avait paru la première fois, se trouvant sur le rempart, il s'écria : *Malheur à moi-même !* Et, à l'instant, il fut écrasé par une pierre que lançaient les assiégeans.

Ce trait n'est rapporté que par les historiens superstitieux. Son invraisemblance prouve qu'il est supposé. D'ailleurs, après avoir fouetté de verges le prétendu prophète, parce qu'il décourageait les esprits, si on lui laissa la vie, on lui ôta du moins la liberté.

— Un frère convers, allant de bon matin à une

métairie de Vaux, vit un arbre tout blanc de fri-
mas, qui accourait droit à lui, avec une vitesse incroyable. Il fit le signe de la croix, et l'arbre disparut, infectant l'air d'une odeur sulfureuse; d'où
le frère conclut que cet arbre était le diable. C'était
bien lui en effet, car il reparut peu après changé
en tonneau, et causa une nouvelle peur au bon religieux, qui le fit encore rentrer en terre par le signe
usité en pareil cas. Enfin l'ange renégat prit la
forme d'une roue de charrette, et avant de donner
au frère le temps de se mettre en défense, lui passa
lestement sur le ventre, sans pourtant lui faire de
mal, après quoi il le laissa achever paisiblement sa
route (1).

Si toutes les histoires d'apparitions ressemblaient à
celle-ci, elles ne seraient point dangereuses; mais
il en est malheureusement qui portent avec elles une
apparence de vérité, et qui embarrassent plus d'un
lecteur, parce qu'on refuse de se persuader que tout
fait inintelligible est faux ou dénaturé. Le témoignage d'un seul homme doit-il donc balancer un instant celui du bon sens et de la raison?....

— Dion de Syracuse, étant une nuit couché sur
son lit, éveillé et pensif, entendit un grand bruit,
et se leva pour voir ce qui pouvait le produire. Il
aperçut, au bout d'une galerie, une femme de haute
taille, hideuse comme les furies, qui balayait sa
maison. Il fit appeler aussitôt ses amis et les pria de

---

(1) Gaguin.

passer la nuit auprès de lui; mais le spectre ne reparut plus; et quelques jours après le fils de Dion se précipita d'une fenêtre et se tua. Sa famille fut détruite en peu de jours, *et par manière de dire*, ajoute Leloyer, *balayée et exterminée de Syracuse*, *comme la furie, qui n'était qu'un diable, avait semblé l'en avertir par le balai.*

— On dit que toutes les fois qu'il doit mourir quelqu'un de la maison de Brandebourg, un esprit apparaît en forme de grande statue de marbre blanc, représentant une femme, et court par tous les appartemens du prince. *On dit encore* qu'un page voulant un jour arrêter cette statue, elle lui déchargea un grand soufflet, l'empoigna par la nuque et l'écrasa contre terre.....

— Quelques philosophes qui voyageaient en Perse, ayant trouvé un cadavre abandonné sur le sable, l'ensevelirent et le mirent en terre. La nuit suivante, un spectre apparut à l'un de ces philosophes, et lui dit que ce mort était le corps d'un infâme, qui avait commis un inceste avec sa mère, et que la terre lui refusait son sein. C'est pourquoi les philosophes se rendirent le lendemain, au même lieu, pour déterrer le cadavre; mais ils trouvèrent la besogne faite, et continuèrent leur route sans plus s'en occuper (1). *Inventor et mendax haud rarò viator.*

— Drusus, chargé par l'empereur Auguste du commandement de l'armée romaine, qui faisait la

---

(1) Agathias.

guerre en Allemagne, se préparait à passer l'Elbe,
après avoir déjà remporté plusieurs victoires, lorsqu'une femme majestueuse lui apparut et lui dit :
« Où cours-tu si vite, Drusus? Ne seras - tu jamais
» las de vaincre? Apprends que tes jours touchent à
» leur terme..... » Drusus, troublé par ces paroles,
tourna bride, fit sonner la retraite, et mourut aux
bords du Rhin. On vit en même temps deux chevaliers inconnus, qui faisaient caracoler leurs chevaux autour des tranchées du camp romain, et on
entendit aux environs des plaintes et des gémissemens de femmes (1).

— Xerxès, ayant cédé aux remontrances de son
oncle Artaban, qui le dissuadait de porter la guerre
en Grèce, vit pendant son sommeil un jeune homme
d'une taille et d'une beauté extraordinaires, qui lui
dit : « Tu renonces donc au projet de faire la
» guerre aux Grecs, après avoir mis tes armées en
» campagne?.... Crois-moi, reprends au plutôt cette
» expédition, ou tu seras dans peu aussi bas que tu
» te vois élevé aujourd'hui. » Cette vision se répéta
la nuit suivante.

Le roi, étonné, envoya chercher Artaban, le fit
revêtir de ses ornemens royaux, en lui contant la
double apparition qui l'inquiétait, et lui ordonna de
se coucher dans son lit, pour éprouver s'il ne se laissait point abuser par l'illusion d'un songe. Artaban,
tout en craignant d'offenser les dieux, en les mettant

(1) Dion Cassius.

à l'épreuve, fit ce que le roi voulut, et lorsqu'il fut endormi, le jeune homme lui apparut et lui dit : « J'ai déjà déclaré au roi ce qu'il doit craindre, s'il » ne se hâte d'obéir à mes ordres ; cesse donc de t'op- » poser à ce qui est arrêté par les destins. » En même temps, il sembla à Artaban que le fantôme voulait lui brûler les yeux avec un fer ardent ; il se jeta à bas du lit, raconta à Xerxès ce qu'il venait de voir et d'entendre, et se rangea de son avis, bien persuadé que les dieux destinaient la victoire aux Perses ; mais les suites funestes de cette guerre démentirent la promesse du fantôme.

Quelques écrivains ignorans mettent cette trompeuse apparition sur le compte d'un démon ennemi de Xerxès ; il en est même qui prétendent qu'elle n'eut lieu que par la permission de l'Éternel, qui voulait détruire l'empire des Perses ; comme si le Dieu qui dirige les cœurs à son gré avait besoin d'employer la fourberie et le mensonge !.... Xerxès désirait cette guerre dont on cherchait à le détourner ; le songe qu'il a est naturel. Et le timide Artaban, *qui craint d'offenser les dieux en les mettant à l'épreuve*, trouve, dans son imagination frappée, cette vision qui ne doit point surprendre.

— Ardivilliers est une terre assez belle, en Picardie, aux environs de Breteuil. Il y revenait un esprit, et ce lutin y faisait un bruit effroyable ; toute la nuit c'étaient des flammes qui faisaient paraître le château tout en feu ; c'étaient des hurlemens épouvantables ; mais cela n'arrivait qu'en certain temps

de l'année, vers la Toussaint. Personne n'osait y demeurer, que le fermier, avec qui cet esprit était apprivoisé. Si quelque malheureux passant y couchait
une nuit, il était si bien étrillé, qu'il en portait les
marques sur la peau pendant plus de six mois : voilà
pour l'intérieur du château.

Les paysans d'alentour voyaient bien davantage ;
tantôt quelqu'un avait aperçu de loin une douzaine d'esprits en l'air, au-dessus du château ; ils
étaient tout de feu et dansaient un branle à la paysanne. Un autre avait trouvé, dans une prairie, je
ne sais combien de présidens et de conseillers en
robe rouge, sans doute encore tout de feu ; ils étaient
assis et jugeaient à mort un gentilhomme du pays,
qui avait eu la tête tranchée, il y avait bien cent ans.
Un autre avait rencontré la nuit un parent du maître
du château, qui se promenait avec la femme d'un
seigneur des environs ; on nommait la dame, on
ajoutait même qu'elle s'était laissé cajoler, et qu'ensuite elle et son galant avaient disparu. Plusieurs
autres avaient vu, ou tout au moins ouï dire des
merveilles du château d'Ardivilliers.

Cette farce dura quatre ou cinq ans, et fit grand
tort au maître du château qui était obligé de laisser
sa terre à son fermier à très-vil prix. Mais enfin il
résolut de faire cesser la lutinerie, persuadé par
beaucoup de circonstances qu'il y avait de l'artifice
en tout cela. Il va à sa terre vers la Toussaint, couche
dans son château, fait demeurer dans sa chambre
deux gentilhommes de ses amis, bien résolus au pre-

mier bruit ou à la première apparition, de tirer sur
les esprits avec de bons pistolets. Les esprits qui
savent tout surent apparemment ces préparatifs : pas
un ne parut. Ils se contentèrent de traîner des chaînes
dans une chambre du haut, au bruit desquelles la
femme et les enfans du fermier vinrent au secours
de leur seigneur, en se jetant à ses genoux pour l'empêcher de monter dans cette chambre. « Ha ! mon-
» seigneur, lui criaient-ils, qu'est-ce que la force
» humaine contre des gens de l'autre monde ? Tous
» ceux qui ont tenté avant vous la même entreprise
» en sont revenus tout disloqués. » Ils firent tant
d'histoires au maître du château, que ses amis ne
voulurent pas qu'il s'exposât à ce que l'esprit pourrait
faire pour sa défense ; ils en prirent seuls la commission, et montèrent tous deux à cette grande et vaste
chambre où se faisait le bruit, le pistolet dans une
main, la chandelle dans l'autre.

Ils ne virent d'abord qu'une épaisse fumée que
quelques flammes redoublaient par intervalles. Un
instant après, elle s'éclaircit, et l'esprit s'entrevoit
confusément au milieu. C'est un grand diable tout,
noir, qui fait des gambades, et qu'un autre mélange
de flammes et de fumée dérobe une seconde fois à la
vue. Il a des cornes, une longue queue ; son aspect
épouvantable diminue un peu l'audace de l'un des
deux champions : « Il y a là quelque chose de surna-
» turel, dit-il à son compagnon, retirons - nous. —
» Non, non, répond l'autre ; ce n'est que de la fumée
» de poudre à canon.... Et l'esprit ne sait son métier

» qu'à demi, de n'avoir pas encore soufflé nos chan-
» delles. »

Il avance à ces mots, poursuit le spectre, lui lâche
un coup de pistolet, ne le manque pas; mais au lieu
de tomber, le fantôme se retourne et se fixe devant
lui. Il commence alors à s'effrayer à son tour; il
se rassure toutefois, persuadé que ce ne peut-être un
esprit; et voyant que le spectre évite de se laisser approcher, il se résout de le saisir, pour voir s'il sera
palpable ou s'il fondra entre ses mains.

L'esprit, trop pressé, sort de la chambre et s'enfuit par un petit escalier. Le gentilhomme descend
après lui, ne le perd point de vue, traverse cours
et jardins, et fait autant de tours qu'en fait le spectre;
tant qu'enfin ce fantôme, étant parvenu à une grange
qu'il trouve ouverte, se jette dedans et fond contre
un mur, au moment où le gentilhomme pensait
l'arrêter. Celui-ci appelle du monde, et dans l'endroit où le spectre s'était évanoui, il découvre une
trappe qui se fermait d'un verrou, après qu'on y était
passé. Il y descend, trouve le fantôme sur de bons
matelas, qui l'empêchaient de se blesser quand il s'y
jetait la tête la première. Il l'en fait sortir, et l'on
reconnaît, sous le masque du diable, le malin fermier, qui avoua toutes ses souplesses, et en fut quitte
pour payer à son maître les redevances de cinq années, sur le pied de ce que la terre était affermée
avant les apparitions.

Le caractère, qui le rendait à l'épreuve du pisto-

let, était une peau de buffle ajustée à tout son corps.
(Voyez *Diables*, *fantômes*, *revenans*, *spectres*, etc.)

APULÉE. — Philosophe platonicien, connu par
le fameux livre de *l'Ane d'or*. Il vécut au deuxième
siècle, sous les Antonins. On lui attribue plusieurs
miracles auxquels il n'a jamais songé.

Il dépensa tout son bien en voyages et à se faire
initier dans les mystères des diverses religions ; mais
comme il était bien fait et spirituel, il sut gagner la
tendresse d'une riche veuve et l'épousa. Il était fort
jeune encore et sa femme avait soixante ans. Cette
disproportion d'âge et la pauvreté d'Apulée firent
soupçonner qu'il avait employé la magie et les
philtres. Les parens, à qui ce mariage ne convenait
pas, accusèrent Apulée de sortilége ; il parut devant
les juges, on lui observa que cette femme était veuve
depuis douze ans, et qu'avant de l'avoir vu, elle n'a-
vait jamais songé, durant tout ce temps, à prendre
un nouvel époux..... « Qui vous a dit qu'elle n'y ait
» point songé ? répondit-il. L'idée du mariage est
» dans le cœur de toutes les femmes, et le long veu-
» vage où elle a vécu doit bien plus vous surprendre
» que l'union qu'elle vient de contracter. D'ailleurs,
» je suis jeune, je lui ai montré des soins, et un
» jeune homme n'a pas besoin d'autres philtres pour
» se faire aimer d'une vieille femme. »

Quoique les chimères de la magie fussent alors en
grand crédit, Apulée plaida si bien sa cause qu'il la
gagna pleinement.

Ceux qui veulent jeter du merveilleux sur toutes ses actions, affirment que, par un effet de ses charmes tout-puissans, sa femme était obligée de lui tenir la chandelle pendant qu'il travaillait.....

ARDENTS. — Exhalaisons enflammées qui paraissent sur les bords des lacs et des marais, ordinairement en automne, et qu'on prend pour des esprits follets, parce qu'elles sont à fleur de terre et qu'on les voit quelquefois changer de place. (Voyez *Follets.*)

ARGENT. — L'argent qui vient du diable est ordinairement de mauvais aloi. Delrio raconte qu'un homme ayant reçu du démon une bourse pleine d'or, n'y trouva le lendemain que des charbons et du fumier.

— Un inconnu donna à un jeune homme de quinze ans un papier plié, d'où il pouvait faire sortir autant de pièces d'or qu'il en voudrait, tant qu'il ne l'ouvrirait point. Il en sortit quelques écus. Il l'ouvrit ensuite par curiosité, y vit des figures horribles et le jeta au feu, où il fut une demi-heure sans pouvoir se consumer (1).

— Un étranger, bien vêtu, passant au mois de septembre 1606, dans un village de la Franche-Comté, acheta une jument, d'un paysan du lieu, pour la somme de dix-huit ducatons. Comme il n'en

---

(1) Gilbert.

avoit que douze à lui donner, il lui laissa une chaîne d'or, en gage du reste, qu'il promit de payer à son retour. Le vendeur serra le tout dans du papier, et le lendemain trouva la chaîne perdue et douze plaques de plomb au lieu de ducatons (1). On a vu des paysans (*lesquels aiment à passer pour pauvres et sans sou ni maille*, a dit un observateur) débiter des contes encore plus grossiers et trouver des sots pour les croire; si la chaîne valait mieux que les six ducatons, ce qui est probable, on l'avait perdue pour ne pas la rendre.

Manières de s'enrichir. — Cardan donne ce ridicule secret pour découvrir les trésors : qu'on prenne à la main une grande chandelle, composée de *suif* humain, et enclavée dans un morceau de bois de coudrier. Si la chandelle, étant allumée, fait beaucoup de bruit et pétille avec éclat, c'est une marque qu'il y a un trésor dans le lieu où l'on cherche, et plus on en approchera, plus la chandelle pétillera : elle s'éteindra enfin quand elle en sera tout-à-fait proche. Ce secret est d'autant plus sûr, que Cardan a écrit le livre, où il se trouve, d'après le conseil d'un démon familier.

— Quand on fait des beignets avec des œufs, de la farine et de l'eau, pendant la messe de la chandeleur, de manière qu'on en ait de faits après la messe, on a de l'argent pendant toute l'année (1), ce qui est fort agréable assurément.

(1) Boguet.
(2) Thiers.

— On gagne à tous les jeux, si l'on porte sur soi ces croix et ces mots écrits sur du parchemin vierge : +*Aba* + *aluy* + *abafroy* + *agera* + *procha* +.

ART NOTOIRE. — Le livre qui contient les principes de l'art notoire, promet la connaissance de toutes les sciences en quatorze jours.

L'auteur du livre dit que le Saint-Esprit le dicta à saint Jérôme, et ses prôneurs, qui ne pèchent pas par excès de science, affirment que Salomon n'a obtenu la sagesse et la science universelle, en une seule nuit, que par le moyen de ce merveilleux livre. Un savant de la même espèce que ces gens-là disait, avec autant de bon sens, qu'Ève récitait les psaumes de David quand le diable la vint trouver.

Selon Delrio, les maîtres de cet art font faire à leurs élèves une confession générale, des jeûnes, des prières, des retraites, puis les font mettre à genoux et leur persuadent qu'ils sont devenus savans autant que Salomon, les prophètes et les apôtres.

Érasme qui parle de ce livre, dans un de ses colloques, dit qu'il n'y a rien compris, qu'il n'y a trouvé que certaines figures de dragons, de lions, de léopards ; des cercles, des caractères hébreux, grecs, latins, etc. ; et qu'on n'a jamais connu personne qui fût devenu savant avec ce livre.

ARUSPICES. — (Voyez *Hépatoscopie.*)

ASMODÉE, — Démon destructeur. Ses domaines sont l'erreur, le mensonge et la dissipation. Il est aux enfers le surintendant des maisons de jeu, selon l'esprit de quelques démonomanes.

Ce fut lui qui posséda la jeune Sara, et lui étrangla sept maris, avant qu'elle épousât son cousin Tobie.

ASTAROTH, — Démon des richesses, grand trésorier des enfers. Il a le droit d'émettre son avis, quand on propose des lois nouvelles, quoiqu'il ne soit pas membre du conseil infernal.

ASTARTÉ , — Épouse d'Astaroth; elle préside aux plaisirs de l'amour, et porte des cornes, non difformes, comme celles de son mari et des autres démons, mais élégamment façonnées et faites en croissant.

Les Phéniciens adoraient la lune sous le nom d'Astarté. — On doit sentir que ces contes sont des allégories, comme ceux de la mythologie ancienne : Astaroth, qui donne les richesses, est le soleil; Astarté, qui préside aux plaisirs de la nuit, n'est autre chose que la lune.

ASTRES. — Mahomet dit, dans son Alcoran, que les étoiles sont les sentinelles du ciel, et qu'elles empêchent les diables d'en approcher et de connaître les secrets de Dieu.

D'autres prétendent que les étoiles sont les yeux du ciel, et que les pierres précieuses sont les larmes qui en tombent. Or, comme il est naturel d'aimer chèrement ses yeux, les astrologues assurent que chaque étoile a sa pierre favorite.

Les astres président à tout dans le monde, si l'on en croit les astrologues, et leur puissance est si grande, que celle de Dieu même peut à peine la balancer.

— Il y a dans les astres, comme en toutes choses, du bon et du mauvais; celui qui naît sous une planète favorable, est constamment heureux, quoiqu'il fasse; et malheur à qui s'avise de venir au monde quand le ciel est mal disposé!

ASTROLABE : —Instrument dont on se sert pour observer les astres et tirer les horoscopes. Il est ordinairement à peu près semblable à une sphère armillaire. L'astrologue, instruit du jour, de l'heure, du moment où est né celui qui le consulte, met les choses à la place qu'elles occupaient alors, et dresse son thème, suivant la position des planètes et des constellations.

ASTROLOGIE JUDICIAIRE: — Art de prédire les événemens futurs, par les aspects, les positions et les influences des corps célestes.

L'astrologie judiciaire passe pour avoir pris naissance dans la Chaldée, d'où elle pénétra en Égypte, en Grèce et en Italie. Quelques auteurs en attribuent l'invention à Cham.

Les Égyptiens, si l'on en croit Diogène-Laërce, connaissaient la rondeur de la terre et la véritable cause des éclipses. On ne peut leur disputer l'habileté en astronomie; mais au lieu de se tenir aux règles sûres de cette science, ils y en ajoutèrent d'autres, qu'ils fondèrent uniquement sur leur imagination : et ce furent là les principes de l'art de deviner et de tirer des horoscopes. Ce sont eux, dit Hérodote, qui enseignèrent à quel dieu chaque mois et chaque jour est consacré, qui observèrent les premiers, sous quel ascendant un homme est né, pour prédire sa fortune, ce qui lui arriverait dans sa vie, et de quelle mort il mourrait.

Des planètes et des constellations. — Il y a, dans le ciel, sept planètes (selon les astrologues), et dans le zodiaque douze signes, qui sont placés là exprès pour nous; nous n'avons aucun membre que ces corps célestes ne gouvernent comme il leur plait.

Le soleil gouverne la tête; la lune, le bras droit; Vénus, le bras gauche; Jupiter, l'estomac; Mars, les parties sexuelles; Mercure, le pied droit; et Saturne, le pied gauche.

Ou bien, Mars gouverne la tête; Vénus, le bras droit; Jupiter, le bras gauche; le soleil, l'estomac; la lune, les parties sexuelles; Mercure, le pied droit; et Saturne, le pied gauche.

Cérès, Pallas, Uranus, Vesta, etc., ne gouvernent rien ; parce que ceux qui ont distribué les gouvernemens, ne les ont point connues.

Le soleil est bienfaisant et favorable ; Saturne, triste, morose et froid ; Jupiter, tempéré et benin ; Mars, ardent ; Vénus, bienveillante et féconde ; Mercure, inconstant ; la lune, mélancolique. (Voyez *Planètes.*)

— Constellations du printemps : le Belier, le Taureau, les Gémeaux.

Constellations de l'été : l'Ecrevisse, le Lion, la Vierge.

Constellations de l'automne : la Balance, le Scorpion, le Sagittaire.

Constellations de l'hiver : le Capricorne, le Verseau, les Poissons.

Le Belier gouverne la tête ; le Taureau, le cou ; les Gémeaux, les bras et les épaules ; l'Écrevisse, la poitrine et le cœur ; le Lion, l'estomac ; la Vierge, le ventre ; la Balance, les reins et les fesses ; le Scorpion, les parties sexuelles ; le Sagittaire, les cuisses ; le Capricorne, les genoux ; le Verseau, les jambes ; et les Poissons, les pieds.

Des divers aspects. — Le Belier, le Lion et le Sagittaire sont chauds, secs et ardens. Le Taureau, la Vierge et le Capricorne sont lourds, froids et secs. Les Gémeaux, la Balance et le Verseau sont légers, chauds et humides. L'Écrevisse, le Scorpion et les Poissons sont humides, froids et mous.

Quand trois signes, de la même nature, se rencontrent ainsi dans le ciel, ils forment le *trin aspect*, parce qu'ils partagent le ciel en trois, et qu'ils sont séparés l'un de l'autre par trois constellations. Cet aspect est bon et favorable.

— Quand ceux qui partagent le ciel par sixième se rencontrent, à l'heure de la naissance, comme le Belier avec les Gémeaux, le Taureau avec l'Écrevisse, les Gémeaux avec le Lion, l'Écrevisse avec la Vierge, etc. ils forment *l'aspect sextil*, qui est médiocre.

— Quand ceux qui partagent le ciel en quatre, comme le Belier avec l'Écrevisse, le Taureau avec le Lion, les Gémeaux avec la Vierge, l'Écrevisse avec la Balance, etc., se rencontrent dans le ciel, ils forment *l'aspect carré*, qui est mauvais.

— Quand ceux qui se trouvent aux parties opposées du ciel, comme le Belier avec la Balance, le Taureau avec le Scorpion, les Gémeaux avec le Sagittaire, etc., se rencontrent à l'heure de la naissance, ils forment l'*aspect contraire*, qui est méchant et nuisible. (Voyez *Constellations.*)

Maisons célestes. — Il y a, dans le ciel, douze maisons qui coupent le zodiaque en douze parties égales. Chaque maison a trente degrés, puisque les cercles en ont trois cent soixante.

Les astrologues représentent ces maisons dans un carré de cette sorte :

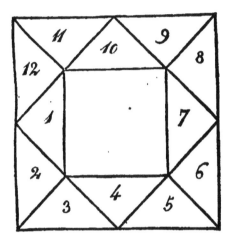

Première maison : *Le Belier*; on l'appelle l'angle oriental. C'est la maison de la vie.

Seconde maison : *Le Taureau*; on l'appelle la porte inférieure. C'est la maison des richesses et des espérances de fortune.

Troisième maison : *Les Gémeaux*; on l'appelle la demeure des frères. C'est la maison des héritages.

Quatrième maison : *L'Ecrevisse*; on l'appelle le fond du ciel, l'angle de la terre, la demeure des parens. C'est la maison des trésors et des biens de patrimoine.

Cinquième maison : *Le Lion*; on l'appelle la demeure des enfans. C'est la maison des legs et des donations.

Sixième maison : *La Vierge*; on l'appelle l'amour de Mars. C'est la maison des chagrins, des revers et des maladies.

Septième maison : *La Balance*; on l'appelle l'angle occidental. C'est la maison du mariage et des noces.

Huitième maison : *Le Scorpion*; on l'appelle la porte supérieure. C'est la maison de l'effroi, des craintes et de la mort.

Neuvième maison : *Le Sagittaire*; on l'appelle l'amour du soleil. C'est la maison de la piété, de la religion, des voyages et de la philosophie.

Dixième maison : *Le Capricorne*; on l'appelle le milieu du ciel. C'est la maison des charges, des dignités et des couronnes.

Onzième maison : *Le Verseau*; on l'appelle l'amour de Jupiter. C'est la maison des amis, des bienfaits et de la fortune.

Douzième maison : *Les Poissons*; on l'appelle l'amour de Saturne. C'est la plus mauvaise de toutes et la plus funeste : c'est la maison des emprisonnemens, des maux, de l'envie et de la mort violente.

Maisons des planètes. — Le Bélier et le Scorpion sont les maisons chéries de Mars; Le Taureau et la Balance, celles de Vénus; les Gémeaux et la Vierge, celles de Mercure; le Sagittaire et les Poissons, celles de Jupiter; le Capricorne et le Verseau, celles de Saturne; le Lion, celle du soleil; l'Ecrevisse, celle de la lune.

Des horoscopes. — Si Mars se trouve avec le Bélier, à l'heure de la naissance, il donne du courage, de la fierté, et une longue vie. S'il se trouve avec le Taureau; richesses et courage. Avec le Capricorne, honneurs, dignités, courage, puissance, etc. En un mot, Mars augmente l'influence des constellations avec qui il se rencontre, et y ajoute la valeur.

Saturne donne des peines, des travaux, des maladies, de la misère; il augmente les mauvaises influences et gâte les bonnes.

Vénus donne de l'amour, de la joie, des plaisirs; elle augmente les bonnes influences et affaiblit les mauvaises.

Mercure donne la sagesse, l'éloquence, le bonheur dans le commerce; il augmente ou affaiblit les influences, suivant ses conjonctions. Par exemple, s'il se trouve avec les Poissons, qui sont mauvais, il devient moins bon; s'il se trouve avec le Capricorne, qui est favorable, il devient meilleur.

La lune rend mou, lâche, donne la mélancolie, la tristesse, la démence et le naturel phlegmatique.

Jupiter donne la beauté, les richesses et les honneurs. Il augmente les bonnes influences et dissipe les mauvaises.

Le soleil ascendant donne les faveurs des princes; il a sur les influences presque autant de pouvoir que Jupiter.

— Les Gémeaux, la Balance et la Vierge, donnent la beauté par excellence.

Le Scorpion, le Capricorne et les Poissons, donnent une beauté médiocre.

Les autres constellations donnent la laideur.

La Vierge , la Balance, le Verseau et les Gémeaux, donnent une belle voix.

L'Écrevisse , le Scorpion et les Poissons , donnent une voix nulle ou désagréable.

Les autres constellations n'ont pas de pouvoir sur la voix.

— Si les planètes et les constellations se trouvent à l'orient, à l'heure de la naissance, on éprouvera leur influence au commencement de la vie ; si elles sont au milieu du ciel , on l'éprouvera au milieu de la vie; si elles sont à l'occident , on l'éprouvera , à la fin.

— Tels sont en peu de mots , les principes de cet art chimérique , autrefois si vanté , si universellement répandu , et maintenant presque tombé en désuétude. Je dis *presque* , parceque , malgré tous les efforts de la philosophie pour prouver la vanité de cette prétendue science, on voit encore des gens assez dépourvus de bon sens pour y croire.

Les astrologues conviennent que le globe roule si rapidement , que la disposition des astres se change en un moment.... Il faudra donc , pour tirer les horoscopes, que les sages-femmes aient eu soin de regarder attentivement les horloges , de marquer exactement chaque point du jour , et de conserver à celui qui nait ses étoiles comme son patrimoine. Mais combien de fois , dit Barclai , le péril des mères empêche-t-il ceux qui sont autour d'elles de songer à cela ? Et combien de fois ne s'y trouve-t-il personne qui soit assez superstitieux pour s'en occuper ?.... Supposez cependant qu'on y ait pris garde, si l'en-

fant est long-temps à naître, et si ayant poussé la tête
dehors, le reste du corps ne sort point de suite,
comme il arrive, quelle disposition des astres sera
funeste ou favorable ? sera-ce celle qui aura présidé
au sortir de la tête, ou celle qui se sera rencontrée,
quand il a été entièrement dehors ?

On est convenu de considérer les astres qui do-
minaient quand l'enfant naquit, et pourquoi ne pas
consulter ceux qui présidaient à sa formation ? L'enfant dépend-il moins de ces constellations que de celles
de sa naissance ?

Ce sont là des questions auxquelles les partisans de l'astrologie judiciaire ne daignent pas
répondre. Celui qui naît sous une constellation favorable, sera nécessairement heureux ; celui qui
naît sous une constellation funeste, sera nécessairement malheureux. Ainsi nul ne peut éviter sa
destinée. Ce système établit le fatalisme. L'homme
que les astres destinent à être un brigand, ne peut
vivre honnête homme ; celui-ci mourra dans son lit,
quoiqu'il fasse, parce que les astres lui accordent
cette mort ; celui-là fera naufrage, quand même il
n'irait jamais sur mer, si les astres l'ont décidé.

Tel homme sera assassiné à trente ans ; c'est
écrit dans le ciel. En conséquence, il faudra, quand
le temps sera venu, que les astres se souviennent de
faire agir le fer qui le doit tuer.

Mais ceux qui vont à la guerre, et qui meurent
ensemble, ont-ils eu tous, à leur naissance, une même
disposition du ciel ?.... Ceux qui viennent au monde

à la même heure, vivent-ils et meurent-ils de la même sorte ?.... Des calculateurs ont remarqué qu'il mourait, par an, la quarantième partie du genre humain. S'il est vrai qu'il y ait, comme on le croit, quatre cent millions d'hommes sur la terre, il en meurt dix millions par an, huit cent mille par mois, vingt-cinq mille par jour, et plus de mille par heure.

Or, il est reconnu que le nombre des naissances égale au moins le nombre des décès ordinaires (puisque la guerre emporte des milliers d'hommes en un jour, et qu'il y a certaines contrées où l'on est obligé de noyer une partie des enfans qui naissent); ainsi, quand un Homère vient au monde, deux ou trois cents enfans doivent trouver dans leurs constellations, une Iliade, et une égalité de génie et de gloire. Le vaisseau qui doit périr ne recevra que ceux que les astres ont condamnés en naissant à mourir au fond des eaux; et ceux qui naîtront sous la même conjonction d'astres que les rois, auront tous des royaumes!

— Sous le règne d'Agamond, roi des Huns, une Allemande mit au monde trois enfans d'une seule couche, et les jeta tous dans un lac pour les faire mourir. Agamond, qui chassait dans les environs, en trouva un qui respirait encore, le fit tirer de l'eau, et l'éleva avec soin, tellement qu'il fut depuis roi de Lombardie, sous le nom de Lamissius. Il régna sous le pontificat de Benoît Ier. (1).

_____

(1) Philippe Bergomas.

Or si les astres ont un pouvoir si absolu, il fallait que les trois enfans fussent sauvés, ou qu'ils mourussent tous dans le lac, puisqu'ils étaient nés ensemble et qu'ils avaient été jetés à l'eau en même temps. Les astrologues diront sans doute que les conjonctions changeaient, de la naissance de l'un à la naissance de l'autre, mais alors, tous les trois ne devaient pas déplaire également à leur mère ; et les deux qui périrent auraient subi un sort différent.

— Un valet, ayant volé son maître, s'enfuit avec l'objet dérobé. On mit des gens à sa poursuite, et comme on ne le trouvait pas, on consulta un astrologue. Le charlatan, habile à deviner les choses passées, répondit que ce valet s'était échappé, parce que la lune s'était trouvée, à sa naissance, en conjonction avec Mercure, qui protége les voleurs, et que de plus longues recherches seraient inutiles. Comme il disait ces mots, on amena le domestique, qu'on venait de prendre enfin, malgré la protection de Mercure.

— Un homme, épris de l'astrologie judiciaire, n'entrait jamais dans la chambre de sa femme, sans avoir consulté les astres. S'il apercevait au ciel quelque constellation funeste, il couchait seul. Il eut plusieurs enfans qui furent tous des insensés ou des idiots.(1).

_____

(1) Barchi.

ASTROLOGUES. —

Un astrologue, un jour, se laissa choir
Au fond d'un puits. On lui dit : Pauvre bête,
Tandis qu'à peine à tes yeux tu peux voir,
Penses-tu lire au-dessus de ta tête ?
LA FONTAINE.

—Tibère, étant à Rhodes, voulut satisfaire sa curiosité sur l'astrologie judiciaire. Il fit venir, l'un après l'autre, tous ceux qui se mêlaient de prédire l'avenir, sur une terrasse de sa maison, qui était bâtie sur des rochers, au bord de la mer. Un de ses affranchis, d'une taille haute et d'une force extraordinaire, les lui amenait, à travers les précipices. Si Tibère reconnaissait que l'astrologue n'était qu'un fourbe, l'affranchi ne manquait pas, à un signal convenu, de le précipiter dans la mer.

Il y avait alors à Rhodes, un certain Trasulle, homme habile dans l'astrologie, et d'un esprit adroit. Il fut conduit, comme les autres, à ce lieu écarté, assura Tibère qu'il serait empereur, et lui révéla beaucoup de choses futures. Tibère lui demanda ensuite s'il connaissait ses propres destinées, et s'il avait tiré son horoscope. Trasulle, qui avait eu quelques soupçons en ne voyant revenir aucun de ses confrères, et qui sentit redoubler ses craintes, en considérant le visage de Tibère, l'homme qui l'avait amené et qui ne le quittait point, le lieu élevé où il se trouvait, le précipice qui était à ses pieds, regarda le ciel, comme pour lire dans les astres; bientôt il s'étonna, pâlit, et s'écria épouvanté, qu'il était menacé de la mort. Tibère, ravi d'aise et d'admiration, attribua à l'astrologie ce qui n'était que de la présence d'esprit et de l'adresse, rassura Trasulle, en l'embrassant, et le regarda depuis comme un oracle.

— Un aveugle, en jetant au hasard une multitude de flèches, peut atteindre le but, une fois entre mille ; de même, quand il y avait en Europe des milliers d'astrologues, qui faisaient tous les jours de nouvelles prédictions, il pouvait s'en trouver quelques-unes que le hasard justifiât ; et celles-ci, quoique fort rares, entretenaient la crédulité que des millions de mensonges auraient dû détruire.

L'empereur Frédéric, étant sur le point de quitter Vicence, qu'il venait de prendre d'assaut, défia le plus fameux de ses astrologues de deviner par quelle porte il sortirait le lendemain. Le charlatan répondit au défi par un tour de son métier : il remit à Frédéric un billet cacheté, lui recommandant sur toutes choses de ne l'ouvrir qu'après qu'il serait sorti.

L'empereur fit abattre, pendant la nuit, quelques toises de la muraille et sortit par la brèche. Il ouvrit ensuite le billet et ne fut pas peu surpris d'y lire ces mots : *L'empereur sortira par la porte neuve.* C'en fut assez, pour que l'astrologue et l'astrologie lui parussent infiniment respectables.

— Darah, l'un des quatre fils du grand-mogol Schah-Géhan, ajoutait beaucoup de foi aux prédictions des astrologues. Un de ces charlatans lui avait prédit, au péril de sa tête, qu'il porterait la cou-

ronne, et Darah comptait là-dessus. Comme on s'é-
tonnait que cet astrologue osât garantir, sur sa vie,
un événement aussi incertain : « Il arrivera de deux
» choses l'une, répondit-il ; ou Darah parviendra au
» trône, et ma fortune est faite ; ou il sera vaincu,
» et dès lors sa mort est certaine, et je ne redoute
» pas sa vengeance. »

— Un astrologue ayant prédit la mort d'une dame
que Louis XI aimait éperdument, cette dame mourut en effet, et le roi crut que la prédiction de l'astrologue en était la cause. Il le fit venir devant lui,
avec le dessein de le faire jeter par la fenêtre : « Toi
» qui prétends être né si habile homme, lui dit-il,
» apprends-moi quel sera ton sort ? » Le prophète,
qui se doutait du projet du prince, et qui connaissait
son faible, lui répondit : « Sire, je prévois que je
» mourrai trois jours avant Votre Majesté. » Le roi le
crut, et se garda bien de le faire mourir.

— Héggiage, général arabe, sous le calife Valid,
consulta, dans sa dernière maladie, un astrologue
qui lui prédit une mort prochaine. « Je compte tel-
» lement sur votre habileté, lui répondit Héggiage,
» que je veux vous avoir, avec moi, dans l'autre
» monde ; et je vais vous y envoyer le premier, afin
» que je puisse me servir de vous, dès mon arrivée. »
Et il lui fit couper la tète, quoique le temps fixé
par les astres ne fût pas arrivé.

— Henri VII, roi d'Angleterre, demandait à un
astrologue s'il savait où il passerait les fêtes de Noël.
L'astrologue répondit qu'il n'en savait rien. « Je suis

» donc plus habile que toi, répondit le roi ; car je
» sais que tu les passeras dans la tour de Londres. »
Il l'y fit conduire en même temps.

— Le pape Jean XXI, ayant long-temps étudié
l'astrologie, avait trouvé, par la connaissance qu'il
s'était acquise de l'influence des astres, que sa vie
serait longue ; et il le disait à tous ceux qui l'approchaient. Un jour qu'il s'en vantait en présence de
quelques personnes, une voûte qu'il faisait construire au palais de Viterbe vint à tomber, et le blessa
si grièvement qu'il en mourut au bout de six jours.

— Boulainvilliers et Colonne, qui jouissaient
d'une grande réputation, à Paris, en fait d'astrologie,
avaient prédit à Voltaire qu'il mourrait à trente-
deux ans. « J'ai eu la malice, écrivait-il, en 1757,
» de les tromper déjà de près de trente années, de
» quoi je leur demande humblement pardon. » Il les
trompa encore de plus de vingt.

— Fulgose, qui croyait beaucoup à l'astrologie,
rapporte, comme une preuve de la vérité de cette
science, que l'empereur Adrien, qui était très-habile
astrologue, écrivait tous les ans, au premier de janvier, ce qui lui devait arriver pendant l'année ; et
l'année qu'il mourut, il n'écrivit que jusqu'au mois
de sa mort, donnant à connaître, par son silence,
qu'il prévoyait son trépas. Mais d'autres observent
que le livre, où l'empereur Adrien écrivait ses pré-
voyances, ne fut montré qu'après sa mort, de sorte
qu'il pouvait fort bien avoir écrit après coup ; comme

ceux qui prédisent la température de la journée,
quand le soir est arrivé.

— Un astrologue regardant au visage Jean Ga-
léas, duc de Milan, lui dit : « Seigneur, arrangez
» vos affaires, car vous ne pouvez vivre long-temps.
» — Comment le sais-tu ? lui demanda le duc. —
» Par la connaissance des astres, répondit l'astro-
» logue. — Et toi, combien dois-tu vivre ? — Ma
» planète me promet une longue vie. — Oh bien !
» repartit le duc, tu vas voir qu'il ne faut pas se fier
» aux planètes. » Et il le fit pendre dans le moment.

— Zica, roi des Arabes, à qui les plus célèbres
astrologues de son siècle avaient prédit une longue
vie, mourut l'année même de cette prédiction.

— Guillaume, duc de Mantoue, avait dans ses
écuries une cavale pleine, qui mit bas un mulet. Il
envoya aussitôt aux plus fameux astrologues d'Italie
l'heure de la naissance de cette bête, les priant de
lui apprendre quelle serait la fortune d'un bâtard,
né dans son palais ; il prit soin surtout qu'ils ne
sussent pas que c'était d'un mulet qu'il voulait parler. Les devins firent de leur mieux, pour flatter le
prince, ne doutant point que ce bâtard ne fût de ses
œuvres. Les uns dirent qu'il serait général d'armée ;
d'autres en firent un évêque ; quelques-uns l'élevèrent
au cardinalat ; il en y eut même un qui le fit pape.

L'ANE ET L'ASTROLOGUE.

Certain roi, jusqu'à la folie,
Aima jadis l'astrologie ;

Toujours marchait à ses côtés
Un docteur à longues lunettes,
Et de ce conteur de sornettes
En aveugle il suivait toutes les volontés.
Sur ses projets divers, sur ses peines secrètes,
Les astres étaient consultés ;
C'était un faible ridicule ;
Mais les rois sont friands d'apprendre le futur.
Un hasard détrompa le prince trop crédule.
Un jour que le soleil, plus brillant et plus pur
Invitait le monarque à s'ébattre à la chasse,
Il sort; le pédant suit ; le ciel devient obscur,
L'air s'épaissit, l'orage les menace.
Le monarque tremblant consulte son docteur ;
Alors, d'un ton de pédagogue :
Calmez votre souci, seigneur,
Je promets du beau temps, répondit l'astrologue.
Sur la parole du menteur,
On s'avance, on s'exerce aux travaux de Diane ;
La meute était aux champs, lorsqu'il parut un âne;
Un pitaut le suivait. Bon homme, par ta foi,
Pleuvra-t-il, demanda le roi?
Sire, j'aurons de l'eau sans doute,
Dit le manant sans se troubler ;
J'aperçois du baudet les oreilles trembler :
C'est un présage sûr. Le monarque l'écoute,
Et se sait bon gré d'avoir mis,
Et le docteur et l'âne en compromis.
L'astrologue en pâlit ; cependant la tempête
Commence à fondre sur leur tête.
Le prince, bien mouillé, chassa de son palais
Des doctes charlatans la gent porte-soutane ;

Et jura ses dieux que jamais
Il ne consulterait d'autre docteur qu'un âne.

(*Voyez Horoscopes, Devins, etc.*)

AUGURES. — Les augures étaient chez les Romains les interprètes des dieux. On les consultait
avant toutes les grandes entreprises : ils jugeaient du
succès, par le vol, le chant et la façon de manger des
oiseaux. On ne pouvait élire un magistrat, ni livrer une bataille, sans avoir consulté l'appétit des
poulets sacrés.

Les augures prédisaient aussi l'avenir, par le
moyen du tonnerre et des éclairs. Les savans n'é-
taient pas dupes de leurs cérémonies ; et Cicéron disait qu'il ne concevait pas que deux augures pussent
se regarder sans éclater de rire.

Les oiseaux ne sont pas chez nous dépourvus du
don de prophétie. Le cri de la chouette annonce la
mort. (*Voyez Hibou.*) Le chant du rossignol promet de la joie ; le coucou donne de l'argent, quand
on porte sur soi quelque monnaie le premier jour
qu'on a le bonheur de l'entendre, etc. Si une corneille vole devant vous, dit Cardan, elle présage un
malheur futur ; si elle vole à droite, un malheur présent ; si elle vole à gauche, un malheur qu'on peut
éviter par la prudence ; si elle vole sur la tête, elle
annonce la mort, pourvu toutefois qu'elle croasse ;
car, si elle garde le silence, elle ne présage rien.....

— La vue d'un aigle sauva la vie au roi Déjotare,
qui ne faisait rien sans consulter les oiseaux ; car

comme il s'y connaissait, il comprit que cet aigle le détournait d'aller loger dans la maison qu'on lui préparait, et qui tomba la nuit suivante (1).

— Cicéron, s'étant retiré à sa maison de campagne, auprès de Gayète, vit un corbeau arracher l'aiguille d'un cadran. Cet oiseau s'approcha ensuite de lui, le prit par le bas de sa robe, et ne cessa de la tirer, que quand un esclave vint dire à l'orateur romain, que des soldats arrivaient pour lui donner la mort (2). Les corbeaux sont maintenant plus sauvages. (Voyez *Alectryomancie*.)

AURORE BOREALE. — Espèce de nuée rare, transparente, lumineuse, qui paraît la nuit, du côté du nord.

On ne saurait croire, dit Saint-Foix, sous combien de formes l'ignorance et la superstition des siècles passés nous ont présenté l'aurore boréale. Elle produisait des visions différentes dans l'esprit des peuples, selon que ses apparitions étaient plus ou moins fréquentes; c'est-à-dire, selon qu'on habitait des pays plus ou moins éloignés du pôle. Elle fut d'abord un sujet d'alarmes pour les peuples du Nord; ils crurent leurs campagnes en feu, et l'ennemi à leurs portes. Mais ce phénomène devenant presque journalier, il l'ont bientôt regardé comme ordinaire et naturel; ils l'ont même confondu assez souvent

_____

(1) Valère-Maxime.
(2) Idem.

avec le crépuscule. Les habitans des pays qui tiennent le milieu entre les terres arctiques et l'extrémité méridionale de l'Europe, n'y virent que des sujets tristes ou menaçans, affreux ou terribles. C'étaient des armées en feu, qui se livraient de sanglantes batailles, des têtes hideuses séparées de leur tronc, des boucliers ardens, des chars enflammés, des hommes à pied et à cheval, qui couraient rapidement les uns contre les autres, et se perçaient de leurs lances. On croyait voir tomber des pluies de sang; on entendait le cliquetis des armes, le bruit de la mousqueterie, le son des trompettes : présages funestes de guerres et de calamités publiques. Voilà ce que nos pères ont presque toujours vu et entendu dans les aurores boréales. Faut-il s'étonner, après cela, des frayeurs terribles que leur causaient ces sortes de nuées, quand elles paraissaient ?

— La chronique de Louis XI rapporte qu'en 1465, on aperçut à Paris une aurore boréale qui fit paraître toute la ville en feu. Les soldats qui faisaient le guet en furent épouvantés, et un homme en devint fou. On en porta la nouvelle au roi, qui monta à cheval et courut sur les remparts. Le bruit se répandit que les ennemis, qui étaient devant Paris, se retiraient et mettaient le feu à la ville. Tout le monde se rassembla en désordre, et on trouva que ce grand sujet de terreur n'était qu'un phénomène.

Tant sur l'esprit humain ont toujours de pouvoir
Les spectacles frappans qu'il ne peut concevoir.

DUCIS.

AZAZEL, — Démon du second ordre, gardien du bouc.

A la fête de l'expiation, que les Juifs célébraient le dixième jour du septième mois (1), on amenait au grand prêtre deux boucs, qu'il tirait au sort : l'un pour le Seigneur, l'autre pour Azazel. Celui sur qui tombait le sort du Seigneur était immolé, et son sang servait pour l'expiation. Le grand prêtre mettait ensuite ses deux mains sur la tête de l'autre, confessait ses péchés et ceux du peuple, en chargeait cet animal, qui était alors conduit dans le désert et mis en liberté. Et le peuple, ayant laissé au bouc d'Azazel le soin de ses iniquités, s'en retournait la conscience nette.

Selon Milton, Azazel est le premier porte-enseigne des armées infernales.

B.

BAAL, — Grand duc et dominateur suprême, général en chef des armées infernales.

BAALBÉRITH, — Démon du second ordre, maître de l'alliance, secrétaire général et conservateur des archives de l'enfer.

BAGUETTE DIVINATOIRE. — Rameau fourchu de coudrier, d'aune, de hêtre ou de pommier,

---

(1) Le septième mois des Juifs répondait à septembre.

à l'aide duquel on découvre les trésors , les maléfices
et les voleurs.

En 1692, la baguette divinatoire fit beaucoup de
bruit en France, et tout le monde courut la consulter. Il n'y avait rien de si caché qu'elle ne parvînt
à mettre au jour, et on la disait incapable d'errer.
Elle s'arrêtait, avec la plus grande précision, dans la
main de celui qui la faisait tourner, dès qu'elle apercevait la personne ou la chose qu'on la priait de
faire connaître ; et les merveilles qu'elle opéra occupèrent long-temps les esprits.

— On avait volé à mademoiselle de Condé deux
petits flambeaux d'argent. Jacques-Aymar , paysan
du Lyonnais, fameux dans l'art d'agiter la baguette
divinatoire , parcourut quelques rues , en faisant
tourner son oracle. Il s'arrêta à la boutique d'un orfèvre qui nia le vol, et se trouva fort offensé de l'accusation. Mais le lendemain on remit à l'hôtel le prix
des flambeaux ; et quelques personnes sages pensèrent
que le charlatan l'avait envoyé pour se mettre en crédit.

Jacques Aymar courut aussi à la recherche d'un
meurtrier , guidé par la baguette divinatoire , et le
poursuivit inutilement plus de quarante-cinq lieues
sur terre et plus de trente sur mer. De sorte qu'il
fut prouvé que la merveilleuse baguette était une
jonglerie , et le devin un imposteur.

BALAI. — Le manche à balai est la monture ordinaire des sorcières, lorsqu'elles se rendent au sabbat. (Voyez *Sabbat.*)

BATON DU BON VOYAGEUR. — Cueillez, *le lendemain de la Toussaint*, une forte branche de sureau, que vous aurez soin de ferrer par le bas. Otez-en la moelle, mettez à la place les deux yeux d'un jeune loup, la langue et le cœur d'un chien, trois lézards verts, et trois cœurs d'hirondelles, le tout réduit en poudre, par la chaleur du soleil, entre deux papiers saupoudrés de salpêtre; placez par-dessus tout cela, dans le cœur du bâton, sept feuilles de verveine, cueillies *la veille de la saint Jean-Baptiste*, avec une pierre de diverses couleurs qui se trouve dans le nid de la huppe; bouchez ensuite le bout du bâton, avec une pomme à votre fantaisie; et soyez assuré que ce bâton vous garantira des brigands, des chiens enragés, des bêtes féroces, des animaux venimeux, des périls, et vous procurera la bienveillance de ceux chez qui vous logerez (1).

Le lecteur, qui est assez sage pour ne pas daigner s'arrêter un seul instant à de pareilles extravagances, gémira sans doute en songeant qu'elles ont eu autrefois un grand crédit, quoique personne n'ait jamais pu exécuter ces secrets qu'on admirait si sottement.

BÉHÉMOTH. — Démon stupide, chef des démons qui frétillent de la queue. Sa force est dans ses reins. Ses domaines sont la gourmandise et les plai-

---

(1) Le petit Albert.

sirs du ventre. Il est, aux enfers, sommelier et grand échanson.

BÉLIAL. — Démon de la pédérastie. L'enfer ne reçut pas d'esprit plus dissolu, plus crapuleux, plus épris du vice, pour le vice même. Mais si son âme est vile, son extérieur est séduisant. Il a le maintien plein de grâce et de dignité, et le ciel n'a pas perdu de plus bel habitant. Il eut un culte à Sodome, et dans d'autres villes; mais jamais on n'osa lui ériger de temples, ni d'autels.

BÉLOMANCIE. — Divination par le moyen des flèches.

Ceux qui y avaient recours, prenaient plusieurs flèches, sur lesquelles ils écrivaient des réponses relatives à leurs projets; ils en mettaient de favorables et de contraires, ensuite on mêlait les flèches et on choisissait au hasard : celle que le sort amenait était regardée comme l'organe de la volonté des dieux, qu'on forçait de toutes parts à répondre, mille fois par jour, aux plus frivoles demandes des mortels indiscrets.

C'était surtout avant les expéditions militaires, qu'on faisait usage de la bélomancie.

BELPHÉGOR. — Démon des découvertes. Il séduit les hommes, en prenant à leurs yeux, un corps de femme, et en leur donnant des richesses.

BELZÉBUTH, — Prince des démons, selon les
Écritures; le premier en pouvoir et en crime après
Satan, selon Milton ; chef suprême de l'empire in-
fernal, selon Wierius.

Son nom signifie *seigneur des mouches*. Bodin
prétend qu'on n'en voyait point dans son temple. Ce
fut la divinité la plus révérée des peuples de Chanaan, qui le représentaient quelquefois sous la figure
d'une mouche, le plus souvent avec les attributs de
la souveraine puissance. On lui attribuait le pouvoir
de délivrer les hommes, des mouches qui ruinent les
moissons.

Presque tous les démonomanes le regardent comme
le souverain du ténébreux empire, et chacun le dépeint, au gré de son imagination, comme les faiseurs
de contes représentent, à leur fantaisie, les ogres, les
fées, et tous les êtres imaginaires.

Les écrivains sacrés le disent hideux et effroyable,
Milton lui donne un aspect imposant; et une haute
sagesse respire sur son visage; l'un le fait haut comme
une tour; l'autre d'une taille égale à la nôtre; quelques-uns se le figurent sous la forme d'un serpent ;
il en est même qui le voient sous les traits d'une belle
femme.

Le monarque des enfers, dit Palingène, est d'une
taille prodigieuse, assis sur un trône immense, ayant
le front ceint d'un bandeau de feu, la poitrine gon-
flée, le visage bouffi, les yeux étincelans, les sourcils
élevés et l'air menaçant. Il a les narines extrêmement larges, et deux grandes cornes sur la tête; il est

I.   6

noir comme un Maure ; il a deux grandes ailes de chauve-souris attachées aux épaules, de larges pates de canard, une queue de lion, et 'de longs poils depuis la tête jusqu'aux pieds. (Voyez *Diables.*)

BERGERS. — Les bergers, si l'on en croit les bonnes femmes de village, sont de redoutables sorciers, et d'habiles faiseurs de maléfices.

— Un boucher avait acheté un demi-cent de moutons, sans donner le *pour boire* au berger de la ferme. Celui-ci, pour se venger, prononça une prière magique, et, en passant sur un pont, toutes les brebis se ruèrent dans l'eau, la tête la première.

— Un berger avait fait un petit talisman avec la corne des pieds de ses bêtes, comme cela se pratique, pour conserver les troupeaux en santé ; et portait, selon la coutume, ce talisman dans sa poche. Un autre berger du voisinage parvint à le lui escamoter, et comme il lui en voulait depuis long-temps, il coupa ce talisman en petits morceaux, et l'enterra dans une fourmillière, avec une taupe, une grenouille verte, et une queue de morue, en disant : *Maudition, perdition, destruction.* Il fit ensuite *une neuvaine de chapelet,* et, au bout des neuf jours, il déterra son maléfice, le réduisit en poudre, et le sema dans l'endroit où devait paître le troupeau de son voisin ; qui fut entièrement détruit.

— D'autres bergers, avec trois cailloux pris en différens cimetières, et certaines paroles magiques, donnent des dyssenteries, envoient la gale à leurs

ennemis, et font mourir autant d'animaux qu'ils
souhaitent.

Quoique ces pauvres gens ne sachent pas lire, on
craint si fort leur savoir et leur puissance, dans quelques villages, qu'on a bien soin de recommander aux
voyageurs de ne pas les insulter, et de passer auprès
d'eux sans leur demander quelle heure il est,
quel temps il fera, ou telle autre chose semblable;
si l'on ne veut avoir des nuées, être noyé par des
orages, courir de grands périls, et s'égarer dans les
chemins les plus ouverts.

Il est bon de remarquer que, dans tous leurs maléfices, les bergers emploient des prières adressées
pour la plupart à la sainte Vierge, et que les *pater*,
les *ave*, les *neuvaines de chapelet*, sont un de leurs
grands ressorts pour faire mourir les moutons.

Ils ont encore d'autres oraisons, qui sont le contre-
poison de celles-ci. (*Voyez* **Prières**.)

BOHÉMIENS. — On donne ce nom à des vagabonds qui font profession de dire la bonne aventure
par l'inspection de la main.

Pasquier en fait remonter l'origine jusqu'en 1427.
Il raconte que douze pénitens qui se disaient chrétiens de la Basse-Égypte, chassés par les Sarrasins,
s'en vinrent à Rome, et se confessèrent au pape, qui
leur enjoignit, pour pénitence, d'errer sept ans par
le monde sans coucher sur aucun lit. Il y avait
entre eux un duc, un comte, et dix hommes de
cheval; leur suite était de cent vingt personnes.

Quand ils arrivèrent à Paris, on les logea à la Chapelle, où on les allait voir en foule. Ils avaient aux
oreilles des boucles d'argent, le teint basané, les
cheveux noirs et crépus. Leurs femmes étaient laides,
voleuses, et diseuses de bonne aventure. L'évêque de
Paris les contraignit de s'éloigner, et excommunia
ceux qui les avaient consultées. Dès lors, la France
fut infestée d'aventuriers de la même espèce. Les bis-
caïens succédèrent aux premiers bohémiens et eu
conservèrent le nom. On en voit moins à présent,
parce que le peuple commence à devenir moins
crédule. (Voyez *Chiromancie.*)

BONZES. — Quelques historiens prétendent que
les bonzes vivent au sein des plaisirs et de la débauche ; mais les voyageurs nous apprennent que ces
sortes de moines mènent une vie austère et pénitente,
que les uns se déchirent le corps à coups de verges,
d'autres avec des armes tranchantes ; qu'il en est qui
se retirent dans des souterrains étroits, et y restent
sans cesse courbés, vivant ainsi d'aumônes et passant
leurs jours dans une souffrance perpétuelle. Est-ce
l'amour de la vertu qui les porte à ces excès ? Est-ce
la folie ? Est-ce le fanatisme ?.... Les catholiques les
traiteront d'insensés. Mais nous aussi, nous avons eu
nos bonzes : ces moines qui se flattaient de gagner le
ciel en se donnant la discipline, qui croyaient plaire
à Dieu, en meurtrissant le corps qu'il leur avait
donné, et dont ils n'étaient pas dignes, ces fous qui
se roulaient sur des épines pour étouffer leurs pas-

sions, étaient-ils plus sages que ceux de l'Inde?....

— Un empereur de la Chine détruisit plusieurs monastères où se trouvaient des multitudes de bonzes. « Celui qui ne laboure pas la terre, et qui ne » travaille point, disait le sage monarque, ne doit » pas manger le pain de mes sujets. »

BOTONOMANCIE : — Divination par le moyen des feuilles.

Lorsqu'il avait fait un grand vent pendant la nuit, on allait voir de bon matin la disposition des feuilles tombées, et des charlatans devinaient par-là ce que le peuple voulait savoir.

Quand les hommes s'abandonnent à la crédulité superstitieuse, tout leur parait surnaturel; et rien ne peut plus arrêter une imagination en délire, qui se noie dans une mer de prodiges.

BOUC. — La forme d'un grand bouc noir est celle que le grand maître des sabbats revêt avec le plus de plaisir.

Le bouc est aussi quelquefois la monture des sorcières qui se rendent à leurs assemblées nocturnes. (Voyez *Sabbat.*)

BRACHMANES. — Ces philosophes vivaient en partie dans les bois, où ils consultaient les astres, et en partie dans les villes, pour enseigner la morale aux princes indiens. Ceux qui vivaient dans les forêts débitaient leurs maximes à qui voulait les entendre; mais quand on allait les écouter, dit Strabon, on devait le faire dans le plus grand silence. Celui qui parlait ou crachait, était exclus pour ce jour-là. Les brachmanes croyaient à la métempsycose, ne mangeaient que des plantes et ne pouvaient toucher un animal sans se rendre immondes. Ils méprisaient la vie et les biens de la fortune, et désiraient la mort, comme le terme d'une prison onéreuse. Ils menaient une vie rigide, couchaient sur des peaux, et observaient un rigoureux célibat jusqu'à l'âge de trente-sept ans. Alors ils étaient libres de prendre plusieurs femmes, mais ils ne philosophaient point avec elles, de peur qu'elles ne négligeassent les soins de leur ménage, en s'occupant de l'étude.

On croit que Pythagore tenait des brachmanes sa doctrine de la métempsycose.

Ils enseignaient que la terre est une masse ronde, que l'âme est immortelle, qu'il y a des tribunaux pour juger les morts, que tout est sorti de Dieu, et que tout périra en retournant à son origine. Ils se servaient, pour cela, de la comparaison d'une araignée qui, après avoir fait sa toile, retire et dévore tout de nouveau les mêmes filets qu'elle avait mis hors de ses entrailles.

Les brachmanes de Siam croient que la terre périra par le feu, et que, de sa cendre, il en renaîtra une autre, où il y aura un printemps perpétuel.

Le juge Boguet, qui fut dans son temps le fléau des sorciers, regarde les brachmanes comme d'insignes magiciens, qui faisaient le beau temps et la pluie, *en ouvrant ou fermant deux tonneaux qu'ils avaient en leur puissance.*

C.

CABALE — Pic de la Mirandole dit que ce mot est le nom d'un hérétique endiablé, qui a écrit contre Jésus-Christ, et que ses sectateurs étaient nommés cabalistes.

L'ancienne cabale des Juifs est l'explication mystique de la Bible, l'art de trouver des sens cachés dans la décomposition des mots, et la manière d'opérer des prodiges par la vertu de ces mots, prononcés d'une certaine façon. Les Juifs la conservent par tradition ; ils croient que Dieu l'a donnée à Moïse, au pied du mont Sinaï, et que le roi Salomon y a été très-expert. (Voyez *Théomancie.*)

La cabale grecque, inventée par les Valentiniens, tire sa force des lettres grecques combinées, et fait des miracles avec l'alphabet : précieuse ressource qu'on n'eût jamais possédée, sans l'invention de l'écriture, et qui nous prouve que tout dans le monde est entouré de merveilles.

La grande cabale est l'art de commercer avec les esprits élémentaires ; elle tire aussi un grand parti de certains mots mystérieux.

Les quatre élémens sont habités par des créatures plus parfaites que l'homme, selon les cabalistes.

Cet espace immense qui est entre la terre et les cieux, a des hôtes bien plus nobles que les oiseaux

et les moucherons ; ces mers si vastes ont bien d'autres habitans que les dauphins et les balcines ; la
profondeur de la terre n'est pas pour les taupes seulement ; et l'élément du feu, plus noble que les trois
autres, n'a pas été fait pour demeurer inutile et vide.

Les salamandres habitent la région du feu ; les
sylphes, le vague de l'air ; les gnomes, l'intérieur
de la terre ; et les ondins ou nymphes, le fond des
eaux. Ces êtres sont composés des plus pures parties
des élémens qu'ils habitent. Adam, plus parfait
qu'eux tous, était leur roi naturel ; mais depuis sa
faute, étant impur et grossier, dit le comte de
Gabalis, il n'eut plus de proportion avec ces substances, il perdit tout l'empire qu'il avait sur elles, et en
ôta la connaissance à sa malheureuse postérité.

Qu'on se console pourtant, on a trouvé dans la
nature les moyens de ressaisir ce pouvoir perdu.

Pour recouvrer la souveraineté sur les salamandres et les avoir à ses ordres, qu'on attire le feu
du soleil, par des miroirs concaves, dans un globe de
verre ; il s'y formera une poudre solaire qui se purifie
d'elle-même des autres élémens, et qui, avalée, est
souverainement propre à exalter le feu qui est en
nous, et à nous faire devenir, pour ainsi dire, de
matière ignée. Dès lors, les habitans de la sphère du
feu deviennent nos inférieurs, et ont pour nous toute
l'amitié qu'ils ont pour leurs semblables, tout le respect qu'ils doivent au lieutenant de leur créateur. De
même, pour commander aux sylphes, aux gnomes,
aux nymphes, qu'on emplisse d'air, de terre ou

d'eau, un globe de verre, qu'on le laisse bien fermé, exposé au soleil pendant un mois : chacun de ces élémens, ainsi purifié, est un aimant qui attire les esprits élémentaires. Si on en prend tous les jours, durant quelques mois, on voit bientôt dans les airs la république volante des sylphes, les nymphes venir en foule aux rivages, et les gnomes, gardiens des trésors et des mines, étaler leurs richesses. On ne risque rien d'entrer en commerce avec ces esprits; on les trouvera fort honnêtes gens, savans, bienfaisans, et craignant Dieu.

Leur âme est mortelle, et ils n'ont pas l'espérance de jouir un jour de l'Etre-Suprême qu'ils connaissent et qu'ils adorent religieusement. Ils vivent fort longtemps et ne meurent qu'après plusieurs siècles. Mais qu'est-ce que le temps auprès de l'éternité?.... Il n'est pourtant pas impossible de trouver du remède à ce mal ; car de même que l'homme, par l'alliance qu'il a contractée avec Dieu, a été fait participant de la divinité, les sylphes, les gnomes, les nymphes et les salamandres deviennent participans de l'immortalité en contractant une alliance avec l'homme. Ainsi, une nymphe ou une sylphide devient immortelle, et capable de la béatitude à laquelle nous aspirons, quand elle est assez heureuse pour se marier à un sage ; et un gnôme ou un sylphe cesse d'être mortel, du moment qu'il épouse une fille des hommes. Aussi ces êtres se plaisent-ils avec nous quand nous les appelons.

C'est pour cela que saint Augustin a eu la modestie

de ne rien décider sur les esprits, qu'on appelait
alors faunes ou satyres, et qui poursuivaient les Afri-
caines de son temps, par le désir de parvenir à l'immortalité en s'alliant aux hommes. Il y a pourtant
des gnomes, qui aiment mieux mourir, que risquer,
en devenant immortels, d'être aussi malheureux que
les démons. C'est le diable qui leur inspire ces sentimens; car il n'y a rien qu'il ne fasse pour empêcher
ces pauvres créatures d'immortaliser leur âme par
notre alliance.

Les cabalistes sont obligés de renoncer à tout commerce avec les femmes, pour ne pas offenser les
sylphides et les nymphes qu'ils ont pour amantes.
Au reste, elles ne sont point jalouses l'une de l'autre;
et un sage peut en immortaliser autant qu'il le juge
à propos, sans leur faire aucune peine; mais des
substances spirituelles ne veulent pas partager un
cœur avec des êtres revêtus de chair et d'os. Cependant, comme le nombre des sages cabalistes est fort
petit, les nymphes et les sylphides se montrent quelquefois moins délicates, et emploient toutes sortes
d'innocens artifices pour s'immortaliser avec nous.

Ainsi, tel croit être avec sa femme, qui, sans y
penser, se trouve dans les bras d'une nymphe; telle
femme pense embrasser son mari, qui immortalise
un salamandre; tel s'imagine être fils d'un homme,
qui est fils d'un sylphe; et telle fille jugerait à son
réveil qu'elle est vierge, qui a eu, durant son sommeil, un honneur dont elle ne se doute pas.

— Un jeune seigneur de Bavière était inconso-

lable de la mort de sa femme, qu'il aimait passionné-
ment. Une sylphide prit la figure de la défunte, et
s'alla présenter au jeune homme désolé, disant que
Dieu l'avait ressuscitée, pour le consoler dans son extrême affliction. Ils vécurent ensemble plusieurs années et firent de très-beaux enfans. Mais le jeune seigneur n'était pas assez homme de bien pour retenir
la sage sylphide : il jurait et disait des paroles mal-
honnètes. Elle l'avertit souvent ; enfin voyant que ses
remontrances étaient inutiles, elle disparut un jour,
et ne lui laissa que ses jupes, et le repentir de n'avoir
pas voulu suivre ses saints conseils.

— Quoi qu'on fût bien crédule sous le règne de
Pepin, on refusait de croire à l'existence des êtres
élémentaires. Le fameux cabaliste Zédéchias se mit
dans l'esprit d'en convaincre le monde : il commanda
donc aux sylphes de se montrer à tous les mortels. Ils
le firent avec magnificence. On voyait dans les airs
ces créatures admirables, en forme humaine, tantôt
rangées en bataille, marchant en bon ordre, ou se
tenant sous les armes, ou campées sous des pavillons
superbes ; tantôt sur des navires aériens, d'une struc-
ture admirable, dont la flotte volante voguait au gré
des zéphyrs. Mais ce siècle ignorant ne pouvant raisonner sur la nature de ces spectacles merveilleux,
le peuple crut d'abord que c'étaient des sorciers qui
s'étaient emparés de l'air pour y exciter des orages,
et pour faire grêler sur les moissons.

Les savans, les théologiens et les jurisconsultes
furent bientôt de l'avis du peuple ; les empereurs le

crurent aussi, et cette ridicule chimère alla si avant, que le sage Charlemagne, et après lui Louis le Débonnaire, imposèrent de grièves peines à ces prétendus tyrans de l'air.

Les sylphes voyant le peuple, les pédans, et les têtes couronnées même, se gendarmer ainsi contre eux, résolurent, pour faire perdre cette opinion qu'on avait de leur flotte innocente, d'enlever des hommes, de leur faire voir leurs belles femmes, leur république et leur gouvernement, puis de les remettre à terre, en divers endroits du monde. Ils le firent comme ils l'avaient projeté; et quelques cabalistes croient que l'Amérique fut peuplée *en ce temps-là*.

Mais les hommes regardèrent ce magnifique voyage comme un songe et ne voulurent pas rendre hommage à la vérité. Il arriva qu'un jour, entre autres, on vit descendre à Lyon, de ces navires aériens, trois hommes et une femme; toute la ville s'assemble autour d'eux, crie qu'ils sont magiciens, et que Grimoald, duc de Bénévent, ennemi de Charlemagne, les envoie pour perdre les moissons des Français. Les quatre innocens ont beau dire qu'ils sont du pays même, qu'ils ont été enlevés depuis peu par des êtres miraculeux qui leur ont fait voir des merveilles inouïes; le peuple entêté n'écoute point leur défense, et on allait les jeter dans le feu, quand l'évêque Agobard accourut au bruit. Le saint homme ayant entendu les parties, leur prouva à tous qu'ils s'étaient trompés, et que ces hommes ne pouvaient pas être descendus de l'air. Le peuple crut plus à ce que lui disait son bon père Agobard, qu'à ses propres yeux, s'apaisa et donna la liberté aux quatre ambassadeurs des sylphes.

L'origine de ce conte cabalistique est encore une aurore boréale. Le siècle de Charlemagne, qui voyait partout des fées et des enchanteurs, prit une nuée pour une armée de magiciens, et chacun exagérant ce qu'il avait vu, on en forma une histoire merveilleuse, dont les cabalistes se sont emparés et que le comte de Gabalis a embellie de ses folles imaginations. (Voyez *Aurore boréale.*)

Mais ce qu'il y a ici de singulier, c'est cette peine imposée à des nuages par deux de nos rois, et qu'on peut voir dans les Capitulaires de Charlemagne et de Louis-le-Débonnaire. Nous n'avons plus le droit de reprocher à Xerxès l'ordre qu'il donna d'enchaîner la mer.

On trouve, dans les fastes de la cabale, une foule de miracles bien plus ridicules encore que l'apparition des sylphes. Quelques rabbins affirment que la fille de Jérémie, entrant dans le bain après ce prophète, y conçut, de la chaleur qu'il y avait laissée.... et enfanta, au bout de neuf mois, le cabaliste Bensyrah.

— Pour retrouver les choses perdues, pour apprendre par révélation des nouvelles des pays lointains, pour faire paraître les absens, qu'on se tourne vers l'orient, et qu'on prononce à haute voix le grand nom AGLA ! Il opère toutes ces merveilles, lors même qu'il est invoqué par les ignorans et par les pécheurs ; et il fait bien d'autres miracles dans une bouche cabalistique. (Voyez *Gnomes, Ondins, Sala-mandres , Sylphes.*)

CAGLIOSTRO. — Joseph *Balsamo* , fameux aventurier du dix-huitième siècle , si connu sous le nom d'*Alexandre* , *comte de Cagliostro* , naquit, dit-on , à Palerme , le 8 juin 1743 , d'une famille peu distinguée,

Il montra , dès ses premières années , un esprit porté au charlatanisme et à la friponnerie ; car , tout jeune encore , il escroqua soixante onces d'or à un orfèvre , en lui promettant de lui livrer un trésor enfoui dans une grotte , sous la garde des esprits infernaux.

Quelques autres fourberies de la même espèce l'obligèrent à quitter l'Italie. Il voyagea en Grèce , en Egypte, en Arabie , en Perse, en Rhodes, à Malte, etc., vivant, tantôt du produit de ses compositions chimiques , car il donnait dans la pierre philosophale , tantôt de jonglerie et du trafic des charmes de son épouse.

Il fut reçu à Strasbourg , en 1780 , avec une sorte de triomphe. On dit qu'il y fit beaucoup de bien , et qu'il y guérissait les malades par un art miraculeux. On lui atribue des cures merveilleuses et sans nombre ; cependant son savoir était extrêmement borné. On a débité sur son compte beaucoup de fables sans fondement. Les uns l'ont regardé comme un homme extraordinaire, un vrai faiseur de miracles ; les autres comme un vil charlatan ; quelques-uns ont vu en lui un membre voyageur de la maçonnerie templière, constamment opulent, par les secours nombreux qu'il recevait des diverses loges de l'ordre ; mais le plus grand nombre donne au faste qu'il étalait, une source moins honorable.

L'auteur italien qui a écrit sa vie, en fait une hideuse peinture, et le représente comme le dernier des escrocs et le plus abject des hommes.

Il fut arrêté à Rome, en 1789, et condamné comme *pratiquant la franc-maçonnerie*. On aurait pu prendre un autre prétexte. Sa peine fut toutefois commuée en une prison perpétuelle, où il mourut.

Il institua, dit l'auteur de sa vie, une espèce de cabale égyptienne : un enfant, dans l'état d'innocence, placé devant une caraffe, et abrité d'un paravent, obtient, par l'imposition des mains du grand Cophte, la faculté de communiquer avec les anges, et voit dans cette caraffe tout ce qu'on veut qu'il y voie.

Cagliostro n'était qu'un misérable imposteur ; mais telle est en général la faiblesse de l'esprit humain, que, dans le dix-huitième siècle même, il se fit passer pour un homme extraordinaire, et obtint de grands honneurs. La haute opinion qu'on avait de lui, alla si loin, que l'abbé Fiard le déclara membre du ténébreux empire.

On met sur son compte une mauvaise brochure, qui apprend aux bonnes femmes à trouver les numéros de la loterie dans leurs rêves. (*Voyez Loterie.*)

CARDAN. — Jérôme Cardan, médecin, astrologue et fou célèbre du seizième siècle, naquit à Pavie en 1501, et mourut à Rome en 1576.

Il rapporte, dans l'histoire qu'il nous a laissée de sa vie, que quand la nature ne lui faisait pas sentir quelque douleur, il s'en procurait lui-même, en se mordant les lèvres, ou en se tiraillant les doigts jusqu'à ce qu'il en pleurât, parce que, s'il lui arrivait d'être sans douleur, il ressentait des saillies et des impétuosités si violentes, qu'elles lui étaient plus insupportables que la douleur même.....

Il prétendait avoir, comme Socrate, un démon familier, qu'il plaçait entre les substances humaines et la nature divine.

Il assure que, dans sa jeunesse, il voyait clair dans les ténèbres ; que l'âge affaiblit en lui cette faculté ; que cependant, quoique vieux, il voyait encore, en s'éveillant au milieu de la nuit, mais moins parfaitement que dans son âge tendre. Il avait, de plus, le don des extases.

Comme ses connaissances en astrologie étaient fort grandes, il prédit à Édouard VI, roi d'Angleterre, plus de cinquante ans de règne, d'après les règles de l'art. Malheureusement Édouard VI mourut à seize ans.

Ces mêmes règles lui avaient fait voir clairement qu'il ne vivrait que quarante-cinq ans. Il régla sa fortune en conséquence ; ce qui l'incommoda fort le reste de sa vie. Quand il se vit trompé dans ses calculs, il refit son thème, et trouva qu'au moins il ne

passerait pas la soixante-quinzième année. La nature
s'obstina encore à démentir l'astrologie ; mais alors,
pour soutenir sa réputation, Cardan se laissa mourir
de faim.

CARLOSTAD. — Partisan de Luther. Un jour
qu'il prêchait à Bâle, le diable monta après lui dans
la chaire, et lui dit qu'il irait le voir dans trois jours.
Il y alla en effet, et l'étrangla, le 25 décembre 1541.
Le diable étranglait, dans le seizième siècle, tous
ceux qui mouraient d'apoplexie. La duchesse de
Beaufort, maîtresse de Henri IV, fut, aussi bien que
Carlostad, étranglée par le diable. Cette opinion était
alors fort en vogue ; et Sully, qui n'était pas superstitieux pour son temps, ne savait trop qu'en dire.

CARNAVAL. — Les Gaulois croyaient que My-
thras présidait aux constellations; ils le représentaient
avec l'un et l'autre sexe, et l'adoraient comme le principe de la chaleur, de la fécondité, et des bonnes et
mauvaises influences. Les initiés à ces mystères
étaient partagés en plusieurs confréries, dont chacune
avoit pour symbole une constellation : les confrères
célébraient leurs fêtes, et faisaient leurs processions
et leurs festins, déguisés en *lion*, en *belier*, en *ours*,
en *chien*, etc., c'est-à-dire, sous les figures qu'on
suppose à ces constellations. Ainsi, nos mascarades
et nos bals, dont voilà sans doute l'origine, étaient
autrefois des cérémonies de religion (1).

_____

(1) Saint-Foix.

— On demandait à un Turc revenu d'Europe ce qu'il y avait vu de remarquable. A Venise, répondit-il, ils deviennent fous pendant un temps de l'année ; ils courent déguisés par les rues, et cette extravagance augmente au point que les ecclésiastiques sont obligés de l'arrêter. De savans exorcistes font venir les malades un certain jour (le mercredi des cendres), et aussitôt qu'ils leur ont répandu un peu de cendres sur la tête, le bon sens leur revient ; et ils retournent à leurs affaires.

CARTOMANCIE. — Divination par le moyen des cartes.

Les cartes furent inventées, à la fin du quatorzième siècle, par un peintre nommé Jacquemin Gringoneur, pour divertir le roi Charles VI, pendant une grande maladie. Le peintre eut, pour sa récompense, cinquante-six sols parisis.

Tous les devins croient rendre leurs chimères respectables, en les faisant remonter à une antiquité très-reculée ; c'est pourquoi Eteilla *a l'avantage de nous dire que le tirage des cartes ne date pas de l'invention des cartes, mais du jeu des trente-trois bâtons d'Alpha, nom d'un Grec réfugié en Espagne, qui prédisait l'avenir.*

On se sert, pour cette divination, d'un jeu de piquet de trente-deux cartes. Les carreaux et les piques sont généralement mauvais ; les cœurs et les trèfles sont généralement bons. On représente la personne pour qui on tire les cartes, par un roi, si c'est un

homme marié ; par un valet, si c'est un jeune
homme ; par une dame, si c'est une femme. Les figures rouges représentent des personnes à cheveux
blonds ou chatain-blond ; les noires des personnes
brunes ou chatain-brun.

*Signification des trente-deux cartes, selon la mé-
thode des célèbres tireuses.* — Les huit carreaux : le
roi signifie amitié et mariage ; s'il est renversé, il
présage des difficultés. La dame est une femme blonde
de la campagne qui médit de la personne pour qui on
tire les cartes ; renversée, elle cherche à faire du tort.
Le valet apporte des nouvelles ; mauvaises, s'il est
renversé. L'as annonce une lettre prochaine. Le dix,
joie et voyages. Le neuf, retard. Le huit, démarches
faites par un jeune homme bien intentionné. Le sept,
bonnes nouvelles, surtout s'il se trouve avec l'as.

Les huit cœurs : le roi est un homme riche, qui
obligera, s'il n'est pas renversé. La dame, une
femme honnête qui rendra service ; renversée, elle
annonce empêchement de mariage (au cas qu'il en
soit question). Le valet est un jeune homme avec qui
on s'alliera de quelque côté. L'as, joie, bonheur ;
s'il est entouré de figures, festins et ripailles. Le dix,
surprise agréable. Le neuf, union et concorde. Le
huit, réussite. Le sept promet au garçon une épouse
de bonne conduite, et à la demoiselle maternité de
plusieurs filles.

Les huit piques : le roi est un homme de robe avec
lequel on aura quelques disgrâces ; renversé, il annonce la perte d'un procès. La dame, une veuve dans la

chagrin ; si elle est renversée, c'est qu'elle veut se remarier en secret. Le valet, désagrémens aux garçons, trahison d'amour aux jeunes filles. L'as, tristesse, trahison, vol ; s'il est suivi du dix et du neuf, il annonce une mort qu'on apprendra bientôt. Le dix, pleurs ; s'il est suivi de l'as et du roi, prison pour l'homme, trahison pour la femme. Le neuf, retard. Le huit, discorde et mauvaises nouvelles. Le sept, querelles.

Les huit trèfles : le roi est un homme juste, qui veut du bien, et rendra service ; renversé, il annonce qu'on échouera dans quelque projet. La dame, une amante jalouse ; renversée, une amante infidèle. Le valet, un amoureux ; s'il est à côté d'une dame, son amour réussira ; s'il est à côté d'un roi, c'est un homme qui fera des démarches pour lui ; s'il est suivi du valet de cœur, il sera supplanté par un rival ; s'il est renversé, ses parens empêcheront le mariage. L'as, gain, argent, prospérité. Le dix, réussite ; s'il est suivi du neuf de carreau, retard ; s'il est suivi du neuf de pique, c'est une perte assurée. Le neuf, succès en amour, pour les célibataires ; second mariage, pour les époux. Le huit, espérances. Le sept, faiblesse amoureuse ; s'il est suivi du sept de carreau et du neuf de trèfle, héritage et abondance de biens.

Telle est, au sentiment des plus fameuses cartomanciennes, la valeur des trente-deux cartes. On leur donne encore beaucoup d'autres significations, et chacun les explique à sa manière, sans s'embarrasser des règles ; ce qui est fort repréhensible. L'as de pi-

que, par exemple, annonce, suivant les uns, des
trahisons et de tristes nouvelles ; suivant d'autres ,
amour et bagatelle ; ceux-ci y voient un procès ou
une lettre ; ceux-là une grossesse, un abandon, ou
quelque jouissance. Le roi de carreau est tantôt un
mariage, tantôt un homme de campagne, tantôt un
militaire, tantôt un voleur, etc. , et ainsi des autres.
Mais la cartomancie n'en est pas moins respectable ,
et ceux qui en connaissent bien les principes , dit
Eteilla , conçoivent combien elle est utile aux hommes, et combien *ceux qui parlent mal de cette science
sont ignorans.*

*Signification des cartes qui se rencontrent en égale
valeur.*

— Quatre rois : grand honneur.

Quatre dames : grands caquets.

Quatre valets : maladies contagieuses.

Quatre as : Gain à la loterie.

Quatre dix : Affaires avec la justice.

Quatre neuf : bonne conduite.

Quatre huit : revers.

Quatre sept : intrigues.

— Trois rois : consultations.

Trois dames : tromperies de femmes.

Trois valets : disputes.

Trois as : petite réussite.

Trois dix : changement d'état.

Trois neuf : grand succès.

Trois huit : mariage.

Trois sept : infirmités.

— Deux rois : conseils d'amis.

Deux dames : amitié.

Deux valets : inquiétudes.

Deux as : duperie.

Deux dix : surprise.

Deux neuf : un peu d'argent.

Deux huit : nouvelle connaissance.

Deux sept : petites nouvelles.

Manière de tirer les cartes, par sept. — On compte six cartes, et on tire la septième, hors du jeu. En répétant trois fois cette opérasion, on rassemble douze cartes qu'on étend sur la table, les unes à côté des autres ; on cherche alors ce qu'elles prédisent, en rapprochant leurs significations.

Manière de tirer les cartes, par quinze — Après avoir mêlé le jeu, vous en faites deux tas égaux. La personne qui consulte les cartes, choisit un de ces tas. Vous le retournez alors, après avoir mis de côté la première carte, *pour la surprise*, et vous en faites l'explication, selon la rencontre du jeu. Ensuite, vous mêlez de nouveau les quinze cartes, vous en faites trois tas : le premier annonce ce que le consultant doit éprouver sur sa personne ; le second, ce qui lui arrivera dans sa maison ; le troisième, ce qu'il n'attend pas. On lève enfin la carte de la surprise.

Manière de voir une réussite. — On prend le jeu en entier, on le mêle, on fait ensuite huit paquets de quatre cartes. Après quoi, on relève la première carte de chaque paquet, et quand on trouve deux cartes pareilles, on les met de côté, en relevant toujours celles qui suivent; si tout le jeu se met en ordre, c'est réussite; autrement, c'est échouement et contrariété.

— Une de nos plus fameuses tireuses de cartes fit le jeu pour un jeune homme tout nouvellement marié. Elle lui prédit, d'après les pronostics infaillibles de son art, qu'il vivrait long-temps heureux avec son épouse, qu'il en aurait trois filles, et que le fils qu'elle venait déjà de lui donner, ferait un jour sa consolation. Malheureusement pour la cartomancie, la jeune femme mourut peu après sans laisser de filles, et le fils ne survécut que de trois mois à sa mère.

— Un élève de l'école de médecine, qui ne portait pas encore de barbe, se déguisa en fille, et se fit tirer les cartes. On lui promit un amant riche et bien fait, trois garçons et une fille, et des couches laborieuses, mais sans danger.

— Une dame, qui s'amusait quelquefois à tirer les cartes, se les fit un jour, pour savoir si elle avait déjeuné. Elle était encore à table devant les plats vides, et avait l'estomac fort plein; cependant les cartes lui apprirent qu'elle était à jeun; car la réussite ne put avoir lieu.

CATHERINE DE MEDICIS. — Les méchantes femmes, dit Saint-Foix, sont presque toujours faibles et superstitieuses; Catherine de Médicis croyait non-seulement à l'astrologie judiciaire, mais encore à la magie. Elle portait sur l'estomac une peau de vélin, d'autres disent d'un enfant égorgé, semée de figures, de lettres, et de caractères de différentes couleurs ; elle était persuadée que cette peau avait la vertu de la garantir de toute entreprise contre sa personne. Elle fit faire la colonne de l'autel de Soissons, dans le fût de laquelle il y avait un escalier à vis, pour monter à la sphère armillaire qui était au haut, et où elle allait consulter les astres, avec les astrologues, dont elle s'entoura jusqu'à la mort.

Ils l'avaient avertie que Saint-Germain la verrait mourir. Dès lors, elle ne voulut plus demeurer à Saint-Germain-en-Laye ; et on dit qu'elle n'y coucha jamais depuis. Mais Laurent de Saint-Germain, évêque de Nazareth, l'ayant assistée à l'heure de la mort, on regarda la prédiction comme accomplie.

CATOPTROMANCIE. — Divination par le moyen d'un miroir.

On trouve encore dans quelques bourgs, des devins qui emploient cette divination, autrefois fort répandue. Quand on a fait une perte, ou essuyé un vol, ou reçu quelques coups clandestins dont on veut connaître l'auteur, on va trouver le sorcier, qui introduit son monde dans une chambre obscure, à demi éclairée par quelques flambeaux. On n'y peut entrer qu'avec un bandeau sur les yeux. Alors le devin fait les évocations, et le diable montre dans un grand miroir le passé, le présent et le futur.

CAUCHEMAR. — On appelle ainsi un embarras dans la poitrine, une oppression et une difficulté de respirer qui surviennent pendant le sommeil, causent des rêves fatigans, et ne cessent que quand on se réveille.

On ne savait pas trop, au quinzième siècle, ce que c'était que le cauchemar qu'on appelait aussi alors *chauche-poulet*. Les uns voyaient, dans cet accident, une sorcière qui pressait le ventre des gens endormis, leur dérobait la parole et la respiration, et les empêchait de crier ou de s'éveiller, pour demander du secours; les autres, un démon incube qui étouffait les gens en leur faisant l'amour. Les médecins n'y voyaient pas plus clair que les autres; et Delrio crut probablement décider la question, en disant que *Cauchemar* était un suppôt de Belzébuth, et qu'il se nommait *le démon dépuceleur*.

CENDRES. — On soutenait, dans le dix-septième siècle, qu'il y avait des semences de résurrection dans les cadavres et dans les cendres des animaux, et même des plantes brûlées; qu'une grenouille, par exemple, en se pourissant, engendrait des grenouilles, et que les cendres des roses avaient produit d'autres roses.

Duchène dit avoir vu, à Cracovie, un médecin polonais qui conservait dans des phioles la cendre de plusieurs plantes, et que lorsque quelqu'un voulait voir une rose dans ces phioles, il prenait celle où se trouvait la cendre du rosier; et la mettant sur

une chandelle allumée, après qu'elle avait un peu
senti la chaleur, on commençait à voir remuer la
cendre ; puis on remarquait comme une petite nue
obscure qui, se divisant en plusieurs parties, venait
enfin à représenter une rose si belle, si fraîche et si
parfaite, qu'on l'eût jugée palpable et odorante,
comme celle qui vient du rosier.

Cette extravagance fut poussée plus loin. On assura que les morts pouvaient revivre naturellement,
et qu'on avait des moyens de les ressusciter en quelque façon. Vanderbecte, surtout, a donné ces opinions pour des vérités incontestables ; et dans le système qu'il a composé pour expliquer de si étranges
merveilles, il prétend qu'il y a, dans le sang, des
idées séminales, c'est-à-dire, des corpuscules qui
contiennent en petit tout l'animal. Quelques personnes, dit-il, ont distillé du sang humain nouvellement tiré, et elles y ont vu, au grand étonnement
des assistans saisis de frayeur, un spectre humain *qui
poussait des gémissemens.* C'est pour ces causes,
ajoute-t-il, que Dieu a défendu aux Juifs de manger
le sang des animaux, de peur que les esprits ou
idées de leurs espèces qui y sont contenues, ne pro-
duisissent de funestes effets,

Ainsi, en conservant les cendres de nos ancêtres,
nous pourrons en tirer des fantômes qui nous en re-
présenteront la figure. Quelle consolation, dit le P.
Lebrun, que de passer en revue son père et ses aïeux,
sans le secours du démon, et par une nécromancie
très-permise ! Quelle satisfaction pour les savans,

que de ressusciter, en quelque manière, les Romains, les Grecs, les Hébreux et toute l'antiquité ! Rien d'impossible à cela, il suffit d'avoir les cendres de ceux qu'on veut faire paraître.

Ce système eut beaucoup de partisans. On prétendait qu'après avoir mis un moineau en cendres, et en avoir extrait le sel, on avait obtenu, par une chaleur modérée, le résultat désiré. L'académie royale d'Angleterre, essaya, dit-on, cette expérience sur un homme. Je ne sache pas qu'elle ait réussi. Mais cette belle découverte, qui n'aurait pas dû occuper un seul instant les esprits, ne tomba que quand un grand nombre de tentatives inutiles eut prouvé que ce n'était non plus qu'une ridicule chimère.

CHAM. — Second fils de Noé, inventeur, ou du moins conservateur de la magie noire ; car elle existait avant le déluge, au sentiment des théologiens. (Voyez Zoroastre.)

CHAMOS. — Démon de la flatterie, membre du conseil infernal. Les Ammonites et les Moabites adoraient le soleil, sous le nom de Chamos ; mais son culte ressemblait un peu à celui de Priape ; et Milton l'appelle *l'obscène terreur des enfans de Moab.*

CHANDELLE D'ARRAS. — *Histoire de la sainte chandelle d'Arras.* — « Au temps de Lambert, évêque d'Arras, environ l'an onze cent et cinq, le peuple étant fort débordé et abandonné à tous vices et

péchés, la saison devint intempérée, et l'air si in-
fecté et si corrompu, que les habitans d'Arras et du
pays circonvoisin furent, en punition, affligés d'une
étrange maladie, procédant comme d'un feu ardent
qui brûlait la partie du corps atteinte de ce mal.

» Or en ce même temps, il y eut deux joueurs
d'instrumens musicaux, lesquels étaient grands amis,
et tout incontinent devinrent grands ennemis et s'en-
trehaïssaient. Ce nonobstant, la Sainte Vierge Marie,
en atours magnifiques, leur apparut en la nuit, et
leur dit : « Levez-vous, allez trouver l'évêque Lam-
» bert; l'avertissez qu'il veille. La nuit, samedi
» prochain, au premier chant du coq, on verra des-
» cendre, au chœur de l'église, une femme parée
» de mêmes atours que moi, tenant en ses mains un
» cierge de cire, qu'elle vous baillera, et en ferez dé-
» gouter quelque peu de cire dedans des vaisseaux
» remplis d'eau, que vous donnerez à boire à tous les
» malades. Ceux qui se serviront de ce remède avec
» vive foi, recevront guérison; et ceux qui le mépri-
» seront perdront la vie. »

» Outre ce discours commun, la Sainte Vierge
ordonna aux deux joueurs d'instrumens musicaux de
se réconcilier.

» Ils allèrent trouver l'évêque. L'évêque fort
étonné leur demanda leur nom, et de quel style et
pays ils étaient; et quand ils lui répondirent qu'ils
étaient joueurs d'instrumens de leur style : Ah ! mes
amis (dit l'évêque) ne vous jouez point de moi.
Lambert leur lava la tête. Mais après, ayant fait at-

tention, il les envoya chercher ; ils entrèrent avec lui dans l'église, se mirent en oraison, jusqu'environ le temps qui leur avait été spécifié par la vision ; que lors leur apparut la Vierge Marie en mêmes atours, laquelle semblait descendre du haut du chœur de l'église, avec un cierge ardent du feu divin, qu'elle leur délivra, leur tenant le même propos de la première apparition.

» Après que quelques vaisseaux furent remplis d'eau, l'évêque formant le signe de la croix dessus, les malades qui burent de l'eau furent guéris. On fit des processions, et tous les environs vinrent en pèlerinage, pour prier le précieux joyau de la sainte chandelle :

Ce phénomène, apporté par Marie,
Qui toujours luit, brûle, et ne s'éteint pas.

Du Laurens. (1)

CHARLATANS. —

Sur leurs tréteaux montés ils rendent des oracles,
Prédisent le passé, font cent autres miracles.

Voltaire.

On lisait au coin d'une rue, dit Deeramps, au cap de Bonne-Espérance, une affiche, conçue en ces termes :

« Le sieur *Pilférer*, natif de la Bohème, docteur

_____

(1) Voyez l'Histoire ecclésiastique des Pays-Bas, et le poëme de l'abbé Du Laurens.

en pyrotechnie, professeur de chiromancie, connu dans les colonies anglaises, sous le nom de *Croock-Fingerd-Jack*, venu dans ce pays, à la prière de plusieurs personnes du premier rang, donne avis au public, qu'après avoir visité toutes les académies de l'Europe, pour se perfectionner dans les sciences vulgaires, qui sont l'algèbre, la minéralogie, la trigonométrie, l'hydrodynamique et l'astronomie; il a voyagé dans tout le monde savant, et même chez les peuples demi-sauvages, pour se faire initier dans les sciences occultes, mystiques et transcendantes, telles que la cabalistique, l'alchymie, la nécromancie, l'astrologie judiciaire, la divination, la superstition, l'interprétation des songes et le magnétisme animal.

» C'était peu pour lui d'avoir étudié dans trente-deux universités, et d'avoir voyagé dans soixante-quinze royaumes, où il a consulté les sorciers du Mogol, et les magiciens Samoïèdes; il a fait d'autres voyages autour du monde, pour feuilleter le grand livre de la nature, depuis les glaces du nord et du pôle austral, jusqu'aux déserts brûlans de la zone torride; il a parcouru les deux hémisphères, et a séjourné dix ans en Asie, avec des saltimbanques indiens, qui lui ont appris l'art d'apaiser la tempête, et de se sauver après un naufrage, en glissant sur la surface de la mer avec des sabots élastiques.

» Il apporte, du Tonquin et de la Cochinchine, des talismans et des miroirs constellés, pour reconnaître les voleurs et prévoir l'avenir. Il peut endormir le loup-garou, commander aux lutins, arrêter les farfadets , et conjurer tous les spectres nocturnes.

» Il a appris , chez les Tartares du Thibet, le secret du grand *Dalaï-Lama*, qui s'est rendu immortel , non comme Voltaire et Mongolfier , par les productions du génie, mais en achetant, en Suède, l'e-
lixir de longue vie, à Strasbourg la poudre de
Cagliostro , à Hambourg l'or potable du grand
Adelphe Saint-Germain , et à Stuttgard la béquille
du P. Barnaba, et le bâton du Juif-Errant, lorsqu'on vit passer ces deux vieillards dans la capitale
de Wurtemberg, le 11 mai 1684.

» En faisant usage de l'onguent qu'employait la
magicienne Canidia pour aller au sabbat, il prouve,
par des expériences multipliées, qu'un homme peut
entrer dans le goulot d'une bouteille, si elle est assez
grande.

» Il avertit, au reste, qu'il continue de guérir le
mal de dents, non comme les empiriques , en arrachant la mâchoire, mais par un moyen aussi certain
qu'il est inoui, qui consiste à couper la tête ; et pour
prouver que cette opération n'est point dangereuse ,
et qu'on peut la faire selon les règles de l'art , *citò*,
tutò et jucundè, il décapitera plusieurs animaux,
qu'il ressuscitera un instant après , selon les principes
du P. Kirker, par la palingénésie.

» Il est si persuadé de l'efficacité de ses remèdes
sur l'odontalgie, et sur toutes les maladies curables
ou incurables, qu'il ne craint point de promettre une
somme extraordinaire à tous les malades qui,

trois mois après le traitement, seront en état de se plaindre.

» Il vend, pour dix louis, des yeux de belette, proprement enchâssés dans des anneaux de similor. On sait, d'après Galien, Pline, et Paracelse, que c'est un remède souverain contre l'impuissance.

« Si tu veux promptement dénouer l'aiguillette,
» Porte à ton petit doigt l'œil droit d'une belette. »

— Les charlatans passaient autrefois pour des sorciers, qui fascinaient les yeux du public par l'aide et assistance des démons. Claude Chapuis de Saint-Amour, qui suivit l'ambassadeur de Henri III près la Sublime Porte, vit, sur une place publique de Constantinople, des bateleurs qui faisaient faire à des chèvres plusieurs tours d'agilité et de passe-passe; après quoi, leur mettant une écuelle à la bouche, ils leur commandaient d'aller demander, pour leur entretien, tantôt au plus beau, au plus laid, au plus riche, au plus vieux de la compagnie; ce qu'elles faisaient dextrement, entre quatre ou cinq mille personnes, et avec une façon telle, qu'il semblait qu'elles voulussent parler. Or, qui ne voit clairement que ces chèvres étaient hommes ou femmes ainsi transmuées? Cela est d'autant plus croyable, qu'on en remarqua une, dont les fesses ressemblaient à celles d'un homme, et ne doit pas être trouvé étrange, si l'on considère que les Turcs et Mahométans sont fort adonnés à la sorcellerie et à la magie (1).

_____

(1) Boguet.

A une demi-lieue du Caire, se trouvait dans une grande bourgade, un bateleur qui avait un âne si merveilleusement instruit, que les manans le prenaient pour un démon déguisé. Son maître le faisait danser, ensuite il lui disait que le grand soudan voulait construire un bel édifice et qu'il avait résolu d'employer tous les ânes du Caire à porter la chaux, le mortier et la pierre. A l'heure même, l'âne se laissait tomber sur le ventre, roidissant les jambes et fermant les yeux comme s'il eût été mort. Cependant le bateleur se plaignait de la mort de son âne, et priait les assistans de lui donner quelque argent pour en acheter un autre.

Après avoir recueilli quelques pièces de monnaie : « Ah ! disait-il, il n'est pas mort, mais il a fait sem- » blant de l'être, parce qu'il sait que je n'ai pas le » moyen de le nourrir. Lève-toi, » ajoutait-il. L'âne n'en faisait rien, quelques coups qu'on lui donnât ; ce que voyant, le maître de l'âne parlait ainsi à la compagnie : « Je vous donne avis, messieurs, que le sou- » dan vient de faire crier à son de trompe, que le » peuple ait à se trouver demain, hors de la ville » du Caire, pour y voir les plus belles magnificences » du monde. Il veut que les plus aimables dames et » les plus jolies demoiselles soient montées sur des » ânes..... » L'âne se levait à ces paroles, dressant la tête et les oreilles, en signe de joie. « Il est vrai, » ajoutait le bateleur, que le gouverneur de mon » quartier m'a prié de lui prêter mon âne, pour sa » femme, qui est une vieille roupilleuse, édentée et

» fort laide. » L'âne baissait aussitôt les oreilles , et commençait à clocher , comme s'il eût été boiteux et estropié ; et le maître lui disait alors : « Quoi ! tu » aimes donc les belles dames ? « L'âne , inclinant la tête , semblait vouloir dire qu'oui. « Eh bien ! pour- » suivait le bateleur , il y en a ici plusieurs ; montre- » moi celle qui te plairait le plus. » Au même ins- tant , l'âne se mêlait parmi le peuple , choisissait, entre les femmes , celle qui était la plus belle , la plus apparente et la mieux habillée , et la touchait de la tête (1).

CHARMES. — On appelle charme un certain ar- rangement de paroles , en vers ou en prose , dont on se sert pour produire des effets merveilleux et sur- naturels.

— On empêche de faire le beurre en récitant à re- bours le psaume *Nolite fieri*. Bodin dit qu'on obtient le même résultat, en y mettant du sucre , par une antipathie naturelle.

— On peut charmer les dés ou les cartes , pour gagner continuellement, en les bénissant de trois signes de croix, en même temps qu'on dit ces paroles : *Partiti sunt vestimenta mea , miserunt sortem contrà me ad incarte cla a filii a Eniol Liebee Braya Bra- guesca et Belzebuth.* Que celui-là comprenne à qui le diable a donné l'art de tout comprendre !

_____

(1) Léon l'Africain.

—On n'est point mordu des puces, si l'on dit en se couchant : *Och och* (1).

— On fait tomber les verrues des mains , en les saluant d'un *bonsoir*, le matin , et d'un *bonjour* , le soir.

— On fait rentrer le diable en enfer , avec ces mots : *per ipsum , et cum ipso et in ipso* (2). Pourquoi donc les exorcistes suent - ils tant sans en venir à bout ?

— Qu'on se mette le cou sur une auge de porcs, en disant : *Au nom du Père et du Fils , et du Saint Esprit*, pour être guéri des fièvres.

— Qu'on dise : *Sista , pista , rista , xista* , pour n'avoir plus mal à la cuisse. Qu'on prononce trois fois : *Onasages* , pour guérir le mal de dents.

— On prévient les suites funestes de la morsure des chiens enragés, en disant : *Max , pax , max* (3).

— Une femme de je ne sais quel pays, ayant un grand mal aux yeux , s'en alla à une école publique , et demanda à un écolier quelques mots magiques pour la guérir , lui promettant un habit neuf, en récompense de sa peine. L'écolier lui donna un billet enveloppé dans un chiffon, et lui défendit de l'ouvrir. Elle le porta et guérit. Une des voisines, ayant eu la même maladie , porta le billet et guérit pareillement. Ce double miracle excite leur curiosité , elles développent le chiffon, et lisent : *Que le diable*

---

(1) Thiers.
(2) Delancre .
(3) Thiers.

t'arrache les deux yeux et te les bouche avec de la boue. De quoi s'étant confessées, elles firent pénitence de leurs péchés (1).

— Il y a aussi des charmes qui s'opèrent sans le secours des mots ; par exemple : on tue un serpent, une vipère, et tout animal portant aiguillon, *en crachant dessus, avant déjeuner* (2). Figuier dit qu'il a tué diverses fois des serpens, de cette manière, en mouillant de sa salive un bâton ou une pierre, *et en donnant un petit coup sur la tête du serpent.*

— Il y avait, à la suite de l'empereur Manuel, un magicien nommé Sethus, qui rendit une fille éperdument amoureuse de lui, par le moyen d'une pêche qu'il lui mit dans le sein (3).

— Un autre magicien, en allumant une certaine lampe, excitait toutes les femmes qui étaient dans la chambre, à se dépouiller de leurs vêtemens et à danser nues devant lui (4). (Voyez *Maléfices, Secrets, Superstitions.*)

CHAT. — Le chat est un de ces animaux privilégiés que la superstition a souvent pris sous son égide.

— Un soldat romain ayant tué, par mégarde, un chat, toute la ville d'Alexandrie se souleva ; en vain

(1) Felisius.
(2) Gallien.
(3) Nicetas.
(4) Delrio.

le roi intercéda pour lui, il ne put le sauver de la fureur du peuple. Observons que les rois d'Egypte avaient rassemblé, dans Alexandrie, une bibliothèque immense, et qu'elle était publique; les Egyptiens cultivaient les sciences et n'en adoraient pas moins les chats (1).

— Mahomet avait beaucoup d'égards pour son chat. Ce vénérable animal s'était un jour couché sur la manche pendante de la veste du prophète, et semblait y méditer si profondément, que Mahomet, pressé de se rendre à la prière, et n'osant le tirer de son extase, coupa la manche de sa veste. A son retour, il trouva son chat qui revenait de son assoupissement extatique, et qui s'apercevant de l'attention de son maître, à la vue de la manche coupée, se leva, pour lui faire la révérence, dressa la queue, et plia le dos en arc, pour lui témoigner plus de respect. Mahomet, qui comprit à merveille ce que cela signifiait, assura au saint homme de chat une place dans son paradis. Ensuite, lui passant trois fois la main sur le dos, il lui imprima, par cet attouchement, la vertu de ne jamais tomber que sur ses pates. Il serait dangereux de tourner ce conte en ridicule devant un Turc.

—Les chats assistent au sabbat et y dansent avec les sorcières. Il paraît que le diable aime beaucoup à se trouver avec eux. (Voyez *Métamorphoses.*)

(1) Saint-Foix.

CHEMISE DE NÉCESSITÉ. — Les Allemands portaient une chemise faite d'une façon détestable, et chargée de croix, par la vertu de laquelle ils se croyaient garantis de tous maux (1). On l'appelait la chemise de nécessité.

/ CHICUS ÆSCULANUS, — Homme éclairé, né malheureusement dans un siècle d'ignorance. Les dictionnaires historiques ne font pas mention de lui.

Chicus Æsculanus était superstitieux, dit Delrio; il était grand magicien, dit un autre; il était fou, dit un troisième; si l'on en croit Naudé, il paraît que, malgré son mérite, il avait la tête mal timbrée. Quelques auteurs lui donnent un esprit familier, nommé Floron, de l'ordre des chérubins, qui l'aidait dans ses travaux, et lui donnait de bons conseils.

On lui demandait un jour ce que c'était que la lune, il répondit brièvement : C'est une terre comme la nôtre : *Ut terra, terra est* ; ce qui était alors une hérésie, ou tout au moins un mot soufflé par le diable.

CHIEN. — Les chiens étaient ordinairement les compagnons fidèles des magiciens ; c'était le diable qui les suivait sous cette forme, dit Wecker, pour donner moins à soupçonner ; mais on le reconnaissait toujours bien, malgré ses déguisemens.

---

(1) Bodin.

Léon, évêque de Chypre, écrit que le diable sortit, un jour, d'un possédé, sous la figure d'un chien noir ; il ne dit pas par où il sortit. Si l'on en croit Bodin, il y avait, dans un couvent, un chien qui levait les robes des religieuses, pour en abuser. Les pères directeurs finirent par découvrir que c'était un démon. (Voyez *Agrippa*, *Simon le magicien*, etc.)

CHIROMANCIE : — Divination par l'inspection de la main.

Des mains grosses et courtes annoncent un homme simple, laborieux, menteur, crédule et grossier. Des mains longues, avec des doigts maigres, osseux, et aussi gros à l'extrémité qu'à la racine, annoncent une personne discrète, de bon jugement et de commerce agréable.

Pour dire la bonne aventure, on se sert ordinairement de la main gauche. Il faut avoir soin de la prendre en bon état ; c'est-à-dire, ni fatiguée, ni échauffée, ni engourdie.

Il y a dans la main quatre lignes principales : la ligne de vie, la ligne de santé, la ligne de fortune et la ligne de la jointure. Il y a aussi sept montagnes qui portent le nom des planètes : la montagne de Vénus, la montagne de Jupiter, la montagne de Saturne, la montagne du Soleil, la montagne de Mercure, la montagne de la Lune, et la montagne de Mars.

Les lignes bien colorées, bien droites, bien marquées, et les montagnes bien nettes, annoncent une bonne complexion.

un angle parfait : droiture, égalité d'âme, heureuse mémoire.

Ligne de fortune. — Elle commence dans la main, au-dessous de la tubérosité du petit doigt, et va se perdre à la jointure de l'index. Elle est parallèle à la ligne de santé, et forme avec elle une espèce de carré long.

Si elle est égale, longue et droite, elle dénote un bon naturel, un cœur modéré, constant et modeste. Lorsqu'elle est brisée, elle annonce un penchant au libertinage, de l'inconstance, et peu d'amour conjugal.

Si au lieu de se perdre, dans la jointure de l'index, elle monte vers le bord supérieur de la main, elle désigne la colère, la violence et la cruauté. Si elle est rouge en haut : perfidie, jalousie.

Si elle a des rameaux tournés vers la partie supérieure de la main, c'est un signe de bonheur, d'enjouement, de libéralité, de noblesse, de modestie et de décence. Les rameaux promettent surtout des honneurs et de grandes richesses, lorsqu'ils sont au nombre de trois. Plusieurs rameaux, montant l'un après l'autre : domination, puissance. Si la ligne de fortune est nue, simple et sans rameaux : malheur et pauvreté.

Si, au lieu de former un carré long avec la ligne de santé, elle forme un triangle avec la ligne de vie, elle présage des dangers, et un penchant au suicide.

Lorsqu'elle est droite et fine auprès de l'index,

elle caractérise une personne qui saura gouverner ses
affaires, et s'élèvera au dessus de ses égaux.

Ligne de la jointure. — C'est cette ligne, souvent
double, qui sépare la main du bras. Quand elle est
pure, colorée, elle dénote un bon tempérament. Si
elle est droite : bonheur. Si elle est tortueuse : embarras.

— S'il sort de la jointure une ligne qui aille gagner la racine du doigt du milieu, c'est un signe de
prospérité, de bonheur et de succès d'autant plus
grands que la ligne est plus marquée. Si cette ligne va
se perdre au bas de la main, un peu au-dessous de la
racine du petit doigt, malheurs et rivalités.

— Quand la ligne de santé manque, c'est un signe
de mort funeste; et celui-là sera toujours malheureux
et fripon, qui n'a pas la ligne de fortune.

— Si le triangle que forme la ligne de vie avec
la ligne de santé, est large et bien ouvert, il annonce
un naturel généreux, magnanime et brave. S'il est
étroit : avarice, opiniâtreté, poltronnerie. Il en est
de même du carré long, que forme la ligne de santé
avec la ligne de fortune.

Les montagnes. — *La montagne de Vénus* est
cette éminence de chair, qui se trouve dans la main,
à la racine du pouce. Si cette montagne est douce,
sans rides, colorée, elle annonce un homme d'une
bonne constitution, attaché à la toilette, coureur de
femmes; et réciproquement dans la main d'une dame.
S'il y a, sur cette montagne, de petites lignes, parallèles à la ligne de vie, et s'allongeant vers la join-

ture de la main, elles promettent des succès et de l'o-
pulence durant la jeunesse. Si ces lignes sont, au
contraire, tournées vers la jointure du pouce : succès plus tardifs, mais durables, et vieillesse riche.
Le présage est encore plus heureux, quand ces lignes
sont coupées par d'autres lignes transversales.

La montagne de Jupiter est l'éminence qui se
trouve dans la main, à la racine de l'index. Si elle
est douce et unie, elle désigne un naturel honnête,
un cœur exempt de reproches, et une belle conscience. Si l'on y voit de petites lignes très-déliées,
partant de la jointure de l'index : faveurs des grands.

La montagne de Saturne est l'éminence qui se
trouve dans la main, à la racine du doigt du milieu. Quand elle est douce et unie, elle annonce un
homme simple, laborieux, mais d'un esprit pesant.
Si elle est ridée : ambition, inquiétude, naturel un
peu irascible.

La montagne du soleil est l'éminence qui se
trouve dans la main, à la racine du doigt annulaire.
Si elle est chargée de petites veines rougeâtres, elle
dénote un heureux naturel, de l'enjouement, de la
prudence. Si elle est unie : simplicité, esprit crédule et laborieux. Si l'on y trouve quelques lignes,
elles annoncent une personne orgueilleuse, caustique, peu constante, et quelquefois heureuse.

La montagne de Mercure est l'éminence qui se
trouve dans la main, à la racine du petit doigt. Si
elle est unie, douce, légèrement colorée, c'est un
signe de constance, d'honnêteté, de pudeur, et de

bonnes mœurs. Lorsqu'elle porte de grosses rides :
mensonge et friponnerie.

La montagne de la lune est cet espace qui se
trouve dans la main, au-dessous de la montagne de
Mercure, entre la ligne de fortune et l'extrémité de
la ligne de santé. Si elle est unie et colorée : bonne
conscience. Si elle est ridée : naturel un peu apa-
thique et insouciant.

La montagne de Mars est cet espace qui se trouve
dans la main, au-dessous de la montagne de la lune,
entre l'extrémité de la ligne de santé, et la ligne de
la jointure. Lorsqu'elle est unie, elle désigne le courage, et un naturel magnifique. Lorsqu'elle est chargée de plusieurs lignes : audace, témérité, colère,
emportemens.

Signes des ongles. — De petits signes blanchâtres
sur les ongles présagent des craintes ; s'ils sont noirs,
ils annoncent des frayeurs et des dangers ; s'ils sont
rouges, ce qui est plus rare, des malheurs et des in-
justices ; s'ils sont d'un blanc pur, des espérances et
du bonheur.

Quand ces signes se trouvent à la racine de l'ongle,
l'accomplissement de ce qu'ils présagent est éloigné.
Ils se rapprochent avec le temps et se trouvent à la
sommité de l'ougle, quand les craintes et les espérances se justifient par l'événement.

CLOCHES. — Les cloches sont odieuses à Satan,
parce qu'elles appellent les fidèles aux saints offices, et
conjurent les orages. Ainsi le pensent du moins les

paysans; et quand l'agitation que les cloches causent dans l'air, attire le tonnerre sur l'église, si l'édifice n'est pas entièrement brûlé, on attribue la conservation de ce qui reste à ces masses bénites.

—Quand le diable porte ses suppôts au sabbat, il est forcé de les laisser tomber à terre, s'il entend sonner les cloches (1).

—Nous sommes tous coupables, avant que de naître, du péché inconnu, que s'avisa de commettre, il y a six mille ans, Adam notre premier père. Heureusement, le baptême nous en purifie. Mais je ne vois pas que les cloches aient à se purger d'un péché originel; cependant on les baptise, et il leur est défendu de sonner, avant d'être devenues, par la bénédiction lustrale, *enfans de l'Église.* Cette cérémonie, dont il n'est pas donné à tout le monde de concevoir le motif, n'a commencé que vers la fin du septième siècle, si on en croit le précepteur de Charlemagne (2).

COLONNE DU DIABLE. — On conserve, dans une église de Prague, trois pierres d'une colonne que le diable apporta de Rome pour écraser un prêtre, avec lequel il avait fait pacte pendant qu'il disait la messe. Mais saint Pierre, étant survenu, jeta trois fois de suite le diable et sa colonne dans la mer, et cette diversion donna au prêtre le temps de se mettre en mesure. Le diable en fut si désolé, qu'il

(1) Binsfeld.
(2) Alcuin.

rompit la colonne et se sauva le plus vite qu'il put.
Le docteur Patin, à qui on montrait ces pierres merveilleuses, dit qu'il n'avait jamais rien vu de semblable, quoiqu'il fût passablement instruit des miracles de saint Pierre ; et il demanda en même temps
quand cela était arrivé. On lui répondit par plusieurs
milliers d'années. « Mais, ajouta-t-il, il n'y a pas deux
» mille ans que le christianisme est établi. — Oh ! re-
» prirent les moines, le miracle dont on vous parle est
» bien plus vieux que cela ! » Et il se vit presque obligé
de croire que saint Pierre, les messes, les prêtres et
les églises catholiques, étaient bien plus vieilles que
Jésus-Christ (1).

COMETES. — Les uns ont pensé que les comètes
étaient allumées de la main de Dieu, pour annoncer
de grandes catastrophes; les autres, qu'elles se composent d'exhalaisons sèches et de matières inflam-
mables amassées en l'air ; ceux-ci les regardent
comme des globes visqueux qui s'allument aux rayons
du soleil; ceux-là comme des astres errans.

Les comètes ont plusieurs formes : tantôt c'est une
barbe épaisse, tantôt une tête chevelue, tantôt une
queue prolongée. On a toujours vu dans les comètes
les avant-coureurs des plus tristes calamités.

Une comète parut quand Xerxès vint en Europe
avec dix-huit cent mille hommes ; elle prédisait la
défaite de Salamine. Il en parut une, avant la guerre
du Péloponèse ; une, avant la défaite des Athéniens

(1) Voyage de Patin.

en Sicile ; une, avant la victoire que les Thébains remportèrent sur les Lacédémoniens ; une, quand Philippe vainquit les Athéniens ; une, avant la prise de Carthage par Scipion ; une, avant la guerre civile de César et de Pompée ; une, à la mort de César ; une, à la prise de Jérusalem par Titus ; une, avant la dispersion de l'empire romain par les Goths ; une, avant l'invasion de Mahomet, etc., etc.

Tous les peuples regardaient également les comètes comme un mauvais présage ; cependant si le présage était funeste pour les uns, il était heureux pour les autres, puisqu'en accablant ceux-ci d'une grande défaite, il donnait à ceux-là une grande victoire.

Cardan explique à peu près les causes de l'influence des comètes sur l'économie du globe : elles rendent l'air plus subtil et moins dense, en l'échauffant plus qu'à l'ordinaire : les personnes qui vivent au sein de la mollesse, qui ne donnent aucun exercice à leur corps, qui se nourrissent trop délicatement, qui se livrent sans mesure aux plaisirs de l'amour, qui sont d'une santé faible, d'un âge avancé et d'un sommeil peu tranquille, souffrent dans un air moins animé et meurent souvent par excès de faiblesse. Cela arrive plutôt aux princes qu'à d'autres, à cause du genre de vie qu'ils mènent ; et il suffit que la superstition ou l'ignorance aient attaché aux comètes un pouvoir funeste, pour qu'on remarque, quand elles paraissent, des accidens qui eussent été fort naturels en tout autre temps. On ne devrait pas non plus s'étonner de voir à leur suite la sécheresse et la peste, puisqu'elles dessèchent l'air, et ne lui laissent pas la force d'emporter les exhalaisons pestiférées. Enfin, les comètes produisent les séditions et les guerres , en échauffant le sang dans le cœur de l'homme, et en changeant les humeurs en bile noire

On a dit de Cardan qu'il avait deux âmes : l'une qui disait de belles choses, l'autre qui ne savait que déraisonner. Après avoir parlé si sagement, l'astrologue retombe dans ses visions. Quand une comète paraît auprès de Saturne, dit-il gravement, elle présage la peste, la stérilité et les trahisons ; auprès de Jupiter, la mort des souverains pontifes, et les révolutions dans les gouvernemens ; auprès de Mars , les guerres ; auprès du soleil, de grandes calamités sur tout le globe ; auprès de la lune , des inondations, et quelquefois des sécheresses ; auprès de Vénus , la mort des princes et des nobles ; auprès de Mercure , divers malheurs en fort grand nombre.

Le savant Wiston a découvert , par des solutions algébriques , que le monde fut autrefois noyé par une comète : ce qui produisit le déluge universel ; et que la terre sera un jour brûlée par une comète : ce qui produira la fin du monde.

CONJURATIONS. — (Voyez *Exorcismes.*)

CONSTELLATIONS. —

Sunt aries , Taurus , Gemini , Cancer , Leo, Virgo ,
Libraque , Scorpius , Arcitenens , Caper, Amphora, Pisces.

Le Bélier. (*Du 21 mars au 20 avril.*)—L'homme, qui naît sous cette constellation , est prompt à s'em-

I.   9.

porter, et s'apaise facilement. Il aime l'étude et la variété. Il a une éloquence naturelle, du penchant au mensonge, au libertinage et à l'orgueil. Il promet beaucoup plus qu'il ne veut tenir. Il courra des dangers avec les chevaux, sera malheureux à la chasse, et maladroit à la pêche.

La fille, née sous le Belier, est colère, menteuse, d'un naturel envieux, mais belle et féconde. Elle sera exposée à quelques dangers. Elle a l'esprit vif, et n'aime rien tant que la nouveauté.

Le Taureau. (*Du 21 avril au 20 mai.*) — L'homme, né sous ce signe, est heureux, hardi, supérieur à ses ennemis, haineux et un peu rampant. Il sera obligé de faire de longs voyages. La vieillesse lui ôtera quelques-uns de ses vices. Il vivra longtemps, sera riche à la fin de ses jours, mais triste, mélancolique, atrabilaire. Il est menacé de la morsure des chiens.

La fille, née sous le Taureau, est vive, laborieuse, esrvile, bayarde, impudique jusqu'à vingt-un ans. Elle aura plusieurs maris, pourra devenir honnête femme, et fera beaucoup d'enfans. Ses vices seront plutôt dans son esprit que dans son cœur; l'éducation peut les prévenir; et la prudence, les arrêter. Elle sera riche et méfiante sur ses vieux jours.

Les Gémeaux. (*Du 21 mai au 20 juin.*) — L'homme, né sous cette constellation, est bien fait, compatissant, sage, libéral, doué d'un bon naturel et d'un peu d'amour-propre. Il aime à courir, a de l'adresse dans tout ce qu'il entreprend ; sa négligence l'empêchera de s'enrichir, comme son bonheur l'empêchera de se ruiner.

La fille, née sous les Gémeaux, est belle, aimable, gracieuse, enjouée, intelligente, ingénieuse, affable, habile dans les arts. Elle sera heureuse en ménage, si elle soigne ses mœurs ; et malheureuse, dans le cas contraire.

L'Écrevisse. (*Du* 21 *juin au* 20 *juillet.*) — L'homme, qui naît sous ce signe, a de l'esprit, de la modestie, de la sagesse. Il est gourmand et grand coureur de femmes. Il aura des disputes et des procès qu'il gagnera pour la plupart. Il courra de grands dangers sur mer. Il se ruinera et tombera dans la misère ; mais il s'en tirera par la trouvaille d'un riche trésor.

La fille, née sous l'Écrevisse, sera bien faite, un peu maigre, agile, colère, prudente, timide, rusée, aimant à rendre service, ingrate, trompeuse, dissimulée, laborieuse, exposée à plusieurs dangers sur l'eau ; elle fera des chutes, et aura des accouchemens laborieux.

Le Lion. (*Du* 21 *juillet au* 20 *août.*) L'homme, né sous cette constellation, est éloquent, magnanime, audacieux, arrogant, superbe, caustique, railleur, dur, inexorable, cruel, vain, enclin à la colère, exposé à plusieurs dangers, malheureux en ménage. Ses enfans lui causeront des peines et des chagrins. Il sera élevé aux honneurs. Il est menacé

d'une mort violente, ou par l'incendie, ou par le
fer, ou sous la dent des bêtes féroces.

La fille, née sous le Lion, aura une poitrine large
et bien grasse, et des cuisses maigres ; ce qui dénote
un naturel aigre et audacieux. Elle sera colère, querelleuse, babillarde, mais pourtant avec un peu de
modération. Elle sera belle, aimante et aimée. Elle
aura peu d'enfans ; le mariage l'enrichira. Elle sera
sujette aux coliques d'estomac, et à des dangers,
soit avec le feu, soit avec l'eau chaude.

La Vierge. (*Du* 21 *août au* 20 *septembre.*) —
L'homme, qui naît sous ce signe, est ingénieux,
bienfait, sincère, magnanime, aimant les honneurs,
très-indiscret, même sur ce qui le concerne, présomptueux, juste, sage, bon, compatissant ; il fera
du bien à ses amis, fréquentera la cour, aimera les
femmes, et courra plusieurs dangers.

. La femme, née sous la Vierge, sera décente, timide, de bonnes mœurs, ingénieuse, aimant à faire
du bien, prévoyante, colère ; elle se mariera vers
la seizième année de son âge ; son premier enfant
sera d'une belle figure. Elle se verra exposée à quelques périls.

La Balance. (*Du* 21 *septembre au* 20 *octobre.*) —
L'homme, né sous cette constellation, sera heureux
dans le commerce, principalement sur l'eau. Il aimera les voyages et les aventures amoureuses. Il sera
beau, agile, éloquent, soignera sa réputation ; fera
beaucoup de promesses et en tiendra fort peu. Il sera
veuf, de bonne heure, de sa première femme ; il

aura des héritages. Ses ennemis lui tendront des embûches. Il doit éviter le feu et l'eau chaude. Il sera entreprenant pour les femmes, *et impinget in turpitudine coïtus illiciti* (1). Il expliquera habilement les songes.

La femme, née sous la Balance, sera aimable, gaie, enjouée, aimant les fleurs; sa figure est séduisante; ses paroles douces et agréables; ses gestes gracieux. Elle se mariera à vingt-trois ans. Qu'elle se défie du feu et de l'eau chaude.

Le Scorpion. (*Du 21 octobre au 20 novembre.*) — L'homme né sous ce signe est audacieux, effronté, fourbe, hypocrite, inconstant, dissimulé, faux, aimant le fruit défendu, adroit et fripon, cependant facétieux, plaisant, crédule. Il aura l'avantage sur ses ennemis.

La femme, née sous le Scorpion, est aimable, adroite, trompeuse, portée à mal penser, babillarde et colère. Elle donnera des sujets de plainte à son premier mari. Elle aura le ventre enflé d'un squirre, et un cautère aux épaules.

Le Sagittaire. (*Du 21 novembre au 20 décembre.*) — L'homme qui naît sous cette constellation, est fortuné, d'un esprit inventif, juste, sociable, discret, sensé, ingénieux, fidèle, constant, laborieux, et doué d'un peu d'amour-propre Il s'enrichira sur la mer, se fera des amis, obtiendra les faveurs des

---

(1) Joan. Indagine.

princes, dépensera l'argent des autres, et triomphera de ses ennemis. Il sera fort adonné à la chasse, à l'équitation, aux combats, et aux jeux d'adresse.

La femme née sous le Sagittaire, aura presque les passions de l'homme. Elle sera laborieuse, inquiète, compatissante; entourée de pièges par des hommes qui en voudront à ses mœurs, mais qui ne parviendront point à la séduire; féconde, et mariée à dix-sept ans, ou à vingt-quatre.

Le Capricorne. (*Du 21 décembre au 20 janvier.*) —L'homme né sous cette constellation est colère, léger, soupçonneux, aimant les procès et la mauvaise compagnie, médiocrement riche, bienveillant, gai, expéditif; inconstant, s'il est né pendant la nuit; il séduira de jeunes filles *innocentes*, qui lui donneront de grandes maladies. Il sera heureux sur mer, principalement dans les contrées orientales, riche et avare dans sa vieillesse. Il aura la tête petite.

La fille née sous le Capricorne, est timide, prompte à rougir, farouche en société, plus familière en tête à tête. Elle aimera à voyager.

Le Verseau. (*Du 21 Janvier au 20 février.*) — L'homme, qui naît sous cette constellation, sera doué d'un heureux naturel, ingénieux, savant, aimable, aimant, curieux, fidèle et constant, malheureux sur les eaux, qu'il n'aimera pas, avide de gloire et d'honneurs, laborieux, sage, d'une bonne conscience, compatissant, crédule, et aimant la propreté. Il sera malheureux dans sa jeunesse, mais il deviendra fort riche à trente-cinq ou trente-six ans ; il voyagera alors, il s'enrichira de plus en plus ; cependant, il ne sera jamais très-opulent, par ce qu'il donnera beaucoup ; il essuiera plusieurs maladies, et sera heureux en ménage. Il sera hospitalier, obtiendra les suffrages de tous les gens de bien, et vivra long-tems.

La femme, née sous le Verseau, sera ingénieuse, aimable, sincère, constante, aimant les plaisirs ; elle voyagera et aura des adversités ; elle sera pauvre jusqu'à vingt-deux ans, elle s'enrichira alors, mais pourtant sans excès.

Les Poissons. (*Du* 21 *février au* 20 *mars.*) — L'homme né sous ce signe sera enjoué, avare, aimant à rendre service, d'un bon naturel, hardi, présomptueux, heureux en trouvailles, recherchant les sociétés honnêtes, négligeant sa fortune et ses affaires ; il vivra long-temps s'il passe la trente-cinquième année. Il sera malheureux dans sa jeunesse à cause des femmes, et ne deviendra jamais très-riche ; il aura un signe au bras ou au pied.

La femme, née sous les Poissons, sera sensée, discrète, économe, spirituelle, d'un jugement sain et droit, d'un naturel capricieux et irascible ; elle aura un peu d'amour-propre, aimera la vertu, chérira son époux, et saura se rendre heureuse en ménage. Elle sera malheureuse dans sa jeunesse, à cause de son mérite ; le bonheur viendra enfin, elle le partagera avec un mari, dont elle se verra constamment aimée.

— Les auteurs qui ont écrit sur les constellations

ont établi plusieurs systèmes semblables à celui-ci
pour la forme , et tout différens pour les choses. Les
personnes qui se trouvent ici , nées avec le plus heureux naturel , seront ailleurs des êtres abominables.
Les astrologues ont fondé leurs oracles sur le caprice
de leur imagination , et chacun d'eux nous a donné
les passions qui se sont rencontrées sous sa plume, au
moment qu'il écrivait. Qui croira aux présages de sa
constellation , devra croire aussi à tous les pronostics
de l'almanach journalier , et avec plus de raison encore , puisque les astres ont sur la température une
influence qu'ils n'ont pas sur les êtres vivans. Enfin ,
si la divination qu'on vient de lire était fondée , il
n'y aurait dans les hommes et dans les femmes que
douze sortes de naturels , dès lors que tous ceux qui
naissent sous le même signe ont les mêmes passions
et doivent subir les mêmes accidens ; et tout le
monde sait , si dans les millions de mortels qui habitent la surface du globe , il s'en trouve souvent deux
qui se ressemblent.

On peut espérer qu'aujourd'hui le lecteur ne s'ar-
rêtera à cette ridicule prescience, que pour se divertir
un instant. (Voyez *Astrologie judiciaire* , *Horoscopes* , *Prédictions*.)

CONVULSIONNAIRES.—Dans le neuvième siè-
cle , des moines errans et fort suspects déposèrent,
dans une église de Dijon, des reliques qu'ils avaient ,
disaient-ils , apportées de Rome , et qui étaient d'un
saint dont ils avaient oublié le nom. L'évêque Théo-

bolde refusa de recevoir ces reliques sur une alléga-
tion aussi vague. Néanmoins elles faisaient des miracles, et ces miracles étaient des convulsions, dans
ceux qui venaient les révérer.

L'opposition de l'évêque fit bientôt de cette dévotion une fureur, et de ces convulsions une épidémie.
Les femmes surtout s'empressèrent de donner de la
vogue au parti. Théobolde consulta l'archevêque de
Lyon, dont il était suffragant. « Proscrivez, lui ré-
» pondit l'archevêque, ces fictions infernales, ces
» hideuses merveilles, qui ne peuvent être que des
» prestiges ou des impostures. Vit-on jamais, aux tom-
» beaux des martyrs, ces funestes prodiges qui, loin
» de guérir les malades, font souffrir les corps et trou-
» blent les esprits. »

— Cette espèce de manie fanatique fit grand bruit
au commencement du dix-huitième siècle, et on prit
encore pour des miracles les convulsions et les grimaces d'une foule d'insensés. Les gens mélancoliques
et atrabilaires ont beaucoup de disposition à ces
pieuses jongleries, surtout si, dans le temps que leur
esprit est dérangé par les jeûnes, les fatigues et les
veilles, ils s'appliquent à rêver fortement sur les miracles et les prophéties les plus frappantes ; ils finis-
sent toujours par tomber en extase, et se persuadent
qu'ils peuvent aussi faire des miracles et prophétiser.
Cette maladie se communique aux esprits faibles et
le corps s'en ressent. De là vient, ajoute Brueys (1),

_____

(1) Préface de l'Histoire du fanatisme.

que dans le fort de leurs accès, les convulsionnaires
se jettent par terre où ils demeurent quelquefois as-
soupis. D'autres fois, ils s'agitent extraordinairement ; et c'est en ces différens états qu'on les entend
parler d'une voix étouffée, et débiter toutes les extravagances dont leur folle imagination est remplie.

—Tout le monde a entendu parler des convulsions
et des prétendus miracles qui eurent lieu sur le
tombeau du diacre Pàris, homme inconnu pendant
sa vie, et trop célèbre après sa mort. La frénésie fanatique alla si loin, que le gouvernement fut obligé,
en 1732, de fermer le cimetière Saint-Médard. Sur
quoi un janséniste fit ces deux vers :

> De par le roi, défense à Dieu,
> D'opérer miracle en ce lieu.

Dès lors, les convulsionnaires tinrent leurs séances
dans des lieux particuliers, et se donnèrent en spectacle certains jours du mois. Tout le monde accourait
pour les voir, et leur réputation surpassa bientôt
celle des Bohémiens ; ils ajoutaient les miracles aux
prophéties, et beaucoup de personnes s'en retournaient frappées de leurs cérémonies extraordinaires
et de leurs prédictions ; hasardées à la vérité, mais
prononcées d'un ton effrayant.

—Un brave militaire alla les voir, par curiosité. Il
prit place, avec la multitude des spectateurs, et fut si
étonné du silence qui régnait autour de lui, et de la
vénération qu'on témoignait aux pieux imbéciles,
qu'il ne put s'empêcher d'en rire. Un des convulsion-

naires, tournant alors vers lui ses yeux égarés, lui
cria d'une voix rauque : « Tu ris, impie !.... Songe
» que tu mourras dans sept jours. » Le militaire pâlit, et sortit un moment après. Il regagna son logis,
l'imagination frappée d'une menace ridicule, qu'il
aurait dû mépriser ; il mit ordre à ses affaires, fit son
testament, et mourut le septième jour, de folie ou
de frayeur.

COPULATION CHARNELLE. — Les sorciers et
les sorcières s'accouplent au sabbat, avec le diable,
qui prend une forme d'homme pour les femmes, et
une forme de femme pour les hommes. Quelquefois
il agit sous la figure d'un animal.

— Françoise Secretain, qui fut brûlée à Saint-
Claude, avoua que le diable l'avait connue charnel-
lement quatre ou cinq fois, tantôt en forme de chien,
tantôt en forme de chat, et tantôt en forme de poule.
C'est chose étrange, dit Boguet, que Satan l'ait connue en forme de poule ; et je pense qu'au lieu de
poule, elle ait voulu dire un oison, d'autant que le
diable se transforme souvent en oison, d'où est venu
le proverbe que Satan a des pattes d'oie (1).

— La sorcière Jeanne Harvilliers, des environs de
Compiègne, raconta que sa mère l'avait présentée au
diable, dès l'âge de douze ans ; que c'était un grand
nègre, vêtu de drap noir ; qu'elle eut copulation
charnelle avec lui, depuis ce temps là jusqu'à l'âge de
cinquante ans, où elle fut prise ; que le diable se pré-

(1) Discours des exécrables sorciers.

sentait à elle, quand elle le désirait, botté, éperonné et ceint d'une épée; qu'elle seule le voyait ainsi que son cheval qu'il laissait à sa porte; qu'elle couchait même avec lui et son mari, sans que celui-ci s'en aperçut (1).

Les enfans qui naissent de ces accouplemens sont petits et maigres, tarissent trois nourrices sans profiter, crient dès qu'on les touche, et rient quand il arrive quelque malheur dans la maison. Ils ne vivent pas plus de sept ans (2). (Voyez *Incubes et succubes.*)

— Le juif Philon prétend que le serpent qui tenta la femme, signifie allégoriquement *la volupté qui se traîne sur le ventre.*

Ce ne fut jamais la volonté du seigneur, disent les cabalistes, que l'homme et la femme eussent des enfans comme ils en ont. Son dessein était bien plus noble. L'arbre défendu n'était autre chose qu'Ève, Adam devait se contenter de tout le reste des fruits du jardin de volupté, c'est-à-dire de toutes les beautés des sylphides, des nymphes et des autres filles des élémens, et laisser Ève à l'amour des salamandres, des sylphes et des gnômes, qui auraient su s'en faire aimer. Alors il n'eût vu naître que des héros, et l'univers serait peuplé de gens tout merveilleux, remplis de force et de sagesse.

Noé, rendu sage par l'exemple d'Adam, consentit que sa femme se donnât au salamandre Oromasis, prince des substances ignées, et conseilla à ses trois

---

(1) Bodin.
(2) Boguet.

fils de céder pareillement leurs femmes aux princes des trois autres élémens. Mais Cham, rebelle aux conseils de son père, fut aussi faible qu'Adam, et ne put résister aux attraits de sa femme. Le peu de complaisance qu'il eut pour les sylphes marqua toute sa noire postérité : de là vient le teint horrible des Éthiopiens, à qui il est commandé d'habiter sous la Zone torride, en punition de l'ardeur profane de leur père (1).

COQ. — Tout disparait au sabbat, aussitôt que le coq chante. C'est pour l'en empêcher, pendant leurs assemblées nocturnes, que les sorciers, bien instruits par le diable, lui frottent la tête et le front, d'huile d'olive, ou lui mettent au cou un collier de sarmens de vigne.

Le coq a le pouvoir de mettre en fuite les puissances infernales ; et comme on vit des démons, qui avaient pris des formes de lion, disparaître dès qu'ils voyaient ou entendaient le coq, on répandit cette opinion, que le coq épouvante le lion et le fait fuir (2).

CORDE DE PENDU. — La corde de pendu porte bonheur, et fait gagner à tous les jeux ceux qui en ont dans leurs poches. Il est fâcheux qu'on ait aboli le supplice du gibet !

---

(1) Le comte de Gabalis.
(2) Delancre.

CORNES. — Tous les habitans du ténébreux empire portent des cornes ; c'est une partie essentielle de l'uniforme infernal, et les diables y attachent la plus grande importance. On les leur ôte pour les dégrader.

Il faut que l'adultère soit un crime bien vil, puisque la femme, qui se trouve dans ce cas hideux, fait porter à son mari les armes des démons. Ce proverbe : *Porter les cornes*, vient de notre mère Ève (si l'on en croit Risorius), qui, ayant obtenu de Satan, pour prix de ses complaisances, la paire de cornes qu'il portait en lui faisant l'amour, en fit présent à son mari.

— Cippus Vénélius, revenant victorieux à Rome, s'aperçut, en regardant dans le Tibre, qu'il avait des cornes sur la tête. Il consulta les devins, pour savoir ce que lui présageait une chose si extraordinaire. On pouvait expliquer ce prodige, de plusieurs façons ; on lui dit seulement que c'était une marque qu'il régnerait dans Rome : mais il n'y voulut pas entrer. — Cette modération est plus merveilleuse que les cornes.

COSQUINOMANCIE. — Divination par le sas ou tamis.

On met un tamis sur un pivot, pour connaître l'auteur d'un vol ; on nomme ensuite les personnes soupçonnées, et le tamis tourne, au nom du voleur. C'est ce qu'on appelle, dans les campagnes, *tourner le sas.*

COUR INFERNALE. — Wierius et plusieurs autres démonomanes, versés dans l'intime connaissance des enfers, ont découvert que tout s'y gouvernait comme ici-bas, qu'il y avait là des princes, des nobles, de la canaille, etc. Ils ont même eu l'avantage de pouvoir compter le nombre des démons, supputer leur âge, et distinguer leurs emplois, leurs dignités et leur puissance.

Suivant ce qu'ils ont écrit, Satan n'est plus le souverain de l'enfer; Belzébuth règne à sa place, et doit y régner jusqu'à la fin des siècles. Quoi qu'il en soit, voici l'état actuel du gouvernement infernal.

Princes et grands dignitaires.

Belzébuth, chef suprême de l'empire infernal, fondateur de l'ordre de la Mouche.

Satan, prince détrôné, chef du parti de l'opposition.

Eurynome, prince de la mort, grand'croix de l'ordre de la Mouche.

Moloch, prince du pays des Larmes, grand'croix de l'ordre.

Pluton, prince du Feu, gouverneur général des Pays Enflammés, grand'croix de l'ordre.

Pan, prince des Incubes.

Lilith, prince des Succubes.

Léonard, grand-maître des Sabbats, chevalier de la Mouche.

Baalberith, grand pontife, maître des Alliances.

Proserpine, archi-diablesse, souveraine princesse des Esprits malins.

MINISTÈRES.

Adrameleck, grand chancelier, grand'croix de l'ordre de la Mouche.

Astaroth, grand trésorier, chevalier de la Mouche.

Nergal, chef de la Police secrète.

Baal, général en chef des Armées infernales, grand'croix de l'ordre de la Mouche.

Leviathan, grand amiral, chevalier de la Mouche.

AMBASSADEURS.

Belphégor, ambassadeur en France.

Mammon, ambassadeur en Angleterre.

Bélial, ambassadeur en Italie.

Rimmon, ambassadeur en Russie.

Thamuz, ambassadeur en Espagne.

Hutgin, ambassadeur en Turquie.

Martinet, ambassadeur en Suisse.

(Les autres pays du globe ne dépendent pas assez de Belzébuth, pour qu'il y envoie des ambassadeurs fixes.)

JUSTICE.

Lucifer, grand justicier, chevalier de la Mouche.

Alastor, exécuteur des Hautes-Œuvres.

MAISON DES PRINCES.

Verdelet, maître des cérémonies.

Succor-Benoth, chef des Eunuques du sérail.

Chamos, grand chambellan, chevalier de la Mouche.

Melchom, trésorier-payeur.

Nysroch, chef de la cuisine.

Béhemoth, grand échanson.

Dagon, grand pannetier.

Mullin, premier valet de chambre.

MENUS PLAISIRS.

Kobal, directeur des spectacles.

Asmodée, surintendant des maisons de jeu.

Nybbas, grand paradiste.

Antechrist, escamoteur et nécromancien. Boguet l'appelle *le singe de Dieu*. (Voyez *Démons*.)

CRACHAT DE LA LUNE. — Les sages appellent ainsi la matière de la pierre philosophale, avant sa préparation. C'est une espèce d'eau congelée, sans odeur et sans saveur, de couleur verte, qui sort de terre pendant la nuit ou après un orage. Sa matière aqueuse est très-volatile et s'évapore à la moindre chaleur, à travers une peau extrêmement mince, qui la contient. Elle ne se dissout, ni dans le vinaigre, ni dans l'eau, ni dans l'esprit de vin; mais si on la renferme dans un vase bien scellé, elle s'y dissout d'elle-même en une eau extrêmement puante.

Les philosophes hermétiques la recueillent, avant le lever du soleil, avec du verre ou du bois, et en tirent une espèce de poudre blanche, semblable à l'amidon.

CRANOLOGIE : — Art de juger les hommes, par les protubérances du crâne.

On a soutenu jusqu'à présent que l'âme a son siége dans le cerveau; et toutes les observations confirment l'exactitude de cette assertion.

Dans toute l'échelle de la création, la masse du cerveau et des nerfs augmente en raison de la capacité pour une éducation plus relevée. La gradation a lieu jusqu'à l'homme qui, parmi tous les êtres créés, est susceptible du plus haut degré d'ennoblissement, et à qui la nature a accordé le cerveau le plus parfait et proportionnellement le plus grand.

Il y a dans l'homme, comme dans les animaux, des dispositions et des inclinations innées. L'histoire nous offre plusieurs grands hommes qui, dès leur plus tendre jeunesse, ont eu un penchant décidé pour tel art ou telle science (1). Il est certain que ces dispositions peuvent être développées et perfectionnées par l'éducation; mais elle ne les donne point; car les premières traces de ces talens distingués com-

_____

(1) La plupart des grands peintres et des poëtes les plus distingués se sont livrés aux beaux-arts, par cette inclination indomptable que la nature donne à ses favoris ; et sont devenus fameux, malgré leurs parens.

mencent à se développer, quand les enfans ne sont point encore susceptibles d'une éducation proprement dite.

Il faut conclure de là que des talens aussi déterminés doivent être innés. Les choses ne sont point autrement dans le règne animal : toutes les espèces d'animaux ont des inclinations qui leur sont propres ; et la cruauté du tigre, l'industrie du castor, l'adresse de l'éléphant, etc., sont dans chaque individu de ces espèces, sauf quelques variations accidentelles.

C'est pourquoi, de même qu'il y a dans les hommes et dans les animaux, des dispositions innées, de même il existe autant d'organes rassemblés et placés, les uns près des autres, dans le cerveau, qui est le mobile des fonctions supérieures de la vie animale; et ces organes s'expriment sur la surface du cerveau par des protubérances. Plus ces protubérances sont grandes, plus on doit s'attendre à de grandes dispositions.

Ces organes, exprimés à la surface du cerveau, produisent aussi certaines protubérances sur la surface extérieure du crâne. Cette assertion est fondée sur ce que le crâne, qui renferme le cerveau, est construit et formé du cerveau, depuis sa première existence dans le sein maternel, jusqu'à l'âge le plus avancé; et que par conséquent les impressions sur la surface intérieure, doivent également se manifester à la table extérieure du crâne.

Au reste, cette thèse n'est applicable qu'aux cerveaux sains, en général, les maladies pouvant faire des exceptions.

— *L'instinct de la propagation* se manifeste par deux éminences placées derrière l'oreille, immédiatement au-dessus du cou. Cet organe est plus fortement développé chez les mâles, que chez les femelles.

L'amour des enfans est dans la plus étroite union avec le désir d'en avoir; aussi l'organe qui le donne est-il placé auprès de celui qui annonce l'instinct de la propagation. Il se manifeste par deux éminences sensibles placées derrière la tête, au-dessus de la nuque, à l'endroit où se termine la fosse du cou. Cet organe est plus fort chez les femelles que chez les mâles; et si on compare les crânes des animaux, on le trouvera plus prononcé dans celui du singe que dans tout autre.

L'organe de l'amitié et de la fidélité est placé dans la proximité de celui des enfans, et se manifeste, des deux côtés, par deux protubérances arrondies, dirigées vers l'oreille. On le trouve dans les chiens, surtout dans le barbet et le basset.

L'organe de l'humeur querelleuse se manifeste, de chaque côté, par une protubérance demi-globulaire, derrière et au-dessus de l'oreille. On le trouve bien prononcé chez les bretteurs.

L'organe du meurtre se manifeste, de chaque côté, par une protubérance placée au-dessus de l'organe de l'humeur querelleuse, en se rapprochant vers les tempes. On le trouve dans les animaux carnivores, et dans les assassins..

L'organe de la ruse se manifeste, de chaque côté, par une protubérance placée au-dessus du conduit extérieur de l'ouïe, entre les tempes et l'organe du meurtre. On le trouve chez les fripons, chez les hippocrites, chez les gens dissimulés, et de plus chez de sages généraux, chez de prudens ministres, et chez des auteurs de romans ou de comédies, qui conduisent finement les intrigues de leurs fictions.

L'organe du vol se manifeste, de chaque côté, par une protubérance placée au haut de la tempe, de manière à former un triangle avec le coin de l'œil et le bas de l'oreille. On le trouve dans les voleurs et dans quelques animaux : il est bien prononcé au crâne de la pie.

L'organe des arts forme une voûte arrondie à côté de l'os frontal, au-dessous de l'organe du vol. Il se manifeste particulièrement au crâne de Raphaël.

L'organe des tons ou de la musique s'exprime par une protubérance, à chaque angle du front, au-dessous de l'organe des arts. On trouve ces deux protubérances aux crânes du perroquet, de la pivoine, du corbeau, et de tous les oiseaux mâles chantant ; tandis qu'on ne les rencontre ni chez les oiseaux et les animaux, à qui ce sens manque, ni même chez les hommes qui entendent la musique avec répugnance. Cet organe est d'une grandeur très-sensible chez les grands musiciens, tels que Mozart, Gluck, Haydn, Viotti, etc.

L'organe de l'éducation se manifeste par une protubérance au bas du front, sur la racine du nez, entre les deux sourcils. Les animaux qui ont le crâne droit, depuis l'occiput jusqu'aux yeux, comme le blaireau, sont incapables d'aucune éducation ; et cet organe se développe de plus en plus dans le renard, le levrier, le caniche, l'éléphant, et l'orang-outang, dont le crâne approche le plus des têtes humaines mal organisées. Le rang suprême est occupé par le crâne de l'homme bien et noblement constitué.

L'organe du sens des lieux se manifeste extérieurement par deux protubérances placées au-dessus de la racine du nez, à l'os intérieur des sourcils. Il indique en général la capacité de concevoir les distances, le penchant pour toutes les sciences et arts où il faut observer, mesurer, et établir des rapports d'espace : par exemple, le goût pour la géographie. Tous les voyageurs distingués ont cet organe au plus haut degré, comme le prouvent les bustes de Cook, de Colomb, et d'autres. On le trouve aussi chez les animaux errans. Tous les oiseaux de passage l'ont plus ou moins, selon le terme plus ou moins éloigné de leur émigration. Il est très-sensible au crâne de la cigogne. C'est par la disposition de cet organe, que la cigogne retrouve l'endroit où elle s'est arrêtée, l'année précédente ; et que, comme l'hirondelle, elle bâtit tous les ans son nid sur la même cheminée.

L'organe du sens des couleurs forme, de chaque côté, une protubérance au milieu de l'arc des sourcils, immédiatement à côté du sens des lieux. Lorsqu'il est porté à un haut degré, il forme une voûte particulière. C'est pour cela que les peintres ont toujours le visage plus jovial, plus réjoui, que les autres hommes, parce que leurs sourcils sont plus arqués vers le haut. Cet organe donne la manie des fleurs, et le penchant à réjouir l'œil par la diversité des couleurs qu'elles offrent. S'il est lié avec l'organe du sens des lieux, il forme le paysagiste. Il paraît que ce sens manque totalement aux animaux, et que leur sensibilité à l'égard de certaines couleurs ne provient que de l'irritation des yeux.

L'organe du sens des nombres est également placé au-dessus de la cavité des yeux, à côté du sens des couleurs, dans l'angle extérieur de l'os des yeux. Quand il existe dans un haut degré, il s'élève vers les tempes un gonflement qui donne à la tête une apparence carrée. Cet organe est fortement exprimé sur un buste de Newton, et en général il est très-visible chez les grands mathématiciens. Il est ordinairement lié, aux têtes des astronomes, avec l'organe du sens des lieux.

L'organe de la mémoire a son siége au-dessus de la partie supérieure et postérieure de la cavité des yeux. Il presse les yeux en bas et en avant. Beaucoup de comédiens célèbres ont les yeux saillans, par la disposition de cet organe.

Le sens de la méditation se manifeste par un renflement du crâne, environ un demi-pouce sous le bord supérieur du front. On le trouve au buste de Socrate, et à plusieurs penseurs profonds.

L'organe de la sagacité se manifeste par un renflement oblong, au milieu du front.

L'organe de la force de l'esprit se manifeste par
deux protubérances demi - circulaires, placées au-
dessous du renflement de la méditation, et séparées
par l'organe de la sagacité. On le trouve dans Voltaire, Cervantes, Wiéland, etc.

L'organe de la bonhomie se manifeste par une élé-
vation oblongue, partant de la courbure du front,
vers le sommet de la tête, au-dessus de l'organe
de la sagacité. On le trouve au mouton, au chevreuil, et à plusieurs races de chiens.

L'organe de la piété, *vraie ou fausse*, se manifeste
par un gonflement, au-dessus de l'organe de la bonhomie. On le trouve très-marqué chez les gens superstitieux.

L'organe de l'orgueil et de la fierté se manifeste
par une protubérance ovale, au haut de l'occiput.

L'organe de l'ambition et de la vanité se manifeste
par deux protubérances placées au sommet de la
tête, et séparées par l'organe de la fierté.

L'organe de la prudence se manifeste par deux
protubérances placées à côté des protubérances de
l'ambition, sur les angles postérieurs du crâne.

L'organe de la constance et de la fermeté se manifeste par une protubérance placée derrière la tête,
au-dessous de l'organe de la fierté.

— Ce système séduisant du docteur Gall a eu de
nombreux partisans; mais il n'a guères eu moins
d'ennemis. Quelques-uns l'ont comparé aux rêveries

de certains physionomistes, quoiqu'il mérite véritablement plus d'égards, comme ayant un fondement
moins chimérique. On a vu cent fois le grand homme
et l'homme plus qu'ordinaire se ressembler par les
traits du visage, et jamais le crâne du génie ne ressemble à celui de l'idiot. Peut-être le docteur Gall
a-t-il voulu pousser trop loin sa doctrine. On s'abuse
nécessairement en donnant des règles invariables sur
des choses qui ne sont rien moins que constantes.

Un savant a soutenu, contre le sentiment du docteur Gall, que les inclinations innées n'existaient
point dans les protubérances du crâne, puisqu'il dé-
pendrait alors du bon plaisir des sages-femmes de
déformer les enfans, et de les modeler, dès leur
naissance, en idiots ou en génies.

Le docteur Gall trouve cette objection risible,
parce que, quand même on enfoncerait le crâne,
par exemple à un endroit où se trouve un organe
précieux, cet organe comprimé se rétablirait peu à
peu de lui-même; et parce que le cerveau résiste à
toute pression extérieure, par l'élasticité des tendres
filets, et qu'aussi long-temps qu'il n'a pas été écrasé,
ou totalement détruit, il fait une répresssion suf-
fisante.

Cependant, Blumenbach écrit que les Caraïbes
pressent le crâne de leurs enfans avec une certaine
machine, et donnent à la tête la forme propre à ce
peuple. Les naturalistes (1) placent aussi les qualités

_____

(1) Voyez Valmont de Bomare, *Dictionnaire d'histoire naturelle.*

de l'esprit, non dans les protubérances, mais dans la conformation du crâne; et plusieurs prétendent qu'un soufflet ou une pression au crâne de Corneille venant de naître, en eût pu faire un imbécile. On voit d'ailleurs des gens qui perdent la raison ou la mémoire, par un coup reçu à la tête; et les enfans des paysans ne sont peut-être d'un esprit si bouché, qu'à cause des soufflets qu'ils reçoivent dès leur plus tendre enfance, puisque ceux qui sont élevés plus doucement ont ordinairement plus d'esprit naturel.

Le docteur Fodéré, qui ne recherche rien plus que le vrai, parle, dans sa *Médecine légale*, de voleurs et de fous, sur le crâne desquels on n'a point remarqué les protubérances du vol, ni celles de la folie.

CRAPAUDS. — Les crapauds tiennent une place distinguée dans la sorcellerie. Les sorciers, et surtout les sorcières, les aiment tendrement, et les choyent comme leurs mignons. Elles ont toujours soin d'en avoir quelques-uns qu'elles habituent à les servir, et qu'elles accoutrent de livrées de taffetas vert.

Les grandes sorcières sont ordinairement assistées de quelque démon, qui est toujours sur leur épaule gauche, en forme de crapaud, ayant deux petites cornes sur la tête; mais il ne peut être vu que de ceux qui sont ou ont été sorciers (1).

(1) Delancre (qui n'était pas sorcier).

CROCONAS. — (Voyez *Alexandre de Paphla-*
gonie.)

CULTES. —

Adore un Dieu , sois juste, et chéris ta patrie.
                    VOLTAIRE.

— Adorer l'Etre-Suprême, se marier et peupler la
terre, suivant son commandement , secourir ses voisins , planter un arbre fruitier , défricher une terre
inculte, ne tuer que les insectes nuisibles et les animaux carnassiers , féroces et venimeux , tels étaient
les premiers principes de la belle et sage morale des
mages.

— L'amour du prochain , la charité , la modération , l'esprit d'équité , la paix , la patience , la concorde , l'obéissance aux princes et aux magistrats ,
quoique païens , telle était la simple et sublime morale que prêchaient les apôtres (1).

— Certains peuples de l'Afrique ne rendent aucun
culte à Dieu , qu'ils croient trop bon pour avoir besoin d'être prié ; mais ils font des sacrifices au diable
pour la raison contraire.

— Le dieu Irminsul, adoré chez les Saxons , et
dont Charlemagne détruisit le temple , y était représenté sous la simple forme d'une longue pierre où
était gravée la figure du soleil avec ses rayons.

— La dévotion , dans le royaume de Benin , n'est

_____

(1) Saint-Foix.

pas formaliste. On appelle un esclave : « Voilà , lui
» dit-on , un présent que je veux faire à tel dieu , vous
» le lui porterez et le saluerez de ma part. »

— Anciennement , dans l'île de Ternate , il n'é-
tait permis à qui que ce fût, pas même aux prêtres, de
parler de religion ; il n'y avait qu'un temple : une loi
expresse défendait qu'il y en eût deux. On n'y voyait
ni autel , ni statues , ni images ; cent prêtres desser-
vaient ce temple. Ils ne chantaient , ni ne parlaient ;
mais , dans un morne silence , ils montraient avec
le doigt une pyramide sur laquelle étaient écrits ces
mots : *Mortels , adorez Dieu , aimez vos frères , et
rendez-vous utiles à la patrie.*

— Les Giagues croient qu'il y a des dieux bienfaisans et des dieux malfaisans , que les uns sont réjouis
par les plaisirs des hommes , au lieu que les autres se
plaisent à les voir se haïr , se persécuter , se déchirer
et s'égorger. Les Giagues sont ordinairement gouvernés par une reine. Lorsqu'elle est obligée de faire la
guerre, et qu'elle est prête à livrer une bataille , pour
mettre les dieux malfaisans dans son parti , elle fait
jurer à ses soldats qu'ils seront sans pitié , qu'ils n'auront égard ni à l'âge , ni au sexe , et qu'ils répandront
le plus de sang qu'ils pourront. A peine la cérémonie
de ce serment est-elle achevée , qu'on entend une
musique tendre et voluptueuse ; elle annonce le spectacle qu'on va présenter pour réjouir les dieux bienfaisans et se les rendre favorables. Cent jeunes filles
choisies parmi les plus belles du royaume , et cent
guerriers s'avancent en chantant et en dansant : l'im

patience de leurs désirs est peinte dans leurs yeux. La reine frappe des mains ; c'est le signal. Ils se livrent à leurs transports , à la vue de toute l'armée.

Ces cérémonies religieuses des Giagues ne doivent point nous paraître bien extraordinaires. Nos moines , du temps de la ligue , ne prêchaient-ils pas qu'en assassinant le roi et tous ceux qui lui étaient attachés, on ferait une action méritoire et agréable à Dieu ? Ne faisaient-ils pas en même temps, le jour et la nuit , des processions *où hommes et femmes , filles et garçons étaient tout nus , marchant pêle-mêle , si bien qu'on en vit des fruits* (1) ? Le journaliste , par l'expression de *tout nus* , veut dire n'ayant que la chemise, voile léger et plus attrayant que l'entière nudité (2).

— Les Alains n'avaient point de temples , et ne rendaient de culte qu'à une épée nue fichée en terre (3).

— Les Ethiopiens adoraient le soleil levant , et l'insultaient à son couchant , par les plus horribles imprécations.

---

(1) L'Étoile : *Journal de Henri III.*

(2) Saint-Foix.

(3) Ammien-Marcellin. — Pline dit que les Alains habitaient les pays situés au-delà des embouchures du Danube. Joseph les place près de Palus-Méotide. Ils n'avaient d'autres maisons que leurs charriots , méprisaient l'agriculture , et ne vivaient que de chasse et de rapine. Ils contribuèrent beaucoup à la ruine de l'empire romain. Les Alains prédisaient l'avenir par le moyen de certaines baguettes , choisies avec des cérémonies magiques.

— Quand les Goths entendaient du bruit dans l'air, ils tiraient leurs flèches vers le ciel pour secourir leurs dieux, qu'ils croyaient assaillis par d'autres.

— Dans l'île de Samos, pendant les fêtes de Mercure, les Samiens volaient impunément tout ce qu'ils rencontraient, à l'exemple du dieu qui passait pour le patron des voleurs.

— Le culte que les sorcières rendent au diable, dans les assemblées du sabbat, consiste à lui baiser le visage de derrière, humblement à genoux, avec une chandelle à la main.

D

DAGON, — démon du second ordre; boulanger et grand panetier de la cour infernale.

Les Philistins l'adoraient sous la forme d'un monstre réunissant le buste de l'homme à la queue du poisson. Ils lui attribuaient l'invention de l'agriculture, qu'on a attribuée à tant d'autres, et qui ne doit l'être qu'au besoin et au hasard.

DEMOCRITE : — philosophe célèbre, qui florissait en Grèce, environ trois cents ans après la fondation de Rome.

Les écrivains du quinzième et du seizième siècle l'ont accusé de magie, comme tous les hommes extraordinaires, et quelques-uns lui attribuèrent un Traité d'alchymie. Ils prétendaient, pour soutenir ce qu'ils avançaient avec tant d'ignorance, qu'il ne s'était crevé les yeux qu'après avoir *soufflé* tout son bien à la recherche de la pierre philosophale. La cécité de Démocrite a embarrassé bien des personnes. Tertullien dit qu'il se creva les yeux, parce qu'il ne pouvait regarder les femmes sans un désir violent de les approcher de plus près. Plutarque pense que ce fut pour philosopher plus à son aise, et c'est le sentiment le plus répandu, quoiqu'il soit aussi dénué de fondement que les autres. Démocrite ne fut point aveugle, si l'on en croit Hippocrate, qui raconte qu'appelé par les Abdéritains pour guérir la folie prétendue du philosophe, il le trouva occupé à la lecture de certains livres et à la dissection de quelques animaux; ce qu'il n'eût point fait, s'il eût été privé de la vue.

Il riait de tout, nous dit-on, mais son ris était moral, et il voyait autrement que les hommes dont il se moquait. Croyons donc, avec Scaliger, qu'il était aveugle moralement; *quòd, aliorum more, oculis non uteretur.*

On dit qu'il entendait le chant des oiseaux, et qu'il s'était procuré cette faculté merveilleuse, en mangeant un serpent engendré du sang mélangé de certains oisillons.

On dit aussi qu'il commerçait avec le diable, parce qu'il vivait solitaire. Si la solitude était une preuve de sorcellerie, tous les pères de la Thébaïde seraient de grands sorciers; et nous savons tous qu'ils ne l'étaient pas le moins du monde.

DÉMONIAQUES. — Les démoniaques ou possédés sont les gens chez qui le diable choisit son domicile. Ils en sont plus ou moins tourmentés, suivant
le cours de la lune.

On a vu des démoniaques à qui les diables arrachaient les ongles des pieds sans leur faire de mal.
On en a vu marcher à quatre pates, se traîner sur
le dos, ramper sur le ventre. On a vu encore des
femmes marcher sur la tête ; d'autres courir les rues,
échevelées, presque nues, et jetant des cris horribles.
Il y en avait qui se sentaient chatouiller les pieds sans
savoir par qui ; d'autres parlaient des langues qu'ils
n'avaient jamais apprises, etc.

On a remarqué qu'il y avait dans les démoniaques
beaucoup plus de femmes que d'hommes : c'est
qu'elles sont plus crédules, plus légères, plus surprenantes par leurs grimaces, leurs contorsions et leurs
mots inintelligibles. On croit que tout cela passe leur
pouvoir ; si l'imposture est découverte, on les justifie
par leurs faiblesses, par des suffocations de matrice, etc.

On a observé encore que, quoique le Diable soit
fort médisant, les démoniaques ne médisaient point
les uns des autres, et qu'ils se ménageaient, pour ne
pas découvrir le mystère.

—Une dame que le prieur d'un couvent de Londres avait placée dans un cloître, reçut assez long-
temps des attentions suivies ; mais cette ponctuelle
exactitude diminua par degrés, et finit par un entier
délaissement. Sans société, sans ressource, elle cher-

cha , selon l'usage , des consolations près des fanatiques , qui lui remplirent la tête de leurs chimères.
Elle fut bientôt possédée. L'embarras était de déterminer si l'esprit était infernal ou céleste (car les anges
se mêlent aussi quelquefois de posséder). Les doutes
ne tardèrent pas à se décider : Un vomissement d'é-
pingles tordues , et les paumes des mains tournées
en dehors , firent reconnaître le diable en personne.
L'usage de la parole fut enlevé à cette malheureuse ,
de sorte que lorsque sa bouche laissait échapper des
mots , les témoins reconnaissaient soudain la voix du
démon. Elle fut déclarée démoniaque dans toutes
les formes.

Mais qui l'avait réduite à ce fâcheux état ? Les
moines et les religieuses vinrent, à la suite les uns des
autres, demander le nom du coupable. Peine perdue ;
pas l'ombre d'une réponse ; tous ces gens-là n'avaient
pas le droit de faire des questions. Lorsque , par une
puissance magique , quelque esprit infernal prend
possession d'une personne , il est souvent le maître
de ne pas répondre , à moins qu'un évêque ne l'interroge ; car alors il est contraint de dire la vérité.

En conséquence , l'évêque le plus voisin arrive ;
aussitôt le secret paraît au grand jour. Le diable confesse avec répugnance qu'il est soumis au prieur ,
par l'ordre de qui il se trouve dans sa demeure présente , et fermement résolu d'y tenir poste. Le prélat,
très-habile exorciste , se sert avec succès des armes
mystiques. Le prieur est publiquement accusé de sorcellerie. Des témoins puissans et nombreux le char-

gent de graves accusations ; quatorze personnes de poids assurent qu'elles ont entendu le diable parler latin. Quelle défense opposer à de pareilles autorités? Aussi le coupable , juridiquement condamné , périt-il du genre de mort que tant d'hérétiques avaient éprouvé par ses ordres : on le jeta dans un bûcher.

C'étaient des temps que ceux-là ! Les gens d'alors ne se montraient pas , comme ceux d'aujourd'hui , des incrédules , mais bien de pieux et véritables fidèles (1).

— Saint Grégoire raconte qu'une religieuse , ayant préparé une salade de laitue , oublia de faire le signe de la croix avant de la manger ; de sorte que le diable qui la guettait, trouvant l'occasion propice , se fourra dans la salade , et entra par ce moyen dans le corps de la religieuse , qui l'avala sans s'en apercevoir , et devint possédée, pour avoir oublié de se signer. Cela s'appelle un avis au lecteur.

— Une fille , nommée Elisabeth Blanchard , se disait possédée de six diables : Astaroth et le Charbon d'impureté, de l'ordre des anges; Belzébuth et le lion d'enfer , de l'ordre des archanges ; Pérou et Marou , de l'ordre des chérubins (2).

—L'an 1556, il se trouva, à Amsterdam, trente enfans démoniaques , que tous les exorcismes ne purent délivrer; mais on reconnut bien qu'ils n'étaient en cet

---

(1) Goldsmith.

(2) Histoire des diables de Loudun.

état affligeant que par maléfices et sortiléges, d'autant plus qu'ils vomissaient des ferremens , des lopins de verre , des cheveux , des aiguilles , et autres choses semblables que les ensorcelés rendent ordinaire- ment (1).

— A Rome, dans un hôpital , soixante-dix filles devinrent folles ou démoniaques, en une seule nuit ; et deux ans se passèrent sans qu'on les pût guérir. Cela peut être arrivé , dit Cardan , ou par le mauvais air du lieu , ou par la mauvaise eau , ou par la four- berie. *Quelle impiété ! quelle ineptie !* ajoute Delan- cre (2) ; *il aime mieux attribuer cela au mauvais air du lieu , à la mauvaise eau ou à la fourberie, qu'au sortilége et maléfice de quelque sorcier qui avait fait ce malheureux coup par le moyen de Satan !....*

— Du temps de Henri III , une Picarde se disait possédée du Diable , apparemment pour se rendre formidable , car elle ne pouvait guère espérer par là de se rendre intéressante. Quoi qu'il en soit, l'évêque d'Amiens , qui soupçonnait quelque imposture , la fit exorciser par un laïque déguisé en prêtre , et lisant les épîtres de Cicéron. La jeune démoniaque , qui savait son rôle par cœur , se tourmenta , fit des gri- maces effroyables , des cabrioles et des cris , absolu- ment comme si le diable , qu'elle disait chez elle , eût été en face d'un prêtre lisant le livre sacré (3).

---

(1) Bodin.

(2) L'incrédulité et mescréance du sortilége pleinement con- vaincue.

(3) Pigray.

— Anciennement, il y avait en France et dans toute l'Europe, des multitudes effroyables de possédés; et les moines ne pouvaient suffire à la besogne.

On reconnaissait qu'une personne était démoniaque, à plusieurs signes alors non équivoques, et dont on ne pouvait, sans crime, rechercher la cause naturelle; tels étaient: 1°. les contorsions; 2°. l'enflure du visage; 3°. l'insensibilité et la ladrerie; 4°. l'immobilité; 5°. les clameurs du ventre; 6°. le regard fixe; 7°. des réponses en français à des mots latins; 8°. les piqûres de lancette sans effusion de sang, etc.

Mais les saltimbanques et les grimaciers font des contorsions, sans pour cela être possédés du diable. L'enflure du visage, de la gorge, de la langue, est souvent causée par des vapeurs ou par la respiration retenue. L'insensibilité peut bien être la suite de quelque maladie, ou n'être que factice, si la personne insensible a beaucoup de forces. Un jeune Lacédémonien se laissa ronger le foie par un renard, qu'il venait de voler, sans donner le moindre signe de douleur; un enfant se laissa brûler la main dans un sacrifice que faisait Alexandre, sans faire aucun mouvement; ceux qui se faisaient fouetter devant l'autel de Diane ne fronçaient pas le sourcil; et plusieurs de nos martyrs ont souffert les maux les plus horribles, sans seulement pousser un soupir.

L'immobilité est volontaire, aussi bien dans les gestes que dans les regards. On est libre de se mouvoir ou de ne se mouvoir pas, pour peu qu'on ait de fermeté dans les nerfs. Les *clameurs et jappemens* que les possédés faisaient entendre dans leur ventre, sont expliqués par nos ventriloques. Quant aux réponses françaises à des mots latins, ceux qui se disaient possédés savaient au moins jouer leur rôle, s'ils ne savaient rien de plus, et la formule des exorcismes était à peu près la même partout.

On attribuait aussi à la présence du diable les piqûres d'aiguilles et de lancettes, sans effusion de sang; mais, dans les mélancoliques, le sang qui est épais et grossier ne peut souvent sortir par une petite ouverture, et les médecins nous disent que certaines personnes, piquées de la lancette, ne saignent point.

On regardait encore comme possédés les géns d'un estomac faible, qui, ne digérant point, rendaient les choses telles qu'ils les avaient avalées. Les fous et les maniaques avaient la même réputation, et les symptômes de la manie sont si affreux (1), que nos ancêtres sont en quelque sorte excusables de l'a-

(1) La manie universelle est le spectacle le plus hideux et le plus terrible qu'on puisse voir. Le maniaque a les yeux fixes, sanglans, tantôt hors de l'orbite, tantôt enfoncés, le visage rouge, les vaisseaux gorgés, les traits altérés, tout le corps en contraction; il ne reconnaît plus ni amis, ni parens, ni enfans, ni épouse. Sombre, furieux, rêveur, cherchant la terre nue et l'obscurité, il s'irrite du contact de ses vêtemens, qu'il déchire avec les ongles et avec les dents, même de celui de l'air et de la lumière, contre lesquels il s'épuise en sputation et en vociférations. La faim, la soif, le chaud, le froid, deviennent souvent pour le maniaque des sensations inconnues, d'autrefois exaltées. (*Le docteur Fodéré.*)

voir mise sur le compte des esprits malins ; mais la
fourberie et le charlatanisme étaient ordinairement
les véritables causes de ce délire infernal. On demandera qui pouvait engager les hommes à ces folies
monstrueuses? Ces folies étaient intéressées ; il fallait
effrayer la populace superstitieuse , et lui montrer le
diable toujours prêt à saisir le pécheur. Dans le neuvième siècle , on publia cette menace épouvantable :
*Si vous ne payez pas les dîmes , des serpens ailés ,
sortis de l'enfer , viendront bientôt ronger le sein de
vos femmes.* (Voyez *Exorcismes.*)

DÉMONS. — Saint Athanase dit , dans la vie de
saint Antoine , que l'air est tout plein de démons.

L'Eglise reconnaît une multitude innombrable
d'anges , puisque le ciel en est peuplé , et que chaque
mortel a le sien. On peut juger dès lors qu'il y a une
grande quantité de démons , s'il est vrai , comme
l'assurent les démonomanes , que la troisième partie
des anges ait suivi les étendards de Satan.

Wierius , dans son livre des Prestiges , en a fait le
calcul. Il compte six mille six cent soixante-six légions , composées chacune de six mille six cent soixante-six démons ; ce qui en élève le nombre à qua-
rante-quatre millions quatre cent trente-cinq mille
cinq cent cinquante-six. D'autres en admettent bien
davantage , et regardent ceux que Wierius a comptés , non comme des démons , mais , comme des
diables qui forment la noblesse du pays ; ajoutant que
les démons , c'est-à-dire , les roturiers de l'enfer , ne

se peuvent compter. Les princes de l'empire infernal sont au nombre de soixante-douze, et ont sous leurs ordres autant de légions que de titres de noblesse.

— Les démons, qui ont été anciennement séraphins ou chérubins, peuvent seuls porter le nom de *prince* et de *seigneur*. Les dignités, les honneurs, les gouvernemens leur appartiennent de plein droit. Ceux qui ont été archanges remplissent les emplois publics. Il n'y a rien à prétendre pour ceux qui n'étaient que des anges.

— Grégoire de Nice prétend que les démons multiplient entre eux comme les hommes; ainsi, leur nombre doit s'accroître considérablement de jour en jour, surtout si l'on considère la durée de leur vie, que quelques savans ont bien voulu supputer. Une corneille, dit Hésiode, vit neuf fois autant qu'un homme; un cerf, quatre fois autant qu'une corneille; un corbeau, trois fois autant qu'un cerf; le phénix, neuf fois autant qu'un corbeau; et les démons, dix fois autant que le phénix. En supposant la vie de l'homme de soixante et dix ans, ce qui en est la durée ordinaire, les démons devraient vivre six cent quatre-vingt mille quatre cents ans. Plutarque, qui ne conçoit pas bien qu'on ait pu faire l'expérience d'une si longue vie dans les démons, aime mieux croire qu'Hésiode, par le mot d'âge d'homme, n'a entendu qu'une année; et il accorde aux démons neuf mille sept cent vingt ans de vie.

— On donne aux démons une fort grande puissance; et celle des anges ne peut pas toujours la ba-

lancer. Aussi superstitieux que les païens, qui se
croyaient gouvernés par un bon et un mauvais génie,
les chrétiens s'imaginent avoir sans cesse à leurs
côtés, un démon et un ange ; et quand ils font
le mal, c'est que le démon est plus puissant que
l'ange. Au lieu de laisser aux enfers les esprits rebelles, il paraît que ce dieu, qu'on nous dit si sévère,
leur donne la liberté de courir où bon leur semble,
et le pouvoir de faire tout ce qui leur plaît. Qui
doute, s'écrie Wecker, que le méchant esprit ne
puisse tuer l'homme et lui ravir ses trésors les plus
cachés ? Qui doute qu'il ne voie clair dans les ténèbres, qu'il ne soit porté en un moment où il souhaite, qu'il ne parle dans le ventre des possédés,
qu'il ne passe à travers les murs?.... Mais il ne fait
pas tout le mal qu'il veut, parce que sa puissance
est *quelquefois* réprimée.

Ainsi Dieu se plaît à tourmenter les mortels ; et
l'homme si faible, obligé de lutter contre des êtres si
puissans, est coupable et damné, s'il succombe!....
Mais ceux qui ont inventé ces maximes absurdes se
sont confondus eux-mêmes. Si le diable a tant de
forces, pourquoi des légions de démons n'ont-elles
pu vaincre saint Antoine, dont les tentations sont si
fameuses ? Est-ce parce que Dieu le soutenait et l'empêchait d'être vaincu ? Dieu s'amusait-il à le voir
souffrir ?.... Il voulait l'éprouver, diront les fanatiques ; quelle épreuve ! Un père fouette-t-il son fils
pour le plaisir de connaître s'il recevra un châtiment
comme une récompense ? Et depuis quand Dieu n'est-

il plus un père ?.... Les persécutions ont élevé la religion chrétienne, que l'esprit de vérité avait fondée;
le mensonge et les superstitions la détruisent.

— Saint Hilarion, non une mais plusieurs fois,
s'est trouvé aux prises avec les démons. Une nuit
qu'il faisait clair de lune, il sembla à Hilarion
qu'un char attelé de quatre chevaux venait à lui
avec une roideur incroyable. Que fait Hilarion ? Il
soupçonne quelque diablerie, a recours à ses prières,
et à l'instant le char s'engloutit.

Quand Hilarion se couchait, des femmes nues se
présentaient à lui ; quand Hilarion priait Dieu, il
entendait des bêlemens de brebis, des rugissemens
de lions, et des plaintes de femmes. Comme un jour
il était distrait dans ses prières, il sentit un homme
qui lui grimpait sur le dos, et poignait ses flancs
avec des éperons, et lui battait la tête avec un fouet
qu'il avait en main, disant : Eh ! quoi, tu choppes ?...
Et puis riant à gorge déployée, lui demandait s'il
voulait de l'orge ? C'était pour se moquer de saint
Hilarion, qui menaçait un jour son corps regimbant
de ne plus le nourrir d'orge, mais de paille (1).

— Les démons sont dans l'imagination, et les passions sont les démons qui nous tentent, a dit un père
du désert ; résistez-leur : ils s'enfuiront.

> On se livre à la volupté
> Parce qu'elle flatte et qu'on l'aime ;

---

(1) Saint Jérôme.

Et si du diable ou est tenté,
Il faut dire la vérité,
Chacun est son diable à soi-même.

Mercure de TRÉVOUX.

— Il y a six sortes de démons, selon Psellus : les démons ignés (voyez *Salamandres*); les démons aériens (voyez *Sylphes*); les démons aquatiques (voyez *Ondins*); les démons souterrains (voyez *Gnomes*); les démons terrestres, qui tentent les hommes ; et les démons infernaux ou *fuyant lumière*, qui restent auprès de Belzébuth.

— *Le démon Barbu* enseigne le secret de la pierre philosophale. '

— *Démon de Midi* (voyez *Empuse*).

DESTINÉE. —

Fortune, sort, destins, ce sont là de vains mots ;
Le bonheur suit le sage et le malheur les sots.

VILLEFRÉ.

L'homme est né libre! a dit J.-J. Rousseau, et tous les grands hommes l'ont dit comme lui. Mais les devins et les astrologues, en se vantant de connaître l'avenir, ont été forcés, pour établir leur système, de proclamer une destinée inévitable ; car on ne peut prévoir que ce qui est infaillible.

Cette opinion a séduit les hommes, qui ont rejeté sur le sort leurs malheurs et leurs fautes, et se sont faits, pour ainsi dire, d'impuissans esclaves, entraînés au mal comme au bien par un pouvoir indomptable. On a vu les gens de lettres malheureux : on a dit que leur destinée était la misère. Mais les gens de lettres sont malheureux, parce que leur ambition les porte ailleurs qu'à la fortune, qui ne recherche pas ceux qui la négligent. Les ignorans et les petits esprits font de plus brillantes affaires, réussissent mieux que l'homme de génie, parce qu'ils ne s'occupent uniquement que du soin de s'enrichir, que toute leur capacité se réunit sur un seul but, et que les autres passions se taisent chez eux devant l'or.

Tel homme échoue, dans quelques entreprises, et crie contre la destinée, qui ne doit se plaindre que de lui-même. L'infortune se prolonge, dans les âmes faibles, à qui le premier malheur ôte le courage et la force de prévenir le second. (Voyez *Fatalisme.*)

DEUIL. — Le noir est le signe du deuil, dit Rabelais, parce que c'est la couleur des ténèbres, qui sont tristes, et l'opposé du blanc, qui est la couleur de la lumière, de la joie et du bonheur.

—Les premiers poëtes disaient que les âmes, après la mort, allaient dans le sombre et ténébreux empire. C'est peut-être conformément à ces idées qu'ils crurent que le noir était la couleur convenable pour le deuil. Les Chinois et les Siamois choisissent le blanc, croyant que les morts deviennent des génies bienfaisans (1).

---

* (1) Saint-Foix.

— En Turquie, on porte le deuil en bleu ou en violet; en gris, chez les Ethiopiens; on le portait en gris de souris au Pérou, quand les Espagnols y entrèrent; le blanc, chez les Japonais, est la marque du deuil, et le noir celle de la joie; en Castille, les vêtemens de deuil étaient autrefois de serge blanche. Les Perses s'habillaient de brun, et se rasaient avec toute leur famille et tous leurs animaux. Dans la Lycie, les hommes portaient des habits de femme, pendant tout le temps du deuil.

— A Argos, on s'habillait de blanc, et on faisait de grands festins. A Délos, on se coupait les cheveux, qu'on mettait sur la sépulture du mort. Les Égyptiens se meurtrissaient la poitrine, et se couvraient le visage de bouc. Ils portaient des vêtemens jaunes ou feuille morte.

— Chez les Romains, les femmes étaient obligées de pleurer la mort de leurs maris, et les enfans celle de leur père pendant une année entière. Les maris ne pouvaient pleurer leurs femmes; ni les pères leurs enfans, s'ils n'avaient pas trois ans.

— Le grand deuil des Juifs dure un an: il a lieu à la mort des parens. Les enfans ne s'habillent pas de noir, mais ils sont obligés de porter toute l'année les habits qu'ils avaient à la mort de leur père, sans qu'il leur soit permis d'en changer, quelque déchirés qu'ils soient. Ils jeûnent tous les ans à pareil jour.

Le deuil moyen dure un mois; il a lieu à la mort des enfans, des oncles et des tantes. Ils n'osent, pendant ce temps, ni se laver, ni se parfumer, ni se raser la barbe , ni même se couper les ongles ; ils ne mangent point en famille , et il n'est pas permis au mari de fréquenter son épouse , ni à l'épouse de fréquenter son mari.

Le petit deuil dure une semaine : il a lieu à la mort du mari ou de la femme. En rentrant des funérailles , l'époux en deuil se lave les mains, déchausse ses souliers et s'assied à terre , se tenant toujours en cette posture , et ne faisant que gémir et pleurer sans travailler à quoi que ce soit jusqu'au septième jour.

— Les Chinois en deuil s'habillent de grosse toile blanche , et pleurent pendant trois ans. Le magistrat n'exerce point ses fonctions ; le plaideur suspend ses procès ; les époux n'ont point de commerce ensemble : il y a des peines contre la grossesse, dans un temps de deuil. Les jeunes gens vivent dans la retraite , et ne peuvent se marier qu'après les trois années.

— Le deuil des Caraïbes consiste à se couper les cheveux et à jeûner rigoureusement jusqu'à ce que le corps soit pourri ; après quoi, ils font la débauche, pour chasser toute tristesse de leur esprit.

— Chez certains peuples de l'Amérique , le deuil était conforme à l'âge du mort. On était inconsolable à la mort des enfans , et on ne pleurait presque pas les vieillards. Le deuil des enfans, outre sa durée , était commun , et ils étaient regrettés de toute la ville où ils étaient nés. Le jour de leur mort, on n'osait point approcher des parens, qui faisaient un bruit effroyable dans leur maison , se livraient à des accès de fureur , hurlaient comme des désespérés , s'arrachaient les cheveux, se mordaient et s'égratignaient tout le corps. Le lendemain, ils se renversaient sur un lit qu'ils trempaient de leurs larmes. Le troisième jour, ils commençaient les gémissemens, qui duraient toute l'année, pendant laquelle le père et la mère ne se lavaient jamais. Le reste de la ville, pour compatir à leur affliction, pleurait trois fois le jour, jusqu'à ce qu'on eût porté le corps à la sépulture (1). (Voyez *Funérailles*.)

DEVINS. — Un plat d'argent ayant été dérobé, dans la maison d'un grand seigneur, celui qui avait la charge de la vaisselle s'en alla, avec un de ses compagnons, trouver une vieille qui gagnait sa vie à deviner, croyant déjà avoir découvert le voleur et recouvré son plat. Ils arrivèrent de bon matin à la maison de la devineresse, qui, remarquant, en ouvrant sa porte, qu'on l'avait salie de boue et d'ordure, s'écria tout en colère : « Si je connaissais le gredin qui » a mis ceci à ma porte pendant la nuit, je lui rejetterais tout au nez ! » Celui qui la venait consulter, regardant son compagnon : « Pourquoi, lui dit-il, » allons-nous perdre de l'argent ? Cette vieille nous » pourra-t-elle dire qui nous a volés, quand elle ne » sait pas les choses qui la touchent ? » (2). (Voyez *Astrologues*, *Prédictions*, etc., etc.)

_____

(1) Muret.
(2) Barclai.

DIABLES. — On confond souvent les; démons
avec les diables. Il y a entre eux cette différence,
selon les uns, que les démons sont des esprits familiers, et les diables des anges de ténèbres; et, selon
les autres, que les démons sont la racaille de l'enfer,
tandis que les diables en sont les princes et grands
seigneurs.

— Le diable, déguisé en avocat, plaidait un jour
une cause en Allemagne. Dans le cours des débats,
la partie adverse, qu'on poursuivait pour avoir volé
son hôte, jura qu'elle se donnait au diable, si elle
avait pris un sou. L'avocat infernal, l'ayant entendu,
et se voyant tout porté, quitte aussitôt le barreau,
et emporte le menteur à la barbe de tout le monde (1).

— Le comte de Foix avait un diable ou esprit familier, qui lui apprenait tout ce qui se passait dans
le monde, et se présentait à lui invisiblement pour lui
annoncer les nouvelles, tantôt à neuf heures du soir,
tantôt à minuit. Quand se donna la fameuse bataille
de Juberoth, le comte de Foix en apprit les détails le
soir même, et ses amis, qui refusaient de le croire,
virent par la suite que son diable ne l'avait pas trompé, lorsqu'ils reçurent les lettres qui leur annonçaient
le résultat de cette journée.

Ce même diable, qui se nommait Orthon, avait
servi auparavant Raymond, comte de Corasse, ami
du comte de Foix. Raymond, à qui Orthon venait
parler tous les soirs sans jamais se montrer, fut un

---

(1) Wierius.

jour curieux de le voir, et demanda cette faveur à son diable. Après bien des refus, Orthon lui dit : « Eh » bien ! demain, en sortant de ton lit, tu me verras » dans la première chose qui s'offrira à tes regards. »

Le lendemain Raymond se leva, et pendant qu'il se chaussait, il aperçut deux ou trois petits fétus de paille qui tournoyaient ensemble. N'ayant rien vu davantage, il reprocha le soir à Orthon qu'il le trompait, et qu'il ne se montrait point ; mais Orthon lui dit qu'il l'avoit vu, sous la forme des fétus de paille. Raymond, non content de cela, voulut encore qu'il se présentât sous une forme plus apparente ; et Orthon parut le jour suivant, sous la figure d'une truie, d'une grandeur démesurée, et d'une maigreur épouvantable. Le comte, ne croyant pas encore que ce fût son démon, lâcha ses chiens après cette truie, qui fit un cri horrible et disparut. Depuis, Raymond n'entendit plus parler, ni d'Orthon, ni de la truie, et mourut dans l'an (1).

— Le diable qui occupait de temps en temps le corps du moine Stagirus, apparaissait souvent, sous la forme d'un pourceau, couvert d'ordures et fort puant (2).

— Asmond et Aswith, compagnons d'armes danois, liés d'une étroite amitié, convinrent, par un serment solennel, de ne s'abandonner, ni à la vie, ni à la mort. Aswith mourut le premier, et suivant

_____

(1) Froissard.
(2) Saint Jean Chrysostôme.

leur accord, Asmond s'alla loger dans le tombeau de son ami. Mais le diable, qui était entré dans le corps du mort, tourmenta tant le fidèle Asmond, en le déchirant, lui défigurant le visage, et lui arrachant une oreille, sans lui dire pourquoi, qu'Asmond furieux coupa la tête du mort, croyant rogner aussi le diable qui s'y était logé, et se sauva au plus vite (1).

— Trois ivrognes parlaient, en buvant, de l'immortalité de l'âme et des peines de l'enfer. L'un d'eux commença de s'en moquer et dit là-dessus maintes facétieuses balivernes. Cependant vint un homme de haute stature, qui s'assit près d'eux, et leur demanda de quoi ils riaient. Le gaudisseur le met au fait, ajoutant qu'il vendra son âme au plus offrant, et à bon marché, et qu'ils en boiront l'argent. Et combien me la veux-tu vendre, dit le nouveau venu? Sans barguigner, ils conviennent de prix; l'acheteur compte l'argent, ils le boivent. Finalement, à la nuit, l'acheteur dit : « Il est temps que chacun se » retire chez soi, mais celui qui a acheté un cheval » a le droit de l'emmener. » Ce disant, il empoigne son vendeur tout tremblant, l'enlève dans l'air à la vue de tous, et l'entraîne où il n'avait pas cru aller si vite (2).

— Un chartreux, étant en prières, dans sa chambre, sentit tout à coup une faim non accoutu-

---

(1) Cette jolie histoire est rapportée par le grammairien SAXON.
(2) Cantipratensis.

mée; et aussitôt il voit entrer une femme assez belle
de forme. Cette femme, qui n'était qu'un diable,
s'approche de la cheminée, allume le feu, et, trouvant des pois qu'on avait donnés au religieux pour
son diner, les fricasse, les met en l'écuelle et disparaît. Le chartreux multiplie ses prières, dompte
sa faim, et demande au supérieur s'il peut manger
les pois que le diable a préparés. Celui-ci répond
qu'il ne faut jeter aucune chose créée de Dieu,
pourvu qu'on la reçoive avec action de grâces. Le
religieux mangea les pois, et assura qu'il n'avait jamais rien mangé qui fût mieux préparé (1).

— En 1609, un gentilhomme de Silésie, ayant
convié quelques amis à dîner, vit venir l'heure du
repas sans que les amis parussent. C'est pourquoi il
entra soudain en colère et s'écria: « Puisque aucun
» homme ne daigne venir chez moi, que tous les
» diables y viennent!.... » Après quoi, il sortit de
sa maison, et alla à l'église où le curé prêchait. Tandis qu'il écoutait le prône, la cour de sa maison se
remplit de cavaliers tout noirs et de haute stature,
qui commandèrent au valet de ce gentilhomme
d'aller dire à son maître que ses hôtes étaient venus.

Le valet, tout effrayé, courut à l'église et avertit
son maître. Le gentilhomme, bien étonné, ayant demandé avis au curé, qui finissait son sermon, retourna à son logis et fit sortir toute sa famille; mais
on le fit avec tant de hâte, qu'on laissa dans la mai-

_____

(1) Le Cardinal Jacques de Vitry.

son, un petit enfant endormi dans son berceau.
Alors ces hôtes, ou pour mieux dire ces diables,
commencèrent à remuer les tables, à hurler, à regarder par les fenêtres, sous des formes d'ours, de
loups, de chats et d'hommes terribles, tenant dans
les mains des verres pleins de vin, des poissons et
des morceaux de chair bouillie et rôtie. Comme les
voisins, le gentilhomme et le curé, contemplaient
avec frayeur ce spectacle, le pauvre père se mit à
crier : « *Hélas!* où est mon pauvre enfant?.... » Il
finissait à peine ces mots, qu'un des diables apporta
l'enfant à la fenêtre, et le montra à tous les spectateurs. Le gentilhomme éperdu, demanda à celui
de ses serviteurs en qui il avait le plus de confiance,
ce qu'il devait faire. « Monseigneur, répondit le
» serviteur, mettez-vous en prières ; je vais entrer
» dans la maison, et, moyennant le secours du ciel,
» je vous rapporterai votre enfant. — Que Dieu
» t'accompagne, t'assiste et te fortifie, s'écria le gen-
» tilhomme! ». Et le serviteur, ayant reçu les béné-
dictions de son maître, du curé, et des autres gens
de bien qui se trouvaient là, entré dans la maison,
et, ouvrant la porte de la salle où se trouvaient ces
hôtes ténébreux, il les voit sous d'horribles formes,
les uns assis, les autres debout, ceux-ci se promenant, ceux-là rampant sur le plancher. Tous
viennent à sa rencontre, et crient ensemble : « Que
» viens-tu faire ici? »

Le serviteur, suant de peur, et néanmoins fortifié
de Dieu, s'adressa au malin qui tenait l'enfant, et

lui dit : « Ça, rends-moi cet enfant. — Non, répond
» l'autre ; va dire à ton maître qu'il vienne le rece-
» voir. — Je remplis mon devoir, reprend le servi-
» teur ; en conséquence, au nom de Jésus-Christ,
» je t'arrache et saisis cet enfant que je rapporte à
» son père. » A l'instant, il empoigne l'enfant, puis
le serre étroitement entre ses bras. Les hôtes noirs ne
lui répondent que par des cris effroyables, et par ces
mots : « Hou ! méchant ! hou ! garnement ! Laissé,
» laisse cet enfant, autrement nous le dépiècerons. »
Mais lui, méprisant leurs menaces, sortit sain et
sauf, et remit l'enfant entre les mains du gentilhomme son père. Quelques jours après, tous ces
hôtes s'évanouirent, et le gentilhomme, devenu sage
et bon chrétien, retourna en sa maison (1).

   —L'empereur Titus, ayant pris Jérusalem, porta
un édit qui défendait aux Juifs d'observer le sabbat
et de se circoncire, et leur ordonnait de manger
toute espèce de viandes et de coucher avec leurs
femmes, dans les temps prohibés par la loi. Là-
dessus ils prièrent le rabbin Siméon, qui passait
pour un habile faiseur de miracles, d'aller supplier
l'empereur d'adoucir cet édit. Siméon s'étant mis en
chemin, avec le rabbin Éléazar, ils rencontrèrent
un diable nommé *Banthamélion*, qui demanda de
les accompagner, leur avouant qu'il était diable,
et leur promettant d'entrer dans le corps de la fille
de Titus, et d'en sortir aussitôt qu'ils le lui com-

_____

(1) Massé.

manderaient ; le tout pour leur rendre service. Les deux rabbins reçurent sa proposition, et Banthamélion leur ayant tenu parole, ils obtinrent la révocation de l'édit (1).

— Le moine Thomas, après une querelle qu'il venait d'avoir avec les religieux d'un monastère de Luques, se retira tout troublé dans un bois, où il rencontra un homme qui avait la face horrible, le regard sinistre, la barbe noire et le vêtement fort long. Il lui demanda pourquoi il allait seul dans ces lieux détournés; cet homme lui répondit qu'il avait perdu son cheval, et qu'il le cherchait. Comme ils allaient ensemble à la poursuite du cheval égaré, ils arrivèrent au bord d'un ruisseau, entouré de précipices épouvantables. L'inconnu invita le moine, qui déjà se déchaussait, à monter sur ses épaules,. disant qu'il lui était plus facile de passer, à lui qui était plus grand. Thomas y consentit ; mais, lorsqu'il fut sur le dos de son compagnon, il s'aperçut qu'il avait les pieds difformes d'un diable ; il commença à trembler, et se recommanda à Dieu de tout son cœur. Le diable aussitôt se mit à murmurer, et s'échappa avec un bruit affreux, en brisant un grand chêne qu'il arracha de terre. Quant au moine, il demeura étendu au bord du précipice, et remercia son bon ange de l'avoir ainsi tiré des griffes du démon (2).

— Le rabbin Josué-Ben-Lévi était si rusé et si

(1) Joseph.
(2) Wierius.

sage, qu'il trompa Dieu et le diable tout ensemble. Comme il était près de trépasser, il gagna si bien le diable, qu'il lui fit promettre de le porter jusqu'à l'entrée du paradis, lui disant qu'il ne voulait que voir le lieu de l'habitation divine, et qu'il sortirait du monde, plus content. Le diable, ne voulant pas lui refuser cette petite satisfaction, le porta jusqu'au guichet du paradis. Mais Josué, s'en voyant si près, se jetta dedans avec vitesse, laissant le diable derrière, et jura par le Dieu vivant qu'il n'en sortirait point: Dieu fit conscience que le rabbin se parjurât, et consentit qu'il demeurât avec les justes (1). (Voyez *Démons, Apparitions*, etc.)

DIVINATIONS. — Les divinations sont des jongleries, disent les gens éclairés. Les divinations sont des moyens manifestes de connaître les choses futures, occultes et cachées aux hommes, en conséquence de quelque pacte fait avec le diable, disent les sots.

Il y a, suivant Delrio, une sorte de divination pratiquée par les enchanteurs, lesquels devinent, à l'aide du seul commerce qu'ils ont avec les démons, et n'y emploient autre chose que l'enchantement. Cette divination se nomme *Pharmacie*.... (Voyez *Alectryomancie, Cartomancie, Chiromancie, Métoposcopie, Physiognomonie*, etc.)

———————————

(1) Le Thalmud.

DORMANS. — L'histoire des sept dormans est
encore plus fameuse chez les Arabes que chez les
chrétiens. Mahomet l'a insérée dans son Alcoran, et
les Turcs l'ont embellie.

Sous l'empire de Décius, l'an de notre ère 250,
il y eut une grande persécution contre les chrétiens.
Sept jeunes gens, attachés au service de l'empereur,
ne voulant pas désavouer leur croyance, et craignant
le martyre, se réfugièrent dans une caverne, située
à quelque distance de la ville d'Éphèse ; et, par une
grâce particulière du ciel, ils y dormirent d'un sommeil profond, pendant deux cents ans. Les mahométans assurent que, durant ce sommeil, ils eurent des
révélations surprenantes, et apprirent en songe tout
ce que pourraient savoir des hommes qui auraient
employé un pareil espace de temps à étudier assidû-
ment. Leur chien, ou du moins celui d'un d'entre
eux, les avait suivis dans leur retraite, et mit à profit,
aussi-bien qu'eux, le temps de son sommeil. Il devint le chien le plus instruit du monde.

Sous le règne de l'empereur Théodose-le-Jeune,
l'an de Jésus-Christ 450, les sept dormans se réveil-
lèrent et entrèrent dans la ville d'Éphèse, croyant
n'avoir fait qu'un bon somme; mais ils trouvèrent tout
bien changé. Il y avait long-temps que les persécutions contre le christianisme étaient finies. Des empereurs chrétiens occupaient les deux trônes impé-
riaux d'orient et d'occident. Les questions des frères,
et l'étonnement qu'ils témoignèrent aux réponses qu'on
leur fit, surprirent tout le monde. Ils contèrent naï-

vement leur histoire ; le peuple, frappé d'admiration, les conduisit à l'évêque, celui-ci au patriarche
et à l'empereur même. Les sept dormans leur révé-
lèrent les choses du monde les plus singulières, et en
prédirent qui ne l'étaient pas moins. Ils annoncèrent,
entre autres, l'avénement de Mahomet, l'établissement et les grands succès de sa religion, comme devant avoir lieu deux cents ans après leur réveil.
Quand ils eurent ainsi satisfait la curiosité de l'empereur et de toute sa cour, ils se retirèrent de nouveau dans leur caverne et y moururent tout de bon.
On montre encore cette grotte auprès d'Éphèse.

Quant à leur chien, il acheva sa carrière, et vécut
autant qu'un chien peut vivre, en ne comptant pour
rien les deux cents ans qu'il avait dormi, comme ses
maîtres. C'était un animal, dont les connaissances
surpassaient celles de tous les philosophes, les savans
et les beaux-esprits de son siècle ; aussi s'empressait-
on à le fêter et à le régaler ; et les musulmans le
placent dans le paradis, entre l'âne de Balaam et celui qui portait Jésus-Christ le jour des Rameaux.

— La plupart des contes de la mythologie moderne sont puisés dans l'ancienne ; et cette fable est
sans doute une imitation de celle d'Épiménides.

DROLLES. — Les drolles sont des démons ou
des lutins qui, dans certains pays du nord, prennent
soin de panser les chevaux, font tout ce qu'on leur
commande, et avertissent des dangers. (Voyez *Farfadets.*)

DRUIDES. — Les prêtres des Gaulois portaient le nom de druides. Ils enseignaient la sagesse et la morale aux principaux personnages de la nation. Ils habitaient les forêts, et faisaient profession de connaître la grandeur et la forme du monde, les divers mouvemens des astres et la volonté des dieux.

Les druides disaient que les âmes circulaient éternellement de ce monde-ci dans l'autre, et de l'autre dans celui-ci ; c'est-à-dire, que ce qu'on appelle la mort est l'entrée dans l'autre monde, et que ce qu'on appelle la vie en est la sortie pour revenir dans ce monde-ci (1).

Les druides d'Autun attribuaient une grande vertu à l'œuf de serpent, et avaient pour armoiries dans leurs bannières, d'azur à la couchée de serpens d'argent, surmontée d'un gui de chêne, garni de ses glands de sinople. Le chef des druides avait des clefs pour symbole (2).

Dans la petite île de Sena, aujourd'hui Sein, vis-à-vis la côte de Quimper, il y avait un collège de druidesses que les Gaulois appelaient *senes* (prophétesses). Elles étaient au nombre de neuf, gardaient une perpétuelle virginité, rendaient des oracles, et avaient le pouvoir de retenir les vents et d'exciter les tempêtes (3).

La principale divinité des druides était Theutatès.

---

(1) Diodore de Sicile.
(2) Saint-Foix.
(3) Pomponius Mela.

DUALISME. — Il y a des tremblemens de terre, des tempêtes, des ouragans, des débordemens de rivières, des maladies pestilentielles, des bêtes venimeuses, des animaux féroces, des hommes naturellement méchans, perfides et cruels. Or, un être bienfaisant, disaient les dualistes, ne peut être l'auteur du mal; donc il y a deux êtres, deux principes: l'un bon, l'autre mauvais, également puissans, coéternels et qui ne cessent point de se combattre.

— Dieu a donné à l'homme le libre arbitre, et un penchant égal vers le bien comme vers le mal : c'est à lui de choisir. L'homme sans passions, et obligé de faire le bien sans pouvoir faire le mal, serait vertueux sans mérite. Dans un monde sans dangers et sans besoins, l'homme vivrait sans plaisirs. La vertu ne brille que par le contraste du vice.; et, s'il est vrai que Dieu ait placé les mortels dans ce monde, comme dans un lieu d'épreuve, on ne récompense point une machine, qui ne va bien que parce qu'elle est bien montée.

L'homme fut donc créé avec des passions., et la sagesse divine l'entoura du bien et du mal ; cependant les faiseurs de systèmes, qui nous crient que les décrets de Dieu sont impénétrables, et ne prétendent pas moins en sonder les profondeurs, nous ont appris que l'homme fut créé parfait ; qu'il devint enclin au mal par le péché d'un seul ; que les démons sont toujours là pour le tenter, et les anges pour le soutenir, etc. En un mot, ils ont fondé le dualisme ;

car tout nous prouve, chez eux, que les démons sont au moins aussi puissans que les anges.

— Si l'on réfléchit bien sur le dualisme, dit Saint-Foix, je crois qu'on le trouvera encore plus absurde que l'idolâtrie.

— Les Lapons disent que Dieu, avant de produire la terre, se consulta avec l'esprit malin, afin de déterminer comment il arrangerait chaque chose. Dieu se proposa donc de remplir les arbres de moelle, les lacs de lait, et de charger les plantes et les arbres de tous les plus beaux fruits. Par malheur, un plan si convenable à l'homme déplut à l'esprit malin, et il en résulta que Dieu ne fit pas les choses aussi bien qu'il l'aurait voulu.

— Un certain Ptolomée soutenait que Dieu avait deux femmes; que par jalousie elles se contrariaient sans cesse, et que le mal, tant dans le moral que dans le physique, venait uniquement de leur mésintelligence, l'une se plaisant à gâter, à changer ou à détruire tout ce que l'autre faisait.

E.

ÉCHO. — Un conseiller, se trouvant une nuit seul dans un sentier, le long d'une rivière, et ne sachant où était le gué pour la passer, poussa un cri, dans l'espoir d'être entendu des environs. Son cri ayant été répété par une voix, de l'autre côté de l'eau, il se persuada que quelqu'un lui répondait et demanda : *où dois-je passer ?* la voix lui dit : *passez*.

Ici ? répliqua-t-il ; la voix lui répondit : *ici*. Il vit alors qu'il était sur le bord d'un gouffre où l'eau· se jetait en tournoyant. Épouvanté du danger que ce gouffre lui présentait , il s'écria encore une fois : *faut-il que je passe ici ?* la voix lui répondit : *passe ici*. Il n'osa s'y hasarder , et prenant l'écho pour le diable, il crut qu'il voulait le faire périr , et retourna sur. ses pas (1). •

— Presque tous les physiciens ont attribué la formation de l'écho à une répercussion du son, semblable à celle qu'éprouve la lumière , quand elle tombe sur un corps poli ; mais comme l'a observé d'Alembert , cette explication n'est pas fondée, car il faudrait alors, pour la production de l'écho, une surface polie ; ce qui n'est pas conforme à l'expérience , puisqu'on entend chaque jour des échos , en face d'un vieux mur qui n'est rien moins que poli , d'une masse de rochers , d'une forêt , d'un nuage même. L'écho est produit par le moyen d'un ou de plusieurs obstacles, qui interceptent le son et le font rebrousser en arrière.

Il y a des échos simples et des échos composés. Dans les premiers , on entend une simple répétition du son. Dans les autres, on les entend une , deux, trois, quatre fois et davantage. Il en est qui répètent plusieurs mots de suite, les uns après les autres ; cela arrive toutes les fois que l'on se trouve à une distance de l'écho, telle qu'on ait le temps de prononcer

_____

(1) **Cardan**.

plusieurs mots, avant que la répétition du premier soit parvenue à l'oreille. Dans la grande avenue du château de Villebertain, à deux lieues de Troyes, on entend un écho qui répète deux fois un vers de douze syllabes. — Quelques échos ont acquis une sorte de célébrité. Misson, dans sa description de l'Italie, parle d'un écho de la vigne Simonetta, qui répétait quarante fois le même mot.

A Woodstock, en Angleterre, il y en avait un qui répétait le même son jusqu'à cinquante fois.

A quelques lieues de Glascow, en Écosse, il se trouve un écho encore plus singulier. Un homme joue un air de trompette de huit à dix notes ; l'écho les répète fidèlement, mais une tierce plus bas, et cela jusqu'à trois fois, interrompues par un petit silence.

— Il y eut, dans certains temps, des gens assez simples pour chercher des oracles dans les échos. Les écrivains des derniers siècles nous ont conservé quelques dialogues de mauvais goût, sur ce sujet.

Un amant : Dis-moi, cruel amour, mon bonheur est-il évanoui ?

L'écho : Oui.

L'amant : Tu ne parles pas ainsi, quand tu séduis nos cœurs, et que tes promesses perfides les entraînent dans de funestes engagemens.

L'écho : Je mens.

L'amant : Par pitié, ne ris pas de ma peine. Réponds-moi, me reste-t-il encore quelque espoir ou non ?

L'écho : Non.

L'amant : Eh bien! c'en est fait, tu veux ma mort: j'y cours; et toute la contrée, instruite de tes rigueurs, ne sera plus assez insensée pour dire de toi un mot d'éloge.

L'écho : Déloge.

ÉCLIPSES.—Les Athéniens brûlaient anciennement tout vifs ceux qui disaient qu'une éclipse se faisait par l'interposition du corps de la lune, ou de de celui de la terre (1).

C'était une opinion générale, chez les païens, que les éclipses de lune procédaient de la vertu magique de certaines paroles, par lesquelles on arrachait la lune du ciel, et on l'attirait vers la terre, pour la contraindre de jeter l'écume sur les herbes, qui devenaient, par là, plus propres aux sortiléges des enchanteurs.

Pour délivrer la lune de son tourment,et pour éluder la force du charme, on empêchait qu'elle n'en entendît les paroles, en faisant un bruit horrible.

— Au Pérou, quand le soleil s'éclipsait, ceux du pays disaient qu'il était fâché contre eux, et se croyaient menacés d'un grand malheur. Ils avaient encore plus de crainte, dans l'éclipse de lune. Ils la croyaient malade, quand elle paraissait noire et ils comptaient qu'elle mourrait infailliblement, si elle

_____

(1) Plutarque.

achevait de s'obscurcir ; qu'alors elle tomberait du
ciel , qu'ils périraient tous , et que la fin du monde
arriverait ; ils en avaient une telle frayeur , qu'aussitôt qu'elle commençait à s'éclipser , ils faisaient un
bruit terrible avec des trompettes , des cornets et des
tambours ; ils fouettaient des chiens pour les faire
aboyer , dans l'espoir que la lune qui avait de l'affection pour ces animaux , aurait pitié de leurs cris et
s'éveillerait de l'assoupissement que sa maladie lui
causait. En même tems les hommes , les femmes et les
enfans la suppliaient , les larmes aux yeux , et avec
de grands cris , de ne point se laisser mourir , de
peur que sa mort ne fût cause de leur perte universelle. Et tout ce bruit ne cessait que quand la lune
reparaissant ramenait le calme dans les esprits épouvantés.

— Les Talapoins prétendent que quand la lune
s'éclipse, c'est un dragon qui la dévore, et que quand
elle reparaît, c'est que le dragon rend son dîner.

— La Chapelle raconte , dans ses poésies , que
Minerve, surprise des impertinences qu'on débitait
sur les éclipses , voulut bien lui en dévoiler le mystère , et lui parla en ces mots, d'une éclipse arrivée
tout récemment :

> Sache que ce jour là , mon père
> Fit à déjeuner si grand' chère ,
> Et trouva si bon le nectar ,
> Que Momus , le dieu des sornettes,

Le voyant être un peu gaillard ,
Et dans ses humeurs de goguettes ,
Lui proposa que les planètes .
Jouassent à colin-maillard.

« A colin-maillard ! dit le maître
Du char brillant et lumineux :
Si , par malheur , je l'allais être,
Tous les hommes sont si peureux
Qu'ils se croiraient morts , quand nos feux
Commenceraient à disparaître. »

« Quoi ! tu veux conclure par là ,
Répond le grand dieu qui foudroie ,
Qu'un fat pourra troubler ma joie !
Que m'importe s'il en fera
Des contes de ma mère l'Oie.
Je jure Styx , dont l'eau tournoie,
Dans le pays de Tartara ,
Qu'à colin-maillard on jouera.
Sus, qu'on tire au sort et qu'on voie ,
Qui de vous autres le sera. »

Le bon Soleil l'avait bien dit ,
Il le fut suivant son présage :
Toute la compagnie en rit,
Et sans différer davantage ,
Aussitôt la lune s'offrit
A lui bien couvrir le visage ;
Ce que volontiers on souffrit ,
Attendu l'étroit parentage.

ÉCRITURE. — *Art de juger les hommes par leur écriture.* — Nous retrouvons le créateur dans la moindre de ses créatures, la nature dans la plus petite de ses productions, et chaque production dans chacune des parties qui la composent.

Tous les mouvemens de notre corps reçoivent leurs modifications du tempérament et du caractère. Le mouvement du sage n'est pas celui de l'idiot ; le port et la marche diffèrent sensiblement du colérique au flegmatique, du sanguin au mélancolique.

De tous les mouvemens du corps, il n'en est point d'aussi variés que ceux de la main et des doigts ; et, de tous les mouvemens de la main et des doigts, les plus diversifiés sont ceux que nous faisons en écrivant. Le moindre mot jeté sur le papier, combien de points, combien de courbes ne renferme-t-il pas ?

Il est évident encore que chaque tableau, que chaque figure détachée, et, aux yeux de l'observateur et du connaisseur, chaque trait conserve et rappelle l'idée du peintre.

Que cent peintres, que tous les écoliers d'un même maître dessinent la même figure, que toutes ces copies ressemblent à l'original de la manière la plus frappante, elles n'en auront pas moins, chacune, un caractère particulier, une teinte et une touche qui les feront distinguer.

Si l'on est obligé d'admettre une expression caractéristique pour les ouvrages de peinture, pourquoi voudrait-on qu'elle disparût entièrement dans les dessins et dans les figures que nous traçons sur le

papier ? La diversité des écritures n'est-elle pas généralement reconnue ? et, dans les crimes de faux, ne
sert-elle pas de guide à nos tribunaux, pour consta-
ter la vérité ? Il s'ensuit donc qu'on suppose comme
très-probable que chacun de nous a son écriture propre, individuelle et inimitable, ou qui du moins ne
saurait être contrefaite que très-difficilement et très-
imparfaitement. Les exceptions sont en trop petit
nombre pour détruire la règle.

Cette diversité incontestable des écritures ne serait-
elle point fondée sur la différence réelle du caractère
moral ?

On objectera que le même homme, qui pourtant n'a qu'un seul et même caractère, peut diver-
sifier son écriture à l'infini. Mais cet homme, malgré son égalité de caractère, agit ou du moins paraît
agir souvent de mille et mille manières différentes.

De même qu'un esprit doux se livre quelquefois
à des emportemens, de même aussi la plus belle
main se permet, dans l'occasion, une écriture négligée ; mais alors encore, celle-ci aura un caractère
tout-à-fait différent du griffonnage d'un homme qui
écrit toujours mal. On reconnaîtra la belle main du
premier jusque dans sa plus mauvaise écriture, tandis que l'écriture la mieux soignée du second se res-
sentira toujours de son barbouillage.

Quoi qu'il en soit, cette diversité de l'écriture
d'une seule et même personne ne fait que confirmer
la thèse ; car il résulte de là que la disposition d'esprit où nous nous trouvons influe sur notre écriture.

Avec la même encre, avec la même plume, et sur le même papier, le même homme façonnera tout autrement son écriture, quand il traite une affaire désagréable, ou quand il s'entretient cordialement avec son ami.

Chaque nation, chaque pays, chaque ville a son écriture particulière, tout comme ils ont une physionomie et une forme qui leur sont propres. Tous ceux qui ont un commerce de lettres un peu étendu pourront vérifier la justesse de cette remarque. L'observateur intelligent ira plus loin, et il jugera déjà du caractère de son correspondant sur la seule adresse; (*j'entends l'écriture de l'adresse*, car le style fournit des indices bien plus positifs encore), à peu près comme le titre d'un livre nous fait connaître souvent la tournure d'esprit de l'auteur.

Une belle écriture suppose nécessairement une certaine justesse d'esprit, et en particulier l'amour de l'ordre (1). Pour écrire une belle main, il faut avoir du moins une veine d'énergie, d'industrie, de précision et de goût, chaque effet supposant une cause qui lui est analogue. Mais ces gens dont l'écriture est si belle et si élégante, la peindraient peut-être encore mieux, si leur esprit était plus cultivé et plus orné.

---

(1) Les gens d'esprit d'à présent croiraient, pour la plupart, se ravaler à la classe des pédagogues ambulans, et nuire à leur *réputation*, s'ils ne faisaient tous les efforts possibles pour gâter leur écriture, et peindre d'une manière indéchiffrable.

On distingue dans l'écriture : la substance et le corps des lettres, leur forme et leur arrondissement, leur hauteur et leur longueur, leur position, leur liaison, l'intervalle qui les sépare, l'intervalle qui est entre les lignes, la netteté de l'écriture, sa légèreté ou sa pesanteur. Si tout cela se trouve dans une parfaite harmonie, il n'est nullement difficile de découvrir quelque chose d'assez précis du caractère fondamental de l'écrivain.

— Une écriture de travers annonce un caractère faux, dissimulé, inégal.

— Il y a la plupart du temps une analogie admirable entre le langage, la démarche et l'écriture.

— Des lettres inégales, mal jointes, mal séparées, mal alignées, et jetées en quelque sorte séparément sur le papier, annoncent un naturel flegmatique, lent, peu ami de l'ordre et de la propreté, qui sera peut-être dévot et consciencieux jusqu'au scrupule.

— Une écriture plus liée, plus suivie, plus énergique et plus ferme, annonce plus de vie, plus de chaleur, plus de goût.

— Il y a des écritures qui dénotent la lenteur d'un homme lourd et d'un esprit pesant.

— Une écriture bien formée, bien arrondie, promet de l'ordre, de la précision et du goût.

— Une écriture *extraordinairement* soignée annonce plus de précision et plus de fermeté, mais peut-être moins d'esprit.

— Une écriture lâche dans quelques-unes de ses parties, serrée dans quelques autres, puis longue, puis étroite, puis soignée, puis négligée, laisse entrevoir un caractère léger, incertain et flottant.

— Une écriture lancée, des lettres jetées, pour ainsi dire, d'un seul trait, et qui annoncent la vivacité de l'écrivain, désignent un esprit ardent, du feu et des caprices.

— Une écriture un peu penchée sur la droite et bien coulante, annonce de l'activité et de la pénétration.

— Une écriture bien liée, coulante, et presque perpendiculaire promet de la finesse et du goût.

— Une écriture originale, et hasardée d'une certaine façon, sans méthode, mais belle et agréable, porte l'empreinte du génie. (*Extrait de Lavater.*)

Il est inutile d'observer combien, avec quelques remarques judicieuses, ce système est plein d'extravagances. (Voyez *Gestes*, *Physiognomonie.*)

ÉLÉMENS. — Les élémens sont peuplés de substances spirituelles, selon les cabalistes. Le feu est la demeure des salamandres ; l'air, celle des sylphes; les eaux, celle des ondins ou nymphes, et la terre, celle des gnomes. (Voyez ces mots.)

ÉLIXIR DE VIE. — L'*élixir de vie* n'est autre chose, selon Trévisan, que la réduction de la pierre philosophale en eau mercurielle. On l'appelle aussi *Or potable.* Il guérit toutes sortes de maladies, et prolonge la vie bien au-delà des bornes ordinaires.

L'*élixir parfait au rouge* change le cuivre, le

plomb , le fer, et tous les métaux , en or plus pur
que celui des mines. L'*élixir parfait au blanc* , qu'on
appelle encore *huile de talc* , change tous les métaux en argent très-fin. (Voyez *Alchimie.*)

EMPUSE. — Le démon de midi se nomme Em-
puse. Il se montre, sous mille figures diverses , aux
misérables et aux désespérés , vers l'heure de midi.

Épicharme dit que la fameuse Empuse prend
toute sorte de formes ; qu'on l'a vu paraître, tantôt
comme un arbre , immédiatement après comme un
bœuf, tantôt sous la figure d'une vipère, puis d'une
mouche , et enfin, déguisée en belle femme, marchant sur le pied droit, et ayant le gauche d'airain,
ou fait en pied d'âne (1).

Les Russes craignaient et révéraient le démon de
midi. Il leur apparaissait en habits de veuve, au
temps des foins et des moissons, rompant bras et
jambes aux faucheurs et aux moissonneurs, s'ils ne
se jetaient la face en terre , lorsqu'ils l'aperce-
vaient (2).

ENCHANTEMENS. — On voit , au haut des
tours de Maroc , trois pommes d'or d'un prix inestimable, qui sont si bien gardées par enchantement,

----

(1) Suidas.

(2) Camerarius.

que les rois de Fez n'y ont jamais pu toucher, quelques efforts qu'ils aient faits (1).

— Les Tartares, ayant pris huit insulaires de Zipangu, avec qui ils étaient en guerre, se disposaient à les décapiter ; mais ils n'en purent venir à bout, parce que ces insulaires portaient au bras droit, entre cuir et chair, une petite pierre enchantée qui les rendait insensibles au tranchant du cimeterre ; de sorte qu'il fallut les assommer pour les faire mourir (2).

— Don Rodrigue, usurpateur du royaume d'Espagne, n'ayant point d'argent pour mettre promptement une armée sur pied, résolut de faire ouvrir un lieu qu'on nommait *la Tour enchantée*, près de Tolède, où l'on disait qu'il y avait un trésor, que personne avant lui n'avait osé rechercher. Cette tour était entre deux rochers escarpés, à une demi-lieue au-delà de Tolède ; et au-dessous du rez-de-chaussée, se trouvait une cave fort profonde, séparée en quatre différentes voûtes, où l'on entrait par une ouverture taillée dans le roc, fermée par une porte de fer qui avait, dit-on, mille serrures et autant de verroux. Sur cette porte, il y avait quelques caractères grecs qui souffraient plusieurs interprétations ; mais la plus forte opinion voulait que ce fût une prédiction de malheurs à celui qui l'ouvrirait.

---

(1) Léon l'Africain.

(2) Marc-Paul.

Rodrigue fit faire certains flambeaux que l'air de la cave ne pouvait éteindre; et, ayant forcé cette porte, il y entra lui-même, suivi de beaucoup de personnes. A peine eut-il fait quelques pas, qu'il se trouva dans une fort belle salle, enrichie de sculptures, au milieu de laquelle on voyait une statue de bronze qui représentait le Temps, sur un piédestal de trois coudées de haut: elle tenait de la main droite une masse d'armes, avec laquelle elle frappait de temps en temps la terre, dont les coups,' retentissant dans cette cave, faisaient un bruit épouvantable,

Rodrigue, bien loin de s'effrayer, s'approcha du fantôme, l'assura qu'il ne venait faire aucun désordre dans le lieu de sa demeure, et lui promit d'en sortir, dès qu'il aurait vu toutes les merveilles qui l'entouraient; alors la statue cessa de battre la terre. le roi, encourageant les siens par son exemple, fit une visite exacte de cette salle, à l'entrée de laquelle il y avait une cave ronde, d'où sortait une espèce de jet d'eau qui faisait un murmure affreux. Sur l'estomac de la statue du temps, était écrit en arabe : *Je fais mon devoir*. Et sur le dos : *A mon secours!* A gauche, on lisait ces mots, sur la muraille : *Malheureux prince, ton mauvais destin t'a amené ici*. Et ceux-ci, à droite : *Tu seras détrôné par des nations étrangères, et tes sujets, aussi-bien que toi, seront châtiés de leurs crimes.*

Rodrigue, ayant contenté sa curiosité, s'en retourna, et à peine eut-il tourné le dos que la statue recommença ses coups. Le prince sortit, fit refermer la porte, et couvrir l'endroit avec de la terre, afin que personne n'y pût entrer à l'avenir. Mais, la nuit suivante, on entendit, de ce côté là, de grands cris, qui précédèrent un éclat épouvantable, semblable à un grand coup de tonnerre; et le lendemain, on ne trouva plus la tour, ni aucun vestige de ce qui avait rendu cet endroit remarquable.

Peu après, les Maures entrèrent en Espagne, et en firent la conquête (1).

— J'étais assis, dit Inigo de Médrane, aux pieds du mont Caucase; la terre s'ébranle : je me lève effrayé; j'aperçois une ouverture de la largeur du corps d'un homme, où aboutissait un escalier taillé dans le roc. J'imagine un trésor enfoui; je descends, éclairé par le jour pâle et tremblant d'une lanterne. C'était une caverne qui servait de retraite à tous les oiseaux nocturnes, lesquels, épouvantés par la clarté de ma lanterne, volèrent tumultueusement autour de moi, et faillirent à me renverser.

J'entrai dans une salle spacieuse, soutenue d'un triple rang de colonnes ornées de reliefs d'un goût bizarre. On y voyait représentée en grand, une femme qui, toute échevelée, et le poignard à la main, égorgeait plusieurs petits enfans, dont elle

---

(1) Aboulkacim-Tarista-Ben-Tarik. — Les écrivains arabes sont pleins de ces sortes de merveilles. On trouve dans les Mille et une Nuits une foule d'enchantemens aussi vrais et dignes de croyance, que l'aventure de la tour de Tolède. Au reste, tous les traits rassemblés sous ce mot, sont tirés de quelques ouvrages romanesques qu'on ne lit plus guère.

faisait couler le sang dans un vase ; d'un autre côté, cette même femme, armée d'une baguette mystérieuse, faisait sortir de la terre une légion de démons; ailleurs, elle paraissait fendre les airs, dans un char trainé par des animaux ailés, d'une figure hideuse ; enfin, cette salle n'offrait à mes yeux que des objets propres à inspirer une horreur dégoûtante. Je fis quelques pas, en combattant ma frayeur.... Je me vis entouré de serpens menaçans. Je marchais d'un pas mal assuré, au milieu de ces animaux prêts à s'élancer sur moi ; je les voyais s'élever, passer sur ma tête, se croiser, se heurter, s'embrasser, et témoigner leur joie par des sifflemens horribles.

Une porte me conduit dans une autre salle, de la la même grandeur que la première ; elle était remplie de statues en marbre noir, qui toutes représentaient une scène tragique et cruelle. Au milieu, s'élevait un tombeau de marbre, couvert d'une lame de cuivre, où étaient gravées ces paroles : *Mortel audacieux, qui que tu sois, qui oses porter ici tes pas, lève cette lame et tu sauras mon nom.*

Je n'avais qu'un couteau, pour écarter le ciment qui tenait le cuivre. A peine avais-je enfoncé le fer, que les serpens accoururent et s'élancèrent sur moi ; une nuée d'insectes m'environnait ; des cris aigus, prolongés par de lamentables échos, me faisaient trembler. Je suspendis forcément l'ouvrage ; une sueur froide couvrit mon visage. « Où suis-je ? m'écriai-je ; grand Dieu ! m'abandonnerez-vous ?» A ces mots, les animaux qui n'étaient rassemblés dans cette sombre caverne que par la force d'un enchantement terrible, disparurent. Bientôt la lame de cuivre fut levée ; et je reconnus le tombeau de l'enchanteresse Orcavelle.

— Non loin de Vindisilore, était une île, où deux amans avaient bâti un palais enchanté. On ne pouvait entrer dans ce palais, sans passer sous une espèce d'arc de triomphe, appelé *l'arc des loyaux amans*. L'approche en était défendue, par des forces invisibles, aux téméraires et volages amans qui s'exposaient à cette épreuve. Une statue de bronze surmontait la voûte de cet arc ; elle portait une trompe, avec laquelle, elle honorait le passage d'un amant fidèle, en rendant un son mélodieux, et répandant des fleurs sur sa tête. La même trompe punissait l'amant coupable, par des sons effrayans, et par des flammes mêlées d'une fumée noire et empoisonnée.

Au-delà de cet arc, on trouvait un perron de bronze doré, sur lequel on voyait les figures d'Apollidon et de Grimanèse (les deux amans qui avaient bâti ce palais). Une grande table de jaspe était à leurs pieds, enclavée dans le perron ; et le nom de ceux ou de celles qui passaient sous l'arc paraissait aussitôt s'y graver de lui-même.

Un peu plus loin, on voyait un autre perron de marbre blanc. Mais ceux mêmes qui venaient de passer sous l'arc, n'approchaient de ce perron qu'autant que le chevalier pouvait atteindre, par sa valeur et par ses exploits, à la haute renommée d'Apollidon,

et que la dame pouvait égaler la beauté de Grimanèse.

Au-dessus du perron de marbre, on voyait une
plate-forme, et la porte toujours fermée d'une espèce
de temple en rond qui portait le nom de *la chambre défendue*. Des génies puissans veillaient sans
cesse sur cette enceinte sacrée, qui ne pouvait s'ouvrir
que pour un héros supérieur au grand Apollidon, ou
pour une beauté capable d'éclipser celle de la belle
Grimanèse.

Cette épreuve était, pour Amadis, une nouvelle
occasion de justifier le choix de sa chère Oriane. La
conquête de l'île et la possession de ce palais magique
devaient être des preuves parlantes de sa fidélité.

Tous les chevaliers qui accompagnaient Amadis,
ne purent même traverser l'arc des loyaux amans;
pour lui, il parvint jusqu'à la salle défendue, et
dans la suite y conduisit Oriane (1).

— Les arts ont aussi produit des enchantemens
vraiment merveilleux, mais naturels, et regardés
comme l'ouvrage du diable, par ceux-là seuls qui lui
attribuent gratuitement tous les chefs-d'œuvre et
toutes les monstruosités.

M. van Estin, dit Decremps, dans sa Magie
blanche dévoilée, nous fit voir son cabinet de machines. Nous entrâmes dans une salle, bien éclairée
par de grandes fenêtres pratiquées dans le dôme qui

---

(2) Amadis de Gaule.

la couvrait. Vous voyez, nous dit-il, tout ce que j'ai pu rassembler de plus piquant et de plus curieux en mécaniques. Cependant, nous n'apercevions de tout côté que des tapisseries sur lesquelles étaient représentées des machines utiles, telles que des horloges, des pompes, des pressoirs, des moulins à vent, des vis d'Archimède, etc.

Toutes ces pièces ont apparemment beaucoup de valeur, dit en riant le curieux M. Hill, elles peuvent récréer un instant la vue, mais il paraît qu'elles ne produiront jamais de grands effets par leurs mouvemens, et qu'elles prouvent plutôt ici l'art du peintre que du mécanicien.

M. van Estin répondit par un coup de sifflet : aussitôt les quatre tapisseries se lèvent et disparaissent, la salle s'agrandit, et nos yeux éblouis voient ce que l'industrie humaine a inventé de plus étonnant ; d'un côté, des serpens qui rampent, des fleurs qui s'épanouissent, des oiseaux qui chantent ; de l'autre, des cygnes qui nagent, des canards qui mangent et qui digèrent, des orgues jouant d'elles-mêmes, et des automates qui touchent du clavecin. M. van Estin donna un second coup de sifflet, et tous les mouvemens furent suspendus.

Un instant après, nous vîmes un canard nageant et barbotant dans un vase, au milieu duquel était un arbre. Plusieurs serpens rampaient autour du tronc, et allaient successivement se cacher dans les feuillages. Dans une cage voisine, étaient deux serins, qui chantaient en s'accompagnant, un homme qui jouait de la flûte, un autre qui dansait, un petit chasseur, et un sauteur chinois, tous artificiels, et obéissant au commandement.

ENCHANTEURS. — Tespésion, pour montrer qu'il pouvait enchanter les arbres, commanda à un grand orme de saluer Apollonius ; ce qu'il fit, mais d'une voix grêle et efféminée (1). — On entendit, dans une forêt de l'Angleterre, un arbre qui poussait des gémissemens ; on le disait enchanté. Le propriétaire du terrain tira beaucoup d'argent, des gens de campagne, qui accouraient pour voir et entendre une chose aussi merveilleuse. A la fin, quelqu'un proposa de couper l'arbre ; mais le propriétaire s'y opposa, non par aucun motif d'intérêt propre, disait-il modestement, mais dans la crainte que celui qui oserait y mettre la cognée, n'en mourût subitement. On trouva cependant un homme qui n'avait pas peur de la mort subite, et qui abattit l'arbre à coups de hache. Alors, on découvrit un tuyau qui formait une communication, à plusieurs toises sous terre, et par le moyen duquel on produisait les gémissemens qu'on avait entendus.

— L'empereur grec Théophile, se voyant obligé de mettre à la raison une province révoltée sous la conduite de trois capitaines, consulta le patriarche Jean, fameux magicien et habile enchanteur. Celui-ci fit faire trois gros marteaux d'airain, les mit entre les

_____

(1) L'incrédulité savante.

mains de trois hommes robustes, et conduisit ces hommes au milieu du cirque, devant une statue de bronze à trois têtes. Ils abattirent deux de ces têtes avec leurs marteaux, et firent pencher le cou à la troisième, sans l'abattre. Peu après, une bataille se donna entre Théophile et les rebelles; deux des capitaines furent tués, le troisième fut blessé et mis hors de combat; et tout rentra dans l'ordre (1). (Voyez *Magiciens, Faustus, Simon,* etc.)

ENFERS. —

Brûler dans les ardeurs d'une immortelle flamme;
Gémir dans un abîme horrible et ténébreux;
Du tyran de la mort voir les regards affreux;
Au plus vif désespoir abandonner son âme;
Maudire du Très-Haut les décrets éternels;
Sentir ronger son cœur de désirs criminels;
Avoir perdu du ciel la gloire inestimable;
Se voir avec justice arrêté dans les fers;
Et d'un saint repentir se trouver incapable:
C'est un faible crayon de l'horreur des enfers.

ARNAUD D'ANDILLY.

— Nier qu'il y ait des peines et des récompenses, après le trépas, c'est nier l'existence de Dieu (2); puisque s'il existe, il doit être nécessairement juste. Mais comme personne n'a jamais pu connaître les châtimens

---

(1) Zonaras.
(2) Saint-Foix.

queDieu réserve aux coupables, ni le lieu qui les renferme, *tous* les tableaux qu'on nous en a faits, ne
sont que les fruits d'une imagination plus ou moins
déréglée. Les théologiens devaient laisser aux poëtes
le soin de peindre l'enfer, et non s'occuper sottement
d'effrayer les esprits par des peintures hideuses et des
livres effroyables. On doit croire qu'après la mort
le meurtrier ne poursuivra pas une seconde fois sa victime ; mais qui vous a dit les secrets de ce Dieu que
vous ne pouvez comprendre et que vous défigurez ?

—Les anciens, la plupart des modernes, et surtout
les cabalistes, placent les enfers au centre de la terre.
Le docteur Swinden, dans ses recherches sur le feu
de l'enfer, prétend que l'enfer est dans le soleil, *parce*
que le soleil est le feu perpétuel. Quelques-uns ont
ajouté que les damnés entretiennent ce feu dans
une activité continuelle, et que les taches qui paraïs-
sent dans le disque du soleil, après les grandes catastrophes, ne sont produites que par le trop grand
nombre de gens qu'on y envoie.....

Dans Milton, l'abîme où fut précipité Satan, est
éloigné du ciel, trois fois autant que le centre du
monde l'est de l'extrémité du pôle. On peut calculer
cette distance : le soleil, qui est au centre du monde,
est éloigné de Saturne, la planète la plus reculée de
toutes celles connues au temps de Milton, d'environ
330,000,000 de lieues; ainsi l'enfer est à 990,000,000
de lieues du ciel (1).

(1) Le poëte dit que la chute de Satan dura neuf jours : d'où
il suivrait que Satan aurait fait 1,200 lieues par seconde.

L'enfer de Milton est un globe énorme, entouré d'une triple voûte de feux dévorans; il est placé dans le sein de l'antique chaos et de la nuit informe. On y voit cinq fleuves : le Styx, source exécrable consacrée à la Haine ; l'Achéron, fleuve noir et profond qu'habite la Douleur; le Cocyte, ainsi nommé des sanglots perçans qui retentissent sur ses funèbres rivages ; le fougueux Phlégéton, dont les flots précipités en torrens de feu portent la rage dans les cœurs; et le tranquille Léthé, qui roule dans un lit tortueux, ses eaux silencieuses.

Au-delà de ce fleuve, s'étend une zone déserte, obscure et glacée, perpétuellement battue des tempêtes et d'un déluge de grêle énorme qui, loin de se fondre en tombant, s'élève en monceaux, semblable aux ruines d'une antique pyramide. Tout autour sont des gouffres horribles, des abîmes de neige et de glace. Le froid y produit les effets du feu, et l'air gelé brûle et déchire. C'est là qu'à certains temps fixés, tous les réprouvés sont trainés par les Furies, aux ailes de harpies. Ils ressentent tour à tour les tourmens des deux extrémités dans la température, tourmens que leur succession rapide rend encore plus affreux. Arrachés de leur lit de feu dévorant, ils sont plongés dans des monceaux de glaces; immobiles, presqu'éteints, ils languissent, ils frissonnent, et sont de nouveau rejetés au milieu du brasier infernal. Ils vont et reviennent ainsi de l'un à l'autre supplice, et, pour le combler, ils franchissent à chaque fois le Léthé : Ils s'efforcent, en traversant, d'atteindre l'onde enchanteresse ; ils n'en désireraient qu'une seule goutte ; elle suffirait pour leur faire perdre, dans un doux oubli, le sentiment de tous leurs maux. Hélas ! ils en sont si proches ! mais le destin le défend. Méduse, aux regards terribles, à la tête hérissée de serpens, s'oppose à leurs efforts ; et, semblable à celle que poursuivait si vainement Tantale, l'eau fugitive se dérobe aux lèvres qui l'aspirent.

A la porte de l'enfer, sont deux figures effroyables. L'une qui représente une belle femme jusqu'à la ceinture, finit en une énorme queue de serpent, recourbée en longs replis écailleux, et armée, à l'extrémité, d'un aiguillon mortel. Autour de ses reins est une meute de chiens féroces, qui, sans cesse ouvrant leur large gueule de Cerbères, frappent perpétuellement les airs des plus odieux hurlemens. Ce monstre est le Péché, fille sans mère, sortie du cerveau de Satan ; il tient les clefs de l'enfer. L'autre figure, (si l'on peut appeler ainsi un spectre informe, un fantôme dépourvu de substances et de membres distincts,) noire comme la nuit, féroce comme les furies, terrible comme l'enfer, agite un dard redoutable ; et ce qui semble être sa tête porte l'apparence d'une couronne royale. Ce Monstre est la mort, fille de Satan et du Péché (1).

Après que le premier homme fut devenu coupable, la Mort et le Péché construisirent un solide et large

_____

(1) On peut voir, par tous ces tableaux, que Milton a profité des idées de la mythologie ancienne, qu'il a eu soin de rembrunir.

chemin sur l'abime. Le gouffre enflammé reçut patiemment un pont, dont l'étonnante longueur s'étendit, du bord des enfers, au point le plus reculé de ce monde fragile. C'est à l'aide de cette facile communication que les esprits pervers passent et repassent sur la terre, pour corrompre ou punir les hommes (1).

Mais si le séjour des réprouvés est un séjour hideux, ses hôtes ne le sont pas moins. Quand d'un son rauque et lugubre, l'infernale trompette appelle les habitans des ombres éternelles, le Tartare s'ébranle, dans ses gouffres noirs et profonds; l'air ténébreux répond par de longs gémissemens. (2) Soudain les puissances de l'abîme accourent à pas précipités : ciel! quels spectres étranges, horribles, épouvantables! la terreur et la mort habitent dans leurs yeux; quelques-uns, avec une figure humaine, ont des pieds de bêtes farouches; leurs cheveux sont entrelacés de serpents; leur croupe immense et fourchue se recourbe en replis tortueux.

On voit d'immondes Harpies, des Centaures, des Sphinx, des Gorgónes, des Scylles qui aboient et dévorent; des Hydres, des Pythons, des Chîmères qui vomissent des torrens de flamme et de fumée; des Polyphèmes, des Gérions, mille monstres plus bi-

---

(1) Ce pont doit avoir bien des millions de lieues. Comment les démons le traversent-ils? est-ce à pied? Si c'est en courant, le voyage sera bien long, ou on aura bien de la peine à se représenter la rapidité d'une telle course.

(2) Le Tasse.

zarres que jamais n'en rêva l'imagination, mêlés et confondus ensemble. Ils se placent les uns à la gauche, les autres à la droite de leur sombre monarque. Assis au milieu d'eux, il tient d'une main un sceptre rude et pesant ; son front superbe armé de cornes, surpasse en hauteur le roc le plus élevé, l'écueil le plus sourcilleux : Calpé, l'immense Atlas lui même, ne seraient auprès de lui que de simples collines. (1)

Une horrible majesté empreinte sur son farouche aspect, accroît la terreur et redouble son orgueil. Son regard, tel qu'une funeste comète, brille du feu des poisons dont ses yeux sont abreuvés. Une barbe longue, épaisse, hideuse, enveloppe son menton et descend sur sa poitrine velue ; sa bouche dégoutante d'un sang impur s'ouvre comme un vaste abîme : de cette bouche empestée, s'exhalent un souffle empoisonné et des tourbillons de flammes et de fumée. Ainsi L'Etna, de ses flancs embrasés, vomit avec un bruit affreux de noirs torrens de soufre et de bitume. Au son de sa voix terrible, l'abîme tremble, Cerbère se tait épouvanté, l'Hydre est muette, le Cocyte s'arrête immobile (2).

— Toutes ces peintures, enfantées par le cerveau des poëtes, les théologiens nous les donnent comme des articles de foi. Ils ont ajouté à ces horreurs, mille horreurs nouvelles, et de pieux imbéciles ont passé

_____

(1) Milton donne à Satan au moins quarante mille pieds de haut.

(2) *Et phlegetonteæ requierunt murmura ripæ.*

CLAUDIEN.

leur vie à raconter ce qui se passe aux enfers, avec autant d'assurance que s'ils en eussent déjà fait le voyage. C'est un effroyable souterrain, semé de rocs escarpés, de déserts arides, et d'épaisses ténèbres, que toutes les flammes de l'enfer ne peuvent dissiper. Là, en traversant un pont de glace, *fait en dos d'âne*, on aperçoit à ses pieds des précipices sans fond, où les fornicateurs grillent éternellement, en poussant des hurlemens affreux, accompagnés de contorsions épouvantables. Ici, dans des chaudières, *grandes comme l'Océan*, on voit bouillir, sans relâche, les impies et les incrédules, (confondus dans une même classe). Plus loin, sont empalés, par milliers, à des broches ardentes, les hérétiques et les schismatiques qui n'ont pas voulu aller à confesse. Ailleurs gémissent entassés, *comme les harengs dans la tonne*, tous les mécréans qui ont mangé de la viande les jours défendus par la Sainte Église Catholique. Les diables qui les tourmentent les font rôtir sur des charbons, retournant leurs corps avec des fourches de fer rouge, et, pour comble d'absurdités, ces diables ont la permission, quand ils sont assez cuits sans doute, de les avaler, pour soutenir leurs forces; mais ils les rejettent de leur ventre, aussitôt que l'heure des tourmens est revenue. Les lacs glacés, les étangs de feu, les monstres de toute espèce, fourmillent en ces lieux de douleur. *La nourriture des damnés est la chair des crapauds et des vipères; leur breuvage, le fiel et les excrémens des animaux les plus infects; leurs lits, des grils de fer ardent; et, quand Dieu veut*

*les rafraîchir, il leur envoie une pluie de plomb fondu,
de soufre et d'huile bouillante* (1).... Grand Dieu !
s'il est vrai que ta justice ait réservé pour le crime un
séjour de larmes, ceux-là sûrement y tiendront la
première place, qui ont fait de toi le plus cruel de
tous les monstres !

— On demandait à un sage ce que c'était que
l'enfer ? Je n'y suis point allé, répondit-il, et je ne
crois pas aux contes ; mais puisque Dieu est juste, je
pense que les méchans n'éprouveront pas le même
sort que les bons ; quant à la durée de leurs peines,
Dieu ne punira pas, dans ses enfans, une faute d'une
heure par des châtimens éternels.

Enfers de Cyrano-Bergerac.— Je me suis trouvé
cette nuit aux enfers. Mais ces enfers-là m'ont paru
bien différens du nôtre. J'y trouvai les gens fort
sociables ; c'est pourquoi je me mêlai à leur compagnie. On était occupé alors à changer de maison tous
les morts qui s'étaient plaints d'être mal associés.
L'un d'eux, voyant que j'étais étranger, me prit par
la main et me conduisit à la salle des jugemens. Nous
nous plaçâmes tout proche de la chair du juge, pour
bien entendre les querelles de toutes les parties.

D'abord j'aperçus Pythagore, qui, très-ennuyé
d'une compagnie de comédiens, représentait que
leur caquet continuel le détournait de ses hautes
spéculations. Le juge qui présidait lui dit que l'esti-

_____

(1) On peut voir, à ce sujet *l'Enfer Saint-Patrice*, *le Chemin
du ciel*, *le Père Henriques*, etc., etc.

mant homme de grande mémoire, puisqu'après quinze cents ans il s'était souvenu d'avoir été au siége de Troie, on l'avait aparié avec des personnages qui n'en sont pas dépourvus. On entendit toute fois ses raisons (1), et on le fit marcher ailleurs.

Aristote, Pline, Ælian, et beaucoup d'autres naturalistes, furent mis avec les Maures, parce qu'ils ont connu les bêtes ; le médecin Dioscoride, avec les Lorrains, parce qu'il connaissait parfaitement les simples.

Ésope et Apulée ne firent qu'un ménage, à cause de la conformité de leurs miracles : car Ésope d'un âne a fait un homme, en le faisant parler ; et Apulée d'un homme a fait un âne, en le faisant braire.

Caligula voulut être mis dans un appartement plus magnifique que celui de Darius, comme ayant couru des avantures incomparablement plus glorieuses. Car, dit-il, moi Caligula, j'ai fait mon cheval Empereur, et Darius a été fait Empereur par le sien.

Dédale eut, pour confrères, les sergents, les huissiers, les procureurs, personnes qui comme lui volaient pour se sauver. Jocaste et Sémiramis furent logées ensemble, comme ayant toutes deux été mères et femmes de leurs fils.

Thésée, suivit quelques tisserands, se promettant

_____

(1) Il observa qu'on pouvait le mettre indifféremment avec tous les mortels, aussi-bien qu'avec les comédiens ; car il n'y en a presque pas un, dit-il au juge, qui ne soit d'*heureuse mémoire*, si vous en voulez croire son épitaphe. Ces sortes de pointes sont fréquentes dans Bergerac. C'était alors la mode, comme à présent.

de leur apprendre à conduire le fil. Néron choisit Érostrate , ce fameux insensé qui brûla le temple de Diane, aimant comme lui à se chauffer de gros bois. Achille prit la main d'Eurydice : Marchons, lui dit-il, marchons ; aussi bien ne saurait-on mieux nous assortir, puisque nous avons tous deux l'âme au talon. Le fameux Curtius, qui se précipita dans un gouffre, pour sauver Rome , fut placé avec un brutal qui s'était fait tuer en protégeant une femme débauchée , sous prétexte qu'ils étaient tous deux morts pour la chose publique.

Il ne fut jamais possible de séparer les Furies des épiciers , tant elles avaient peur de manquer de flambeaux. Les tireurs d'armes furent logés avec les cordonniers , d'autant que la perfection du métier consiste à bien faire une-botte ; les bourreaux, avec les médecins, parcequ'ils sont payés pour tuer; Écho, avec nos auteurs modernes, d'autant qu'ils ne disent, comme elle, que ce que les autres ont dit ; Orphée , avec les chantres du Pont-Neuf, parce qu'ils avaient su attirer les bêtes.

On en mit quelques-uns à part , entre lesquels fut Midas, le seul homme qui se soit plaint d'avoir été trop riche ; Phocion, qui donna de l'argent pour mourir ; et Pygmalion , pareillement, n'eut point de compagnon , à cause qu'il n'y a jamais eu que lui qui ait épousé une femme muette.

ÉPREUVES. — L'épreuve gothique , qui servait à reconnaître les sorcières , a beaucoup de rapport avec la manière judicieuse que le peuple emploie, pour s'assurer si un chien est enragé ou ne l'est pas. La foule se rassemble et tourmente, autant que possible, le chien qu'on accuse de rage. Si l'animal dévoué se défend et mord, il est condamné, d'une voix unanime, d'après ce principe qu'un chien enragé mord tout ce qu'il rencontre. S'il tâche, au contraire, de s'échapper et de fuir à toutes jambes, l'espérance de salut est perdue sans ressource ; on sait de reste qu'un chien enragé court avec force et tout droit devant lui sans se détourner.

De même, la sorcière soupçonnée, toujours laide et vieille, comme de raison, était plongée dans l'eau, les mains et les pieds fortement liés ensemble. Surnageait-elle ? on l'enlevait aussitôt, pour la précipiter dans un bûcher, comme convaincue d'être criminelle, puisque l'eau des épreuves la rejetait de son sein. Enfonçait-elle ? son innocence était dès lors irréprochable ; mais cette justification lui coûtait la vie (1).

Cette épreuve se nommait *l'épreuve de l'eau froide.* Elle était fort en usage sous la seconde race de nos rois, et s'étendait, non seulement aux sorciers et aux hérétiques, mais encore à tout accusé dont le crime n'était pas évident. Le coupable, ou prétendu tel, était jeté, la main droite liée au pied gauche, et la main gauche liée au pied droit, dans un bassin ou dans une grande cuve pleine d'eau, qu'on avait eu la précaution de bénir, et qui était trop pure pour

___
(1) Goldsmith.

recevoir un criminel; de façon que celui qui enfonçait était déclaré innocent.

— On employait aussi alors *l'épreuve de l'eau chaude*. L'accusé plongeait la main dans un vase plein d'eau bouillante, pour y prendre un anneau béni qui y était suspendu plus ou moins profondément ; ensuite, on enveloppait la main du patient avec un linge, sur lequel le juge et la partie adverse apposaient leurs sceaux. Au bout de trois jours, on les levait, et s'il ne paraissait point de marques de brûlure, l'accusé était renvoyé absous.

— Celui qu'on condamnait à *l'épreuve du feu*, était obligé de porter, à neuf et quelquefois à douze pas, une barre de fer rouge, pesant environ trois livres. Cette épreuve se faisait encore en mettant la main dans un gantelet de fer sortant de la fournaise.

— *L'épreuve de la croix* consistait à placer l'accusé contre une croix, les bras étendus. S'il restait dans cette posture, le temps prescrit, qui était ordinairement assez long, le juge le renvoyait absous.

Ceux là qui commandaient aux démons, parce qu'ils étaient assez purs pour dominer sur l'esprit immonde, qui disaient à ce Dieu sans l'ordre de qui rien ne se fait dans le monde : Tu as permis au diable d'entrer dans ce corps ; hâte-toi de l'en faire sortir et de renvoyer l'ange de ténèbre à son gîte, ou nous le consignons de notre plein pouvoir ; ceux-là ont bien pu forcer l'Éternel à paraître pour quelque chose dans leurs sentences, et répandre un discernement divin sur toute matière *bénite*.

Malgré que ces impertinences dussent révolter le simple bon sens, elles ont souvent été en vogue, dans les jours de l'ignorance qui sont aussi les jours du charlatanisme et de la barbarie.

— Les dieux Palices, chez les Siciliens, faisaient connaître, dans les affaires douteuses et embrouillées, celui qui disait la vérité, d'avec l'imposteur. Les parties juraient, sur le bord de deux fameux lacs d'eau bouillante et ensoufrée, que le peuple crédule honorait avec beaucoup de respect; et le parjure recevait toujours une punition du ciel : c'est-à-dire que celui des plaideurs qui mourait le premier, ou à qui il arrivait quelque malheur, était de suite proclamé coupable et parjure.

On lit ce conte dans Mouchemberg : La fontaine des épreuves, en Mauritanie, avait des effets aussi admirables que certains. Elle était entourée d'un merveilleux circuit de marbre blanc. On y faisait descendre nues, les filles qu'on soupçonnait de n'être plus vierges ; on les interrogeait là, en présence de tout le peuple, après quoi, elles sortaient de l'eau, et tenant le coin d'un autel de Pallas, où brûlait le feu sacré, elles vidaient une coupe pleine de l'eau de cette fontaine.

Par un effet miraculeux, aussitôt qu'une fille ou femme corrompue avait bu les premières gouttes de cette eau, sa langue commençait à se gâter, et son visage à se défigurer, de telle sorte qu'il n'y avait furie d'enfer plus horrible : ce qui était bien désagréable assurément ; au lieu que celles qui étaient *impollues*, restaient au même état qu'auparavant. Les chastes, par une certaine gaillardise d'esprit, avalaient courageusement la dose, et suçaient même les dernières gouttes de l'eau, pour prouver leur intégrité. Mais ce dernier trait d'audace était bien rare, et il y avait grand nombre de laides en Mauritanie.

—Albert-le-Grand dit, dans ses admirables Secrets, qu'en mettant un diamant sur la tête d'une femme qui dort, on connaît si elle est fidèle ou infidèle à son mari : parce que si elle est infidèle, elle s'éveille en sursaut et de mauvaise humeur; si, au contraire, elle est chaste, elle embrasse son mari avec affection. Si le secret était sûr, ce serait jouer un tour perfide à bien des époux que de leur en conseiller l'épreuve.

— Il y avait, en Éthiopie, une fontaine dont les eaux avaient la propriété de faire dire la vérité à ceux qui en buvaient. Pourquoi cette fontaine ne se trouve-t-elle plus ? (Voyez *Jugemens de Dieu*, *Sorciers*, *Question*, etc.)

ERREURS POPULAIRES. — Elles sont en si grand nombre, qu'il faudrait des volumes pour rassembler toutes celles d'une seule province. Nous nous contenterons d'en rapporter quelques-unes.

— Comme le mulet naît d'un âne et d'une jument, ainsi le basilic naît d'un coq et d'un crapaud (1).

— On a cru long-temps que le serpent engendrait avec la lamproie (2).

_____

(1) Boguet.

(2) Oppien.

— Dans le Nouveau-Monde, les gouttes d'eau se changent en petites grenouilles vertes (1).

—Ceux qui naissent légitimement, septièmes mâles, sans mélange de filles, guérissent les écrouelles en les touchant (2). Les anciens rois d'Angleterre avaient le même pouvoir, accordé par le ciel aux mérites de saint Édouard (3). On attribue aussi aux rois de France le don prétendu d'enlever les écrouelles par l'imposition des mains ; et Lascarille raconte que François Ier., prisonnier en Espagne, guérissait les Espagnols affligés de cette maladie.

— Solin a écrit qu'on ne voit presque jamais d'oiseaux en Irlande, qu'il n'y a point d'abeilles, et que la terre de ce pays, jetée dans des lieux où il se trouve des ruches, force les essaims à déloger. Sans examiner d'où vient la cause de cette malignité de la terre d'Irlande, il suffit de dire que c'est une fable, et qu'il y a dans cette île beaucoup d'oiseaux et d'abeilles.

— Le coq pond un œuf tous les ans, duquel œuf naît un crocodile. Le crocodile tue l'homme par son regard.....

— Le serpent noir de Pensylvanie a le pouvoir de charmer les oiseaux et les écureuils, et de fasciner leurs yeux : s'il est couché sous un arbre, et qu'il fixe ses regards sur l'oiseau, ou l'écureuil qui se

---

(1) Cardan.
(2) Delancre.
(3) Polydore Virgile.

trouve au-dessus de lui, il les force à descendre et à se jeter directement dans sa gueule. Cette opinion est très-accréditée, parce qu'elle tient du merveilleux : on en peut trouver la source dans l'effroi que le serpent noir cause à l'écureuil. Un de ces animaux, troublé par la frayeur, a pu tomber naturellement de son arbre, et le peuple, qui se fait des prodiges toutes les fois que l'occasion s'en présente, a bien vite attribué à des charmes un effet qu'il éprouve lui-même à tout instant.

— Le caméléon se nourrit de vent. Qu'on brûle sa tête et son gosier, ou qu'on rôtisse son foie sur une tuile rouge, on fait tonner et pleuvoir (1)...

— Il y a, dans les Iles Britanniques, des espèces de canards que nous appelons macreuses. Plusieurs auteurs ont assuré que ces oiseaux sont produits sans œufs et sans accouplement ; quelques-uns les font venir des coquilles qui se trouvent dans la mer ; d'autres n'ont pas rougi d'avancer qu'il y a des arbres, semblables à des saules, dont le fruit se change en macreuses, et que les feuilles de ces arbres, qui tombent sur la terre, produisent des oiseaux, pendant que celles qui tombent dans l'eau deviennent des poissons.

Il est surprenant, dit le P. Lebrun, que ces pauvretés aient été si souvent répétées, quoique divers auteurs aient remarqué et assuré que les macreuses

_____

(1) Boguet.

étaient engendrées de la même manière que les autres oiseaux. Albert-le-Grand l'avait déclaré en termes précis ; et depuis, un voyageur a trouvé, au nord de l'Écosse, de grandes troupes de macreuses, et les œufs qu'elles devaient couver, dont il mangea avec son équipage.

— Cédrenus a écrit très-sérieusement que tous nos rois de la première race naissaient avec l'épine du dos toute couverte et hérissée d'un poil de sanglier.

— Boguet assure que les cheveux d'une femme, enfouis dans du fumier, se changent en serpens...

— Le peuple croit fermement, dans certaines provinces, que la louve enfante, avec ses louveteaux, un petit chien qu'elle dévore aussitôt qu'il voit le jour. La nature ne fait rien d'inutile : pourquoi permettrait-elle une chose aussi étrange ?

— Beaucoup d'auteurs graves affirment que le vent produit des poulains et des perdrix. Varron dit qu'en certaines saisons, le vent rend fécondes les jumens et les poules de Lusitanie. Virgile, Pline, Columelle, St.-Augustin même, ont adopté ce conte, et le mettent au nombre des faits constamment vrais, quoiqu'on n'en puisse dire la raison.

On soutint dans le Dauphiné, et cela pendant assez long-temps, qu'une femme était devenue enceinte, non par le vent, mais par la seule imagination. Comme cette impertinence pouvait avoir des suites, si elle était reçue dans le monde, le parlement de Grenoble donna un arrêt pour empêcher de la débiter. (Voyez *le reste du dictionnaire*, etc.)

ESPRITS ÉLÉMENTAIRES. — Cardan dit que, la nuit du 13 au 14 août 1491, sept démons apparurent à son père, vêtus de soie, avec des capes à la grecque, des chausses rouges et des pourpoints en cramoisi, qui se disaient hommes aériens, assurant qu'ils naissaient et mouraient, qu'ils vivaient jusqu'à trois cents ans, et qu'ils approchaient beaucoup plus de la nature divine que les habitans de la terre; mais qu'il y avait néanmoins entre eux et Dieu une différence infinie.

Malheureusement pour le conte, tout le monde sait que le père Cardan était aussi menteur ou plutôt aussi fou que son fils. (Voyez *Cabale*, *Salamandres*, *Sylphes*, *Ondins*, *Gnomes*, etc.)

ESPRITS FAMILIERS. — Scaliger, Chicus-Æsculanus, Cardan et plusieurs autres visionnaires ont eu, comme Socrate, des Esprits familiers. Bodin dit avoir connu un homme qui était toujours accompagné d'un Esprit familier, lequel lui donnait un petit coup sur l'oreille gauche, quand il faisait bien, et le tirait par l'oreille droite, quand il faisait mal. Cet homme était averti de la même façon, si ce qu'il voulait manger était bon ou mauvais, s'il se trouvait avec un honnête homme ou avec un coquin, etc.

— Apulée voulait que l'Esprit familier de Socrate fût un dieu; Lactance et Tertullien que ce fût un diable; Platon disait qu'il était invisible; Apulée, qu'il pouvait être visible; Plutarque, que c'était un éternument à la gauche ou à la droite, selon lequel

Socrate présageait un bon ou mauvais événement de la chose entreprise. Mais le génie de Socrate n'était autre chose, dit Naudé, que la bonne règle de sa vie, la sage conduite de ses actions, l'expérience qu'il avait des choses, et le résultat de toutes ses vertus qui formaient en lui cette prudence qui est l'art de la vie, comme la médecine est l'art de la santé.

— Les Esprits, dit Wecker, sont les seigneurs de l'air; ils peuvent exciter les tempêtes, rompre les nues et les transporter où ils veulent, avec de grands tourbillons, enlever l'eau de la mer, en former la grêle et tout ce que bon leur semble, sans avoir d'avis à demander, ni de compte à rendre à personne. Si les Esprits sont si puissans, comment se fait-il que les hommes puissent les soumettre? Une femme célèbre à qui on parlait des Esprits, en ajoutant qu'il y avait moyen de leur commander, répondit en riant: « Les Esprits sont comme le phénix; tout le monde en » parle sans en avoir jamais vu; s'il y a véritable- » ment des Esprits, j'aime à croire qu'ils sont faits » pour eux, et non pas pour les hommes. »

ÉTERNUEMENT. — On vous salue, quand vous éternuez, pour vous marquer, dit Aristote, qu'on honore votre cerveau, la siége du bon sens et de l'esprit.

L'éternuement, quand on l'entendait à sa droite, était regardé chez les Grecs et les Romains, comme un heureux présage. Les Grecs, en parlant d'une jolie

personne, disaient que les amours avaient éternué à
sa naissance.

Lorsque le roi de Sennar éternue, ses courtisans
lui tournent le dos, en se donnant de la main une
claque sur la fesse droite.

EURYNOME, — Prince de la mort. Il a de
grandes et longues dents, un corps effroyable, tout
rempli de plaies, et pour vêtement, une peau de
renard. Il se repaît de charognes et de corps morts (1).

EVOCATIONS. — Celui qui veut évoquer le
diable lui doit le sacrifice d'un chien, d'un chat et
d'une poule, à condition que ces trois animaux
soient de sa propriété ; il jure ensuite fidélité et obéissance éternelles, et reçoit aussitôt une marque, imposée par le diable en personne. On acquiert par là
une puissance absolue sur trois Esprits infernaux,
l'un de la terre, l'autre de la mer, le troisième de
l'air (2).

On peut aussi faire venir le diable, en lisant une
certaine oraison du grimoire, avec les cérémonies
compétentes. Mais, dès qu'il paraît, il faut lui donner quelque chose, ne fût-ce qu'une savatte, un
cheveu, une paille ; car il tord le cou à ceux qui
s'avisent de l'appeler sans lui faire le présent
d'usage.

---

(1) Pausanias.
(2) Danæus Fortianis.

—Deux chevaliers de Malte avaient un esclave qui se vantait de posséder le secret d'évoquer les démons, et de les obliger à lui découvrir les choses cachées. On le conduisit dans un vieux château, où l'on soupçonnait des trésors enfouis. L'esclave descendit dans un souterrain, fit ses évocations : un rocher s'ouvrit, et il en sortit un coffre. Il tenta plusieurs fois de s'en emparer, mais il n'en put venir à bout, parce que le coffre rentrait dans le rocher dès qu'il s'en approchait. Il vint dire aux chevaliers ce qui lui était arrivé, et demanda un peu de liqueurs, pour reprendre des forces. On lui en donna; et quelque temps après, comme il ne revenait point, on alla voir ce qu'il faisait et on le trouva étendu mort, ayant sur toute sa chair des coups de canif représentant une croix. Les chevaliers portèrent son corps au bord de la mer, et l'y précipitèrent, avec une pierre au cou (1). Il n'est pas besoin d'avertir le lecteur, que cette aventure absurde ne se trouve que dans les compilateurs d'histoires infernales; lesquels consultent plus souvent leur imagination et les récits des bonnes femmes, que la vérité et le bon sens.

— Le magicien Lexilis menait fort durement les puissances des ténèbres, *et faisait dresser les cheveux aux assistans, quand il hurlait ses exécrables évocations.* « Divinités formidables, s'écriait-il, hâtez-» vous d'accourir, et craignez d'offenser ces che-

_____

(1) D. Calmet.

» veux gris et cette verge qui vous ferait bientôt re-
» pentir de vos délais... Je vous en avertis d'avance,
» obéissez promptement, autrement je fais pénétrer
» le jour dans vos sombres demeures, je vous en tire
» toutes l'une après l'autre, je vous destitue de tout
» pouvoir, je vous poursuis par les bûchers, je vous
» chasse des sépulcres; et je ne permettrai pas
» même aux déserts de la Thébaïde de vous receler
» dans leur solitude. Et toi, arbitre des enfers, si
» tu me crains, commande à tes Esprits, commande
» à tes Furies, commande à quelques ombres d'ac-
» courir; pousse-les hors de tes manoirs à coups de
» scorpions, et ne permets pas que j'interrompe le
» silence des tiens par des menaces plus horri-
» bles (1). » Or comme il n'est rien tel que de parler
honnêtement, *la requête était entérinée;* on entendait aussitôt un grand bruit, et les ombres évo-
quées ne tardaient pas à paraître, mais toutefois après
que les spectateurs s'étaient éloignés; car les diables
ont cette manie de ne se montrer qu'à ceux qui les
appellent. Cependant les charlatans étant des gens
tout-à-fait dignes de foi, nous ne pouvons raisonnablement douter qu'ils ne voient le diable, puisqu'ils
nous l'assurent.

— Une jeune fille qui veut voir le mari qu'elle doit
épouser, peut obtenir en dormant cette satisfaction,
si elle lie avec un ruban de fil blanc une branche
de peuplier à ses bas, qu'elle les mette sous le che-

(1) Mouchemberg.

vet du lit, qu'elle se frotte les tempes de sang de huppe, et qu'elle se couche après avoir récité une prière magique, au nom de *Balideth*, *Assaïbi*, *Abumalith*. Une veuve peut faire la même épreuve, avec cette différence qu'elle doit se coucher, la tête aux pieds du lit. Les hommes obtiennent un résultat semblable, avec des cérémonies encore plus ridicules. On fait cette expérience durant quatre nuits de vendredi ; s'il ne paraît rien, c'est un présage de célibat (1).

Il y a bien des filles à qui ce merveilleux secret a promis plusieurs maris, et qui courent la chance de n'être jamais femmes.

EXCOMMUNICATION.—Les foudres de l'église étaient autrefois extrêmement redoutées ; on pouvait tuer impunément un excommunié, piller ses biens, ravager ses domaines, etc. Mais leur pouvoir est bien déchu, et on rit maintenant de cette arme terrible, employée plus souvent par la haine personnelle que pour la vengeance du ciel.

— Le jour de Pâques 1245, le curé de St.-Germain-l'Auxerrois, étant monté en chaire, annonça à ses paroissiens que le pape Innocent IV voulait qu'on excommuniât l'empereur Frédéric II, dans toutes les églises de la chrétienté : « Je ne sais pas, » ajouta-t-il, quelle est la cause de cette excommu- » nication; je sais seulement que le Pape et l'Empe- » reur se font une rude guerre ; et, comme j'ignore

—————————————————

(1) Le petit Albert.

» lequel des deux a raison, j'excommunie, autant
» que j'en ai le pouvoir, celui qui a tort, et j'absous
» l'autre. » Frédéric II, à qui on raconta cette plaisanterie, envoya des présens au curé.

— En 1120, l'évêque de Laon lança une excommunication contre les chenilles et les mulots qui faisaient beaucoup de tort à la récolte. Croirait-on, dit
Saint-Foix, que, sous le règne de François Ier, on
donnait encore un avocat à ces insectes, et qu'on
plaidait contradictoirement leur cause et celle des
fermiers. Jean Milon, official de Troyes en Champagne, porta cette sentence le 9 juillet 1516 : *Parties
ouïes, faisant droit sur la requête des habitans de
Villenoxe, admonestons les chenilles de se retirer
dans six jours, et, à faute de ce faire, les déclarons
maudites et excommuniées.*

Qui a dit à l'insecte de naître, puisqu'on prie
Dieu de le détruire? Si Dieu est l'auteur de tout, il
sait le terme de toutes choses, et l'homme ne chan-
gera pas l'ordre immuable de ses décrets.

EXORCISMES. — *Manière d'exorciser un esprit.* — Premièrement, il faut jeûner trois jours,
faire chanter quelques messes, et dire plusieurs
oraisons, ensuite appeler quatre ou cinq prêtres bien
dévots. Cela se ferait encore plus proprement par
des moines bien mortifiés et déchargés de tous les
embarras du monde, afin de repousser plus aisément
l'horreur et la frayeur. Qu'on prenne et qu'on allume une chandelle bénite le jour de la Chandeleur :

qu'on apporte la croix , l'eau bénite et l'encensoir ;
en approchant du lieu où l'esprit paraît, qu'on ré-
cite les sept psaumes de la pénitence et l'évangile de
saint Jean ; qu'on s'agenouille alors , et qu'une
bouche pieuse dise humblement l'oraison suivante :

« Seigneur Jésus-Christ, qui connaissez tous les
» secrets , qui révélez toujours à vos fidèles servi-
» teurs les choses utiles et salutaires , et qui avez
» permis qu'un esprit apparût en ce lieu , nous sup-
» plions humblement votre bénigne miséricorde ,
» pour l'amour de votre passion et de votre pré-
» cieux sang,que vous avez répandu pour nos péchés,
» qu'il vous plaise de commander à cet esprit que ,
» sans effrayer ni blesser aucun de nous , il fasse
» connaître à vos serviteurs qui il est , pourquoi il
» est venu, ce qu'il demande , afin que vous puissiez
» en être honoré, et vos fidèles soulagés. Au nom
» du Père, et du Fils, et du Saint-Esprit : Ainsi
» soit-il. »

Ensuite les interrogations : nous te prions, au nom
de Jésus-Christ, de dire qui tu es ? d'où tu viens ? ce
que tu veux ? à qui tu désires parler ? combien tu
exiges de messes , de jeûnes , d'aumônes , etc. L'esprit ne manque guère de répondre , hormis aux
questions inutiles (1).

— Cette sorte d'exorcisme n'est guère que pour
les revenans et les esprits de bon aloi : les démons
sont bien plus difficiles à traiter; et ceux qui faisaient

_____

(1) Jacques de Cluse , théologien chartreux.

leur sabbat dans l'imprimerie de Lachart (1), souf-
fletaient fort malhonnêtement les capucins exorcistes, avec moins de ménagement encore que la
canaille et les maîtres de la maison. On attribue à
saint Cyprien, évêque de Carthage, la manière d'exorciser les quatre principaux diables (2). Elle exige
beaucoup de cérémonies et de très-longues prières ;
on y emploie surtout des fumigations de soufre, que
les démons ne peuvent sentir.

— M. Languet, curé de Saint-Sulpice, avait un
talent tout particulier pour l'expulsion des esprits
ténébreux ; quand on lui amenait une possédée, il
accourait avec un grand bénitier, qu'il lui renversait
sur la tête, en disant : « Je t'adjure, au nom de
» Jésus-Christ, de te rendre tout à l'heure à la Sal-
» pêtrière, sans quoi, je t'y ferai conduire à l'in-
» stant. » L'exorcisme opérait, le démon se sauvait
à toutes jambes et ne reparaissait plus.

— On exorcisait un pauvre homme qui avait le
malheur d'être possédé du diable ; l'ange rebelle se
montrait fort récalcitrant, et les *oremus*, l'eau bénite et les conjurations ne pouvaient le décider à déloger. Enfin, poussé à bout par les constans efforts
d'un moine, qui le tourmentait habilement, il se vit
obligé de demander quartier, et supplia que, pour
toute grâce, il lui fût permis, puisqu'on le chassait
de son domicile, de faire au moins un tour dans le

_____

(1) A Constance, en 1746.
(2) Trithème.

corps du suisse, pour le châtier de certaines indé-
votions toutes récentes. C'était une demande assez
raisonnable, et le moine qui aimait les bonnes manières, qui ne savait rien refuser quand on le priait
honnêtement, qui approuvait d'ailleurs les pieuses
intentions de l'esprit, et se réjouissait charitablement
de donner une petite leçon au suisse, accorda au
postulant la satisfaction qu'il demandait(1), à condition qu'il entrerait par la porte de derrière. Mais le
suisse, tremblant pour ses entrailles, s'assit au plus
vite dans le bénitier, et, tenant d'une main le goupillon, et de l'autre sa pique en arrêt, il attendit le
diable de pied ferme, et lui cria : *Entre à présent
si tu l'oses, cousin de Judas !...* de sorte que, ne pouvant faire son chemin avec cet homme-là, le diable
se retira en gémissant.

— Un exorciste, ayant la bouche fort puante,
    Voulait d'un corps humain faire un démon sortir,
    Il le chassa, non tant de sa voix conjurante,
    Que de la puanteur qu'il lui faisait sentir.

EXTASES. — L'extase est un ravissement d'esprit, une suspension des sens causée par une forte
contemplation de quelque objet extraordinaire et surnaturel. Les mélancoliques et les femmes hystériques
peuvent avoir des extases. Montaigne parle d'un

---

(1) Pareillement, Jésus-Christ permit à des démons qui capi-
tulaient avec lui, de se jeter sur un troupeau de cochons qui
devenus possédés, se ruèrent dans la mer. *Saint Mathieu.*

prêtre qui, étant ravi en extase, demeurait long-
temps sans respiration et sans sentiment.

— Les démonomanes appellent l'extase *un transport en esprit seulement*, parce qu'ils reconnaissent
le transport en chair et en os, par l'aide et assistance
du diable. — Une sorcière toute nue se frotta de
graisse, puis tomba pâmée, sans aucun sentiment;
et, trois heures après, elle retourna en son corps, disant nouvelles de plusieurs pays *qu'elle ne connaissait point*, lesquelles nouvelles furent par la suite
avérées (1).

— Cardan dit avoir connu un prêtre qui tombait
sans vie et sans haleine, toutes les fois qu'il le voulait; cet état durait ordinairement quelques heures;
on le tourmentait, on le frappait, on lui brûlait les
chairs sans qu'il éprouvât aucune douleur; mais il
entendait confusément, et comme à une distance fort
éloignée, le bruit qu'on faisait autour de lui.

Cardan assure encore qu'il tombait lui-même en
extase, à sa volonté; qu'il entendait alors les voix
sans y rien comprendre, et qu'il ne sentait aucunement les douleurs.

— Le père de Prestantius, après avoir mangé d'un
fromage maléficié, crut qu'étant devenu cheval, il
avait porté de très-pesantes charges, quoique son
corps n'eût pas quitté le lit; et l'on regarda comme
une extase produite par sortilége ce qui n'était
qu'un songe causé par une indigestion.

_____

(1) Bodin.

— Plutarque rapporte, dans la vie de Romulus, qu'un certain Aristée quittait et reprenait son âme quand il le voulait ; et que, lorsqu'elle sortait de son corps, sa femme et les assistans la voyaient sous la figure d'un cerf.

— Le charlatanisme n'a pas dédaigné les extases : de prétendus saints ont persuadé aux idiots que, dans leurs pieux ravissemens, ils voyaient toutes les merveilles du ciel ; et telle est la force d'un fanatisme imbécile, que quelques-uns débitaient sincèrement ces impertinences, et croyaient voir réellement ce que leur montrait une imagination égarée. L'habitude de mentir produit souvent cet effet, que le menteur finit par croire lui-même à ses propres mensonges.

F.

FANATISME. — Les Espagnols regardaient les Indiens comme des êtres plus vils que les bêtes de somme, parce qu'ils ne connaissaient pas la souveraineté du pape. Adorer un Dieu n'est rien aux yeux des fanatiques ; il faut pratiquer leurs cérémonies supertitieuses, partager leurs erreurs, respecter leurs inepties, pour être à l'abri de leurs coups ; et, suivant cette maxime terrible : *Quiconque n'est pas pour nous est contre nous !* les forcenés trouvent dans le monde mille ennemis, pour un frère.

J'ai vu des Castillans, dit Barthélemi de Las-Casas, donner à leurs chiens des enfans à la mamelle, qu'ils déchiraient dans les bras de leur mère (1), parce qu'ils n'avaient pas reçu le baptême... et qu'ils étaient sans défense. Ces lâches vainqueurs, ces tigres affamés de sang et d'or, qui se disaient les envoyés du Dieu de paix, ne laissaient sur leur passage, dans toutes les contrées de l'Inde, que le meurtre et la désolation. Ils offraient à l'Éternel, comme un holocauste agréable, des victimes humaines, qu'ils faisaient mourir dans un feu lent et mesuré, dans des tortures épouvantables que les persécuteurs de l'église auraient à peine inventées ; et des chrétiens crucifièrent plus d'une fois treize de leurs semblables, en l'honneur de Jésus-Christ et des douze Apôtres......

Le fanatisme se montre dans toutes les religions, et toujours hideux et sanguinaire. Qui n'a pas lu les horribles exploits de Mahomet et de ses successeurs ? qui ne connaît cet Omar et ces pieux exterminateurs, dont l'humanité et les lettres pleurent les forfaits et les ravages ?

— Dans la guerre contre les Languedociens, en 1156 ; les croisés assiégèrent Béziers, où il y avait beaucoup d'hérétiques, mais encore plus de catholiques. Les chefs des croisés, en montant à l'assaut, demandèrent au légat du pape ce qu'ils devaient faire, dans l'impossibilité où l'on était de distinguer les catholiques d'avec les hérétiques : *Tuez-les tous*,

---

(1) Ils prenaient les petits enfans des Indiens par les jambes et les divisaient en deux. (*Histoire de la conquête du Nouveau-Monde.*)

dit le légat , *Dieu connaîtra ceux qui sont à lui.*
Femmes, filles, enfans, vieillards, soixante-mille habitans de cette malheureuse ville furent tous passés
au fil de l'*épée.*

FANTOMES. —

Ecce ante oculos mœstissimus Hector
Visus adesse mihi. Virg.

Les fantômes sont des esprits ou des revenans de
mauvais augure.

On n'aura aucunement peur des fantômes, si l'on
tient dans sa main de *l'ortie* avec *du mille-feuille* (1).

Les Juifs prétendent que le fantôme qui apparaît
ne peut reconnaître la personne qu'il doit effrayer ,
si elle a un voile sur le visage. Mais, quand cette personne est coupable, Dieu fait tomber le masque, afin
que l'ombre puisse la voir et la mordre (2).

— Lorsqu'Alexandre III, roi d'Écosse, se maria
en troisièmes noces avec la fille du comte de Dreux ,
on vit entrer , à la fin du bal, dans la salle où la
cour était rassemblée , une effigie de mort toute dé-
charnée, qui sautait et gambadait ; ce qui annonçait
au roi sa fin prochaine (3).

---

(1) Les admirables secrets d'Albert-le-Grand.

(2) Buxtorf.

(3) Hector de Boëce.—Cet auteur est plein d'anecdotes comme
celles-ci. Il se peut qu'il ne les ait pas toutes tirées de son imagination ; mais si quelques-unes de ces apparitions ont eu lieu ,
elles furent l'ouvrage de l'imposture.—Un curé d'Italie montrait
le diable à ceux de ses paysans qu'il ne pouvait dominer que par

—On lit, dans les Chroniques de Saint-Dominique, que les religieux trouvèrent un jour le réfectoire plein de moines décédés, qui se disaient damnés. C'était Dieu (ou plutôt le supérieur) qui avait envoyé ces religieux morts, pour exciter les religieux vivant à faire pénitence.

— Pausanias, général des Lacédémoniens, après avoir tué, à Vicence, une jeune fille nommée Cléonice, dont il ne pouvait obtenir les faveurs, vécut depuis dans un effroi continuel, et ne cessa de voir jusqu'à sa mort cette fille à ses côtés. — Si on connaissait ce qui a précédé les visions et les fantômes, on en trouverait bientôt la source dans les remords, dans l'imagination, et dans les faiblesses de l'esprit.

— Trois ou quatre jours avant que l'empereur Pertinax fût massacré par les soldats de sa garde, il vit, dans un étang, je ne sais quelle figure qui le menaçait, l'épée au poing (1). L'indiscipline de l'armée et les séditions qui se fomentaient à tout instant, sur la fin du règne de Pertinax, devaient, plus que les fantômes, lui donner des frayeurs.

—Camerarius rapporte que, de son temps, on voyait souvent dans les églises des fantômes sans tête,

---

la crainte, et ce diable tant redouté n'était qu'un savetier de village, affublé d'un costume infernal, et engagé au silence par une récompense de trois francs pour chaque séance. — Ne pouvait-on pas de même faire annoncer la mort d'un personnage qu'on voulait ôter du monde, puisque dès lors le peuple était beaucoup moins frappé de le voir mourir, qu'il ne l'eût été de le voir survivre à la prophétie.

(1) Julius Capitolinus.

qui ouvraient de grands yeux, vêtus en moines et en religieuses, assis dans les chaises des vrais moines et des nones qui devaient bientôt mourir.

— Un chevalier espagnol aimait une religieuse et en était aimé. Une nuit qu'il allait la voir, en traversant l'église du couvent, dont il avait la clef, il vit quantité de cierges allumés, et plusieurs prêtres, qui lui étaient tous inconnus, occupés à célébrer l'office des morts, autour d'un tombeau fort élevé. Il s'approcha de l'un d'eux, et lui demanda pour qui on faisait le service. — Pour vous, lui dit le prêtre. Tous les autres lui firent la même réponse. C'est pourquoi il sortit tout effrayé, remonta à cheval, s'en retourna à la maison, et deux chiens l'étranglèrent à sa porte (1). A qui a-t-il pu raconter son aventure, s'il mourut avant de rentrer chez lui ?...

—— Dans une maison de Parme, appartenant à une famille noble et distinguée, on voyait toujours, quand quelqu'un devait mourir, le fantôme d'une vieille femme assis sous la cheminée (2).

— Quelque temps avant que le duc de Bucking-ham fût assassiné par Felton, Guillaume Parker, ancien ami de sa famille, aperçut un jour, en plein midi, le fantôme du vieux sir George, père du duc, qui était mort depuis long-temps. Il prit d'abord cette apparition pour une illusion de ses sens, mais bientôt il reconnut la voix de son vieil ami, qui le pria d'aver-

---

(1) Torquemada.
(2) Cardan.

tir le duc de Buckingham de se tenir sur ses gardes, et disparut après en avoir reçu la promesse.

Parker, demeuré seul, réfléchit à sa commission; et, la trouvant difficile, il négligea de s'en acquitter. Le fantôme revint à la charge, et joignit les menaces aux prières, de sorte que Parker lui obéit; mais il fut traité de fou et son avis dédaigné.

Le spectre revint encore, se plaignit de l'endurcissement de son fils; et, tirant un poignard de dessous sa robe : « Allez, dit-il à Parker, annoncez » à l'ingrat que vous avez vu l'instrument qui doit » lui donner la mort. » Et, de peur qu'il ne rejetât encore ce nouvel avertissement, le fantôme révéla à son ami un des plus intimes secrets du duc.

Parker retourna à la cour. Le duc fut d'abord frappé de le voir instruit de son secret; mais, reprenant bientôt le ton de la raillerie, il conseilla au prophète d'aller se guérir de sa folie. Néanmoins, le duc de Buckingham fut tué quelques semaines après.

On ne dit pas si le couteau de Felton était ce même poignard que Parker vit dans la main du fantôme, mais on dit que le duc avait des ennemis, et que ses amis, craignant pour ses jours, pouvaient fort bien se faire des visions. Au reste, Voltaire a tellement réfuté. cette anecdote, qu'il est inutile de s'y arrêter plus long-temps.

— Il y avait à Athènes une maison fort décriée, où l'on entendait pendant la nuit un bruit de chaînes épouvantable, et où se montrait fréquemment le fantôme d'un vieillard maigre, crasseux, portant la barbe longue et les cheveux hérissés : de sorte que la maison fut abandonnée, et que le propriétaire la laissait à très-bas prix, sans que personne voulût l'acheter.

Sur ces entrefaites, le philosophe Athénodore vint à Athènes, acheta la maison, et s'y logea. Vers le soir, il se retira dans la plus belle chambre, demanda de la lumière, prit ses tablettes et se mit à écrire. Bientôt il entendit le bruit accoutumé qui s'approchait et augmentait de plus en plus. Il lève la tête, regarde sans se troubler, et voit le fantôme, qui lui fait signe du doigt de le suivre. Athénodore lui répond par un signe de la main, qu'il attende un instant; et se remet à écrire. Mais le spectre ne cessant d'agiter ses chaînes autour de ses oreilles, il prend sa lumière et le suit. Le fantôme marchait lentement, accablé par le poids de ses fers. Dès qu'il fut au milieu de la cour, il s'évanouit aux yeux du philosophe. Athénodore fit fouiller, le lendemain, dans le lieu où il s'était englouti; on y trouva des os enchaînés, qu'on fit enterrer publiquement, et il n'y eut plus, depuis, d'apparitions dans cette maison (1).

— Ce conte a été souvent répété. Les écrivains superstitieux ne transmettent guère que ce qu'on leur raconte, et nous donnent hardiment pour une aventure toute récente ce qui n'est qu'une vieille extravagance plus ou moins déguisée. Voici ce qu'on lit dans un auteur espagnol :

_____

(1) Sabellicus.

Un jeune homme nommé Ayola , étant allé à Boulogne, avec deux de ses compagnons, pour étudier le
droit, et ne trouvant pas d'autre logement, fut obligé de
prendre pour demeure une grande maison qui était
abandonnée, parce qu'il y paraissait de temps en temps
un fantôme qui effrayait tous ceux qui osaient y passer la nuit.

Au bout d'un mois , Ayola veillant seul dans sa
chambre , entendit dans le lointain le bruit de plusieurs chaînes qu'on traînait par terre, et qui semblaient s'avancer vers lui par l'escalier de la maison ;
il se recommanda à Dieu , et s'arma d'un bouclier ,
d'une épée et d'un signe de croix. Néanmoins , la
porte s'ouvrit, et il vit entrer un spectre épouvantable, n'ayant que les os, et chargé de chaînes de fer.

Ayola lui demanda ce qu'il voulait : le fantôme
lui ayant signifié de le suivre, il prit sa chandelle , et
marcha après le spectre, qui s'évanouit dans le jardin.
Il arracha quelques poignées d'herbe, pour reconnaître la place, et raconta le lendemain aux magistrats
de Boulogne ce qui lui était arrivé : le gouverneur
fit fouiller la terre à l'endroit où le fantôme avait
disparu ; on trouva des ossemens enchaînés. On fit
faire au mort des obsèques convenables, et il ne se
montra plus (1). Les historiens qui rapportent ces
prodiges, se gardent bien de dire le temps précis où
ils ont eu lieu.

— Un soldat de belle corpulence ayant été pendu,

***

(1) Torquemada.

quelques jeunes chirurgiens demandèrent la permission d'anatomiser son corps. On la leur accorda, et
ils allèrent à dix heures du soir prier le bourreau de
le leur remettre. Celui-ci, qui était déjà couché, leur
répondit qu'il ne voulait pas se lever, et qu'ils pouvaient l'aller dépendre eux-mêmes. Pendant qu'ils
s'y décidaient, le plus éveillé d'entre eux courut devant, se mit en chemise et se cacha sous son manteau,
au pied de la potence, en attendant les autres.

Quand ils furent arrivés, le plus hardi monta à
l'échelle, et se mit à couper la corde, pour faire
tomber le corps. Mais aussitôt l'autre se montra et
dit : « Qui êtes-vous, malheureux ? et pourquoi
venez-vous enlever mon corps ?... » A ces mots, et à
la vue du fantôme blanc qui gardait la potence, ces
jeunes gens prennent la fuite épouvantés, et celui
qui était sur l'échelle saute en bas sans compter les
échelons, *pensant que l'esprit du pendu le tenait
déjà à la queue. Et ne furent ces pauvres chirurgiens de long-temps rassurés* (1).

— En 1750, un officier du prince de Conti, étant
couché dans le château de l'Ile-Adam, sentit tout à
coup enlever sa couverture. Il la retire ; on renouvelle le manége, tant qu'à la fin l'officier ennuyé jure
d'exterminer le mauvais plaisant, met l'épée à la
main, cherche dans tous les coins, et ne prouve personne. Étonné, mais brave, il veut, avant de rien dire,
éprouver encore le lendemain si l'importun revien-

(1) Leloyer.

dra. Il s'enferme soigneusement, se couche, écoute
long-temps et finit par s'endormir. Alors on lui joue
le même tour que la veille. Il s'élance du lit, renou-
-velle ses menaces, et perd son temps en recherches.
La crainte s'empare de lui, il appelle un frotteur,
qu'il prie de coucher dans sa chambre, en lui racon-
tant son aventure ; et tous deux s'assoupissent, en
tremblant plus ou moins. Le fantôme revient bientôt,
éteint la chandelle qu'ils avaient laissée allumée, les
découvre et s'enfuit.

Comme ils avaient entrevu cependant un monstre
difforme, hideux, qui faisait de ridicules gambades, le
frotteur s'écria que c'était le diable, et courut chercher
de l'eau bénite. Mais, au moment qu'il levait le goupillon pour asperger la chambre, le diable le lui
enlève, éteint une seconde fois la lumière, et disparaît...

Nos deux champions épouvantés poussent de
grands cris ; tout le monde accourt ; on passe la nuit
en alarmes ; et le lendemain on aperçoit sur le toit
de la maison un gros singe, qui, armé du goupillon
du frotteur, le plongeait dans l'eau de la gouttière, et
en arrosait les passans. (Voyez *Apparitions*, *Revenans*, *Spectres*, etc.)

FARFADETS. — Les farfadets sont des lutins
ou esprits familiers qui servent à plusieurs usages.
Quelques-uns se montrent sous des figures d'animaux ;
le plus grand nombre restent invisibles.

— Je me suis trouvé dans un château, dit l'anteur du *Petit-Albert*, où il y avait un farfadet qui, depuis six ans, avait pris soin de gouverner un horloge et d'étriller les chevaux : j'ai vu courir l'étrille sur la croupe des chevaux, sans être conduite par aucune main visible. Le palefrenier me dit qu'il avait attiré ce farfadet à son service, par le moyen d'une petite poule noire; qu'il l'avait saignée dans un grand chemin croisé, et qu'avec le sang de cette poule il avait écrit sur un morceau de papier : *Berith fera ma besogne pendant vingt ans, et je le récompenserai*; qu'ayant alors enterré la poule, à un pied de profondeur, le même jour, le farfadet avait pris soin de l'horloge et des chevaux, et que, de temps en temps, il faisait des trouvailles qui lui valaient quelque chose.

Ainsi le secret est facile ; et on peut aisément se donner un domestique, à peu de frais. (Voyez *Esprits familiers, Lutins, etc.*)

FASCINATION. — Espèce de charme qui fait qu'on ne voit pas les choses telles qu'elles sont.

—Un Bohémien changea des bottes de foin en pourceaux, et les vendit comme tels, en avertissant toutefois l'acheteur de ne laver ce bétail dans aucune eau. Mais, n'ayant pas suivi ce conseil, l'acheteur vit, au lieu de pourceaux, des bottes de foin nager sur l'eau où il voulait nettoyer ses bêtes (1).

— Un magicien, par le moyen d'un certain arc, et

_____

(1) Bognet.

d'une certaine corde tendue à cet arc, tirait une flèche, faite d'un certain bois, et faisait tout d'un coup paraître un fleuve aussi large que le jet de cette flèche (1).

— Un fameux sorcier juif dévorait des hommes et *des charretées de foin*, coupait des têtes, et démembrait des personnes vivantes, puis remettait tout en fort bon état (2).

— Le magicien Pasètes achetait les choses sans les marchander; mais l'argent qu'il avait donné n'enrichissait que les yeux, car il retournait toujours dans sa bourse (3). (Voyez *Charmes*, *Enchantemens*, *Prestiges*, etc.)

FATALISME. — Doctrine de ceux qui reconnaissent une destinée inévitable.

Si quelqu'un rencontre un voleur, les fatalistes disent que c'était sa destinée d'être tué par un voleur. Ainsi cette fatalité a assujetti le voyageur au fer du voleur, et a donné long-temps auparavant au voleur l'intention et la force, afin qu'il eût, au temps marqué, la volonté et le pouvoir de tuer celui-ci. Et si quelqu'un est écrasé par la chute d'un bâtiment, le mur est tombé, parce que cet homme était destiné à être enseveli sous les ruines de sa maison... Dites

_____

(1) Delrio.
(2) Trithème.
(3) Guillaume de Paris.

plutôt qu'il a été accablé sous les ruines , parce que le mur est tombé (1).

Où serait la liberté des hommes , s'il leur était impossible d'éviter une fatalité aveugle, une destinée inévitable ? Quel soin aurait-on de la santé , de chercher les honneurs, de quitter le vice , de cultiver la vertu, si ce qu'on doit être est déterminé ?

Cette doctrine est horriblement fausse et pernicieuse. Est-il rien de plus libre que de se marier , de suivre tel ou tel genre de vie ? Est-il rien de plus fortuit que de périr par le fer , de se noyer , d'être malade ?... Les mendians qui s'estropient, les fous qui se donnent la mort, ceux qui se jettent dans tous les excès , ne le font-ils pas de leur pleine volonté ?... L'homme vertueux, qui parvient par de grands efforts à vaincre ses passions, n'a donc plus besoin de s'étudier à bien faire, puisqu'il ne peut être vicieux ?...

Alors il est inutile d'adorer l'Éternel , de l'invoquer, de le craindre , s'il est sans pouvoir sans autorité, si sa puissance est nulle et soumise au destin , s'il ne peut plus changer ce qui est arrêté en nous. Alors l'homme peut s'abandonner à tous les crimes , sans que Dieu ait le droit de lui demander compte de sa conduite : il a pour excuse la fatalité. Alors on doit excuser et plaindre les meurtriers et les brigands , et ne plus admirer les gens de bien , puisque les premiers suivent les ordres du Ciel , en commettant leurs forfaits, et que les

(1) Barclai.

autres n'ont pas le mérite des belles actions qu'ils peuvent faire.

En vain les fatalistes nous crieront que, puisque Dieu sait tout, les événemens doivent être fixes, certains, inévitables, car autrement il ne les saurait point...Qui leur a dit, d'abord, que Dieu veuille tout savoir ? en donnant aux mortels le libre arbitre, et la raison pour guide, il a assujetti les événemens et les passions à l'homme, et non l'homme aux passions et aux événemens. (Voyez *Destinée*.)

FAUSTUS. — Jean Faustus, grand enchanteur et magicien allemand, se rencontra un jour à table avec quelques-uns qui avaient beaucoup entendu parler de ses prestiges et de ses tours de passe-passe ; ils le supplièrent de leur en faire voir quelque chose. Après s'être fait long-temps prier, il céda à leur importunité, et promit de leur montrer ce qu'ils voudraient.

Tous ces gens, qui avaient la tête échauffée, demandèrent unanimement qu'il leur fît voir une vigne chargée de raisins mûrs et bons à cueillir. Ils pensaient que, comme on était alors en décembre, il ne pourrait faire ce prodige. Faustus consentit à leur demande, et promit qu'à l'instant, sans sortir de table, ils verraient une vigne telle qu'ils souhaitaient, mais à condition que tous, tant qu'ils étaient, ils resteraient à leurs places, et attendraient, pour couper les grappes de raisin, qu'il le leur commandât, les assurant que quiconque désobéirait courrait risque de la vie.

Tous ayant promis de lui obéir exactement, le magicien charma de telle sorte les yeux de ces conviés qui étaient ivres, qu'il leur semblait voir une très-belle vigne, chargée d'autant de longues grappes de raisin, qu'ils étaient de personnes. Cette vue les ravit tellement qu'ils prirent leurs couteaux et se mirent en devoir de couper les grappes, au premier signe de Faustus. Il se fit un plaisir de les tenir quelque temps dans cette posture ; puis tout à coup il fit disparaître la vigne et et les raisins ; et chacun de ces buveurs, pensant avoir en main sa grappe pour la couper, se trouva tenant d'une main le nez de son voisin, et de l'autre le couteau levé : de sorte que, s'ils eussent coupé les grappes sans attendre l'ordre de Faustus, ils se seraient coupé le nez les uns aux autres.

Ce Faustus avait, comme Agrippa, l'adresse de payer ses créanciers en monnaie de corne ou de bois, qui paraissait fort bonne au moment qu'elle sortait de sa bourse, et reprenait, au bout de quelque jours, sa véritable forme.

Wecker raconte que, comme il n'aimait pas le bruit, il faisait souvent taire les gens par enchantemens et prestiges : témoin ce certain jour qu'il lia la bouche à une douzaine de paysans ivres, pour les empêcher de babiller et de piailler, comme ils faisaient.

FÉES. —

Il n'est pas besoin qu'on vous die
Ce qu'était une fée en ces bienheureux temps,
Car je suis sûr que votre mie
Vous l'aura dit dès vos plus jeunes ans.

PERRAULT.

— A la fin de la première race de nos rois, il y avait encore plus du tiers des Français plongés dans les ténèbres de l'idolâtrie; ils croyaient qu'à force de méditations, certaines filles druidesses avaient pénétré dans les secrets de la nature; que, par le bien qu'elles avaient fait dans le monde, elles avaient mérité de ne point mourir; qu'elles habitaient au fond des puits, au bord des torrens, ou dans des cavernes; qu'elles avaient le pouvoir d'accorder aux hommes le don de se métamorphoser en loups et en toutes sortes d'animaux; et que leur haine ou leur amitié décidaient du bonheur ou du malheur des familles. A certains jours de l'année, et à la naissance de leurs enfans, ils avaient grande attention de dresser une table dans une chambre écartée, et de la couvrir de mets et de bouteilles, avec trois couverts et de petits présens, afin d'engager les *mères* (c'est ainsi qu'ils appelaient ces puissances subalternes), à les honorer de leur visite, et à leur être favorables. Voilà l'origine de nos contes de fées (1).

_____

(1) Saint-Foix.

C'était une ancienne tradition chez nos aïeux, que jamais la grêle, ni les tempêtes ne gâtaient les fruits dans les lieux qu'habitaient les fées ou fades, épouses des druides.

Corneille de Kempen assure qu'au temps de Lothaire, il se trouvait dans la Frise quantité de fées qui faisaient leur séjour dans des grottes, ou sur le haut des éminences et des collines, d'où elles descendaient la nuit pour enlever les bergers, et les emmenaient dans leurs cavernes, prendre avec elles des ébats amoureux.

Les chroniqueurs donnent aux fées plusieurs prérogatives surnaturelles ; outre qu'elles jouissaient des avantages de l'immortalité, elles étaient aveugles chez elles, et avaient cent yeux dehors ; elles se transportaient où elles voulaient, aussi vite que la pensée, à cheval sur un griffon, ou sur un chat d'Espagne, ou sur un nuage d'azur ; elles possédaient la connaissance parfaite de tous les enchantemens, et pouvaient à leur gré enrichir ou appauvrir, rendre heureux ou malheureux, les gens dont elles s'occupaient.

— Les cabalistes, qui rapportent tout aux êtres élémentaires, trouvent aussi dans leur système les fées et les enchanteurs. Quand le fameux Zédéchias eut obligé les Sylphes à se montrer, sous le règne de Pépin, ces esprits instruisirent les hommes de ce temps-là dans les plus hauts secrets de la philosophie, et eurent avec les mortels des enfans tout-à-fait héroïques. De là sont venues les histoires de fées qu'on trouve dans les légendes amoureuses du siècle de Charlemagne. Toutes ces fées prétendues n'étaient que des nymphes et des sylphides (1).

— Il y avait dans les fées, comme dans les hommes, une inégalité de moyens et de puissance. On voit dans les romans de chevalerie et dans les contes merveilleux, que souvent une fée bienfaisante était gênée dans ses bonnes intentions par une méchante fée dont le pouvoir était plus étendu.

La célèbre fée Urgande, qui protégeait si généreusement Amadis, avait donné au jeune Esplandian, fils de ce héros, une épée enchantée qui devait rompre tous les charmes.

Un jour que le brave Esplandian et les chevaliers chétiens se battaient en Galatie, aidés de la fée Urgande, ils aperçurent la fée Mélye, ennemie implacable d'Urgande, qui, sous la figure la plus hideuse, était assise sur la pointe d'un rocher, d'où elle protégeait les armes des Sarrasins. Esplandian courut à elle, pour purger la terre de cette furie (car, bien qu'immortelles de leur nature, les fées n'étaient pas à l'épreuve d'un grand coup d'épée, et pouvaient, comme d'autres, recevoir la mort, pourvu qu'elle fût violente); mais Melye évita le coup, en changeant de place avec la plus grande agilité ; et, comme elle se vit pressée, elle parut s'abîmer dans un antre, qui vomit aussitôt des flammes.

_____

(1) Le comte de Gabalis.

Urgande, qui reconnut Mélye, au portrait que les chevaliers lui en firent, voulut la voir, et conduisit Esplandian et quelques chevaliers dans une prairie, au bout de laquelle ils trouvèrent Mélye assise sur ses talons, et absorbée dans une profonde rêverie. Cette fée possédait un livre magique, dont Urgande désirait depuis long-temps la possession; Mélye, apercevant Urgande, composa son visage, accueillit la fée avec aménité, et la fit entrer dans sa grotte.

Mais à peine y avait-elle pénétré, que, s'élançant sur elle, la méchante fée la renversa par terre en lui serrant la gorge avec violence; les chevaliers, les entendant se débattre, entrèrent dans la grotte: le pouvoir des enchantemens les fit tomber sans connaissance; le seul Esplandian, que son épée garantissait de tous les piéges magiques, courut sur Mélye, et retira Urgande de ses mains. Au même instant, Mélye prit celui de ses livres qui portait le nom de *Médée*; et, formant une conjuration, le ciel s'obscurcît, et il sortit d'un nuage noir un chariot attelé de deux dragons qui vomissaient des flammes. Tout à coup Mélye, enlevant Urgande, la plaça dans le chariot, et disparut avec elle. Elle l'emmena dans Thésyphante et l'enferma dans une grosse tour, d'où Esplandian parvint à la tirer, quelque temps après (1).

FEMMES BLANCHES. — Quelques-uns donnent le nom de femmes blanches aux sylphides, aux

_____

(1) Amadis de Gaule.

nymphes ou à certaines fées qui se montraient en Allemagne ; d'autres entendent par là une espèce de fantômes qui causent plus de peur que de mal.

Il y a une sorte de spectres peu dangereux, dit Delrio, qui apparaissent en femmes toutes blanches, dans les bois et les prairies ; quelquefois même on les voit dans les écuries, tenant des chandelles de cire allumées, dont ils laissent tomber des gouttes sur le toupet et le crin des chevaux, qu'ils peignent et qu'ils tressent fort proprement. Ces femmes blanches, ajoute le même auteur, sont aussi nommées sibylles et fées.

FOLLETS. — On appelle feux follets, ou esprits follets, ces exhalaisons enflammées que la terre, échauffée par les ardeurs de l'été, laisse échapper de son sein, principalement dans les longues nuits de l'Avent ; et, comme ces flammes roulent naturellement vers les lieux bas et les marécages, les paysans, qui les prennent pour des démons ou tout au moins pour de malins esprits, s'imaginent qu'ils conduisent au précipice le voyageur égaré que leur éclat éblouit, et qui prend pour guide leur trompeuse lumière.

— Un jeune homme revenant de Milan pendant une nuit bien noire, fut surpris en chemin par un orage ; bientôt il crut apercevoir dans le lointain une lumière, et entendre plusieurs voix à sa gauche ; et peu après il distingua un char enflammé qui accourait à lui, conduit par des bouviers, dont les cris répétés laissaient entendre ces mots : *Prends garde à toi!* Le jeune homme, épouvanté de ce prodige, pressa son cheval; mais plus il courait, plus le char le serrait de près. Enfin, après une heure de course, il arriva en se recommandant à Dieu de toutes ses forces, à la porte d'une église, où tout s'engloutit. — Cette vision était le présage d'une grande peste, qui ne tarda pas à se faire sentir, accompagnée de plusieurs autres fléaux (1).

— Un homme de je ne sais quel pays avait été condamné à l'exil pour une année. Au bout de l'an, sa sœur et sa mère aperçurent vers minuit un follet qui courait et gambadait par leur chambre; et cette lumière, au milieu des plus profondes ténèbres, les effraya terriblement. La mère eut toutefois le courage et la force de se lever et d'allumer sa lampe; alors la chambre fut éclairée d'un feu si vif, qu'on eût cru être en plein midi. Cette merveille dura une bonne heure. Après avoir passé la nuit dans des transes de frayeurs inexprimables, les deux femmes coururent exposer la chose à leur curé. Il s'en fallait de cent mille piques que ce pasteur fût un sot ou un ignorant (2); loin de là, c'était un homme infiniment spirituel et expert en l'intelligence des choses émer-

---

(1) Cardan était enfant lorsqu'on lui raconta cette histoire, de sorte qu'il peut aisément l'avoir dénaturée. Le jeune homme qui eut la vision n'avait que vingt ans; il était seul, il avait éprouvé une grande frayeur. Il fit d'un simple météore un œuvre infernal. Quant à la peste qui suivit, elle était occasionée, aussi bien que l'exhalaison, par une année de chaleur extraordinaire.

(2) *Ille nec ignarus nec stupidus....*

veillables et surnaturelles. C'est pourquoi, après s'être gratté le front et mordu les doigts, il dit gravement aux deux dames : *Parbleu! voilà une vision de bien bon augure, l'année est finie; allez en paix et comptez sur ma prédiction : votre exilé va revenir!......* ce qui arriva en effet, pour l'accomplissement du présage.

Les écrivains qui rapportent de pareilles anecdoctes, assurent qu'en général les follets annoncent quelque malheur aux gens fortunés, et quelque bonheur aux malheureux (1). Sénèque a dit à l'homme : *Espère quand ta misère est au comble, tremble au faîte de la grandeur!..* Les visionnaires, pour donner plus de poids à cette maxime philosophique, l'ont mise en conte de revenàns.

FRANCS-JUGES. — (Voyez *Tribunal secret.*)

FRANCS-MAÇONS. —

> Pour le *profane* un franc-maçon
> Sera toujours un vrai problème,
> Qu'il ne saura résoudre à fond
> Qu'en devenant maçon lui-même.
>   Ricaut, F∴M∴ =

Les francs-maçons font remonter leur origine jusqu'au temps de Salomon, et l'entourent de contes merveilleux. C'est un ordre qui a pris naissance en

---

(1) *Verum et ignis miseris quandàque salutis ac bonæ fortunæ signum est.*   Cardan.

terre (1), que les siècles ont respecté, et qui avait pour but, dans le principe, le rétablissement du temple de Salomon. Maintenant ce goût de maçonnerie est purement allégorique : former le cœur, régler l'esprit, rappeler le bon ordre, voilà ce qu'on entend par *l'équerre et le compas*.

Il n'y avait autrefois qu'un seul *grand-maître*, qui résidait en Angleterre; aujourd'hui chaque pays a le sien.

Les assemblées des maçons se nomment communément *loges*. Une loge doit être au moins composée de sept membres. Le président de la loge porte le nom de *vénérable*. Il a au-dessous de lui deux *surveillans*, qui font exécuter les règlemens de l'ordre.

Dans les assemblées solennelles, chaque *frère* a un tablier de peau ou de soie blanche, dont les cordons sont blancs aussi et d'étoffe pareille à celle du tablier; les apprentis la portent tout uni, les compagnons l'entourent des couleurs de la loge, les maîtres y font broder une équerre, un compas et les divers ornemens de l'ordre. Les maîtres portent aussi un cordon bleu, auquel pendent une équerre et un compas.

Dans le repas, les lumières doivent être en triangle, la table servie à trois, cinq, sept, neuf couverts, et plus, suivant le nombre des convives, mais toujours en nombre impair. Tous les termes qu'on y

---

(1) On n'en sait guère plus sur l'origine de la maçonnerie symbolique; et les plus savans, avec toutes leurs recherches, ne nous ont donné là-dessus que des fables et des lambeaux imparfaits d'histoire.

I. 17

emploie sont empruntés de l'artillerie, comme ceux
qu'on emploie dans les travaux sont empruntés de
l'architecture. On porte la première santé au prince à
qui on obéit, la seconde au grand-maître, la troisième au *vénérable* de la loge. On boit ensuite aux surveillans, aux nouveaux reçus et à tous les frères.

Le fils d'un franc-maçon est *Loufton* (1); il peut
être reçu à quatorze ans. Le fils d'un *profane* (celui
qui n'est pas franc-maçon) ne peut l'être qu'à vingt et
un ans.

Entre plusieurs signes mystérieux qui se voient
dans les loges, on remarque, au milieu de *l'étoile
flamboyante*, un *G*, première lettre de *God* (anglais, DIEU).

Il y a, dans la maçonnerie, trois principaux grades.
Il faut être *Apprenti* avant d'être *Compagnon*, et
compagnon avant d'être *Maître*. Les Maîtres n'entrent en loge qu'avec le geste de l'horreur (2), et
cela en mémoire de la mort d'*Adoniram* ou *Hiram*,
dont on raconte diversement l'histoire.

—Les uns croient qu'il s'agit de *Hiram*, roi de Tyr,
qui fit alliance avec Salomon, et lui fut d'un grand
secours pour la construction du temple.

D'autres disent que ce *Hiram* était un excellent
ouvrier en or, en argent et en cuivre ; qu'il était
fils d'un Tyrien, et d'une femme de la tribu de Neph-

---

(1) La plupart des Français disent improprement *Louveteau*.
(2) Les lamentations des maîtres sur la mort de Hiram, décé-
dé il y a bientôt trois mille ans, rappellent, en quelque sorte,
les fêtes funèbres d'Adonis, chez les païens.

tali (1); que Salomon le fit venir de Tyr pour travailler aux ornemens du temple, comme on le voit au quatrième livre des Rois; qu'entre autres ouvrages, il construisit, à l'entrée du temple, deux colonnes de cuivre, qui avaient chacune dix-huit coudées de haut et quatre de diamètre; qu'il donna le nom de *Jakin* à l'une, près de laquelle on payait les apprentifs, et le nom de *Boas* à l'autre, près de laquelle on payait les compagnons, etc. Mais voici l'histoire d'*Adoniram* (2) ou de *Hiram*, suivant l'opinion la plus commune. On n'en trouve aucun vestige, ni dans l'Écriture, ni dans Joseph. Les francs-maçons prétendent qu'elle a été puisée dans le Thalmud.

Adoniram, que Salomon avait chargé de diriger les travaux de son temple, avait un si grand nombre d'ouvriers à payer, qu'il ne pouvait les connaître tous. Pour ne pas risquer de payer l'apprenti comme le compagnon, et le compagnon comme le maitre, il convint avec les maitres, de mots et d'attouchemens qui serviraient à les distinguer de leurs subalternes, et donna pareillement aux compagnons des signes de reconnaissance qui n'étaient point connus des apprentis.

Trois compagnons peu satisfaits de leur paye formèrent le dessein de demander *le mot de maitre*

_____

(1) *Salomon tulit Hiram de Tyro, filium mulieris viduæ de tribu Nepthali, artificem ærarium, etc.* Rxo. lib. iv.

(2) L'écriture nous apprend que celui qui conduisait les travaux du temple de Salomon, s'appelait *Adoniram*; Joseph, dans son histoire des Juifs, le nomme *Adoram*.

à Adoniram, dès qu'ils pourraient le rencontrer seul, ou de l'assassiner, s'il ne voulait pas le leur dire. Ils l'attendirent un soir dans le temple, et se postèrent, l'un au nord, l'autre au midi, le troisième à l'orient. Adoniram, étant entré seul par la porte de l'occident, et voulant sortir par celle du midi, un des trois compagnons lui demanda le mot de maître, en levant sur lui le marteau qu'il tenait à la main. Adoniram lui dit qu'il n'avait pas reçu le mot de maître de cette façon-là. Aussitôt le compagnon lui porta sur la tête un coup de marteau. Le coup n'ayant pas été assez violent pour le renverser, Adoniram s'enfuit vers la porte du Nord, où il trouva le second qui lui en fit autant. Cependant ce second coup lui laissant encore quelques forces, il tenta de sortir par la porte de l'Orient, où le troisième, après lui avoir fait la même demande que les deux premiers, acheva de l'assommer. Après quoi, ils enfouirent son corps sous un tas de pierre, et quand la nuit fut venue, ils le transportèrent sur une montagne où ils l'enterrèrent, et, afin de pouvoir reconnaître l'endroit, ils plantèrent une branche d'acacia sur la fosse.

Salomon, ayant été sept jours sans voir Adoniram, ordonna à neuf maîtres de le chercher. Ces neuf maîtres exécutèrent fidèlement les ordres de Salomon, et après de longues et vaines recherches, trois d'entre eux qui se trouvaient un peu fatigués, s'étant assis auprès de l'endroit où Adoniram avait été enterré, l'un des trois arracha machinalement la branche d'acacia, et s'aperçut que la terre, en cet endroit, avait été remuée depuis peu. Les trois maîtres, curieux d'en savoir la cause, se mirent à fouiller, et trouvèrent le corps d'Adoniram. Alors ils appelèrent les autres, et ayant tous reconnu leur maître, dans la pensée que quelques compagnons pouvaient bien avoir commis le crime, et qu'ils avaient peut-être tiré d'Adoniram le mot de maître, ils le changèrent sur-le-champ (1), et allèrent rendre compte à Salomon de cette aventure. Ce prince en fut touché, et ordonna à tous les maîtres de transporter le corps d'Adoniram dans le temple, où on l'enterra en grande pompe. Pendant la cérémonie, tous les maîtres portaient des tabliers et des gants de peau blanche, pour marquer qu'aucun d'eux n'avait souillé ses mains du sang de leur chef.

Telle est, avec quelques circonstances contestées, la très-véridique histoire d'Adoniram.

— Au reste, l'ordre des francs-maçons n'a rien que de respectable, dans le principe, puisqu'il rappelle à l'homme ce qu'il doit à Dieu, aux princes, aux lois; et qu'il les engage à se prêter un secours mutuel. *Au cri de détresse*, tout maçon doit voler au secours de son frère, et sur le champ de bataille, un frère qui reconnaît son frère prêt à succomber, est forcé d'épargner ses jours et de ne pas répandre son sang. Mais on y a introduit une foule de cérémonies ridicules et insignifiantes, qui ne méritent pourtant pas les persécutions qu'on a fait endurer aux frères.

(1) Le mot de maître était *Jehovah*. Celui qu'on a pris depuis signifie, selon les francs-maçons, *le corps est corrompu*.

Plusieurs rois les ont proscrits; Clément XII, et quelques autres papes, les ont excommuniés; et aujourd'hui encore, les francs-maçons ne sont pas en sûreté dans tous les pays.

— Outre tous les ordres de chevalerie, il y a eu, et il y a encore, une foule d'ordres ou de sociétés plus ou moins mystérieuses qui ressemblent en quelque chose à l'ordre des francs-maçons (1). Le plus ancien est sans contredit l'*Ordre de la Liberté*, Moïse en est, dit-on, le fondateur. Cet ordre est encore en vigueur aujourd'hui. Les associés portent, à la boutonnière de la veste, une médaille qui représente une des tables de la loi. A la place des préceptes, il y a d'un côté deux ailes gravées, avec cette légende au-dessous : *Virtus dirigit alas.* On sait que les ailes sont le symbole de la liberté. Sur le revers, on voit un grand M, qui signifie Moïse, et au-dessous, quelques chiffres. Les femmes y sont admises.

On ne reçoit les femmes, chez les francs-maçons, que dans les *loges d'adoption.* On change alors les mots et les signes, pour ne pas exposer les secrets de l'ordre.

FRONT. — Divination par les rides du front. (Voyez *Métoposcopie.*)

_____

(1) L'excommunication du pape Clément XII fut cause que plusieurs catholiques allemands élevèrent en 1736 l'ordre des *mopses*, dont les cérémonies sont un peu plus absurdes que celles des *francs-maçons*, mais dont le nom est différent. *Mopse*, en allemand, signifie doguin, et les frères mopses prennent tout naturellement un chien pour leur emblème.

FUNÉRAILLES. — Les funérailles et le respect qu'on a pour les tombeaux sont des preuves de l'immortalité de l'âme.

Les anciens attachaient tant d'importance aux cérémonies funèbres, qu'ils inventèrent les dieux mânes pour veiller aux sépultures. On trouve, dans la plupart de leurs écrits, des traits frappans qui nous prouvent combien était sacré, parmi eux, ce dernier devoir que l'homme puisse rendre à l'homme. Certains peuples de l'Arcadie, ayant tué inhumainement quelques petits garçons qui ne leur faisaient aucun mal, sans leur donner d'autre sépulture que les pierres avec lesquelles ils les avaient assommés, et leurs femmes, quelque temps après, se trouvant atteintes d'une maladie qui les faisait toutes avorter, on consulta les oracles, qui commandèrent d'enterrer au plus vite les enfans qu'ils avaient si cruellement privés de funérailles (1).

—Les Égyptiens rendaient de grands honneurs aux morts. Un de leurs rois, se voyant privé d'héritiers, par la mort de sa fille unique, n'épargna rien pour lui rendre les derniers devoirs, et tâcha d'immortaliser son nom, par la plus riche sépulture qu'il put imaginer. Au lieu de mausolée, il lui fit bâtir un palais; et on ensevelit le corps de la jeune princesse dans un bois incorruptible, qui représentait une génisse couverte de lames d'or, et revêtue de pourpre. Cette figure était à genoux, portant entre ses cornes un soleil d'or massif, au milieu d'une salle magnifique,

(1) Pausanias.

et entourée de cassolettes, où brûlaient continuellement des parfums odoriférans (1).

Les Égyptiens embaumaient les corps et les conservaient précieusement, les Grecs et les Romains les brûlaient. Cette coutume de brûler les morts est fort ancienne et doit paraître plus naturelle que toutes les autres, puisqu'elle rend le corps aux élémens·, et ne produit point ces contagions qu'a trop souvent causées la conservation des cadavres.

—Quand un Romain mourait, on lui fermait les yeux, pour qu'il ne vît point l'affliction de ceux qui l'entouraient. Quand il était sur le bûcher, on les lui r'ouvrait, pour qu'il pût voir la beauté des cieux, qu'on lui souhaitait pour demeure. On faisait faire ordinairement la figure du mort, ou en cire, ou en marbre, ou en pierre; et cette figure accompagnait le cortége funèbre, entourée de pleureuses à gages.

—Chez plusieurs peuples de l'Asie et de l'Afrique, aux funérailles d'un homme riche et de quelque distinction, on égorge et on enterre avec lui cinq ou six de ses esclaves. Chez les Romains, on égorgeait aussi des vivans, pour honorer les morts; on faisait combattre des gladiateurs devant le bûcher, et on donnait à ces massacres le nom de jeux funéraires (2).

—Quand quelqu'un mourait, parmi les Perses, on exposait le corps nu, en plein champ. Le plus tôt dévoré était le mieux placé là-haut. Il fallait qu'un homme fût bien méchant, quand les bêtes· n'en vou-

(1) Hérodote.
(2) Saint-Foix.

laient pas tâter, et c'était un mauvais présage pour la famille (1). Quelquefois aussi les Perses enterraient leurs morts ; et on trouve, en ce pays, des restes de tombeaux magnifiques, qui en sont la preuve.

—Les Parthes, les Mèdes et les Ibériens exposaient les corps, ainsi que chez les Perses, pour qu'ils fussent au plus tôt dévorés par les bêtes sauvages, ne trouvant rien de plus indigne de l'homme que la putréfaction.

—Les Bactriens nourrissaient, pour ce sujet, de grands chiens, dont ils avaient le plus grand soin. Ils se faisaient autant de gloire de les nourrir grassement, que les autres peuples de se bâtir de superbes tombeaux.

—Les Barcéens faisaient consister le plus grand honneur de la sépulture, à être dévorés par les vautours. De sorte que toutes les personnes de mérite, et ceux qui mouraient en combattant pour la patrie, étaient aussitôt exposés dans des lieux où les vautours pouvaient en faire curée. Quant à la populace, on l'enfermait dans des tombeaux, ne la jugeant pas digne d'avoir pour sépulture le ventre des oiseaux sacrés.

—Plusieurs peuples de l'Asie eussent cru se rendre coupables d'une grande impiété, en laissant pourrir les corps. C'est pourquoi, aussitôt que quelqu'un était mort parmi eux, ils le mettaient en pièces, et le mangeaient en grande dévotion, avec les parens et les amis. C'était lui rendre honorablement les derniers devoirs (2).

(1) Agathias.
(2) Strabon, Hérodote.

Pythagore enseigna la métempsycose des âmes ; ceux-ci pratiquaient la métempsycose des corps , en faisant passer le corps des morts dans celui des vivans.

— D'autres peuples , tels que les anciens Hiberniens, les Bretons,et quelques nations asiatiques, faisaient encore plus pour les vieillards ; car ils les égorgeaient, dès qu'ils étaient septuagénaires , et en faisaient pareillement un festin.

: — Les Chinois font publier le convoi , pour que le concours du peuple soit plus nombreux. On fait marcher devant le mort des drapeaux et des bannières, puis des joueurs d'instrumens, suivis de danseurs revêtus d'habits fort bizarres , qui sautent tout le long du chemin , avec des gestes ridicules. Après cette troupe, viennent des gens armés de boucliers et de sabres, ou de gros bâtons noueux. Derrière eux, d'autres portent des armes à feu, dont ils font incessamment des décharges. Enfin, les prêtres, qui crient de toutes leurs forces, marchent avec les parens , qui mêlent à ces cris des lamentations épouvantables ; et le cortége est fermé par le peuple, qui mêle ses clameurs aux lamentations des parens. Cette musique enragée et ce mélange burlesque de joueurs , de danseurs , de soldats, de chantres, et de pleureurs, donnent beaucoup de gravité à cette cérémonie.

On ensevelit le mort dans un cercueil précieux, dont l'or ou l'argent font souvent la matière principale; et on enterre avec lui, entre plusieurs objets , de petites figures horribles , pour faire sentinelle près du mort et effrayer les démons. Après quoi on célèbre le festin funèbre, où l'on invite de temps en temps le défunt à manger et à boire avec les convives.

— Les Siamois brûlent les corps , et mettent autour du bûcher beaucoup de papiers où sont peints des jardins, des maisons , des animaux , des fruits , en un mot tout ce qui peut être utile et agréable dans l'autre vie. Ils croient que ces papiers brûlés y deviennent réellement ce qu'ils représentent dans celle-ci , aux funérailles des morts. Ils croient aussi que tout être, dans la nature, quel qu'il soit, un habit , une flèche , une hache , un chaudron, etc.,a une âme, et que cette âme suit dans l'autre monde le maître à qui la chose appartenait dans ce monde-ci.

Scarron aurait dit sérieusement pour eux :

> J'aperçus l'ombre d'un cocher
> Qui , tenant l'ombre d'une brosse ,
> En frottait l'ombre d'un carrosse.
>> *Virgile travesti.*

— Le gibet, qui nous inspire tant d'horreur, a passé chez quelques peuples pour une telle marque d'honneur , que souvent on ne l'accordait qu'aux grands seigneurs et aux souverains.Les Tibaréniens , les Suédois, les Goths suspendaient les corps à des arbres, et les laissaient se défigurer ainsi peu à peu, et servir de jouet aux vents. D'autres emportaient dans leurs maisons ces corps desséchés, et les pendaient au plancher, comme des pièces de cabinet (1).

— Les Groenlandais, habitant le pays du monde le plus froid, ne prennent pas d'autre soin des morts, que de les exposer nus à l'air, où ils se gèlent et se durcissent aussitôt comme des pierres. Puis, de peur qu'en les laissant au milieu des champs, ils ne soient dévorés par les ours, les parens les enferment dans de grands paniers, qu'ils suspendent aux arbres.

— Les Troglodites exposaient les corps morts sur une éminence, le derrière tourné vers les assistans; de sorte qu'excitant, par cette posture, le rire de toute l'assemblée, on se moquait du mort au lieu de pleurer; chacun lui jetait des pierres, et quand il en était couvert, on plantait au-dessus une corne de chèvre et on se retirait.

— Les habitans des îles Baléares dépeçaient le corps en petits morceaux, et croyaient honorer infiniment le défunt, en l'ensevelissant dans une cruche.

— Dans certains pays de l'Inde, la femme se brûle sur le bûcher de son mari. Lorsqu'elle a dit adieu à sa famille, on lui apporte des lettres pour le défunt, des pièces de toile, des bonnets, des souliers, etc. Quand les présens cessent de venir, elle demande jusqu'à trois fois à l'assemblée si l'on n'a plus rien à lui apporter et à lui recommander; ensuite elle fait un paquet de tout et les prêtres mettent le feu au bûcher.

(1) Muret.

— Dans le royaume de Tonquin, il est d'usage, parmi les personnes riches, de remplir la bouche du mort de pièces d'or et d'argent, pour ses besoins dans l'autre monde. On revêt l'homme de sept de ses meilleurs habits, et la femme de neuf.

— Les Galates mettaient dans la main du mort un certificat de bonne conduite.

— Chez les Turcs, on loue des pleureuses, qui accompagnent le convoi; et on porte des rafraîchissemens auprès du tombeau, pour régaler les passans, qu'on invite à pleurer et à pousser des cris lamentables.

— Les Gaulois brûlaient, avec le corps mort, ses armes, ses habits, ses animaux, et même ceux de ses esclaves qu'il avait paru le plus chérir.

Quand on découvrit le tombeau de Chilpéric, père de Clovis, enterré auprès de Tournai, on y trouva des pièces d'or et d'argent, des boucles, des agrafes, des filamens d'habits, la poignée et la bouterolle d'une épée; le tout d'or, la figure en or d'une tête de bœuf, qui était, dit-on, l'idole qu'il adorait, les os, le mors, un fer et quelques restes du harnois d'un cheval, un globe de cristal, une pique, une hache d'armes, un squelette d'homme en entier, une autre tête moins grosse, qui paraissait avoir été celle d'un jeune homme, et apparemment de l'écuyer qu'on avait tué, selon la coutume, pour accompagner et aller servir là-bas son maître. On voit qu'on avait eu soin d'enterrer avec lui ses habits, ses armes, de l'argent, un cheval, un domestique, des tablettes pour écrire, en un mot tout ce qu'on croyait pouvoir lui être nécessaire dans l'autre monde.

On observait anciennement, en France, une coutume singulière, aux enterremens des nobles. On faisait coucher, dans le lit de parade qui se portait aux enterremens, un homme armé de pied en cap, pour représenter le défunt. On trouva, dans les comptes de la maison de Polignac : *Donné cinq sous à Blaise, pour avoir fait le chevalier mort, à la sépulture de Jean, fils de Randonnet-Armand, vicomte de Polignac.*

— Quelques peuples de l'Amérique enterraient leurs morts, assis et entourés de pain, d'eau, de fruits et d'armes.

— A Panuco, dans le Mexique, on regardait les médecins comme de petites divinités, à cause qu'ils procuraient la santé, qui est le plus précieux de tous les biens. Quand ils mouraient, on ne les enterrait pas comme les autres; mais on les brûlait avec des réjouissances publiques; les hommes et les femmes dansaient pêle-mêle autour du bûcher. Dès que les os étaient réduits en cendres, chacun tâchait d'en emporter dans sa maison, et les buvait ensuite avec du vin, comme un préservatif contre toutes sortes de maux.

— Quand on brûlait le corps de quelque empereur du Mexique, on égorgeait d'abord sur son bûcher l'esclave qui avait eu soin, pendant sa vie, d'allumer ses lampes, afin qu'il lui allât rendre les mêmes de-

voirs dans l'autre monde. Ensuite on sacrifiait deux
cents esclaves, tant hommes que femmes, et, parmi
eux, quelques nains et quelques bouffons pour son
divertissement. Le lendemain, ils enfermaient les
cendres dans une petite grotte voûtée, toute peinte
en dedans, et mettaient au-dessus la figure du prince,
à qui ils faisaient encore de temps en temps de pareils
sacrifices : car, le quatrième jour après qu'il avait
été brûlé, ils lui envoyaient quinze esclaves, en l'honneur des quatre saisons, afin qu'il les eût toujours
belles ; ils en sacrifiaient cinq, le vingtième jour,
afin qu'il eût, toute l'éternité, une vigueur pareille
à celle de vingt ans ; le soixantième, trois, afin qu'il
ne sentit aucune des trois principales incommodités
de la vieillesse, qui sont la langueur, le froid et
l'humidité ; enfin, au bout de l'année, ils lui en
sacrifiaient neuf, qui est le nombre le plus propre à
exprimer l'éternité, pour lui souhaiter une éternité
de plaisir. Il faut qu'un peuple soit bien avili pour
se plier au despotisme après la mort du despote, et
immoler une foule d'hommes vivans pour honorer
un seul homme mort !...

> Mieux vaut goujât debout qu'empereur enterré.
>
> La Fontaine.

— Aux funérailles du roi de Méchoacan, le corps
était porté par le prince que le défunt avait choisi
pour son successeur ; la noblesse et le peuple suivaient le corps avec de grandes lamentations. Le
convoi ne se mettait en marche qu'à minuit, à la

lueur des torches. Quand il était arrivé au temple,
on faisait quatre fois le tour du bûcher, après quoi
on y déposait le corps, et on amenait les officiers
destinés à le servir dans l'autre monde; entre autres,
sept jeunes filles des plus belles, l'une pour resserrer
ses bijoux, l'autre pour lui présenter sa coupe, la
troisième pour lui laver les mains, la quatrième pour
lui donner le pot de chambre, la cinquième pour
faire sa cuisine, la sixième pour mettre son couvert,
la septième pour laver son linge. On mettait le feu
au bûcher; et toutes ces malheureuses victimes,
couronnées de fleurs, étaient assommées à grands
coups de massues et jetées dans les flammes.

— Chez les sauvages de la Louisiane, après les
cérémonies des obsèques, quelque homme notable
de la nation, mais qui doit n'être pas de la famille
du mort, fait son éloge funèbre. Quand il a fini, les
assistans vont tout nus, les uns après les autres, se
présenter devant l'orateur qui leur applique à chacun,
d'un bras vigoureux, trois coups d'une lanière large
de deux doigts, en disant : « Souvenez-vous que,
» pour être un bon guerrier comme l'était le défunt,
» il faut savoir souffrir. »

— Les luthériens n'ont point de cimetière, et
enterrent indistinctement les morts, dans un champ,
dans un bois, dans un jardin. « Parmi nous, dit
» Simon de Paul, l'un de leurs plus célèbres prédi-
» cateurs, il est fort indifférent d'être enterré dans
» les cimetières, ou dans les lieux où l'on écorche
» les ânes. »

« Hélas ! disait un vieillard du Palatinat, faudra-
» t-il donc qu'après avoir vécu avec honneur,
» j'aille demeurer, après ma mort, parmi les raves,
» pour en être éternellement le gardien. »

— La belle Austrigilde obtint, en mourant, du roi
Gontran son mari, qu'il ferait tuer et enterrer avec
elle les deux médecins qui l'avaient soignée pendant
sa maladie. Ce sont, je crois, les seuls, dit Saint-Foix,
qu'on ait inhumés dans le tombeau des rois ; mais je
ne doute pas que plusieurs autres n'aient mérité le
même honneur.

— Un seigneur allemand qui attachait beaucoup
de prix à la qualité de gentilhomme, ordonna, par son
testament, qu'après sa mort on le mit debout dans
une colonne qu'il avait fait bâtir dans l'église de sa
paroisse, *de peur que quelque vilain ne lui marchât
sur le corps !...*

— Dans ces temps où les curés refusaient la sépulture à toute personne qui, en mourant, n'avait
point fait un legs au profit de sa paroisse, une pauvre
femme, fort âgée, et qui n'avait rien à donner, porta
un jour un petit chat à l'offrande, disant qu'il était
de bonne race, et qu'il servirait à prendre les souris
de la sacristie.

G.

GASTROMANCIE. — Divination par le ventre ;
ce que nous appelons ventriloquie.

On allumait des cierges autour de quelques verres
pleins d'eau limpide ; puis on agitait l'eau, on lnre

quant l'esprit, qui ne tardait pas à répondre d'une voix grêle, dans le ventre du sorcier en fonction.

— Quand les charlatans trouvaient, dans les moindres choses, des moyens sûrs d'en imposer au peuple, et de réussir dans leurs fourberies, la ventriloquie devait être d'un grand avantage à ceux qui avaient le bonheur de la posséder.

Un marchand de Lyon, étant un jour à la campagne avec son valet, entendit une voix qui lui ordonnait, de la part de Dieu, de donner une partie de ses biens aux pauvres, et de récompenser son serviteur. Il obéit, et regarda comme un ordre du ciel les paroles qui sortaient du ventre de son domestique. On savait si peu autrefois ce que c'était qu'un ventriloque, que les plus grands personnages n'attribuaient ce talent qu'à la présence des démons. Photius, patriarche de Constantinople, dit, dans une de ses lettres : *on a entendu le malin esprit parler dans le ventre d'une personne, et il mérite bien d'avoir l'ordure pour logis.*

GATEAU TRIANGULAIRE DE SAINT-LOUP. — On faisait ce gâteau, le 29 juillet, avant le lever du soleil ; il était composé de pure farine de froment, de seigle et d'orge, pétrie avec trois œufs et trois cuillerées de sel, en forme triangulaire. On le donnait, par aumône, au premier pauvre qu'on rencontrait, pour rompre les maléfices.

GÉANS. — Aux noces de Charles-le-Bel, roi de France, on vit une femme d'une taille extraordinaire, auprès de qui les hommes les plus hauts paraissaient des enfans; elle était si forte, qu'elle enlevait de chaque main deux tonneaux de bierre, et portait aisément huit hommes sur une poutre énorme (1).

— L'empereur Maximin avait huit pieds de haut; il était si robuste qu'il mettait à son pouce, en guise d'anneau, le bracelet de sa femme. Il mangeait quarante livres de viande par jour (2).

— Le géant Ferragus, dont parle la Chronique de l'archevêque Turpin, avait douze pieds de haut, et la peau si dure, qu'aucune lance ou épée ne la pouvait percer.

— Il est certain qu'il y a eu, de tout temps, des hommes d'une taille et d'une force au-dessus de l'ordinaire : témoin ce Milon de Crotone, tant de fois vainqueur aux Jeux olympiques; ce Suédois qui, sans armes, tua dix soldats armés; ce Milanais qui portait un cheval chargé de blé; ce Barsabas qui, du temps de Louis XIV, enlevait un cavalier avec son équipage et sa monture : ces géans et ces Hercules qu'on montre tous les jours au public. Mais la différence qu'il y a entre eux et le reste des hommes est fort petite, si on compare la taille réelle à la taille imaginaire que les ignorans leur donnent.

Quant aux peuples de géans, rien ne prouve qu'ils aient jamais existé; il n'est pas impossible que les

---

(1) Johnson.

(2) *Idem. Maximinus, genere Thrax, vastá corporis mole, ac praevalido robore insignis*..... TURSELLINUS.

hommes de certains pays soient un peu plus grands ou plus forts que ceux des autres contrées du globe ; comme les Lapons sont généralement plus petits que les habitans des climats méridionaux. Mais si l'on voulait croire à tous les contes que font sur les géans certains historiens, amis des prodiges, et dignes de marcher de pair avec les chroniqueurs du siècle de Charlemagne, il faudrait aussi, comme l'enfant qu'on berce de fables, croire à l'existence des colosses humains de cent-cinquante pieds, que Gulliver trouve dans l'île de Brobdingnac.

GELLO. — C'était une jeune fille extrêmement amoureuse des petits enfans, et fort curieuse d'en avoir ; elle mourut vierge, parce que personne ne voulut lui en faire : ce qui suppose qu'elle fut passablement laide.

Son fantôme errait dans l'île de Lesbos, et, comme elle était jalouse de toutes les mères, elle faisait mourir dans leur sein les enfans qu'elles portaient, un peu avant qu'ils fussent à terme (1).

GÉNIES. — On a été embarrassé de cet espace infini qu'il y a entre Dieu et l'homme, et on l'a rempli de génies, qui tiennent de la nature divine et de la nature humaine.

Chez les chrétiens, chaque homme croit avoir à sa suite deux êtres surnaturels, un démon et un ange ; de

_____

(1) Delrio.

même, les païens avaient chacun deux génies, l'un heureux et l'autre malheureux, qui veillaient spécialement sur le mortel que le ciel leur confiait. Le bon génie procurait toutes sortes de félicités, et on imputait à l'autre tout ce qui arrivait de mal; de sorte que le sort de chacun dépendait de la supériorité d'un génie sur l'autre. Un magicien d'Égypte avertit Marc-Antoine que son génie était vaincu par celui d'Octave; et Antoine intimidé se retira vers Cléopâtre (1). Néron, dans *Britannicus*, dit en parlant de sa mère :

Mon génie étonné tremble devant le sien.

— Les Borborites, hérétiques des premiers siècles de l'église, enseignaient que Dieu ne peut être l'auteur du mal; que, pour gouverner le cours du soleil, des étoiles et des planètes, il créa une multitude innombrable de génies, qui ont été, qui sont et seront toujours bons et bienfaisans; qu'il créa l'homme indifféremment avec tous les autres animaux, et que l'homme n'avait que des pates comme les chiens; que la paix et la concorde régnèrent sur la terre, pendant plusieurs siècles, et qu'il ne s'y commettait aucun désordre; que malheureusement un génie prit l'espèce humaine en affection, lui donna des mains, et que voilà l'origine et l'époque du mal.

L'homme alors se procura des forces artificielles, se fit des armes, attaqua les autres animaux, fit des

---

(1) Plutarque.

ouvrages surprenans, et l'adresse de ses mains le rendit orgueilleux; l'orgueil lui inspira le désir de la
propriété, et de posséder certaines choses à l'exclu-
sion des autres; les querelles et les guerres commencèrent; la victoire fit des tyrans et des esclaves, des
riches et des pauvres.

Il est vrai, ajoutent ces philosophes, que si
l'homme n'avait jamais eu que des pates, il n'aurait
point bâti de villes, ni de palais, ni de vaisseaux;
qu'il n'aurait pas couru les mers; qu'il n'aurait pas
inventé l'écriture, ni composé des livres; et qu'ainsi les
connaissances de son esprit ne se seraient point étendues; mais aussi il n'aurait éprouvé que les maux
physiques et corporels, qui ne sont pas comparables
à ceux d'une âme agitée par l'ambition, l'orgueil,
l'avarice, par les inquiétudes et les soins pour élever
une famille, et par la crainte de l'opprobre, du déshonneur, de la misère et des châtimens.

On rit, dit Saint-Foix, en voyant des philosophes
débiter gravement que l'homme n'eut d'abord que
des pates, et qu'il est malheureux pour lui d'avoir
eu des mains; mais, du moins, ces philosophes n'obligeaient pas de les couper, au lieu que les Valésiens,
pour n'être pas sans cesse aux prises avec l'esprit ten-
tateur, se faisaient eunuques et prêchaient la nécessité de cette opération.

— Les Arabes ne croient pas qu'Adam ait été le
premier être raisonnable qui ait habité la terre, mais
seulement le père de tous les hommes actuellement
existans. Ils pensent que la terre était peuplée, long-

temps avant la création d'Adam, par des êtres d'une espèce plus ou moins supérieure à la nôtre ; que, dans la composition de ces êtres, créés de Dieu comme nous, il entrait plus de parties de ce feu divin qui constitue notre âme, et moins de cette terre grossière ou de ce limon puant dont Dieu forma notre corps. Ces êtres qui ont habité la terre pendant plusieurs milliers de siècles, sont les génies, qui ont ensuite été renvoyés dans une région particulière, hors des bornes de notre terre, mais d'où il n'est pas impossible de les évoquer et de les voir paraître encore quelquefois, par la force des paroles magiques et des talismans.

Il y a deux sortes de génies, ajoutent-ils, les *Péris*, ou génies bienfaisans ; et les *Dives*, ou génies malfaisans. Gian-ben-gian, du nom de qui ils furent appelés *ginnes* ou *génies*, est le premier, comme le plus fameux de leurs rois. Le pays qu'ils habitent maintenant se nomme *Gymnistan*, pays de délices et de merveilles, où ils ont été relégués par Taymuraz, l'un des plus anciens rois de Perse.

GESTES. — On a publié, il n'y a pas long-temps, un petit ouvrage intitulé : *Mimique*, ou *Art de connaître les hommes par leurs gestes, leurs attitudes*, etc., *extrait de Lavater*. Cette partie de la physiognomonie est peut-être ce qu'il y a de meilleur dans l'immense ouvrage du citoyen de Zurich. La physionomie est souvent trompeuse ; mais les gestes et les mouvemens d'une personne qui ne se croit pas observée peuvent ordinairement donner une idée plus ou moins parfaite de son caractère.

Rien de plus significatif, dit Lavater, que les gestes qui accompagnent l'attitude et la démarche. Naturel ou affecté, rapide ou lent, passionné ou froid, uniforme ou varié, grave ou badin, aisé ou forcé, dégagé ou roide, noble ou bas, fier ou humble, hardi ou timide, décent ou ridicule, agréable, gracieux, imposant, menaçant, le geste est différencié de mille manières.

Fragmens de physiognomonie sur les gestes, les attitudes et la démarche. — L'harmonie étonnante qui existe entre la démarche, la voix et le geste, ne se dément jamais.

— Le front, dit Herder, est une table d'airain où tous les sentimens se gravent en caractères de feu.

— Pour démêler le fourbe, il faudrait le surprendre au moment où, se croyant seul, il est encore lui-même, et n'a pas eu le temps de faire prendre à son visage l'expression qu'il sait lui donner. Découvrir l'hypocrisie est la chose la plus difficile, et en même temps la plus aisée : difficile, tant que l'hypocrite se croit observé ; facile, dès qu'il oublie qu'on l'observe.

Cependant on voit tous les jours que la gravité et la timidité donnent à la physionomie la plus honnête un aperçu de malhonnêteté. Souvent c'est parce qu'il est timide, et non point parce qu'il est faux, que celui qui vous fait un récit ou une confidence n'ose vous regarder en face.

— N'attendez jamais une humeur douce et tran-

quille d'un homme qui s'agite sans cesse avec violence;
et ne craignez ni emportement ni excès de quelqu'un dont le maintien est toujours sage et posé.

— Avec une démarche alerte, on ne peut guère
être lent et paresseux ; et celui qui se traîne noncha-
lamment , à pas comptés , n'annonce pas cet esprit
d'activité qui ne craint ni dangers, ni obstacles, pour
arriver au but.

— Une bouche béante et fanée , une attitude insipide, les bras pendans , et la main gauche tournée en
dehors , sans qu'on en devine le motif, annoncent la
stupidité naturelle , la nullité , le vide, une curiosité
hébétée.

— La démarche d'un sage est sûrement différente
de celle d'un idiot, et un idiot est assis autrement qu'un
homme sensé. L'attitude du sage annonce ou la méditation, ou le recueillement , ou le repos. L'imbécile
reste sur sa chaise , sans savoir pourquoi ; il semble
fixer quelque chose, et cependant son regard ne porte
sur rien ; son assiette est isolée comme lui-même. .

— Toute prétention suppose un fonds de sottise.
Attendez-vous à rencontrer l'une et l'autre dans toute
physionomie disproportionnée et grossière, qui affecte
un air de solennité et d'autorité. .

— Jamais l'homme sensé ne se donnera des airs ,
ni ne prendra l'attitude d'une tête éventée. Si par
hasard son attention fortement excitée l'obligeait à
lever la tête, il ne croisera pourtant pas les bras sur
le dos ; ce maintien suppose de l'affectation et de
l'ostentation , surtout avec une physionomie qui n'a

rien de désagréable, mais qui n'est pas celle d'un penseur. Plus ces sortes de messieurs s'en font accroire, plus nous sommes tentés de leur ôter de ce qu'ils peuvent avoir de mérite réel.

— Un air d'incertitude dans l'ensemble; un visage qui, dans son immobilité, ne dit rien du tout, ne sont assurément pas des signes de sagesse.

— Un homme qui, réduit à son néant, s'applaudit encore lui-même avec une joie plus qu'enfantine, qui rit comme un sot et sans savoir pourquoi, ne parviendra jamais à former ou à suivre une idée raisonnable.

— La crainte d'être distrait se remarque dans la bouche. Dans l'attention, elle n'ose respirer.

— Un homme vide de sens et qui veut se donner des airs, met la main droite dans son sein et la gauche dans la poche de sa culotte, avec un maintien affecté et théâtral.

— Une personne qui est toujours aux écoutes ne promet rien de bien distingué.

— Quiconque sourit sans sujet, avec une lèvre de travers, quiconque se tient souvent isolé, sans aucune direction, sans aucune tendance déterminée; quiconque salue, le corps roide, n'inclinant que la tête en avant, est un fou.

— Si la démarche d'une femme est sinistre, décidément sinistre, non-seulement désagréable, mais gauche, impétueuse, sans dignité, se précipitant en avant et de côté, d'un air dédaigneux, soyez sur vos gardes, Ne vous laissez éblouir, ni par le charme de sa beauté, ni par les grâces de son esprit, ni même par l'attrait de la confiance qu'elle pourra vous témoigner ; sa bouche aura les mêmes caractères que sa démarche, et ses procédés seront durs et faux, comme sa bouche : elle sera peu touchée de tout ce que vous ferez pour elle, et se vengera cruellement de la moindre chose que vous aurez négligée. Comparez sa démarche avec les lignes de son front et les plis qui se trouvent autour de sa bouche, vous serez étonné du merveilleux accord de toutes ces lignes caractéristiques.

— Ayez le plus de réserve possible en présence de l'homme gras et d'un tempérament colère, qui semble toujours mâcher, roule sans cesse les yeux autour de soi, ne parle jamais de sens rassis, s'est donné cependant l'habitude d'une politesse affectée, mais traite tout avec une espèce de désordre et d'impropreté. Dans son nez rond, court, retroussé, dans sa bouche béante, dans les mouvemens irréguliers de sa lèvre inférieure, dans son front saillant et plein d'excroissances, dans sa démarche qui se fait entendre de loin, vous reconnaîtrez l'expression du mépris et de la dureté, des demi-talens avec la prétention d'un talent accompli, de la méchanceté, sous une gauche apparence de bonhomie.

— Fuyez tout homme dont la voix toujours tendue, toujours montée, toujours haute et sonore, ne cesse de décider ; dont les yeux, tandis qu'il décide, s'agrandissent, sortent de leur orbite ; dont les sourcils se hérissent, les veines se gonflent, la lèvre inférieure

se pousse en avant, dont les mains se tournent en
poings ; mais qui se calme tout à coup , qui reprend
le ton d'une politesse froide, qui fait rentrer ses yeux
et ses lèvres, s'il est interrompu par la présence impré-
vue d'un personnage important qui se trouve être
votre ami.

— L'homme dont les traits et la couleur du visage
changent subitement, qui cherche avec beaucoup de
soin à cacher cette altération soudaine, et sait reprendre aussitôt un air calme ; celui surtout qui possède
l'art de tendre et détendre facilement les muscles de la
bouche , de les tenir pour ainsi dire en bride , particulièrement lorsque l'œil observateur se dirige sur lui:
cet homme a moins de probité que de prudence ; il
est plus courtisan qu'il n'est sage et modéré.

—Rappelez-vous les gens qui glissent plutôt qu'ils
ne marchent, qui reculent en s'avançant, qui disent
des grossièretés d'une voix basse et d'un air timide ,
qui vous fixent hardiment dès que vous ne les voyez
plus , et n'osent jamais vous regarder tranquillement
en face, qui ne disent du bien de personne, sinon des
méchans, qui trouvent des exceptions à tout et paraissent avoir toujours contre l'assertion la plus simple
une contradiction toute prête. Ah ! si vous pouviez
toucher leur crâne , quelle difformité cachée ! que
de nœuds irréguliers ! quelle peau de parchemin !
quel mélange bizarre de mollesse et de dureté ! Fuyez
l'atmosphère où respirent de pareils hommes ! En
croyant même gagner avec eux, vous ne sauriez manquer de perdre infiniment. Observez les plis de leur

front, lorsqu'ils croient écraser l'homme droit, lorsqu'ils prennent la cause de quelque fourbe endurci : le désordre de ces plis vous sera le garant le plus infaillible de tout le désordre de leur caractère.

— Celui qui relève la tête et la porte en arrière, (que cette tête soit grosse ou singulièrement petite ;) celui qui se mire dans ses pieds mignons, de manière à les faire remarquer ; celui qui voulant montrer de grands yeux encore plus grands qu'ils ne sont, les tourne exprès de côté, comme pour regarder tout par-dessus l'épaule ; celui qui, après vous avoir prêté long-temps un silence orgueilleux, vous fait ensuite une réponse courte, sèche et tranchante, qu'il accompagne d'un froid sourire ; qui, du moment qu'il aperçoit la réplique sur vos lèvres, prend un air sourcilleux, et murmure tout bas d'un ton propre à vous ordonner le silence : cet homme a, pour le moins, trois qualités haïssables, avec tous leurs symptômes, l'entêtement, l'orgueil, la dureté ; très-probablement il y joint encore la fausseté, la fourberie et l'avarice.

— Le corps penché en avant annonce un homme prudent et laborieux. Le corps penché en arrière annonce un homme vain, médiocre et orgueilleux.

— Les borgnes, les boiteux, et surtout les bossus, dit Albert-le-Grand, sont rusés, spirituels, un peu malins et passablement méchans.

— L'homme sage rit rarement et peu. Il se contente ordinairement de sourire.

— Quelle différence entre le rire affectueux de

l'humanité, et le rire infernal qui se réjouit du mal d'autrui !

Il est des larmes qui pénètrent les cieux ; il en est d'autres qui provoquent l'indignation et le mépris.

De la voix. — Remarquez aussi la voix (comme font tous les Italiens dans leurs passeports et dans leurs signalemens) ; distinguez si elle est haute ou basse, forte ou faible, claire ou sourde, douce ou rude, juste ou fausse. Le son de la voix, son articulation, sa faiblesse et son étendue, ses inflexions dans le haut et dans le bas, la volubilité et l'embarras de la langue, tout cela est infiniment caractéristique.

— Le cri des animaux les plus courageux est simple, dit Aristote, et ils le poussent sans effort marqué. Celui des animaux timides est beaucoup plus perçant. Comparez à cet égard le lion, le bœuf, le coq qui chante son triomphe, avec le cerf et le lièvre. Ceci peut s'appliquer aux hommes.

— La voix grasse et forte annonce un homme robuste ; la voix faible, un homme timide. La voix claire et sonnante dénote quelquefois un menteur ; la voix habituellement tremblante indique souvent un naturel soupçonneux.

L'effronté et l'insolent ont la voix haute. La voix rude est un signe de grossièreté. La voix douce et pleine, agréable à l'oreille, annonce un heureux naturel.

De l'habillement. — Un homme raisonnable se met tout autrement qu'un fat ; une dévote, autrement qu'une coquette. La propreté et la négligence, la simplicité et la magnificence, le bon et le mauvais goût, la présomption et la décence, la modestie et la fausse honte : voilà autant de choses qu'on distingue à l'habillement seul. La couleur, la coupe, la façon, l'assortiment d'un habit, tout cela est expressif encore et nous caractérise. Le sage est simple et uni dans son extérieur, la simplicité lui est naturelle. On reconnaît bientôt un homme qui s'est paré dans l'intention de plaire, celui qui ne cherche qu'à briller, et celui qui se néglige, soit pour insulter à la décence, soit pour se singulariser.

— Il resterait encore quelques remarques à faire sur le choix et sur l'arrangement des meubles, dit Lavater. Souvent, d'après ces bagatelles, on peut juger de l'esprit et du caractère du propriétaire ; mais on ne doit pas tout dire. (Voyez *Physiognomonie*.)

GILO. — Sorcière insigne du sixième siècle.
Elle aimait beaucoup la chair fraîche, et mangeait tous les petits enfans qu'elle pouvait rencontrer. Son nom est encore un épouvantail dans la bouche de quelques nourrices imbéciles.

Elle emporta un jour le petit empereur Maurice, pour le dévorer ; mais elle ne lui put faire aucun mal, parce qu'il portait sur lui des amulettes (1).

GNOMES. — Les gnomes sont des esprits élémentaires, amis de l'homme, composés des plus sub-

_____

(1) Nicéphore, Dubris, etc.

tiles parties de la terre, dont ils habitent les entrailles.

La terre est remplie de gnomes, presque jusqu'au centre, dit le comte de Gabalis, gens de petite stature, gardiens des trésors, des mines et des pierreries. Ils aiment les hommes, sont ingénieux, et faciles à commander. Ils fournissent aux cabalistes tout l'argent qui leur est nécessaire, et ne demandent guère pour prix de leurs services que la gloire d'être commandés. Les gnomides, leurs femmes, sont petites, mais agréables, et vêtues d'une manière fort curieuse (1).

Les gnomes vivent et meurent à peu près comme les hommes; ils ont des villes et se rassemblent en sociétés. Les cabalistes prétendent que ces bruits qu'on entendait, au rapport d'Aristote, dans certaines iles, où pourtant on ne voyait personne, n'étaient autre chose que les réjouissances et les fêtes de noces de quelque gnome.

Les gnomes ont une âme mortelle; mais ils peuvent se procurer l'immortalité en contractant des alliances amoureuses avec les hommes.

— Jeanne Hervilliers, que Bodin traite de sorcière, travailla durant trente-six ans à immortaliser un gnome, et fut condamnée à mort, comme ayant eu commerce avec le diable.

— Un petit gnome se fit aimer de la célèbre *Magdeleine de la croix*, qui devint abbesse d'un monas-

---

(1) Il y a apparence que ces contes de gnomes doivent leur origine aux relations de quelques anciens voyageurs en Laponie.

tère de Cordoue. Elle n'avait alors que douze ans ,
mais son cœur était sensible , ses passions vives , le
gnome séduisant ; et le temps qu'il savait habilement
choisir , étant favorable à l'amour , elle le rendit heureux ; leur commerce dura trente ans. Enfin , le confesseur à qui Magdeleine osa révéler le mystère , lui
persuada que son amant était un diable ; et il fut con-
gédié comme tel. (Voyez *Cabale.*)

GOÉTIE.—Commerce avec le diable et les mauvais
esprits. (Voyez *Évocations*, *Pacte*, *Nécromancie.*)

GOFRIDY.—Louis Gofridy, curé de Marseille, se
fit passer pour sorcier, vers la fin du seizième siècle.

On raconte que le diable lui apparut un jour , pendant qu'il lisait un livre de magie ; ils entrèrent en
conversation et firent connaissance. Le prêtre , apparemment charmé des bonnes qualités de sa majesté
cornue , se livra au diable par un pacte bien en règle ,
à condition qu'il lui donnerait le pouvoir de suborner
autant de femmes et de filles qu'il voudrait , en leur
soufflant simplement au visage ; ce qui lui épargne-
rait l'ennui de conter des fleurettes. Le diable y consentit d'autant plus volontiers , qu'il trouvait dans ce
marché un double avantage.

C'est pourquoi Gofridy fut bientôt la terreur des
pères et des maris , car il n'avait pas plutôt soufflé
sur une femme , qu'elle lui accordait tout ce qu'il
pouvait souhaiter.

Il devint épris de la fille d'un gentilhomme , et lui

fit partager son amour suivant sa méthode ordinaire ; mais, après avoir été quelque temps sous sa direction , la demoiselle , apparemment inconstante , le quitta brusquement, et se retira dans un couvent d'ursulines. Gofridy furieux y envoya une légion de diables ; toutes les religieuses se crurent possédées ; et la sorcellerie de Gofridy fut prouvée authentiquement. Un arrêt du parlement de Provence le condamna au feu , en avril 1611.

Sans doute il ne méritait pas d'être absous ; mais il fallait le condamner comme un fripon et un séducteur , et non comme un sorcier.

GRIMOIRE. — Ceux qui souhaitent voir le diable peuvent le faire venir en lisant le grimoire. Mais il faut avoir soin de lui jeter quelque chose, aussitôt qu'il paraît , autrement on a le cou tordu. Il s'en retourne paisiblement quand on lui donne seulement une savate , un cheveu , une paille.

GUY DE L'AN NEUF. — Les Gaulois avaient la plus grande vénération pour les chênes , et surtout pour ceux que la cérémonie du guy avait consacrés. C'était par cette cérémonie religieuse qu'ils annonçaient la nouvelle année ; les druides, accompagnés des magistrats et du peuple, qui criait : *Au guy l'an neuf* (le nouvel an), allaient dans une forêt, y dressaient avec du gazon, autour du plus beau chêne , un autel triangulaire, et gravaient, sur le tronc et sur les deux plus grosses branches, les noms des dieux qu'ils croyaient les plus puissans : THEUTATÈS, ÉSUS, TARA-

rts, Bélénus. Ensuite, un druide, vêtu d'une tunique
blanche, y coupait le guy avec une serpe d'or, tandis que deux autres druides étaient au pied, pour le
recevoir dans un linge, et prendre bien garde qu'il
ne touchât à terre. Ils distribuaient l'eau, où ils faisaient tremper ce nouveau guy, et persuadaient au
peuple qu'elle était lustrale, très-efficace contre les
sortiléges, et qu'elle guérissait de plusieurs maladies (1).

H.

HABORYM, — Démon des incendies. Il porte aux
enfers le titre de duc; il se montre à cheval sur une
vipère ayant trois têtes, l'une de serpent, l'autre
d'homme, la troisième de chat. Il porte à la main
une torche allumée.

HASARD. —

Nullum numen abest, si sit prudentia, sed te
Nos facimus, fortuna, deam, cœloque locamus.
                                    JUVÉNAL.

Le hasard, que les anciens appelaient la fortune,
et que quelques-uns ont confondu avec la Providence,
a toujours en un culte fort étendu, quoiqu'il ne soit
rien par lui-même. Mais il produit tant de merveilles
qu'on ne doit pas s'étonner si la multitude compte sur
lui, comme sur son dieu.

Les joueurs, les guerriers, les coureurs d'aventures, ceux qui cherchent la fortune dans les roues
de la loterie, dans l'ordre des cartes, dans la chute

(1) Saint-Foix.

des dés, dans un tour de roulette, ne soupirent qu'après le hasard. Le fripon, le bretteur, la femme galante fondent leur espoir de gain et de plaisir sur le hasard. La misère l'invoque, le marchand le poursuit, l'homme sage le prévient ; tantôt il apporte le bonheur et la santé, tantôt les maladies, la peine et les chagrins. Souvent on le désire, quelquefois on le craint ; les insensés l'affrontent ; et l'homme médiocre, en essayant la vie, en se livrant au négoce, en publiant ses productions, s'abandonne au hasard. Qu'est-ce donc que le hasard ? Un événement fortuit, amené par l'occasion ou par des causes qu'on n'a pas su prévoir, heureux pour les uns, et conséquemment malheureux pour les autres.

— Le poëte Simonide soupait un jour chez un de ses amis. On vient l'avertir que deux jeunes gens sont à la porte, qui veulent lui parler d'une affaire importante. Il sort aussitôt, ne trouve personne ; et, dans l'instant qu'il veut rentrer à la maison, la maison s'écroule et écrase les convives sous ses ruines. Il dut son salut à un hasard si singulier, qu'on le regarda, parmi le peuple, comme un trait de bienveillance de Castor et Pollux, qu'il avait chantés dans un de ses poëmes.

— Le roi Pyrrhus avait forcé les habitans de Locres à lui remettre entre les mains les trésors de la déesse Proserpine. Il chargea ses vaisseaux de ce butin sacrilége, et mit à la voile ; mais il fut surpris d'une tempête si furieuse, qu'il échoua sur la côte voisine du temple de Proserpine. On retrouva sur le rivage tout l'argent qui avait été enlevé, et on le remit dans le dépôt sacré (1). Les Locriens désiraient si fort cet accident, qu'ils le regardèrent comme un ouvrage de la Providence, mais la Providence ne punit les hommes, en ce monde, que par le remords.

—Brennus se tua de sa main, après avoir profané le temple de Delphes. On doit attribuer cet acte de désespoir à une conscience bourrelée, à une faiblesse d'esprit, peut-être à l'horreur qu'il inspirait aux soldats superstitieux, depuis qu'il avait manqué de respect, non à un dieu, mais à un temple. En admettant que Dieu se presse de châtier les mortels durant leur vie, on le fait ou injuste, ou impuissant, ou incapable de tout connaître, puisque quelquefois les plus grands coupables échappent à la peine physique. Frédégonde était plus criminelle que Brunehaut; cependant elle mourut dans son lit, et l'autre fut mise en pièces, attachée à la queue d'un cheval indompté. On voit tous les jours de pareils exemples, et ces exemples prouvent la nécessité d'une autre vie, que le système des punitions divines en ce monde semblerait détruire.

—Denys le tyran pilla de même le temple de Proserpine; et, comme il s'en retournait avec un vent favorable, il dit en riant à ses amis: *Voyez-vous quelle heureuse navigation les dieux accordent aux sacriléges...* Si Pyrrhus avait fait naufrage par un effet de la vengeance des dieux, pourquoi fut-il plus

(1) Valère-Maxime.

épargné que lui ?... Celui qui insultait les dieux à tout instant, était-il leur favori ?

Il dépouilla Jupiter d'une robe d'or de grand prix, que lui avait donnée le roi Hiéron ; et, l'ayant couvert d'une robe de laine, il dit qu'un vêtement d'or était trop chaud en été, et trop froid en hiver, mais qu'un habit de laine convenait à toutes les saisons.

Il fit enlever, à Épidaure, la barbe d'or d'Esculape, disant que ce dieu ne devait point avoir de barbe, puisqu'Apollon son père n'en avait pas.

Il s'emparait des richesses de tous les dieux bienfaisans, publiant qu'il voulait se sentir de leur bienfaisance. Néanmoins ce prince fut heureux, pendant sa vie ; mais il fut puni après sa mort, dit Valère-Maxime, dans la personne de son fils, qui fut chassé honteusement du trône. Dites plutôt que le fils fut chassé du trône, par la haine qu'on portait au père, et par les vieux ressentimens qu'il n'avait pas pris soin d'éteindre ; mais ne dites pas que les dieux soient assez lâches pour punir un fils innocent des forfaits de son père.

— Un Allemand, sautant, en la ville d'Agen, sur le gravier, l'an 1597, au saut de l'allemand, mourut tout roide au troisième saut. Admirez le hasard, la bizarrerie et la rencontre du nom, du saut et du sauteur, dit gravement Delancre : *Un allemand saute au saut de l'allemand, et la mort, au troisième saut, lui fait faire le saut de la mort...* On voit qu'au seizième siècle même on trouvait aussi des hasards merveilleux dans de misérables jeux de mots.

HÉCATE, — Diablesse, qui préside aux rues et aux carrefours. Elle est chargée aux enfers de la police des chemins et de la voie publique. Elle a trois visages : le droit de cheval, le gauche de chien, le mitoyen de femme. Sa présence fait trembler la terre, éclater les feux, et aboyer les chiens (1).

Hécate, chez les anciens, était aussi la triple Hécate (2) : Diane sur la terre, Proserpine aux enfers, la Lune dans le ciel.

HÉPATOSCOPIE ou HIÉROSCOPIE. — Divination par les entrailles des victimes.

Les prêtres, chargés d'examiner les entrailles des victimes, pour en tirer des présages, se nommaient Aruspices chez les Romains; ils étaient choisis parmi les meilleures familles de Rome. Ils observaient principalement le cœur, le foie, les reins, la rate et la langue des victimes. Quand on trouvait le foie enveloppé d'une double tunique, ou que l'animal n'avait pas de cœur, c'était un présage de mort. Les Romains ont cru que, lorsque César fut assassiné, on ne trouva point de cœur dans les deux victimes qu'on avait immolées.

Quelques sorciers modernes cherchaient aussi l'avenir dans les entrailles des animaux. Ces animaux étaient ordinairement, ou un chat, ou une taupe,

----

(1) Delrio.
(2) *Diva triformis.* Horat.

ou un lézard, ou une chauve-souris, ou un crapaud, ou une poule noire.

HIBOU ; — Oiseau de mauvais augure. On le regarde vulgairement comme le messager de la mort ; et les personnes superstitieuses, qui perdent quelque parent ou quelque ami, se ressouviennent toujours d'avoir entendu le cri du hibou. Sa présence, selon Pline, présage la stérilité. Son œuf, mangé en omelette, guérit un ivrogne de l'ivrognerie.

Cet oiseau est mystérieux, parce qu'il recherche la solitude, qu'il hante les clochers, les tours et les cimetières ; on redoute son cri, parce qu'on ne l'entend que dans les ténèbres ; et, si on l'a vu quelquefois sur la maison d'un mourant, il y était attiré par l'odeur cadavéreuse, ou par le silence qui régnait dans cette maison.

— Un philosophe arabe, se promenant dans la campagne avec un de ses disciples, entendit une voix détestable, qui chantait un air plus détestable encore. « Les gens superstitieux, dit-il, prétendent que le » chant du hibou annonce la mort d'un homme ; si » cela était vrai, le chant de cet homme annon-» cerait la mort d'un hibou. »

HOMME NOIR. — L'homme noir, qui promet aux pauvres de les faire riches, s'ils se veulent donner à lui, n'est autre que le diable en propre personne. (Voyez *Argent*, *Pacte*, etc.)

HOROSCOPES. — Une dame fit venir un fameux astrologue, et le pria de deviner un chagrin qu'elle avait dans l'esprit. L'astrologue, après lui avoir demandé l'année, le mois, le jour et l'heure de sa naissance, dressa la figure de son horoscope, et dit beaucoup de paroles qui ne signifiaient pas grand'chose. Tout ce verbiage étant fini, la dame lui donna une pièce de quinze sous. L'astrologue, qui avait de l'esprit, ajouta : «Madame, je découvre encore dans votre horoscope, que vous n'êtes pas riche.—Cela est vrai, lui répondit-elle.—Madame, poursuivit-il, en considérant de nouveau les figures des astres, n'avez-vous rien perdu?—J'ai perdu, lui dit-elle, l'argent que je vous ai donné. »

Les astrologues tirent vanité de ce que deux ou trois de leurs prédictions, se soient accomplies, quoique souvent d'une manière indirecte, entre dix mille qui n'ont point eu de succès.

L'horoscope du poëte Eschile portait qu'il serait écrasé par la chute d'une maison. En conséquence, il alla se planter en plein champ, pour éviter la destinée que lui promettaient les astres. Mais un aigle qui avait enlevé une tortue, la lui laissa tomber sur la tête, et il en fut tué. Anecdocte qu'on n'est pas obligé de croire.

—Un homme, que les astres avaient condamné, en naissant, à être tué par un cheval, avait grand soin de s'éloigner, dès qu'il apercevait un de ces animaux. Mais un jour qu'il passait dans une ville, une enseigne lui tomba sur la tête et il mourut du coup.

C'était l'enseigne d'une auberge où était représenté un cheval noir.

—Jacques I⁰⁰., roi d'Écosse, fut massacré de nuit, dans son lit, par son oncle Gauthier qui voulait monter sur le trône. Mais ce traître reçut, à Édimbourg, le prix de sa trahison ; car il fut exposé sur un pilier, et là, devant tout le monde, on lui mit sur la tête une couronne de fer, qu'on avait fait rougir dans un grand feu, avec cette inscription : *Le roi des traîtres.* Un astrologue lui avait assuré qu'il serait couronné publiquement, dans une grande assemblée de peuple.

—Alphonse X, roi de Castille, ayant connu, par l'horoscope de ses enfans, que le cadet était le plus favorisé des astres, voulut le mettre en sa place; mais il se trompa si lourdement que l'aîné tua son puîné, et fit mourir son père en prison, sans chercher si c'était la volonté des astres.

— Un bourgeois de Lyon, fort riche et fort crédule, ayant fait dresser son horoscope, mangea tout son bien, pendant le temps qu'il croyait avoir encore à vivre. Mais ayant été plus loin que l'astrologue ne lui avait prédit, il se vit obligé de demander l'aumône, ce qu'il faisait en disant : « Ayez » pitié d'un homme qui a vécu plus long-temps qu'il » ne croyait. »

HUILE DE TALC. — Le talc est la pierre philosophale fixée au blanc. Les anciens ont beaucoup parlé de l'huile de talc, à laquelle ils attribuaient tant de vertus, que presque tous les alchimistes ont mis en œuvre tout leur savoir pour la composer. Ils ont calciné, purifié, sublimé le talc, et n'en ont jamais pu extraire cette huile précieuse.

Quelques-uns entendent, sous ce nom, l'élixir des philosophes hermétiques.

HUTGIN, — Démon de bon naturel, qui prend plaisir à obliger les hommes, se plaisant en leur société, répondant à leurs questions, et leur rendant service quand il le peut. Voici une des nombreuses complaisances qu'on lui attribue :

Un Saxon partant pour un voyage, et se trouvant fort inquiet sur la conduite de sa femme, qui n'était rien moins que chaste, dit à Hutgin : « Compagnon, » je te recommande ma femme, aies soin de la bien » garder jusqu'à mon retour. » La femme, aussitôt que son mari fut parti, voulut le remplacer par des amans ; mais le démon se postait invisiblement entre les deux adultères, et jetait l'homme hors du lit ; de telle sorte que personne ne pût jouir des faveurs de cette femme, quoiqu'elle introduisit, toutes les nuits, et presqu'à toute heure du jour, de nouveaux amans dans son lit. Enfin le mari revint ; Hutgin courut au-devant de lui et lui dit : « Tu fais bien » de revenir, car je commence à me lasser de la » commission que tu m'as donnée. Je l'ai bien rem- » plie, mais avec toutes les peines du monde, et je » te prie de ne plus t'absenter, parce que j'aimerais

» mieux garder tous les pourceaux de la Saxe que
» ta femme (1). »

I.

IGNORANCE. — Saint Boniface, évêque de
Mayence, et légat du saint-siége, auprès de Pepin-le-
Bref, dénonça l'évêque Virgile, que le pape Zacharie II excommunia comme hérétique, parce qu'il
soutenait qu'il y avait des Antipodes.

— L'immortel Galilée languit dans les cachots de
l'inquisition, parce qu'il avait été assez endiablé
pour dire que la terre tournait autour du soleil.

— Ceux qui enseignèrent que l'Océan était salé, de
peur qu'il ne se corrompît, et que les marées étaient
faites pour conduire nos vaiseaux dans les ports, ne
savaient sûrement pas que la Méditerranée a des
ports, et point de reflux.

— Dans le concile de Mâcon, un évêque ayant soutenu qu'on ne pouvait ni qu'on ne devait qualifier
les femmes de créatures humaines, la question fut
agitée pendant plusieurs séances. On disputa vivement : les avis semblaient partagés ; mais enfin les
partisans du beau sexe l'emportèrent. On décida, on
prononça solennellement qu'il faisait partie du genre
humain ; et je crois qu'on doit se soumettre à cette
décision, dit Saint-Foix, quoique ce Concile ne soit
pas œcuménique (2).

---

(1) Wierius.

(2) *Cùm inter tot sanctos patres Episcopos, quidam statueret
non posse nec debere mulieres vocari homines : timore Dei pu-*

— Un chirurgien ignorant , dit Mahon, dans sa
médecine légale , n'a pas rougi d'assurer qu'une
femme ensorcelée était accouchée de plusieurs grenouilles.

— En 1278, une femme accoucha, en Suisse,
d'un lion. Une autre accoucha d'un chien, à Pavie,
en 1471.

—Alexandre d'Alexandrie rapporte qu'une femme,
nommée Alcippe, accoucha d'un éléphant... Pline
dit la même chose d'une dame romaine, qui avait
regardé trop attentivement un de ces animaux.

— Un autre, en 1531, enfanta, *d'une même ven-*
trée, dit Boguet, une tête d'homme, un serpent à
deux pieds et un pourceau...

— Les Gazettes d'Angleterre publièrent , au commencement du dix-huitième siècle , d'après le certificat du chirurgien-accoucheur, et sur l'autorité de
l'anatomiste du roi, qu'une femme venait d'accoucher
de plusieurs lapins. Le public le crut ; jusqu'au
moment où ce même anatomiste avoua que c'était
une plaisanterie.

—Jean Struys , qui ment comme tous les voyageurs, dit que les habitans du midi de l'île Formose
ont au derrière une longue queue de bœuf.

— Aulu-Gelle rapporte ces contes, qu'il avait lus
dans de vieux auteurs :

---

blicè ibi ventilaretur , et tandem, post multos vexata hujus quæs-
tionis disceptationes , concluderetur quod mulieres sint homines.

.POLYGAMIA TRIUMPHATRIX.

On trouvait, au Nord, des hommes, qui n'avaient qu'un œil au milieu de front.

Il y avait, en Albanie, des hommes dont les cheveux devenaient blancs dès l'enfance, et qui voyaient mieux la nuit que le jour.

Une certaine espèce d'Indiens avait des têtes de chiens et aboyait. D'autres étaient sans cou et sans tête, ayant les yeux aux épaules ; et ce qui surpasse toute admiration, on voyait une nation, dont le corps était velu et couvert de plumes, comme les oiseaux, et qui se nourrissait seulement de l'odeur des fleurs.

— Les Lapons sont faits autrement que les autres hommes. La hauteur des plus grands n'excède pas trois coudées ; ils ont la tête grosse, le visage plat, le nez écrasé, les yeux petits, la bouche large, une barbe épaisse qui leur pend sur l'estomac. Leur habit d'hiver est d'une peau de renne, faite comme un sac, descendant sur les genoux, et retroussée sur les hanches, d'une ceinture de cuir ornée de petites plaques d'argent ; les souliers, les bottes et les gants de même : ce qui a donné lieu à plusieurs historiens de dire qu'il y avait des hommes, vers le Nord, velus comme des bêtes, et qui ne se servaient point d'autres habits que ceux que la nature leur avait donnés (1).

— Vers le milieu du seizième siècle, on découvrit un tombeau près de la voie Appienne. On y trouva le corps d'une jeune fille, nageant dans une liqueur inconnue ; elle avait les cheveux blonds, attachés

_____

(1) Regnard, Voyage de Laponie.

avec une boucle d'or ; elle était aussi fraîche que si
elle eût été en vie. Au pied de ce corps, il y avait
une lampe qui brûlait, et qui s'éteignit d'abord que
l'air s'y fut introduit. On reconnut, à quelques inscriptions, que ce cadavre était là depuis quinze cents
ans, et on conjectura que c'était le corps de Tullie,
fille de Cicéron. On le transporta à Rome, et on l'exposa au Capitole, où tout le monde courut en foule
pour le voir. Comme le peuple imbécile commençait à lui rendre les honneurs des saints, le pape,
qui avait cent moyens de soustraire cette précieuse
antiquité à la vénération des idiots, et qui n'en vit
aucun, la fit jeter dans le Tibre.

— Dans un sermon sur le jugement dernier, le
prédicateur, venant à parler des trompettes effrayantes
qui réveilleront les morts à la fin du monde : « Oui,
» vous les entendrez, pécheurs, s'écria-t-il, quand
» vous y penserez le moins, peut-être demain ; que
» dis-je demain ? Peut-être tout à l'heure. » En
même temps, les voûtes de l'église retentissent du
son terrible d'une douzaine de trompettes qu'il avait
fait placer secrètement dans la nef. Tout l'auditoire
est dans une frayeur mortelle ; les uns se meurtris-
sent le visage, les autres cherchent leur salut dans
une fuite précipitée ; ils croient voir les goufres de
l'enfer prêts à s'entr'ouvrir ; celui-ci est étouffé par
la multitude ; celui-là foulé aux pieds ; d'autres sont
estropiés par des bancs et des chaises qu'on renverse
de tous côtés. Plusieurs femmes grosses avortent ;
des enfans meurent de peur ; enfin le désordre, les

cris, le désespoir, la mort, représentent la confusion d'une ville livrée au pillage. Et l'apôtre fanatique, qui méritait les petites maisons, fut depuis
ce temps-là en odeur de sainteté parmi les Navarrois.

— Dans les derniers siècles, les ministres de l'é-
vangile, au lieu d'annoncer au peuple la vérité,
s'amusaient ainsi à faire de hideux miracles. Quelques-uns, il est vrai, n'ont eu qu'un résultat ridicule; mais dans tous les cas, au lieu de servir la
religion, de semblables platitudes n'ont produit que
sa ruine.

— Un prédicateur, dans le fort de son sermon,
ordonnait au feu du ciel de tomber. Un petit enfant
placé dans le clocher, lançait aussitôt, au milieu
de l'église, une poignée d'étoupes enflammées, à la
grande frayeur des assistans. Le prêtre, sans doute
émerveillé de l'effet terrible et salutaire que son miracle produisait dans le cœur de ses ouailles, le répéta plusieurs fois, jusqu'à ce qu'enfin le petit enfant
lui criât d'en haut, par un trou de la voûte : « Mon-
» sieur le curé, je n'ai plus d'étoupes..... » Ce qui
dut changer l'effroi du peuple en éclats de rire.

—Un autre prédicateur disait dans l'exorde de
son sermon : « Il y a', mes frères, trois têtes décol-
» lées dans le jeune et le vieux Testamens; tête de
» Goliath, tête d'Holopherne, tête de Saint-Jean-
» Baptiste. La première, tête en pique; la seconde,
» tête en sac; la troisième, tête en plat. Tête en
» pique, ou tête de Goliath, signifie l'orgueil. Tête
» en sac, ou tête d'Holopherne, est le symbole de

» l'impureté. Tête en plat, ou tête de Jean-Baptiste,
» est la figure de la sainteté. Je dis donc : Pique,
» sac et plat ; plat, sac et pique ; sac, pique et plat;
» et c'est ce qui va faire les trois points de mon dis-
» cours. »

— Le père Chartenier, dominicain, excellait
à travestir les histoires de l'Ancien et du Nouveau
Testament. Il rapportait ainsi, dans un sermon, la
conversion de la Magdeleine : « C'était, disait-il,
» une grande dame de qualité, très-libertine. Elle
» allait un jour à sa maison de campagne, accom-
» pagnée du marquis de Béthanie, et du comte
» d'Emmaüs. En chemin, ils aperçurent un nombre
» prodigieux d'hommes et de femmes assemblés
» dans une prairie. La grâce commençait à opérer ;
» Magdeleine fit arrêter son carrosse, et envoya un
» page, pour savoir ce qui se passait en cet endroit.
» Le page revint, et lui apprit que c'était l'abbé
» Jésus qui prêchait. Elle descendit de carrosse,
» avec ses deux cavaliers, s'avança vers le lieu de
» l'auditoire, écouta l'abbé Jésus avec attention,
» et fut si pénétrée, que, de ce moment, elle re-
» nonça aux vanités mondaines. »

— Un prédicateur trop zélé, qui prononçait le
panégyrique de saint François-Xavier, le loua d'a-
voir converti, d'un seul coup, dix mille hommes,
dans une île déserte.

— L'éclipse de soleil, qui fut annoncée pour l'année 1724, avait répandu une si grande consternation
à la campagne, qu'un curé, ne pouvant suffire à con-

fesser ses paroissiens, qui croyaient en mourir, prit le parti de leur dire au prône : « Mes enfans, ne vous » pressez pas tant ; l'éclipse a été remise à la quin- » zaine. »

— Les Tartares-Kalkas croyent que leur souverain pontife, le *Kutuktus*, est immortel ; et dans le dix-huitième siècle, leurs moines firent déterrer et jeter à la voirie le corps d'un savant qui, dans ses écrits, avait paru en douter (1).

— A peine connaissait-on, en France, avant l'éta-blissement du collége royal, les noms d'Homère, de Sophocle, de Thucydide. On passait pour hérétique, quand on avait quelque connaissance du grec et de l'hébreux ; et, un jour, un religieux fit en chaire cette déclamation : « On a trouvé une nouvelle » langue que l'on appelle grecque ; il faut s'en garan- » tir avec soin : cette langue enfante toutes les » hérésies. Je vois, dans les mains de certaines per- » sonnes, un livre écrit dans cet idiôme : on le » nomme le Nouveau Testament ; c'est un livre » plein de ronces et de vipères. » Le même religieux soutenait, dit Saint-Foix, que tous ceux qui appre-naient l'hébreu devenaient juifs.

— La Gazette de Lausanne rapportait, en 1817, ce singulier fragment de sermon, d'un vicaire de Saxler, en Suisse, qui, tonnant en chaire contre l'habillement des femmes, disait : « Je vous le déclare, » femmes orgueilleuses et frivoles, je vous abhorre,

---

(1) Saint-Foix.

» je vous déteste, et j'aimerais mieux voir devant
» moi l'enfer ouvert, peuplé des plus épouvantables
» démons, que de regarder, un seul instant, une
» femme à la mode. Vous serez damnées; vous irez
» en enfer. Nous jouirons alors de vos souffrances;
» et les saints et nous, nous rirons des tourmens
» éternels que vous éprouverez. »

Ce fut en 1817.... qu'on entendit ce joli prône....
Cependant le vicaire fut interdit. (Voyez *Erreurs
populaires, Merveilles, Prodiges*, etc.)

IMAGINATION. — Les rêves, les songes, les
chimères, les terreurs paniques, les superstitions,
les préjugés, les prodiges, les châteaux en Espagne,
le bonheur, la gloire, et tous ces contes d'esprits et
de revenans, de sorciers et de diables, etc. sont les
enfans de l'imagination. Son domaine est immense,
son empire est despotique; une grande force d'esprit
peut seule en réprimer les écarts.

On a vu plus d'un sculpteur adorer l'idole de bois
qu'il avait taillée, le peintre à genoux devant l'ouvrage de ses mains, et le théologien effrayé de ses
contes.

— Un Athénien, ayant rêvé qu'il était devenu fou,
en eut l'imagination tellement frappée, qu'à son réveil il fit des folies, comme il croyait devoir en faire,
et perdit en effet la raison.

— Cippus, roi d'Italie, pour avoir assisté à un
combat de taureaux, et avoir eu toute la nuit l'ima-

gination occupée de cornes, se trouva un front cornu le lendemain.....

— L'immortel Pascal croyait qu'un côté de son corps était de verre, et voyait toujours, à ce côté, un précipice. Il y mettait une chaise pour se rassurer. Il faut que la force de l'imagination soit bien grande, puisqu'elle va jusqu'à fasciner les yeux.

— Athénée raconte que quelques jeunes gens d'Agrigente étant ivres, dans une chambre de cabaret, se crurent sur une galère, au milieu de la mer en furie, et jetèrent par les fenêtres tous les meubles de la maison, pour soulager le bâtiment.

— Il y avait, à Athènes, un fou qui se croyait maître de tous les vaisseaux qui entraient dans le Pyrée, et donnait ses ordres en conséquence.

— Horace parle d'un autre fou, qui croyait toujours assister à un spectacle, et qui, suivi d'une troupe de comédiens imaginaires, portait un théâtre dans sa tête, où il était tout à la fois et l'acteur et le spectateur. Il observait d'ailleurs tous les devoirs de la vie civile. On voit, dans les maniaques, des choses aussi singulières ; tel s'imagine être un moineau, un vase de terre, un serpent ; tel autre se croit un dieu, un orateur, un comédien, un Hercule. Et parmi les gens qu'on dit sensés, en est-il beaucoup qui maîtrisent leur imagination, et se montrent exempts de faiblesses et d'erreurs ?

Le monde est plein de fous, et qui n'en veut pas voir
Doit se tenir tout seul et briser son miroir.

Du Tilliot.

— Un homme pauvre et malheureux s'était tellement frappé l'imagination de l'idée des richesses, qu'il
avait fini par se croire dans la plus grande opulence.
Un médecin le guérit, et il regretta sa folie. L'imagination, qui apporte les chagrins et les maux, fait
aussi quelquefois le bonheur : elle nourrit d'espérance et berce de chimères. Sans l'imagination,
l'homme aurait quelques peines de moins, mais il
n'aurait plus de jouissances.

—On a vu, en Angleterre, un homme qui voulait
absolument que rien ne l'affligeât dans ce monde. En
vain on lui annonçait un événement fâcheux ; il
s'obstinait à le nier. Sa femme étant morte, il n'en
voulut rien croire. Il faisait mettre à table le couvert de la défunte, et s'entretenait avec elle, comme si
elle eût été présente ; il en agissait de même lorsque
son fils était absent. Près de sa dernière heure, il soutint qu'il n'était pas malade, et mourut, avant d'en
avoir eu le démenti.

— Un souverain malade se promenait dans la
campagne, avec son favori. Celui-ci, qui aimait extraordinairement son maître, et comptait guérir sa
maladie en lui causant une grande frayeur, le conduisait insensiblement au bord de l'eau, et l'y poussa
brusquement. Des bateliers, placés là tout exprès,
l'en retirèrent ; et l'émotion qu'il venait d'éprouver
lui rendit en effet la santé, qu'il perdait depuis long-
temps. Mais sitôt qu'il eut repris ses sens, il fit arrêter son ministre et lui demanda compte de sa conduite. Le favori avoua le motif de ce qu'il venait de

faire. Le prince, intérieurement satisfait, feignit de ne point le croire, et voulut se donner le plaisir de lui rendre peur pour peur. C'est pourquoi il le condamna à mort, et ordonna secrètement que quand il serait sur l'échafaud, on lui renversât une grande jatte d'eau sur la tête. L'ordre s'exécuta, mais le favori prit la chute de l'eau pour un coup de hache, et tomba roide mort, comme si sa tête eût été à bas.

— On attribue ordinairement à l'imagination des femmes la production des fœtus monstrueux. M. de Salgues (1) a voulu prouver que l'imagination n'y avait aucune part, en citant quelques animaux qui ont produit des monstres, et par d'autres preuves insuffisantes. Plessman, dans sa *Médecine puerpérale*, Harting, dans une thèse, Demangeon, dans ses *Considérations physiologiques sur le pouvoir de l'imagination maternelle dans la grossesse*, soutiennent l'opinion générale, parce qu'elle est naturelle et prouvée. Tout le monde connaît les effets de la terreur et des émotions fortes.

—Lemnius rapporte qu'un certain empereur ayant condamné à mort, pour cause de viol, un beau jeune homme, celui-ci fut tellement affecté de cette nouvelle, que sa barbe et ses cheveux en devinrent blancs; et son visage fut si fort altéré en peu d'heures, qu'ayant paru devant le tribunal, pour entendre son arrêt, il ne fut plus reconnu de personne, pas même de l'empereur, qui crut qu'on lui présentait un per-

---

(1) *Des Erreurs et des Préjugés répandus dans la société.*

sonnage supposé, ou que le coupable avait employé l'art pour blanchir sa barbe et ses cheveux, et pour se défigurer; mais ayant vu ensuite que c'était là un effet naturel de la crainte du supplice, cet empereur fut touché de compassion et pardonna au jeune homme, le jugeant assez puni par la révolution qu'avait opérée en lui la crainte de la peine due à son délit.

—Héquet parle d'un homme qui, s'étant couché, avec les cheveux noirs, se leva le matin avec les cheveux blancs, parce qu'il avait rêvé qu'il était condamné à un supplice cruel et infamant.

—Dans le *Dictionnaire de police* de des Essarts, on trouve l'histoire d'une jeune fille à qui une sorcière prédit qu'elle serait pendue; ce qui produisit un tel effet sur son esprit, qu'elle mourut suffoquée la nuit suivante.

— Les femmes enceintes défigurent leurs enfans, quoique déjà formés dans la matrice, parce que leur imagination, qui n'est pas assez forte pour leur donner la figure des monstres qui les frappent, l'est assez pour arranger la matière du fœtus, beaucoup plus chaude et plus mobile que la leur, dans l'ordre essentiel à la production de ces monstres.

—Une femme ayant assisté à l'exécution d'un malheureux, condamné à la roue, en fut si frappée, qu'elle mit au monde un enfant dont les bras, les cuisses et les jambes étaient rompues à l'endroit où la barre de l'exécuteur avait frappé le condamné (1).

_____

(1) Mallebr anche.

— Une femme enceinte jouait aux cartes. En relevant son jeu, elle voit que, pour faire un grand coup, il lui manque l'as de pique. La dernière carte qui lui rentre est effectivement celle qu'elle attendait. Une joie immodérée s'empare de son esprit, se communique, comme un choc électrique, à toute son existence; et l'enfant qu'elle mit au monde porta dans la prunelle de l'œil la forme d'un as de pique, sans que l'organe de la vue fût d'ailleurs offensé par cette conformation extraordinaire.

— « Le trait suivant est encore plus étonnant, dit » Lavater. Un de mes amis m'en a garanti l'authen- » ticité. Une dame de condition du Rhinthal voulut » assister, dans sa grossesse, au supplice d'un cri- » minel, qui avait été condamné à avoir la tête tran- » chée et la main droite coupée. Le coup qui abattit » la main effraya tellement la femme enceinte, » qu'elle détourna la tête avec un mouvement d'hor- » reur, et se retira sans attendre la fin de l'exécu- » tion. Elle accoucha d'une fille qui n'eut qu'une » main, et qui vivait encore, lorsque mon ami me » fit part de cette anecdote; l'autre main sortit sé- » parément, d'abord après l'enfantement. »

—Un mari allant, déguisé en diable, à un bal masqué, s'avisa, sous cet accoutrement, de caresser sa femme. Elle enfanta un monstre, qui avait le visage d'un démon, tel qu'on les représente (1).

—Le pape Martin IV aimait beaucoup les ours, et en

(1) Torquemada.

avait toujours quelques-uns dans son palais. Une illustre
Romaine, qui probablement ne partageait pas ses goûts
à l'égard de ces sortes d'animaux, ayant eu d'intimes
liaisons avec lui, accoucha d'un fils, velu comme un
ours. (1) Il est certain qu'on éxagère ordinairement
ces phénomènes. J'ai vu dans la Champagne un fœtus monstrueux, à qui on donnait gratuitement la
forme d'un mouton, et qui était aussi bien un chien,
un cochon, un lièvre, etc. puisqu'il n'avait aucune
figure distincte (2). On prend souvent pour une ce-
rise, ou pour une fraise, ou pour un bouton de
rose, ce qui n'est qu'un seing plus large et plus coloré, qu'ils ne le sont ordinairement.

—Un homme, laid comme Ésope, eut de beaux enfans, parce qu'il mettait continuellement de belles
peintures sous les yeux de sa femme.

IMPERTINENCES. — Corneille de La Pierre,
dans ses Commentaires sur l'Écriture Sainte, rapporte qu'un moine soutenait et prêchait que le bon
gibier avait été créé pour les religieux, et que si les
perdreaux, les faisans, les ortolans pouvaient parler,
ils s'écrieraient : « Serviteurs de Dieu, soyons man-
» gés par vous, afin que notre substance incorporée
» à la vôtre, ressuscite un jour dans la gloire, et
» n'aille pas en enfer, avec celle des impies. »

---

(1) Shempt.
(2) On disait que, dans sa grossesse, la mère avait eu peur
d'un lou-garou.

— Les curés de Picardie prétendaient que les nouveaux mariés ne pouvaient pas, sans leur permission, coucher ensemble les trois premières nuits de leurs noces (1). Il intervint un arrêt, le 19 mars 1409, portant défense à l'évêque d'Amiens et aux curés de la dite ville, *de prendre ni exiger argent des nouveaux mariés, pour leur permettre de coucher avec leurs femmes, la première, la seconde et la troisième nuit de leurs noces;* et fut dit que *chacun desdits habitans pourrait coucher avec son épousée, sans la permission de l'évéque et de ses officiers.* Nous ne pouvons vendre que ce qui nous appartient, dit Saint-Foix; les curés croyaient-ils, comme certains prêtres des Indes, que ces trois premières nuits leur appartinssent ?...

— Un roi de la Floride, pour persuader à ses peuples que tout ce qu'ils possédaient lui appartenait : « Vous avez tiré cet or de la terre, leur
» disait-il; vous avez labouré votre champ, où il est
» venu du millet; vous vous êtes bâti une maison;
» mais, pour tirer cet or de la terre, pour labourer
» votre champ, pour vous bâtir une maison, il vous
» fallait des forces, que vous n'auriez pas eues, si je
» n'avais prié le Soleil, mon ancêtre, de vous les
» donner. »

—Le pape Paul III décida et déclara, par une

---

(1) Montesquieu observe, fort judicieusement, que c'était bon spéculer que de faire payer les trois premières nuits; attendu que les époux n'eussent pas fait de grands frais pour les nuits suivantes.

bulle, que les Indiens et les autres peuples du Nouveau-Monde étaient de l'espèce humaine, et véritablement des hommes. Les Péruviennes et les Flori-
diennes étaient jolies, bien faites, et très-propres
à tenter un chrétien ; mais avant sa décision, et dans
le doute si elles étaient véritablement des femmes,
il faut croire qu'on se gardait bien de succomber à la
tentation.

— Tout ce que les hommes ont écrit de plus absurde et de plus ridicule, a été reçu par le grand
nombre, dit Cicéron, comme très-raisonnable. Fabius
Pictor raconte que, plusieurs siècles avant lui, une
vestale de la ville d'Albe, allant puiser de l'eau dans
sa cruche, fut violée ; qu'elle accoucha de Romulus
et de Rémus ; qu'ils furent nourris par une louve, etc.
Le peuple romain crut cette fable ; il n'examina
point si, dans ce temps-là, il y avait des vestales dans
le Latium, s'il était vraisemblable que la fille d'un
roi sortît de son couvent avec sa cruche ; s'il était
probable qu'une louve allaitât deux enfans ; etc (1).

— En 793, il y eut une grande famine. On avait
trouvé tous les épis de blé vide, et on avait entendu en l'air plusieurs voix dè démons qui avaient
déclaré qu'ils avaient dévoré la moisson, parce
qu'on ne payait pas les dîmes aux ecclésiastiques. Il
fut ordonné qu'on les payerait exactement à l'avenir.
Il est singulier que les diables s'intéressassent si vivement à notre clergé (2).

---

(1) Voltaire.
(2) Saint-Foix.

—Don Sanche, second fils d'Alphonse, roi de
Castille, étant à Rome, fut proclamé roi d'Égypte
par le pape. Tout le monde applaudit, dans le consistoire, à cette élection. Le prince, en entendant le bruit
des applaudissemens, sans en savoir le sujet, demande à son interprète de quoi il est question.
« Sire, lui dit l'interprète, le pape vient de vous
» créer roi d'Égypte... — Il ne faut pas être ingrat,
» répondit le prince ; lève-toi, et proclame le saint
» père calife de Bagdad. »

IMPOSTURES. — Un jeune Athénien, nommé
Cimon, ravit les prémices d'une fille de Troie, qui
suivant la coutume du pays, était allée le jour de ses
noces, se baigner dans le fleuve Scamandre, et lui
offrir ses faveurs. Voici comment la chose se fit. Ce
Cimon se cacha derrière un buisson, la tête couron-
née de roseaux, et après que la fille, en se baignant
eut prononcé ces mots solennels : « Scamandre, re-
çois mon pucelage ! » il sortit de sa cachette, dit à
la fille qu'il était le Scamandre, qu'il acceptait son
présent ; et en jouit à son aise. La jeune fille, qui le
croyait véritablement le dieu du fleuve, s'en retourna toute contente ; et le voyant quelques jours après,
dans la rue, elle le montra à sa nourrice, en lui di-
disant : voila le Scamandre à qui j'ai donné mes prémices. La vieille s'écria, à ces mots, contre l'imposteur, qui s'esquiva prudemment (1).

_____

(1) L'orateur Eschine.

—Le temple principal du grand serpent de Juïda(1) est à une demi-lieue de Sabi, capitale du royaume. Ce serpent est d'une complexion fort amoureuse, quoique bien vieux ; puisqu'il est, dit-on, le premier père de tous les bons serpens, ou génies tutélaires du pays. Ses prêtres lui cherchent les plus jeunes et les plus jolies filles, et vont de sa part les demander en mariage à leurs parens, qui se trouvent très-honorés de cette alliance. On fait descendre la fiancée dans un caveau, où elle reste deux ou trois heures, et lorsqu'elle en sort, on la proclame *épouse sacrée du grand serpent*. Les fruits qui naissent de ces mariages tiennent uniquement de leurs mères, et ont tous la figure humaine (2).

— Un valet, par le moyen d'une sarbacanne, engagea une veuve d'Angers à l'épouser, en le lui conseillant de la part de son mari défunt (3).

— Le pape Boniface VIII, n'étant encore que cardinal, et portant ses vues plus haut, fit percer la muraille qui répondait au lit du pape Célestin, et lui cria, par une longue sarbacanne, de quitter la papauté, s'il voulait être sauvé ; Célestin obéit à cette voix, qu'il croyait venir du ciel, et céda la tiare à l'imposteur.

—Le carthaginois Hannon nourrissait des oiseaux,

---

(1) Il y a, dans le royaume de Juïda, en Afrique, des serpens fort doux, qui font la guerre aux serpens venimeux ; et les gens du pays les adorent, par reconnaissance.

(2) Saint-Foix.

(3) Le Loyer.

à qui il apprenait à dire : *Hannon est un Dieu*. Puis, il leur donnait la liberté.

— Marius menait avec lui une femme Scythe, et feignait d'apprendre d'elle, quel devait être le succès de ses entreprises. Sertorius avait une biche, dressée à s'approcher de son oreille ; Pythagore , un aigle ; Mahomet, un pigeon, qu'il faisait passer pour le Saint-Esprit. Néron portait une petite statue , voulant persuader qu'elle lui prédisait l'avenir. Sylla avait toujours sur lui un petit Apollon , à qui il parlait en public. Quelques-unes de ces impostures ont eu un but utile , mais elles ne laissaient pas que d'être blâmables en quelque sorte , puisqu'elles étaient des impostures.

— Périclès se défiant de l'issue d'une bataille, pour rassurer les siens , fit entrer dans un bois consacré à Pluton, un homme de taille haute , chaussé de longs brodequins , ayant les cheveux épars , vêtu de pourpre, et assis sur un char traîné de quatre chevaux blancs , qui parut au moment de la bataille , appela Périclès par son nom, et lui commanda de combattre, l'assurant que les dieux donnaient la victoire aux Athéniens. Cette voix fut entendue des ennemis , comme venant de Pluton ; et ils en eurent une telle peur , qu'ils s'enfuirent sans combattre (1).

— Un roi d'Écosse, voyant que ses troupes ne voulaient point combattre contre les Pictes , suborna des gens habillés d'écailles reluisantes, ayant en main des bâtons de bois luisant , qui les excitèrent à com-

---

(1) Frontin.

battre, comme s'ils avaient été des anges; ce qui eut le succès qu'il souhaitait (1).

INCUBES. — Les démons incubes sont des démons paillards et lascifs qui se mêlent avec les femmes et les filles.

—Servius Tullius, qui fut roi des Romains, était le fruit des amours d'une belle esclave avec Vulcain, selon quelques anciens auteurs; avec un salamandre, selon les cabalistes.; avec un démon incube, selon nos chroniqueurs superstitieux; avec un homme, selon le bon sens.

—Les démons, que les théologiens nous disent en proie à de si horribles tourmens, pouvaient se délasser d'une manière très-agréable, puisqu'il leur était permis de venir à leur gré coucher avec les femmes. Il faut qu'ils aient maintenant les ongles bien rognés, car on n'entend plus guère parler de leurs galanteries. Autrefois une femme ne pouvait avoir un amant, que ce ne fût un démon sorti de l'abîme, et on avait des preuves de leurs prouesses amoureuses, dans les signes qu'ils laissaient sur le corps de leurs bien-aimées. Le diable qui jouit de la mère d'Auguste, imprima un serpent sur son ventre (2). On sait que le serpent est l'animal consacré au prince de l'enfer, à cause que ce fut sous cette forme qu'il séduisit notre mère Ève.

(1) Hector de Boéce.
(2) Delancre.

—Une vieille fille nous a dit cette particularité, rapporte Delancre, que les démons incubes n'ont guère coutume d'avoir accointance avec les vierges, parce qu'ils ne pourraient commettre adultère avec elles. Elle a ajouté que, pour le présent, le maître des sabbats en retenait une fort belle, jusqu'à ce qu'elle fût mariée, ne voulant pas la déshonorer auparavant, comme si le péché n'était pas assez grand de corrompre sa virginité, sans commettre un adultère !...

— A Cagliari, en Sardaigne, une fille de qualité aimait un gentilhomme sans qu'il le sût. Le diable, qui s'en aperçut, prit la forme de l'objet aimé, épousa secrètement la demoiselle (1), et l'abandonna après avoir obtenu ses plus secrètes faveurs. Cette femme, rencontrant un jour le gentilhomme, et ne remarquant en lui aucune chose qui témoignât qu'il la reconnût pour sa femme, l'accabla de reproches ; mais enfin, étant convaincue que c'était le diable en personne qui l'avait abusée, elle en fit pénitence (2).

— Une anglaise, nommée Jeanne, fut pressée en songe d'aller trouver un jeune homme qui l'entretenait par amourettes. Elle se mit en route, dès le lendemain, pour se rendre au village où demeurait son amant, et au coin d'un bois, un démon se présenta à

---

(1) Il paraît que les démons incubes sont à l'épreuve des signes de croix et de l'eau bénite, car les cérémonies du mariage et les prières de l'église ne firent pas déloger celui-ci d'auprès de sa femme.

(2) Torquemada.

elle, sous la forme de l'amoureux Guillaume, l'acosta et jouit de toutes ses faveurs.

La femme, de retour en sa maison, se trouva indisposée, et tomba dangereusement malade. Elle crut que cette maladie était causée par l'amoureux, qui se justifia en prouvant qu'il n'était pas à la forêt, à l'heure qu'on lui désignait. La fourberie du démon incube fut découverte, et cela *rengrégea* la maladie de cette femme, qui jetait une puanteur horrible, et qui mourut trois jours après, enflée par tout le corps, ayant les lèvres livides, et le ventre tout noir. Et huit hommes purent à peine la porter en terre... (1)

— Une jeune fille écossaise se trouva grosse du fait du diable. Ses parens lui demandèrent qui l'avait engrossée. Elle répondit que c'était le diable, qui couchait toutes les nuits avec elle, sous la forme d'un beau jeune homme. Les parens, pour s'en éclaircir, s'introduisirent de nuit dans la chambre de leur fille, et aperçurent auprès d'elle un monstre horrible, n'ayant rien de la forme humaine. Comme ce monstre ne voulait pas sortir, on fit venir un prêtre qui le chassa ; mais en s'échappant, il fit un vacarme épouvantable, brûla les meubles de la chambre, et emporta le toit de la maison. Trois jours après, la jeune fille accoucha d'un monstre, le plus vilain qu'on eût jamais vu, que les sages-femmes étouffèrent (2). (Voyez *Succubes.*)

----

(1) Thomas Valsingham.
(2) Hector de Boëce.

I.   21

INQUISITION. — ·

Natam antè ora patris, patremque obtruncat ad aras.

Vᵢʀɢ. ·

« Comme le temps où il devait être enlevé du
» monde approchait, Jésus se mit en chemin, avec
» un visage assuré, pour aller à Jérusalem ; et il
» envoya devant lui quelques personnes, afin de lui
» préparer un logement dans un bourg de Samarie.
» Mais on ne voulut point l'y recevoir ; c'est pour-
» quoi deux de ses disciples lui dirent : *Seigneur,*
» *faites tomber le feu du ciel sur ces impies, et qu'il*
» *les dévore* (1)! Jésus les reprit sévèrement et
» leur dit : *Vous ne savez point encore à quoi vous*
» *êtes appelés, si vous prenez pour un mouvement*
» *de zèle le souffle de la vengeance* (2). *Le fils de*
» *l'homme n'est pas venu pour perdre les hommes,*
» *mais pour les sauver. Il ne brisera point le roseau*
» *cassé, et il n'achèvera pas d'éteindre la mèche qui*
» *fume encore* (3). »

Et ce fut au nom de ce législateur sublime, qui
vint abolir les sacrifices sanglans, ramener l'homme
à des mœurs plus douces, et lui apprendre qu'il ne
pouvait ressembler à l'éternel, qu'à force de vertus ;
au nom de celui qui dit aux délateurs de la femme adultère : QUE CELUI D'ENTRE VOUS QUI EST SANS PÉCHÉ LUI
JETTE LA PREMIÈRE PIERRE !... Ce fut en son nom que,

---

(1) Saint-Luc, chap. 9.
(2) Saint Augustin.
(3) Saint Mathieu, chap. 12.

chez des peuples chrétiens , on vit l'épouvantable inquisition immoler des milliers de victimes, dans une
fête religieuse , offrir de ses mains impies le sang de
l'homme au Dieu de clémence, et appeler *acte de
foi* (1) cet acte monstrueux d'atrocité...

Ce qu'aucune religion n'avait produit fut enfanté
par la religion chrétienne , je veux dire la persécution
de la pensée. Si des payens ont fait mourir quelpues
milliers de martyrs, qui recherchaient le supplice, au
lieu de l'éviter, selon le précepte du Messie (2) , la
sainte inquisition a exterminé des millions d'hommes,
plus chrétiens qu'elle , sans leur laisser, comme les
persécuteurs, un salut dans le repentir. Elle s'est bai-
gnée dans des flots de sang ; et son nom ne sera jamais
prononcé que flétri par l'exécration générale.—

J'analyserai, pour le fond de cet article , quelques
morceaux du meilleur livre qu'on ait fait jusqu'à
présent sur ce sujet (3).

— « Évitez l'hérétique , quand vous aurez tenté
» vainement de l'éclairer ; » disait saint Paul aux
premiers chrétiens (4).

Ce précepte fut suivi, pendant les trois premiers
siècles de l'Église : saint Ignace , saint Irénée , saint

---

(1) Auto-da-fé.

(2) Lorsqu'on vous persécutera dans une ville, fuyez dans une
autre.   *Saint Mathieu* , chap. 10.

(3) L'histoire critique de l'inquisition d'Espagne , par don
Juan Antonio Llorente : excellent ouvrage d'un excellent homme;
traduit de l'espagnol par M. Alexis Pellier.

(4) Epist. ad Tit. cap. 3.

Justin, Origène, saint Clément d'Alexandrie, Tertullien, se sont contentés d'écrire contre les hérétiques; et lorsqu'un peuple fanatique voulut massacrer
Manès, Archélaüs, évêque de Caschara, courut
prendre sa défense, et le tira des mains de ces furieux.
Peut-être ne doit-on attribuer cette conduite qu'à
l'impuissance d'en agir autrement, puisque dès le
commencement du quatrième siècle, quand les empereurs furent devenus chrétiens, les papes et les
évêques commencèrent à persécuter et à imiter les
païens. Jusqu'alors on n'avait infligé aux hérésies
que des peines canoniques; Théodose et ses successeurs ordonnèrent des peines corporelles.

Les manichéens étaient les plus redoutés : Théodose, en 382, publia une loi qui les condamnait au
dernier supplice, confisquait leurs biens au profit de
l'état, et chargeait le préfet du prétoire de créer des
inquisiteurs et des *délateurs*, pour les découvrir et
les poursuivre.

Peu de temps après, l'empereur Maxime fit périr
à Trèves, par la main des bourreaux, l'espagnol
Priscillien et ses adhérens, dont les opinions furent
jugées erronées par quelques évêques d'Espagne (1).
Ces prélats sollicitèrent le supplice des priscillianistes,
avec une charité si ardente, que Maxime ne put leur
rien refuser. Il ne tint pas même à eux qu'on ne fît
couper le cou à saint Martin, comme à un héretique,
pour avoir demandé que la peine de mort, portée

---

(1) Histoire de l'église : Quatrième siècle.

contre Priscillien et ceux de son parti, fût convertie en exil. Saint Martin fut bien heureux de sortir de Trèves, et de s'en retourner à Tours (1).

De semblables traits se multiplièrent, dans les siècles suivans ; les papes profitèrent de la faiblesse des souverains, pour s'arroger un pouvoir sans bornes; et leur puissance temporelle devint si grande, que les trônes n'eurent bientôt plus de solidité, qu'autant qu'ils étaient donnés ou approuvés par le pape. En 754, Étienne II délia les Français du serment de fidélité, qu'ils avaient fait à Childéric III, leur roi légitime, et permit, de son plein pouvoir, à Pepin, fils de Charles-Martel, de ceindre la couronne de France. En 800, Léon III couronna Charlemagne, empereur d'Occident. Ces deux princes trouvaient apparemment un grand honneur à recevoir le sceptre des mains du pape. Ils ne prévoyaient pas que, par ce système impolitique, ils s'obligeaient, eux et leurs descendans, à ramper désormais devant la cour de Rome.

A la fin du neuvième siècle, Jean VIII imagina les indulgences, pour ceux qui mourraient en combattant contre les hérétiques. Environ cent vingt ans après, Sylvestre II appela les chrétiens à la délivrance de Jérusalem. La première croisade eut lieu sous le pontificat d'Urbain II, qui la fit prêcher par toute l'Europe (2). Cette guerre injuste et sans motifs,

_____

(1) Voltaire. *Dictionnaire philosophique.*

(2) Ce fut ce même pape qui excommunia le roi de France, Philippe Ier., parce qu'il avait répudié sa femme Berthe, pour épouser Bertrade de Montfort.

souillée des crimes les plus monstrueux et des plus
cruels excès, était commandée par Godefroi de Bouillon, qui s'empara de Jérusalem en 1099. L'armée des
croisés était immense, mais composée en grande partie
de fanatiques ou de scélérats chargés de crimes, qui
allaient chercher dans la Terre-Sainte les indulgences du saint père et les richesses des Sarrasins.

Alexandre III monta sur la chaire de saint Pierre,
en 1181. Il excommunia les chrétiens hérétiques, et,
les confondant avec les infidèles, il donna des indulgences et accorda la vie éternelle à ceux qui perdraient la vie en les combattant. Dès lors, tous les
chrétiens orthodoxes furent tenus de dénoncer ceux
de leurs frères, qu'ils soupçonnaient d'hérésie.
Malheur à qui était assez osé que de leur donner un
asile ! Ils portaient avec eux l'anathème : l'excommunication s'étendait sur le fauteur d'hérésie comme
sur l'hérétique, et les biens du protecteur étaient
confisqués, aussi-bien que ceux du proscrit qu'il
protégeait.

Au commencement du treizième siècle, on accusa
les hérétiques Albigeois d'avoir causé des troubles :
on leur déclara la guerre ; elle fut atroce. Saint Dominique la prêcha, au nom du pape Innocent III; Simon,
comte de Montfort en fut le chef ; le comte de Toulouse et la plus grande partie de ses sujets en furent
les premières victimes.

L'INQUISITION commença à s'élever, à la suite de
cette guerre. Innocent III l'établit en 1208, dans le

Languedoc (1); mais non sans de grands efforts.
Pierre de Castelnau, envoyé du pape pour prêcher
contre les hérétiques, fut assassiné par les Albigeois,
à cause des fréquentes menaces qu'il faisait au comte
Raymond, leur protecteur. Dès qu'on apprit sa mort,
on le mit au nombre des martyrs de l'église, et on
s'occupa de le venger : des milliers de malheureux
Albigeois périrent dans les flammes, en l'honneur
d'une religion fondée sur la douceur et la tolérance.

Innocent III mourut en 1216, avant d'avoir pu donner une forme stable à l'inquisition. Honorius III lui
succéda, disposé à poursuivre cette noble entreprise.
Il écrivit à saint Dominique, pour l'encourager à
continuer avec zèle les travaux qu'il dirigeait, pour
la plus grande gloire de Dieu. Dominique ne s'acquitta que trop bien de la commission.

Tandis qu'il établissait l'inquisition chez les Albigeois, Honorius III l'éleva en Italie. Elle y existait
en 1224, confiée aux dominicains. Cinq ans après,
le pape Grégoire IX érigea l'inquisition en tribunal,
et lui donna des constitutions.

(1) Dans le même temps, il y eut des troubles en Angleterre,
au sujet de l'élection d'un archevêque de Cantorbéri, et le pape
mit le royaume en interdit. Jean-sans-Terre, au lieu de s'appuyer
des forces de son clergé, contre les entreprises d'Innocent III,
confisqua tous les biens de l'église, et acheva de soulever ses sujets. Le pape passa de l'interdit à l'excommunication, délia les
sujets du serment de fidélité, et donna la couronne d'Angleterre
au roi de France. Jean, qui se vit abandonné par toute la nation,
prit le parti de se soumettre au pape, et rendit son royaume
feudataire et tributaire du saint siége. *Le président* HÉNAULT.

Ce pape lança contre les hérétiques une bulle, dont voici quelques fragmens :

« Les hérétiques, condamnés par le tribunal de l'inquisition, seront livrés au juge séculier, pour recevoir le juste châtiment dû à leur crime, après avoir été dégradés, s'ils sont engagés dans l'état ecclésiastique.

» Celui qui demandera à se convertir subira seulement une pénitence publique, et une prison perpétuelle.

» Les habitans, qui donneront asile aux hérétiques, seront excommuniés, privés du droit d'occuper aucun emploi public, de voter, de tester, d'hériter, etc.; et surtout déclarés infâmes, s'ils ne demandent réconciliation à la sainte église catholique.

» Ceux qui communiqueront avec les hérétiques, seront excommuniés. Il est ordonné à tout fidèle de dénoncer les uns et les autres à son confesseur, sous peine d'anathème et d'excommunication.

» Les enfans des excommuniés n'auront aucun droit aux emplois publics, et n'hériteront point des biens de leurs parens.

» Les hérétiques morts dans leur crime seront exhumés, pour être la proie des flammes. Leurs cendres seront jettées au vent, leur nom livré à l'infamie et leurs biens confisqués.... »

En 1233, lorsque saint Louis eut donné à l'inquisition de France une consistance raisonnable, d'après les décrets des conciles de Toulouse, de Narbonne, et de Béziers, Grégoire IX songea à la faire fleurir

aussi dans l'Espagne. Il y avait, dans les royaumes de
Castille, de Navarre, et d'Aragon, des religieux dominicains, depuis l'établissement de l'inquisition. Il
est probable par conséquent qu'elle y était déja établie; mais elle était loin de cet état de splendeur où
l'éleva saint Ferdinand, roi des Espagnes. Grégoire IX avait envoyé des brefs aux évêques de ce
royaume, principalement à D. Esparrago, évêque de
Tarragone, pour lui ordonner de créer des inquisiteurs et de les envoyer dans les diocèses. Innocent IV
acheva d'établir et de perfectionner cette sainte insti-
tution. Urbain IV, depuis devenu saint, s'en occupa
aussi avec fruit, et sut apprécier le zèle des moines
prêcheurs.

Le pouvoir de l'inquisition n'eut bientôt plus de
limites. Dans son origine, cependant, elle n'avait pas
le droit de prononcer la peine de mort. Mais elle s'en
consolait, parce qu'une loi du souverain obligeait
le juge séculier à condamner à mort tout accusé que
l'inquisition lui livrait, comme coupable d'hérésie.
On doit être surpris de voir les inquisiteurs insérer à
la fin de leurs sentences, une formule, où le juge est
prié de ne point appliquer à l'hérétique la peine capitale, tandis qu'il est prouvé, par plusieurs exemples,
que si, pour se conformer aux prières de l'inquisiteur,
le juge séculier n'envoyait pas le coupable au supplice,
il était mis lui même en jugement, comme suspect
d'hérésie, d'après une disposition de l'article 9 du
règlement, portant que le soupçon résultait naturellement de la négligence du juge à faire exécuter les

lois civiles, infligées aux hérétiques, quoiqu'il s'y fût
engagé par serment. Cette prière, ajoute D. Llorente,
n'était donc qu'une vaine formalité, dictée par l'hypocrisie, et qui seule eut été capable de déshonorer le
saint-office.

Comme le premier canon du concile de Toulouse,
de l'an 1229, avait ordonné aux évêques de choisir,
en chaque paroisse, un prêtre et deux ou trois laï-
ques de bonne réputation, lesquels faisaient serment
de rechercher exactement et fréquemment les hérétiques, dans les maisons, les caves, et tous les lieux
où ils se pourraient cacher, et d'en avertir promptement l'évêque, le seigneur du lieu, ou son bailli,
après avoir pris leurs précautions, afin que les hérétiques découverts ne pussent s'enfuir, les inquisiteurs
agissaient, dans ce temps-là, de concert avec les
évêques. Les prisons de l'évêque et de l'inquisition
étaient souvent les mêmes ; et quoique dans le cours
de la procédure l'inquisiteur pût agir en son nom,
il ne pouvait sans l'intervention de l'évêque, faire
appliquer à la question, prononcer la sentence défi-
nitive, ni condamner à la prison perpétuelle, etc.
Les disputes fréquentes, entre les évêques et les inquisiteurs, sur les limites de leur autorité, sur les
dépouilles des condamnés, etc, obligèrent en 1473,
le pape Sixte IV à rendre les inquisitions indépen-
dantes et séparées des tribunaux des évêques. (1)

Ces dissensions des évêques et des inquisiteurs

---

(1) Voltaire *Dictionnaire philosophique.*

avaient affaibli l'ancienne inquisition dans les Espagnes. On prétend même qu'elle y était entièrement abolie, quand Ferdinand V, roi de Sicile, époux de la fameuse Isabelle, monta sur le trône de Castille. Il joignit à cette couronne, celle d'Aragon, par la mort de Jean II son père, celle de Grenade qu'il conquit sur les Maures, et celle de Navarre dont il dépouilla Jean d'Albret. Isabelle et Ferdinand ne furent pas plutôt sur le trône de Castille, qu'ils s'occupèrent de relever la glorieuse inquisition. C'est celle-ci qui a dominé en Espagne, depuis 1481 jusqu'à notre siècle ; que nous avons vú anéantir, à la satisfaction de toute l'Europe ; et qui vient d'être rétablie, au grand regret de tous les Espagnols amis des lumières (1).

Les inquisiteurs établirent leur tribunal, dans le couvent de Saint-Paul des pères dominicains de Séville ; et ce fut le 2 janvier 1481, que fut promulgué le premier acte de leur juridiction.

Lorsque Isabelle vit que l'inquisition s'affermissait, elle pria le pape de donner à ce tribunal une forme propre à satisfaire tout le monde. Elle demandait que les jugemens portés en Espagne fussent définitifs et sans appel à Rome ; et se plaignait en même temps qu'on l'accusât de n'avoir d'autre vue, dans l'établissement de l'inquisition, que de partager, avec les inquisiteurs, les biens des condamnés. Sixte IV accorda tout, loua le zèle de la reine, et

---

(1) D. Llorente, chap. v, art. 1er.

apaisa les scrupules de sa conscience sur l'article des confiscations. Une bulle du 2 août 1483 établit, en Espagne , un grand inquisiteur général à qui étaient soumis tous les tribunaux du saint-office. Cette place fut donné au père Thomas de Torque-mada , fanatique d'une barbarie atroce , capable , plus que tout autre , de remplir les intentions de Ferdinand et d'Isabelle , en multipliant les confisca-tions et les supplices.

L'inquisition condamnait , sous ce monstre , plus de dix mille victimes, par année ; et il remplit, dix-huit ans , les fonctions de grand inquisiteur... Il était tellement abhorré , qu'il ne sortait qu'escorté de deux cent cinquante familiers du saint-office. Il avait toujours , sur sa table , une défense de licorne, à laquelle on supposait la vertu de faire découvrir et de rendre nulle la force des poisons. Ses cruautés excitèrent tant de plaintes , que le pape lui-même en fut effrayé , et que le grand inquisiteur fut obligé trois fois d'envoyer sa justification au saint père.

Ce fut principalement à la sollicitation de Torque-mada , que le même Ferdinand V, surnommé le Catholique (1), bannit de son royaume tous les Juifs,

---

(1) Le Ferdinand, qui institua l'ancienne inquisition, fut béa-tifié et nommé *saint*. Le Ferdinand , qui éleva l'inquisition mo-derne , fut surnommé pour cela *le catholique* *. Ses successeurs ont conservé ce titre.

* *Saraceni, judaique aut christum colere, aut exulare jussi. Subindè, sacrum Inquisitionis officium institutum. Ob eas res , Ferdinando Regi , ab Innocen-tio VIII, catholici cognomen datum.* Turselini , à societate Jesu, lib. X.

en leur accordant trois mois , à compter de la publi-
cation de son édit, après lequel temps , il leur était
défendu , sous peine de la vie , de se retrouver sur
les terres de la domination espagnole. Il leur était
permis de sortir du royaume , avec les effets et marchandises qu'ils avaient achetées , mais défendu
d'emporter aucune espèce d'or ou d'argent. Torquemada appuya cet édit, dans le diocèse de Tolède,
par une défense à tous chrétiens, sous peine d'excommunication, de donner quoi que ce fut aux Juifs,
même des choses les plus nécessaires à la vie.

D'après ces lois , il sortit de la Catalogne, du
royaume d'Aragon , de celui de Valence , et des
autres pays soumis à la domination de Ferdinand,
environ un million de Juifs , dont la plupart périrent
misérablement ; de sorte qu'ils comparent les maux
qu'ils souffrirent en ce temps-là , à leurs-calamités
sous Tite et sous Vespasien. Cette expulsion des Juifs
causa à tous les rois catholiques une joie incroyable (1).

Quand les trois mois accordés par l'édit furent écou-
lés, les inquisiteurs firent leurs recherches. Quoiqu'il
ne dût se trouver alors que bien peu de Juifs dans les
Espagnes , on fit une multitude de victimes ; et le
nombre des malheureux condamnés comme Juifs, est
énorme, si on le compare au petit nombre des véritables Juifs qui eurent l'imprudence inconcevable de
ne pas fuir les états de Ferdinand V.

On arrêtait, en qualité d'*hérétiques juifs*, ceux

----

(1) Voltaire. *Dictionnaire philosophique.*

qui mangeaient avec les Juifs, ou des mêmes viandes que les Juifs ;

Ceux qui récitaient les psaumes de David, sans dire à la fin le *Gloria patri* ;

Ceux qui mangeaient des laitues, le jour de Pâques ;

Ceux qui tiraient l'horoscope de leurs enfans ;

Ceux qui soupaient avec leurs parens et leurs amis, la veille d'un voyage, comme font les Juifs ;

Ceux qui, en mourant (1), tournaient la tête du côté de la muraille, comme fit le roi Ézéchias ;

Ceux qui faisaient l'éloge funèbre des morts ;

Ceux qui répandaient de l'eau, dans la maison des morts ; etc.

Le grand nombre des condamnés que l'on faisait mourir par le feu, obligea le préfet de Séville de faire construire, hors de la ville, un échafaud permanent en pierre, qui s'est conservé, jusqu'à nos jours, sous le nom de *Quemadero* (2). On y enfermait les hérétiques ; et ils y périssaient dans les flammes.

En 1484, Ferdinand V établit le saint-office en Aragon. Les Aragonais, après des efforts multipliés pour empêcher l'érection de ce tribunal odieux, dans leur pays, assassinèrent le premier inquisiteur qu'on leur envoya. Il se nommait Pierre Arbuès d'Épila. Il portait sous ses habits une cotte de maille, et une

---

(1) On a vu plus haut que la mort même ne mettait pas à l'abri des poursuites de l'inquisition. En même temps qu'on brûlait le cadavre d'un hérétique, on confisquait tous ses biens, et ce n'était pas toujours une chose à négliger.

(2) Lieu du feu.

calotte de fer sous son bonnet. Les conjurés, l'ayant frappé à la gorge, rompirent la bride de l'armure de la tête, et lui portèrent le coup mortel , dans l'église métropolitaine de Saragosse , le 15 septembre 1485. Ce meurtre occasiona une espèce d'émeute, qui effraya les esprits et facilita l'établissement de l'inquisition à Saragosse. Pierre d'Épila fut honoré comme martyr de la foi ; il fit des miracles (1), et Alexandre VII le canonisa, en 1664.

Les inquisiteurs s'emparèrent bientôt des assassins du béat, et firent brûler, comme tels, plus de deux cents Aragonais. Un plus grand nombre expira dans le fond des cachots, ou pour cause d'hérésie, ou pour avoir approuvé le meurtre de Pierre d'Épila. Les principaux meurtriers furent traînés dans les rues de Saragosse ; après quoi, on les pendit ; leurs cadavres furent écartelés, et leurs membres exposés sur les chemins publics. On comptait, parmi ces grands coupables, quelques personnes des plus illustres familles de Saragosse ; l'inquisition ne les épargna point : on sait que rien n'était sacré devant ce tribunal insolent. Un neveu de Ferdinand V, le fils du malheureux D. Carlos, fut enfermé dans les cachots de l'inquisition de Saragosse, d'où il ne sortit que pour subir la peine d'une pénitence publique, parce qu'il

---

(1) Le bienheureux Pierre Arbuès d'Épila guérissait de la peste ceux qui priaient dévotement sur son tombeau. De plus, il se montrait aux honnêtes chrétiens, et leur donnait de sages avis. *Voyez la vie de Saint Pierre Arbuès d'Épila*, par l'inquisiteur D. Di\---   \- - - - - - - -

avait protégé la fuite de quelques citoyens suspects d'hérésie.—Enfin , malgré l'opposition de toutes les provinces Aragonaises , l'inquisition prit racine dans ce royaume , et y étendit ses ravages.

En 1492, Ferdinand et Isabelle firent la conquête du royaume de Grenade. Les Maures offrirent de nouvelles victimes et de nouvelles richesses à l'avidité des inquisiteurs ; en 1502, on les chassa de Grenade, comme on avait chassé les Juifs de toutes les Espagnes.

Pour ne pas promener plus long-temps le lecteur sur des atrocités politiques , d'autant plus horribles que leurs effets furent plus étendus, il suffira d'ajouter que l'inquisition s'établit en Sicile en 1503 ; que les inquisiteurs y étaient déjà, en 1512, aussi arrogans qu'en Espagne; que ce tribunal de sang s'éleva bientôt à Naples, à Malte, en Sardaigne , en Flandre , à Venise, dans le Nouveau-Monde , etc ; et que partout il ne servit qu'à ébranler, par des flots de sang répandu , les fondemens de la religion chrétienne.

Le Portugal ne connaissait encore qu'imparfaitement la sainte inquisition, quoique, dès le commencement du quinzième siècle , le pape Boniface IX eut délégué dans ce royaume des frères prêcheurs qui allaient, de ville en ville, brûler les hérétiques , les musulmans et les Juifs ; mais ils étaient ambulans , et les rois mêmes se plaignirent quelquefois de leurs vexations. Le pape Clément VII voulut leur donner un établissement fixe en Portugal , comme ils en avaient en Aragon et en Castille. Il y eut des difficultés entre la cour de Rome et celle de Lisbonne ; les esprits s'aigrirent; l'inquisition en souffrait, et n'était point établie parfaitement.

En 1539, il parut à Lisbonne un légat du pape, qui était venu, disait-il, pour établir la sainte inquisition sur des fondemens inébranlables. Il apportait au roi Jean III des lettres du pape Paul III. Il avait d'autres lettres de Rome, pour les principaux officiers de la cour; ses patentes de légat étaient dûment scellées et signées; il montrait les pouvoirs les plus amples de créer un grand inquisiteur et tous les juges du saint-office. C'était un fourbe, nommé Saavedra, qui savait contrefaire toutes les écritures, fabriquer et appliquer de faux sceaux et de faux cachets. Il avait appris ce métier à Rome, et s'y était perfectionné à Séville, d'où il arrivait, avec deux autres fripons. Son train était magnifique; il était composé de plus de cent vingt domestiques. Pour subvenir à cette énorme dépense, lui et ses confidens empruntèrent à Séville des sommes immenses, au nom de la chambre apostolique de Rome; tout était concerté avec l'artifice le plus éblouissant.

Le roi de Portugal fut étonné d'abord que le pape lui envoyât un légat *à latere*, sans l'en avoir prévenu. Le légat répondit fièrement que, dans une chose aussi pressante que l'établissement fixe de l'inquisition, sa sainteté ne pouvait souffrir les délais, et que le roi était assez honoré que le premier courrier, qui lui en apportait la nouvelle, fût un légat du saint père. Le roi n'osa répliquer. Le légat, dès le jour même, établit un grand inquisiteur, envoya

partout recueillir des décimes ; et avant que la cour
pût avoir des réponses de Rome , il avait déjà recueilli
plus de deux cents mille écus (1).

Cependant , le marquis de Villanova , seigneur
espagnol , de qui le légat avait emprunté , à Séville ,
une somme très-considérable, sur de faux billets ,
jugea à propos de se payer par ses mains, au lieu
d'aller se compromettre, avec le fourbe, à Lisbonne.
Le légat faisait alors sa tournée sur les frontières de
l'Espagne. Il y marche ; avec cinquante hommes armés , l'enlève et le conduit à Madrid.

La friponnerie fut bientôt découverte à Lisbonne.
Le conseil de Madrid condamna le légat Saavedra au
fouet et à dix ans de galères. Mais ce qu'il y eut d'admirable, c'est que le pape Paul IV confirma depuis
tout ce qu'avait établi ce fripon ; il rectifia par la
plénitude de sa puissance divine toutes les petites
irrégularités des procédures, et rendit sacré ce qui
avait été purement humain.

Qu'importe de quel bras Dieu daigne se servir.

Au reste, ajoute Voltaire, on connaît assez toutes
les procédures de ce tribunal ; on est emprisonné sur
la simple dénonciation des personnes les plus infâmes;
un fils peut dénoncer son père, une femme, son mari;
on n'est jamais confronté devant ses accusateurs ; les

_____

(1) Voltaire dit aussi qu'il avait fait mourir deux cents personnes; mais Don Llorente semble le justifier de toute accusation
de cruauté. Au reste , cette histoire du *faux nonce de Portugal*
est tirée toute entière du *Dictionnaire philosophique.*

biens sont confisqués au profit des juges ; c'est ainsi du moins que l'inquisition s'est conduite jusqu'à nos jours : il y a là quelque chose de divin ; car il est incompréhensible que les hommes aient souffert ce joug patiemment.

Quand les Espagnols passèrent en Amérique, ils y portèrent l'inquisition avec eux ; les Portugais l'introduisirent aux Indes, aussitôt qu'elle fut autorisée à Lisbonne : c'est ce qui fait dire à Louis de Paramo, dans la préface de son livre sur l'Origine de l'inquisition, que cet arbre florissant et vert a étendu ses racines et ses branches dans le monde entier, et a porté les fruits les plus doux.

Néanmoins cet arbre venimeux était déraciné. Il se relève dans l'Espagne et dans quelques autres contrées, malgré les plaintes de l'humanité. Plaise au ciel que les lumières du siècle puissent bientôt l'anéantir, et que Dieu soit enfin honoré d'un culte libre.

ANECDOTES. — Gaspard de Santa-Crux, impliqué dans l'affaire du meurtre de Pierre d'Épila, s'était réfugié à Toulouse, où il mourut, après avoir été brûlé en effigie à Saragosse. Un de ses enfans fut arrêté par ordre des inquisiteurs, comme ayant favorisé l'évasion de son père. Il subit la peine de *l'auto-da-fé public* et fut condamné à prendre copie du jugement rendu contre son père, à se rendre à Toulouse, pour présenter cette pièce aux dominicains, à demander que son cadavre fut exhumé, pour être brûlé, et enfin à revenir à Saragosse remettre aux inquisiteurs le procès verbal de cette exécution. Le fils condamné se soumit, sans se plaindre, à l'ordre de ses juges (1)...

—A Barcelone; l'inquisition fit châtier, en novembre 1506, un homme convaincu de judaïsme, et qui se disait disciple du fameux Jacob Barba; il se vantait d'être Dieu, un en trois personnes; il soutenait que les décisions du pape étaient nulles, sans son approbation; qu'il serait mis à mort, à Rome; qu'il ressusciterait le troisième jour, et que tous ceux qui croiraient en lui seraient sauvés. Il me semble, dit ici D. Llorente, que les extravagances de cet homme n'avaient aucun rapport avec les erreurs des Juifs, et que le malheureux était bien plus fou qu'hérétique.

—Si l'on en croit quelques historiens, Philippe III, roi d'Espagne, obligé d'assister à un *auto-da-fé*, frémit et ne put retenir ses larmes, en voyant une jeune Juive et un jeune Maure de quinze à seize ans, qu'on livrait aux flammes, et qui n'étaient coupables que d'avoir été élevés dans la religion de leurs pères et d'y croire. Ces historiens ajoutent que l'inquisition fit un crime à ce prince d'une compassion si naturelle; que le grand inquisiteur osa lui dire que, pour l'expier, il fallait qu'il lui en coutât du sang; que Philippe III se laissa saigner, et que le sang qu'on lui tira fut brûlé par la main du bourreau (2).

— On voit, dans la cathédrale de Saragosse, le

_____

(1) D. Llorente, chap. VI.
(2) Saint-Foix.

tombeau d'un fameux inquisiteur. Il y a six colonnes
sur ce tombeau, et à chacune de ces colonnes, un
Maure attaché, et qu'il paraît qu'on va brûler. Si
jamais le bourreau, dans quelque pays, était assez
riche pour se faire élever un mausolée, celui-là
pourrait lui servir de modèle (1).

— L'inquisition, en livrant aux bourreaux ceux
qu'elle a comdamnés; recommande de ne pas répandre le sang; et pour ne le point répandre, on le
brûle (2).

— On regarde communément saint Dominique
comme le fondateur de la sainte inquisition. Nous
avons encore une patente donnée par ce grand saint,
laquelle est conçue en ces mots :

« A tous les fidèles chrétiens qui auront connais-
» sance des présentes lettres, Fr. Dominique, cha-
» noine d'Osma, le moindre des prêcheurs, salut en
» Jésus-Christ.

» En vertu de l'autorité apostolique du légat du
» saint siége, que nous sòmmes chargés de repré-
» senter, nous avons réconcilié à l'église le porteur
» de ces lettres, Ponce Roger, qui a quitté, par la
» grâce de Dieu, la secte des hérétiques; à condi-
» tion qu'il se fera fouetter par un prêtre, trois di-
» manches consécutifs, depuis l'entrée de la ville
» jusqu'à la porte de l'église, comme il nous l'a pro-
» mis avec serment; qu'il fera maigre toute sa vie;

---

(1) Saint-Foix.
(2) *Idem.*

» qu'il jeûnera trois carêmes dans l'année ; qu'il ne
» boira jamais de vin ; qu'il portera le *San-benito*(1),
» avec des croix ; qu'il récitera le bréviaire tous les
» jours , sept *pater* dans la journée, dix le soir , et
» vingt à l'heure de minuit ; qu'il vivra chastement ,
» gardant désormais une continence absolue , et qu'il
» se présentera tous les mois au curé de sa paroisse,etc.;
» tout cela sous peine d'être traité comme hérétique ,
» parjure, excommunié , etc. (2) »

Quoique Dominique soit le véritable fondateur
de l'inquisition , cependant Louis de Paramo , l'un
des plus respectables écrivains et des plus brillantes
lumières du saint-office , rapporte , au titre second
de son second livre , que Dieu fut le premier instituteur du saint-office , et qu'il exerça le pouvoir des
frères prêcheurs contre Adam. D'abord Adam est cité
au tribunal : *Adam* , *ubi es ?* Et en effet, ajoute-t-il,
le défaut de citation aurait rendu la procédure de
Dieu nulle.

Les habits de peau, que Dieu fit à Adam et à Ève ,
furent le modèle du *San-benito* , que le saint-office
fait porter aux hérétiques. Il est vrai, dit Voltaire,
que par cet argument on prouve que Dieu fut le premier tailleur ; mais il n'est pas moins évident qu'il fut
le premier inquisiteur.

Adam fut privé de tous les biens immeubles, qu'il

---

(1) Corruption de *sacco bendito*, sac béni. — C'est un scapulaire qu'on fait porter aux hérétiques condamnés.

(2) Paramo , liv. I.

possédait dans le paradis terrestre : c'est de là que le saint-office confisque les biens de tous ceux qu'il a condamnés.

Louis de Paramo remarque que les habitans de Sodôme furent brûlés comme hérétiques, parce que la sodomie est une hérésie formelle. De là, il passe à l'histoire des Juifs, il y trouve partout le saint-office.

Jésus-Christ est le premier inquisiteur de la nouvelle loi. Il en exerça les fonctions, dès le treizième jour de sa naissance, en faisant annoncer à la ville de Jérusalem, par les trois rois mages, qu'il était venu au monde ; et depuis, en faisant mourir Hérode rongé de vers, en chassant les vendeurs du temple, et enfin en livrant la Judée à des tyrans qui la pillèrent, en punition de son infidélité. Après Jésus-Christ, saint Pierre, saint Paul et les autres apôtres furent inquisiteurs, de droit divin. Ils communiquèrent leur puissance aux papes et aux évêques leurs successeurs, qui la transmirent à saint Dominique. Saint Dominique, étant venu en France, avec l'évêque d'Osma, dont il était archidiacre, s'éleva avec zèle contre les Albigeois, et se fit aimer de Simon, comte de Montfort. Ayant été nommé par le pape inquisiteur en Languedoc, il y fonda son ordre. Le comte de Montfort prit d'assaut la ville de Béziers, et en fit massacrer tous les habitans ; à Laval, on brûla, en une seule fois, quatre cents Albigeois. Dans tous les historiens de l'inquisition que j'ai lus, dit Paramo, je n'ai jamais vu un acte de foi aussi célebre, ni un spectacle aussi solennel. Au village de Cazeras, on en brûla soixante, et dans un autre endroit, cent quatre-vingt.

Paramo fait ensuite le dénombrement de tous ceux que l'inquisition a mis à mort; il en trouve beaucoup au-delà de cent mille : son livre fut imprimé en 1589, à Madrid, avec l'approbation des docteurs, les éloges de l'évêque et le privilége du roi. Nous ne concevons pas aujourd'hui des horreurs si extravagantes à la fois et si abominables, mais alors rien ne paraissait plus naturel et plus édifiant. Tous les hommes ressemblent à Louis de Paramo, quand ils sont fanatiques (1).

INTERDIT. — Sentence ecclésiastique qui prive les excommuniés de leurs biens, de leur puissance, de leurs droits, etc., et les sépare de la société des fidèles.

Cette sorte d'arme était autrefois si en usage, que tout le monde s'en escrimait à tout propos, dit Sauval, depuis le plus grand, jusqu'au plus petit; non seulement les papes et les évêques, mais encore les abbés, les chapitres, l'université de Paris ; le moindre particulier même osait aussi s'en mêler, et excommuniait tout comme les autres (2).

Les interdits et les excommunications ont été en usage chez presque tous les peuples. Les Atlantes, incommodés par l'excessive chaleur du soleil, payaient un

_____

(1) Voltaire. *Dictionnaire philosophique.*
(2) Histoire et recherches sur les antiquités de Paris, liv. XI.

prêtre pour l'excommunier tous les matins. Être
chassé de la synagogue était la plus grande peine chez
les Juifs. César, en parlant des Gaulois, dit que les
Druides jugeaient tous les procès ; qu'ils interdisaient
les sacrifices à quiconque refusait de se soumettre à
leurs sentences ; que ceux qui avaient été interdits,
étaient réputés impies et scélérats ; qu'ils n'étaient
plus reçus à plaider, ni à témoigner en justice ; et que
tout le monde les fuyait, dans la crainte que leur
abord et leur entretien ne portassent malheur. On lit
dans Plutarque que la prêtresse Théano, pressée par
le sénat d'Athènes de prononcer des malédictions
contre Alcibiade, qu'on accusait d'avoir mutilé, la
nuit, en sortant d'une débauche, des statues de
Mercure, s'excusa, en disant qu'*elle était prêtresse*
des dieux pour prier et bénir, et non pour détester
et maudire. Philippe-Auguste ayant voulu répudier
Ingelburge, pour épouser Agnès de Méranie, le pape
mit le royaume en interdit ; les églises furent fermées
pendant plus de huit mois ; on ne disait plus ni
messes, ni vêpres ; on ne mariait point ; les œuvres du
mariage étaient même illicites : il n'était permis à
personne de coucher avec sa femme, parce que le roi
ne voulait plus coucher avec la sienne ; et la génération ordinaire dut manquer en France cette année-
là (1).

(1) Sauval dit à ce propos que Philippe-Auguste ayant assemblé
à Melun tous les grands seigneurs, lorsque le pape l'eut excommunié,(en 1206), ils lui déclarèrent tous qu'ils ne le tiendraient
pour roi s'il ne soutenait qu'ils ne connussent les raisons que le pape
avait d'en venir là. *Saint-Foix, Liv. VII.*

—Venilon, archevêque de Sens, excommunia et déposa, de son plein pouvoir, Charles-le-Chauve. On trouve cette phrase dans l'écrit que ce monarque publia contre le séditieux : *Ce prélat*, dit-il, *ne devait pas m'interdire, avant que j'eusse comparu devant les évêques qui m'ont sacré*, *et que j'eusse subi leur jugement*, *auquel j'ai été et serai toujours très-soumis* ; *ils sont les trônes de Dieu*, *et c'est par eux qu'il prononce ses décrets….* (1)

—En 1242, il s'éleva des différens, entre la cour de France et le saint siége, à l'occasion de l'archevêché de Bourges, où Innocent II voulait soutenir celui qu'il avait fait élire par le chapitre, quoique le roi Louis-le-Jeune, suivant le droit qu'il en avait, se fût opposé à cette élection. Innocent II avait obligation au roi, dit le président Hénault, puisque ce fut dans le concile tenu à Étampes, que ce pontife fut préféré à son concurrent Anaclet II ; cela ne l'empêcha pas de mettre le domaine du roi de France en interdit ; et Louis-le-Jeune ne put expier *son crime* que par une croisade. Il partit donc, suivant les conseils de saint Bernard, et malgré les fortes représentations de l'abbé Suger ; il s'embarqua pour la Palestine, à la tète de quatre-vingt mille hommes, emmenant avec lui Éléonore sa femme, qui se conduisit fort mal en terre sainte. Cette croisade ne produisit, comme toutes les autres, que des crimes, des défaites et de pieuses horreurs.

---

(1) Saint-Foix.

— Un homme en *pénitence publique* était suspendu de toutes fonctions civiles, militaires et matrimoniales; il ne devait ni se faire faire les cheveux, ni se faire faire la barbe, ni aller au bain, ni même changer de linge : cela faisait à la longue un vilain pénitent. Le bon roi Robert encourut les censures de l'église, pour avoir épousé sa cousine; il ne resta que deux domestiques auprès de lui : ils faisaient passer par le feu tout ce qu'il avait touché. En un mot, l'horreur pour un excommunié était telle, qu'une fille de joie, avec qui Eudes-le-Pelletier avait passé quelques momens, ayant appris quelques jours après qu'il était excommunié depuis six mois, fut si saisie, qu'elle tomba dans des convulsions qui firent craindre pour sa vie : elle en guérit par l'intercession d'un saint diacre (1).

— Les démêlés si connus entre Boniface VIII et Philippe-le-Bel, commencèrent à éclater en 1303 : le premier sujet de mécontentement du pape venait de ce que le roi avait donné retraite aux Colonnes, ses ennemis; mais le roi avait des sujets bien plus graves de se plaindre de Boniface (2); ce pontife, se croyant autorisé par ses prédécesseurs, voulait partager avec lui les décimes levées sur le clergé de France; la résistance de Philippe irrite le pape, et, pour première vengeance, il crée le nouvel évêché de Pamiers, sans le concours de la puissance royale,

(1) Saint-Foix.
(2) Le président Hénault.

nécessaire en cette matière. Boniface fait plus , il se
plaît à braver le roi , en nommant légat en France ,
Bernard Saissetti , qui s'était fait ordonner évêque
malgré ce prince : Bernard , en vertu de ses pouvoirs
de légat , ordonne au roi de partir pour une nouvelle
croisade , et de mettre en liberté le comte de Flandre , qu'il tenait prisonnier. Le roi fit arrêter Bernard , et le remit entre les mains de l'archevêque de
Narbonne , son métropolitain. Le pape lança une
bulle foudroyante qui mit le royaume en interdit.
Philippe assembla les trois états du royaume , et
convint de convoquer un concile. On en donna avis
aux princes voisins , et il fut arrêté qu'on appellerait
au futur concile de tout ce que le pape avait fait. Nogaret partit , en apparence pour signifier l'appel, mais
en effet pour enlever le pape. Sciarra-Colonne et
lui l'investirent dans la ville d'Agnanie ; Sciarra
donna un soufflet au pape , et se mit en devoir de le
tuer ; Nogaret l'en empêcha : le pape mourut peu de
temps après. Toutes ces affaires auraient eu de graves suites pour la France ; Benoît XI les prévint, en
déclarant Philippe-le-Bel absous des censures de
Boniface VIII.

— Les prétentions de Grégoire XII et de Benoît XIII à la papauté avaient élevé un schisme dans
l'église, au commencement du quinzième siècle.
Grégoire XII, pour étouffer le schisme , consentait
à se démettre de sa dignité, pourvu que *Pierre-de-
la-Lune* , dit Benoît XIII, voulût en faire autant.
Mais Benoît XIII n'y voulut rien entendre , et répon-

dit qu'*Ange Corravian*, dit Grégoire XII, devait se
soumettre au plus vite à son autorité apostolique. Le
roi de France, Charles VI, ennuyé de ces dissensions,
leur manda à tous deux, au mois de mars 1407, que
si l'église n'était réunie, avant l'Ascension, ni lui, ni
la France entière ne les reconnaîtraient plus pour
souverains pontifes. Benoît excommunia aussitôt le
roi, et mit le royaume en interdit. Un courrier Ara-
gonnais en apporta la sentence à Charles VI, et chercha à s'échapper, après la lui avoir remise ; mais il
fut arrêté et conduit en prison. La sentence d'excommunication fut déchirée publiquement dans la grand'-
chambre ; et l'ambassadeur de Pierre-de-la-Lune,
aussi-bien que son courrier, furent condamnés à faire
amende honorable, revêtus d'une tunique blanche,
où étaient figurées les armes de Benoît renversées et
coiffées d'une mitre de papier. — Le concile de Pise
termina les disputes de Grégoire et de Benoît, en
les déposant tous deux, et en proclamant pape
Alexandre V.

—Plusieurs autres princes furent interdits, comme
ceux-ci ; mais à mesure que les ténèbres des siècles
de barbarie se dissipaient, les foudres de Rome per-
daient leur antique pouvoir. Elles sont maintenant
tombées en désuétude, et n'inspirent plus qu'un ridicule effroi aux esprits faibles. — En 1512, le pape
Jules II jeta un interdit sur le royaume de France, et
en particulier sur la ville de Lyon, parce que Louis XII
avait transféré dans cette ville le concile de Pise, et
qu'il y avait cité le pape, pour qu'il rendît compte

de sa conduite envers les Français. — En 1585, le pape Sixte-Quint excommunia le roi de Navarre, et le déclara indigne de succéder à la couronne. Henri IV en appela, comme d'abus, au concile général, et fit afficher son acte d'appel aux portes du Vatican. Cette conduite força le pape lui-même à admirer Henri IV. (Voyez *Excommunication.*)

INVISIBLE. — Le magicien juif David Alruy se rendait invisible, et parlait cependant à ceux qui l'entouraient. Un jour qu'on le cherchait, il passa la mer sur son écharpe, et échappa à ceux qui le poursuivaient (1).

— Pour être invisible, il ne faut que mettre devant soi le contraire de la lumière; un mur, par exemple (2).

— On se rend invisible, en portant, sous son bras droit, le cœur d'une chauve-souris, celui d'une poule noire et celui d'une grenouille (3). (Voyez *Anneau.*)

INVOCATIONS. — Agrippa dit que, pour invoquer le diable et l'obliger à paraître, on se sert de ces paroles magiques : *Dies, mies, jesquet, benedo, efet, douvema, enitemaüs!* Comme ces mots ne sont pas difficiles à prononcer, il est aisé d'en faire l'épreuve.

— Ceux qui ont des rousseurs au visage ne peu-

---

(1) Benjamin.
(2) Le comte de Gabalis.
(3) Pline.

vent faire venir les démons, quoiqu'ils les invo-
quent (1). (Voyez *Évocations.*)

J.

JEANNE D'ARC, dite la *Pucelle d'Orléans.* —
Les Anglais possédaient presque toute la France, et
le roi Charles VII était à la veille de se voir sans asile
dans son royaume, lorsqu'une jeune bergère des environs de Vaucouleurs vint se présenter devant lui,
et lui annonça, de la part de Dieu, que les Anglais seraient bientôt chassés de la France, et qu'il serait
couronné à Rheims, s'il voulait lui donner des chevaux et des hommes, afin qu'elle combattît pour son
service.

Le roi, étonné de voir tant d'assurance dans une
simple paysanne, lui accorda ce qu'elle demandait.
Elle s'arma d'une épée, qui était enterrée dans l'é-
glise de Sainte-Catherine de Fierbois, et combattit
avec un courage qui éclipsa celui des plus grands
capitaines. Elle chassa les Anglais d'Orléans, fit sa-
crer Charles VII à Reims, lui rendit Troyes, Châ-
lons, Auxerre, et la plus grande partie de son
royaume. On la voyait toujours la première à la bataille, et les plus graves blessures ne pouvaient l'o-
bliger à prendre du repos. Toute la France l'admira,
et les cris de *Vive la Pucelle* se mêlaient de toutes
parts aux cris de *Vive le roi !*

Cependant le roi marcha vers Paris, et campa entre

---

(1) Le Loyer.

Paris et Montmartre , espérant reprendre la ville aux Anglais. Mais malgré tous les efforts de la Pucelle, qui fut faiblement secondée, on ne put forcer l'ennemi à évacuer. C'est pourquoi Charles VII retira son armée, et la Pucelle se jeta dans Compiègne pour la défendre contre le duc de Bourgogne. Ce fut là qu'elle fut prise , en favorisant la retraite des siens , par un gentilhomme picard, qui la vendit à Jean de Luxembourg. L'infâme la vendit à son tour aux Anglais, qui lui firent éprouver toutes sortes de mauvais traitemens. Après quoi, pour se délivrer d'un ennemi qui n'était coupable que de les avoir trop souvent vaincus, ils l'accusèrent de sorcellerie , et, de concert avec quelques évêques français , ils la condamnèrent à être brûlée vive sur la place publique de Rouen. Cette lâche sentence s'exécuta ; on jeta ses cendres au vent , et l'ingrat monarque , qui lui devait sa couronne, l'abandonna , quand il crut n'avoir plus besoin d'elle. Sa mémoire fut réhabilitée vingt ans après sa mort , et on la déclara innocente de sortilége. Deux de ses juges furent brûlés vifs ; deux autres furent exhumés pour expier aussi, dans les flammes , leur jugement inique.

— Si la Pucelle d'Orléans ne fut pas divinement inspirée, dit Saint-Foix, du moins on ne peut nier qu'elle n'ait été une héroïne, et que sa mémoire ne doive être bien respectable et bien chère à tout bon Français. Il y avait, dans un bourg de l'Attique, une jeune jardinière très-belle, et d'une taille avantageuse : elle s'appelait Phya. Pisistrate, chassé par les Athéniens, imagina de la faire passer pour Minerve, la patrone d'Athènes : on la revêtit de tous les ornemens convenables à cette déesse; elle avait l'égide, une lance à la main, et le casque en tête; elle monta dans un char magnifique, tiré par six chevaux blancs, richement harnachés. Pisistrate y était assis à ses pieds; douze hommes, vêtus en messagers des dieux, marchaient devant ce char, et criaient : *Athéniens, Minerve vous ramène Pisistrate; recevez-le avec la soumission et le respect que vous devez à la déesse. Le peuple se prosterna, adora et obéit.* — L'idée de la mission de la Pucelle, soutenue par sa vaillance, la sagesse de ses conseils et la pureté de ses mœurs, releva des courages abattus par une longue suite de disgrâces; elle combattit pour un roi légitime, contre un usurpateur. Phya servit l'ambition, et rétablit l'autorité d'un tyran; tout ce qu'elle eut à faire, consista uniquement à bien jouer le rôle de déesse, pendant quelques heures. Pisistrate la maria à son fils Hipparque; elle régna dans Athènes : la Pucelle d'Orléans fut brûlée.

Les uns ont fait de Jeanne d'Arc une inspirée, les autres une folle, ceux-ci une enthousiaste, ceux-là une visionnaire. Quoi qu'il en soit, Jeanne d'Arc fut une héroïne; la France lui doit son salut; et la postérité la place à côté de nos grands hommes.

JOURS. —

Primum supremumque diem radiatus habet Sol.
Proxima fraternæ succedit Luna coronæ.
Tertius assequitur Titania lumina Mavors.

I. 23

Mercurius quarti sibi vindicat astra diei.
Illustrant quintam Jovis aurea sidera zonam.
Sexta salutigerum sequitur Venus alma parentem.
Cuncta supergrediens Saturni septima lux est.
Octavum instaurat revolubilis orbita solem.

                                        Auten.

Les anciens ont donné à la semaine autant de jours qu'ils connaissaient de planètes. On n'en comptait que sept, il n'y a pas encore bien long-temps, et le nombre sept était un nombre sacré, par une suite du sabéisme ou culte des astres.

Le dimanche est le jour du Soleil.

Le lundi est le jour de la Lune.

Le mardi est le jour de Mars.

Le mercredi est le jour de Mercure.

Le jeudi est le jour de Jupiter.

Le vendredi est le jour de Vénus.

Le samedi est le jour de Saturne.

— Les magiciens, sorciers et autres gens de même sorte, ne peuvent rien deviner, le vendredi ni le dimanche.

Le diable ne fait pas ordinairement ses orgies ni ses assemblées, ces jours-là (1).

— Si on rogne ses ongles, les jours de la semaine qui ont un R, comme le mardi, le mercredi et le vendredi, il viendra des *envies* aux doigts (2). Je ne crois pas qu'il soit facile d'en donner la raison; et comme il n'y a point d'effet sans cause, le mardi, le

---

(1) Delancre.
(2) Thiers.

mercredi et le vendredi ne doivent pas plus engendrer d'*envies* que les autres jours de la semaine.

— Le vendredi est un jour funeste et maudit, quoique l'esprit de la religion chrétienne nous apprenne le contraire (1). Les gens superstitieux oublient tous les malheurs qui leur arrivent les autres jours, pour se frapper l'imagination de ceux qu'ils éprouvent le vendredi. Néanmoins ce jour tant calomnié a eu d'illustres partisans. Sixte-Quint aimait le vendredi avec passion, parce que c'était le jour de sa promotion au cardinalat, de son élection à la papauté et de son couronnement. François Ier. assurait que tout lui réussissait le vendredi. Henri IV aimait ce jour, de préférence, parce que ce fut un vendredi qu'il vit, pour la première fois, la belle marquise de Verneuil, celle de toutes ses maîtresses qu'il aima le plus, après Gabrielle.

Le peuple est persuadé que le vendredi est un jour sinistre, *parce que rien ne réussit ce jour-là.* Mais si un homme fait une perte, un autre fait un gain, et si le vendredi est malheureux pour l'un, il est heureux pour un autre, comme tous les autres jours.—Un père qui voulait engager son fils à se lever de bon matin, lui disait : « Tous ceux qui se lèvent avant le » soleil sont heureux ; un homme étant sorti de sa » maison, au point du jour, trouva une bourse pleine »d'or.—Mais, répondit l'enfant, celui qui avait perdu

_____

(1) La mort de Jésus-Christ, la rédemption du genre humain, la chute du pouvoir infernal devraient au contraire sanctifier le vendredi. Mais les idiots allient toutes les superstitions.

» la bourse s'était levé de meilleure heure que celui
» qui l'a trouvée... » (Voyez *Mois.*)

JUGEMENT DE DIEU. — La femme d'un chevalier français, nommé Carrouge, fut prise de violence par le favori de Pierre-le-Noble, duc d'Alen-
çon, vers la fin du quatorzième siècle. Elle ne se
poignarda point comme Lucrèce ; elle n'assembla
point ses parens pour réveler sa honte ; silencieuse et
désolée, ce fut à son époux seul qu'elle apprit l'affront dont il était couvert. Carrouge demanda vengeance ; il n'y avait point de témoins : il ne put obtenir justice que par le jugement de Dieu. Le combat
eut lieu à Paris, derrière le Temple, en présence du
roi Charles VI : Legris, que la femme de Carrouge accusait de l'avoir violée, fut tué, et son corps mis au
gibet, après avoir été traîné sur la claie, jusqu'au lieu
patibulaire.

Si Carrouge eût succombé, quel eût été le
sort de son épouse ? Après avoir été violée, après en
avoir fait l'aveu humiliant, après avoir causé la mort
de son mari, qui se serait immolé pour venger son
honneur, elle aurait subi elle-même une mort infa-
mante, pour ajouter un nouveau lustre à l'innocence
de son ravisseur. Et voilà ce qu'on appelait alors le
jugement de Dieu (1)!.... Ce n'est pas tout : Legris

_____

(1) Dans ces tems de bénédiction, un assassin, qui, après avoir
poignardé sept ou huit personnes, pouvait gagner la porte d'une
église, ou d'une chapelle, ou d'un couvent, était à l'abri de
toute recherche ; et il n'était plus question de rien.

terrassé, et soûs son ennemi, soutint toujours qu'il
était innocent; mais il n'en passa pas moins pour convaincu, par l'issue du combat, dit Le Laboureur ; et ,
soit que la femme de Carrouge se fût trompée sur la
personne du coupable, à la faveur des ténèbres ou
de quelque ressemblance , soit par toute autre cause,
Legris paya de son honneur et de son sang le crime
d'un malheureux,qui fut depuis exécuté à mort pour
d'autres méfaits , et qui s'accusa de ce viol.

— Quand des femmes acceptaient un duel judiciaire , on creusait , au milieu d'un cercle de dix
pieds de diamètre , une fosse de deux pieds et demi.
L'homme était obligé d'y descendre. La femme se
tenait dans le cercle , sans qu'il lui fût permis d'en
sortir. On leur donnait à chacun trois gros bâtons,
longs d'une aune. Ceux de la femme étaient armés
d'une pierre d'une livre , liée avec une courroie.
Celui qui touchait la terre , en voulant frapper son
adversaire, perdait un de ses bâtons. Le premier qui
perdait ses trois bâtons était le coupable ; il dépendait du vainqueur de faire exécuter la sentence de
mort. Les lois condamnaient l'homme à avoir la tête
tranchée , la femme à être enterrée vivante.

— Un jour , le prieur d'un couvent de Londres ,
qui est maintenant la taverne de la Hure de Sanglier,
retint un peu trop long-temps à ses fervens exer-
cices une certaine dame de qualité : le mari vint subitement , vit beaucoup , et témoigna l'indignation
naturelle dans de semblables rencontres. Le prieur
reconnut, avec humilité, que le démon l'avait égaré,

et la dame ne mit pas seulement en doute qu'un pouvoir magique l'avait éloignée de ses devoirs. L'époux
outragé, loin d'être séduit par de semblables prétextes, livra les coupables à la justice. Des preuves
convaincantes lui donnaient droit de réclamer de
grands dommages : il les aurait obtenus devant des
tribunaux organisés comme les nôtres ; mais la cause
de tout clerc se plaidait alors devant des prêtres, dont
la bonne foi et l'impartialité devenaient l'unique ressource du pauvre laïque.

Le prieur, pour prévenir les suites de l'accusation,
défia le plaignant de soutenir la légitimité de sa cause
en champ clos. Le malheureux gentilhomme, après
avoir été si grièvement outragé, fut contraint de courir les hasards d'un combat singulier. L'empire de la
coutume ne lui permettait pas de balancer. Il releva
donc le gant, que le prieur avait jeté comme un signe
de défi.

Le prieur se fit, comme de droit, représenter par
un champion, puisqu'il n'était pas permis aux membres du clergé de combattre en personne. On enferma,
selon l'usage, l'accusateur et le défenseur dans un
cachot ; tous deux reçurent l'ordre de jeûner et de
prier.

A la suite d'un mois de détention, leurs cheveux
furent coupés et leurs corps frottés d'huile. Ils parurent dans cet état sur le champ de bataille, que des
soldats entouraient. Le roi présidait à cet appareil ;
ils jurèrent de ne poursuivre la victoire ni par fraude,

ni par magie ; ils prièrent à haute voix ; ils se confessèrent à genoux.

Les cérémonies préliminaires étant achevées, le reste de l'affaire fut abandonné au courage et à l'habileté des combattans. Comme le champion du prieur avait une longue habitude de semblables combats, il ne parut pas le moins du monde singulier que la victoire se rangeât de son côté. Le mari vaincu fut arraché du champ de bataille, et dépouillé jusqu'à la chemise : après quoi on le pendit, d'après les lois d'alors, que personne ne discutait ; ces lois prétendaient épouvanter à l'avenir les calomniateurs.

Voilà les temps où nos ancêtres se montraient plus justes, plus sages et plus braves que leurs descendans (1) ! (Voyez *Epreuves.*)

JUIF-ERRANT. — Quand Jésus-Christ fut conduit au calvaire, chargé de l'instrument de sa mort, il voulut se reposer un instant, devant la boutique d'un cordonnier juif. L'artisan le repoussa avec dureté ; et, pour le punir de sa barbarie, Jésus-Christ le condamna à marcher jusqu'à la fin des siècles.

Le cordonnier prit aussitôt un bâton à la main, et se mit à courir le monde, sans pouvoir s'arrêter nulle part. Depuis lors, c'est à dire depuis dix-huit siècles, il a parcouru toutes les contrées du globe, sous le nom du Juif-Errant. Il a affronté les combats, les naufrages, les incendies, il a cherché partout la mort

---

(1) Goldsmith.

et ne l'a point trouvée. Il a toujours cinq sous dans
sa bourse.

Personne ne peut se vanter de l'avoir vu ; mais nos
grands-pères nous disent que leurs grands-pères l'ont
connu ,.et qu'il a paru , il y a plus de cent ans , dans
certaines villes. Les aïeux de nos grands-pères en disaient autant , et les bonnes gens croient à l'existence .
personnelle du Juif-Errant.

Il n'est pas besoin de dire que le Juif-Errant est
une allégorie ingénieuse, qui représente toute la nation juive , errante et dispersée depuis la prise de Jérusalem par Titus , dans tous les pays du monde.
Leur race ne se perd point , quoique confondue avec
les nations diverses , et leurs richesses sont à peu près
les mêmes , dans tous les temps , aussi-bien que leurs
forces. La religion qu'ils professent, et qu'ils tiennent
à conserver , les a jusqu'ici distingués des autres
hommes , et en fera toujours un peuple isolé au milieu du monde.Cette religion ne doit pas sitôt s'éteindre , puisqu'on trouve des Juifs partout où on trouve
des hommes.

JUIFS (1). — La religion juive est une mère vénérable , dont la vieillesse se perd dans la nuit des

_____

(1) Le nom de *Juifs* (*Judæi*) était le nom des Hébreux de la
tribu de *Juda*. Après la mort de Salomon, le royaume fut divisé:
Roboam demeura roi de Juda, et Jéroboam fut roi d'Israël. Les
différentes captivités des Hébreux dissipèrent le royaume d'Israël ; celui de Juda se conserva seul , et on donne maintenant le
nom de *Juifs* à tous les descendans de Jacob. Le bienheureux

temps. Elle a donné l'être à deux filles, la religion chrétienne et la religion mahométane, qui la respectent et la déchirent tout à la fois ; qui se font gloire de venir d'elle, et ne désirent rien tant que de la voir éteinte ; qui approuvent tout ce qu'elle a fait avant d'être mère, et condamnent tout ce qu'elle fait depuis, quoique sa conduite soit à peu près toujours la même ; en un mot, qui allient pour elle l'admiration et l'horreur.

— L'histoire des Juifs est, comme toutes les histoires bien anciennes, un tissu de merveilles. M. de Fontanes en a rassemblé un grand nombre dans ces vers admirables, où il veut montrer que la Bible présente de beaux sujets de poésie ; il a su donner le précepte et l'exemple :

Qui n'a relu souvent, qui n'a point admiré
Ce livre, par le ciel aux Hébreux inspiré?.....
Là, du monde naissant vous suivez les vestiges,
Et vous errez sans cesse au milieu des prodiges.
Dieu parle : l'homme naît. Après un court sommeil,
Sa modeste compagne enchante son réveil ;
Déjà fuit son bonheur avec son innocence.
Le premier juste expire. O terreur! ô vengeance !
Un déluge engloutit le monde criminel.

---

saint Prosper explique autrement l'étymologie du mot *Juifs*. Tous les Hébreux se nommaient ainsi, selon lui, parce qu'ils observaient la loi de Dieu : *Nuncupabantur Judæi, tanquam jus Dei sequentes* [*]. D'où on peut conclure que les Hébreux parlaient latin, huit cents bonnes années avant la fondation de Rome.

[*] *Divi Prosperi de promiss. pars 1, cap. 40.*

Seule , et se confiant à l'œil de l'Éternel,
L'arche domine en paix les flots d'un gouffre immense ,
Et d'un monde nouveau conserve l'espérance.
Patriarches fameux , chefs du peuple chéri ,
Abraham (1) et Jacob , mon regard attendri
Se plaît à s'égarer sous vos paisibles tentes.
L'Orient montre encor vos traces éclatantes ,
Et garde de vos mœurs la simple majesté.
Au tombeau de Rachel je m'arrête attristé ,
Et tout à coup son fils vers l'Égypte m'appelle.
Toi , qu'en vain poursuivit la haine fraternelle ,
O Joseph ! que de fois se couvrit de nos pleurs
La page attendrissante où vivent tes malheurs.
Tu n'es plus! ô revers! Près du Nil amenées
Les fidèles tribus gémissent enchaînées.
Jéhova les protége : il finira leurs maux.
Quel est ce jeune enfant qui flotte sur les eaux?
C'est lui qui des Hébreux finira l'esclavage.

---

(1) Abraham, descendant d'Héber , fut choisi de Dieu pour
être le père des Hébreux , l'an du monde 2000 , selon les écritures. Il se circoncit, lui et ses gens , afin de se distinguer des
nations idolâtres , et aussi, dit saint Prosper , afin de mortifier
le corps, justement dans cette partie qui a produit le péché originel. Le même saint Prosper (De Promiss. et Prædict. Dei ;
pars. 1, cap. 14) ajoute que quelques-uns ont gagné le royaume
des cieux en se faisant eunuques. La secte des Valésiens professait
cette absurdité, et agissait en conséquence. Saint Grégoire de
Tours entend la chose un peu différemment, et se contente de
dire, après les prophètes : tout homme dont le cœur est incir-
concis ne peut devenir saint ; ayez donc soin de circoncire le
prépuce de votre cœur , et de ne pas servir des dieux étrangers.
— Circumcidite præputium cordis vestri , etc. (Gregor. Turon. ,
lib. 1 ; cap. 7.)

Fille de Pharaon, courez sur le rivage ;
Préparez un abri, loin d'un père cruel,
A ce berceau chargé des destins d'Israël.
La mer s'ouvre (1) : Israël chante sa délivrance.
C'est sur ce haut sommet, qu'en un jour d'alliance,
Descendit avec pompe, en des torrens de feu,
Le nuage tonnant qui renfermait un Dieu (2).
Dirai-je la colonne et lumineuse et sombre,
Et le désert témoin de merveilles sans nombre,
Aux murs de Gabaon le soleil arrêté,

---

(1) Quand l'armée des Hébreux arriva sur les bords de la mer
Rouge, elle était composée de six cent mille hommes, sans
compter les femmes, les enfans et les vieillards : multiplication
prodigieuse des soixante-quinze israélites que Joseph avait fait
venir en Égypte, deux cents ans auparavant, et dont les rois
avaient empêché la génération autant que possible.

Tout le monde sait comment la verge de Moïse sépara les eaux
de la mer Rouge, comment les enfans de Jacob la traversèrent
à pied sec, comment Pharaon voulut les suivre, comment il fut
submergé avec toutes ses troupes, etc. Mais à ces faits que personne n'ignore, saint Grégoire de Tours ajoute une petite circonstance, c'est que, de son temps, on voyait encore, au fond
de la mer Rouge, les sillons tracés par les chars égyptiens..... Il
est vrai, dit-il ensuite, qu'on les perd de vue, quand la mer est
agitée ; mais ils reparaissent dès que la mer redevient calme.
(*Suloos quos rotæ curruum fecerant usque hodiè permanere*, etc.
lib. 1, *cap.* 10.)

(2) Dans le même temps que Dieu écrivait sa loi sur le mont
Sinaï, Cécrops fondait Athènes, et instituait dans la Grèce le
culte et les cérémonies du paganisme, apparemment inspiré par
le diable, qui voulait imiter Dieu, (dit le jésuite Horatius Tursellinus) et donner aussi sa loi, =*Diabolo videlicet deum æmu-*
lante, etc., *lib.* 1.

Ruth , Samson , Débora (1) , la fille de Jephté (2) ,
Qui s'apprête à la mort, et , parmi ses compagnes,
Vierge encor, va deux mois pleurer sur les montagnes;
Mais les Juifs aveuglés veulent changer leurs lois ,
Le ciel, pour les punir , leur accorde des rois.
Saül règne. Il n'est plus. Un berger le remplace;
L'espoir des nations doit sortir de sa race.
Le plus vaillant des rois du plus sage est suivi :
Accourez, accourez, descendans de Lévi ,
Et du temple sacré venez marquer l'enceinte.
Cependant dix tribus ont fui la cité sainte.
Je renverse, en passant , les autels des faux dieux ;
Je suis le char d'Élie , emporté dans les cieux ,
Tobie et Raguel (3) m'invitent à leur table.
J'entends ces hommes saints, dont la voix redoutable ,
Ainsi que le passé, raconte l'avenir.
Je vois au jour marqué les empires finir.
Sidon , reine des eaux, tu n'es donc plus que cendre.
Vers l'Euphrate étonné quels cris se font entendre ?
Toi qui pleurais , assis près d'un fleuve étranger ,

---

(1) Tandis que la prophétesse Débora combattait, à main armée, les ennemis d'Israël, une autre femme, nommée Jahel ,
ayant reçu dans son logis le général Sisara , l'enivra de lait, et lui
perça la tête avec un grand clou, pendant qu'il dormait; ce qui
ne contribua pas peu à la défaite des Moabites.

(2) Jephté, le septième des juges, n'est guère célèbre que par
le meurtre de sa fille, qu'il osa immoler à l'Éternel , pour l'accomplissement d'un vœu ridicule. Il vivait du temps de Priam.

(3) Le démon Asmodée avait étranglé les sept premiers maris
de Raguel. L'ange Raphaël , en mariant cette jeune fille avec
Tobie, chassa le démon, par le moyen de certaines fumigations de
foie de poisson brûlé , et préserva Tobie du sort de ses devanciers.

Console-toi , Juda , tes destins vont changer :
Regarde cette main , vengeresse du crime (1) ,
Désigner à la mort le tyran qui t'opprime :
Bientôt Jérusalem reverra ses enfans.
Esdras et Machabée et ses fils triomphans ,
Raniment de Sion la lumière obscurcie.
Ma course enfin s'arrête au berceau du messie.

— L'histoire de Joseph prouve combien est ancien l'art prétendu d'expliquer les songes. Le fils de
Jacob n'interprète les deux rêves de Pharaon , que
parce qu'ils passent l'intelligence des devins de la
cour, chargés de cet emploi. On trouve déjà la magie
et le charlatanisme en grand crédit, chez les Égyptiens, du temps de Moïse. Toutes les superstitions se
tiennent par la main , et dans les siècles d'ignorance,
le merveilleux a toujours plus de prix que les choses
naturelles ; le mensonge , plus de partisans que la
vérité.

Moïse fut élevé , à la cour du roi d'Égypte , dans

---

(1) Balthasar , roi de Babylone , but avec ses femmes et les
grands de sa cour , dans les vases sacrés que Nabuchodonosor ,
son père , avait enlevés à Jérusalem. Il parut aussitôt une main
miraculeuse, qui écrivit ces trois mots sur le mur de la salle :
mane, thecel, pharès, qui signifient *nombre, poids, division.* Daniel les expliqua ainsi au roi Balthasar : « *Mane* , vos jours sont
» comptés et vous touchez au terme de votre vie ; *thecel* , Dieu
» vous a pesé dans la balance de sa justice , et vous a trouvé trop
» léger ; *pharès* , votre royaume sera partagé entre les Mèdes et
» les Perses. » Tout cela s'accomplit , dit-on , fort exactement.
*Videant, videant superbi reges, vasa domus Dei diripientes !...
Quorum finis utique mors est , quæ non habet finem.* Divi Prosperi , de Promiss. pars. II , cap. 34.

les sciences magiques *alors en usage*; et quand Dieu l'envoya demander la liberté de son peuple, comme il offrit de prouver sa mission par des prodiges, Pharaon fit venir ses magiciens, pour lutter avec lui. Moïse changea d'abord en serpent le bâton qu'il tenait à la main; les sorciers de la cour en firent autant, avec cette différence, ajoute saint Prosper, que le serpent de Moïse dévora tous les autres (1). Moïse montra ensuite une main couverte de lèpre, et la rendit saine en la mettant dans son sein; mais comme les magiciens du roi faisaient la même chose, Pharaon ne se rendit point, et Moïse accabla l'Égypte de dix plaies effroyables. 1°. Il changea l'eau en sang, et les sorciers égyptiens imitèrent ce miracle; 2°. la ville fut remplie de grenouilles; les sorciers du roi en augmentèrent le nombre; 3°. l'air se chargea d'une multitude de moucherons, armés d'aiguillons fort acérés. La science des magiciens de la cour échoua contre ce troisième prodige; ce fut vainement aussi qu'ils tentèrent de rivaliser avec Moïse, dans les sept autres plaies, dont voici le genre : 4°. les Égyptiens furent affligés par des nuées de taons ou de guêpes (2), qui les mordaient aux parties secrètes; 5°. toutes les bêtes du pays moururent subitement; 6°. il survint, à la vessie et aux lieux circonvoisins, des ébullitions et des ulcères; 7°. une grêle enflammée tomba sur les

---

(1) *Voravitque serpens Moysis magorum serpentes, ut nostri ducis Christi virga doctrinæ omnium paganorum, hæreticorumque dogmata, divinâ virtute consumpsit.* (De Promiss. pars 1, cap. 35.)

(2) La Bible porte *cynifes*, et saint Prosper, *cynomia*, mouche de chien.

animaux (1), les arbres et les plantes subalternes, et les anéantit ; 8°. un grand nombre de sauterelles parut dans le royaume, portant partout le ravage et l'extermination : ce qui dut bien appauvrir les Égyptiens, car il ne restait pas grand'chose à ravager ; 9°. l'Égypte fut couverte, pendant plusieurs jours, d'épaisses ténèbres, accompagnées de visions terribles, de fantômes, de spectres, etc. ; 10°. tous les premiers-nés des Égyptiens, chez qui demeuraient les Israélites, furent tués en une seule nuit, par l'ange exterminateur, etc. Le roi, que les premières plaies n'avaient point ébranlé, permit alors aux Israélites de sortir d'Égypte. Ils le firent, et emportèrent avec eux tout ce qu'ils purent dérober à leurs maîtres (2).

Un peu plus loin, on trouve encore un magicien. Le roi de Moab, à qui les Hébreux faisaient ombrage, envoya au-devant d'eux le magicien Balaam, pour les maudire et les ensorceler. Balaam se mit en chemin, monté sur son ânesse, laquelle, toute troublée de la vue d'un ange, qui lui barrait le passage, prit miraculeusement la parole, et dit à son maître qu'il faisait une sottise. Balaam, trop aveuglé pour reconnaître dans ce prodige l'ouvrage d'une puissance supérieure, n'en gravit pas moins une montagne qui dominait le camp des Hébreux. Là, il s'efforça de dire les paroles maléficiées et de jeter les sorts ; mais sa langue ne put prononcer que des bé-

---

(1) Ils étaient morts à la cinquième plaie, dit Bollandus, mais leurs cadavres restaient encore et devaient disparaître.

(2) Exode, chap. 12.

nédictions (1). De sorte que le roi de Moab fut obligé de renoncer aux secours de la magie, et de recourir à d'autres moyens.

L'histoire du peuple hébreu présente fréquemment de semblables traits. Le roi Saül va trouver une sorcière, qui évoque l'ombre de Samuel. On comptait, à Samarie, plus de quatre cents magiciens, du temps du prophète Élie. Le roi Jéhu en fit massacrer un grand nombre, etc. Les autres contrées n'en avaient pas moins : Nabuchodonosor et Balthasar ont des devins attachés à leurs personnes, etc. ; enfin, l'imposture et les superstitions, enfantées par les faiblesses de l'esprit et la vaine crédulité, se montrent de toutes parts, aussi anciennes que le monde. Leur empire était universel, quand Jésus-Christ parut dans la Judée ; il s'efforça constamment de le détruire, et cependant les Juifs sont devenus depuis, plus superstitieux que jamais. Les autres nations, tout en blâmant leurs ridicules erreurs, n'en conservent pas de moindres ; les noms seuls sont différens.

—Saint Jérôme, et tous ceux qui ont vu *la Judée,* autrement dite *la terre promise, le pays de Canaan, la Palestine, la terre d'Israël, le royaume de Juda, la terre sainte,* etc., en parlent comme d'un pays horrible. — « L'état déplorable où les mahométans » ont réduit ce pays, dit gravement le Dictionnaire » de Vosgien, a fait douter aux incrédules de la véra-» cité de l'Écriture, qui le représente comme une

---

(1) Nombres, chap. 24.

» terre excellente, d'où coulent le lait et le miel. »
— Cette phrase, pleine de sens, rappelle la platitude d'un cuistre à longue robe, qui soutenait, au quinzième siècle, que *les magiciens et les Turcs rendaient les champs stériles et pierreux, par maléfices et sortiléges.* Mais c'était au quinzième siècle. — Pauvres Juifs! s'écrie Voltaire, savez-vous bien que si le grand-turc m'offrait aujourd'hui la seigneurie de Jérusalem, je n'en voudrais pas?

— Depuis que les Juifs sont étrangers, chez toutes les nations du globe, ils se sont vus partout détestés à cause de leur orgueil, et souvent chassés par l'orgueil des autres peuples. Mille fois aussi le fanatisme les a persécutés, parce qu'ils suivaient le culte de leurs pères, parce qu'ils ne reniaient point des préceptes qu'ils avaient sucés avec le lait, et parce qu'ils avaient assez de force d'âme pour ne pas devenir apostats.

— Ce qu'il y a de singulier, dit Voltaire, c'est que les chrétiens ont prétendu accomplir les prophéties, en tyrannisant les Juifs qui les leur avaient transmises. Nous avons déjà vu comment l'inquisition fit bannir les Juifs d'Espagne. Réduits à courir de terres en terres, de mers en mers, pour gagner leur vie, partout déclarés incapables de posséder aucun bienfonds et d'avoir aucun emploi, ils ont été obligés de se disperser de lieux en lieux, et de ne pouvoir s'établir fixement dans aucune contrée, faute d'appui, de puissance pour s'y maintenir, et de lumières dans l'art militaire. Le commerce, profession long-temps

I.   24

méprisée par la plupart des peuples de l'Europe, fut leur unique ressource dans ces siècles barbares ; et, comme ils s'y enrichirent nécessairement, on les traita d'infâmes usuriers. Les rois, ne pouvant fouiller dans la bourse de leurs sujets, mirent à la torture les Juifs, qu'ils ne regardaient pas comme des citoyens.

Ce qui se passa en Angleterre à leur égard, ajoute le même auteur, peut donner une idée des vexations qu'ils essuyèrent dans les autres pays. Le roi Jean, ayant besoin d'argent, fit emprisonner les riches Juifs de son royaume. Un d'eux, à qui l'on arracha sept dents, l'une après l'autre, pour avoir son bien, donna mille marcs d'argent à la huitième. Henri III tira d'Aaron, juif d'Yorck, quatorze mille marcs d'argent, et dix mille pour la reine. Il vendit les autres Juifs de son pays à son frère Richard, pour le terme d'une année, afin que ce comte éventrât ceux que le roi avait déjà écorchés, comme dit Mathieu Pâris.

En France, on les mettait en prison, on les pillait, on les vendait, on les accusait de magie, de sacrifier des enfans (1), d'empoisonner des fontaines, etc. En horreur au peuple, exposés sans cesse à des avanies, jouets de l'avarice des princes qui les chassaient pour s'emparer de leurs biens, et qui leur permettaient ensuite de revenir, moyennant de grosses sommes : tel a été le sort des Juifs en France, sous la première,

---

(1) Le Dieu des Juifs est aussi le Dieu des chrétiens; mais ceux qui lui sacrifiaient des hommes pouvaient bien soupçonner les Juifs de lui sacrifier des enfans.

la seconde et la troisième races, jusqu'en 1394, qu'ils furent entièrement bannis par Charles VI. Lorsqu'on les tolérait, on les distinguait des autres habitans par des marques infamantes. Philippe-le-Hardi les obligea à porter une corne sur la tête : il leur était défendu de se baigner dans la Seine; et, quand on les pendait, c'était toujours entre deux chiens. Les femmes juives étaient traitées plus rigoureusement que les femmes publiques. On brûlait vif tout chrétien convaincu d'un commerce criminel avec elles : on mettait ce crime de niveau avec celui de bestialité (1).

— Durant les six premiers siècles de l'église, dit Sauval, les chrétiens, tant hommes que femmes, ne faisaient aucune difficulté de s'allier aux Juifs, et de contracter mariage avec eux. En ce temps-là, les Juifs étaient *si grands maîtres*, que les trois derniers jours de la semaine sainte, aussi-bien que le jour de Pâques, ils se moquaient publiquement de la tristesse et de la joie que les chrétiens témoignent alors dans leurs cérémonies. Mais cette licence fut bien sévèrement réprimée, dans le courant du sixième siècle, tant par le roi Childebert, que par les conciles d'Auvergne, de Macon et d'Orléans.

En 1096, comme si toute l'Europe eût conspiré la ruine des Juifs, ils furent persécutés si cruellement en France, en Espagne, en Angleterre, en Italie, en Bohème, en Hongrie, et généralement par toute

_____

(1) Saint-Foix.

l'Allemagne, que Joseph Cohen prétend que plusieurs
millions de ces malheureux furent taillés en pièces,
ou se firent mourir ; et qu'enfin pas un ne put se garantir de la fureur des chrétiens, que par la fuite ou
par la mort. Dans la suite, Louis-le-Jeune les toléra
dans son royaume, malgré les remontrances de Pierre-
le-Vénérable ; abbé de Cluni, qui s'efforçait d'engager le roi à s'emparer de leurs biens.

Les Juifs furent persécutés par plusieurs princes,
mais jamais si cruellement que sous Philippe-Auguste ; et les chroniques de saint Denis sont pleines
des supplices qu'on leur fit souffrir alors. Saint Louis
les persécuta aussi, mais pour les forcer à se convertir et à devenir chrétiens. Louis X, dit le Hutin,
leur permit d'acheter des rotures ; et ce qu'il y a de
singulier dans la conduite de ce prince à leur égard,
c'est que quand un Juif se faisait chrétien, ses biens
étaient confisqués, par le seigneur de la terre où il demeurait, sous prétexte que la liberté qu'il acquérait
dépouillait son seigneur de la propriété qu'il avait
auparavant de la personne du Juif : usage bizarre et
d'une dangereuse conséquence, parce qu'il arrivait
le plus souvent de là, que ces Juifs convertis se trouvant ainsi dénués de tout, et réduits à la mendicité,
retournaient au judaïsme (1). Charles VI, qui les
chassa de France en 1394, avait sagement abrogé,
quelques années auparavant, cette coutume tyranni-
que, qui s'était introduite pour deux motifs princi-

_____

(1) Le président Hénault.

paux, selon le P. Mabillon ; 1°. pour éprouver
leur foi, qui n'était pas toujours ferme; 2°. parce que
leurs biens venaient pour la plupart de l'usure, et
qu'on les obligeait à restituer, suivant la morale du
christianisme, par une confiscation générale.

— En 1321, la mortalité ayant été grande parmi
les chrétiens, on accusa les Juifs d'avoir empoisonné
les fontaines et les rivières. Les chroniques de saint
Denis assurent qu'ils étaient payés pour cela, par le
roi de Grenade; et par les satrapes de Turquie, ajoute
Paul-Émile. Le trésor des chartes a conservé deux
lettres à ce sujet. L'une est du roi de Tunis : il salue
amicalement les Juifs, les traite de frères, et les
exhorte à bien empoisonner les chrétiens de France.
L'autre est du roi de Grenade : elle est adressée au
juif Samson, fils d'Hélie. Ce prince l'avertit qu'il
vient d'envoyer à Abraham et à Jacob trois chevaux
chargés de richesses et de poisons, pour infecter les
puits, les citernes, les fontaines et les rivières. Il lui
renouvelle ensuite le serment de rétablir les Juifs dans
la terre sainte, et les invite à n'épargner ni son poison, ni son argent, etc.

Outre que les autres historiens français ne parlent
ici ni des Turcs, ni du roi de Grenade, et se contentent (mais sans aucune preuve convaincante) de
faire tomber sur les seuls Juifs tout le crime absurde
de ces empoisonnemens, les deux lettres que nous
venons d'extraire sont des copies sans date, dont les
originaux ne se trouvent point. Il est inutile de dire
que ces deux pièces, pleines de fausseté et d'impos-

tures, ont été supposées par les ennemis des Juifs ;
cependant, sur cette supposition, on brûla tous ceux
qui en furent accusés. Les Juifs pauvres furent chassés du royaume ; les riches, emprisonnés et contraints
de donner à Philippe-le-Long cent cinquante mille
livres, somme alors si énorme, qu'elle monterait
aujourd'hui à plus de trente millions.

— Toutes les religions sont tolérées dans les états
des Turcs et des Persans ; elles n'y causent aucun
trouble, parce qu'en permettant à chacun d'avoir
ses sentimens et sa doctrine, on punit sévèrement
quiconque entame le premier la dispute sur les sentimens et la doctrine des autres. Des Juifs s'avisèrent
de dire, en conversation, qu'ils seraient les seuls qui
entreraient dans le Paradis. Où serons-nous donc,
nous autres ? leur demandèrent quelques Turcs avec
qui ils s'entretenaient. Les Juifs n'osant pas leur dire
ouvertement qu'ils en seraient exclus, leur répondirent qu'ils seraient dans les cours. Le grand vizir, informé de cette dispute, envoya chercher les chefs de
la synagogue, et leur dit que, puisqu'ils plaçaient
les musulmans dans les cours du paradis, il était
juste qu'ils leur fournissent des tentes, afin qu'ils ne
fussent pas éternellement exposés aux injures de l'air.
On prétend que c'est depuis ce temps-là que les
Juifs, outre le tribut ordinaire, payent une somme
considérable pour les tentes du grand-seigneur et de
toute sa maison, quand il va à l'armée (1).

— Le matin du mariage, chez les Juifs d'Égypte,

(1) Saint-Foix.

on colle les paupières de la mariée avec de la gomme; et, quand le moment de se coucher est venu, le mari les décolle (1).

— Une loi fort étrange chez les Juifs, est l'épreuve de l'adultère. Une femme, accusée par son mari, doit être présentée aux prêtres; on lui donne à boire de l'eau de jalousie, mêlée d'absinthe et de poussière. Si elle est innocente, cette eau la rend plus belle et plus féconde; si elle est coupable, les yeux lui sortent de la tête, son ventre enfle, et elle crève devant le Seigneur (2).

— Il y aurait encore bien des choses à dire sur les Juifs, si le genre de cet ouvrage permettait de parler de leur antiquité, de leurs guerres civiles, de leurs hérésies, de leur penchant au culte des idoles, de leurs brigandages, de leurs sacrifices, de leurs gouvernemens, de leurs lois, de leurs dogmes actuels, etc. Contentons-nous d'observer que cette nation est toujours la même, que ses erreurs ne se dissipent point, que les plus cruelles persécutions n'ont pu l'éteindre, et qu'elle se montre toujours nombreuse et répandue par toute la terre. On doit attribuer la cause de cette multiplication des Juifs, à l'exemption où ils étaient de porter les armes, au sage précepte de leur loi : *Croissez et multipliez*, et au déshonneur qu'ils trouvent dans le célibat.

— Comme les Juifs attendent toujours le Messie, plusieurs imposteurs se sont déjà présentés comme

(1) Saint-Foix.
(2) Voltaire.

tels.—Le faux Messie Barchochébas vécut sous le règne
d'Adrien; il fut pris et mis à mort par l'ordre de cet
empereur.—Il parut, au cinquième siècle, dans l'île
de Candie, un autre Messie qui prenait le nom de
Moïse : il se disait l'ancien libérateur des Hébreux,
ressuscité pour les délivrer de nouveau (1). Il y en eut
encore plusieurs autres, principalement au douzième
et au treizième siècles. Sabataï-Sévi, prédit par les
Ziéglernes, se montra en 1666; mais comme le grand-
turc voulait le faire empaler, sans respect pour son
caractère de Messie, il capitula, et se fit musulman.
Cette lâcheté décrédita si fort la profession de faux
Messie, que Sabataï fut le dernier, et qu'on attend
toujours le véritable chez les enfans d'Israël.

Dans un livre, intitulé *l'Ancienne nouveauté de l'E-
criture sainte*, ou *l'Église triomphante en terre*, un
auteur sans nom a tâché de prouver, en 1657, « que
» les Juifs qui, depuis la mort de Jésus-Christ, sont
» le jouet et le mépris de toutes les nations, en de-
» viendront les maîtres, et reprendront dans l'église
» le rang que le droit d'aînesse leur donne. » Jacques
de la Peyrère, dans son livre *du Rapport des Juifs*,
prétend « que leur conversion est réservée à un roi
» de France; que c'est à Paris qu'il les rappellera et
» les convertira; que de cette ville, il partira avec
» de puissantes armées, pour les rétablir dans Jérusa-
» salem et dans tout le reste de la Palestine; qu'a-
» près qu'ils auront embrassé la foi catholique, Dieu
» fera pour eux de très-grandes choses; et qu'enfin,

(1) Socrate : *Histoire ecclésiastique*.

» sous un prince de la race de David, qui relèvera
» l'église et domptera tous ses ennemis, ils seront
» rétablis dans Jérusalem, qui pour lors deviendra
» plus belle et plus florissante que jamais, pour y
» vivre en sainteté et en repos : Ainsi-soit-il. » (Voyez
Azazel, *Messie des Juifs*, *Sabataï-Sevi*, etc.)

K.

KÉPHALÉONOMANCIE. — Divination par la
tête d'âne.

On faisait rôtir la tête d'un âne sur des charbons,
avec des cérémonies magiques, et le diable arrivait
sans se montrer, pour répondre invisiblement aux
questions qu'on avait à lui faire.

On employait surtout cette divination, quand il
s'agissait de retrouver les choses perdues, et de découvrir les voleurs.

KOBAL. — Démon perfide, qui mord en riant;
directeur général des théâtres de l'enfer; patron des
comédiens.

A propos de théâtres, j'ajouterai, dit Boguet, qu'il
serait bon de chasser nos comédiens et nos jongleurs,
qui sont pour la plupart sorciers et magiciens, n'ayant
d'autre but que de vider nos bourses et de nous
débaucher. Un autre réformateur, à peu près aussi
spirituel, a écrit fort savamment que la sorcellerie
et magie exécrable des comédiens était pleinement
prouvée aux mécréans : premièrement, parce qu'ils
nous soufflent notre argent, pour des gaudisseries et
belles paroles; secondement, parce qu'ils prennent

toutes les formes et métamorphoses qui leur plaisent; tiercement, parce qu'ils nous font gais ou tristes, à leur volonté, ce qui ne se pourrait sans l'aide et assistance du démon.

L.

LAMIES. — Les lamies sont des démons qu'on trouve dans les déserts, sous des figures de femmes, ayant des têtes de dragon au bout des pieds.

Les lamies hantent aussi les cimetières, y déterrent les cadavres, les mangent, et ne laissent des morts que les ossèmens.

— A la suite d'une longue guerre, on aperçut dans la Syrie, pendant plusieurs nuits, des troupes de lamies qui dévoraient les cadavres des soldats, inhumés à fleur de terre. On s'avisa de leur donner la chasse; et quelques jeunes gens en tuèrent un grand nombre à bons coups d'arquebuse; et il se trouva, le lendemain, que ces lamies n'étaient que des loups et des hyènes (1).

LAMPADOMANCIE. — Divination par le moyen d'une lampe.

On brûlait une lampe en l'honneur de saint Antoine, et on connaissait les choses futures.

LAMPES PERPÉTUELLES.— En ouvrant quelques anciens tombeaux, tels que celui de la fille de Cicéron, on trouva des lampes qui répandirent un peu de lumière, pendant quelques momens, et même

_____

(1) Marcassus.

pendant quelques heures, d'où l'on a prétendu que ces lampes avaient toujours brûlé, dans les tombeaux. Mais comment le prouver, dit le père Lebrun : on n'a vu paraître des lueurs, qu'après que les sépulcres ont été ouverts, et qu'on leur a donné de l'air ? Or il n'est pas surprenant que dans les urnes, qu'on a prises pour des lampes, il y eût une matière qui, étant exposée à l'air, devînt lumineuse comme les phosphores. On sait qu'il s'excite quelquefois des flammes dans les caves, dans les cimetières, et dans tous les endroits où il y a beaucoup de sel et de salpêtre. L'eau de la mer, l'urine, et certains bois produisent de la lumière et même des flammes ; et l'on ne doute pas que cet effet ne vienne des sels qui sont en abondance dans ces sortes de corps.

Mais d'ailleurs Ferrari a montré clairement, dans une savante dissertation, que ce qu'on débitait sur ces lampes éternelles, n'était appuyé que sur des contes et des histoires fabuleuses.

LARVES. — Fantômes épouvantables. (Voyez *Fantômes*, *Spectres*, etc.)

LÉCANOMANCIE : — Divination par le moyen de l'eau.

On écrivait des paroles magiques sur des lames de cuivre, qu'on mettait dans un vase plein d'eau ; et une vierge, qui regardait dans cette eau, y voyait ce qu'on voulait savoir, ou ce qu'elle voulait y voir.

Ou bien, on remplissait d'eau un vase d'argent, pendant un beau clair de lune ; ensuite, on réflé-

chissait la lumière d'une chandelle dans le vase, avec
la lame d'un couteau, et l'on y voyait ce qu'on cherchait à connaître (1).

LÉMURES. — Spectres malfaisans. (Voyez *Spectres*, *Vampires*, etc.)

LÉONARD. — Démon du premier ordre, grand
maître des sabbats, chef des démons subalternes,
inspecteur général de la sorcellerie, de la magie noire
et des sorciers. On l'appelle souvent le *grand nègre*.

Il préside au sabbat, sous la figure d'un grand
bouc, ayant trois cornes sur la tête, deux oreilles de
renard, les cheveux hérissés, les yeux ronds, enflammés et fort ouverts, une barbe de chèvre et un visage au derrière, entre la queue et les cuisses. Les
sorcières l'adorent, en lui baisant ce visage, une
chandelle à la main.

Maître Léonard est taciturne et mélancolique ;
mais dans toutes les assemblées de sorciers et de
diables où il est obligé de figurer, il se montre avan-
tageusement et porte une gravité superbe (2).

LEVIATHAN. — Grand amiral de l'enfer, gouverneur des contrées maritimes de l'empire de Belzébuth.

Wierius l'appelle fort et menteur, d'après les saintes
écritures. Il s'est mêlé de posséder, de tout temps ,

---

(1) Cardan.
(2) Delrio, Delancre, Bodin, etc.

les femmes surtout, et les hommes qui courent le monde. Il leur apprend à mentir et à en imposer aux gens. Il est tenace, ferme à son poste, et difficile à exorciser.

LILITH. — Prince des succubes, ou démons femelles qui couchent avec les hommes.

LIVRES DE MAGIE. —Tous les livres, qui contiennent les secrets merveilleux et les manières d'évoquer le diable, ont été attribués à de grands personnages.

L'*Enchiridion du pape Léon*, *contre tous les dangers de la vie*, fut envoyé, dit-on, à l'empereur Charlemagne, par le pape Léon III. C'est, aussi-bien que tous les livres de son espèce, un recueil de platitudes et de choses ridicules, embrouillées dans des croix et des mots mystiques et inintelligibles. Il fut composé par un visionnaire, plus de trois cents ans après Charlemagne.

Le Petit Albert, *le Grimoire*, *le Dragon rouge*, *la Magie noire*, sont de même des fatras anonymes. Quant aux *Admirables secrets d'Albert-le-Grand*, Albert-le-Grand n'y a pas eu la moindre part. On mettait ces livres sur le compte des grands hommes, pour leur donner une importance, qu'ils n'eussent peut-être jamais obtenue sans cela.

On attribuait un livre de nécromancie à saint Jérôme, un autre à saint Thomas, un autre à Platon, un traité de l'art des songes à Daniel, un traité de l'astrologie lunaire à Hippocrate, un livre sur la propriété des élémens à Alexandre, un traité des enchantemens à Galien, *le livre de la vieille* à Ovide.

Chicus-Æsculanus dit avoir vu un livre de magie, composé par Cham. On en connaissait un, composé par Marie, sœur de Moïse ; un autre, composé par Adam.

On attribuait à Abel un livre sur l'astrologie judiciaire. Abel l'enferma sous une pierre, et Hermès le trouva après le déluge.

La plupart de ces livres sont inintelligibles, et sont d'autant plus admirés des sots qu'ils en sont moins entendus.

Omnia enim stolidi magis admirantur amantque
Inversis quæ sub verbis latitantia cernunt.

Lucret.

LONGÉVITÉ.—On a vu, surtout dans les pays du Nord, des hommes qui ont prolongé leur vie au-delà des termes ordinaires. Cette longévité ne peut s'attribuer qu'à une constitution robuste, à une vie sobre et active, à un air vif et pur.

— Henri Jenkins, du comté d'Yorck, mourut âgé de cent cinquante-sept ans; et, au commencement de ce siècle, Kotzebue a rencontré, en Sibérie, un vieillard bien portant, marchant et travaillant encore, dans sa cent trente-deuxième année.

— Des voyageurs, dans le Nord, trouvèrent au coin d'un bois un vieillard à barbe grise, qui pleurait à chaudes larmes. Ils lui demandèrent le sujet de

sa douleur. Le vieillard répondit que son père l'avait
battu. Les voyageurs, surpris, le reconduisirent à la
maison paternelle, et intercédèrent pour lui. Après
quoi, ils demandèrent au père le motif de la punition
qu'il avait infligée à son fils. — « Il a manqué de respect à son grand père, répondit le vieux bon homme. »

—Les chercheurs de merveilles ont ajouté les leurs
à celles de la nature. Un Indien fut rajeuni, par
trois différentes fois, et vécut trois cents ans.
En 1531, un vieillard de Trente, âgé de cent ans,
rajeunit et vécut encore cinquante ans (1). Les habitans de l'île Bonica, en Amérique, peuvent aisément s'empêcher de vieillir, puisqu'il y a, dans cette
île, une fontaine qui rajeunit pleinement (2). Tout
ceci est fort, ajoute sérieusement Delrio, mais n'est
pas au-dessus des forces du diable, Dieu permettant.

— Le fameux magicien Artéphius vécut mille
vingt-cinq ans, par les secrets de la magie; et
Zoroastre, selon les cabalistes, vécut douze cents
ans. Ceux qui peuvent se procurer la pierre philoso-
sophale sont sûrs de vivre au moins aussi long-temps.

—Les anciennes histoires scandinaves font mention d'un vieux roi de Suède, nommé Haquin, qui
commença de régner au troisième siècle, et ne mourut
qu'au cinquième, âgé de deux cent dix ans, dont
cent quatre-vingt-dix de règne. Il avait déjà cent
ans, lorsque ses sujets s'étant révoltés contre lui, il
consulta l'oracle d'Odin, qu'on révérait auprès

---

(1) Torquemada.
(2) Langius.

d'Upsal. Il lui fut répondu que s'il voulait sacrifier le seul fils qui lui restait, il vivrait et régnerait encore soixante ans. Il y consentit, et les dieux lui tinrent parole. Bien plus, sa vigueur se ranima, à l'âge de cent cinquante ans; il eut un fils, et successivement cinq autres, depuis cent cinquante ans jusqu'à cent soixante. Se voyant près d'arriver à son terme, il tâcha encore de le prolonger; et les oracles lui répondirent que, s'il sacrifiait l'aîné de ses enfans, il régnerait encore dix ans; il le fit. Le second lui valut dix autres années de règne, et ainsi de suite jusqu'au cinquième. Enfin, il ne lui en restait plus qu'un; il était d'une caducité extrême, mais il vivait encore, lorsqu'ayant voulu sacrifier ce dernier rejeton de sa race, le peuple, lassé du monarque et de sa barbarie, le chassa du trône; il mourut, et son fils lui succéda.

Ce conte n'est peut-être qu'une mauvaise imitation de la fable de Saturne.

LOTERIE. — La loterie doit son origine à un Génois. Elle fut établie à Gênes en 1720, et en France, en 1758.

Entre plusieurs moyens imaginés par les visionnaires, pour gagner à la loterie, le plus connu est celui des songes. Un rêve, sans qu'on en sache la raison, indique à celui qui l'a fait, les numéros qui doivent sortir au prochain tour de roue.

Si l'on voit en songe un aigle, il donne 8, 20, 46. Un ange : 20, 46, 56. Un bouc : 10, 13, 90. Des

brigands : 1, 19, 33. Un champignon : 70, 80, 90.
Un chat-huant : 13, 85. Un crapaud : 4, 46. Le
diable : 4, 70, 80. Un dindon : 8, 40, 66. Un dragon : 8, 12, 43, 60. Des fantômes : 1, 22, 52. Une
femme : 4, 9, 22. Une fille : 20, 35, 58. Une grenouille : 3, 19, 27. La lune : 9, 46 ; 79, 80. Un
moulin : 15, 49, 62. Un ours : 21, 50, 63. Un pendu : 17, 71. Des puces : 45, 57, 83. Des rats : 9, 40, 56.
Un spectre : 31, 53, 74, etc.

Or, dans cent mille personnes qui mettront à la
loterie, il y aura cent mille rêves différens ; et il ne
sort que cinq numéros. (Voyez *Songes*.)

LOUPS-GAROUX. —

In villos abeunt vestes, in crura lacerti :
Fit lupus.   Ovid.

Un loup-garou est un homme changé en loup, par
un enchantement diabolique.

— Baram, roi de Bulgarie, prenait, par ses prestiges, la figure d'un loup ou d'un autre animal, pour
épouvanter son peuple (1).

—Il y a des familles, où il se trouve toujours quelqu'un qui devient loup-garou. Dans la race d'un cer-

_____

(1) Le P. Jacques d'Autun.
Un garnement, qui voulait faire des friponneries, mettait aisément les gens en fuite, en se faisant passer pour un loup-garou.
Il n'avait pas besoin pour cela d'avoir la figure d'un loup, puisque les loups-garous de réputation étaient arrêtés comme tels,
quoique sous leur figure humaine. On croyait qu'ils portaien
le poil de loup entre cuir et chair.

I.   25

tain Antœus, on choisissait, par le sort, un homme
que l'on conduisait près d'un étang. Là il se dépouillait, pendait ses habits à un chêne, et, après avoir
passé l'eau à la nage, s'enfuyait dans un désert, où
il était transformé en loup; et conversait avec les
loups, pendant l'espace de neuf ans. Si durant ce
temps il ne voyait point d'hommes, il retournait
vers le même étang, le traversait à la nage, et reprenant la forme d'homme, il rentrait chez lui et allongeait sa vieillesse de neuf ans (1).

—En Livonie, sur la fin du mois de décembre, il se
trouve tous les ans, un bélître qui va sommer les sorciers de se rendre en certain lieu; et, s'ils y manquent,
le diable les y mène de force, à coups de verge de
fer, si rudément appliqués, que les marques y demeurent. Leur chef passe devant, et quelques milliers
le suivent, traversant une rivière, laquelle passée, ils
changent leur figure en celle d'un loup, se jettent
sur les hommes et sur les troupeaux, et font mille dommages. Douze jours après, ils retournent au même
fleuve, et redeviennent hommes (2).

—On attrapa un jour un loup-garou, qui courait
dans les rues de Padoue; on lui coupa ses pates de
loup, et il reprit au même instant la forme d'homme,
mais avec les bras et les pieds coupés (3).

—L'an 1588, en un village, distant de deux lieues
d'Apchon, dans les montagnes d'Auvergne, un gen-

---

(1) Pline.
(2) Peucer.
(3) Job Fincel.

tilhomme, étant sur le soir à sa fenêtre, aperçut
un chasseur de sa connaissance, et le pria de lui rapporter de sa chasse. Le chasseur en fit promesse, et,
s'étant avancé dans la plaine, il vit devant lui un gros
loup qui venait à sa rencontre. Il lui lâcha un coup
d'arquebuse et le manqua. Le loup se jeta aussitôt sur
lui et l'attaqua fort vivement. Mais l'autre, en se défendant, lui ayant coupé la pate droite, avec son
couteau de chasse, le loup estropié s'enfuit et ne revint plus. Et, comme la nuit approchait, le chasseur
gagna la maison de son ami, qui lui demanda s'il avait
fait bonne chasse. Il tira aussitôt de sa gibecière la
pate, qu'il avait coupée au prétendu loup, mais
il fut bien étonné de voir cette patte convertie en
main de femme, et à l'un des doigts, un anneau d'or
que le gentilhomme reconnut être celui de son épouse.
Il alla aussitôt la trouver. Elle était auprès du feu, et
cachait son bras droit sous son tablier. Comme elle
refusait de l'en tirer, il lui montra la main que le
chasseur avait rapportée ; et cette malheureuse,
toute éperdue, lui avoua que c'était elle en effet qui
l'avait poursuivi, sous la figure d'un loup-garou ; ce
qui se vérifia encore, en confrontant la main avec le
bras dont elle faisait partie. Le mari, pieusement cour-
roucé, livra sa femme à la justice, et elle fut brûlée
en ce monde, pour griller éternellement dans l'autre.

Boguet, qui rapporte ce conte, avec plusieurs
autres de la même force, dit, en homme expérimenté,
que les loups-garoux s'accouplent avec les louves, et
ont autant de plaisir qu'avec leurs femmes.

—Les loups-garoux étaient fort communs dans le Poitou ; on les y appelait *la bête bigourne qui court la galipode*. .

Quand les bonnes gens entendent, dans les rues, les hurlemens épouvantables du loup-garou, ce qui n'arrive qu'au milieu de la nuit, ils se gardent bien de mettre la tête à la fenêtre, parce que s'ils avaient cette témérité, ils ne manqueraient pas d'avoir le cou tordu.

On force le loup garou à quitter sa forme d'emprunt, en lui donnant un coup de fourche, justement entre les deux yeux. (Voyez *Lycantrhopie*.)

LUCIFER. — Démon du premier ordre; grand justicier de l'empire infernal.

LUTINS.— Les lutins sont du nombre des trente mille démons, qui ont plus de malice que de méchanceté.

Ils se plaisent à tourmenter les gens, à faire des tours de laquais, et se contentent ordinairement de donner la peur sans le mal.

— Cardan parle d'un de ses amis qui, couchant dans une chambre que hantaient les lutins, sentit une main, froide et molle comme du coton, passer sur son cou et sur son visage, et chercher à lui ouvrir la bouche. Il se garda bien de bâiller ; mais, s'éveillant en sursaut, il entendit de grands éclats de rire, sans rien voir autour de lui.

— Le Loyer raconte que, de son temps, il y avait

de mauvais garnemens qui faisaient leurs sabbats et
lutineries, dans les cimetières, pour établir leur
réputation et se faire craindre, et que, quand ils y
étaient parvenus, ils allaient dans les maisons buf-
feter le bon vin, et caresser les filles. C'est de là
qu'est venu le vieux proverbe :

> Où sont fillettes et bon vin,
> C'est là que hante le lutin.

— Les lutins s'appelaient ainsi, parce qu'ils prenaient quelquefois plaisir à lutter avec les hommes.
Il y en avait un à Thermesse qui se battait avec tous
ceux qui arrivaient dans cette ville (1). Au reste, les
lutins ne mettent ni dureté, ni violence, dans tous
leur jeux (2).

LYCANTHROPIE:—Maladie qui, dans les siècles
où l'on ne voyait partout que démons, sorcelleries et
maléfices, troublait l'imagination des cerveaux faibles,
au point qu'ils se croyaient métamorphosés en loups-
garoux, et se conduisaient en conséquence.

Les mélancoliques étaient plus que les autres,
disposés à devenir lycanthropes, c'est-à-dire *hommes-
loups*.

— On présenta au célèbre médecin Pomponace
un fou atteint de lycanthropie, que des villageois
avaient trouvé couché dans du foin, et pris pour un

---

(1) Strabon.
(2) Cardan.

loup-garou, parce qu'il se disait tel, et leur criait qu'ils eussent à s'enfuir, s'ils ne voulaient pas être mangés et étranglés comme Judas. Cependant ils l'avaient saisi, malgré ses menaces, et commençaient à l'écorcher, pour savoir s'il avait le poil de loup sous la peau, selon l'opinion du vulgaire. Mais ils le lâchèrent, dit Camerarius, à la demande de Pomponace qui le guérit de sa maladie.

— Les sorciers et leurs partisans s'appuyaient des métamorphoses de l'âne d'or d'Apulée, comme d'une histoire bien véritable, pour prouver que la lycanthropie n'est pas une maladie de l'imagination, mais une véritable transformation. Cependant Apulée a dit lui-même, pour les sots à qui il faut tout dire, que son ouvrage n'était qu'une fable. *Ego tibi, sermone isto, varias fabellas conseram.*

— A côté de la *lycanthropie*, les démonomanes placent la *cynanthropie*, espèce de démence où des malheureux se croyaient transformés en chiens; et la *bousopie* ou *bousanthropie*, autre maladie d'esprit (en supposant que l'esprit se soit logé quelquefois chez des gens superstitieux), qui frappait certains visionnaires, et leur persuadait qu'ils étaient changés en bœufs. Mais les cynanthropes et les bousanthropes ne sont pas communs dans les fastes de la magie. (Voyez *Loups-Garoux.*)

FIN DU TOME PREMIER.

DICTIONNAIRE

INFERNAL.

II.

Prix de cet ouvrage :

12 fr., et 15 fr. franc de port.

IMPRIMERIE DE FAIN, PLACE DE L'ODÉON.

2.

Une Scène du Sabbat.

DICTIONNAIRE
INFERNAL.

OU

RECHERCHES ET ANECDOTES,

Sur les Démons, les Esprits, les Fantômes, les Spectres,
les Revenans, les Loups-garoux, les Possédés, les Sorciers, le Sabbat, les Magiciens, les Salamandres, les Sylphes, les Gnomes, etc ; les Visions, les Songes, les prodiges, les Charmes, les Maléfices, les Secrets merveilleux, les Talismans, etc.; en un mot, sur tout ce qui
tient aux Apparitions, à la Magie, au Commerce de l'Enfer,
aux Divinations, aux Sciences secrètes, aux Superstitions, aux choses mystérieuses et surnaturelles, etc.etc.etc.

Par J. A. S. COLLIN DE PLANCY.

Il n'y a point de peur qui trouble l'homme, comme celles que
la superstition lui inspire. Car celui-là ne craint point la mer,
qui ne navigue point ; ni les combats, qui ne sait point les
armées ; ni les brigands, qui ne sort point de sa maison ; ni
l'envie, qui mène une vie privée; ni les tremblemens de terre,
qui demeure dans les Gaules ; ni la foudre, qui habite l'Éthiopie: mais l'homme superstitieux craint toutes choses, la terre
et la mer', l'air et le ciel, les ténèbres et la lumière, le bruit
et le silence ; il craint même jusqu'à un songe.

PLUTARQUE.

TOME SECOND.

PARIS,

P. MONGIE aîné, Libraire, Boulevard Poissonnière, n. 18.

1818.

DICTIONNAIRE

INFERNAL.

~~~~~~

M.

MAGIE. — La magie naturelle est l'art de connaître l'avenir et de produire des effets merveilleux par des moyens naturels, mais au-dessus de la portée du commun des hommes.

La magie artificielle est l'art de fasciner les yeux, et d'étonner les hommes, ou par des automates, ou par des escamotages, ou par des tours de physique.

La magie blanche est l'art de faire des opérations surprenantes par l'évocation des bons anges, ou simplement par adresse et sans aucune évocation. Dans le premier cas, on prétend que Salomon en est l'inventeur ; dans le second, la magie blanche est la même chose que la magie naturelle, confondue avec la magie artificielle.

La magie noire ou diabolique, enseignée par le diable, et pratiquée sous son influence, est l'art d'évoquer les démons, en conséquence d'un pacte fait avec eux, et de se servir de leur ministère, pour faire des choses au-dessus de la nature. C'est de cette magie que sont entichés ceux qu'on appelle proprement

II.

magiciens. Cham en a été, dit-on, l'inventeur ou plutôt le conservateur, car Dieu n'envoya le déluge que pour nettoyer la terre des magiciens et des sorciers qui la souillaient ; mais Cham enseigna la magie et la sorcellerie à son fils Misraïm, qui, pour les grandes merveilles qu'il faisait, fut appelé Zoroastre. Il composa cent mille vers, sur ce malheureux sujet et enfin il fut emporté par le diable, en présence de ses disciples, et ne parut plus (1). (Voyez *Zoroastre*.)

— Hemmingius, théologien fort célèbre, cita deux vers barbares, dans une de ses leçons, et ajouta, pour se divertir, qu'ils pouvaient chasser la fièvre, parce qu'ils étaient magiques. L'un de ses auditeurs en fit l'essai sur son valet, et le guérit. Peu après on fit courir le remède, et il arriva que plusieurs fébricitans s'en trouvèrent bien. Hemmingius, après cela, se crut obligé de dire qu'il n'avait parlé de la sorte qu'en badinant, et que ce n'était qu'un jeu d'esprit. Dès lors le remède tomba. Mais il y en eut beaucoup qui ne voulurent point se dédire de la foi qu'ils y avaient ajoutée.

Bergerac a dit quelque part que les maladies n'existaient le plus souvent que dans l'imagination : telle personne guérira avec un charlatan, en qui elle a pleine confiance ; telle autre ne guérira point avec un excellent médecin, de qui elle se défie.

---

(1) Suidas.

MAGICIENS. — La magie donne à ceux qui la possèdent une puissance à laquelle rien ne peut résister. D'un coup de baguette, d'un mot, d'un signe, ils bouleversent les élémens, changent l'ordre immuable de la nature, livrent le monde aux puissances infernales, déchaînent les tempêtes, les vents et les orages, en un mot, font le froid et le chaud. Les magiciens et sorciers, dit Wecker, sont portés par l'air d'un très-léger mouvement, vont où ils veulent, et cheminent sur les eaux, comme Oddon le pirate, lequel voltigeait çà et là, en haute mer, sans esquif ni navire.

— Grégoire VII était si habile magicien, qu'il faisait sortir du feu de ses bras en les agitant, et gronder le tonnerre dans sa manche (1).

— Un magicien coupa la tête d'un valet, en présence de plusieurs personnes, pour les divertir, et dans le dessein de la remettre; mais dans le temps qu'il se disposait à rétablir cette tête, il vit un autre magicien qui l'en empêchait; et comme cet autre magicien s'obstinait à le contrecarrer, quelques prières qu'il lui fit, il fit naître tout d'un coup un lis sur une table, et, en ayant abattu la tête, son ennemi tomba par terre, sans tête et sans vie. Puis il rétablit celle du valet et s'enfuit (2).

— Venceslas, fils de l'empereur Charles IV, faisant ses noces avec la princesse Sophie de Bavière,

_____

(1) Naudé.
(2) Germain.

le beau-père, qui savait que son gendre prenait plaisir à des spectacles ridicules et à des enchantemens,
fit amener de Prague une charretée de magiciens. Le
magicien de Venceslas, nommé Ziton, se présente
pour faire assaut avec eux, ayant la bouche fendue
de part et d'autre jusqu'aux oreilles; il l'ouvre et
dévore tout d'un coup le bouffon du duc de Bavière,
avec tous ses habits, excepté ses souliers qui étaient
sales, et qu'il cracha bien loin de lui. Ensuite, ne
pouvant digérer une telle viande, il va se décharger
dans une grande cuve pleine d'eau, et rend son
homme par le bas (1). Nos vieilles chroniques et nos
contes de fées sont pleins de traits semblables.

— Les habitans d'Hamel, sur le Weser, en Basse-
Saxe, étant, en l'année 1284, tourmentés d'une
quantité surprenante de rats et de souris, jusque-là
qu'il ne leur restait pas un grain qui ne fût endom-
magé, et plusieurs d'entre eux songeant aux moyens
de se délivrer de ce fléau, il apparut tout d'un coup
un homme étranger, d'une grandeur extraordinaire
et effroyable, qui entreprit, moyennant une somme
d'argent dont on convint, de chasser sur l'heure
toutes les souris hors du territoire de la ville. Après
que le marché fut conclu, il tira une flûte de sa gibecière, et se mit à en jouer. Aussitôt tous les rats
qui se trouvaient dans les maisons, sous les toits,
dans les planchers, sortirent par bandes, en plein
jour, et suivirent le joueur de flûte, jusqu'au Weser,

_____

(1) Camerarius.

où, ayant relevé ses habits, il entra dans la rivière,
et les souris qui l'imitaient s'y noyèrent.

Lorsqu'il eut ainsi exécuté sa promesse, il vint
demander l'argent dont on était convenu avec lui ;
mais il ne trouva plus les bourgeois dans la disposition
de le lui compter. Cette mauvaise foi le rendit furieux ; il les menaça d'une vengeance terrible, s'ils
ne le satisfaisaient sur-le-champ. Les bourgeois se
moquèrent de lui et de ses menaces (1).

Mais, le lendemain, le magicien leur apparut, avec
une mine effrayante, sous la figure d'un chasseur,
avec un chapeau de pourpre sur la tête ; il joua
d'une autre flûte tout-à-fait différente de la première, et tous les enfans de la ville, depuis quatre
ans jusqu'à douze, le suivirent spontanément. Il les
mena dans une caverne, sous une montagne hors de
la ville, sans que depuis ce temps-là on en ait jamais
revu un seul, et sans qu'on ait appris ce que tous ces
enfans étaient devenus. Depuis cette surprenante
aventure, on a pris, dans Hamel, la coutume de
compter les années, *depuis la sortie des enfans*, en
mémoire de ceux qui furent perdus de cette manière (2). Les annales de Transylvanie profitent de
ce conte, et disent que, vers ce temps-là, il arriva en
Transylvanie quelques enfans dont on n'entendait pas
la langue, et que ces enfans, s'y étant établis, y per-

_____

(1) On craignait pourtant bien alors les magiciens, et surtout
les magiciens qui faisaient des miracles comme celui-là L. .

(2) Schokius.

pétuèrent aussi leur langage , tellement qu'encore
aujourd'hui on y parle allemand-saxon.

La première preuve de cette histoire consiste dans
la vitre d'une église d'Hamel, sur laquelle elle est
peinte , avec quelques lettres que le temps n'a pas
encore effacées. Nous avons aussi, sur les vitrages de
nos églises , des peintures qui nous prouvent que
sainte Véronique essuya d'un mouchoir la face de
Jésus-Christ allant au Calvaire ; et sainte Véronique
n'a jamais existé.

La seconde preuve était sur la porte , appelée la
Neuve, où l'on voyait des vers latins, qui apprenaient
qu'en 1284, un magicien enleva aux habitans cent
trente enfans , et les emmena sous le mont Coppen-
berg (1).

Ces inscriptions ne prouvent pas que cette histoire soit vraie , mais seulement qu'on le croyait
ainsi. Comment les pères laissèrent-ils aller leurs
enfans? s'ils craignaient le flûteur , que ne le payaient-
ils ? Comment ces enfans firent-ils deux cents lieues
sous terre , pour aller en Transylvanie ; par un chemin qu'on n'a pu découvrir ? Si le diable les a transportés en l'air, pourquoi personne ne les a-t-il vus ?...
Quelques écrivains sensés pensent que ces enfans
furent emmenés , à la suite d'une guerre, par le
vainqueur , et que , selon leur louable coutume ; les

_____

(1) Cette inscription ne fut gravée que plus de cent ans après
le fait ; et cent ans dénaturent bien les choses, chez un peuple
superstitieux et crédule.

bonnes femmes en firent un conte à leur façon , pour
effrayer les marmots. D'autres regardent cette aventure comme apocryphe et supposée.

— Voici des traits un peu plus anciens , et aussi
vrais que la sortie des enfans d'Hamel :

Le magicien Lexilis , qui florissait à Tunis , *quel-*
que temps avant la splendeur de Rome, fut mis en
prison , pour avoir introduit, par des moyens diaboliques, le fils du souverain de Tunis , dans la
chambre d'une jeune beauté , que le père se réser-
vait (1).

Environ dans le même temps, il arriva une étrange
aventure au fils du geôlier : ce jeune homme venait
de se marier, et les parens célébraient les noces hors
de la ville. Le soir venu , on joua au ballon. Pour
avoir la main plus libre, le marié ôta de son doigt
l'anneau nuptial, et le mit au doigt d'une statue qui
était proche de là. Après avoir bien joué, il retourne
vers la statue pour reprendre son anneau; mais la
main s'était fermée , et il lui fut impossible de le
retirer. Il ne dit rien de ce prodige ; et, quand tout le
monde fut rentré dans la ville , il revint seul devant
la statue, trouva la main ouverte et étendue comme

_____

(1) Ce Lexilis était fort mauvais prisonnier. Lorsqu'on l'em-
prisonnait pour quelques malices, quoique les portes fussent
bien fermées et les fenêtres garnies de doubles grilles, en visi-
tant son cachot, au bout d'une heure, on était sûr de ne plus
trouver personne. Apparemment qu'il n'était pas ce jour-là sur
ses gardes , car toutes les ressources de son art ne purent le tirer
d'embarras.

auparavant , mais sans la bague qu'il y avait laissée.
Ce second miracle le jeta dans une grande surprise.
Il n'en alla pas moins rejoindre son épouse. Dès qu'il
fut au lit avec elle , il voulut s'en approcher, et se
sentit empêché par quelque chose de solide, qui était
couché entre lui et sa femme, et qu'il ne voyait point.
« C'est moi que tu dois embrasser , lui dit-on,
» puisque tu m'as épousée aujourd'hui : je suis la
» statue au doigt de qui tu as mis ton anneau. »

Le jeune époux effrayé n'osa répondre , et passa
la nuit sans dormir. Pendant plusieurs jours ,
toutes les fois qu'il voulut embrasser sa femme , il
sentit et entendit la même chose.

A la fin , cédant aux plaintes et aux avis de sa
femme, il révéla la chose à ses parens. Le père lui
conseilla d'aller trouver Lexilis , dans son cachot , et
lui en remit la clef. Le jeune homme s'y rendit aussitôt
et trouva le magicien endormi sur une table. Après
avoir attendu assez long-temps, sans qu'il s'éveillât ,
il le tira doucement par le pied ; et le pied, avec la
jambe arrachée de la cuisse , lui demeura dans les
mains...

Lexilis , s'éveillant alors , poussa un grand cri :
la porte du cachot se referma d'elle-même; le jeune
homme tremblant se jeta aux genoux de Lexilis , lui
demanda pardon de sa maladresse, et implora son
assistance. Le magicien accorda tout, et promit au
fils du geôlier de le débarrasser de la statue, moyennant qu'on le mît en liberté. Le marché fait, il remit
sa jambe à sa place, et sortit.

Quand il fut rentré chez lui, il écrivit une lettre qu'il donna au jeune homme : « Va-t'en à minuit, » lui dit-il, dans un carrefour où aboutissent quatre » rues; attends debout et en silence ce que le hasard » t'amènera. Tu n'y seras pas long-temps, sans voir » passer plusieurs personnes de l'un et de l'autre » sexe, chevaliers, piétons, laquais, gentilshommes » et autres ; les uns seront armés, les autres sans » armes ; les uns seront tristes, les autres se réjoui- » ront. Quoi que tu voies et que tu entendes, garde- » toi de parler, ni de remuer. Après cette troupe, » suivra *un certain*, puissant de taille, assis sur » un char ; tu lui remettras ta lettre, sans dire un » mot, et tout ce que tu désires arrivera. »

Le jeune homme fit ce qui lui était prescrit, et vît entre les autres une coursisane, assise sur une mule, tenant une baguette d'or à la main. Ses cheveux on-doyans étaient liés sur sa tête avec une bandelette d'or. Ses habits étaient si déliés qu'on voyait à tra-vers toutes les formes de son corps, outre que ses gestes lascifs la découvraient à chaque pas.

Le maître de la compagnie venait le dernier. Il était monté sur un char triomphal, enrichi d'éme-raudes et de saphirs qui rendaient une grande clarté dans les ténèbres. Il passa devant le jeune époux ; et, jetant sur lui des regards terribles, il lui demanda de quel front il osait se trouver à sa rencontre ? Le jeune homme, interdit et mourant de peur, eut pour-tant le courage d'avancer la main et de présenter sa lettre. L'esprit, reconnaissant le cachot, la lut aussi

tôt, et s'écria en rugissant : « Ce Lexilis sera-t-il donc
» long-temps encore sur la terre!..» Un instant après,
il envoya un de ses gens ôter l'anneau du doigt de la
statue , et le fils du geôlier cessa dès lors d'être troublé dans ses amours.

Cependant le geôlier fit annoncer au souverain que
Lexilis s'était échappé ; et, tandis qu'on le cherchait
de toutes parts, le magicien entra dans le palais, suivi
d'une vingtaine de belles filles qui portaient des mets
choisis pour le prince. Mais, tout en avouant qu'il n'a-
vait jamais rien mangé de si délicieux, le souverain
de Tunis n'en renouvela pas moins l'ordre d'arrêter
Lexilis ; et les gardes , voulant s'emparer de lui , ne
trouvèrent à sa place qu'un chien mort et puant,
dans le ventre duquel ils avaient tous la main...

Ce prestige excita la risée générale. Après qu'on se
fut calmé , on alla à la maison du magicien, qui était
à sa fenêtre , regardant venir son monde. Aussitôt
que les soldats le virent, ils coururent à sa porte qui
se ferma incontinent. Le capitaine des gardes lui commanda, *de par le roi*, de se rendre , en le menaçant
d'enfoncer la porte s'il refusait d'obéir. «Et si je me
» rends , dit Lexilis , que ferez-vous de moi ?—Nous
» vous conduirons courtoisement au prince , répondit
» le capitaine.—Je vous remercie de votre courtoisie ,
» ajouta le magicien; mais par où irons-nous au palais?
» — Par cette rue, reprit le capitaine , en la montrant
» du doigt.» Et en même temps il aperçut un grand
fleuve, qui venait à lui en grossissant ses eaux , et
remplissait la rue qu'il venait de désigner , tellement

qu'en moins de rien , ils en eurent jusqu'à la gorge.
Lexilis , riant malicieusement , leur criait : « Re-
» tournez seuls au palais , car pour moi je ne me
» soucie pas d'y aller en barbet.»

. Le prince, ayant appris ceci , résolut de perdre la
couronne , plutôt que de laisser le magicien impuni.
Il s'arma donc lui-même pour aller à sa poursuite , et
le trouva dans la campagne qui se promenait paisiblement. Les soldats l'entourèrent aussitôt pour le
saisir ; mais, Lexilis faisant un geste , chaque soldat
se trouva, la tête engagée entre deux piquets , avec
deux grandes cornes de cerf, qui l'empêchaient de se
pouvoir retirer. Ils restèrent long-temps en cette posture , pendant que deux petits enfans leur donnaient
de grands coups de houssine sur les cornes.

Le magicien sautait d'aise à ce spectacle , et le
prince était furieux. Mais ayant aperçu à terre, aux
pieds de Lexilis , un morceau de parchemin carré ,
sur le quel étaient tracés des caractères, le prince se
baissa et le ramassa , sans être vu du magicien. Dès
qu'il eut ces caractères dans la main, les soldats
perdirent leurs cornes , et les piquets s'évanouirent;
Lexilis fut pris , enchaîné, mené en prison , et de
là sur l'échafaud *pour y être rompu.* Mais ici il
joua encore de son métier ; car comme le bourreau
déchargeait la barre de fer sur lui , le coup tomba
sur un tambour plein de vin , qui se répandit sur la
place , et Lexilis ne reparut plus à Tunis (1).

---

(1)Mouchemberg.—Je demande pardon au lecteur de lui mettre
sous les yeux de pareilles platitudes ; mais j'ai cru que ce mor-

— Les magiciens, ayant d'habiles serviteurs dans les cohortes infernales, n'ont pas grand'peine à s'approprier, sans qu'on s'en doute, le bien d'autrui. Tels étaient ces magiciens, qui faisaient venir dans leurs greniers le blé de leurs voisins ; et cette magicienne qui, selon Delrio, faisait traire par le diable, et apporter chez elle, le lait des vaches de ses voisines, etc. (Voyez *Sorciers*, *Démons*, *Prestiges*, *Charmes*, *Enchantemens*, *Simon*, *Agrippa*, etc.)

MAHOMET, — Fondateur de la religion musulmane.

Mahomet naquit à la Mecque (1), le 22 avril 568. Il était fils d'Abdalla, et arrière-petit-fils de l'illustre Haschem, prince des Koreishites. Sa naissance fut accompagnée de grands miracles, si l'on en croit ce qu'il raconta depuis, et ce que les auteurs musulmans rapportent le plus gravement du monde. Au même instant que le prophète sortit du sein de sa mère, une lumière éclatante brilla dans toute la Syrie; et pendant plusieurs nuits, elle éclaira les villes, les bourgs, les châteaux et les campagnes ; tandis que le feu sacré de Zoroastre s'éteignit chez les Persans,

———————

ceau lui donnerait la mesure de l'idée qu'on se faisait des magiciens, il n'y a pas encore long-temps.

(1) La Mecque est à dix lieues de la mer Rouge, dans l'Arabie-Heureuse. Son temple est magnifique. Les Turcs y vont par caravanes faire leurs dévotions au Kaabé. C'est une maison carrée qu'ils appellent maison de Dieu, et qu'ils disent bâtie par Abraham.

après avoir brûlé pendant plus de mille ans, sans interruption; le palais de Kosroès, alors roi de Perse, s'ébranla, et quatorze tours fort épaisses s'écroulèrent. Le souverain pontife des mages eut, dans la même nuit, un songe qui lui représentait un chameau vigoureux, vaincu par un cheval arabe, et plusieurs autres prodiges aussi effrayans, que le roi de Perse n'entendit pas sans frémir. Cependant Mahomet, ayant à peine vu le jour, s'échappa des mains de l'accoucheur, se jeta à genoux, leva les yeux au ciel, et prononça d'une voix mâle et distincte ces mots sacrés : *Dieu est grand; il n'y a qu'un Dieu, et je suis son prophète.* Les assistans étonnés prirent l'enfant, l'examinèrent, et s'aperçurent, avec admiration, qu'il était né circoncis. Mahomet parla une seconde fois : alors les démons, les mauvais génies, les esprits de ténèbres furent précipités, des étoiles, des planètes et des signes du zodiaque, où ils demeuraient, dans les abîmes éternels.

Tous ces phénomènes causèrent une si grande joie à la famille d'Abdalla, qu'on donna à l'enfant nouveau-né le nom de *Mahomet*, c'est-à-dire *couvert de gloire.*

Abdalla mourut deux mois après la naissance de Mahomet, qu'il laissait dans une pauvreté absolue. Il fut élevé à la campagne jusqu'à l'âge de huit ans. Aboutalib, son oncle, qui l'aimait tendrement, le prit alors auprès de lui, et le forma pour le commerce. Quand son intelligence se fut développée, il le fit voyager en Syrie. En passant à Bostra, l'once et

le neveu allèrent visiter le moine Sergius (1), nesto-
rien, qui était l'aigle de son couvent. L'extrême vivacité de Mahomet, sa beauté, son esprit, sa modestie frappèrent Sergius, mais moins sans doute que
les merveilles qui embellirent cette entrevue,
puisque, en s'approchant du prophète, Sergius vit
sur sa tête une nuée lumineuse, et que les arbres,
auparavant desséchés, sous lesquels il se trouvait,
poussèrent des feuilles en un moment. Le moine surpris regarda entre les épaules du jeune Mahomet, et
y reconnut le signe de la prophétie. « Prenez soin de
» cet enfant, dit-il à Aboutalib; il s'élevéra un jour
» au-dessus de l'humanité. »

Aboutalib, tout joyeux, s'en retourna à la Mecque,
et s'occuppa de l'éducation de son neveu. Néanmoins, Mahomet n'apprit ni à lire ni à écrire, et
quand, dans la suite, il publiait ses décrets, il trem-
pait sa main dans l'encre, et l'imprimait sur ce qu'il
voulait signer.

L'ambition, le courage, toutes les qualités de Mahomet se développèrent avec l'âge. Il n'avait pas
vingt ans qu'il cherchait tous les moyens de signaler
sa valeur, et de se montrer au-dessus de ses égaux. La
fortune lui en offrit une heureuse occasion. Une
guerre se déclara, entre la tribu des Koreishites et
deux tribus voisines. L'armée ennemie était supérieure par le nombre, par la bravoure et par la dis-

---

(1) Ce fut conjointement avec ce moine Sergius, l'hérétique
Batyras et quelques Juifs, que Mahomet composa son Alcoran.

cipline : Mahomet seul balança tous cés avantages ;
il fit partager son intrépidité à ses compatriotes , se
mit à leur tête, battit les deux tribus alliées , et en fit
un horrible carnage.

Les lauriers qu'il cueillit dans cette guerre , l'éclat
de ses exploits , et sa modestie après la victoire , le
firent appeler le héros de l'Arabie.

Mais, quoique considéré pour ses vertus et ses hauts
faits , il était toujours dans une extrême pauvreté.
Un riche mariage pouvait seul lui donner un rang
distingué. Une veuve opulente , à qui il ne déplaisait
point , lui offrit de conduire son commerce ; il se
hâta d'accepter ce qu'elle lui proposait, et entra dans
la maison de la belle Kadija. Bayle et quelques autres
ont prétendu que Mahomet fut chez elle conducteur
de chameaux : mais l'admiration qu'il avait excitée ;
l'estime qu'on avait pour lui dans la Mecque , son
orgueil, sa naissance , et le mépris que les Arabes
faisaient de cet emploi , rendent le fait invraisemblable.

Mahomet avait de l'adresse , de l'esprit, de la
beauté et vingt-huit ans. Kadija en avait quarante ;
mais elle possédait encore tous ses charmes. Mahomet l'épousa, après quelques voyages assez heureux;
où deux anges l'accompagnèrent , l'aidant de leurs
conseils dans les affaires, et le couvrant de leurs ailes,
dans les courses , pour le garantir de l'ardeur du soleil. Personne ne blâma la conduite de la riche veuve,
attendu qu'elle ne pouvait que s'attirer les bénédic-
tions du ciel , en épousant son protégé.

Quand Mahomet eut atteint sa quarantième année, il songea à réaliser les projets qu'il méditait depuis long-temps. Il essaya ses impostures sur l'esprit de sa femme. Il était sujet à des attaques d'épilepsie : il répandit le bruit que les accès de ce mal étaient autant d'extases, pendant lesquelles l'ange Gabriel conversait avec lui. Un soir qu'il venait d'en être surpris, il dit à sa femme que le temps était venu de lui révéler le secret de sa mission, que l'ange Gabriel lui était apparu, et qu'il l'avait appelé l'*apôtre de Dieu*. « Sa figure était si brillante, ajouta-t-il, que j'en suis » tombé évanoui ; ce qui l'a obligé de prendre une » forme humaine. Il m'a conduit ensuite sur une haute » montagne, où j'ai entendu une voix du ciel répéter » que j'étais l'envoyé de Dieu. » Les musulmans croient que ce fut aussi pendant cette vision que l'Alcoran descendit du ciel, pour y remonter aussitôt, car depuis, il n'en descendit plus que chapitre par chapitre, durant l'espace de vingt-trois ans (1).

Kadija était vieille ; elle idolâtrait son époux ; elle fut toute glorieuse de se voir la femme d'un prophète, et courut dans sa famille lui faire des prosélytes. Dès qu'il en eut un certain nombre, il les rassembla et leur demanda qui d'entre eux avait assez de courage pour être son lieutenant. Le doux Ali, le plus jeune

---

(1) Mahomet, qui se contredit souvent, dit dans un endroit que l'Alcoran lui fut apporté par l'ange Gabriel; et il raconte ailleurs que la doctrine de ce livre lui était révélée dans ses extases. Il donna à ce bizarre amas d'extravagances le nom d'*Al-coran*, qui signifie, comme *Biblia*, le livre par excellence.

de tous et le plus fanatique, se leva et s'écria : « C'est
» moi, ô prophète de Dieu, qui serai ton lieute-
» nant. Je casserai les dents, j'arracherai les yeux,
» je romprai les jambes, et je fendrai le ventre à tous
» ceux qui oseront te résister. (1) »

Soutenu par un tel lieutenant, Mahomet commença à prêcher ouvertement sa doctrine et à publier ses révélations. Il n'eut pas d'abord le succès
qu'il en attendait ; la plupart des Arabes se déclarèrent contre lui ; et Aboutalib alarmé lui conseilla de
renoncer à ses projets. « Dieu est pour moi, répon-
» dit fièrement le prophète, je ne crains ni les
» Arabes, ni tous les hommes ensemble. Quand ils
» poseraient contre moi le soleil à ma droite et la lune
» à ma gauche, je ne renoncerais point à ma sainte
» entreprise. » En conséquence, Mahomet brava le
murmure, méprisa les clameurs et raconta au peuple
de la Mecque tant de mensonges et de visions extravagantes, qu'il se fit proscrire lui et ses partisans. Il
se retira à Yatrib, qu'on a depuis appelée la ville du
prophète *Médinal al Nabi*, et aujourd'hui Médine.

---

(1) Ali était fils d'Aboutalib. Mahomet lui donna la main de
Fatime, la seule fille qu'il eut de Kadija. La mémoire de cette
Fatime est en si grande vénération chez les Turcs, qu'ils donnent presque tous son nom à leurs filles. La mémoire de cet
Ali est en si grande vénération chez les Persans, que plusieurs le
mettent au-dessus du prophète; et quelques-uns, seulement un peu
au-dessous de Dieu. Il prétendait, dit-on, que l'Alcoran lui était
destiné, et que l'ange Gabriel avait fait un *quiproquo* en le donnant à son beau-père. Ce *quiproquo* fut bien long ; car il dura
vingt-trois ans.

II.

C'est cette retraite fameuse, que les musulmans nomment *hégire* ou persécution, et depuis laquelle ils comptent leurs années. Elle eut lieu l'an 622.

Ce décret de proscription ranima toutes les espérances de Mahomet. Libre, il n'eût séduit que des femmes et des têtes faibles ; la persécution vint au secours de sa religion naissante. Il avait des intelligences secrètes à la Mecque, principalement avec les prêtres : il fit dire aux principaux du peuple que Dieu venait de prouver la mission de son prophète, en envoyant un ver qui avait rongé tout l'acte de leur décret injuste, à la réserve du seul nom de Dieu. Les koreishites se rendirent en foule au temple, ouvrirent la cassette où était le décret, et furent saisis de terreur à la vue de cet acte qui n'était plus qu'un monceau de poussière et dont il ne restait en entier que ces mots : *En ton nom, ô grand Dieu !*

Ce grand miracle, qui fut suivi d'une éclipse de lune (1), et de plusieurs autres prodiges, produisit d'heureux effets ; Mahomet vit augmenter considérablement le nombre de ses disciples, et continua à raconter ses visions.

C'est à peu près dans ce temps-là que les docteurs musulmans placent le grand voyage aux sept cieux. Quelques-uns prétendent que Mahomet le publia avant sa fuite, et que ce fut cette vision qui le fit chasser. Quoi qu'il en soit, elle plait beaucoup aux

---

(1) A propos de cette éclipse, l'Alcoran laissa tomber du ciel le chapitre de *la lune*, lequel commence par les mots : *l'heure approcha et la lune fut fendue.*

musulmans, et leur paraît infiniment respectable. En voici l'abrégé :

« Il était nuit, dit Mahomet ; j'étais couché à l'air, entre deux collines, quand je vis venir à moi Gabriel, accompagné d'un autre esprit céleste. Les deux immortels se penchèrent sur moi ; l'un me fendit la poitrine, l'autre en tira mon cœur, le comprima entre ses mains, en fit sortir la goutte noire ou le péché originel, et le remit à sa place. Cette opération ne me causa aucune douleur.

» Gabriel, deployant ensuite ses cent quarante paires d'ailes brillantes comme le soleil, m'amena la jument Al-Borak (1), plus blanche que le lait, qui a la face humaine, et comme chacun le sait, la mâchoire d'un cheval. Ses yeux étincelaient comme des étoiles, et les rayons qui en partaient étaient plus chauds et plus perçans que ceux de l'astre du jour, dans sa plus grande force. Elle étendit ses deux grandes ailes d'aigle ; je m'approchai ; elle se mit à ruer : *Tiens-toi tranquille, lui dit Gabriel, et obéis à Mahomet.* La jument répondit : *Le prophète Mahomet ne me montera point, que tu n'aies obtenu de lui qu'il me fasse entrer en paradis, au jour de la résurrection.* Je lui dis d'être en repos, et lui promis de la conduire en paradis avec moi.

» Alors elle cessa de ruer : je m'élançai sur son dos ; elle s'envola plus vite que l'éclair, et dans l'ins-

(1) L'Alcoran dit que cet animal était plus grand qu'un âne et plus petit qu'un mulet, et qu'à chaque pas qu'il faisait, il s'allongeait autant que la meilleure vue peut s'étendre.

tant, je me trouvai à la porte du temple de Jérusalem, où je vis Moïse, Abraham et Jésus. Une échelle
de lumière descendit tout à coup du ciel ; je laissai
là Al-Borak, et, à l'aide de l'échelle, nous montâmes,
Gabriel et moi, au premier paradis. L'ange frappa à
la porte, en prononçant mon nom ; et la porte, plus
grande que la terre, tourna sur ses gonds : ce premier ciel est d'argent pur. C'est à sa belle voûte que
sont suspendues les étoiles, par de fortes chaînes
d'or. Dans chacune de ces étoiles est un ange en sentinelle, pour empêcher le diable d'escalader les
cieux.

» Un vieillard décrépit vint m'embrasser, en me
nommant le plus grand de ses fils : c'était Adam. Je
n'eus pas le temps de lui parler ; mon attention se fixa
sur une multitude d'anges de toutes formes et de
toutes couleurs ; les uns ressemblent à des chevaux,
les autres à des loups, etc. Au milieu de ces anges,
s'élève un coq d'une blancheur plus éclatante que
la neige, et d'une si surprenante grandeur, que sa
tête touche au second ciel, éloigné du premier de
cinq cents années de chemin. Tout cela m'aurait
beaucoup étonné, si l'ange Gabriel ne m'eût appris
que ces anges sont là sous des figures d'animaux,
afin d'intercéder, auprès de Dieu, pour toutes les
créatures de la même forme qui vivent sur la terre ;
que ce grand coq est l'ange des coqs, et que sa fonction principale est d'égayer Dieu, tous les matins,
par ses chants et par ses hymnes.

» Nous quittâmes le coq et les anges-animaux,

pour nous rendre au second ciel ; il est composé
d'une espèce de fer dur et poli. Je trouvai là Noé ,
qui me reçut dans ses bras ; Jean et Jésus s'appro-
chèrent ensuite , et m'appelèrent le plus grand et le
plus excellent des hommes. Nous montâmes alors au
troisième ciel , plus éloigné du second que celui-ci
ne l'est du premier.

» Il faut être au moins prophète , pour supporter
l'éclat éblouissant de ce ciel , tout formé de pierres
précieuses. Parmi les êtres immortels qui l'habitent,
je distinguai un ange d'une taille au-dessus de toute
comparaison ; il avait sous ses ordres cent mille anges,
chacun plus fort lui seul que cent mille bataillons
d'hommes prêts à combattre. Ce grand ange s'appelle *le
confident de Dieu*. Sa taille est si prodigieuse, qu'il
y a de son œil droit à son œil gauche, soixante-dix mille
journées de chemin. Devant cet ange était un énorme
bureau , sur lequel il ne cessait d'écrire et d'effacer.
Gabriel me dit que, *le confident de Dieu* étant en
même temps *l'ange de la mort* , il est continuellement occupé à écrire les noms de tous ceux qui doivent naître , à calculer les jours des vivans , et à les
effacer du livre , à mesure qu'il découvre qu'ils ont
atteint le terme fixé par son calcul.

» Le temps pressait ; nous gagnâmes le quatrième
ciel ; Énoch, qui s'y trouvait, parut tout ravi de
me voir. Ce ciel est d'argent fin, transparent comme
le verre : il est peuplé d'anges de haute taille ; l'un
d'eux, moins grand que l'ange de la mort, a pourtant cinq cent journées de hauteur. L'emploi de cet

ange est fort triste, puisqu'il est uniquement occupé
à pleurer sur les péchés des hommes, et à prédire les maux qu'ils se préparent. Ces lamentations
ne me plaisaient pas assez, pour que je les écou-
tasse long-temps. Nous nous rendîmes promptement
au cinquième ciel.

» Aaron vint nous recevoir, et me présenta à
Moïse, qui se recommanda à mes prières. Le cinquième ciel est d'or pur. Les anges qui l'habitent ne
rient pas beaucoup, et ils ont raison; car ils sont les
gardiens des vengeances divines et des feux dévorans
de la colère céleste. Ils sont chargés aussi de veiller
aux supplices des pécheurs endurcis, et de préparer
des tourmens affreux pour les Arabes qui refuseront
d'embrasser ma religion.

» Ce spectacle affligeant me fit hâter ma course,
et je montai au sixième ciel avec mon guide angé-
lique. J'y trouvai encore Moïse, qui se mit à pleurer
en m'apercevant, parce que, disait-il, je devais
conduire en paradis plus d'Arabes qu'il n'y avait
conduit de Juifs. Pendant que je le consolais, je me
sentis enlever, sans savoir comment, et j'arrivai,
d'un vol plus prompt que la pensée, au septième et
dernier ciel.

» Je ne puis donner une idée de la richesse de ce
beau paradis; qu'on se contente de savoir qu'il est
fait de lumière divine. Le premier de ses habitans
qui m'ait frappé, surpasse la terre en étendue; il
a soixante-dix mille têtes; chaque tête a soixante-dix
mille faces; chaque face, soixante-dix mille bouches;

chaque bouche, soixante-dix mille langues, qui parlent
continuellement et toutes à la fois soixante-dix mille
idiomes différens, le tout pour célébrer les louanges
de Dieu. Après que j'eus considéré cette énorme et
toute céleste créature, je fus emporté subitement par
un souffle divin, et je me trouvai, assis auprès du
cédrat immortel. Ce bel arbre est placé à la droite
du trône invisible de Dieu (1). Ses branches, plus
étendues que le disque du soleil n'est éloigné de la
terre, servent d'ombrage à une multitude d'anges
beaucoup plus nombreux que les grains de sable de
toutes les mers, de tous les fleuves, de toutes les
rivières. Sur les rameaux du cédrat, sont perchés des
oiseaux immortels, occupés à considérer les passages
sublimes du divin Alcoran. Les feuilles de ce bel arbre ressemblent à des oreilles d'éléphant; ses fruits
sont plus doux que le lait; un seul aurait suffi pour
nourrir toutes les créatures de tous les mondes (2),
depuis le jour de la création, jusqu'au jour de la destruction des choses. Quatre fleuves sortent du pied
du cédrat: deux pour le paradis, et deux pour la terre;

_____

(1) Devant ce trône, disent les commentateurs, il y a quatorze
cierges allumés, lesquels cierges ont en hauteur soixante-dix années de chemin.

(2) Le système des mondes habités n'est rien moins que moderne. C'était un des points les plus sacrés de la doctrine des Arabes, long-temps avant Mahomet. Ils croyaient que le soleil, la
lune et les étoiles servaient de demeure à des intelligences de
nature moyenne entre Dieu et l'homme. Ces intelligences étaient
chargées de diriger les mouvemens des mondes qu'elles habi
taient.

les deux derniers sont le Nil et l'Euphrate, dont personne, avant moi, n'avait connu la source. Ici Gabriel me quitta, parce qu'il ne lui était pas permis de pénétrer plus avant. Raphaël prit sa place, et me conduisit à la maison divine d'*Al-Mamour*, où se rassemblent chaque jour soixante-dix mille anges de première classe. Cette maison ressemble exactement au temple de la Mecque ; et si elle tombait perpendiculairement, du septième ciel, sur la terre, comme cela pourrait bien arriver quelque jour, elle tomberait nécessairement sur le temple de la Mecque : c'est une chose singulière, mais certaine.

» A peine eus-je mis le pied dans Al-Mamour, qu'un ange me présenta trois coupes : la première était pleine de vin; la seconde, de lait; la troisième, de miel. Je choisis celle où était le lait, et aussitôt une voix forte comme dix tonnerres fit retentir ces paroles : *O Mahomet, tu as bien fait de prendre le lait ; car, si tu avais bu le vin, ta nation était pervertie et malheureuse.*

» Mais un nouveau spectacle vint éblouir mes yeux : l'ange me fit traverser, aussi vite que l'imagination peut le concevoir, deux mers de lumière, et une troisième, noire comme la nuit, d'une immense étendue ; après quoi je me trouvai en la présence immédiate de Dieu. La terreur s'emparait de tous mes sens, quand une voix plus bruyante que celle des flots agités me cria : *Avance, ô Mahomet, approche-toi du trône glorieux.* J'obéis, et je lus ces mots sur l'un des côtés du trône : *Il n'y a point*

d'autre dieu que Dieu, et Mahomet est son pro-
phète. En même temps, Dieu mit sa main droite sur
ma poitrine, et sa gauche sur mon épaule : un froid
aigu se fit sentir dans tout mon corps, et me glaça
jusqu'à la moelle des os ; fort heureusement cet état
de souffrance fut suivi de douceurs inexprimables et
inconnues aux fils des hommes, qui enivrèrent mon
âme. A la suite de ces transports, j'eus avec Dieu
une conversation familière qui dura fort long-temps.
Dieu me dicta les préceptes que vous trouverez dans
l'Alcoran ; puis il m'ordonna expressément de vous
exhorter à soutenir, par les armes et le sang, la sainte
religion que j'ai fondée. Dieu ayant cessé de me
parler, je rejoignis Gabriel, et nous descendîmes les
sept cieux, où nous fûmes arrêtés à chaque pas, par
les concerts des esprits célestes qui chantaient mes
louanges. Parvenus enfin à Jérusalem, l'échelle de
lumière se reploya dans la voûte des cieux ; Al-Borak m'attendait, il était nuit encore ; elle me rapporta jusqu'ici, en agitant deux fois seulement ses
ailes d'aigle. Alors je dis à Gabriel : Je crains
bien que mon peuple ne refuse de croire le récit de
mon voyage aux cieux. Rassure-toi, me répondit
l'ange ; le fidèle Aboubècre et le fier et saint Ali soutiendront la vérité de ces prodiges (1). »

_____

(1) Quelques auteurs musulmans prétendent que Mahomet
partit de sa chambre, pour se rendre aux paradis, et qu'il les parcourut tous les sept, avec une si prodigieuse rapidité, qu'après
les avoir cependant exactement examinés, il retourna assez
promptement dans son lit, pour empêcher qu'un pot de

Les fausses idées que les Arabes s'étaient formées de la divinité, leur ignorance, le goût des Orientaux pour les choses extraordinaires, et ce penchant inné de tous les hommes pour le merveilleux, firent bientôt recevoir ces contes par la plus grande partie de la nation. Dès lors, Mahomet rassembla ses disciples, il se fit une armée, il inspira à tout ce qui l'entourait les fureurs du fanatisme : « Fidèles » croyans, leur dit-il, Dieu vous ordonne de tirer » le glaive contre l'incrédule. Vous pouvez sans re- » mords vous abreuver de son sang infidèle. Allez, » volez, frappez, exterminez quiconque osera ré- » sister à l'évidence de votre religion. Dieu guidera vos » coups, et son bras terrible anéantira vos ennemis. »

Il ajoutait à ce discours la promesse d'une éternité de bonheur. Des plaisirs immortels, des fruits délicieux, des houris toujours vierges et toujours ravissantes, une vigueur inépuisable : telles étaient les récompenses du musulman fidèle qui périssait en combattant ; le ciel était fermé aux lâches et aux cœurs trop compatissans.

Ce fut par de semblables moyens que Mahomet jeta dans l'âme de ses disciples tous les transports de ce zèle dévorant qui leur fit braver les dangers, les combats, les supplices et la mort.

Le prophète, devenu général d'armée, parcourut en vainqueur les différentes contrées de l'Arabie ;

chambre plein d'eau, que l'ange Gabriel avait choqué de l'aile, en prenant son vol, ne fût entièrement renversé.

rien ne put résister à cette horde fanatique ; et ce
fut le glaive à la main que Mahomet étendit sa doctrine,en ne laissant aux peuples vaincus que la liberté
de choisir entre l'Alcoran et la mort.

Les koreishites, qui avaient si inconsidérément
proscrit le visionnaire sans armes, furent bientôt
obligés de se défendre contre l'apôtre armé ; leurs
efforts ne retardèrent que de quelques jours la prise
de la Mecque. Mahomet immola une foule de Mec-
quois à la gloire de sa nouvelle religion, et au res-
sentiment des vieilles injures. La force de ses armes
le rendit bientôt maître d'un grand empire. Le
soin de sa gloire et l'établissement de l'Alcoran
l'occupaient pendant le jour ; l'amour et la débauche
se partageaient les nuits. Outre un grand nombre de
concubines, quelques auteurs musulmans lui donnent quinze femmes bien légitimes ; d'autres en
comptent vingt-six (1) ; mais nous n'en connaissons
que douze dont l'histoire a bien voulu conserver les
noms. Kadija est de droit à leur tête.

Zénobie, l'une d'entre elles, que Mahomet chérissait tendrement, voulant venger la mort de son frère,
tué par le féroce Ali, empoisonna une épaule de
mouton, et en fit manger au prophète. Il s'en
aperçut bientôt, et parvint, à force de secours, à
rendre le poison ; mais le coup mortel était porté,
et l'apôtre ne survécut que de trois ans à cet atten-

---

(1) Il est permis aux musulmans d'avoir quatre femmes, et
autant de concubines qu'ils en peuvent nourrir.

tat. Les musulmans assurent que l'épaule de mouton parla à Mahomet, dès qu'il toucha au second
morceau : cependant le miracle fut inutile, et la
santé de Mahomet ne se rétablit point depuis. Il
demanda à Zénobie quel motif l'avait portée à cette
atrocité ? « J'ai pensé, répondit-elle, que si vous
» étiez véritablement prophète, vous vous aperce-
» vriez aisément du poison, et que, si vous ne l'étiez
» pas, nous serions enfin délivrés de votre tyrannie. »
Malgré la vigueur de ce raisonnement, l'amoureux
Mahomet ne se vengea point. Il se contenta de renvoyer Zénobie à ses parens.

Les tourmens que lui causa ce poison ne changèrent point sa conduite, et ne dérangèrent aucunement ses projets ; cependant il fallait qu'il fût bien
vif, puisqu'il dit en mourant que *le poison de Zénobie*
n'avait cessé de le tourmenter, et qu'il sentait les
veines de son cœur se rompre par sa violence.

Enfin, possesseur d'un empire qui s'augmentait
de jour en jour, et qui devait bientôt embrasser
l'Arabie, l'Arménie, la Mésopotamie, la Syrie, l'É-
gypte, la Palestine, etc., honoré comme le favori
de Dieu et le plus grand des hommes, entouré de
gloire et d'hommages, le plus heureux des imposteurs mourut à Médine (1), l'an 631 de l'ère chrétienne, le 11 de l'hégire, après soixante-trois années

---

(1) Les musulmans sont obligés de faire le pèlerinage de
Médine, au moins une fois en leur vie, ou d'y envoyer quelqu'un
pour eux. Un chrétien, qui a l'audace de s'en approcher, ne
peut échapper à la mort qu'en coiffant le turban.

de vie, et neuf de règne. Le jour de sa mort, les
musulmans nommèrent Aboubècre son successeur.
Il prit le nom de *calife*, qui signifie *vicaire du prophète*.

—Mahomet fut d'abord un fanatique, et puis un
imposteur, dit l'Encyclopédie, au mot fanatisme.
Mahomet ne fut point fanatique; il se contenta d'en
faire. Les contes qu'il publiait sur la divinité, la manière dont il dépeint les cieux, ses débauches, ses
barbaries, toute son histoire prouve qu'il fut un habile fourbe, et peut-être, dans sa jeunesse, un visionnaire. Toutes ses actions étaient méditées; il les
exécutait de sang-froid. Quand il prêchait devant le
peuple de la Mecque, un pigeon, dressé à ce manége,
venait se percher sur son épaule, et manger des
graines de millet dans son oreille : C'était, disait-il,
l'ange Gabriel, qui lui parlait sous cette forme.

Lorsqu'il commença sa mission, il cacha, dans un
puits desséché, un homme qu'il avait engagé par ses
promesses à servir son projet de réforme. L'apôtre
passa peu après, devant le puits, avec ses prosélytes
et une foule de peuple. Alors on entendit une voix
qui criait que Mahomet était le prophète et l'envoyé
de Dieu. Pendant que tous les assistans s'émerveil-
laient de ce prodige, Mahomet, qui n'avait plus
besoin de son confident, fit combler le puits, sous
prétexte qu'il était sacré, et qu'il ne devait pas être
exposé à la profanation des incrédules.

—Il fallait aux Arabes un législateur tel que Mahomet, et à Mahomet un peuple tel que les Arabes.

Avant lui, cette nation était plongée dans des superstitions plus monstrueuses encore, et bien moins
séduisantes que celles qu'il lui donna. Il connaissait
leurs goûts, il flattait leurs passions : le succès couronna son entreprise. Des critiques ont prétendu que,
chez toute autre nation que la sienne, il eût échoué
dans ses projets. Sans doute il eût réussi plus diffici-
lement chez un peuple éclairé ; mais encore eût-il
fait des disciples. Partout où il y a des imposteurs,
là il y a des sots pour les admirer et les croire ; et
si, dans ce siècle de lumières, Mahomet, paraissant
pour la première fois, venait publier en Europe sa
doctrine et ses folles extravagances, il y trouverait encore des prosélytes, sans compter tous ceux
que lui ferait son paradis. Les monstrueuses idées
que bien des gens se sont faites des habitans du ciel, et
des hôtes de l'enfer, ne sont guère au-dessous des
contes de Mahomet.

— Jusqu'au sixième siècle, les Arabes adoraient une
divinité supérieure, et, après elle, les étoiles, les planètes et les anges. C'est peut-être à cause de cette
vénération qu'ils avaient pour les étoiles, que Mahomet y place des esprits célestes en sentinelle pour
empêcher le diable de pénétrer dans les cieux. Ils
donnaient à la plupart des anges le sexe féminin :
Mahomet profita de cette opinion, et inventa ses
houris. Quelques tribus adoraient aussi le lion, le
tigre, le cheval, etc. On ne trouva donc pas bien
extraordinaire que Mahomet vît dans le premier ciel
des anges-animaux, et qu'il introduisît en paradis

son Al-Borak et son chat (1). (Voyez *Chat.*)

— Quoique Mahomet fût en tout favorisé du ciel, il ne fut point exempt du sort commun à tant de maris. Ayesha, la plus chérie de ses femmes, eut des amans ; et soit qu'elle ne se contentât point d'un cœur partagé, soit qu'elle ne pût résister à l'ardeur de ses désirs, elle combla plusieurs musulmans de toutes ses faveurs. Ses aventures galantes devinrent publiques ; on l'accusa ouvertement de débauche et d'adultère. Mahomet eut recours au seul parti que son rôle lui permettait de prendre : il fit descendre du ciel le vingt-quatrième chapitre de l'Alcoran, dans lequel l'ange Gabriel prouvait, sans qu'on pût le le rétorquer, qu'Ayesha était un modèle de vertu. Ce chapitre fit beaucoup d'impression sur les esprits; et quelque temps après un musulman, qui osait se vanter des bontés de cette femme, reçut quatre-vingts coups de fouet bien appliqués, suivant que l'ordonnait l'ange Gabriel, à la fin du chapitre d'Ayesha. Mahomet n'était pas toujours aussi doux : un Arabe qui avait osé insulter Fatime et la belle Zeynah, ses deux filles chéries, fut condamné à perdre la tête, de la main du redoutable Ali, qui l'abattit d'un seul coup, sous les yeux et avec le cimeterre du prophète.

— Un des premiers disciples de Mahomet, injustement condamné par son maître, appela de sa sen-

---

(1) Tout en admettant dans le paradis son âne et son chat, Mahomet en exclut les femmes; ce qui ne contribue pas peu à les rendre tant soit peu irrévérentes vis-à-vis du prophète.

tence au fidèle Omar : celui-ci, indigné qu'on ne s'en rapportât point au jugement d'un homme aussi intègre que Mahomet, tira son cimeterre et fendit en deux le disciple rebelle. Mahomet fut si content de cette décision, qu'il donna à Omar le surnom d'*Al-faruk*, ou *le séparateur*, à cause qu'il savait si bien distinguer le vrai d'avec le faux. Les musulmans sont encore embarrassés de décider quel a été le plus admirable en cette occasion, d'Omar dans sa sainte indignation, ou de Mahomet dans l'éminente équité de ses jugemens.

— Mahomet fit la guerre aux Juifs de Médine, pour les obliger à embrasser sa religion. Ils se rendirent à discrétion, au nombre de sept cents, après s'être défendus quelque temps. La discrétion du prophète fut de les condamner tous à mort, indistinctement ; puis, considérant qu'ils étaient fort riches, il leur laissa la vie, à condition qu'ils lui remettraient tout ce qu'ils possédaient, et qu'ils sortiraient de Médine, exactement nus. Il n'y a point de derviche qui puisse retenir ses larmes à ce trait de clémence de Mahomet.

— Un dévot musulman doit savoir que l'Alcoran est composé de 60 chapitres, de 6,236 versets, de 77,639 mots, et enfin de 323,015 lettres. Il s'en trouve qui poussent la dévotion jusqu'à savoir subdiviser les versets, les mots et les lettres de chaque chapitre en particulier, et en faire ensuite la récapitulation générale.

— Les musulmans font cinq prières par jour ; la

première, avant le lever du soleil ; la seconde, à midi ; la troisième, entre midi et le coucher du soleil ; la quatrième, après qu'il est couché ; et la cinquième, à une heure et demie de nuit.

Le chef des prêtres de la religion musulmane, le mufti accorde des grâces , des dispenses , des indulgences, etc. dont il se fait payer comme un autre.

Les Turcs croient que le nom de Dieu est écrit invisiblement sur tous les petits morceaux de papier qu'ils ramassent, ils ne manquent jamais de les avaler, persuadés qu'en passant sur un certain pont de feu qui conduit en paradis, chacun de ces morceaux qu'ils auront avalé pendant leur vie , viendra se placer sous leurs pieds , et qu'ils en sentiront d'autant moins la violence du feu.

MAIN. — Divination par l'inspection de la main : (Voyez *Chiromancie*.)

— Les gens superstitieux prétendent qu'un signe de croix fait de la main gauche n'a aucune valeur , parce que la main droite est *bénite* , et destinée aux œuvres pies. C'est pourquoi , on habitue les enfans à tout faire de la main droite , et à regarder la gauche comme nulle , tandis que ce serait souvent un grand avantage que de pouvoir se servir également de l'une et de l'autre.

—Les nègres ne portent jamais les morceaux à la bouche que de la main droite, parce que l'autre est destinée au travail. Il serait indécent, disent-ils, qu'elle touchât le visage, et c'est un sacrilége que de blesser ce préjugé.

Les habitans du Malabar sont encore plus scrupuleux : c'est chez eux un crime énorme de toucher les alimens de la main gauche.

MAIN DE GLOIRE. — Cette *main de gloire* est la main d'un pendu, qu'on prépare de la sorte : on l'enveloppe dans un morceau de drap mortuaire, en la pressant bien, pour lui faire rendre le peu de sang qui pourrait y être resté; puis on la met dans un vase de terre, avec du sel, du salpètre, du zimat et du poivre long, le tout bien pulvérisé. On la laisse dans ce pot l'espace de quinze jours; après quoi on l'expose au grand soleil de la canicule, jusqu'à ce qu'elle soit bien desséchée; et si le soleil ne suffit pas, on la met dans un four chauffé avec de la fougère et de la verveine.

On compose ensuite une espèce de chandelle, avec de la graisse de pendu, de la cire vierge et du sésame de Laponie, et on se sert de la main de gloire, comme d'un chandelier, pour tenir cette merveilleuse chandelle allumée. Dans tous les lieux où l'on va avec ce funeste instrument, ceux qui y sont demeurent immobiles, et ne peuvent non plus remuer que s'ils étaient morts.

Il y a diverses manières de se servir de la main de gloire, que les scélérats connaissent bien; mais depuis qu'on ne pend plus, ce doit être une chose fort rare.

— Deux magiciens, étant venus loger dans un cabaret, pour y voler, demandèrent à passer la nuit auprès du feu; ce qu'ils obtinrent. Lorsque tout le monde fut couché , la servante , qui se défiait de la mine patibulaire des deux voyageurs, alla regarder par un trou de la porte, pour voir ce qu'ils faisaient. Elle vit qu'ils arrachaient d'un sac la main d'un corps mort, qu'ils en oignaient les doigts de je ne sais quel onguent , et les allumaient , à l'exception d'un seul qu'ils ne purent allumer, quelques efforts qu'ils fissent ; et cela , parce que , comme elle le comprit , il n'y avait qu'elle des gens de la maison qui ne dormît point ; car les autres doigts étaient allumés , pour plonger dans le plus profond sommeil ceux qui étaient déjà endormis. Elle alla aussitôt à son maître pour l'éveiller, mais elle ne put en venir à bout, non plus que les autres personnes du logis, qu'après avoir éteint les doigts allumés, pendant que les deux voleurs commençaient à faire leur coup, dans une chambre voisine. Les deux magiciens se voyant découverts, s'enfuirent au plus vite, et on ne les revit plus (1).

Les voleurs ne peuvent se servir de la main de gloire, quand on a eu la précaution de frotter le seuil de la porte, avec un onguent, composé de fiel de chat noir, de graisse de poule blanche , et de sang de chouette; lequel onguent doit être fait dans la canicule (2).

MALÉFICES. — On appelle maléfices ou sortiléges, les maladies et autres accidens malheureux , causés par un art infernal, et qui ne peuvent s'enlever que par un pouvoir surnaturel.

(1) Delrio.
(2) Le solide trésor du Petit Albert.

Il y a sept principales sortes de maléfices, employés par les sorciers. 1°. Ils mettent dans le cœur d'un homme un amour criminel pour la femme d'un autre, et réciproquement. 2°. Ils inspirent des sentimens de haine ou d'envie, à une personne contre une autre. 3°. Ils empêchent que des époux maléficiés puissent engendrer leurs semblables. (Voyez *Aiguillette*.) 4°. Ils donnent des maladies. 5°. Ils font mourir les gens. 6°. Ils ôtent l'usage de la raison. 7°. Ils nuisent dans les biens et appauvrissent leurs ennemis (1). Ainsi, tous les maux auxquels la nature humaine est sujette sont l'ouvrage des sorciers : ce n'est plus à l'adultère qu'on doit reprocher l'infamie qui le souille ; le meurtrier n'est plus coupable de la haine qu'il porte à sa victime ; l'impuissance, la perte de la santé, de la vie, de la fortune, de la raison, de l'honneur, tous les malheurs enfin ne tombent sur nous que par l'ordre des favoris du diable. Il y a donc bien des sorciers ; car les maléfices sont bien communs !

— On empêche l'effet des maléfices, en se lavant les mains, le matin, avec de l'urine. C'est pour cela que les juges de sainte Luce la firent prudemment arroser d'urine, parce qu'ils s'imaginaient qu'elle était sorcière, et que sans la sage précaution qu'ils prenaient, elle pourrait fort bien s'en échapper, par ruse et maléfice (2).

---

(1) Le P. Nider.
(2) Surius.

— En Allemagne , quand une sorcière avait rendu un homme ou un cheval impotent et maléficié , on prenait les boyaux d'un autre homme ou d'un autre cheval mort, on les traînait jusqu'à quelque logis, sans entrer par la porte commune, mais par le soupirail de la cave, ou par-dessous terre; et on y brûlait ces boyaux. Alors la sorcière qui avait jeté le maléfice sentait , dans ses entrailles, une violente douleur, et s'en allait droit à la maison, où l'on brûlait les boyaux , pour prendre un charbon ardent , ce qui faisait cesser le mal. Si on ne lui ouvrait promptement la porte, la maison se remplissait de ténèbres, avec un tonnerre effroyable, et ceux qui étaient dedans étaient contraints d'ouvrir , pour conserver leur vie (1).

— Les sorciers, en ôtant un sort ou maléfice, sont obligés de le donner à quelque chose de plus considérable que celui à qui ils l'ôtent ; sinon, le maléfice retombe sur eux.

Mais un sorcier ne peut ôter un maléfice , s'il est entre les mains de la justice ; il faut pour cela , qu'il soit pleinement libre (2).

— Après la mort de Germanicus, le bruit courut qu'il avait été empoisonné par *les maléfices* de Pison. On fondait les soupçons sur les indices suivans : *On trouvait des carcasses et des ossemens de morts déterrés , des charmes et des imprécations contre les parois , le nom de Germanicus gravé sur des lames*

(1) Bodin.
(2) Thiers.

de plomb, des cendres souillées de sang, et plusieurs autres maléfices, par lesquels on croit que les hommes sont dévoués aux dieux infernaux (1).

— Les sorciers font la figure, en cire, de leurs ennemis, la piquent, la tourmentent, la fondent devant le feu, afin que les originaux vivans et animés ressentent les mêmes douleurs.

Dufus, roi d'Écosse, périssait peu à peu, et mourut tout desséché, par le maléfice d'une sorcière, qui brûlait tous les jours la statue en cire de ce prince (2).

CharlesIX, et plusieurs autres moururent pareillement, par le moyen des images en cire, qu'on faisait fondre tous les jours. Quand quelqu'un mourait consumé de phthisie, ou de toute autre maladie de ce genre, qu'on ne connaissait point alors, on publiait aussitôt que les sorciers l'avaient tué de leur plein pouvoir. Les médecins mêmes rendaient les sorciers responsables des malades qu'ils assommaient.

— Siméon de Bulgarie mourut d'une chute; et Cédrenus attribue sa mort au sorcier Jean, qui le tua, en abattant la tête de sa statue.

— Les symptômes d'un amour violent, les excès d'un tempérament chaud, les emportemens des femmes hystériques, les vapeurs amoureuses produites par quelque irritation naturelle ou par la grande crise de la puberté, étaient autrefois des

---

(1) Tacite.
(2) Hector de Boëce.

maléfices. Plusieurs écrivains rapportent comme œuvre de Satan des fureurs utérines et quelques autres maladies de cette nature, qui n'étaient merveilleuses à leurs yeux, que parce qu'ils n'en voyaient point la véritable cause.

Buffon a vu une fille de douze ans, très-brune et d'un teint vif et coloré, d'une petite taille, mais déjà formée, avec de la gorge et de l'embonpoint, faire les actions les plus indécentes, au seul aspect d'un homme. Rien n'était capable de l'en empêcher, ni la présence de sa mère, ni les remontrances, ni les châtimens. Elle ne perdait cependant pas la raison; et son accès, qui était marqué au point d'en être affreux, cessait, dès le moment qu'elle demeurait seule avec des femmes.

Le docteur Fodéré, dans son savant Traité de la Médecine légale, parle de deux époux du Midi, qui vinrent le consulter sur la *tentigo venerea* qu'ils éprouvaient, et qui ne pouvaient s'abstenir, même devant lui, de plusieurs propos et actes indécens : cela provenait de l'abus qu'ils avaient fait d'anchois, de harengs et de poissons salés. La maladie était accompagnée de quelques symptômes de démence; il les guérit, après six mois de traitement.

—Les Lapons font, avec du plomb, de petits dards magiques, de la longueur du doigt, et les lancent vers les lieux les plus éloignés contre leurs ennemis, leur envoyant, par ce moyen, des sorts, des maladies et des douleurs violentes (1).

_____

(1) Le monde enchanté.

Selon d'autres, ces prétendus dards magiques sont
de petites boules blanches, qui font le même effet
d'apporter les maléfices. Regnard dit, dans son
Voyage de Laponie, que certains vieux Lapons se
donnent pour de grands sorciers, et se vantent de
faire venir le diable ; mais que l'un d'eux, ayant essayé
de lui montrer combien il était puissant en magie, ne
put rien faire paraître, malgré ses contorsions, ses
grimaces, et toutes les conjurations qu'il mit en œuvre ; il s'en excusa en disant que le démon du Français était plus fort que le sien, et l'empêchait d'agir.

— L'empereur Charlemagne devint si éperdument amoureux d'une femme du commun, qu'il en
négligea non-seulement les affaires de son royaume,
mais même le soin de sa propre personne. Cette
femme étant morte, sa passion ne s'éteignit point ;
de sorte qu'il continua d'aimer son cadavre, de l'entretenir, de le caresser, comme il avait fait auipara-
vant. L'archevêque Turpin, ayant appris la durée de
cette effroyable passion, alla un jour, pendant l'absence du prince, dans la chambre où était ce cadavre, afin de le visiter pour voir s'il n'y trouverait
point quelque sort ou maléfice qui fût la cause de ce
déréglement. Il trouva en effet, sous la langue, un
anneau qu'il emporta. Le même jour, Charlemagne,
étant retourné dans son palais, fut fort étonné d'y
trouver une carcasse si puante ; et, se réveillant
comme d'un profond sommeil, il la fit ensevelir
promptement. Mais la passion qu'il avait eue pour
le cadavre, il l'eut alors pour l'archevêque qui por-

tait l'anneau : il le suivait partout, et ne pouvait se séparer de lui. Le prélat, voyant cette fureur, jeta l'anneau dans un lac, afin que personne n'en pût faire usage à l'avenir. Enfin Charlemagne fut depuis si passionné pour ce lieu, qu'il ne quitta plus la ville d'Aix : il y bâtit un palais et un monastère, où il acheva le reste de ses jours, et voulut y être enseveli (1).

— On a regardé souvent les épidémies comme des maléfices. Les sorciers, disent les nombreux partisans de la magie, mettent quelquefois, sous le seuil de la bergerie ou de l'étable qu'ils veulent ruiner, une toupe de cheveux, ou un crapaud, avec trois maudissons, pour faire mourir étiques les moutons et les bestiaux qui passent dessus : on n'arrête le mal, qu'en ôtant le maléfice.

— Un boulanger de Limoges voulant faire du pain blanc suivant sa coutume, sa pâte fut tellement charmée et maléficiée par une sorcière, qu'elle fit du pain si noir, si insipide et si infect, qu'il faisait horreur (2).

---

(1) Pétrarque, qui rapporte ce conte, dans une de ses lettres, dit qu'il lui fut raconté par un prêtre d'Aix, qui l'avait pris je ne sais où. Ceux qui aiment les prodiges ne seront pas fâchés de savoir que l'attachement de Charlemagne pour la ville d'Aix n'était causé que par un anneau magique.

(2) — Delancre. Il fallait vraiment qu'une sorcière fut de la partie, pour que le pain fût en même temps *insipide* et *infect*. Au reste, comme les boulangers de nos ancêtres étaient plus habiles et de meilleure foi que les nôtres, il était naturel qu'ils missent sur le compte du diable ce qu'ils faisaient mal dans leur métier.

— Une magicienne, pour se faire aimer d'un jeune homme, mit sous son lit, dans un pot bien bouché, un crapaud qui avait les yeux fermés; de sorte que le jeune homme quitta sa femme et ses enfans pour s'attacher à la sorcière; mais la femme trouva le maléfice, le fit brûler, et son mari revint à elle (1). Nous voyons tous les jours des maris qui abandonnent leurs femmes pour s'attacher à certaines filles, qui ne sont sûrement pas magiciennes.

— Un pauvre jeune homme ayant quitté ses sabots pour monter à une échelle, une sorcière y mit *quelque poison* sans qu'il s'en aperçut, et le jeune homme, en descendant, s'étant donné une entorse, fut boiteux toute sa vie (2).

— Une femme ensorcelée devint si grasse, dit Delrio, que son ventre lui couvrait le visage, ce qui ne laissait pas d'être considérable. De plus, on entendait dans ses entrailles, le même bruit que font les poules, les coqs, les cânards, les moutons, les bœufs, les chiens, les cochons et les chevaux, de façon qu'on aurait fort bien pu la prendre pour une basse-cour ambulante (3).

---

(1) Delrio.

(2) Delancre.

(3) Le môle passait autrefois pour un sortilége. C'est une masse charnue, enveloppée d'une membrane sans os, sans articulations, et sans distinction de membres, qui n'a aucune forme déterminée, qui croît dans le ventre des femmes, l'enfle prodigieusement, est souvent pris pour la grossesse, et sort par les voies ordinaires de l'accouchement.

— Une sorcière avait rendu un maçon impotent, et tellement courbé, qu'il avait presque la tête entre les jambes. Il accusa la sorcière du maléfice qu'il éprouvait; on l'arrêta, et le juge lui dit qu'elle ne se sauverait qu'en guérissant le maçon. Elle se fit apporter par sa fille un petit paquet de sa maison, et, après avoir adoré le diable, la face en terre, en marmottant quelques charmes, elle donna le paquet au maçon, lui commanda de se baigner, et de le mettre dans son bain, en disant : *Va de par le diable !* le maçon le fit, et guérit. Avant de mettre le paquet dans le bain, on voulut savoir ce qu'il contenait ; on y trouva trois petits lézards vifs, et quand le maçon fut dans le bain, il sentit sous lui comme trois grosses carpes, qu'on chercha un moment après sans rien trouver (1).

— Les sorcières mettent quelquefois le diable dans des noix, et les donnent aux petits enfans qui deviennent maléficiés, démoniaques, et se laissent aisément conduire au sabbat.

— Un de nos vieux chroniqueurs rapporte que, dans je ne sais quelle ville, un sorcier avait mis, sur le parapet d'un pont, une grosse pomme maléficiée, pour ensorceler un de ses ennemis, qui était fort gourmand de tout ce qu'il pouvait trouver sans desserrer la bourse. Heureusement le sorcier fut aperçu par des gens expérimentés, qui défendirent prudemment à qui que ce fût d'oser y porter la main, sous

(1) Bodin.

peine d'avaler le diable en propre personne. Il fallait cependant l'ôter de là à moins qu'on ne voulût lui donner des gardes. On fut long-temps à délibérer, sans trouver aucun moyen sûr de s'en débarrasser; enfin il se présenta un brave champion qui, muni d'une longue perche, s'avança à une distance respectueuse de la pomme, en se signant avec grand soin, et la poussa courageusement dans la rivière, où, étant tombée, on en vit sortir plusieurs diables en forme de poissons. Les spectateurs, transportés d'un saint zèle, prirent des pierres, et les jetèrent à la tête de ces petits démons, qui ne se montrèrent plus.

— Une jeune fille ensorcelée, ayant fait une neuvaine, rendit par le bas des petits lézards, lesquels s'envolèrent, par un trou qui se fit au plancher (1).

(Voyez *Charmes*, *Enchantemens*, *Magiciens*, *Sorciers*, etc.)

MAMMON. — Démon de l'avarice. C'est lui, dit Milton, qui le premier apprit aux hommes à déchirer le sein de la terre, qui conduisit leurs mains impies dans le sein de cette tendre mère, pour en arracher des trésors si sagement ensevelis.

MANDRAGORES. — Démons familiers, assez débonnaires. Ils apparaissent sous la figure de petits hommes noirs, sans barbe, avec les cheveux épars.

— Un jour qu'un mandragore osa se montrer à la

_____

(1) Boguet.

requête d'un sorcier qu'on tenait en justice, le juge
ne craignit pas de lui arracher les bras, et de le jeter
dans le feu (1).

MANES. — Les anciens, par le mot *mânes*, entendaient tantôt les dieux infernaux, tantôt les ombres des morts qui restaient auprès des tombeaux (2).

Les poëtes distinguaient quatre choses dans
l'homme : le corps qui, par la dissolution, était réduit en terre ou en poussière ; l'âme, qui passait au
Tartare, ou aux Champs-Élysées, selon ses mérites ;
l'ombre, qui errait autour du sépulcre ; enfin le
fantôme qui habitait le vestibule des enfers.

MARTINET. — Démon familier qui accompagnait les magiciens, et leur défendait de rien entreprendre, sans sa permission, ni de sortir d'un lieu,
sans le congé de maître Martinet.

Quelquefois aussi il rendait service aux voyageurs,
en leur indiquant les chemins les plus courts et les
moins dangereux ; ce qui prouve qu'il y a d'honnêtes gens partout.

MÉLANCOLIE. — Les anciens appelaient la mélancolie *le bain du diable*, dit un démonomane. Les
personnes mélancoliques étaient au moins maléficiées,
quand elles n'étaient pas démoniaques ; et les choses

_____

(1) Delrio.
(2) *Manes* de *Manere*, demeurer.

qui dissipaient l'humeur mélancolique, comme faisait la musique sur l'esprit de Saül, passaient pour
des moyens sûrs de soulager les possédés, en attendant l'expulsion du démon-possesseur.

MELCHOM.— Démon qui porte la bourse ; il est
aux enfers le payeur des employés publics.

MÉLUSINE. — Selon quelques théologiens, Mélusine était un démon femelle de la mer ; selon d'autres, elle descendait, par son père, d'un roi d'Albanie
et d'une fée. Paracelse prétend que c'était une nymphe ; le plus grand nombre en fait une fée puissante,
qui épousa un seigneur de la maison de Lusignan.

Elle était obligée, comme la plupart des fées de
son temps, de prendre, certains jours du mois, sa
forme d'un poisson : elle avait grand soin alors de ne
point se laisser voir de son mari, ni des gens de sa
maison. Mais un jour que l'époux, trop curieux,
voulut savoir ce que faisait sa femme ainsi renfermée,
il entra chez elle à l'improviste, et la vit dans une
baignoire sous une forme qu'il ne connaissait point.
Mélusine ne lui laissa pas le temps de témoigner sa
surprise ; aussitôt qu'elle se vit découverte, elle
poussa un grand cri, et disparut.

Depuis lors, toutes les fois que quelqu'un de la
maison de Lusignan est menacé de quelque disgrâce,
ou qu'un roi de France doit mourir extraordinairement, elle ne manque pas de paraître en deuil sur la

grande tour du château de Lusignan qu'elle a fait
bâtir, et s'y fait entendre par des cris et des plaintes.

MERLIN. — Fameux magicién et enchanteur,
né d'un démon incube et de la fille d'un roi d'Angleterre, qui. était religieuse dans un monastère de
Vaër-Merlin.

Selon les cabalistes, la princesse anglaise fut con-
solée, dans sa solitude, par un sylphe, qui eut pitié
d'elle, qui prit soin de la divertir, et qui sut lui
plaire. Merlin, leur fils, fut élevé par le sylphe dans
toutes les sciences, et apprit de lui à faire toutes les
merveilles que l'histoire d'Angleterre en raconte.

Merlin fut le plus grand philosophe et mathéma-
ticien de son siècle, dit Lelandus. Il fut l'ami et le conseiller de quatre rois d'Angleterre, Wortigernus,
Ambroise, Uterpen-Dragon, et Arthus, fondateur des
chevaliers de la Table Ronde.

Wortigernus, sur le conseil de ses magiciens, résolut de faire bâtir une tour inexpugnable dans quelqu'endroit de son royaume, pour se mettre en sûreté
contre les Saxons; mais à peine en avait-on jeté les
fondemens, que la terre les engloutissait en une nuit,
et n'en laissait aucun vestige. Les magiciens persuadèrent au roi qu'il les fallait détremper, pour les af-
fermir, avec le sang d'un petit enfant qui fût né sans
père. Après beaucoup de recherches, on amena devant le roi le jeune Merlin, fils, comme nous l'avons
dit, d'une religieuse et d'un démon incube. Merlin,
ayant appris la décision des magiciens, disputa con-

tre eux, et leur annonça que, sous les fondemens de cette tour, il y avait un grand lac, et sous ce lac, deux grands dragons furieux, l'un rouge, qui représentait les Anglais; et l'autre blanc, qui représentait les Saxons. On creusa aussitôt, et les deux dragons ne furent pas plutôt déterrés, qu'ils commencèrent un terrible combat, sur lequel Merlin commença à pleurer comme une femme, et à chanter ses prédictions touchant l'Angleterre (1).

Uterpen-Dragon était amoureux de la belle Ingerne; Merlin revêtit le roi de la forme du mari, et il jouit de sa passion.

De plus, Merlin fit venir d'Hibernie en Angleterre des rochers qui prirent des figures de géans, et s'en allèrent, en dansant, former un trophée pour le roi Ambroise. Gervais assure que ces rochers tournent toujours, et font des cabrioles en l'air sans être soutenus sur aucune chose.

MERVEILLES. —

Felix qui potuit rerum cognoscere causas.
VIRG.

—En 1591, le bruit courut, en Silésie, que, les dents étant tombées à un enfant de sept ans, il lui en était venu une d'or. On prétendit qu'elle était en partie naturelle, et en partie merveilleuse, et qu'elle avait été envoyée de la part de Dieu, à cet enfant,

---

(1) Naudé.

pour consoler les chrétiens affligés par les Turcs.
Quoiqu'il n'y ait pas grand rapport entre cette dent
et les Turcs, et qu'on ne voie pas quelle consolation
les chrétiens en pouvaient tirer, cette nouvelle occupa
plusieurs savans, et éleva plus d'une dispute entre les
grands hommes du temps, jusqu'à ce qu'un orfèvre
ayant examiné cette dent, il se trouva que c'était une
dent ordinaire, à laquelle on avait appliqué une
feuille d'or avec beaucoup d'adresse : mais on commença par disputer et faire des livres, puis on consulta l'orfèvre.

— On lit dans Pausanias que, quatre cents ans
après la bataille de Marathon, on entendait toutes
les nuits, dans l'endroit où elle se donna, des hen-
nissemens de chevaux et des bruits de gens d'armes
qui se battaient ; et ce qui est admirable, c'est que
ceux qui y venaient exprès n'entendaient rien de ces
bruits ; ils n'étaient entendus que par ceux que le
hasard conduisait en ce lieu.

— Pline assure que les insulaires de Minorque demandèrent un secours de troupes à l'empereur Auguste, contre les lapins qui renversaient leurs maisons et leurs arbres.

— Il y eut une comtesse de Flandre qui mit au
monde autant d'enfans que de jours dans l'an, parce
qu'une pauvre femme à qui elle refusait l'aumône,
lui avait souhaité, en la maudissant, cette prodigieuse fécondité (1).

_____

(1) Valmont de Bomare, dans son *Dictionnaire d'histoire na-*
turelle, parle d'un paysan russe qui fut présenté à l'impératrice

— Il y avait à Lisbonne, au commencement du dix-huitième siècle, une femme qui avait une vue de lynx. Elle voyait l'eau dans la terre, à quelque profondeur que ce fût ; elle apercevait les différentes couleurs de la terre depuis sa surface ; elle voyait aussi, à travers les habits et la peau, les parties qui sont dans le corps humain, le cœur, le foie, l'estomac, la digestion se faire, le chyle se former, et enfin tout ce qui compose et qui entretient la machine.

Au reste, on n'a fait là que renouveler un pareil conte proposé à des physiciens, cent cinquante ans auparavant. Des paysans, disait-on, voyaient à travers la terre, à plus de vingt piques de profondeur, les métaux, les sources et les cadavres, sans que des cercueils fort épais pussent les en empêcher. On disputa long-temps sur la possibilité du fait, et plusieurs philosophes ne manquèrent pas de trouver des raisons, pour se persuader qu'il n'y avait rien là d'impossible. Heureusement, il ne se présente pas aujourd'hui beaucoup de personnes à qui il faille démontrer le ridicule de pareilles absurdités.

— Il y avait, à Cambaïa (1), un roi qui se nourrissait de venin, et qui devint si parfaitement vénéneux, qu'il tuait de son haleine ceux qu'il voulait

---

Catherine, avec soixante-quatorze enfans, qu'il avait eus de trois ou quatre femmes. Mais ici la chose est bien plus merveilleuse ; c'est une femme qui a 365 enfans.... sans doute avec plusieurs hommes.

(1) Cambaïa, ou Cambaya, grande et belle ville de l'Indostan.

faire mourir. Il ne coucha jamais avec femme, qui
ne fût trouvée morte auprès de lui (1).

— Aristomène, général messénien, était si habile,
que toutes les fois qu'il tombait au pouvoir des Athéniens ses ennemis, il trouvait le moyen de s'échapper
de leurs mains. Enfin, pour lui ôter cette ressource,
ils le firent mourir; après quoi on l'ouvrit, et on lui
trouva le cœur tout couvert de poil... (2).

— Les Patagons, dit Cardan, mangent deux livres
de viande ou de poisson d'une seule bouchée, et boivent d'un seul avalon autant d'eau que douze hommes....

On a trouvé au Mexique des os d'hommes trois fois
aussi grands que nous; et dans l'île de Crète, un cadavre de quarante-cinq pieds..... Le fils d'Euthy-
mème crut de trois coudées en trois ans (3).

Hector de Boëce dit avoir vu les os d'un homme
qui devait avoir quatorze pieds. (Voyez *Géans.*)

— Cardan, qui voyait clair dans les ténèbres, prétendait avoir cela de commun avec Tibère.

L'archevêque Laurens expliquait le chant des
oiseaux, comme il en fit un jour l'expérience à Rome
devant quelques prélats; car il entendit un petit
moineau qui avertissait les autres par son chant, qu'un
chariot de blé venait de verser à la porte majeure, et
qu'ils trouveraient là de quoi faire leur profit (4).

_____

(1) Vartoman.
(2) Valère-Maxime.
(3) Cardan.
(4) Naudé.

Un moine du Carmel jetait des étincelles par les cheveux.

Il y avait, en Allemagne, deux enfans jumeaux, dont l'un ouvrait les portes, en les touchant avec son bras droit ; l'autre les fermait, en les touchant avec son bras gauche (1).

— Il y avait, dans l'Inde occidentale, des hommes sans-cervelle, à tête carrée. On leur équarrissait la tête, en la comprimant, quand ils étaient jeunes(2).

Volaterranus parle d'un enfant qui naquit homme jusqu'à la ceinture, et chien dans la partie inférieure du corps. *Filius erat canis et fœminœ....*

Un autre enfant monstrueux naquit, sous le règne de Constance, avec deux bouches, deux dents, quatre yeux, deux petites oreilles, et de la barbe (3). (Voyez *Imagination*.)

— Un paysan allemand dormit un automne et un hiver sans se réveiller (4).

Épiménides de Crète, s'étant endormi sur le midi dans une caverne, en cherchant une de ses brebis égarées, ne se réveilla que quatre-vingt-sept ans après, et se remit à chercher ses brebis, comme s'il n'eût dormi que quelques heures (5). (Voyez *Dormants*.)

— Hippocrate dit qu'on ne peut endurer la faim plus de sept jours, quand on a le ventricule telle-

---

(1) Albert-le-Grand.

(2) Cardan.

(3) Ammien-Marcellin.

(4) Delrio.

(5) Pausanias.

ment vide, qu'il n'y ait pas de quoi entretenir la chaleur naturelle ; mais, s'il y a dans le corps quelque humeur flegmatique, lente, visqueuse, formée par une maladie précédente, ou par toute autre cause, la chaleur naturelle s'en peut servir comme d'un aliment, jusqu'à sa parfaite consomption.

Cardan parle d'un Écossais qui passa quarante jours sans manger dans la tour de Londres, et d'un mélancolique qui ne vécut que d'eau pendant cinquante jours.

Du temps du pape Nicolas V, il y eut un prêtre français qui demeura deux ans sans boire ni manger; et une fille anglaise vécut de cette sorte pendant vingt et un an (1).

Moïse et Élie se passèrent de manger pendant quarante jours : le bel effort que cela ! dit le comte de Gabalis. Le plus savant homme qui fut jamais, le divin Paracelse assure qu'il a vu beaucoup de sages passer des vingt années, sans manger quoi que ce soit (2).

Il est clair encore que, quand des choses pareilles se font naturellement, le diable en doit faire autant par artifices, et nous en avons des preuves dans plu-

---

(1) Delrio.

(2) Si on veut se donner cette satisfaction, qu'on enferme de la terre dans un globe de verre, qu'on l'expose au soleil jusqu'à ce qu'elle soit purifiée, qu'on se l'applique sur le nombril, et qu'on la renouvelle quand elle sera trop sèche, on se passera de manger et de boire, sans aucune peine, ainsi que le véridique Paracelse dit en avoir fait l'épreuve pendant six mois.

sieurs écrits : pourtant les jeûnes des saints personnages ne sont pas de ce nombre.

— Ceci est presque aussi surprenant que ce qu'on
dit de certains géans, et est du moins plus vrai. Un
Anglais, nommé Brigth, pesait cinq cent quatre-
vingt-quatre livres trois mois avant sa mort, et
six cent seize après sa mort : son corps, mesuré autour du ventre, avait sept pieds de circonférence.

— Auprès de la célèbre ville de Thèbes aux cent
portes, la statue de Memnon tenait en main une lyre,
dont les cordes rendaient, par un effet magique, un
son harmonieux, au lever du soleil (1).

— La statue de Slatababa, dans la Tartarie septen-
trionale, tenait un enfant énorme dans son sein ; et
l'on voyait autour d'elle plusieurs trompettes et autres
instrumens qui s'entonnaient par les vents, et faisaient un bruit continuel qu'on entendait de fort
loin (2).

— Auprès du village d'Harpasa, en Asie, il y a
un rocher fort élevé qui s'ébranle quand on le touche
du doigt, et qui est insensible à l'effet d'un corps
plus puissant.... (3)

— Pline et Diodore de Sicile assurent que trois
cent soixante mille hommes furent employés, pendant vingt ans, à la construction d'une seule des py-
ramides. Ils tenaient probablement cette tradition

---

(1) Juvénal.
(2) Le baron d'Herbestein.
(3) Pline.

des prêtres d'Égypte, si fertiles en prodiges et en impostures, pour augmenter la gloire de leur nation.

— Il y avait à Tivoli, auprès de Rome, beaucoup d'ouvrages merveilleux, que tout le monde admirait. On entendait des orgues qui sonnaient d'elles-mêmes; une infinité d'oiseaux artificiels qui chantaient; une chouette qui tantôt se montrait, tantôt se retirait; quand elle se montrait, les oiseaux se taisaient et disparaissaient; et dès qu'elle ne paraissait plus, ils recommençaient leurs chants. On y voyait aussi Hercule, tirant des flèches contre un dragon entortillé autour d'un arbre, et le dragon sifflait. Une figure d'homme sonnait de la trompette.(Voyez *Enchantemens.*)

Un horloger présenta à l'empereur Charles-Quint une montre à répétition si petite, qu'on pouvait la porter à l'oreille.

— Il y avait, dans un lac de l'Égypte, une île mobile sur laquelle on avait bâti un temple en l'honneur d'Apollon, au milieu d'un petit bois. Cette île était poussée par le vent, de côté et d'autre(1).

Il y a pareillement sur un grand lac, au nord de l'Écosse, une île flottante qui vogue au gré du vent (2).

— Il y a dans le village de Senlices une fontaine publique, dont on dit que l'eau fait tomber les dents sans fluxion et sans douleur. D'abord elles branlent dans la bouche comme le battant d'une cloche; en-

(1) Johnson.
(2) Cardan.

suite elles tombent naturellement. Il y a plus de
la moitié des habitans qui manquent de dents (1).

Hérald à la dent bleue, roi des Danois au
neuvième siècle, fut ainsi nommé parce qu'il avait,
dit-on, une dent bleue.

— En 1681, on ouvrit, à Avignon, un œuf de
poule, dans lequel se trouva une petite figure humaine. On distinguait parfaitement le front, la cavité
des yeux, les lèvres, le menton, au-dessous duquel
il n'y avait plus rien. (Voyez *Prodiges.*)

MESSIE DES JUIFS. — Quand le Messie viendra sur la terre, (disent les rabbins juifs dans le
Thalmud), comme ce prince sera revêtu de la force
toute-puissante de Dieu, aucun tyran ne pourra lui
résister. Il remportera de grandes victoires sur tous
ceux qui règneront alors dans le monde, et tirera
d'entre leurs mains tous les Israëlites qui gémissent
sous leur cruelle domination. Après les avoir tous
rassemblés, ils les mènera en triomphe à la terre de
Chanaan, où ils trouveront d'abord les habits les
plus précieux, qui se feront d'eux-mêmes, et s'ajuste-
ront à toute sorte de grandeur et de taille ; ils y trouveront aussi toutes les viandes qu'on peut souhaiter,
et le pays les produira cuites et bien apprêtées. Ils y
jouiront d'un air pur et tempéré, qui les conservera
dans une santé robuste, et prolongera leur vie, au-
delà de celle qui a été accordée aux premiers patriarches.

_____

(1) Saint-Foix.

Mais tout cela n'est rien , en comparaison du festin que leur fera le Messie, où, entre autres viandes miraculeuses, seront servis ce prodigieux taureau , qui s'engraisse depuis le commencement du monde , et mange chaque jour toute l'herbe qui croît sur mille montagnes, ce poisson merveilleux, qui occupe une mer toute entière, et cet oiseau fameux qui, en étendant seulement ses ailes, obscurcit le soleil (1).

Avant de mettre ces animaux à la broche, le Messie les fera battre ensemble , pour donner à son peuple un plaisir agréable et nouveau : car, outre la monstrueuse grosseur de ces animaux qui s'entrechoqueront , il est rare de voir le combat d'un animal terrestre, d'un poisson et d'un oiseau. Mais aussi faut-il que toutes les actions de ce Messie soient aussi extraordinaires que lui.

Il tiendra dans son palais, pour marque de sa grandeur, un corbeau et un lion qui sont assurément des plus rares. Le corbeau est d'une force prodigieuse : une grenouille, grosse comme un village de soixante maisons, ayant été dévorée par un serpent, le corbeau du Messie mangea l'un et l'autre, aussi aisément qu'un renard avale une petite poire, dit le rabbin Bahba, témoin oculaire du fait. Le lion n'est pas moins surprenant : un empereur romain en ayant ouï

---

(1) L'oiseau en question ayant un jour laissé tomber un de ses œufs, cet œuf abattit, par sa chute, trois cents gros cèdres et inonda, en se crevant, soixante villages.... *Le Talmud.*

parler, et prenant ce qu'on en disait pour une fable,
commanda au rabbin Josué de le lui faire voir. Le
rabbin ne pouvant désobéir à de pareils ordres, se mit
en prières ; et Dieu lui ayant accordé la permission
de montrer cette bête, il l'alla chercher dans le bois
d'Éla où elle se tenait. Mais, quand elle fut à quatorze
cents pas de Rome, elle se mit à rugir si furieusement,
que toutes les femmes enceintes avortèrent, et les
murs de la ville furent renversés. Quand elle en fut
à mille pas, elle rugit une seconde fois, ce qui fit
tomber les dents à tous les citoyens ; et l'empereur
ayant été jeté à bas de son trône, fit prier Josué de
reconduire au plus tôt le lion dans son bois.

On voit, par là, qu'il y a encore pour certains peuples, des superstitions plus extravagantes que les nôtres ; et je crois que ces absurdités méritent le pas
sur celles de Mahomet.

MÉTAMORPHOSES. — La mythologie des
païens avoit ses métamorphoses; nous avons aussi les
transformations monstrueuses des sorciers. Mais toujours hideuses ou ridicules, nos métamorphoses sont
bien au-dessous de celles de la mythologie ancienne, et
il est si rare d'y rencontrer quelque allégorie tant soit
peu ingénieuse, qu'on ne s'y arrête qu'avec peine (1).

_____

(1) Dans Ovide, Daphnis est changée en laurier, pour avoir
résisté à l'amour d'Apollon ; Io est changée en vache, pour avoir
cédé à la passion de Jupiter. Les métamorphoses d'Ovide présentent ainsi à chaque pas la morale et l'agrément ; ici on ne trouve
ordinairement ni l'un ni l'autre.

—Frothon, roi de Danemarck, prince fort adonné à la magie, avait à sa cour une insigne sorcière, qui prenait telle forme qu'elle voulait. Cette sorcière avait un fils aussi méchant qu'elle. Ils dérobèrent les trésors du roi, et se retirèrent en leur maison. Le roi, les soupçonnant, alla chez la sorcière. Dès qu'elle le vit venir, elle se changea en vache, et son fils en bouvier. Frothon, s'étant approché de cette vache, pour la bien considérer, elle lui donna un grand coup de corne dans les flancs et le jeta mort sur la place (1).

—Trois demoiselles, métamorphosées en chattes, assaillirent un pauvre laboureur, lequel les blessa toutes trois, et on les trouva blessées dans leur lit (2).

—Les sorciers qu'on brûla à Vernon, en 1566, s'assemblaient dans un vieux château, sous des formes de chats. Quatre ou cinq hommes, un peu plus hardis qu'on ne l'était alors, résolurent d'y passer la nuit. Mais ils se trouvèrent assaillis d'un si grand nombre de chats, que l'un d'eux fut tué et les autres grièvement blessés. Les chats de leur côté n'étaient pas invulnérables ; on en vit plusieurs le lendemain qui, ayant repris leur figure d'hommes et de femmes, portaient les marques du combat qu'ils avaient soutenu.

— Pierre Gandillon fut brûlé vif à Saint-Claude, pour s'être changé en lièvre....(3)

---

(1) Albert Krantz.
(2) Spranger.
(3) Boguet.

—Du tems de Philippe-le-Bel, un démon se présenta à un religieux, sous la forme d'un homme noir à cheval, puis sous la forme d'un moine, puis sous celle d'un âne (1). Un autre démon se changea en lingot, devant saint Antoine (2).

(Voyez *Lycanthropie, Loups-garoux, Démons*, etc.)

—Un jeune homme, de l'île de Chypre, fut changé en âne, par une sorcière qu'il aimait, parce qu'il avait un certain penchant pour l'indiscrétion (3). Si les femmes étaient encore sorcières, bien des amoureux d'aujourd'hui auraient les oreilles longues.

—Une sorcière changea, en grenouille, un cabaretier qui mettait de l'eau dans son vin...

—Une autre sorcière, pour se venger de l'infidélité d'un homme qu'elle aimait, le changea en castor (4).

—Phaëtuse, femme de Pythéus, fut changée en homme dans la ville d'Abdère, après avoir souffert de grandes douleurs, dans tous ses membres (5).

Tite-Live en dit autant d'Anamisie, femme de Gorgippus, et d'une autre femme de Spolette, durant la seconde guerre punique.

Lucius Cossitius, de femme fut changé en homme, la première nuit de ses noces (6).

A Vitry-le-Français, une fille nommée Marie fut

---

(1) Gaguin.
(2) Saint Grégoire.
(3) Spranger.
(4) Cet animal s'ôte les testicules, quand on le poursuit.
(5) Hippocrate.
(6) Pline.

changée en homme à vingt deux ans (1). Montaigne
dit l'avoir vu vieux et barbu.

Puisque la nature fait de telles merveilles, dit Delrio, le diable les peut faire aussi ; mais non changer
un homme en femme ; car Néron, grand et insigne
magicien, ne le put sur un de ses mignons....

MÉTEMPSYCOSE. — Suivant cette doctrine, la
mort n'était autre chose que le passage de l'âme dans
un autre corps. Ceux qui croyaient à la métempsycose
disaient que les âmes, étant sorties des corps, s'envolaient, sous la conduite de Mercure, dans un lieu
souterrain, où étaient d'un côté le Tartare, et de
l'autre, les Champs-Élysées. Là les âmes qui avaient
mené une vie pure étaient heureuses ; et celles des
méchans se voyaient condamnées à être tourmen-
tées par les furies. Mais après un certain temps,
les unes et les autres quittaient ce séjour, pour venir
habiter dans de nouveaux corps, même dans ceux
des animaux ; et, afin d'oublier entièrement toutes les
idées passées, elles buvaient de l'eau du fleuve
Léthé. On peut regarder les Égyptiens, comme les
premiers auteurs de cette ancienne opinion de la métempsycose, que Pythagore a répandue dans la suite.

Les manichéens croyaient à la métempsycose, tel-

---

(1) « Faisant quelques efforts en sautant, ses membres virils se
» produisirent ; et est encore en usage entre les filles de là, une
» chanson, par laquelle elles s'avertissent de ne faire point de
» grandes enjambées, de peur de devenir garçons, comme Marie
» Germain... »   *Montaigne.*

lement que les âmes, selon eux, passent dans des corps de pareille espèce à ceux qu'elles ont le plus aimés dans leur vie précédente, ou qu'elles ont le plus maltraités. Celui qui a tué un rat ou une mouche sera contraint, par punition, de laisser passer son âme dans le corps d'un rat ou d'une mouche (1). L'état où l'on sera mis après sa mort sera pareillement opposé à l'état où l'on est pendant la vie. Celui qui est riche sera pauvre, et celui qui est pauvre deviendra riche. C'est cette dernière circonstance qui, dans le temps, multiplia si fort le parti des manichéens.

La doctrine de la métempsycose, en apprenant à l'homme que son père pouvait être dans son étable, ou dans sa bergerie, ou dans l'insecte qui rampe à ses pieds, défendait expressément de tuer aucun être vivant, et de se nourrir de la chair des animaux.

Plutarque dit, dans Émile :

« Tu me demandes pourquoi Pythagore s'abstenait
» de manger de la chair des bêtes ; mais moi je te
» demande, au contraire, quel courage d'homme
» eut le premier qui approcha de sa bouche une
» chair meurtrie, qui brisa de sa dent les os d'une
» bête expirante, qui fit servir devant lui des cada-
» vres, et engloutit dans son estomac des membres
» qui, le moment d'auparavant, bêlaient, mugis-
» saient, marchaient et voyaient ? Comment sa main

---

(1) Et celui qui a tué un rat et une mouche tiendra-t-il des deux natures ?...

» put-elle enfoncer un fer dans le cœur d'un être
» sensible? Comment ses yeux purent-ils supporter un
» meurtre ? Comment put-il voir saigner, écorcher,
» démembrer un pauvre animal sans défense?.. cuire
» la brebis qui lui léchait les mains ?... Les panthè-
» res et les lions, que vous appelez bêtes féroces,
» suivent leur instinct par force, et tuent les au-
» tres animaux pour vivre; vous ne les mangez pas
» ces animaux carnassiers, vous les imitez; vous
» n'avez faim que des bêtes innocentes et douces,
» qui ne font de mal à personne, qui s'attachent à vous,
» qui vous servent, et que vous dévorez pour prix
» de leurs services.

» O meurtrier contre nature, si tu t'obstines à
» soutenir qu'elle t'a fait pour dévorer tes semblables,
» des êtres de chair et d'os, sensibles et vivans
» comme toi, étouffe donc l'horreur qu'elle t'inspire
» pour ces affreux repas ; tue les animaux toi-même,
» je dis de tes propres mains, sans ferremens,
» sans coutelas ; déchire-les avec tes ongles, comme
» font les lions et les ours ; mords ce bœuf et le mets
» en pièces, enfonce tes griffes dans sa peau ; mange
» cet agneau tout vif, dévore ses chairs toutes chau-
» des, bois son âme avec son sang... tu frémis, tu
» n'oses sentir palpiter sous ta dent une chair vi-
» vante ! homme pitoyable ! tu commences par tuer
» l'animal et puis tu le manges, comme pour le faire
» mourir deux fois (1). »

---

(1) J.-J. Rousseau.

MÉTOPOSCOPIE : — Divination par les rides du front.

Il y a au front sept lignes principales, qui le traversent d'une tempe à l'autre. Saturne préside à la première, c'est-à-dire à la plus haute; Jupiter, à la seconde; Mars, à la troisième; le Soleil à la quatrième; Vénus, à la cinquième; Mercure, à la sixième; la Lune, à la septième, c'est-à-dire à la plus basse.

Quand ces lignes sont bien marquées, elles annoncent un esprit juste, un cœur droit, une bonne constitution. Quand elles sont petites et tortueuses, elles désignent une personne faible et d'une vie courte. Quand elles sont brisées et interrompues, elles donnent des maladies et des revers.

La ligne de Saturne, bien marquée, annonce la mémoire et la patience; celle de Jupiter, le jugement et la prudence; celle de Mars, la hardiesse, un naturel emporté, et la colère; celle du Soleil, la sagesse, la modération, et un penchant à la magnificence; celle de Vénus, la complaisance et l'amour. Celle de Mercure, l'imagination et l'éloquence; celle de la Lune, la mélancolie et un tempérament froid (1).

— Celui qui a entre les sourcils un X, surmonté d'un U, sera tué à cause de ses mauvaises mœurs. Celui qui porte un S sur le front, sera impudique;

_____

(1) Il y a des fronts où aucune de ces lignes ne sont marquées, et qui n'en ont pas moins les qualités qu'elles promettent.

la personne qui aura trois de ces signes, se noiera infailliblement. Un C entre les deux sourcils annonce un
naturel bouillant et vindicatif; les époux qui le portent
se battront en menage. Une croix, sur la ligne de
Vénus, promet à l'homme, aussi-bien qu'à la femme,
deux enfans avant le sacrement. Deux lignes perpendiculaires et parallèles, sur le front, donnent deux
femmes à l'homme, et deux maris à la femme; trois
de ces lignes annoncent trois mariages, et ainsi de
suite.

Quatre lignes, partant du nez et se recourbant
des deux côtés au-dessus des yeux, signifient une
captivité chez les infidèles, quand même le porteur
de ces lignes resterait toute sa vie dans sa chambre.

Les X, sur le front, sont de mauvais signes; les croix
annoncent des dangers et des vices; les O, des maladies aux yeux; les Y, des maladies aux jambes;
les 3, des emprisonnemens; un triangle annonce la
potence.

— Un seing, sur la ligne de Saturne, promet l'o-
pulence, s'il est à droite; la pauvreté, s'il est à gauche; l'aisance, s'il est au milieu.

Un seing, sur la ligne de Jupiter, promet des honneurs, s'il est à droite; la honte, s'il est à gauche;
une heureuse fortune, s'il est au milieu.

Un seing, sur la ligne de Mars, promet des succès à la guerre, s'il est à droite; rend homicide, s'il
est à gauche; donne la prospérité, s'il est au milieu.

Un seing, sur la ligne du Soleil, promet des dignités et la faveur des princes, s'il est à droite; pertes

d'honneurs et de biens, s'il est à gauche ; bonnes
affaires, s'il est au milieu.

· Un seing, sur la ligne de Vénus, promet un mariage riche et un heureux ménage, s'il est à droite ;
des tracas et des infidélités, s'il est à gauche (1) ; une
vie longue, s'il est au milieu.

Un seing, sur la ligne de Mercure, promet le bonheur dans le commerce, s'il est à droite ; le malheur
dans les affaires, s'il est à gauche ; une heureuse industrie, s'il est au milieu.

Un seing, sur la ligne de la Lune, promet la paix
et le bonheur en ménage, s'il est à droite ; des chagrins, s'il est à gauche ; des voyages heureux, s'il est
au milieu.

— Cette divination, que Cardan inventa de son
plein pouvoir, n'eut quelque crédit que dans le quinzième siècle. Aujourd'hui, même parmi les personnes
les plus simples, on en trouvera bien peu qui regardent la métoposcopie autrement que comme une ba-
liverne. (Voyez *Seings.*)

MICHEL-L'ÉCOSSAIS, — Astrologue du seizième siècle.

Il prédit qu'il mourrait dans une église ; ce qui arriva, dit Granger. Comme il était un jour à la messe,

---

(1) C'est-à-dire, que si le mari porte un seing dans la partie
gauche de la ligne de Vénus, ce sera une fatalité qui obligera la
femme à l'adultère, fût-elle naturellement la plus honnête femme
du monde !....

il lui tomba sur la tête une pierre qui le tua. Cette pierre pouvait bien être lâchée par quelque ami de l'astrologie, pour prouver l'infaillibilité de cette science.

MIRACLES. — Les charlatans et les fanatiques, remarquant avec quelle avidité inconcevable le peuple recevait dévotement tous les miracles qu'on lui proposait, de quelque nature qu'ils fussent, abusèrent de cette faiblesse d'esprit pour se donner une importance, qu'ils ne pouvaient tenir de leur mérite. — Un certain enchanteur abattit une bosse en y passant la main; on cria au miracle !.... La bosse était une vessie enflée (1).

. — Lorsque le père Anchieta, jésuite et missionnaire dans le Brésil, avait trop chaud, il ordonnait aux poules de s'élever en l'air, et de lui faire un parasol de leurs ailes, ce que les poules exécutaient à l'instant, au grand étonnement des spectateurs (2).

— Le roi Dagobert étant mort, fut condamné au jugement de Dieu; et un saint ermite, nommé Jean, qui demeurait sur les côtes de la mer d'Italie, vit son âme enchaînée dans une barque, et des diables qui la rouaient de coups, en la conduisant vers la Sicile, où ils devaient la précipiter dans les gouffres du mont Etna; mais saint Denis parut tout à coup dans un globe lumineux, précédé des éclairs et de la foudre;

(1) Le monde enchanté.
(2) Jouvency.

et ayant mis en fuite les malins esprits , et arraché cette pauvre âme des griffes du plus acharné , la porta au ciel en triomphe , quoique Dieu n'eût pas voulu l'y recevoir d'abord (1).

—Comme l'arche ne pouvait contenir qu'une certaine quantité d'animaux (disent les auteurs arabes), on n'y embarqua que les principales espèces, dont sont ensuite venues toutes les autres. Quand les eaux du déluge furent taries , ces espèces se multiplièrent de la sorte : l'éléphant sortit ; Noé frappa d'une baguette sur sa trompe, et l'éléphant éternua, ou accoucha par la trompe , d'un cochon : celui-ci se mit à courir et à se vautrer dans la fange ; Noé l'ayant frappé à son tour sur le grouin , le cochon éternua d'un rat , et ainsi des autres.

— Dans le royaume de Loango , en Afrique , les peuples croient que leur roi a le don de faire des miracles. Quand la sécheresse dure trop long-temps , ils vont lui demander de la pluie ; ce prince sort de son palais en grande cérémonie, va dans la campagne , monte sur un endroit élevé , et décoche une flèche en l'air. S'il ne pleut pas au bout de trois jours , quoiqu'il ait eu la précaution de consulter le vent, et de différer , sous quelques prétextes , jusqu'à l'approche des nuages , il dit que les péchés du peuple en sont la cause (2).

— La comtesse Ermengarde , qui fut canonisée

---

(1) *Gesta Dagoberti regis.*
(2) Saint-Foix.

après sa mort, étant allée en pèlerinage à Rome, se mit en prières au pied d'un crucifix de l'église de Saint-Paul ; et, pendant qu'elle priait, elle entendit une voix, sortant de la bouche de ce crucifix, qui lui disait ces mots : « Ermengarde, ma fille bien-aimée, » je te prie, sitôt que tu seras de retour en ta ville de » Cologne, d'aller saluer de ma part un crucifix qui » me ressemble, et qui est dans l'église de Saint-» Pierre, au grand autel. »

La comtesse, ayant mis bas son chapeau de pèle-rine, remercia le crucifix de l'honneur qu'il lui fai-sait, et promit de s'acquitter de sa commission. A l'instant, le crucifix détacha son bras cloué à la croix, et lui donna sa bénédiction.

Ermengarde, de retour à Cologne, se rendit à l'é-glise de Saint-Pierre, s'agenouilla devant l'autre crucifix, et lui dit : « Monseigneur, il y a dans l'é-» glise de Saint-Paul, à Rome, un crucifix qui vous » ressemble, lequel m'a chargé, bien expressément, » de vous saluer de sa part. » Incontinent, le cruci-fix de Cologne baissant et inclinant la tête, lui ré-pondit : « Je te remercie, ma fille bien-aimée (1). »

— A la mort de Luther, tous les démons qui se trouvaient en une certaine ville du Brabant, sortirent des corps qu'ils possédaient ; mais ils y revinrent le lendemain, et comme on leur demandait où ils avaient passé la journée précédente, ils répondirent que, par le commandement de leur prince, ils s'étaient rendus

_____

(1) Vie de Sainte-Ermengarde.

aux funérailles du nouveau prophète. Le valet de Luther, qui assistait à sa mort, déclara, en conformité de ceci, qu'ayant mis la tête à la fenêtre, pour prendre l'air, au moment du trépas de son maître, il aperçut plusieurs esprits hideux et horribles, qui sautaient et dansaient autour de la maison; et des corbeaux accompagnèrent le corps, en croassant, jusqu'à Wurtemberg (1).

— Saint Corbinian faisait porter le bât à une ourse, et s'en servait pour monture, parce qu'elle avait dévoré son âne.

— Un moine revenait d'une maison suspecte, où il s'introduisait toutes les nuits. Il avait à son retour une rivière à traverser; Satan renversa le bateau, et le moine fut noyé, lorsqu'il commençait les matines de la Vierge. Deux diables se saisirent de son âme, et furent arrêtés par deux anges, qui la réclamèrent en qualité de chrétienne. « Seigneurs anges, disent les » diables, il est vrai que Dieu est mort pour ses » amis, et ce n'est pas une fable; mais celui-ci était » du nombre des ennemis de Dieu, et, puisque nous » l'avons trouvé dans l'ordure du péché, nous al- » lons le jeter dans le bourbier de l'enfer; nous se-

_____

(1) *Thyrœus.* — Si ces prodiges ont été inventés par les catholiques, c'est une bien grande gaucherie de leur part; car enfin pourquoi les diables ont-ils sauté et témoigné tant de joie, à la mort d'un homme que l'église romaine regarde presque comme un envoyé de l'enfer. S'ils ont été inventés par les luthériens, c'est encore une absurdité bien plus pitoyable que de faire escorter par des diables, le convoi d'un prophète envoyé de Dieu parmi les hommes.

» rons bien récompensés de nos prévôts. » Après
bien des contestations, les anges proposent de porter
le différent au tribunal de la Vierge. Les diables répondent qu'ils prendront volontiers Dieu pour juge,
parce qu'il juge selon les lois; « mais pour la Vierge,
» disent-ils, nous n'en pouvons espérer de justice;
» elle briserait toutes les portes de l'enfer, plutôt
» que d'y laisser un seul jour celui qui de son vivant
» a fait quelque révérence à son image. Dieu ne la
» contredit en rien; elle peut dire que la pie est
» noire, et que l'eau trouble est claire; il lui accorde
» tout : nous ne savons plus où nous en sommes;
» d'un ambe, elle fait un terne; d'un double deux,
» un quine; elle a le dé et la chance : le jour que
» Dieu en fit sa mère fut bien fatal pour nous! » Les
diables eurent beau récuser la Vierge; elle jugea le
procès, et décida que l'âme du moine rentrerait dans
son corps. Il avait été retiré de la rivière et rapporté
au couvent, où l'on se disposait à l'enterrer. On fut
bien surpris de le voir se relever; les moines s'enfuirent d'abord, mais, quand ils furent instruits du miracle, ils chantèrent le *Te Deum* (1).

— Un jacobin, prêchant à Venise, le jour d'une
grande fête, en l'honneur du rosaire, débitait l'histoire suivante : Un voleur de grand chemin, tuant et
assassinant quand l'occasion s'en présentait, était
exact à dire tous les jours le rosaire. Un voyageur,

(1) Mémoires de l'académie des inscriptions et belles-lettres,
tome XVIII.

qu'il avait attaqué, se défendit et le tua. Il mourut
sans confession, et son corps, dont l'âme ne voulut
pas se détacher, fut enterré au pied d'un chêne, par
ses camarades. Quelques mois après, saint Dominique apparut en cet endroit, et appela le voleur par
son nom. A cette voix, le défunt écarte la terre qui
le couvrait, sort de son tombeau, tombe aux pieds
de saint Dominique, qui le confesse, l'absout, et
emporte son âme en paradis.

Je ne puis voir sans douleur, dit l'auteur des nouveaux mémoires sur l'Italie, un religieux d'un ordre
éclairé aller ainsi sur les brisées des saltimbanques de
place (1).

— Croiriez-vous, disait un chanoine dans une
compagnie, que saint Piat, après avoir eu la tête
tranchée, la prit et la porta l'espace de deux lieues ?
Il est vrai qu'il eut un peu de peine à se mettre en
marche. — Je le crois bien, répondit madame du
Deffant, il n'y a, en pareille occasion, que le premier pas qui coûte.

On en conte autant de saint Denis. On ajoute
même qu'il s'arrêtait de vingt pas en vingt pas, pour
baiser sa tête au front.

MIROIR. — Pythagore défendait de manger des
fèves. Il les faisait bouillir, et les exposait quelques

---

(1) Non seulement ces extravagances déshonorent ceux qui les
débitent; mais quelle morale horrible et pernicieuse pour le
peuple qui les écoute! Un brigand avec des prières gagnera le ciel;
et l'honnête homme avec toutes ses vertus, ne peut attendre que
l'enfer, s'il a négligé de prier.

nuits à la lune, jusqu'à ce que, par un grand ressort de magie, elles vinssent à se convertir en sang, dont il se servait pour écrire, sur un miroir convexe, ce que bon lui semblait. Alors, opposant ces lettres à la face de la lune quand elle était pleine, il voyait dans le rond de cet astre tout ce qu'il avait écrit sur la glace de son miroir.

— Lorsque François Ier. faisait la guerre à Charles-Quint, un magicien apprenait aux Parisiens ce qui se passait à Milan, en écrivant pareillement sur un miroir convexe les nouvelles de cette ville, et l'exposant à la lune; de sorte que les Parisiens lisaient dans cet astre ce que portait le miroir (1). Hélas! ce beau secret est perdu, comme tant d'autres.

MOINE BOURRU. — Le moine bourru est de l'espèce des lutins. On le lâche au temps de l'avent; il roule comme un tonneau dans les campagnes, se promène par les rues en traînant des chaînes, et tord le cou à ceux qui mettent la tête aux fenêtres, vers l'heure de minuit.

MOIS.—*Divinités de chaque mois chez les païens.* — Junon préside au mois de janvier; Neptune, au mois de février; Mars, au mois qui porte son nom; Vénus, au mois d'avril; Phœbus, au mois de mai; Mercure, au mois de juin; Jupiter, au mois de juillet; Cérès, au mois d'août; Vulcain, au mois de

---

(1) Aporte.

septembre ; Pallas , au mois d'octobre ; Diane , au mois de novembre ; Vesta , au mois de décembre.

Anges de chaque mois. — Janvier est le mois de Gabriel ; février , le mois de Barchiel ; mars , le mois de Machidiel ; avril , le mois d'Asmodel ; mai , le mois d'Ambriel ; juin , le mois de Muriel ; juillet , le mois de Verchiel ; août , le mois d'Hamaliel ; septembre , le mois d'Uriel ; octobre , le mois de Barbiel ; novembre , le mois d'Adnachiel ; décembre , le mois d'Hanaël.

Démons de chaque mois. — Janvier est le mois de Bélial ; février , le mois de Léviathan ; mars , le mois de Satan ; avril , le mois d'Astarté ; mai , le mois de Lucifer ; juin , le mois de Baalberith ; juillet , le mois de Belzébuth ; août , le mois d'Astaroth ; septembre , le mois de Thamuz ; octobre , le mois de Baal ; novembre , le mois d'Hécate ; décembre , le mois de Moloch.

Animaux de chaque mois. — La brebis est consacrée au mois de janvier ; le cheval , au mois de février ; la chèvre , au mois de mars ; le bouc , au mois d'avril ; le taureau , au mois de mai ; le chien , au mois de juin ; le cerf , au mois de juillet ; le sanglier , au mois d'août ; l'âne , au mois de septembre ; le loup , au mois d'octobre ; la biche , au mois de novembre ; le lion , au mois de décembre.

Oiseaux de chaque mois. — Le paon est consacré au mois de janvier ; le cygne , au mois de février ; le pivert , au mois de mars ; la colombe , au mois d'avril ; le coq , au mois de mai ; l'ibis , au mois de juin ; l'aigle , au mois de juillet ; le moineau , au mois d'août ; l'oie , au mois de septembre ; la chouette , au mois d'octobre ; la corneille , au mois de novembre ; l'hirondelle , au mois de décembre.

Arbres de chaque mois. — Le peuplier est l'arbre de janvier ; l'orme, de février ; le noisetier , de mars ; le myrte , d'avril ; le laurier , de mai ; le coudrier, de juin ; le chêne, de juillet ; le pommier , d'août ; le buis, de septembre ; l'olivier, d'octobre ; le palmier , de novembre ; le pin , de décembre.

Table des jours heureux et des jours malheureux de chaque mois.

Janvier ; jours heureux : le 4 , le 19, le 27 , le 31.
    Jours malheureux : le 13 , le 23.
Février ; jours heureux : le 7 , le 8 , le 18.
    Jours malheureux : le 2, le 10, le 17 , le 21.
Mars ; jours heureux : le 3, le 9, le 12, le 14, le 16.
    Jours malheureux : le 13 , le 19 , le 23 , le 28.
Avril ; jours heureux ; le 5 , le 27.
    Jours malheureux : le 10 , le 20 , le 29 , le 30.
Mai ; jours heureux : le 1, le 2, le 4, le 6, le 9, le 14.
    Jours malheureux : le 10 , le 17 , le 20.
Juin ; jours heureux : le 3, le 5, le 7, le 9, le 12, le 23.
    Jours malheureux : le 4 , le 20.
Juillet ; jours heureux : le 2, le 6, le 10, le 23, le 30.
    Jours malheureux : le 5 , le 13 , le 27.
Août ; jours heureux : le 5 , le 7 , le 10, le 14 , le 19.
    Jours malheureux : le 2 , le 13 , le 27 , le 31.

Septem.; jours heureux : le 6, le 10, le 15, le 18, le 30.

    Jours malheureux : le 13, le 16, le 22, le 24.

Octobre ; jours heureux : le 13, le 16, le 20, le 31.

    Jours malheureux : le 3, le 9, le 27.

Novembre ; jours heureux : le 3, le 13, le 23, le 30.

    Jours malheureux : le 6, le 25.

Décembre ; jours heureux : le 10, le 20, le 29.

    Jours malheureux : le 15, le 28, le 31.

— Plusieurs *savans* prétendent que cette table fut donnée à Adam par un ange, et qu'elle était la règle de sa conduite ; il ne semait ni ne transplantait rien que dans les jours heureux, et tout lui réussissait (1). *Si les cultivateurs et autres personnes suivaient ses traces, l'abondance, la prospérité et le bonheur leur feraient passer d'heureux jours, et toutes leurs entreprises et désirs s'accompliraient à leur satisfaction.* (Voyez *Jours.*)

MOLOCH. — Prince du pays des larmes, membre du conseil infernal.

Il était adoré par les Ammonites, sous la figure d'une statue de bronze, assise sur un trône de même métal, ayant une tête de veau surmontée d'une couronne royale. Ses bras étaient étendus pour recevoir les victimes humaines : on lui sacrifiait des enfans (2). Dans Milton, Moloch est un démon terrible, *couvert des pleurs des mères et du sang des enfans.*

---

(1) Il paraîtrait par là qu'Adam comptait les mois comme nous; cependant l'année des Juifs était lunaire.

(2) *Offerebant quoque horrendo numini semen generationis.*

MONDE. —

Extitit ante, chaos....
HESIOD.

Tous les écrivains sensés, et avec eux tous les peuples se sont accordés pour donner au monde une origine non éloignée. L'histoire et la Bible nous apprennent que le monde ne peut avoir plus de six mille ans ; et rien dans les arts, dans les monumens, dans la civilisation des anciens peuples, ne contredit cette époque vraisemblable de la création. Quelques sophistes ont voulu établir le système de l'éternité du monde ; d'autres ont prétendu que le monde était fait par le hasard (1) ; mais la main de Dieu paraît trop clairement dans les chefs-d'œuvre de la nature, pour qu'on puisse croire, avec quelque raison, que le monde se soit fait de lui-même. Une montre, dit Voltaire, est l'ouvrage d'un horloger ; une belle statue ne peut se faire que par l'art d'un habile sculpteur (2) ; une musique harmonieuse annonce des musiciens ; et le monde, si admirable, se serait produit par une cause aveugle et sans puissance !...

Création du monde selon la Bible.— Dieu créa le monde en six jours. Dans les cinq premiers, il fit la lumière, les astres, le firmament, la terre, les plan-

(1) Ceux qui regardent le hasard comme l'auteur de toutes choses, reconnaissent un Dieu, en voulant nier son existence ; parce que si le hasard a été assez puissant pour créer le monde, il est Dieu même, défiguré sous un nom chimérique.

(2) Fénélon.

tes et les animaux. Le sixième, il fit l'homme et la
femme, pour régner sur toute la nature, et leur commanda de multiplier leur espèce (1).

Extrait d'un fragment de Sanchoniaton (2). —
Le très-haut et sa femme habitaient le sein de la
lumière. Ils eurent un fils beau comme le ciel, dont
il porta le nom, et une fille belle comme la terre,
dont elle porta le nom. Le très-haut mourut, tué
par des bêtes féroces, et ses enfans le déifièrent.

Le Ciel, maître de l'empire de son père, épousa
la Terre, sa sœur, et en eut plusieurs enfans, entre
autres *Ilus*, ou Saturne. Il prit encore soin de sa postérité, avec quelques autres femmes ; mais la Terre
en témoigna tant de jalousie' qu'ils se séparèrent.

Néanmoins le Ciel revenait quelquefois à elle, et
l'abandonnait ensuite de nouveau, ou cherchait à
détruire les enfans qu'elle lui avait donnés. Mais
quand Saturne fut grand, il prit le parti de sa mère,
et la protégea contre son père, avec le secours d'Hermès, son secrétaire. Saturne chassa son père, et

----

(1) Genèse; chap. 1 et 2.

(2) Sanchoniaton est, à ce que l'on croit, le plus ancien de
tous les écrivains non inspirés. Il était de Bérythe, en Phénicie. Il
avait écrit, en phénicien, une histoire divisée en neuf livres,
dans laquelle il exposait la théologie et les antiquités de son pays.
Philon de Biblos en fit, sous l'empereur Adrien, une version
grecque, dont il nous reste quelques fragmens dans Porphire et
Eusèbe. On ne sait pas précisément dans quel temps Sanchoniaton vécut. Tous les savans orthodoxes reconnaissent qu'il était
postérieur à Moïse, et ceux qui lui donnent le plus d'antiquité le
font remonter jusqu'à Gédéon.

régna en sa place. Ensuite, il bâtit une ville, et se défiant de *Sadid*, l'un de ses fils, il le tua, et coupa la tête à sa fille, au grand étonnement des dieux.

Cependant le Ciel, toujours fugitif, envoya trois de ses filles à Saturne pour le faire périr; mais ce prince les fit prisonnières, et les épousa. A cette nouvelle, le père en détacha deux autres, que Saturne épousa pareillement. Quelques temps après, Saturne ayant tendu des embûches à son père, le mutila, et l'honora ensuite comme un Dieu, quand il eût rendu l'âme.

Tels sont les divins exploits de Saturne; tel fut l'âge d'or. Astarté-la-Grande régna alors dans le pays par le consentement de Saturne ; elle porta sur sa tête une tête de taureau, pour marque de sa royauté, etc. (1).

Théogonie d'Hésiode. — Au commencement était le chaos, ensuite la terre, le tartare, et l'amour, le plus beau des dieux. Le chaos engendra l'érèbe et la nuit, de l'union desquels naquirent le jour et la lumière. La terre produisit alors les étoiles, les montagnes et la mer. Bientôt, unie au ciel, elle enfanta l'Océan, Hypérion, Japet, Rhéa, Phœbé, Thétis, Mnémosine, Thémis et Saturne, ainsi que les cyclo-

---

(1) Le savant auteur du Monde primitif trouve la clef de ce morceau dans l'agriculture ; d'autres en cherchent l'explication dans l'astronomie ; ceux-ci n'y voyent que les opinions religieuses des Phéniciens, touchant l'origine du monde ; ceux-là y croient voir l'histoire dénaturée des premiers princes du pays , etc.

pes, et les géans Briarée et Gygès , qui avaient cinquante têtes et cent bras. A mesure que ses enfans
naissaient, le Ciel les enfermait dans le sein de la
terre. La Terre , irritée, fabriqua une faux qu'elle
donna à Saturne. Celui-ci en frappa son père , et du
sang qui sortit de cette blessure naquirent les géans
et les furies. Saturne eut de Rhéa , son épouse et sa
sœur , Vesta , Cérès , Junon , Pluton , Neptune et
Jupiter. Ce dernier , sauvé de la dent de son père ,
qui mangeait tous ses enfans, fut élevé dans une caverne, et par la suite , fit rendre à Saturne ses oncles,
qu'il tenait en prison , ses frères , qu'il avait avalés ,
le chassa du ciel , et , la foudre à la main , devint le
maître des dieux et des hommes.

Origine du monde , selon les Chaldéens. — Oan-
nès, fils de la Mer, avait deux têtes, (une tête de poisson sur une tête d'homme) , une longue queue de
poisson, et deux pieds difformes. Il passait la nuit
dans le sein de la mer , et demeurait le jour avec les
hommes qu'il instruisait ; voici ce qu'il leur apprit
sur leur origine.

Il y eut un temps où tout n'était que ténèbres et
limon : ce limon était plein de monstres de diverses
formes. *Omoréa* était alors la maîtresse de cet univers. *Bel* la divisa en deux ; la moitié de son corps
fit le ciel , l'autre la terre ; ensuite il tua tous les
monstres , et arrangea l'univers. Après quoi , pour
peupler la terre , Bel se fit couper la tête , et le sang
qui coula de la plaie , mêlé avec le limon , engendra
les hommes et les animaux. Enfin , Bel forma les as-

tres et les planètes, et acheva la production de tous les êtres.

— Les Égyptiens faisaient naître l'homme et les animaux, du limon échauffé par le soleil.

Les Phéniciens disaient encore que le soleil, la lune et les astres ayant paru, le Limon, fils de l'Air et du Feu, enfanta tous les animaux; que les premiers hommes habitaient la Phénicie; qu'ils furent d'une grandeur démesurée, et donnèrent leur nom aux montagnes du pays; que bientôt ils adorèrent deux pierres, l'une consacrée au Vent, l'autre au Feu, et leur immolèrent des victimes. Mais le Soleil fut toujours le premier et le plus grand de leurs dieux.

—Tous les peuples anciens faisaient remonter très-haut leur origine, et chaque nation se croyait la première sur la terre. Quelques peuples modernes ont la même ambition : les Chinois se disent bien antérieurs au déluge; et les Japonais soutiennent que les dieux, dont ils sont descendus, ont habité leur pays plusieurs millions d'années avant le règne de *Sin-Mu*, véritable fondateur de leur monarchie (1).

— Origène prétend que Dieu a toujours créé, par succession, des mondes infinis, et les a ruinés au temps déterminé par sa sagesse; à savoir, le monde élémentaire, de sept en sept mille ans, et le monde céleste, de quarante-neuf en quarante-neuf mi^b ans, réunissant auprès de lui tous les esprits bien^{eu}-reux, et laissant reposer la matière l'espace de^{mille}

_____

(1) Six cent soixante ans avant J.-C.

ans , puis renouvelant toutes choses. Le monde élémentaire doit durer six mille ans , ayant été fait en six jours , et se reposer le septième millénaire , pour le repos du septième jour ; et, comme la cinquantième année était le grand jubilé chez les Hébreux , le cinquantième millénaire doit être le millénaire du repos pour le monde céleste.

Il n'est point parlé , dans la Bible , de la création des anges, parce qu'ils étaient restés immortels, après la ruine des mondes précédens.

Il serait étrange, en effet, suivant le même théologien , que depuis tant de millions d'années, depuis l'éternité , Dieu se fût avisé , pour la première fois , il y a seulement cinq ou six mille ans , de faire ce monde qui doit bientôt périr.

— Aristarque avait prédit que le monde durerait deux mille quatre cent quatre-vingt-quatre ans ; et Darétès , cinq mille cinq cent cinquante-deux. Hérodote prédit qu'il durerait dix mille huit cents ans ; Dion , treize mille neuf cent quatre-vingt-quatre ; Orphée , cent vingt mille ; Cassandre , un million huit cent mille.

— Un Espagnol , nommé Arnauld , avait prédit , par des conséquences tirées des divers aspects des astres , que la venue de l'Antechrist était indubitable pour l'an 1345 , et la fin du monde pour l'an 1395.

Jean Hilten , cordelier allemand , mort en 1502 , avait prédit que les Turcs règneraient, en 1600 , dans l'Italie et dans l'Allemagne , et que le monde finirait en 1651.

Wistons, savant Anglais qui voulait éclaircir l'Apocalypse par l'algèbre et la géométrie, avait conclu, après bien des supputations, que Jésus-Christ reviendrait sur la terre en 1715, ou au plus tard en 1716, pour convertir les Juifs et commencer un règne visible de mille ans.

MONTAGNARDS. — Les montagnards, ou démons des montagnes, font leur séjour dans les mines qui sont sous les rochers ; ils sont cruels, et horribles à voir ; ils incommodent et tourmentent incessamment les mineurs. Ils apparaissent ordinairement, petits, ayant à peine trois pieds de haut, avec un air de vieillesse, vêtus d'une camisole et d'un tablier de cuir, comme les ouvriers qui travaillent aux mines, dont ils prennent souvent la figure (1).

Quelques-uns donnent aux gnomes le nom de montagnards ; ceux-là sont d'un naturel tout différent de celui des démons. (Voyez *Gnomes.*)

MORT. —

> Le pauvre, en sa cabane où le chaume le couvre,
> Est soumis à ses lois,
> Et la garde qui veille aux barrières du Louvre,
> N'en défend pas nos rois.
>
> MALHERBE.

— La mort, si poétique parce qu'elle touche aux choses immortelles, si mystérieuse à cause de son

---

(1) Le monde enchanté

silence, devait avoir mille manières de s'énoncer pour le peuple. Tantôt un trépas se faisait prévoir par le tintement d'une cloche qui sonnait d'elle-même ; tantôt l'homme qui devait mourir entendait frapper trois coups sur le plancher de sa chambre. Une religieuse de Saint-Benoît, près de quitter la terre, trouvait une couronne d'épine blanche sur le seuil de sa cellule. Une mère perdait-elle son fils dans un pays lointain, elle en était instruite à l'instant par ses songes. Ceux qui nient le pressentiment, ne connaîtront jamais les routes secrètes par où deux cœurs qui s'aiment communiquent d'un bout du monde à l'autre. Souvent le mort chéri, sortant du tombeau, se présentait à son ami, lui recommandait de dire des prières, pour le racheter des flammes, et le conduire à la félicité des élus (1). (Voyez *Revenans*.)

— De tous les spectres de ce monde, la mort est le plus effrayant. Dans une année d'indigence, un paysan se trouvait au milieu de quatre petits enfans qui portent leurs mains à leurs bouches, qui demandent du pain, et à qui il n'a rien à donner.... Le désespoir s'empare de lui ; il saisit un couteau ; il égorge les trois aînés ; le plus jeune, qu'il allait frapper aussi, se jette à ses pieds et lui crie : « Mon papa, ne me » tuez pas, je n'ai plus faim. »

— Dans les armées des Perses, quand un simple soldat était malade à l'extrémité, on le portait dans quelque forêt prochaine, avec un morceau de pain,

_____

(1) M. de Châteaubriand.

un peu d'eau, et un bâton, pour se défendre contre les bêtes sauvages, tant qu'il en aurait la force. Ces malheureux étaient ordinairement dévorés. S'il en échappait quelqu'un qui revînt chez soi, tout le monde fuyait devant lui, comme si c'eût été un démon ou un fantôme; et on ne lui permettait de communiquer avec personne, qu'il n'eût été purifié par les prêtres. On était persuadé qu'il devait avoir eu de grandes liaisons avec les démons, puisque les bêtes ne l'avaient pas mangé, et qu'il avait recouvré ses forces, sans aucun secours (1).

— Quand le roi des Tartares mourait, on mettait son corps embaumé dans un chariot, et on le promenait dans toutes ses provinces. Il était permis à chaque gouverneur de lui faire quelque outrage, pour se venger du tort qu'il en avait reçu. Par exemple, ceux qui n'avaient pu obtenir audience maltraitaient les oreilles, qui leur avaient été fermées; ceux qui avaient été indignés contre ses débauches, s'en prenaient aux cheveux, qui étaient sa principale beauté, et lui faisaient mille huées, après l'avoir rasé, pour le rendre laid et ridicule; ceux qui se plaignaient de sa trop grande délicatesse, lui déchiraient le nez, croyant qu'il n'était devenu efféminé que parce qu'il avait trop aimé les parfums. Ceux qui décriaient son gouvernement lui brisaient le front, d'où étaient sorties toutes ses ordonnances tyranniques; ceux qui en avaient reçu quelque violence lui mettaient les

_____

(1) Hérodote.

bras en pièces. Après qu'on l'avait ramené au lieu
où il était mort, on le brûlait avec la plus belle de
ses maîtresses, son échanson, son cuisinier, son
écuyer, un palefrenier, quelques chevaux, et cinquante esclaves (1).

Les Égyptiens pareillement, avant de rendre à
leurs rois les honneurs funèbres, les jugeaient devant
le peuple, et les privaient de sépulture, s'ils s'étaient
conduits en tyrans.

— Quand les Gaulois brûlaient leurs morts, ils
plaçaient auprès d'eux les choses nécessaires à la
vie ; ils leur écrivaient des lettres et les jetaient dans
le bûcher, persuadés qu'ils étaient, qu'elles leur seraient rendues. Quelques-uns prêtaient de l'argent,
dit Valère-Maxime, sur promesse qu'on leur en
tiendrait compte dans l'autre monde.

— Les Chinois croient que les morts reviennent
en leur maison, une fois tous les ans, la dernière
nuit de l'année. Pendant toute cette nuit, ils laissent
leur porte ouverte, afin que leurs parens trépassés
puissent entrer aussitôt qu'ils arriveront ; et cependant, ils leur préparent fort proprement des lits,
mettant aussi dans la chambre un bassin plein d'eau,
pour qu'ils puissent se laver les pieds ; et toutes les
choses dont ils pourraient avoir besoin. Ils attendent, en silence, jusqu'à minuit. Alors, les supposant arrivés, ils leur font compliment, allument des
cierges, brûlent des odeurs, et les prient, en leur fai-

---

(1) Muret.

sant de profondes révérences, de ne pas oublier leurs
enfans, et de leur obtenir des dieux, la force, la
santé, les biens et une longue vie. Ceux qui néglige-
raient cette cérémonie ridicule, craindraient continuellement que les morts ne les vinssent tourmenter.

— Les Japonais témoignent la plus grande tristesse pendant la maladie d'un des leurs, et la plus
grande joie à sa mort. Ils s'imaginent que les maladies sont des démons invisibles ; et très-souvent, ils
présentent requête contre elles, dans les temples.
Cette requête est toujours suivie d'un bon succès ;
car si le malade guérit, ils ne doutent pas que ce
démon injuste n'ait été privé de sa charge ; et s'il
meurt, comme ils sont persuadés que le mort est
aussitôt mis au rang des dieux, ils espèrent qu'il se
vengera hautement de ce petit compagnon, qui a osé
le tourmenter pendant sa vie.

— Les Indiens, et surtout les Japonais, poussent quelquefois si loin la vengeance, qu'ils ne se
contentent pas de faire périr leur ennemi ; mais ils se
donnent encore la mort, pour aller l'accuser devant
leur dieu, et le prier d'embrasser leur querelle ; quelquefois des veuves, non contentes d'avoir bien tourmenté leur mari pendant sa vie, se poignardent,
pour avoir le plaisir de le faire enrager après sa mort.

— Quand un Caraïbe est mort, ses compagnons
viennent visiter le corps, et lui font mille questions
ridicules, accompagnées de reproches sur ce qu'il s'est
laissé mourir, comme s'il eût dépendu de lui de vivre
plus long-temps : « Tu pouvais faire si bonne chère !

» il ne te manquait ni manioc , ni patates, ni ananas;
» d'où vient donc que tu es mort ?.... tu étais si consi-
» déré dans ce monde, chacun avait de l'estime pour
» .toi, chacun t'honorait; pourquoi donc es tu mort?...
» Tes parens t'accablaient de caresses; ils avaient tant
» de soin que tu fusses content ; ils ne te laissaient
» manquer de rien ; dis nous donc pourquoi tu es
» mort ?.... tu étais si nécessaire au pays , tu t'étais
» signalé dans tant de combats ; tu nous mettais à
» couvert de toutes les insultes de nos ennemis ; d'où
» vient donc que tu es mort » ?....

Ensuite , on l'assied dans une fosse ronde , et on
l'y laisse pendant dix jours sans l'enterrer ; ses compagnons lui apportent tous les matins à manger et à
boire ; mais enfin, voyant qu'il ne veut point revenir
à la vie, ni toucher à ces viandes , ils les lui jettent
sur la tête, et ayant comblé la fosse , ils font un grand
feu, autour duquel ils dansent, avec des hurlemens
épouvantables.

— Les Turcs, en enterrant les morts, leur laissent
les jambes libres , pour qu'ils puissent se mettre à
genoux, quand les anges viendront les examiner; car
ils croient qu'aussitôt que le mort est dans la fosse ,
son âme revient dans son corps , et que deux anges
horribles se présentent à lui , et lui demandent : quel
est ton dieu, ta religion , et ton prophète ? S'il a bien
vécu , il répond : *Mon dieu est le vrai dieu , ma religion est la vraie religion , et mon prophète est Mahomet*. Alors, on lui amène une belle créature , qui
n'est autre chose que ses belles actions , pour le

divertir jusqu'au jour du jugement, où il entre en
paradis. Mais, si le défunt est coupable, il tremble de
peur, et ne peut répondre juste. C'est pourquoi les
anges noirs le frappent aussitôt avec une massue de
feu, et l'enfoncent si rudement dans la terre, que
tout le sang qu'il a pris de sa nourrice s'écoule par
le nez. Là-dessus, vient une vilaine créature, (ses
mauvaises actions,) qui le tourmente jusqu'au
jour du jugement, où il entre en enfer. C'est pour
délivrer le mort de ces anges noirs, que les parens lui
crient sans cesse : *N'ayez pas peur,et répondez bra-*
vement.

Ils font une autre distinction des bons et des méchans, qui n'est pas moins ridicule. Ils disent qu'au
jour du jugement, Mahomet viendra dans la vallée
de Josaphat, pour voir si Jésus-Christ jugera bien
les hommes ; qu'après le jugement il prendra la forme
d'un mouton blanc, que tous les Turcs se cacheront
dans sa toison, changés en petite vermine, qu'il se
secouera alors, et que tous ceux qui tomberont,
seront damnés, tandis que tous ceux qui resteront
seront sauvés, parce qu'il les mènera en paradis.

Plusieurs docteurs musulmans racontent un peu
différemment la chose : au jugement dernier, Mahomet se trouvera à côté de Dieu, monté sur l'Al-Borak,
et couvert d'un manteau fait des peaux de tous les
chameaux qui auront porté à la Mecque le présent
que chaque sultan y envoie, à son avénement à l'empire. Les âmes des bienheureux musulmans se trans-
formeront en puces, qui s'attacheront aux poils du

manteau du prophète ; et Mahomet les emportera dans son paradis, avec une rapidité prodigieuse ; il ne sera plus question alors que de se bien tenir, car les âmes qui s'échapperont, soit par la rapidité du vol, ou autrement, tomberont dans la mer où elles nageront éternellement.

— Parmi les Juifs modernes, aussitôt que le malade est abandonné des médecins, on fait venir un rabbin, accompagné, pour le moins, de dix personnes. Le Juif répare le mal qu'il a pu faire ; puis il change de nom, pour que l'ange de la mort, qui doit le punir, ne le reconnaisse plus ; ensuite, il donne sa bénédiction à ses enfans, s'il en a, et reçoit celle de son père, s'il ne l'a pas encore perdu.

De ce moment, on n'ose plus le laisser seul, de peur que l'ange de la mort, qui est dans sa chambre, ne lui fasse quelque violence. Ce méchant esprit, disent-ils, avec l'épée qu'il a en sa main, paraît si effroyable, que le malade en est tout épouvanté. De cette épée qu'il tient toujours nue sur lui, découlent trois gouttes d'une liqueur funeste : la première qui tombe lui donne la mort, la seconde le rend pâle et difforme, la dernière le corrompt et le fait devenir puant et infect.

Aussitôt que le malade expire, les assistans jettent par la fenêtre toute l'eau qui se trouve dans la maison : ils la croient empoisonnée, parce que l'ange de la mort y a trempé son épée, après avoir tué le malade, pour en ôter le sang. Tous les voisins, dans la même crainte, en font autant. Quant à cet ange redoutable, les Juifs racontent qu'il était autrefois bien plus méchant encore ; mais que, par la force du grand nom de Dieu, les rabbins le lièrent un jour et lui crevèrent l'œil gauche, d'où vient que, ne voyant plus si clair, il ne saurait plus faire tant de mal.

— La plupart des femmes de distinction, dans le royaume de Juïda, quand elles sont au lit de la mort, achètent deux ou trois jeunes et jolies esclaves, pour être filles de joie, dans tel ou tel canton : cette libéralité passe pour une action pieuse, et dont elles seront récompensées dans l'autre monde. (Voyez *Deuil*, *Funérailles*, etc.)

MOUCHE. — Le diable apparaît quelquefois en forme de mouche, ou de papillon. On le vit sortir sous la figure d'une mouche, de la bouche d'un démoniaque de Laon (1). Les démonomanes appellent Belzébuth *Seigneur des mouches.*

—Kunibert, roi des Lombards, s'entretenant, avec son grand écuyer, du dessein qu'il avait de faire mourir deux seigneurs lombards, nommés *Aldon* et *Granson*, était vivement importuné par une grosse mouche. Après l'avoir chassée à plusieurs reprises, le roi prit un couteau pour la tuer, et lui coupa seulement une pate. La mouche disparut ; et, un instant après, un homme apparut aux deux seigneurs, avec une jambe de bois, et les engagea à fuir, en les aver-

(1) Le Loyer.

tissant du projet que le roi formait contre eux ; ce qui fit croire que cette mouche était un diable (1).

MULLIN. — Démon d'un ordre inférieur ; premier valet de chambre de Belzébuth.

Il y a aussi un certain *Maître Jean-Mullin*, qui est le lieutenant du grand-maître des sabbats.

MURAILLE DU DIABLE. — C'est cette fameuse muraille qui séparait autrefois l'Angleterre de l'Ecosse, et dont il subsiste encore diverses parties, que le temps n'a pas même altérées. La force du ciment et la dureté des pierres ont persuadé aux habitans des lieux voisins qu'elle a été bâtie de la main du diable ; et les plus superstitieux ont grand soin d'en recueillir jusqu'aux moindres débris, qu'ils mêlent dans les fondemens de leurs maisons, pour leur communiquer la même solidité.

— Un jardinier écossais, ouvrant la terre dans son jardin, trouva une pierre d'une grosseur considérable, sur laquelle on lisait, en caractères du pays, qu'elle était là, pour la sûreté des murs du château et du jardin, et qu'elle y avait été apportée de la grande muraille, dont elle avait fait autrefois partie ; mais qu'il serait aussi dangereux de la remuer, qu'il y aurait d'avantage à la laisser à sa place.

Le seigneur de la maison, moins crédule que ses ancêtres, voulut la faire transporter dans un autre

(1) Le diacre Paul.

endroit, pour l'exposer à la vue, comme un ancien
monument. On entreprit de la faire sortir de terre, à
force de machines, et on en vint à bout, comme on
l'aurait fait d'une pierre ordinaire. Elle demeura sur
le bord du trou pendant que la curiosité y fit descendre, non-seulement le jardinier et plusieurs domestiques, mais les deux fils du gentilhomme, qui
s'amusèrent quelques momens à creuser encore le
fond. La pierre fatale, qu'on avait négligé apparemment de placer dans un juste équilibre, prit ce
temps pour retomber au fond du trou, et écrasa tous
ceux qui s'y trouvaient.

Ce n'était là que le prélude des malheurs que devait
causer cette pierre. La jeune épouse de l'aîné des
deux frères apprit bientôt ce qui venait d'arriver.
Elle courut au jardin, avec le transport d'une
amante qui n'a plus rien à ménager; et elle y arriva
dans le temps que les ouvriers s'empressaient de
lever la pierre, avec quelque espérance de trouver
un reste de vie aux infortunés qu'elle couvrait. Ils
l'avaient levée à demi, et l'on s'aperçut en effet, à
quelques mouvemens, qu'ils respiraient encore, lorsque l'imprudente épouse, perdant tout soin d'elle-
même, se jeta si rapidement sur le corps de son
mari, que les ouvriers, saisis de son action, lâchèrent malheureusement les machines qui soutenaient
la pierre, et l'ensevelirent ainsi avec les autres.

Cet accident confirma plus que jamais la superstition des Écossais; on ne manqua pas de l'attribuer
à quelque pouvoir, établi pour la conservation du

mur d'Écosse, et de toutes les pierres qui en sont détachées.

MURMUR. — Comte de l'empire infernal; démon de la musique. Il se montre sous la forme d'un grand soldat, à cheval sur un vautour, et précédé d'une multitude de trompettes.

MUSIQUE CÉLESTE. — Entre plusieurs découvertes surprenantes que fit Pythagore, on admire surtout cette musique céleste que lui seul entendait. Il trouvait les sept tons de la musique, bien comptés, dans la distance qui est entre les planètes : de la terre à la lune, un ton ; de la lune à mercure, un demi-ton; de mercure à vénus, un demi-ton; de vénus au soleil, un ton et demi; du soleil à mars, un ton; de mars à jupiter, un demi-ton ; de jupiter à saturne, un demi-ton ; et de saturne au zodiaque, un ton et demi.

, C'est à cette musique des corps célestes qu'est attachée l'harmonie de toutes les parties qui composent l'univers. Nous autres, dit Léon l'Hébreu, nous ne pouvons entendre cette musique, parce que nous en sommes trop éloignés, ou bien parce que l'habitude continuelle de l'entendre fait que nous ne nous en apercevons point; comme ceux qui habitent près de la mer ne s'aperçoivent point du bruit des vagues, parce qu'ils y sont accoutumés. (Voyez *Planètes*.)

N.

NABARUS, autrement Cerbère. — Marquis du sombre empire. Il se montre sous la figure d'un corbeau. Sa voix est rauque. Il donne l'éloquence, l'amabilité, et enseigne les beaux-arts (1).

NAINS. — Aux noces d'un certain roi de Bavière, on vit un nain, si petit, qu'on l'enferma dans un pâté, armé d'une lance et d'une épée. Il en sortit, au milieu du repas, sauta sur la table, la lance en arrêt, et excita l'admiration de tout le monde (2).

— La fable dit que les Pygmées n'avaient que deux pieds de hauteur, et qu'ils étaient toujours en guerre avec les grues.

Les Grecs, qui reconnaissaient des géants, pour faire le contraste parfait, imaginèrent ces petits hommes, qu'ils appelèrent pygmées. L'idée leur en vint peut-être de certains peuples d'Éthiopie, appelés *Péchiniens*, nom qui a quelque analogie avec celui de Pygmées. Les Péchiniens étaient d'une petite taille; et, comme les grues se retiraient tous les hivers dans leur pays, ils s'assemblaient pour leur faire peur, et les empêcher de s'arrêter dans leurs champs. Voilà le combat des Pygmées contre les grues.

Ce qu'on dit des Lapons et des habitans de la Nouvelle-Zemble rend possible ce qu'on a cru de la

---

(1) Wierius.

(2) Johnson; *Taumatographia naturalis.*

petitesse des pygmées. Mais il ne faut pas prendre les choses à la lettre ; car les poëtes font les pygmées trop petits , comme ils font les géants trop grands.

Le docteur Swift , dans le conte de Gulliver , fait trouver à son héros des hommes hauts d'un demi-pied , dans l'île de Lilliput ; et Cyrano de Bergerac , dans son Voyage au soleil , dit y avoir vu de jolis petits nains , *pas plus hauts que le pouce.*

NÉCROMANCIE. —

Animas ille evocat orco.
Virg..

La nécromancie est l'art d'évoquer les morts , ou de deviner les choses futures par l'inspection des cadavres.

Il y avait à Séville , à Tolède et à Salamanque , des écoles publiques de nécromancie , dans de profondes cavernes , dont la reine Isabelle , épouse de Ferdinand V , fit murer l'entrée.

NÉCROMANCIENS. —

Dans le sein de la mort , ses noirs enchantemens ,
· Vont troubler le repos des ombres ;
Les mânes effrayés quittent leurs monumens.
J.-B. Rousseau.

— Basile , empereur de Constantinople , ayant perdu son fils Constantin , qu'il aimait uniquement , voulut le voir , à quelque prix que ce fût. Il s'adressa à un moine hérétique , nommé Santabarenus , qui , après quelques conjurations, lui montra un spectre semblable à son fils (1).

— Une sorcière nécromancienne fit voir pareillement au roi Saül, l'ombre du prophète Samuel, qui lui prédit beaucoup de choses. Menasseh-ben-Israël, dans son second livre de la Résurrection des morts, prétend que la pythonisse ne pouvait pas forcer l'âme de Saül à rentrer dans son corps, et que le fantôme qu'elle évoqua, était tout simplement un démon revêtu de la forme du prophète (2). Cependant il y a une petite circonstance qui embarrasse, c'est que Samuel dit au roi : *Pourquoi troublez-vous mon repos, en me forçant à remonter sur la terre ?* Les uns pensent que l'âme du prophète pouvait seule prononcer ces paroles ; d'autres soutiennent que ces mots *remonter sur la terre* sentent le diable à pleine gorge. Le rabbin Meyer-Gabay, qui est du sentiment des premiers, ajoute que Samuel est un prophète plus grand que bien d'autres, puisqu'après avoir prophétisé pendant sa vie, il prophétisa encore après sa mort, en disant à Saül, devant la sorcière qui le faisait venir : « Demain, toi et tes fils, vous viendrez me rejoindre. » *Cràs tu et filii tui mecum erunt.* — S'il s'était trouvé,

---

(1) Michel Glycas.

(2) Menasseh-ben-Israël dit un peu plus loin que Samuel apparut avec ses habits de prophète ; qu'ils n'étaient point gâtés ; et que cela ne doit point surprendre, puisque Dieu conserve les vêtemens aussi-bien que les corps, et qu'autrefois tous ceux qui en avaient les moyens, se faisaient ensevelir en robe de soie, pour être bien vêtus le jour de la résurrection.

dans ces temps-là, un ventriloque tant soit peu habile
en fantasmagorie, c'eût été un bien grand sorcier.

— Un roi chrétien, voulant connaitre le moment
et le genre de sa mort, fit venir un jacobin nécromancien, qui, après avoir dit la messe et consacré
l'hostie, fit couper la tête d'un jeune enfant de dix
ans, préparé pour cet effet. Ensuite il mit cette tête
sur l'hostie ; et, après certaines conjurations, il lui
commanda de répondre à la demande du prince.
Mais la tête ne répondit que ces mots : *Le ciel me
vengera* (1)!.... Et aussitôt le roi entra en furie,
criant sans cesse : *ôtez-moi cette tête* ! Peu après il
mourut enragé (2).

NEMBROD, roi d'Assyrie.— Ayant fait bâtir la
tour de Babel (3), et voyant, disent les auteurs arabes, que cette tour, à quelque hauteur qu'il l'eût fait
élever, était encore loin d'atteindre au ciel, il imagina
de s'y faire transporter dans un panier, par quatre
énormes vautours. Ces bêtes l'emportèrent en effet

---

(1) L'original porte : *vim patior.*
(2) Bodin.
(3) La tour de Babel fut élevée, comme on sait, cent vingt ans
après le déluge universel. Joseph croit qu'elle fut bâtie par Nembrod; le judicieux D. Calmet a donné le profil de cette tour élevée jusqu'à onze étages. Le livre du savant juif Jaleus donne à la
tour de Babel vingt-sept mille pas de hauteur, ce qui est bien
vraisemblable, dit Voltaire. Le saint patriarche Alexandre Eu-
tychius assure dans ses annales que soixante-et-douze hommes
bâtirent cette tour. Ce fut, comme on sait, l'époque de la confusion des langues.

lui et son panier, mais si haut et si loin, qu'on n'en entendit plus parler depuis.

Ce trait, et une foule de semblables doivent nous apprendre combien l'on doit se défier des anciennes histoires. Chaque peuple, chaque historien les dénature ; et ceux qui nous les ont transmises, les ont accommodées à leur façon. Je parle surtout des choses surnaturelles, et de. ces antiques prodiges qu'il ne nous est plus donné de voir. Ceux qui tiennent à l'enfer sont dangereux sans doute ; mais il en est bien d'autres, qui ne sont pas moins ridicules et pernicieux.

NERGAL. — Démon du second ordre ; chef de la police secrète du ténébreux empire ; premier espion honoraire de Belzébuth, sous la surveillance du grand justicier Lucifer.

NOMBRES. — Pythagore trouva dans l'arrangement des nombres quelque chose de divin. Il vit l'influence des rapports de nombres dans la musique, dans la géométrie et le calcul, dans l'astronomie, dans les lois de physique générale, dans la vie des animaux et des plantes. La vénération que les anciens ont toujours eue pour le nombre sept, pour le nombre douze et pour quelques autres, est une suite du sabéisme ou culte des astres.

Les inductions, qu'on aurait tirées du système planétaire des Égyptiens et des Chaldéens, pour la perfection des nombres, dans les usages civils et religieux, sont d'autant plus fautives que ce système est incomplet, dans l'ordre actuel des connaissances humaines. La lune, qui n'est aujourd'hui qu'un satellite, était pour lors au nombre des planètes ; et nous comptons maintenant onze véritables planètes, ce qui devrait faire donner la préférence au nombre onze. Malgré leurs subtiles observations, les peuples de l'Orient n'avaient découvert ni Cérès, ni Pallas, ni Uranus, etc.; soit faute d'instrumens, soit à cause de la durée de leur révolution sidérale, si différente de celle des autres planètes(1). Il est même fort possible que l'on ne s'en tienne pas là et que le nombre des planètes augmente pour nous, à mesure que nous perfectionnerons les moyens de lire dans les cieux : ce qui seul devrait suffire à prouver le néant de l'astrologie judiciaire (2). (Voyez *Musique céleste*, *Planètes*.)

NOSTRADAMUS. — Médecin et astrologue, né en 1503, à Saint-Remy, en Provence ; mort à Salon, en 1566.

Nostradamus, las d'exercer la médecine, où il ne faisait rien, prit le métier plus lucratif de charlatan. C'était alors le règne de l'astrologie judiciaire et des prédictions. Le peuple, à force de lui entendre dire qu'il lisait dans les astres, et qu'il était instruit de l'avenir, comme du passé, le crut, quoique Nos-

_____

(1) La révolution d'Uranus, la plus longue de toutes, est de trente mille six cent quatre-vingt-neuf jours, vingt-neuf minutes.

(2) Le docteur Fodéré.

tradamus ne connût ni l'un ni l'autre. Ce qu'il savait le mieux, c'était de mettre à crédit la crédulité populaire.

La meilleure de ses visions est celle qui lui annonça qu'il ferait fortune à ce métier. Il fut comblé de biens et d'honneurs par Catherine de Médicis, par Charles IX, et par le peuple des petits esprits.

Le poëte Jodelle fit ce jeu de mots sur le nom du prophète :

Nostra damus cùm falsa damus, nam fallere nostrum est ;
Et cùm falsa damus, nil nisi nostra damus.

Ce n'est point merveille, dit Naudé, si, parmi le nombre de mille quatrains, dont chacun parle toujours de cinq ou six choses différentes, et surtout de celles qui arrivent ordinairement, on rencontre quelquefois un hémistiche, qui fera mention d'une ville prise en France, de la mort d'un grand en Italie, d'une peste en Espagne, d'un monstre, d'un embrasement, d'une victoire, ou de quelque chose de semblable. Ces prophéties ne ressemblent à rien mieux qu'à ce soulier de Théramène, qui se chaussait indifféremment par toutes sortes de personnes. Et quoique Chavigny, qui a tant rêvé là-dessus, ait prouvé dans son *Janus Français*, que la plupart des prédictions de Nostradamus étaient accomplies, au commencement du dix-septième siècle, on ne laisse pas néanmoins de les remettre encore sur le tapis.

Il en est des prophéties comme des almanachs. Les idiots croient à tout ce qu'ils y lisent, parce que, sur,

mille mensonges , ils ont rencontré une fois la vé-.
rité (1).

NUMA POMPILIUS. — Second roi de Rome ,
qui commença de régner , vers l'an du monde 3270.

Il vivait paisiblement à Cures, ville des Sabins ,
lorsque le bruit de sa sagesse engagea les peuples de
Rome à lui offrir le sceptre. Il le refusa long-temps ;
mais enfin il se laissa gagner. Devenu roi des Romains, il adoucit leurs mœurs par le culte des dieux,
éleva des temples , institua des prêtres , et donna à
son peuple des lois assez sages , qu'il disait tenir de
la nymphe Égérie. Il bâtit le temple de Janus qui
était ouvert pendant la guerre , et fermé pendant la
paix. Il fit commencer l'année par le mois de janvier , et remarqua les jours heureux et les jours malheureux (2). Il mourut après un règne de quarante-
trois ans.

Numa Pompilius est du très-petit nombre de ceux
qui ont fait un usage pardonnable des superstitions.
Il avait à dompter des soldats féroces et ignorans , il
employa sagement la crainte des dieux et les idées
religieuses ; et comme ses lois eussent pu être mépri-

---

(1) Nostradamus est enterré à Salon , en Provence. Il avait
prédit , de son vivant , que son tombeau changerait de place après
sa mort. On l'enterra dans une église , l'église a été détruite , le
tombeau s'est trouvé dès lors dans un champ; et le peuple est persuadé , plus que jamais , qu'un homme qui prédit si juste , mérite
au moins qu'on le croie.

(1) *Fastos nefastosque dies notavit.*   **H. Turselliusvs.**

sées du peuple, il leur donna de l'importance, en les mettant sur le compte d'une divinité. C'était alors le temps ; mais il pouvait fort bien passer sous silence la distinction absurde des jours heureux et des jours malheureux.

Les chroniqueurs superstitieux, qui voyent partout quelque dose de sorcellerie, en font un insigne enchanteur et magicien. Cette nymphe, qui se nommait Égérie, n'était autre chose qu'un démon succube, qu'il s'était rendu familier, comme étant un des plus versés et mieux entendus qui aient jamais existé en l'évocation des diables. Aussi tient-on pour certain que ce fut par l'assistance et l'industrie de ce démon femelle, qu'il fit beaucoup de choses émerveillables et curieuses, pour se mettre en crédit parmi le peuple de Rome, qu'il voulait gouverner à sa fantaisie.

A ce propos, Denis d'Halicarnasse raconte qu'un jour, ayant invité à souper bon nombre de citoyens, il leur fit servir des viandes fort simples et communes, en vaisselle peu somptueuse ; mais, dès qu'il eut dit un mot, sa diablesse le vint trouver, et tout incontinent la salle devint pleine de meubles précieux, et les tables furent couvertes de toutes sortes de viandes exquises et délicieuses.

Il était si habile en conjurations, qu'il forçait Jupiter à quitter son séjour, et à venir causer avec lui.

Numa Pompilius fut le plus grand sorcier et magicien de tous ceux qui aient porté couronne, dit Delrio, et il avait encore plus de pouvoir sur les diables que sur les hommes. Il composa des livres de magie, qu'on brûla, quatre cents ans après sa mort.....

NYBBAS. — Démon d'un ordre inférieur, grand paradiste des menus plaisirs de la cour infernale.

Il a aussi l'intendance des visions, des songes, des prophéties et des extases; c'est pourquoi on le traite aux enfers avec assez peu d'égards, le regardant comme bateleur, charlatan, fourbe et *prophétiseur*.

NYMPHES. — (Voyez *Ondins*.)

NYSROCK. — Démon du second ordre, chef de cuisine de Belzébuth, seigneur de la délicate tentation, et des plaisirs de la table. Il est généralement connu et honoré des mortels comme des diables.

O.

ODORAT. — Cardan dit, (au livre XIII de la subtilité,) qu'un odorat excellent est une marque d'esprit, parce que la qualité chaude et sèche du cerveau est propre à rendre l'odorat plus subtile, et que ces mêmes qualités rendent l'imagination plus vive et plus féconde. Rien n'est moins sûr que cette assertion; il n'y a point de peuple qui ait si bon nez que les habitans de Nicaragua, les Abaquis, les Iroquois; et on sait de reste qu'ils n'en sont pas plus spirituels.

— Mamurra, selon Martial, ne consultait que son nez, pour savoir si le cuivre qu'on lui présentait, était de Corinthe.

—Marcomarci dit qu'un religieux de Prague distinguait, à l'odorat, les femmes impudiques. Pour acquérir une connaissance si parfaite, il fallait nécessairement que son ministère l'eût souvent rapproché de ces sortes de femmes.

OGRES. — Les ogres étaient des monstres qui tenaient des trois natures, humaine, animale et infernale. Ils n'aimaient rien tant que la chair fraîche, et les petits enfans, qui faisaient leur plus délicieuse pâture.

Les ogres tiennent une place immense dans les contes de fées, et dans la tête des bonnes femmes, qui en tirent un parti admirable pour effrayer les petits enfans, rétrécir leur âme, et les rendre idiots ou pusillanimes.

Ces monstres imaginaires doivent sans doute leur origine à l'opinion qu'on avait autrefois de certains sorciers, qui se changeaient en loups, dans leurs orgies nocturnes, et mangeaient au sabbat, la chair des petits enfans qu'ils pouvaient y conduire. On ajoutait encore que lorsqu'ils en avaient tâté une seule fois, ils en devenaient excessivement friands, et saisissaient avec avidité toutes les occasions de s'en repaître; ce qui est bien le naturel qu'on donne à l'ogre.

— Un de nos vieux compilateurs de prodiges, en fait de sorcelleries, raconte qu'il y avait, au douzième siècle, dans la Lithuanie, un ogre nommé Dollvorux, fameux dans toute la contrée, pour ses

cruautés. Il était la terreur des mères, et l'épouvan
tail des marmots qu'il escroquait, avec une adresse
étonnante, dès qu'ils avaient le malheur de se trouver
seuls ; car il avait le pouvoir de se transporter aussi
vite que la pensée, d'un bout du pays à l'autre, et
son nez, qui était fort bon, l'avertissait exactement
du lieu où il pouvait rencontrer sa proie.

Il enleva, un soir, la fille du souverain, gentille
et noble pucelle de l'âge de quatorze ans, fiancée
au duc de Courlande. Ce duc de Courlande était un
galant chevalier, et en même temps, sans qu'il y
parût, un habile enchanteur.

Lorsque, de retour dans sa caverne, Bolivorax
contempla à son aise le joli morceau qu'il avait en sa
puissance, il s'avisa, pour la première fois de sa vie,
de s'échauffer en son harnois, et sentit dans son cœur
quelques mouvemens d'une passion qu'il ne connaissait point encore. L'objet était friand ; et l'appétit
de l'ogre cherchait à éteindre les étincelles de l'a-
mour. Cependant il lui dit galamment, en faisant
une grimace épouvantable, qu'il voulait bien se
relâcher pour elle de sa rigueur accoutumée, qu'elle
était maîtresse de son sort, que, si elle consentait à
l'aimer et à le caresser bien tendrement tous les
soirs, il en ferait sa femme et la nourrirait grassement; mais qu'autrement il allait la manger à son
souper.

La princesse ne savait comment se tirer de cette
situation critique, quand le duc de Courlande, averti
par un esprit familier, du lieu qui recélait son amante,

y arriva fort à propos. Il jeta sur l'ogre un sortilége laxatif (1), qui le fit crever en moins d'une
heure, ramena sa maîtresse à la cour de son père, et
l'épousa le lendemain, pour la garantir de nouveaux
méchefs. (Voyez *le Petit Poucet*, *et les contes de
fées.*)

OMBRES. —

> Une ombre est toujours ombre; et des nuits éternelles,
> Il ne sort point de jours qui ne soient infidèles.
>
> Th. CORNEILLE.

— Les ombres sont les âmes des morts, qui apparaissent aux vivans. Les ombres des hommes morts
de mort violente, sont les lémures, qui cherchent
à nuire et à effrayer. Les larves, les spectres, les fantômes nocturnes sont les ombres généralement méchantes. Les lares, dont on ne parle plus guère,
sont les bonnes âmes. Les mânes sont les ombres des
trépassés, qu'on voit errer autour des tombeaux.
(Voyez *Fantômes*, *Revenans*, *Spectres*, etc.)

—Les habitans du Royaume de Benin, en Afrique,
croient que l'ombre du corps est un être réel, qui
nous accompagne sans cesse, qui se rend, à son gré,
visible ou invisible, et par qui Dieu est instruit, à
notre mort, de nos bonnes et de nos mauvaises actions.

OMPHALOMANCIE. — Divination par le
nombril.

_____

(1) En propres termes : une dysenterie bien compliquée.

Les sages-femmes, par les nœuds inhérens au nombril de l'enfant premier-né, devinaient combien la mère en aurait encore après celui-là.

ONDINS, ou NYMPHES.—Esprits élémentaires, composés des plus subtiles parties de l'eau, qu'ils habitent.

Les mers et les fleuves sont peuplés, disent les cabalistes, de même que le feu, l'air et la terre. Les anciens sages ont nommé *Ondins* ou *Nymphes* cette espèce de peuple. Il y a peu de mâles, et les femmes y sont en grand nombre; leur beauté est extrême, et les filles des hommes n'ont rien de comparable (1). (*Voyez Cabale.*)

— Un philosophe de Stauffemberg, avec qui une nymphe était entrée en commerce d'immortalité, et dont il avait reçu les plus précieuses faveurs, fut assez malhonnête homme, dit le divin Paracelse, pour aimer une femme....... Comme il dînait, avec sa nouvelle maîtresse et quelques-uns de ses amis, on vit en l'air la plus belle cuisse du monde; l'amante invisible voulut bien la faire voir aux amis de son infidèle, afin qu'ils jugeassent du tort qu'il avait de lui préférer une femme. Après quoi, la nymphe indignée le fit mourir sur l'heure.

OOMANCIE. — Divination par les œufs.
Les devins voyaient, dans la forme extérieure et dans

---

(1) Le comte de Gabalis.

les figures intérieures d'un œuf, les secrets les plus impénétrables de l'avenir. Suidas prétend que cette divination fut inventée par Orphée.

OR POTABLE. (Voyez *Alchymie, Pierre philoso-phale*, etc.)

ORACLES. —

> Un oracle dit-il tout ce qu'il semble dire ?
> RACINE.

Les oracles étaient, chez les anciens, ce que sont les devins parmi nous. Mais ils avaient encore plus de crédit et de partisans que n'en ont eu nos sorciers, pour leur habileté à connaître le passé, le présent et l'avenir.

Cependant, toute la différence qu'il y a entre ces deux espèces de charlatanisme, c'est que les oracles se disaient les interprètes des dieux, et que nos sorciers passoient pour inspirés des diables. On honorait infiniment les premiers ; on brûlait les se-conds, sans miséricorde. Les-uns et les autres n'ont dû leur renommée qu'à quelques prédictions que le hasard a pris soin d'accomplir, ou à certains secrets qui n'étaient pas connus de tout le monde.

— Le célèbre Kirker, dans le dessein de détrom-per les gens superstitieux, sur les différens prodiges attribués à l'oracle de Delphes, avait imaginé un tuyau, adapté avec tant d'art à une figure automate, que, quand quelqu'un parlait, un autre entendait, dans une chambre éloignée, ce qu'on venait de dire,

et répondait par ce même tuyau, qui faisait ouvrir
la bouche et remuer les lèvres de l'automate. Il supposa, en conséquence, que les prêtres du paganisme, en se servant des ces tuyaux, faisaient accroire
aux sots que l'idole satisfaisait à leurs questions.

—L'oracle de Delphes est le plus fameux de tous.
Il était situé sur un côté du Parnasse, coupé de
mille sentiers taillés dans le roc, entouré de rochers
qui répétaient mille fois le son d'une seule trompette.
Un berger le découvrit, en remarquant que ses
chèvres étaient enivrées de la vapeur que produisait
une grotte, autour de laquelle elles paissaient (1).
La prêtresse rendait ses oracles, assise sur un trépied
d'or, au-dessus de cette cavité ; la vapeur qui en
sortait la faisait entrer dans une sorte de délire
effrayant, qu'on prenait pour un enthousiasme divin.

Les oracles, de la Pythie n'étaient autre chose qu'une
inspiration démoniaque, dit Le Loyer, et ne procédaient point d'une voix humaine. Dès qu'elle entrait
en fonction, le visage de la Pythie s'altérait, sa gorge
s'enflait, *sa poitrine pantoisait et haletait sans cesse ;*
elle ne ressentait rien que rage, elle branlait et crou-
lait la tête, faisait la roue du cou, pour parler
comme le poëte Stace, mouvait et agitait tout le corps,
et rendait ses réponses, assise sur le trépied delphique,
Ore illo, cujus nomen verecundia tacet. (2).

—————————————

(1) Diodore de Sicile.

(2) Les oracles qui sortaient par cet organe indécent, étaient
rendus par les salamandres, dit le comte de Gabalis, parce qu'étant
de nature ignée, ils se plaisent dans les lieux chauds....

— Les prêtres de Dodone disaient que deux colombes étaient venues d'Égypte dans leur forêt,
parlant le langage des hommes; et qu'elles avaient
commandé d'y bâtir un temple à Jupiter, qui promettait de s'y trouver et d'y rendre des oracles (1).

Pausanias dit que des filles miraculeuses se changeaient en colombes, et, sous cette forme, rendaient
les oracles célèbres des colombes de Dodone. Les
chênes parlaient dans cette forêt merveilleuse; et on y
voyait une statue qui répondait à ceux qui la consultaient, en frappant avec une verge, sur des chaudrons
d'airain, laissant à ses prêtres le soin d'expliquer à
leur guise, les sons prophétiques qu'elle produisait.

— Le bœuf Apis, dans lequel l'âme du grand
Osiris s'était retirée, était regardé chez les Égyptiens comme un oracle. En le consultant, on se
mettait les mains sur les oreilles, et on les tenait
bouchées, jusqu'à ce qu'on fût sorti de l'enceinte du
temple; alors on prenait pour réponse du dieu la
première chose qu'on entendait.

—Les oracles présentaient ordinairement un double sens, qui sauvait l'honneur du dieu, et leur donnait un air de vérité, mais de vérité cachée au milieu
du mensonge que peu de gens avaient l'esprit de voir.

Un père demandait à Apollon quels précepteurs il
devait donner à son fils? *Homère et Pythagore*,
répondit le dieu. L'enfant mourut, quelques jours
après; et le père, superstitieux et crédule, prit soin

_____

(1) Peucer.

lui-même de justifier la prêtresse, et de reconnaître le sens de l'oracle : son fils devait mourir , disait-il , puisque Apollon lui avait choisi pour maîtres deux hommes morts.

— Le thasien Théagènes avait remporté quatorze-cents couronnes en différens jeux; de sorte qu'après sa mort on lui éleva une statue , en mémoire de ses victoires. Un de ses ennemis allait souvent insulter cette statue, qùi tomba sur lui et l'écrasa. Ses enfans , conformément aux lois de Dracon , qui permettaient d'avoir action , même contre les choses inanimées , quand il s'agissait de punir l'homicide, poursui-virent la statue de Théagènes , pour le meûrtre de leur père , et elle fut condamnée à être jetée dans la mer. Les Thasiens furent, peu après, affligés d'une grande peste. L'oracle consulté répondit : *Rappelez vos exilés.* Ils rappelèrent en conséquence quelques-uns de leurs citoyens. Mais la calamité ne cessant point, ils renvoyèrent à l'oracle , qui leur dit alors plus clairement : *Vous avez détruit les honneurs du grand Théagènes !....* La statue fut remise à sa place ; on lui sacrifia comme à un dieu; et la peste, qu'on n'avait pas négligé de soigner , pendant tout ce temps , s'apaisa peu après.

— Philippe , roi de Macédoine , fut averti, par l'oracle d'Apollon , qu'il serait tué d'une charrette. C'est pourquoi il commanda aussitôt qu'on fît sortir toutes les charrettes et tous les chariots de son royaume. Toutefois , il ne put échapper au sort que l'oracle avait si bien prévu : Pausanias, qui lui donna la mort, portait une charrette gravée à la garde de l'épée dont il le perça (1).

— Ce même Philippe, désirant savoir s'il pourrait vaincre les Athéniens, l'oracle qu'il consultait lui répondit :

Avec lances d'argent, quand tu feras la guerre,
Tu pourras terrasser les peuples de la terre (2).

Ce moyen lui réussit merveilleusement, et il disait quelquefois qu'il était maître d'une place, s'il pouvait y faire entrer un mulet chargé d'or.

— L'oracle de Delphes fit cette réponse à Crésus, qui voulait s'instruire du sort que les dieux lui réservaient :

Que Crésus est heureux, s'il sait bien se connaître (3)!

A un Milésien qui niait le dépôt d'un Spartiate :

L'homme juste est heureux, et sa race prospère (4).

— Si l'on en croit Porphyre, l'oracle de Delphes répondit à des gens qui lui demandaient ce que c'était que Dieu :

« DIEU est la source de la vie, le principe de toutes
» choses, le conservateur de tous les êtres. Il y a en
» lui une immense profondeur de flamme. Cette
» flamme produit tout ; et rien ne périt que ce qu'elle

---

(1) Valère-Maxime.
(2) Diodore de Sicile.
(3) Hérodote.
(4) Pausanias.

II. 8

» consume. Le cœur ne doit point craindre d'être
» touché de ce feu si doux, dont la chaleur paisible
» fait la durée et l'harmonie du monde. Tout est plein
» de Dieu; il est partout, personne ne l'a engendré :
» il est sans mère; il sait tout, et on ne peut rien
» lui apprendre. Il est inébranlable dans ses desseins,
» et son nom est ineffable. Voilà ce que je sais de
» Dieu, dont nous ne sommes qu'une petite partie;
» ne cherche pas à en savoir davantage : ta raison ne
» peut le comprendre, quelque sage que tu sois. Le
» méchant et l'injuste ne peuvent se cacher devant
» lui; et l'adresse et l'excuse ne peuvent rien dé-
» guiser à ses regards perçans. »

— Dans Suidas, l'oracle de Sérapis dit à Thulis,
roi d'Égypte :

« Dieu, le verbe, et l'esprit qui les unit, tous ces
» trois ne sont qu'un : c'est le Dieu dont la force
» est éternelle. Mortel, adore et tremble; ou tu es
» plus à plaindre que l'animal dépourvu de raison. »

Et malgré ces réponses toutes chrétiennes, les théologiens ne voient dans les oracles que le diable et sa
séquelle.

— Les exhalaisons qui sortaient de la terre, et qui
inspiraient les pythies, ont été regardées par la plupart des anciens, comme une inspiration sacrée.
Pomponace et quelques autres ont dit que ces
exhalaisons étaient de la nature des vapeurs qui assié-
gent les atrabilaires. Fernel les attribue aux démons ; les cabalistes aux esprits qui habitent l'air,
s'appuyant en cela sur les Égyptiens et les Juifs, qui

reconnaissaient des substances entre l'ange et
l'homme, et sur Plutarque qui a dit quelque part, en
parlant du canal impur par où sortaient certains
oracles : « Cette façon irrégulière de se faire entendre
» par un organe indécent, n'étant pas digne de la
» majesté des dieux, et ces oracles surpassant néan-
» moins les forces de l'homme, ceux-là ont rendu
» un grand service à la philosophie, qui ont établi
» entre les dieux et les hommes des créatures mor-
» telles à qui on peut rapporter tout ce qui surpasse
» la faiblesse humaine, et qui n'approche pas de la
» grandeur divine. »

Le comte de Gabalis, en attribuant les oracles
aux esprits élémentaires, ajoute qu'avant Jésus-
Christ ces esprits prenaient plaisir à expliquer aux
hommes ce qu'ils savaient de Dieu, et à leur donner
de sages conseils ; mais qu'ils se retirèrent, quand
Dieu vint lui-même instruire les hommes, et que
dès lors les oracles se turent. C'est pourquoi l'o-
racle de Delphes dit ces paroles, à la naissance de
Jésus-Christ (1) :

> Pleurez, trépieds! Apollon est mortel,
> Il sent mourir sa flamme passagère ;
>   Le feu sacré de l'Éternel
>   Éclipse sa faible lumière.

—Le roi Férou, étant devenu aveugle, consulta
l'oracle, pour savoir comment il pourrait recouvrer

_____

(1) Cet oracle, et le plus grand nombre de ceux qui se trouvent
cités plus haut, sont apocryphes ; les bons écrivains n'en font
point mention.

la vue. On lui fit entendre que l'urine d'une femme chaste et fidèle à son mari était le souverain remède à son mal. Le roi fit d'abord l'essai de l'urine de sa femme, qui ne fit aucun effet. Il passa ensuite à plusieurs autres, mais inutilement. Enfin, après bien du temps et des épreuves, il s'en trouva une qui le guérit. Le roi Férou, pour châtier toutes les autres, et récompenser celle-ci, les enferma dans une ville, où il fit mettre le feu, et épousa celle dont la vertu avait causé sa guérison.

(Ce conte se trouve dans Hérodote, qui en rapporte bien d'autres.) (Voyez *Sibylles*.)

ORIAS. — Démon des astrologues et des devins. Il porte aux enfers le titre de Marquis. Il est monté sur un grand mulet qui a une queue de serpent. Il porte un serpent dans chaque main, possède les divinations, et l'art de lire dans les astres, comme dans un livre (1).

ORIFLAMME. — Cet étendard était autrefois en si grande vénération, parmi les Français, que, sous le roi Charles V, Andréhen quitta son office de maréchal de France, pour porter l'oriflamme. Elle était de soie rouge, chargée de flammes de couleur d'or, entourée de houppes de soie verte (2), avec trois queues, attachée à un bâton couvert de cuivre

---

(1) Wierius.

(2) Ancienne chronique de Flandre, chap 67.

doré, et surmonté *d'un fer longuet, aigu au bout* (1).
On l'appelait *oriflamme* ou *auriflamme*, à cause
de ses flammes dorées :

Quod cùm flamma habeat vulgariter Aurea nomen.
Guillelm. Brito, *Philippidos*, lib. II.

Les opinions sont partagées sur l'origine de cette
bannière. Les uns la rapportent au temps de Charlemagne, d'autres au roi Dagobert ; Guillaume
Guyard dit, en parlant de l'oriflamme, dans son
roman des Royaux lignages :

Le roi Dagobert la fit faire,
Qui saint Denys, ça en arrière,
Fonda de ses rentes premières.

Il en est qui font remonter l'oriflamme jusqu'au
baptême de Clovis. Froissard dit qu'elle fut envoyée
du ciel, et qu'un ange l'apporta en l'abbaye de Saint-
Denis, où elle fut toujours déposée depuis. Polybe
rapporte que les anciens Gaulois conservaient, avec
beaucoup de soin, dans le temple de Minerve, certains étendards dorés, qu'ils disaient imprenables et
qu'on ne portait que dans les grands dangers. Voilà
sans doute, dit Jacques Meyer (2), l'origine de l'oriflamme, que les rois de France vont prendre à l'abbaye de Saint-Denis, quand l'état est engagé dans
une guerre sérieuse. Mais quoiqu'on prétendît que

_____

(1) Doublet.
(2) *Histor. Fland.* lib. XII.

cette bannière miraculeuse, qui a donné matière à
tant de contes, ne pût être prise, elle fut enlevée
et mise en pièces par les Flamands, au combat de
Mons-en-Puelle; Anselme de Chevreuse, qui la
portait, fut tué; et on trouva le lendemain les
lambeaux de l'oriflamme épars sur le champ de
bataille (1). L'abbaye de Saint-Denis en eut bien
vite une autre; et on publia que l'oriflamme perdue
n'était pas la véritable, mais une bannière *feinte
sur son modèle*, pour enflammer le courage des
soldats.

Quand on avait recours à l'oriflamme, le roi
allait à Saint-Denis; on descendait le corps du saint
et de ses compagnons, puis on les mettait sur l'autel.
*Le roi, sans chaperon et sans ceinture, les adorait,
et faisait bien et dévotement ses oraisons et ses offrandes, aussi-bien que les seigneurs* (2). Ensuite, il faisait apporter et bénir l'oriflamme, la recevait des
mains de l'abbé, et la *baillait à un chevalier loyal
et vaillant, lequel recevait le corps de notre Seigneur,*
aisait les sermens en tel cas accoutumés (3), et prenait la bannière, pour la porter à la tête de l'armée.

Cet étendard, que la superstition rendait si pré-

_____

(1) *Flammula, Gallorum signum, de quo tam multa solebant fa-
bulari, eo prælio discissâ et laniata est à Flandris, occisusque
Anselmus Chevrpsius ejus gestator.* Idem, lib. 10. Et dans l'ancienne chronique de Flandres, chap. 47: *Après la bataille, on
trouva l'oriflamme gisant enmy les champs.*

(2) Juvénal des Ursins.

(3) *Idem.*

cieux, et que la victoire ne suivit pas toujours, quoiqu'on le regardât comme un palladium, fut en usage
jusque sous le règne de Charles VI. On en reconnut
probablement l'impuissance, sous Charles VII, puisque rien ne prouve qu'on s'en soit servi depuis ce
prince.

ORIGINES. —

Descends de mille rois, sois petit-fils des Dieux !
Va, tu n'es rien encor, si tu n'es vertueux.

FRÉDÉRIC II.

Les hommes tirent plus de vanité d'une noble
origine et d'une naissance illustre, que d'un noble
cœur et d'un mérite personnel.

— Ulphon, chef d'une famille très-puissante en
Allemagne, se distingua par de grands exploits. Il
était fils d'un ours blanc et d'une jeune fille que cet
ours avait trouvée dans son chemin, et emportée dans
sa caverne (1). Un grand seigneur aimera mieux descendre d'un ours, dit Saint-Foix, que d'un boulanger ou d'un maçon, parce qu'ils sont roturiers.

— Chez les Indiens du Maduré, une des premières
castes, celle des Cavaravadouques, prétend descendre
d'un âne ; ceux de cette caste traitent les ânes en
frères, prennent leur défense, poursuivent en justice et font condamner à l'amende quiconque les
charge trop, ou les bat et les outrage, sans raison et
par emportement. Dans un temps de pluie, ils donne-

---

(1) Olaüs Magnus.

ront le couvert à un âne , et le refuseront à son conducteur , s'il n'est pas d'une certaine condition.

—Les peuples de la Côte-d'Or, en Afrique, croient
que le premier homme fut produit par une araignée.
Les Athéniens se disaient descendus des fourmis
d'une forêt de l'Attique.

— Parmi les sauvages du Canada , il y a trois
familles principales : l'une prétend descendre d'un
lièvre ; l'autre dit qu'elle descend d'une très-belle et
très-courageuse femme, qui eut pour mère une carpe,
dont l'œuf fut échauffé par les rayons du soleil ; la
troisième famille se donne pour premier ancêtre un
ours (1).

— Les rois des Goths sont nés d'un ours et d'une
princesse suédoise. Les Pégusiens sont nés d'un
chien et d'une femme. Une famille portugaise descend
d'un grand singe, et d'une jeune fille qu'on avait
exposée dans une île déserte ; etc.

Mais comme cela est contre la nature , contre la
raison , et contre le sens commun, il est bien plus
probable , disent les cabalistes , que les sylphes et
les autres esprits élémentaires, voyant qu'on les prend
pour des démons , quand ils apparaissent en forme
humaine , revêtent la figure des animaux, pour diminuer l'aversion qu'ils inspireraient sous leurs véritables
traits, et s'accommodent ainsi à la bizarre faiblesse des
femmes , qui auraient horreur d'un beau sylphe ,

_____

(1) Saint-Foix.

et qui n'en ont pas tant pour un chien ou pour un singe (1).

— On dit que le diable est le père des comtes de Clèves. Les cabalistes prétendent que ce fut un sylphe qui vint à Clèves, par les airs, sur un navire miraculeux, traîné par un cygne. Après avoir eu plusieurs enfans de l'héritière de Clèves, le sylphe repartit un jour, en plein midi, à la vue de tout le monde, sur son navire aérien. Qu'a-t-il fait aux docteurs qui les oblige à l'ériger en démon ?.... (2)

— Les Suédois et les Lapons, disent ces derniers, sont issus de deux frères dont le courage était bien différent. Un jour qu'il s'était élevé une tempête horrible, l'un des deux frères, qui se trouvaient ensemble, fut si épouvanté qu'il se glissa sous une planche, que Dieu par pitié convertit en maison : De ce poltron sont nés tous les Suédois. L'autre, plus courageux, brava la furie de la tempête, sans chercher même à se cacher : ce brave fut le père des Lapons, qui vivent encore aujourd'hui sans s'abriter.

— Le poëte juif Emmanuël explique, dans un de ses sonnets, comment le mot *sac* est resté dans toutes les langues. Ceux qui travaillaient à la tour de de Babel avaient, dit - il, comme nos manœuvres, chacun un sac pour mettre ses petites provisions; et, quand le Seigneur confondit leurs langues, la peur les ayant pris, chacun voulut s'enfuir, et demanda son sac : on ne répétait partout que ce mot;

---

(1) Le comte de Gabalis.
(2) Idem.

et c'est ce qui l'a fait passer dans toutes les langues qui se formèrent alors.

— Il est rare de trouver des origines exemptes de fables , pour peu qu'elles soient reculées. — Origine du monde : (Voyez *Monde*.)

ORPHÉE. — Époux d'Eurydice , qu'il perdit le jour de ses noces , qu'il pleura si long-temps , et qu'il alla enfin redemander aux enfers. La douceur de ses chants fit tant de plaisir à Pluton , qu'il la lui rendit , à condition qu'il ne regarderait point derrière lui, jusqu'à ce qu'il fût hors du sombre empire. Mais Orphée ne put résister au désir de revoir son amante : il la perdit une seconde fois. Dès lors , inconsolable , il s'enfonça dans un désert , jura de ne plus aimer , et chanta ses douleurs d'un ton si touchant , qu'il attendrit les bêtes féroces. Les femmes furent moins sensibles; car il fut mis en pièces par des bacchantes.

Les anciens voyaient dans Orphée un musicien habile, à qui rien ne pouvait résister. Quelques écrivains modernes l'ont regardé comme un magicien insigne, et ont attribué aux charmes de la magie les merveilles que la mythologie attribue au charme de sa voix.

« Orphée, dit Le Loyer , fut le plus grand sorcier » et le plus grand nécromancien qui ait jamais vécu. » Ses écrits ne sont farcis que des louanges des dia- » bles , et des mélanges impudiques des dieux avec » les hommes , qu'ont imités depuis Homère et

» Hésiode, et qui ne sont que les accouplemens
» des diables avec les sorcières, dont sont nés les
» géants.

» Orphée savait évoquer les diables. Il institua la
» confrérie des orphéotelestes, espèce de sorciers,
» parmi lesquels Bacchus tenait anciennement pareil
» lieu que le diable tient aujourd'hui aux assem-
» blées du sabbat. Bacchus, qui n'était qu'un diable
» déguisé, s'y nommait *Sabasius* : c'est de là que le
» sabbat a précieusement conservé son nom.

» Après la mort d'Orphée, sa tête rendit des
» oracles, dans l'ile de Lesbos. »

P.

PACTE. — Il y a plusieurs manières de faire pacte
avec le diable. On le fait venir en lisant le Grimoire à l'endroit des évocations, ou bien en saignant
une poule noire dans un grand chemin croisé, et
l'enterrant avec des paroles magiques (1). Quand le
diable veut bien se montrer, on fait alors le marché
que l'on signe de son sang. Au reste on dit l'ange de
ténèbres assez accommodant, sauf la condition accoutumée de s'abandonner à lui.

Le comte de Gabalis, qui ôte aux diables leur
antique pouvoir, prétend que ces pactes se font avec

(1) On fait pacte avec les diables, 1°. lorsqu'on les invoque
soi-même, en implorant leur secours, et leur promettant obéissance et fidélité; 2°. lorsqu'on les invoque, par des personnes qui
leur sont affidées, ou qui ont beaucoup de liaisons avec eux;
3°. lorsqu'on attend d'eux l'effet de quelque chose qu'on leur attribue.   THIERS.

les gnomes, qui achètent l'àme des hommes, pour les
trésors qu'ils donnent largement, en cela cependant
conseillés par les hôtes du sombre empire.

— Le docteur Andelin, pour jouir de ses plaisirs,
s'asservit à Satan par un pacte ; et il allait tous les
matins lui rendre hommage, à cheval sur un bâton (1).

— Un jeune seigneur allemand, nommé Louis de
Bonbenhores, ayant perdu tout son argent au jeu, à
la cour du duc de Lorraine, résolut de se livrer au
démon, s'il voulait rétablir ses affaires. Comme il
s'occupait de cette pensée, il vit paraître devant lui
un jeune homme bien fait et bien vêtu, qui lui donna
une bourse pleine d'or, et lui promit de venir le revoir
le lendemain.

Louis courut aussitôt retrouver ses compagnons,
qui jouaient encore, regagna tout l'argent qu'il avait
perdu, et emporta celui de ses amis. Dès que la nuit
fut passée, le jeune homme de la veille lui apparut
de nouveau, et lui demanda, pour récompense du
service qu'il lui avait rendu, trois gouttes de son
sang, qu'il reçut dans une coquille de gland ; puis,
offrant une plume au jeune seigneur, il lui dit d'é-
crire ce qu'il allait lui dicter. Il prononça en même
temps quelques mots barbares, que Louis écrivit sur
deux billets différens, dont l'un demeura au pouvoir du jeune homme, et l'autre fut enfoncé, par un
pouvoir magique, dans le bras de Louis, à l'endroit

_____

(1) Monstrelet.

où il s'était piqué pour tirer les trois gouttes de
sang. Après quoi le démon se fit connaître, et lui dit :
« Je m'engage à vous servir pendant sept ans ; ensuite
» vous m'appartiendrez sans réserve. »

Louis y consentit, quoiqu'avec une certaine horreur ; et le démon ne manquait pas de lui apparaître jour et nuit, sous diverses formes, et de l'aider
en toute occasion.

Le terme des sept années approchant, le jeune
seigneur revint à la maison paternelle. Le démon, à
qui il s'était donné, lui inspira le dessein d'empoisonner son père et sa mère, de mettre le feu à leur
château, et de se tuer lui-même après. Il essaya de
commettre tous ces crimes, et ne réussit point : le
poison n'opéra pas sur ses parens, et le fusil avec
lequel il voulait se tuer, fit deux fois long feu.

Inquiet de plus en plus, il découvrit à quelques
domestiques de son père le malheureux état où il
se trouvait, et les pria de lui procurer quelques
secours. Mais, au même instant, le démon le saisit,
lui tourna tout le corps en arrière, et peu s'en fallut
qu'il ne lui rompît les os, tant il y allait vigoureusement. La mère, effrayée, le mit entre les mains des
moines. Ce fut alors que le démon fit de plus violens
efforts contre lui, en lui apparaissant sous des formes
d'animaux féroces. Un jour, entre autres, il se
montra sous la figure d'un homme sauvage, hideux
et velu, et jeta par terre un pacte différent de celui
qu'il avait extorqué au jeune seigneur, pour donner à croire qu'il abandonnait sa proie, espérant tirer

ainsi le jeune Louis des mains de ses gardes, et l'empêcher de faire sa confession générale ; mais on ne
donna' point dans le panneau.

Enfin, le 20 octobre 1603, on se rendit à la
chapelle de saint Ignace, pour obliger le diable à
rapporter la véritable cédule, contenant le pacte en
question. Louis y fit sa profession de foi, renonça
au démon, et reçut la sainte eucharistie. Alors,
jetant des cris horribles, il s'écria qu'il voyait deux
boucs d'une grandeur démesurée, qui tenaient l'un
des pactes entre leurs ongles. Mais, dès qu'on eut
commencé les exorcismes, et invoqué le nom de
saint Ignace, les deux boucs s'enfuirent ; le premier
pacte sortit du bras du jeune seigneur, sans laisser
de cicatrice, et tomba aux pieds de l'exorciste.

Il ne manquait plus que le second pacte, qui était
resté au pouvoir du démon. On promit à saint Ignace
de dire une messe en son honneur ; et aussitôt on vit
paraître une cigogne haute et difforme, qui présenta
avec son bec cette seconde cédule. Ainsi Louis de
Bonbenhores dut sa délivrance au grand saint
Ignace (1).

Des fictions aussi absurdes ont pu avoir du succès,
dans les siècles où l'erreur et les contes étaient de
mode. Maintenant elles seraient fort mal reçues,
même dans un roman, et on a reproché à l'auteur
du *Moine*, quelques morceaux de ce genre, quoique traités avec un talent bien supérieur (2).

_____

(1) D. Calmet.
(2) Tandis que les gens sensés s'indignaient de voir un auteur

— Le pacte du moine Ambrosio, qui termine le roman, peut avoir ici sa place, puisqu'il a autant de fondement que ceux qu'on trouve dans les chroniqueurs, et qu'il donne une idée complète de l'opinion qu'on avait sur ces sortes de traités avec les puissances de l'enfer.

Le plus fameux prédicateur de Madrid, le superbe Ambrosio, prieur des dominicains, plongé dans l'abîme par la vanité et l'orgueil, coupable d'assassinat et de viol, Ambrosio, dans les cachots de l'inquisition, était en proie aux tourmens du remords, et aux terreurs du supplice. Toutes les circonstances l'accusent, rien ne s'offre pour le justifier. On l'introduit dans une salle où siégent trois inquisiteurs; il pâlit, en apercevant des instrumens de torture. Mathilde, sa complice, Mathilde, qui l'a conduit dans le crime, est devant lui, et jette sur Ambrosio un regard triste et languissant.

L'inquisition n'interroge pas. Le prévenu, traduit devant elle, doit *confesser*. S'il nie, la torture le force d'avouer.

Ambrosio était accusé de meurtre et de sortilége;

---

plein de mérite écrire sérieusement des prodiges infernaux et des monstruosités, dignes des vieux démonomanes, il se trouvait, à *la fin du dernier siècle*, des hommes à préjugés qui ne voyaient dans cet ouvrage qu'un livre rempli de morale. Oui, si on regarde comme vertueux celui-là qui ne donne pas dans tous les vices, par la crainte des châtimens. La plupart de nos théologiens font dire à Dieu avec le tyran de Syracuse : *Je me soucie peu d'être aimé, pourvu qu'on me craigne !* Oderint, dùm metuant !

Antonia égorgée , le miroir magique trouvé dans sa cellule , prouvent l'un et l'autre crime; mais il les nie tous deux. Appliqué à la question, il persiste, malgré d'affreux tourmens , à soutenir qu'il n'est point coupable. Son supplice ne cesse que quand la violence de la douleur l'y a rendu insensible.

Mathilde intimidée n'eut pas la même audace ; elle avoua tout ; elle accusa Ambrosio d'assassinat ; mais elle déclara qu'elle était seule coupable de sorcellerie : le moine n'avait point eu de commerce avec le diable. Ses aveux dictaient sa sentence : on la condamna au feu. Ambrosio fut reconduit dans sa prison.

Là , tous les genres de terreurs s'emparèrent de lui. S'il s'obstinait à nier ses crimes , la question et toutes ses horreurs l'attendaient. S'il se décidait à avouer, il allumait son bûcher. Au-delà de cette mort et de ces supplices qui l'environnaient , brillaient d'un horrible éclat les flammes éternelles. Nul pardon à espérer pour de si odieux forfaits.... « Lève » les yeux , Ambrosio, lui dît une voix connue.... » Et Mathilde est devant lui , belle , parée , rayonnante de joie ». Je suis libre , lui dit-elle , je suis » heureuse ; imitez-moi; renoncez à un dieu irrité » contre vous, et venez avec moi jouir de tous les » plaisirs que m'offrent les esprits infernaux soumis » à mes ordres.... Que craignez-vous ? n'avez-vous » pas mérité cent fois cet enfer qui vous effraye ? » êtes vous si pressé de courir au-devant de ses » flammes , et voulez-vous y arriver par d'horri-

» bles supplices ?.... Vous hésitez ?.... Je vous laisse
» périr , puisque vous n'avez pas le courage de vous
» sauver. Mais prenez ce , livre ; si , devenu plus
» sage , vous étiez tenté d'échapper à *l'auto-da-fé* ,
» lisez les quatre premières lignes de la septième
» page .»

Ambrosio reste immobile. Un officier vient le tirer
de son engourdissement , pour le conduire devant
ses juges. Il voudrait nier encore ; la torture s'apprête : il avoue tout , avec consternation. Son arrêt
est prononcé ; il sera brûlé à *l'auto-da-fé* qui doit
avoir lieu, le soir même , à minuit.

Ramené dans son cachot, il y reste plongé dans
un stupide désespoir. Des mouvemens de rage suc-
cèdent à cet affaissement ; il frémit, il écume.... Ses
yeux tombent, par hasard, sur le livre que lui a
donné Mathilde ; il balance.... Il le prend , et lit en
tremblant : Un coup de tonnerre ébranle la prison ;
l'esprit paraît , hideux , effrayant et sombre. D'une
main il tient un parchemin , et de l'autre une plume
de fer.

Ambrosio le prie de le sauver ; mais le démon met
un prix à ses services : il faut que le religieux re-
nonce sans retour au Dieu qui l'a créé. Prêt à succomber , Ambrosio balance encore : le diable , de sa
plume de fer , lui touche la main gauche , en tire
une goutte de sang , et lui présentant le parchemin :
« Signez ce contrat , lui dit-il , et je vous enlève loin
» de vos ennemis. » Le moine prend la plume , il
allait signer ; tout à coup il la jette loin de lui. L'es-

prit irrité disparaît en faisant d'horribles malédictions.

Cependant le temps s'écoulait. La nuit était avancée. Minuit sonne. Ambrosio sent tout son sang se
glacer, il croit déja sentir les atteintes de la douleur
et de la mort. Saisissant le livre fatal, il lit à la hâte
les quatre lignes magiques ; le diable à l'instant est
devant lui, le parchemin est prêt... Ambrosio tremble, sa main se refuse ; mais il entend les archers qui
s'approchent, on tire les verroux de sa porte, la clef
tourne dans la serrure; il signe en frissonnant : Sauvez-
moi ! sauvez-moi donc, dit-il au démon, dont les
yeux étincelaient d'une maligne joie. Le diable,
serrant Ambrosio dans ses griffes, ouvre ses larges
ailes; les voûtes s'entr'ouvrent pour les laisser passer,
et traversant rapidement un vaste pays, au bout de
quelques minutes, il dépose Ambrosio sur un des précipices de la Sierra-Moréna.

Tout, dans ce désert sauvage, épouvantait le
moine étonné. Où m'avez-vous conduit, dit-il à son
guide infernal ?

Celui-ci, au lieu de lui répondre, le regardait avec
malice et mépris : Ambrosio, lui dit-il enfin, écoutez-
moi, je vais vous dévoiler tous vos crimes. Cette Antonia, que vous avez violée, était votre sœur. Cette
Elvire que vous avez tuée, était votre mère. Homme
petit et vain ! homme impitoyable, qui vous croyiez
inaccessible aux tentations, vous vous êtes montré
plus prompt à commettre le crime, que je ne l'étais
à vous le proposer. A présent recevez le prix de vos

iniquités. Vous êtes à moi : vous ne sortirez pas vivant de ces montagnes.

En parlant ainsi, il enfonce ses griffes dans la tonsure du prieur, et s'enlève avec lui de dessus le rocher. Les cris d'Ambrosio retentirent au loin dans la montagne. Le démon s'élevait rapidement. Parvenu à une hauteur immense, il lâcha sa victime. Le moine, abandonné dans les airs, vint tomber sur la pointe allongée d'un rocher. Il roula de précipices en précipices, jusqu'à ce que froissé, mutilé, il s'arrêta sur le bord d'une rivière. La vie n'était pas encore éteinte dans son corps déchiré. Vainement il essaya de se relever, ses membres disjoints et rompus lui refusèrent leur office. Le soleil venait de paraître sur l'horizon : bientôt ses rayons brûlans tombèrent à plomb sur la tête du pécheur expirant ; des millions d'insectes éveillés par la chaleur, vinrent sucer le sang qui coulait de ses blessures ; il ne pouvait se mouvoir pour les chasser : ils s'acharnèrent sur ses plaies, lui en firent de nouvelles, le couvrirent de leur multitude, et lui firent souffrir autant de supplices que de morsures. Les aigles de la montagne déchirèrent sa chair en lambeaux. Leurs becs crochus arrachèrent les prunelles de ses yeux. Dévoré d'une soif ardente, il entendait le murmure des eaux qui coulaient à ses côtés, sans pouvoir se traîner vers la rivière. Aveugle, furieux, désespéré, exhalant sa rage en exécrations et en blasphèmes, maudissant son existence et pourtant redoutant la mort qui devait le livrer à des tourmens plus grands encore, il languit ainsi pendant six

jours entiers. Le septième, il s'éleva une tempête ;
les vents en fureur ébranlèrent les rochers, et ren-
versèrent les forêts. Les cieux se couvrirent de nuages enflammés ; la pluie en torrens inonda la terre ;
la rivière grossie surpassa ses rives ; les flots gagnè-
rent le lieu où était Ambrosio, et leur cours entraî-
na, vers l'Océan, le cadavre du malheureux
moine (1). —

Et on appelle cela de la morale !.... Dieu permet qu'un démon s'empare de l'âme d'Ambrosio, et
l'entraîne dans tous les crimes ; puis il le punit de ces
crimes, qu'il n'a commis que par l'influence d'une
puissance infernale. Si Dieu est juste, et il l'est, il ne
punit que les crimes librement commis ; les autres ne
sont point des crimes. L'homme est déjà assez faible
de sa nature, sans que Dieu l'oblige encore à résister
à des êtres plus puissans et plus méchans que lui.

Terra malos homines nunc educat atque pusillos,
Ergo Deus, quicumque aspexit, ridit et odit.
Juvénal.

— Un artisan fut arrêté, au nom du saint-office,
pour avoir dit, dans quelques entretiens, qu'il n'y
avait ni démons, ni diables, ni aucune autre espèce
d'esprits infernaux capables de se rendre maître des
âmes humaines. Il avoua, dans la première audience,
tout ce qui lui était imputé, en ajoutant qu'il en
était alors persuadé, pour les raisons qu'il exposa ;

----

(1) Lewis.

et il déclara qu'il était prêt à détester de bonne foi son erreur, à en recevoir l'absolution, et à faire la pénitence qui lui serait imposée. « J'avais éprouvé » (dit-il en se justifiant), un si grand nombre de mal- » heurs, dans ma personne, ma famille, mes biens » et mes affaires, que j'en perdis patience, et que, dans » un moment de désespoir, j'appelai le diable à mon » secours : je lui offris en retour ma personne et mon » âme. Je renouvelai plusieurs fois mon invocation, dans » l'espace de quelques jours, mais inutilement ; car » le diable ne vint point. Je m'adressai à un pauvre » homme qui passait pour sorcier ; je lui fis part de » ma situation. Il me conduisit chez une femme, » qu'il disait beaucoup plus habile que lui dans les » opérations de la sorcellerie. Cette femme me con- » seilla de me rendre, trois nuits de suite, sur la » colline des *Vistillas* de S. François, et d'appeler » à grands cris Lucifer, sous le nom d'*ange de lumière*, » en reniant Dieu et la religion chétienne, et en lui » offrant mon âme. Je fis tout ce que cette femme » m'avait conseillé ; mais je ne vis rien : alors elle » me dit de quitter le rosaire, le scapulaire et les » autres signes de chrétien que j'avais coutume de por- » ter sur moi, et de renoncer franchement et de toute » mon âme à la foi de Dieu, pour embrasser le parti » de Lucifer, en déclarant que je reconnaissais sa » divinité et sa puissance pour supérieures à celle de » Dieu même ; et, après m'être assuré que j'étais » véritablement dans ces dispositions, de répéter, » pendant trois autres nuits, ce que j'avais fait la

» première fois. J'exécutai ponctuellement ce que
» cette femme venait de me prescrire, et cependant
» *l'ange de lumière* ne m'apparut point. La vieille me
» recommanda de prendre de mon sang, et de
» m'en servir, pour écrire sur du papier, que j'en-
» gageais mon âme à Lucifer, comme à son maître et
» à son souverain; de porter cet écrit au lieu où j'a-
» vais fait mes invocations, et, pendant que je le tien-
» drais à la main, de répéter mes anciennes paroles:
» je fis tout ce qui m'avait été recommandé, mais
» toujours inutilement.

» Me rappelant alors tout ce qui venait de se passer,
» je raisonnai ainsi : S'il y avait des diables, et s'il était
» vrai qu'ils désirassent de s'emparer des âmes humai-
» nes, il serait impossible de leur en offrir une plus
» belle occasion que celle-ci, puisque j'ai véritable-
» ment désiré de leur donner la mienne. Il n'est donc
» pas vrai qu'il y ait des démons; le sorcier et la sor-
» cière n'ont donc fait aucun pacte avec le diable, et
» ils ne peuvent être que des fourbes et des charlatans
» l'un et l'autre. »

Telles étaient en substance les raisons qui avaient
fait apostasier l'artisan Jean Pérez. Il les exposa, en
confessant sincèrement son péché. On entreprit de
lui prouver que tout ce qui s'était passé ne prouvait
rien contre l'existence des démons, mais faisait voir
seulement *que le diable avait manqué de se rendre à
l'appel, Dieu le lui défendant quelquefois, pour récompenser le coupable, de quelques bonnes œuvres*

qu'il a pu faire , avant de tomber dans l'apostasie. Il se soumit à tout ce qu'on voulut , reçut l'absolution, et fut condamné à une année de prison, à se confesser et à communier aux fêtes de Noël, de Pâques et de la Pentecôte, pendant le reste de ses jours , sous la conduite d'un prêtre qui lui serait donné pour directeur spirituel, à réciter une partie du rosaire, et à faire tous les jours des actes de foi, d'espérance, de charité, de contrition, etc. Enfin, sa conduite ayant été humble, sage et régulière, depuis le premier jour de son procès, il se tira d'affaire beaucoup plus heureusement qu'il ne l'avait espéré (1).

PAN. — Prince des démons incubes, ou démons qui couchent avec les femmes.

Dans la mythologie ancienne, Pan représenté sous les traits d'un homme, dans la partie supérieure de son corps, et sous la forme d'un bouc, dans la partie inférieure, était l'emblème de la nature (2). La Mythologie moderne s'écarte peu de l'ancienne, en la faisant présider à la génération.

PANDOEMONIUM. — Capitale de l'empire infernal. C'est là, selon Milton, que fut bâti le fameux palais de Satan.

---

(1) D. Llorente , qui a écrit cette anecdote dans son *Histoire critique de l'inquisition d'Espagne* , la rapporte comme ayant eu lieu à Madrid , quelque temps avant qu'il fût appelé à la place de secrétaire du saint-office.

(2) Son nom , en grec , signifie *tout*.

« Après sa chute, l'ange rebelle, voulant réunir tous
» les siens et tenir un conseil de guerre, les démons
» déchirèrent les flancs d'une montagne enflammée, et
» en tirèrent des monceaux d'or. Les uns jettent dans
» les fourneaux les masses brutes du métal; les autres
» en séparent chaque espèce, et purifient l'or, avec
» un art merveilleux; et bientôt, au son harmonieux
» des voix et des instrumens, s'élève de terre, comme
» une vapeur, un immense édifice. Jamais Babylone
» ni Memphis, dans les jours de leur plus grande
» splendeur ne portèrent si loin la magnificence, soit
» dans les palais de leurs rois, soit dans les temples
» de leurs dieux.

» L'édifice énorme était affermi sur ses vastes
» fondemens; les portes d'airain s'ouvrent : l'œil
» s'égare dans la profondeur de son enceinte, sur
» l'immense étendue de son pavé de marbre. De
» la voûte pendent, par enchantement, plusieurs
» rangs de lampes étincelantes, qui la rendent lumi-
» neuse comme la voûte du firmament.

» La foule empressée entre et admire. Satan fait un
» signe: tout à coup ces êtres, qui semblaient surpasser
» en grandeur les géans que la terre enfanta, devien-
» nent plus petits que les moindres pygmées; et leur
» multitude innombrable remplit la salle immense.
» Loin, au fond, sont les princes, qui conservent
» seuls leur grandeur naturelle (1). »

_____

(1) Paradis perdu.

PARACELSE. — Né dans le canton de Zurich, en 1493. Il voyagea, vit les médecins de presque toute l'Europe, et conféra avec eux. Il se donnait pour le réformateur de la médecine, et il voulut en arracher le sceptre à Hippocrate et à Galien. Il décria leurs principes et leur méthode. On lui doit la découverte de l'opium et du mercure, dont il enseigna l'usage.

Paracelse est surtout le héros de ceux qui croient à la pierre philosophale, et qui lui attribuent hautement l'avantage de l'avoir possédée, s'appuyant en cela de sa propre autorité. C'était un grand charlatan.

Quand il était ivre, dit Wetternus, qui a demeuré vingt-sept mois avec lui, il menaçait de faire venir un million de diables, pour montrer quel empire et quelle puissance il avait sur eux. Mais il ne disait pas de si grandes extravagances, quand il était à jeun.

Il avait un démon familier, renfermé dans le pommeau de son épée.

Il disait que Dieu lui avait révélé le secret de faire de l'or ; et il se vantait de pouvoir, soit par le moyen de la pierre philosophale, soit par la vertu de ses remèdes, conserver la vie aux hommes pendant plusieurs siècles ; néanmoins il mourut à quarante-huit ans, en 1541, à Saltzbourg.

PARADIS. —

Elisios miretur græcia campos.

Virg.

— Il me semble, dit Saint-Foix, qu'il était plus ridicule d'imaginer, comme les Grecs, un paradis triste et ennuyeux, que d'en imaginer un comme

celui de Mahomet, où l'on a la jouissance des plus
belles femmes. Homère fait descendre Ulysse aux
Champs-Élysées; toutes les ombres qu'il y voit ont la
contenance plaintive et l'air mécontent; elles répandent même des larmes. Agamemnon, Ajax, An-
tiloque, Alcmène, Tiro, Anticlée, gémissent et regret-
tent de n'être plus sur la terre. Quoi ! vous n'êtes pas
heureux, demande Ulysse à Achille ? — J'aimerais
mieux, lui répond le fils de Thétis, labourer la terre
et servir le plus pauvre des vivans, que de commander
aux morts.

— Il y a, selon Mahomet, sept paradis : l'argent,
l'or, les pierres précieuses sont la matière des premiers cieux. Le septième est un jardin délicieux,
arrosé de fontaines et de rivières de lait, de miel et
de vin, avec des arbres toujours verts, dont les pepins
se changent en houris, ou jeunes filles, si belles et si
douces, que si l'une d'elles avait craché dans la mer,
l'eau n'en aurait plus d'amertume. Leurs yeux sont
si brillans, que, si une houris mettait, pendant la
nuit, la tête à la fenêtre, elle éclairerait mieux le
monde que le soleil en son midi. C'est là que les
croyans seront servis des mets les plus rares, les
plus délicieux, et seront les époux de ces houris, qui
malgré des plaisirs et des jouissances continuelles,
seront toujours vierges. L'enfer consiste dans la privation de tous ces plaisirs et dans quelques autres peines,
qui finiront un jour, par la bonté de Mahomet (1).

_____

(1) Les Turcs croient que le paradis est ouvert pour ceux qui
meurent pendant le Ramazan, qui est leur carême.

— Les peuples du Nord croyaient que les héros allaient dans le palais d'Odin, leur dieu, et qu'ils avaient tous les jours le plaisir de s'armer, de se ranger en bataille, et de se tailler en pièces; que, quand l'heure du repas approchait, ils revenaient à cheval, tous sains et saufs, et se mettaient à table dans la salle d'Odin, où on leur servait un sanglier qui suffisait pour tous, quoique leur nombre fût presque innombrable; que tous les jours on leur servait le même sanglier, et que tous les jours il revenait en son entier.

Quel champ de gloire et de plaisirs s'ouvre devant mes yeux, s'écriait un guerrier, percé de coups et tombant sur un tas de morts et de blessés! Je meurs; j'entends la voix d'Odin qui m'appelle; il m'ouvre les portes de son palais; j'en vois sortir de jeunes filles à moitié nues; des ceintures bleues relèvent la blancheur de leur gorge et de leurs bras; elles viennent à moi, et me présentent un breuvage délicieux, dans le crâne sanglant de mes ennemis.

L'espoir de ce paradis et de ces batailles continuelles rendait les Scandinaves si intrépides, qu'un de leurs rois, le brave Frothon, alla jusqu'à défier Odin lui-même: « Où-est il donc à présent, disait-il, » celui que l'on nomme Odin, ce guerrier si valeu- » reux et si bien armé? Ah! que je puisse le rencon- » trer cet époux redouté de Fregga! en vain est-il »'couvert d'un bouclier resplendissant, en vain est- » il monté sur un grand cheval, je ne le laisserai pas » sortir sans blessure de son magnifique salon. Dans le

» beau pays d'Asgard , il est permis d'attaquer et de
» combattre un dieu guerrier. »

—Certains peuples de l'Amérique se figuraient autant de genres de récompenses, après la mort , que
de genres de morts : les gens de bien , ou ceux qui
mouraient dans les combats , ou ceux qui se laissaient sacrifier pour l'honneur de leurs dieux, allaient
tout droit , après leur mort , à la maison du soleil,
qu'ils placent auprès de cet astre. C'était là le plus
haut degré de leur béatitude. Les voleurs étaient continuellement poursuivis par des troupes de démons ,
qui ne les laissaient jamais en repos. Les adultères
étaient liés devant de belles personnes nues , qu'ils ne
pouvaient toucher ; et ils étaient les seuls de tous
les morts à qui il ne fût point permis de se remarier
dans l'autre monde , parce qu'ils s'étaient donné trop
de licences en celui-ci. Ceux qui avaient tué étaient
tués éternellement par leurs victimes , et du même
genre de mort qu'ils leur avaient fait souffrir.

Les enfans qui mouraient en naissant , ou dans le
sein de leur mère, trouvaient sur la terre une autre
demeure invisible , ou ils jouissaient de la vie , et
parvenaient jusqu'à une vieillesse si avancée , qu'ils
n'en pouvaient compter les années. Les vieillards, qui
n'avaient fait de même ni bien ni mal , rajeunissaient
en l'autre monde et devenaient à la fin si jeunes ,
qu'ils ne se souvenaient plus de leur ancienne vieillesse. Celui qui se noyait passait , de l'eau , dans un
pays fort sec , où il se vidait de tout ce qu'il avait
bu de trop, et où il n'appréhendait plus de se noyer.

—Dans d'autres cantons de l'Amérique, on croyait que les âmes des morts se retiraient dans une campagne abondante, où elles mangeaient les meilleures viandes, et buvaient les plus excellentes liqueurs. Ils s'imaginaient aussi qu'elles étaient les échos, qui répondent à ceux qui parlent haut en plein air.

— Les peuples du Groënland croient qu'aussitôt après la mort, l'âme s'envole à la terre des esprits, et qu'elle y jouit du bonheur de chasser éternellement. —

C'est ainsi que les religions promettent des récompenses, suivant le naturel de chaque peuple. L'homme sensé les attend, sans les connaître, puisque tous ceux qui les ont décrites n'ont puisé que dans leur imagination. (Voyez *Ame*, *Enfer*, *Mort*, etc.)

Paradis des foux. — Entre la création et les domaines de l'antique chaos, est une mer de sables, battue des Aquilons; nulle créature ne devait habiter ce lieu; mais, aussitôt que le péché eut rempli de vanité les œuvres des hommes, leurs diverses folies, se succédant sans nombre, y volèrent en foule, de la terre, semblables à de légères vapeurs. Avec ces vaines chimères, montèrent les insensés qui fondent sur leur fragile appui quelques espérances de gloire, de renommée et de bonheur, soit dans cette vie, soit dans l'autre. Tous ces tristes superstitieux, ces fanatiques aveugles, qui se repaissent sur la terre de l'encens des hommes, la seule récompense dont ils soient épris, en trouvent une ici, vuide comme leurs œuvres. C'est là que se rendent toutes les productions que la nature laisse échapper de ses mains, sans les finir, ces germes avortés, ou monstrueux, ou bizarrement mélangés. Là, vinrent aussi ces architectes de Babel, dans la plaine de Sennaar, qui toujours épris d'un chimérique projet, élèveraient encore une nouvelle Babel, s'ils étaient pourvus de matériaux.

Quelques autres s'y rendirent seuls ; tel est Empédocle, qui, pour qu'on le crût un dieu, s'élança follement dans les flancs de l'Etna; tel, Cléombrote, qui se précipita dans la mer, impatient de jouir de l'Élysée de Platon. Ce même lieu reçut encore une foule d'êtres qu'il serait trop long de nommer, tout cet amas de pèlerins vagabonds, de fourbes de toutes couleurs, dont les pas égarés vont chercher, dans un tombeau, le dieu qui vit au haut des cieux; et ces dévots tardifs qui, près de leurs derniers momens, s'enveloppent de la robe de Dominique ou de François, persuadés qu'ainsi déguisés ils se glisseront dans le paradis ; ils passent les sept planètes, ils passent les étoiles fixes, ils traversent la sphère cristalline, ils percent enfin au-delà du premier mobile ; déjà ils ont abordé saint Pierre qui, près du guichet des cieux, semble les attendre les clefs à la main ; déjà ils touchent les marches de l'enceinte sacrée, et lèvent le pied pour y monter, quand tout à coup un tourbillon, soufflant brusquement de chaque côté, les jette à la renverse ; ils tombent à dix mille lieues de profondeur, en suivant une ligne courbe; jouets légers des vents, ils sont précipités au loin, sur un des côtés du monde, dans un vaste lymbe, appelé depuis le *paradis des fous*, lieu jadis désert, et maintenant habité par tant de gens (1).

PAYMON. — Démon des pompes. Il se montre sous la forme d'un homme robuste, ayant la figure d'une femme, monté sur un dromadaire, et couronné de pierreries. Il a beaucoup de puissance aux enfers (2).

PEUR. — (Voyez *Terreurs paniques.*)

PHÉNIX. — « Il y a, dit Hérodote, un oiseau » sacré, qu'on appelle phénix. Je ne l'ai jamais vu » qu'en peinture. Il est grand comme un aigle; son » plumage est doré et entremêlé de rouge. Il vient » tous les cinq cents ans, en Égypte, chargé du cada- » vre de son père enveloppé de myrrhe, qu'il enterre » dans le temple du soleil. »

Solin dit que le phénix naît en Arabie; qu'il est de la taille d'un aigle; que sa gorge est entourée d'aigrettes, son cou brillant comme l'or, son corps de couleur pourpre, sa queue mêlée d'azur et de rose. Il vit cinq cent quarante ans. Le même auteur ajoute plus bas que certains historiens lui ont donné jusqu'à douze mille neuf cent cinquante-quatre ans de vie.

Saint Clément le Romain dit que le phénix naît en Arabie, qu'il est unique dans son espèce, qu'il vit

---

(1) Milton.
(2) Wierius.

cinq cents ans; que, lorsqu'il est près de mourir, il se fait avec de l'encens, de la myrrhe et d'autres aromates, un cercueil, où il entre à temps marqué, et meurt; que sa chair corrompue produit un ver, qui se nourrit de l'humeur de l'animal mort et se revêt de plumes; qu'ensuite devenu plus fort, il prend le cercueil de son père et le porte en Égypte, sur l'autel du soleil, à Héliopolis.

Outre que tous ceux qui parlent de cet oiseau mystérieux ne l'ont point vu, et n'en parlent que par ouï-dire, qui peut être sûr qu'il a vécu cinq cents ans? qui peut assurer qu'il soit seul de son espèce?

Ce qui a contribué à en tromper quelques uns, dit le P. Lebrun, c'est l'équivoque du mot *phénix*, qui signifie une palme, et ce qu'on racontait de certains palmiers, qui repoussaient après qu'ils étaient morts.

Le P. Martini rapporte, dans son Histoire de la Chine, qu'au commencement du règne de l'empereur Xao-har IV, on vit paraître l'oiseau du soleil, dont les Chinois regardent l'arrivée comme un heureux présage, pour le royaume. Sa forme, dit-il, le ferait prendre pour un aigle, sans la beauté et la variété de son plumage. Il ajoute que sa rareté lui fait croire que cet oiseau est le même que le phénix.

D'abord, il n'y a rien de moins sûr que les anciennes histoires de la Chine; ensuite on ne voit pas quel rapport on peut trouver entre le phénix et un oiseau qui, selon l'opinion des Chinois, ne vient que pour annoncer le bonheur de leur empire. Ils se ressemblent

pourtant en ce point, qu'ils sont tous les deux chimé-
riques.

PHILOSOPHIE HERMÉTIQUE. — (Voyez *Al-*
chimie.)

PHILOTANUS. — Démon du second ordre ; lieutenant de Bélial, dans les domaines de la Pédérastie.

PHILTRES. — (Voyez *Amour.*)

PHYSIOGNOMONIE. —

Le front est un miroir, où l'âme se déploie.
RACINE fils.

Le front est un miroir, mais bien souvent trompeur.
ANONYME.

La physiognomonie est l'art de juger les hommes,
par les traits du visage, ou le talent de connaître
l'intérieur de l'homme par son extérieur.

Cette science a eu plus d'ennemis que de partisans;
elle ne parait pourtant ridicule que quand on veut
la pousser trop loin. Tous les visages, toutes les formes, tous les êtres créés diffèrent entre eux, non-
seulement dans leurs classes, dans leurs genres, dans
leurs espèces, mais aussi dans leur individualité. Chaque individu diffère d'un autre individu de son espèce.
Pourquoi cette diversité de formes ne serait-elle pas
la conséquence de la diversité des caractères, ou
pourquoi la diversité des caractères ne serait-elle pas

causée par cette diversité de formes. Chaque passion, chaque sens, chaque qualité a sa place dans le corps de tout être créé; la colère enfle les muscles : les muscles enflés sont donc un signe de colère ?.... Des yeux pleins de feu, un regard aussi prompt que l'éclair, et un esprit vif et pénétrant se retrouvent cent fois ensemble. Un œil ouvert et serein se rencontre mille fois avec un cœur franc et honnête.

Pourquoi ne pas chercher à connaître les hommes par leur physionomie ? On juge tous les jours le ciel sur sa physionomie. Un marchand apprécie ce qu'il achète, par son extérieur, par sa physionomie....

Tels sont les raisonnemens des physionomistes, pour prouver la sûreté de leur science. Il est vrai, ajoutent-ils, qu'on peut s'y tromper, mais une fois entre mille; et une pareille exception ne doit pas nuire aux règles générales. J'ai vu, dit Lavater, un criminel condamné à la roue, pour avoir assassiné son bienfaiteur; et ce monstre avait le visage ouvert et gracieux comme l'ange du Guide. Il ne serait pas impossible de trouver, aux galères, des têtes de Régulus, et des physionomies de vestales dans une maison de force. Cependant le physionomiste habile distinguera les traits, quoique presque imperceptibles, qui annoncent le vice et la dégradation. Ou bien, s'il se trompe, il dira : « La nature l'avait fait bon; il en a tous les » signes; et sa méchanceté n'a pas encore eu le temps » de les défigurer. »

— Il est certain qu'on peut, la plupart du temps, juger les hommes, jusqu'à un certain point, que leur

physionomie , sur leurs manières , principalement.
« J'ai toujours considéré comme un préjugé favorable,
» en faveur de la personne qui se présente , disait
» M. Necker, cette mesure dans le discours, qui
» annonce l'habitude de la réflexion , et une certaine
» tempérance dans l'imagination ; ce regard plus in-
» telligent que fin , et qui semble appartenir davan-
» tage à l'esprit qu'au caractère ; cette circonspection
» naturelle dans le maintien , bien différente de cette
» gravité contrefaite , qui sert de masque à la médio-
» crité ; cette conscience de soi-même , qui empêche
» de se développer avec précipitation , et de profiter
» à la hâte d'une occasion de se montrer ; enfin , tant
» d'autres caractères , extérieurs encore , que j'ai vus
» rarement séparés d'un mérite réel. »

— Rousseau disait en parlant de D.... : « Cet
» homme ne me plait pas , et cependant il ne m'a
» jamais fait le moindre mal ; mais avant qu'il en
» vienne là , je dois rompre avec lui. »

Quoi qu'il en soit de la physiognomonie , en voici
les principes , tantôt raisonnables , tantôt ridicules :
le lecteur en prendra ce qu'il voudra.

Principes généraux. — La beauté morale est ordinairement en harmonie avec la beauté physique.
(Socrate et cent mille autres prouvent le contraire.)

— Beaucoup de personnes gagnent, à mesure qu'on
apprend à les connaître , quoiqu'elles vous aient dé-
plu au premier aspect. Il faut qu'il y ait entre elles et
vous quelque point de dissonance , puisque , du premier abord , ce qui devait vous rapprocher ne vous

a point frappé. Il faut aussi qu'il y ait entre vous quelque rapport secret, puisque, plus vous vous voyez, plus vous vous convenez.

— Tout homme dont la figure, dont la bouche, dont la démarche, dont *l'écriture* est de travers, aura dans sa façon de penser, dans son caractère, dans ses procédés, du louche, de l'inconséquence, de la partialité, du sophistique, de la fausseté, de la ruse, du caprice, des contradictions, de la fourberie, une imbécillité dure et froide (1).

De la tête et du visage. — La tête est la plus noble partie du corps humain, le siége de l'esprit et de l'âme, le centre de nos facultés intellectuelles.

Une tête, qui est en proportion avec le reste du corps, qui paraît telle au premier abord, et qui n'est ni trop grande, ni trop petite, annonce un caractère d'esprit beaucoup plus parfait qu'on n'en oserait attendre d'une tête disproportionnée. Trop volumineuse, elle indique presque toujours une stupidité grossière. Trop petite, elle est un signe de faiblesse et d'ineptie.

Quelque proportionnée que soit la tête au corps, il faut encore qu'elle ne soit ni trop arrondie, ni trop allongée : plus elle est régulière, et plus elle est parfaite. On peut appeler bien organisée celle dont la hauteur perpendiculaire, prise depuis l'extrémité de

---

(1) Tout ce qu'on dit ici de *l'homme* en général, doit s'entendre des deux sexes.

l'occiput jusqu'à la pointe du nez , est égale à sa largeur horizontale.

Une tête trop longue annonce un homme de peu de
sens , vain , curieux , envieux et crédule.

La tête penchée vers la terre est la marque d'un
homme sage , constant dans ses entreprises. Une tête
qui tourne de tous côtés annonce la présomption , la
médiocrité , le mensonge , un esprit pervers , léger ,
et un jugement faible.

— Quant au visage , on peut le diviser en trois
parties , dont la première s'étend depuis le front jusqu'aux sourcils ; la seconde , depuis les sourcils jusqu'au bas du nez ; la troisième , depuis le bas du nez,
jusqu'à l'extrémité de l'os du menton. Plus ces trois
étages sont symétriques , plus on peut compter sur
la justesse de l'esprit et sur la régularité du caractère
en général.

Quand il s'agit d'un visage dont l'organisation est ,
ou extrêmement forte , ou extrêmement délicate , le
caractère peut être apprécié bien plus facilement par
le profil que par la face. Sans compter que le profil
se prête moins à la dissimulation, il offre des lignes
plus vigoureusement prononcées , plus précises, plus
simples, plus pures , et par conséquent la signification en est aisée à saisir ; au lieu que très-souvent les
lignes de la face en plein sont assez difficiles à démêler.

Un beau profil suppose toujours l'analogie d'un caractère distingué. Mais on trouve mille profils qui ,

sans être beaux, peuvent admettre la supériorité du caractère.

Un visage charnu annonce une personne timide, enjouée, crédule et présomptueuse. Un homme laborieux a souvent le visage maigre.

Un visage qui suë, à la moindre agitation, annonce un tempérament chaud, un esprit vain et grossier, et un penchant à la gourmandise.

Le visage pâle annonce un naturel porté aux plaisirs de l'amour.

De la chevelure et de la barbe. — La graisse est l'origine des cheveux; c'est pourquoi les parties les plus grasses de notre corps sont aussi les plus garnies de poils, tels que la tête, les aisselles, etc.

Les cheveux offrent des indices multipliés du tempérament de l'homme, de son énergie, de sa façon de sentir, et par conséquent aussi de ses facultés spirituelles. Ils n'admettent pas la moindre dissimulation; ils répondent à notre constitution physique, comme les plantes et les fruits répondent au terroir qui les produit.

Je suis sûr, dit Lavater, que par l'élasticité des cheveux, on pourrait juger de l'élasticité du caractère.

Les cheveux longs, plats, disgracieux, n'annoncent rien que d'ordinaire. Les chevelures d'un jaune doré, ou d'un blond tirant sur le brun, qui reluisent doucement, qui se roulent facilement et agréablement, sont les *chevelures nobles*. Des cheveux noirs, plats, épais et gros dénotent peu d'esprit, mais de l'assiduité et de l'amour de l'ordre. Les cheveux blonds annoncent généralement un tempérament délicat, sanguin-flegmatique. Les cheveux roux caractérisent, dit-on, un homme souverainement bon, ou souverainement méchant.

Les cheveux fins marquent la timidité; rudes, ils annoncent le courage. Et ce signe caractéristique est du nombre de ceux qui sont communs à l'homme et aux animaux. Parmi les quadrupèdes, le cerf, le lièvre et la brebis, qui sont au rang des plus timides, se distinguent particulièrement des autres, par la douceur de leur poil; tandis que la rudesse de celui du lion et du sanglier répond au courage qui fait leur caractère. En appliquant ces remarques à l'espèce humaine, les habitans du nord sont ordinairement très courageux, et ils ont la chevelure rude; les orientaux sont beaucoup plus timides, et leurs cheveux sont plus doux.

Un homme qui a de longs cheveux est toujours d'un caractère plus efféminé que mâle; ainsi il aurait tort de se vanter d'une longue chevelure comme d'un ornement. D'ailleurs ces longs cheveux sont bien rarement noirs.

Des cheveux noirs et minces, placés sur une tête mi-chauve, dont le front est élevé et bien voûté, annoncent un jugement sain et net, mais peu d'imagination. Cette même espèce de cheveux, lorsqu'elle est entièrement plate et lisse, caractérise une faiblesse décidée des facultés intellectuelles.

Les cheveux crépus marquent un homme de dure

conception. Ceux qui ont beaucoup de cheveux, sur les tempes et sur le front, sont grossiers, orgueilleux et impudiques.

Une barbe fournie et bien rangée annonce un homme d'un bon naturel, et d'un tempérament raisonnable. L'homme qui a la barbe claire et mal disposée tient plus du naturel et des inclinations de la femme que de celles de l'homme. L'homme qui n'a point de barbe n'est pas un homme.

Les femmes n'ont point de barbe, parce que cette chaleur qui la produit dans les hommes, se dissipe, chez elles, par le flux des règles. Cependant il en est à qui il croît au visage, et surtout autour de la bouche, qui est le centre de la chaleur, des poils, auxquels on donne le nom de barbe. Il est sûr que ces femmes sont d'un tempérament fort chaud, et d'un naturel hardi, courageux et viril. Mais la femme qui a de la barbe, et l'homme qui n'en a point, sont constitués tous deux contre l'ordre de la nature. Or tout ce qui sort du cours ordinaire de la nature est monstrueux.

— Si la couleur de la barbe diffère de celle des cheveux, elle n'annonce rien de bon.

De même, un contraste frappant entre la couleur de la chevelure et la couleur des sourcils, peut inspirer de la défiance.

Du front. — Le front, dit Herder, est le siége de la sérénité, de la joie, des noirs chagrins, de l'angoisse, de la stupidité, de l'ignorance et de la méchanceté. C'est de toutes les parties du visage la plus importante et la plus caractéristique.

Les fronts , vus de profils , peuvent se réduire à trois classes générales. Ils sont ou *penchés en arrière*, ou *perpendiculaires* , ou *proéminens*.

Les fronts penchés en arrière indiquent en général de l'imagination , de l'esprit et de la délicatesse.

Une perpendicularité complète, depuis les cheveux jusqu'aux sourcils , est le signe d'un manque total d'esprit. Une forme perpendiculaire , qui se voûte insensiblement par le haut , annonce un esprit capable de beaucoup de réflexion , un penseur rassis et profond.

Les fronts proéminens appartiennent à des esprits faibles et bornés , et qui ne parviendront jamais à une certaine mâturité.

Les contours du front , *arqués et sans angles*, décident de la douceur et de la flexibilité du caractère.

Lorsqu'un front, *arrondi et saillant par le haut*, descend en ligne droite vers le bas , et qu'il présente dans l'ensemble une forme perpendiculaire , on peut compter sur un grand fonds de jugement, de vivacité et d'irritabilité ; mais, en même temps , il faut s'attendre à trouver un cœur de glace.

Plus le front est allongé, plus l'esprit est dépourvu d'énergie et manque de ressort. Plus il est serré, court et compact, plus le caractère est concentré , ferme et solide.

Pour qu'un front soit heureux, parfaitement beau, et d'une expression qui annonce à la fois la richesse du jugement et la noblesse du caractère, il doit se trouver dans la plus exacte proportion avec le reste du visage. Exempt de toute espèce d'inégalités et de rides permanentes, il doit pourtant en être susceptible, mais alors il ne se plissera que dans les momens d'une méditation sérieuse, dans un mouvement de douleur ou d'indignation. Il doit reculer par le haut et avancer du bas. La couleur de la peau doit être plus claire que celle des autres parties du visage. Si l'os de l'œil est saillant, c'est le signe d'une aptitude singulière aux travaux de l'esprit, d'une sagacité extraordinaire pour les grandes entreprises. Mais sans cet angle saillant, il y a des têtes excellentes, qui n'en ont que plus de solidité, lorsque le bas du front s'affaisse comme un mur perpendiculaire, sur des sourcils placés horizontalement, et qu'il s'arrondit et se voûte imperceptiblement, des deux côtés, vers les tempes.

Les fronts courts, ridés, noueux, irréguliers, enfoncés d'un côté, échancrés, ou qui se plissent toujours différemment, ne sont pas une bonne recommandation, et ne doivent pas inspirer beaucoup de confiance.

Les frons carrés, dont les marges latérales sont encore assez spacieuses, et dont l'os de l'œil est en même temps bien solide, supposent un grand fonds de sagesse et de courage. Tous les physionomistes s'accordent sur ce point.

Un front très-osseux, et garni de beaucoup de peau, annonce un naturel acariâtre et querelleur.

Un front élevé, avec un visage long, et pointu vers le menton, est un signe de faiblesse et d'ineptie.

Des fronts allongés, avec une peau fortement tendue et très-unie, sur lesquels on n'aperçoit, même à l'occasion d'une joie peu commune, aucun pli doucement animé, sont toujours l'indice d'un caractère froid, soupçonneux, caustique, opiniâtre, fâcheux, rempli de prétentions, rampant et vindicatif.

Un front qui du haut penche en avant et s'enfonce vers l'œil, est, dans un homme fait, l'indice certain d'une imbécillité sans ressource.

Des plis obliques au front, surtout si le hasard fait qu'ils se trouvent parallèles, ou qu'ils le paraissent, décèlent infailliblement une pauvre tête, un esprit faux et soupçonneux. Si ces plis sont droits, parallèles, réguliers, pas trop profonds, ils ne se rencontrent guère que chez des hommes judicieux, sages, probes, et d'un sens droit. Des fronts, dont la moitié supérieure est sillonnée de rides fort distinctes, et surtout circulaires, tandis que l'autre moitié se trouve sans aucune ride et très-unie, sont la marque infaillible d'un esprit stupide.

Des sourcils. — Au-dessous du front, commence sa belle frontière, le sourcil, arc-en-ciel de paix, dans sa douceur, arc tendu de la discorde, lorsqu'il exprime le courroux.

Des sourcils doucement arqués s'accordent avec la modestie et la simplicité d'une jeune vierge. Placés en ligne droite et horizontalement, ils se rapportent à un caractère mâle et vigoureux. Lorsque leur forme

est moitié horizontale et moitié courbée , la force de
l'esprit se trouve réunie à une bonté ingénue.

. Des sourcils rudes et en désordre sont toujours
le signe d'une vivacité intraitable ; mais cette même
confusion annonce un feu modéré , si le poil est fin.
Lorsqu'ils sont épais et compacts , que les poils sont
couchés. parallèlement , et pour ainsi dire, tirés au
cordeau , ils promettent décidément un jugement
mûr et solide ·, une profonde sagesse , un sens droit
et rassis.

Des sourcils qui se joignent passaient pour un trait
de beauté chez les Arabes, tandis que les anciens physionomistes y attachaient l'idée d'un caractère sour-
nois. La première de ces deux opinions est fausse ; la
seconde, exagérée ; car on trouve souvent ces sortes
de sourcils aux physionomies les plus honnêtes et les
plus aimables.

. Les sourcils minces sont une marque infaillible de
flegme et de faiblesse ; ils diminuent la force et la
vivacité du caractère , ´dans un homme énergique.
Anguleux et entrecoupés , les sourcils dénotent l'activité d'un esprit productif.

Plus les sourcils s'approchent des yeux , plus le
caractère est sérieux , profond et solide. Celui-ci perd
de sa force , de sa fermeté , de sa hardiesse , à mesure que les sourcils remontent. Une grande distance
de l'un à l'autre annonce une conception aisée , une
âme calme et tranquille.

Le mouvement des sourcils est d'une expression
infinie. Il sert principalement à marquer les passions

ignobles , l'orgueil, la colère, le dédain. Un homme
sourcilleux est un être méprisant et méprisable. ·

Des yeux et des paupières. — C'est surtout dans
les yeux, dit Buffon, que se peignent les images de
nos secrètes agitations , et qu'on peut les reconnaître;
l'œil appartient à l'âme, plus qu'aucun autre organe;
il semble y toucher , et participer à tous ses mouvemens; il en exprime les passions les plus vives et les
émotions les plus tumultueuses, comme les mouvemens les plus doux et les sentimens les plus délicats;
il les rend dans toute leur force, dans toute leur
pureté , tels qu'ils viennent de naître; il les transmet, par des traits rapides qui portent dans une
autre âme le feu , l'action , l'image de celle dont
ils partent; l'homme reçoit et réfléchit en même
temps la lumière de la pensée et la chaleur du sentiment; c'est le sens de l'esprit et la langue de l'intelligence.

Les yeux bleus annoncent plus de faiblesse , un
caractère plus mou et plus efféminé , que ne font
les yeux bruns ou noirs. Ce n'est pas qu'il n'y ait des
gens très-énergiques, avec des yeux bleus; mais sur la
totalité , les yeux bruns sont l'indice plus ordinaire
d'un esprit mâle, vigoureux et profond; tout comme le
génie, proprement dit, s'associe , presque toujours,
des yeux d'un jaune tirant sur le brun. (Les Chinois
sont le plus mou, le plus paisible et le plus paresseux
de tous les peuples de la terre. Cependant les yeux
bleus sont si rares en Chine, qu'on ne les y trouve
jamais qu'à des Européens ou à des Créoles.)

Les gens colères ont des yeux de différentes couleurs, rarement bleus, plus souvent bruns ou verdâtres. Les yeux de cette dernière espèce sont, en quelque sorte, un signe distinctif de vivacité et de courage. On ne voit presque jamais des yeux bleus-clairs à des personnes colères.

Des yeux qui forment un angle allongé, aigu et pointu vers le nez, appartiennent, pour ainsi dire, exclusivement à des personnes, ou très-judicieuses, ou très-fines.

Lorsque la paupière d'en haut décrit un plein cintre, c'est la marque d'un bon naturel et de beaucoup de délicatesse, quelquefois aussi d'un caractère timide. Quand la paupière se dessine presque horizontalement sur l'œil, et coupe diamétralement la prunelle, elle annonce ordinairement un homme très-fin, très-adroit, très-rusé; mais il n'est pas dit pour cela que cette forme de l'œil détruise la droiture du cœur.

Des paupières reculées et fort échancrées annoncent, la plupart du temps, une humeur colérique. On y reconnaît aussi l'artiste et l'homme de goût. Elles sont rares chez les femmes, et tout au plus réservées pour celles qui se distinguent par une force d'esprit ou de jugement extraordinaire.

Des yeux très-grands, d'un bleu fort clair, et vus de profil presque transparens, annoncent toujours une conception facile, étendue, mais en même temps un caractère extrêmement sensible, difficile à manier, soupçonneux, jaloux, susceptible de prévention.

De petits yeux noirs, étincelans sous des sourcils
noirs et touffus, qui paraissent s'enfoncer lorsqu'ils
sourient malignement, annoncent presque toujours
de la ruse, des aperçus profonds, un esprit d'intri-
gue et de chicane. Si de pareils yeux ne sont pas
accompagnés d'une bouche moqueuse, ils désignent
un esprit froid et pénétrant, beaucoup de goût, de
l'élégance, de la précision, plus de penchant à l'avarice qu'à la générosité.

Des yeux grands, ouverts, d'une clarté transparente, et dont le feu brille, avec une mobilité rapide,
dans des paupières parallèles, peu larges et fortement
dessinées, réunissent très-certainement ces cinq caractères : une pénétration vive, de l'élégance et du
goût, un tempérament colère, de l'orgueil, un
penchant extrême pour les femmes.

Des yeux qui laissent voir la prunelle toute entière,
et sous la prunelle encore, plus ou moins de blanc,
sont dans un état de tension qui n'est pas naturel, ou
n'appartiennent qu'à ces hommes inquiets, passionnés,
à moitié fous; jamais à des hommes d'un jugement sain,
mûr, précis, et qui méritent une parfaite confiance.

Certains yeux sont très-ouverts, très-luisans, avec
des physionomies fades. Ils annoncent de l'entêtement
sans fermeté, de la bêtise avec des prétentions à la
sagesse, un caractère froid, qui voudrait montrer de
de la chaleur, et n'est tout au plus susceptible que
d'un feu momentané,

Les gens soupçonneux, emportés, violens, ont la

plus souvent, les yeux enfoncés dans la tête, et la vue longue et étendue. Le fou, l'étourdi ont souvent les yeux hors de la tête.

Le fourbe a, en parlant, les paupières penchées et le regard en dessous.

Les gens fins et rusés ont coutume de tenir un œil et quelquefois les deux yeux à demi fermés. C'est un signe de faiblesse d'esprit. En effet, on voit bien rarement un homme énergique qui soit rusé : notre méfiance envers les autres naît du peu de confiance que nous avons en nous.

Du nez. — Les anciens avaient raison d'appeler le nez *honestamentum faciei*. Un beau nez ne s'associe jamais avec un visage difforme. On peut être laid et avoir de beaux yeux, mais un nez régulier exige nécessairement une heureuse analogie des autres traits. Aussi voit-on mille beaux yeux contre un seul nez parfait en beauté ; et là où il se trouve, il suppose toujours un caractère excellent, distingué. *Non cuiquam datum est habere nasum.*

Voici, d'après les physionomistes, ce qu'il faut pour la conformation d'un nez parfaitement beau :

Sa longueur doit être égale à celle du front. Il doit y avoir une légère cavité auprès de sa racine. Vue par devant, l'épine du nez doit être large et presque parallèle des deux cotés, mais il faut que cette largeur soit un peu plus sensible vers le milieu. Le bout ou la pomme du nez ne sera ni dure, ni charnue. De face, il faut que les ailes du nez se présentent distinctement, et que les narines se raccourcissent agréablement au-dessous. Dans le profil, le bas du nez n'aura qu'un tiers de sa longueur. Vers le haut, il joindra de près l'arc de l'os de l'œil ; et sa largeur, du côté de l'œil, doit être au moins d'un demi-pouce.

Un nez qui rassemble toutes ces perfections exprime tout ce qui peut s'exprimer. Cependant nombre de gens du plus grand mérite ont le nez difforme ; mais il faut différencier aussi l'espèce de mérite qui les distingue. Un petit nez, échancré en profil, n'empêche pas d'être honnête et judicieux, mais ne donne point le génie. Des nez qui se courbent au haut de la racine conviennent à des caractères impérieux, appelés à commander, à opérer de grandes choses, fermes dans leurs projets et ardens à les poursuivre. Les nez perpendiculaires (c'est-à-dire qui approchent de cette forme, car dans toutes ses productions la nature abhorre les lignes extrêmement droites) tiennent le milieu entre les nez échancrés et les nez arqués ; ils supposent une âme qui sait *agir et souffrir tranquillement et avec énergie.*

Un nez dont l'épine est large, n'importe qu'il soit droit ou courbé, annonce toujours des facultés supérieures. Mais cette forme est très-rare.

La narine petite est le signe certain d'un esprit timide, incapable de hasarder la moindre entreprise. Lorsque les ailes du nez sont bien dégagées, bien mobiles, elles dénotent une grande délicatesse de sentiment, qui peut aisément dégénérer en sensualité et en volupté.

Où vous ne trouverez pas une petite inclinaison,

II. 11.

une espèce d'enfoncement, dans le passage du front
au nez, à moins que le nez ne soit fortement recourbé,
n'espérez pas découvrir le moindre caractère de
noblesse et de grandeur.

Les hommes, dont le nez penche extrêmement
vers la bouche, ne sont jamais ni vraiment bons,
ni vraiment gais, ni grands, ni nobles : leur
pensée s'attache toujours aux choses de la terre ;
ils sont réservés, froids, insensibles, peu com-
municatifs, ont ordinairement l'esprit malin, de
mauvaise humeur ; ils sont profondément hypocondres ou mélancoliques. Si les nez de ce genre
sont courbés du haut, c'est encore l'indice d'un penchant épouvantable pour la volupté.

Un nez sans aucun caractère frappant, sans nuance,
sans inflexions, sans ondulations, sans aucun linéament
expressif, peut bien être le nez d'un homme honnête, raisonnable, même aussi d'un caractère assez
noble ; mais ce ne sera jamais celui d'un homme
supérieur ou très-distingué.

Les narines serrées et minces dénotent un homme
d'un tempérament froid et dédaigneux.

Un nez rouge, sourtout à la pomme, annonce
un ivrogne, un naturel grossier et porté à la débauche.

Les peuples tartares ont généralement le nez plat
et enfoncé ; les nègres d'Afrique l'ont camard ; les
Juifs, pour la plupart, aquilin ; les Anglais, carti-
lagineux et rarement pointu. S'il faut en juger par
les tableaux et les portraits, les beaux nez ne sont

pas communs parmi les Hollandais. Chez les Italiens, au contraire, ce trait est distinctif. Enfin, il est absolument caractéristique pour les hommes célèbres de la France.

Des joues — Des joues charnues indiquent en général l'humidité du tempérament et un appétit sensuel. Maigres et rétrécies, elles annoncent la sécheresse des humeurs, et la privation des jouissances. Le chagrin les creuse; la rudesse et la bêtise leur impriment des sillons grossiers ; la sagesse, l'expérience et la finesse d'esprit les entrecoupent de traces légères et doucement ondulées.

Certains enfoncemens, plus ou moins triangulaires, qui se remarquent quelquefois dans les joues, sont le signe infaillible de l'envie ou de la jalousie.

Une joue naturellement gracieuse, agitée par un doux tressaillement qui la relève vers les yeux, est le garant d'un cœur sensible.

Si, sur la joue qui sourit, on voit se former trois lignes parallèles et circulaires, comptez, dans ce caractère, sur un fond de folie.

Des oreilles. — L'oreille, aussi bien et peut-être plus que les autres parties du corps humain, a sa signification déterminée ; elle n'admet pas le moindre déguisement ; elle a ses convenances et une analogie particulière avec l'individu auquel elle appartient.

Quand le bout de l'oreille est dégagé, c'est un bon augure pour les facultés intellectuelles.

Les oreilles larges et déployées annoncent l'effronterie, la vanité, la faiblesse du jugement.

Les oreilles grandes et grosses marquent un homme simple, grossier, stupide.

Les oreilles petites dénotent la timidité.

Les oreilles trop repliées, et entourées d'un bourrelet mal dessiné, n'annoncent rien de bon, quant à l'esprit et aux talens.

Une oreille moyenne, d'un contour bien arrondi, ni trop épaisse, ni excessivement mince, ne se trouve guère que chez des personnes spirituelles, judicieuses, sages et distinguées.

De la bouche et des lèvres. — La bouche est l'interprète de l'esprit et du cœur. Elle rassemble, et dans son état de repos, et dans la variété infinie de ses mouvemens, un monde de caractères. Elle est éloquente jusque dans son silence.

On remarque un parfait rapport entre les lèvres et le caractère. Qu'elles soient fermes, qu'elles soient molles et mobiles, le caractère est toujours d'une trempe analogue.

De grosses lèvres bien prononcées et bien proportionnées, qui présentent des deux côtés la ligne du milieu également bien serpentée, et facile à reproduire au dessin, de telles lèvres sont incompatibles avec la bassesse; elles répugnent aussi à la fausseté et à la méchanceté; et tout au plus, on pourrait leur reprocher un peu de penchant à la volupté.

La lèvre supérieure caractérise le goût, le penchant, l'appétit, le sentiment de l'amour. L'orgueil et la colère la courbent; la finesse l'aiguise; la bonté l'arrondit; le libertinage l'énerve et la flétrit; l'amour

et le désir s'y attachent, par un attrait inexprimable.
L'usage de la lèvre inférieure est de lui servir de
support.

Une bouche resserrée, dont la fente court en ligne
droite, et où le bord des levres ne paraît pas, est l'indice certain du sang-froid, d'un esprit appliqué,
ami de l'ordre, de l'exactitude et de la propreté. Si
elle remonte, en même temps, aux deux extrémités, elle suppose un fonds d'affectation, de prétention et de vanité ; peut-être aussi un peu de malice,
le résultat ordinaire de la frivolité.

Des lèvres charnues ont toujours à combattre la
sensualité et la paresse. Celles qui sont rognées et
fortement prononcées inclinent à la timidité et à
l'avarice.

Lorsqu'elles se ferment doucement et sans effort,
et que le dessin en est correct, elles indiquent un
caractère réfléchi, ferme et judicieux.

Une lèvre de dessus, qui déborde un peu, est la
marque distinctive de la bonté ; non qu'on puisse
refuser absolument cette qualité à la lèvre d'en bas
qui avance, mais, dans ce cas, on doit s'attendre plutôt à une froide et sincère bonhomie, qu'au sentiment d'une vive tendresse.

Une lèvre inférieure qui se creuse au milieu n'appartient qu'aux esprits enjoués. Regardez attentivement un homme gai, dans le moment où il va produire une saillie, le centre de sa lèvre ne manquera
jamais de se baisser et de se creuser un peu.

Une bouche bien close, si toutefois elle n'est pas

affectée et pointue, annonce le courage; et dans les occasions où il s'agit d'en faire preuve, les personnes même qui ont l'habitude de tenir la bouche ouverte, la ferment ordinairement. Une bouche béante est plaintive; une bouche fermée souffre avec patience.

La bouche, dit Le Brun, dans son Traité des passions, est la partie qui, de tout le visage, marque le plus particulièrement les mouvemens du cœur.

Lorsqu'il se plaint, la bouche s'abaisse par les côtés; lorsqu'il est content, les coins de la bouche s'élèvent en haut; lorsqu'il a de l'aversion, la bouche se pousse en avant et s'élève par le milieu.

Toute bouche, qui a deux fois la largeur de l'œil, est la bouche d'un sot; j'entends la largeur de l'œil, prise de son extrémité vers le nez, jusqu'au bout intérieur de son orbite : les deux largeurs mesurées sur le même plan.

Si la lèvre inférieure, avec les dents, dépasse horizontalement la moitié de la largeur de la bouche vue de profil, comptez, suivant l'indication des autres nnances de physionomie, sur un de ces quatre caractères isolés, ou sur tous les quatre réunis, bêtise, rudesse, avarice, malignité.

De trop grandes lèvres, quoique bien proportionnées, annoncent toujours un homme peu délicat, sordide ou sensuel, quelquefois même un homme, stupide ou méchant.

Les extrémités de la bouche s'abaissent-elles, d'une manière marquée et tirant sur l'oblique, c'est l'expression la plus certaine du mépris, de l'insensibilité, surtout si la lèvre d'en bas est plus grosse que celle de dessus et la dépasse.

Une bouche, pour ainsi dire, sans lèvres, dont la ligne du milieu est fortement tracée, qui se retire vers le haut, aux deux extrémités, et dont la lèvre supérieure, vue de profil depuis le nez, paraît arquée ;; une pareille bouche ne se voit guère qu'à des avares rusés, actifs, industrieux, froids, durs, flatteurs et polis, mais atterrans dans leurs refus.

Celui-là certainement est un méchant, qui sourit ou cherche à cacher son sourire, lorsqu'il est question des souffrances du pauvre, ou des travers de l'homme de bien. Les gens de cette espèce ont communément fort peu ou de fort petites lèvres ; la ligne centrale de la bouche, fortement tracée, se retire vers le haut des deux extrémités, d'une manière désagréable. Ils ont les dents terribles.

Une petite bouche, étroite, sous de petites narines, et un front elliptique, est toujours peureuse, timide à l'excès, d'une vanité puérile, et s'énonce avec difficulté. S'il se joint à cette bouche de grands yeux saillans, troubles, un menton osseux, oblong, et surtout si la bouche se tient habituellement ouverte, soyez encore plus sûr de l'imbécillité d'une pareille tête.

Il est stupide, tout visage dont la partie inférieure, à compter depuis le nez, se divise en deux parties égales, par la ligne centrale de la bouche. Quant au visage dont la partie inférieure, à partir du nez, a moins du tiers de la longueur entière du visage, il n'est pas bête, il est fou. Il est bête encore le visage dont la partie solide inférieure est sensiblement plus longue qu'une des deux parties supérieures.

Des dents. — Les dents petites et courtes sont regardées, par les anciens physionomistes, comme le signe d'une constitution faible. De longues dents sont un indice certain de faiblesse et de timidité.

Les dents blanches, propres et bien arrangées, qui, au moment où la bouche s'ouvre, paraissent s'avancer sans déborder, et qui ne se montrent pas toujours entièrement à découvert, annoncent *décidément* dans l'homme fait, un esprit doux et poli, un cœur bon et honnête. Ce n'est pas qu'on ne puisse avoir un caractère très-estimable, avec des dents gâtées, laides ou inégales ; mais ce dérangement physique provient, la plupart du temps, de maladie ou de quelque mélange d'imperfection morale. Celui qui n'a pas soin de ses dents, qui ne tâche pas du moins de les entretenir en bon état, trahit déjà, par cette seule négligence, des sentimens *ignobles* !....

Celui qui a les dents inégales est envieux.

Les dents grosses, larges et fortes, sont la marque d'un tempérament fort, et promettent une longue vie, si l'on en croit Aristote.

Du menton. — Pour être en belle proportion, dit Herder, le menton ne doit être ni pointu, ni creux, mais uni.

Un menton avancé annonce toujours quelque chose de positif, au lieu que la signification du menton reculé est toujours négative. Souvent le caractère de l'énergie ou de la non-énergie de l'individu se manifeste uniquement par le menton.

Il y a trois principales sortes de mentons : les mentons qui reculent ; ceux qui, dans le profil, sont en perpendicularité avec la lèvre inférieure ; et ceux qui débordent la lèvre d'en bas, ou en d'autres termes les mentons pointus. Le menton reculé, qu'on pourrait appeler hardiment le menton féminin, puisqu'on le retrouve presque à toutes les personnes de l'autre sexe, fait toujours soupçonner quelque côté faible. Les mentons de la seconde classe inspirent la confiance. Ceux de la troisième dénotent un esprit actif et délié ; pourvu qu'ils ne fassent pas anse, car cette forme éxagérée conduit ordinairement à la pusillanimité et à l'avarice.

Une forte incision au milieu du menton semble indiquer, sans réplique, un homme judicieux, rassis et résolu, à moins que ce trait ne soit démenti par d'autres traits contradictoires.

Un menton pointu passe ordinairement pour le signe de la ruse. Cependant on trouve cette forme chez les personnes les plus honnêtes ; la ruse n'est alors qu'une bonté raffinée.

Un menton mou, charnu, à double étage, est la plupart du temps la marque et l'effet de la sensualité. Les mentons plats supposent la froideur et la sécheresse du tempérament. Les petits caractérisent la timidité. Les ronds, avec la fossette, peuvent être regardés comme le gage de la bonté.

Un menton long, large, lourd (je parle de la par-

tie osseuse) ne se voit guère qu'à des hommes
grossiers, durs, orgueilleux et violens.

Du cou. — Cet entre-deux de la tête et de la poitrine, qui tient de l'une et de l'autre, est significatif
comme tout ce qui a rapport à l'homme. Nous connaissons certaines espèces de goîtres, qui sont le
signe infaillible de la stupidité, tandis qu'un cou bien
proportionné est une recommandation irrécusable,
pour la solidité du caractère.

Le cou long, et la tête haute sont quelquefois le
signe de l'orgueil et de la vanité.

Un cou raisonnablement épais et un peu court ne
s'associe guère à la tête d'un fat ou d'un sot.

Ceux qui ont le cou mince, délicat et allongé,
sont timides comme le cerf, au sentiment d'Aristote;
et ceux qui ont le cou épais et court sont naturellement
colères, et ont de l'analogie avec le taureau irrité.
Mais les analogies sont fausses, pour la plupart, dit
Lavater, et jetées sur le papier, sans que l'esprit
d'observation les ait dictées.

Des autres parties du corps humain. — Il y a autant
de diversité et de dissemblance, entre les formes des mains qu'il y en a entre les physionomies. Deux visages parfaitement ressemblans n'existent nulle part; de même, vous ne rencontrerez
pas, chez deux personnes différentes, deux mains
qui se ressemblent. Plus il y a de rapport entre les
visages, plus il s'en trouve entre les mains.

Chaque main, dans son état naturel, c'est-à-dire,
abstraction faite des accidens extraordinaires, se

trouve en parfaite analogie avec les corps dont elle fait partie. Les os , les nerfs, les muscles , le sang, et la peau de la main ne sont que la continuation des os , des nerfs , des muscles , du sang et, de la peau du reste du corps. Le même sang circule dans le cœur , dans la tête et dans la main.

La main contribue donc, pour sa part, à faire connaître le caractère de l'individu ; elle est, aussi-bien que les autres membres du corps, un objet de physiognomonie , objet d'autant plus significatif , et d'autant plus frappant que la main ne peut pas *dissimuler* , et que sa mobilité la trahit à chaque instant. Sa position la plus tranquille indique nos dispositions naturelles; ses flexions , nos actions et nos passions, Dans tous ses mouvemens , elle suit l'impulsion que lui donne le reste du corps.

« Avec les mains , dit Montaigne, nous requérons,
» promettons, appelons , congédions , menaçons ,
» prions , supplions , nions , refusons , interrogeons,
» admirons , nombrons , confessons , repentons ,
» craignons , vergoignons , doutons , instruisons ,
» commandons , incitons , encourageons , jurons ,
» témoignons , accusons , condamnons , absolvons ,
» injurions , mesprisons , deffions , despitons , flat-
» tons , applaudissons , bénissons , humilions , mo-
» quons, reconcilions , recommandons , exaltons ,
» festoyons, resjouissons , complaignons, attristons ,
» desconfortons , désespérons , estonnons , escrions ,
» taisons , etc. : d'une variation et multiplication ,
» à l'envi de la langue. »

— Tout le monde sait que des épaules larges, qui descendent insensiblement, et qui ne remontent pas en pointes, sont un signe de santé et de force. Des épaules de travers influent ordinairement aussi sur la délicatesse de la complexion ; mais on dirait qu'elles favorisent la finesse et l'activité de l'esprit, l'amour de l'exactitude et de l'ordre.

— Une poitrine large et carrée, ni trop convexe, ni trop concave, suppose toujours des épaules bien constituées, et fournit les mêmes indices. Une poitrine plate, et pour ainsi dire creuse, dénote la faiblesse du tempérament. Chez les hommes, une poitrine qui est excessivement velue, annonce du penchant à la volupté.

— Un ventre gros et proéminent, incline bien plus à la sensualité et à la paresse, qu'un ventre plat et rétréci. On doit attendre plus d'énergie et d'activité, plus de flexibilité d'esprit et de finesse, d'un tempérament sec, que d'un corps surchargé d'embonpoint. Il se trouve cependant des gens d'une taille effilée, qui sont excessivement lents et paresseux ; mais alors le caractère de leur indolence reparait dans le bas du visage.

— Les gens d'un mérite supérieur ont ordinairement les cuisses maigres. Des cuisses courtes, épaisses, et excessivement grasses n'annoncent pas un naturel élevé.

— Les pieds plats s'associent rarement avec le génie.

De quelques traits caractéristiques. — C'est un

indice de stupidité que des yeux distans l'un de l'autre plus de la largeur d'un œil.

De petits yeux mats, mal dessinés, le regard toujours aux aguets, le teint plombé, des cheveux noirs, courts, plats, un nez retroussé, sous un front spirituel et bien fait, la lèvre inférieure fort relevée et [fort saillante, forment une réunion de traits que vous ne trouverez guère que chez un *archi-sophiste* méchant, tracassier, rusé, fourbe, intrigant, soupçonneux, sordidement intéressé, vil ; enfin chez un homme abominable.

Plus le front est élevé, plus les autres parties du visage, comparées au front, paraissent petites, plus la voûte de ce front est noueuse, plus l'œil est enfoncé, moins on aperçoit d'enfoncement entre le nez et le front, plus la bouche est fermée et le menton large, enfin plus est perpendiculaire le profil de la longueur du visage : plus vous trouverez l'opiniâtreté d'un tel homme invincible, plus son caractère aura de roideur et de dureté.

Des joues bouffies et fanées, une bouche grande et spongieuse, des lentilles rousses au visage, des cheveux plats, qui frisent avec peine, des plis confus et entrecoupés au front, des yeux qui ne reposent jamais naturellement sur un point et qui vers le bas forment un angle, un crâne qui s'abaisse rapidement vers le front, tous ces caractères réunis composent le vaurien.

Un cheveu long, saillant en pointe d'aiguille, ou fortement crépu, rude et sauvage, planté sur une tache brune, soit au cou, soit au menton, est l'indice le plus décisif d'un penchant extrême à la volupté, penchant qu'accompagne presque toujours une extrême légèreté.

Des fronts perpendiculaires, fort noueux ou très-hauts ou très-courts, de petits nez pointus, ou grossièrement arrondis, avec de larges narines, des traits de joues ou de nez fortement prononcés, aigus, longs et non interrompus, les dents de la mâchoire inférieure s'avançant considérablement sur les dents de la mâchoire supérieure; tous ces traits réunis forment les caractères durs.

Fuyez les hommes aux grands yeux dans de petits visages, avec de petits nez et de petites têtes; à travers leur rire, on aperçoit qu'ils ne sont ni gais ni contens; en vous protestant combien ils sont heureux de vous voir, ils ne sauraient cacher la malignité de leur sourire.

Des femmes aux yeux roulans; à la peau singulièrement flexible, plissée, molle, presque pendante; au nez arqué, aux joues colorées, à la bouche rarement tranquille, au menton inférieur bien marqué; au front très-arrondi, d'une peau douce et légèrement plissée, ne sont pas seulement éloquentes, mais d'une imagination vive, féconde, d'une mémoire prodigieuse, remplies d'ambition; elles ont encore beaucoup de penchant pour la galanterie, et malgré toute leur prudence, elles s'oublient facilement.

Une femme, avec la racine du nez fort enfoncée, beaucoup de gorge, la dent canine un peu saillante,

quelque laide qu'elle soit , quelque peu de charmes
qu'elle ait d'ailleurs , n'en aura pas moins pour le
vulgaire des libertins , des hommes voluptueux , un
attrait plus facile , plus certain , plus irrésistible
qu'une femme vraiment belle. Les plus dangereuses
prostituées , que l'on voit paraître devant les tribunaux, se distinguent toutes à ce caractère.

Des femmes, avec des verrues, brunes, velues ,
ou à poil fort, au menton , ou au cou , sont ordinairement à la vérité de bonnes ménagères , vigilantes ,
actives , mais d'un tempérament excessivement
sanguin , amoureuses jusqu'à la rage ; elles jasent
beaucoup et jasent volontiers sur un seul objet ; elles
sont importunes, et vous ne vous en débarrassez qu'a-
vec peine : il faut les traiter avec ménagement , ne
leur témoigner qu'un intérêt tranquille , et tâcher ,
avec une sorte de dignité douce et froide , de les
tenir sans cesse à une certaine distance de vous.

On ne trouve guères au menton d'un homme vraiment sage , d'un caractère noble et calme , une de
ces verrues larges et brunes, que l'on voit si souvent
aux hommes d'une imbécillité décidée ; mais si par
hasard vous en trouviez une pareille à un homme
d'esprit, vous découvririez bientôt que cet homme
a de fréquentes absences , des momens d'une stupidité complète , d'une faiblesse incroyable.

Des hommes aimables et de beaucoup d'esprit peuvent avoir, au front, ou entre les sourcils, des verrues
qui, n'étant ni fort brunes, ni fort grandes, n'ont rien de
choquant , n'indiquent rien de fâcheux. Mais si vous

trouvez une verrue forte, foncée, velue, à la lèvre supérieure d'un homme, soyez sûr qu'il manquera de quelquequalité très-essentielle, qu'il se distinguera au moins par quelque défaut capital.

Des ressemblances entre l'homme et les animaux. —Quoiqu'il n'y ait aucune ressemblance proprement dite entre l'homme et les animaux, dit Aristote, il peut arriver néanmoins que certains traits du visage humain nous rappellent l'idée de quelque animal.

Porta a été bien plus loin qu'Aristote, puisqu'il a trouvé dans chaque figure humaine la figure d'un animal, ou d'un oiseau ; et qu'il juge les hommes, par le naturel de l'animal dont ils portent les traits (1).

Le singe, le cheval et l'éléphant sont les animaux qui ressemblent le plus à l'espèce humaine, par le contour de leurs profils et de leur face.

Les plus belles ressemblances sont celles du cheval, du lion, du chien, de l'éléphant et de l'aigle.

Ceux qui ressemblent au singe sont habiles, actifs, adroits, rusés, malins, avares, et quelquefois méchans.

La ressemblance du cheval donne le courage et la noblesse de l'âme.

Un front comme celui de l'éléphant, annonce la prudence et l'énergie.

Un homme qui, par le nez et le front, ressemble-

---

(1) Dans la Physionomie de Porta, Platon ressemble à un chien de chasse.

rait au profil du lion , ne serait certainement pas un homme ordinaire, (la face du lion porte l'empreinte de l'énergie , du calme et de la force) ; mais il est bien rare que ce caractère puisse se trouver en plein sur une face humaine.

La ressemblance du chien annonce la fidélité, la droiture , un appétit modéré.

Celle du loup dénote un homme violent , dur , lâche , féroce , passionné, traître et sanguinaire.

Celle du renard indique la petitesse , la faiblesse , la ruse et la violence.

La ligne qui partage le museau de l'hyène porte le caractère d'une dureté inexorable.

La ressemblance du tigre annonce une férocité gloutonne. Dans les yeux et le mufle du tigre , quelle expression de perfidie! quelle fureur sanguinaire ! La ligne que forme la bouche du lynx et du tigre est l'expression de la cruauté.

Le chat : hypocrisie , attention et friandise.

Les chats sont des tigres en petit, apprivoisés par une éducation domestique ; avec moins de force , leur caractère ne vaut guère mieux.

La ressemblance de l'ours indique la férocité , la fureur , le pouvoir de déchirer , une humeur misanthrope.

Celle du sanglier annonce un naturel lourd , vorace et grossier.

Le blaireau est ignoble, méfiant et glouton.

Le bœuf est patient, opiniâtre , pesant , d'un appétit grossier. La ligne que forme la bouche de la vache et du bœuf est l'expression de l'insouciance, de la stupidité et de l'entêtement.

Le cerf et la biche : timidité craintive, agilité, attention, douce et paisible innocence.

La ressemblance de l'aigle annonce la noblesse, une force victorieuse. Son œil étincelant a tout le feu de l'éclair.

Le vautour a plus de souplesse, et en même temps quelque chose de moins noble que l'aigle.

Le hibou est plus faible, plus timide que le vautour.

Le perroquet : affectation de force, aigreur et babil, etc.

Toutes ces sortes de ressemblances varient à l'infini; mais elles sont difficiles à trouver. —

Tels sont les principes de physiognomonie, d'après Aristote, Albert-le-Grand, Porta, etc.; mais principalement d'après Lavater, qui a le plus écrit sur cette matière, et qui du moins a mis quelquefois un grain de bon sens dans ses essais.

Il parle avec sagesse, lorsqu'il traite des mouvemens du corps et du visage, des gestes et des parties mobiles, qui expriment, sur la figure de l'homme, ce qu'il sent intérieurement, et au moment où il le sent. Mais combien il extravague, lorsqu'il veut décidément trouver du génie dans la main, etc., et qu'il tire des conséquences importantes, d'un effet à peu près nul! Sans doute, on trouve dans le visage de l'homme, surtout dans le front, dans les yeux et dans la bouche, des traits caractéristiques qui distinguent

le grand homme de l'idiot, et l'honnète homme du
méchant ; mais on ne peut pas toujours s'y fier. La
liqueur vaut quelquefois mieux que le vase qui la renferme ; et quoique les physionomistes admettent cette
grande harmonie de la beauté physique avec la beauté
morale, on voit bien souvent le vice et la sottise habiter
chez les plus belles personnes. Je crois que la nature
est une sage mère, et quelle ferait murmurer le plus
grand nombre de ses enfans, si elle accordait un bel
intérieur à ceux dont elle se plait à tant embellir
l'extérieur.

Lavater déraisonne surtout, lorsqu'il parle des femmes. Il les juge avec une injustice, sans exemple dans la
bouche d'un sage : «On ne peut confier au papier, dit-
» il, la meilleure partie des observations qu'on a faites
» sur les femmes ; » et le peu de pages qu'il leur
donne est affreux! Parce qu'elles sont plus faibles que
les hommes, et constituées avec des organes moins
noncés, en sont-elles moins capables de vertus et de
génie?..en sont elles plus méprisables que l'homme?..
Cette question n'a pas besoin de réponse.

Tant que la physiognomonie apprendra à l'homme
à connaître la dignité de son être, cette science,
quoique en grande partie chimérique, méritera
pourtant des éloges, puisqu'elle aura un but utile et
louable. Mais lorsqu'elle dira qu'une personne consti-
tuée de telle sorte est vicieuse de sa nature, qu'il
faut la fuir et s'en défier, comme d'un fripon, d'un
meurtrier, d'une prostituée, etc.; que, quoique cette
personne présente un extérieur séduisant, et un air

plein de bonté et de candeur , il faut toujours l'éviter, parce que son naturel est affreux, que son visage
l'annonce et que le signe en est certain, immuable;
je crierai que la physiognomonie est abominable et,
qu'elle établit le fatalisme.

Quoi donc ! parce qu'une femme , a *la racine du*
nez enfoncée , *de la gorge* , *la dent canine un peu*
saillante , cette femme est une infâme prostituée !...
parce qu'une femme a une verrue au menton , cette
femme est une enragée , une personne intraitable,
qu'il faut fuir avec mépris !.... Parce qu'un homme n'a pas soin de ses dents , cet homme a des
sentimens ignobles !......... Quoi de plus absurde
que de pareilles décisions ! j'en appelle aux gens du
monde : s'ils ont vu des femmes qui aient la racine
du nez enfoncée , de la gorge , et la dent canine un
peu saillante, j'aime à croire que toutes ces femmes
ne sont pas des prostituées. S'ils connaissent des hommes qui négligent leurs dents , j'ose espérer que tous
ces hommes-là ne sont pas ignobles ?... Mais la physiognomonie le dit : eh ! la physiognomonie , en le
disant , n'est pas le destin ! On a vu des gens assez
infatués de cette science, pour se donner, si je puis
m'exprimer ainsi , les défauts que leur visage portait
nécessairement , et devenir vicieux en quelque sorte,
parce que *la fatalité de leur physionomie* les y condamnait ; semblables à ceux-là qui abandonnaient la
vertu, parce que *la fatalité de leur étoile* les empêchait
d'être vertueux. (Voyez *Gestes.*)

PIERRE D'APONE. — L'un des plus fameux philosophes et médecins de son siècle; il naquit dans un village, auprès de Padoue, l'an 1250.

C'était le plus habile magicien de son temps, disent les démonomanes; il sacquit la connaissance des sept arts libéraux, par le moyen de sept esprits familiers qu'il tenait enfermés dans des boîtes de cristal. Il avait de plus l'industrie de faire revenir dans sa bourse tout l'argent qu'il avait dépensé.

Il fut poursuivi comme magicien par l'inquisition; et, s'il eût vécu jusqu'à la fin du procès, il y a beaucoup d'apparence qu'il eût été brûlé vivant, comme il le fut en effigie, après sa mort. Il mourut à l'âge de soixante-six ans.

Pierre d'Apone avait une telle antipathie pour le lait, qu'il n'en pouvait sentir le goût.

Thomazo Garsoni dit que, n'ayant point de puits dans sa maison, Pierre d'Apone commanda aux diables de porter dans la rue le puits de son voisin, parce qu'il refusait de l'eau à sa servante.

PIERRE DU DIABLE.—Il y a dans la vallée de Schellenen, en Suisse, des fragmens de rocher de beau granit, qu'on appelle la *pierre du diable* : dans un démêlé qu'il y eut entre les gens du pays et le diable, celui-ci l'apporta là, pour renverser un ouvrage qu'il avait eu, quelque temps auparavant, la complaisance de leur construire.

PIERRE PHILOSOPHALE. — On regarde la pierre philosophale comme une chimère. Ce mépris, disent les philosophes hermétiques, est un effet du juste jugement de Dieu, qui ne permet pas qu'un secret si précieux soit connu des méchans et des ignorans.

Cette science fait partie de la cabale, et ne s'enseigne que de bouche à bouche.

Les alchimistes donnent une foule de noms à la pierre philosophale : c'est *la fille du grand secret* ; *le soleil est son père*, *la lune est sa mère*, *le vent l'a portée dans son ventre*, etc. (Voyez *Alchimie*.)

— Il y avait à Pise un usurier fort riche, nommé Grimaldi, qui avait amassé de grandes richesses, à force de lésine. Il vivait seul et très-mesquinement : il n'avait point de domestique, parce qu'il eût fallu le payer ; point de chien, parce qu'il eût fallu le nourrir.

Un soir qu'il avait soupé en compagnie, et qu'il se retirait, seul et fort tard, malgré la pluie qui tombait en abondance, quelqu'un qui l'attendait fondit sur lui pour l'assassiner. Grimaldi, se sentant frappé d'un coup de poignard, se jeta dans la boutique d'un orfévre, par hasard encore ouverte. Cet orfévre, ainsi que Grimaldi, courait après la fortune ; mais il avait pris un autre chemin que l'usure. Il cherchait la pierre philosophale. Comme il faisait, ce soir là, une grande fonte, il avait laissé sa boutique ouverte, pour tempérer la chaleur de ses fourneaux.

Fazio (c'est le nom de l'orfévre), ayant reconnu

Grimaldi, lui demanda ce qu'il faisait à cette heure
dans la rue : hélas ! répondit Grimaldi, je viens d'être
assassiné. En disant ces mots, il s'assit et expira. On
se figure la surprise de Fazio, qui se trouva, par cet
accident, dans le plus étrange embarras. Mais songeant bientôt que tout le voisinage était endormi,
ou renfermé à cause de la pluie, et qu'il était seul
dans sa boutique, il conçut un projet hardi, qui
pourtant lui parut facile. Personne n'avait vu Grimaldi entrer chez lui ; et, en déclarant sa mort, il
courait risque d'être soupçonné ; c'est pourquoi il
ferma sa porte, et il imagina de changer en bien ce
malheur, comme il cherchait à changer le plomb
en or.

Fazio connaissait ou soupçonnait la fortune de
Grimaldi. Il commença par le fouiller, et ayant trouvé
dans ses poches, avec quelque monnaie, un gros
paquet de clefs, il résolut d'aller les essayer aux
serrures du défunt. Grimaldi n'avait point de parens,
et l'alchimiste ne voyait pas grand mal à s'instituer
son héritier. Il s'arma donc d'une lanterne, et se mit
en route.

Il faisait un temps affreux, mais il ne s'en apercevait point. Il arrive enfin, il essaye les clefs, il
entre dans l'appartement, il cherche le coffre-fort ;
et, après bien des peines, il parvient à ouvrir toutes
les serrures. Il trouve des anneaux d'or, des bracelets, des diamans, et quatre sacs, sur chacun desquels
il lit avec volupté : *Trois mille écus d'or.* Il s'en em-

pare, en tressaillant de joie, referme tout , et revient
chez lui , sans être vu de personne.

De retour dans sa maison , il serre d'abord ses
richesses ; après cela , il songe aux funérailles du
défunt. Il le prend entre ses bras , le porte dans sa
cave; et, ayant creusé à quatre pieds de profondeur ,
il l'enterre avec ses clefs et ses habits. Enfin , il
recouvre la fosse bien proprement et avec tant de
précaution , qu'on ne s'apercevait point que la terre
eût été remuée en cet endroit.

Cela fait, il court à sa chambre , ouvre ses sacs,
compte son or , et trouve les sommes parfaitément
conformes aux étiquettes. Ensuite , forcé de se sevrer
un moment de la jouissance qu'il goûtait à les considérer, il place le tout dans une armoire secrète ,
et va se coucher , car le travail et la joie l'avaient
cruellement fatigué.

Quelques jours après , Grimaldi ne paraissant plus,
on ouvrit ses portes , par ordre des magistrats ; et
on ne fut pas peu surpris de ne trouver chez lui aucun argent comptant. On fit long-temps de vaines
recherches ; et quand Fazio vit que l'on commençait
à n'en plus parler , il hazarda quelques propos sur ses
découvertes en alchimie. Bientôt même il parla
de quelques lingots. On lui riait au nez, mais il soutenait de plus en plus ce qu'il avait avancé, et gra-
duait adroitement ses discours et sa joie. Enfin , il
parla d'un voyage en France pour aller vendre ses
lingots; et , afin de mieux jouer son jeu , il feignit
d'avoir besoin d'argent pour s'embarquer. Il emprunta

cent florins sur une métairie , qui n'avait pas encore passé par ses fourneaux ; on le crut tout-à-fait fou ; il n'en partit pas moins , en se moquant tout bas de ses concitoyens , qui se moquaient de lui tout haut.

Cependant il arriva à Marseille , changea son or contre des · lettres de change sur de bons banquiers de Pise , et écrivit à sa femme qu'il avait vendu ses lingots. Sa lettre jeta dans tous les esprits un étonnement, qui durait encore quand il reparut dans la ville.

Il prit un air triomphant en arrivant chez lui ; et, pour ajouter des preuves sonnantes aux preuves verbales qu'il donnait de sa fortune , il alla chercher douze mille écus d'or chez ses banquiers. Il était impossible de se refuser à une pareille démonstration. On racontait partout son histoire , et l'on exaltait partout sa science. Il fut bientôt mis au rang des sages , et obtint à la fois la double considération d'homme riche et de savant homme.

PISTOLE VOLANTE. — Quoique les sorciers de profession aient toujours vécu dans la misère , on prétendait qu'ils avaient cent moyens de s'enrichir, ou du moins d'éviter l'indigence et le besoin. On cite entre autres *la pistole volante* qui, lorsqu'elle était enchantée par certains charmes et paroles magiques, revenait toujours dans la poche de celui qui l'employait , à la grande jubilation des magiciens qui achetaient , et au grand détriment des bonnes gens , qui vendaient ainsi en pure perte.

PLANÈTES.— Il y a maintenant douze planètes:
le Soleil, Mercure, Vénus, la Terre, Mars, Vesta,
Junon, Cérès, Pallas, Jupiter, Saturne, et Uranus.

Les anciens n'en connaissaient que sept, en comptant la Lune, qui n'est qu'un satellite de la Terre;
ainsi les nouvelles découvertes détruisent tout le
système de l'astrologie judiciaire et toute l'importance qu'on donnait au nombre sept. Les anciennes
planètes étaient : Le Soleil, la Lune, Mercure, Vénus, Mars, Jupiter et Saturne.

1°. *Le Soleil*, globe de feu ou enflammé, placé
au centre du monde, 1,384,462 fois aussi grand que
la Terre, dont il est éloigné d'environ trente-deux
millions quatre cent mille lieues.

2°. *Mercure*, la plus petite de toutes les planètes,
et la plus voisine du Soleil.

3°. *Vénus*, la planète la plus brillante du ciel.
Elle est sujette aux mêmes phases que la Lune. Vénus
est après Mercure, dans l'ordre de la distance des
planètes au Soleil.

4°. *La Terre.*

5°. *Mars*, qui se fait reconnaître aisément par son
éclat rougeâtre, est à peu près aussi gros que la Terre.

6°. *Vesta*, découverte par Olbers, en 1807.

7°. *Junon*, découverte par Harding, en 1804.

8°. *Cérès*, découverte par Piazzi, en 1801.

9°. *Pallas*, découverte par Olbers, en 1802.

10°. *Jupiter*, plus de mille fois aussi gros que
notre globe; il a quatre satellites.

11°. *Saturne*, de toutes les planètes connues des

anciens , la plus éloignée du Soleil , et celle qui présente le spectacle le plus singulier , par ses cinq lunes et l'anneau lumineux qui l'environne (1).

12°. *Uranus* , de toutes les planètes aujourd'hui connues , la plus éloignée du Soleil. Elle fut découverte par Herschel en 1781 , avec six satellites ou lunes. Uranus est quatre-vingts fois aussi grand que la Terre.

— *La Lune*, satellite de la terre. De tous les corps célestes qui nous environnent et qui nous éclairent , le plus intéressant , après le Soleil, est la Lune. Fidèle compagne de notre globe , dans son immense révolution, elle nous tient souvent lieu du soleil , et, par sa faible lumière , elle nous console de la privation de celle de cet astre. C'est elle qui , soulevant deux fois par jour les eaux de l'Océan , leur cause ce mouvement si connu sous le nom de flux et reflux, mouvement peut-être nécessaire dans l'économie de ce globe.

La Lune présidait, avec une grande influence, aux charmes et aux cérémonies magiques des enchanteurs; et , quand la Terre éclipsait sa lumière , le peuple.

_____

(1) Saturne fait sa révolution autour du Soleil , en vingt-neuf ans cent soixante quatorze jours six heures trente-six minutes. La nature semble avoir voulu le dédommager de son éloignement du Soleil, en lui donnant cinq lunes, qu'on appelle ses satellites. L'anneau lumineux qui l'entoure a donné lieu à bien des conjectures. Quelques-uns ont dit que ce pouvait être une multitude de lunes circulant les unes si près des autres , que leur intervalle ne s'apercevait pas de la terre, ce qui leur donne l'apparence d'un corps continu. D'autres ont cru que c'était la queue d'une comète qui, passant trop près de Saturne, en avait été arrêtée, etc.

croyait que quelque sorcier l'arrachait du ciel , et la
forçait à venir écumer sur l'herbe , pour lui donner
des vertus infernales.

— Les anciens ont donné à chaque planète des
emplois divers. On les fait présider aux principales
parties du corps humain : Le Soleil préside à la tête;
la Lune , au bras droit ; Vénus , au bras gauche ;
Jupiter , à l'estomac ; Mars , aux parties sexuelles ;
Mercure, au pied droit ; et Saturne, au pied gauche.
(Voyez *Astrologie judiciaire.*)

—Comme il y a sept trous à la tête , il y a dans le
ciel sept planètes , qui président à ces trous : Saturne
et Jupiter, aux deux oreilles ; Mars et Vénus , aux
deux narines ; le Soleil et la Lune , aux deux yeux ;
et Mercure , à la bouche (1).

« Le Soleil préside à l'œil droit, et la Lune à l'œil
» gauche (2), parce que tous les deux sont les yeux
» du ciel ; Saturne à l'oreille droite, Jupiter à la
» gauche ; Mars au pertuis droit du nez , Vénus au
» pertuis gauche; Mercure, à la langue , parce qu'il
» préside à la parole. »

— Saturne domine sur la vie, les sciences , les édi-
fices , les changemens. Jupiter, sur l'honneur, les
souhaits , les richesses , la propreté des habits. Mars ,
sur la guerre , les prisons , les mariages , les haines.
Le Soleil, sur l'espérance, le bonheur, le gain, les

---

(1) Hermès.

(2) *Philosophie d'amour* de Léon l'hébreu , traduite par le
seigneur Du Parc, champenois.

héritages. Vénus, sur les amis et les amans. Mercure, sur les maladies, les pertes, les dettes, la crainte. La Lune sur les plaies, les songes, le commerce, les larcins. (1)

— Chaque planète préside à un jour de la semaine : le Soleil, au dimanche; la Lune, au lundi ; Mars, au mardi ; Mercure, au mercredi ; Jupiter, au jeudi ; Vénus, au vendredi ; Saturne au samedi.

— Le jaune est la couleur du Soleil; le blanc, celle de la Lune; le vert, celle de Vénus ; le rouge, celle de Mars ; le bleu, celle de Jupiter ; le noir, celle de Saturne ; le mélange, celle de Mercure.

Le Soleil préside à l'or; la Lune, à l'argent; Vénus, à l'étain ; Mars, au fer ; Jupiter, à l'airain ; Saturne, au plomb ; Mercure, au vif-argent. (2)

Les autres planètes n'ont rien à faire, parce qu'elles ne se sont pas fait connaître assez tôt.

— Quelques savans, qui voulaient expliquer l'inexplicable Apocalypse, par l'astronomie, ont prétendu que le chandelier à sept branches était l'image des sept planètes. Si le poëme est inspiré, le chandelier doit avoir plus de sept branches.

_____

(1) Albert-le-Grand. — Les planètes, en dominant ainsi sur tout ce qui arrive à l'homme, ramènent le même cours de choses, toutes les fois qu'elles se retrouvent dans le ciel, au lieu de l'horoscope. Ainsi Jupiter se retrouve, au bout de douze ans, au même lieu que douze ans auparavant : les honneurs seront les mêmes. Vénus, au bout de huit ans : les amours et les plaisirs seront les mêmes, etc.

(2) Cardan.

— Cyrano de Bergerac a écrit cette plaisanterie, sur la course des planètes.

« Saturne, père du temps, mangeant et dévorant » tout, court à l'hôpital. Jupiter, ayant la tête fêlée, » depuis le coup de hache qu'il reçut de Vulcain, » court les rues. Mars, comme soldat, court aux ar-» mes. Phœbus, comme dieu des vers, court la » bouche des poëtes. Vénus, comme courtisane, » court les amourettes. Mercure, comme messager, » court la poste. Diane, comme chasseresse, court » les bois. »

— L'univers est un être animal : La droite est l'Orient; l'Occident est la gauche; la tête, le pôle antarctique; les pieds, le pôle arctique. La Terre est la femme du Ciel, et les autres élémens sont ses concubines, dit gravement Léon l'hébreu. Le Ciel engendre en elle toutes les choses dont elle se pare. La Terre a un corps, comme une femme, recevant toutes les influences de son mâle, qui est le Ciel. L'eau est l'humidité qui la nourrit; l'air est l'esprit qui la pénètre; le feu est la chaleur qui la vivifie. Le Ciel est le mâle qui la couvre; la semence qu'elle reçoit est la rosée et les rayons de chaleur. Les sept planètes sont les agens de cette génération.

Dans l'homme, le cœur fournit la chaleur naturelle qui forme le principe de la génération; le cerveau lui donne l'humidité; le foie le recuit et l'augmente du sang le plus pur; la rate le rend visqueux; les rognons le font chaud et incitatif; les testicules le perfectionnent, etc.

De même les sept planètes procèdent à la génération du Ciel, dans le sein de la Terre. Le Soleil, qui
est le cœur du Ciel, donne la chaleur et produit la
rosée, qui est le sperme. La Lune est le cerveau du
Ciel, qui engendre l'humidité. Jupiter est le foie, qui
échauffe cette semence. Saturne est la rate du ciel,
qui, par sa chaleur excessive, la subtilise et la fait
pénétrative, réparant la froideur de la Lune et de
Saturne. Vénus est les testicules du Ciel, qui perfectionnent la rosée. Mercure, faisant les dernières fonctions, cause les pluies et les empêche. Ainsi le Ciel
est très-parfait mari de la Terre et a tous les membres
nécessaires à la génération. C'est aussi un bon père,
qui prend un soin merveilleux du nourrissement et de
la conservation de ses enfans ; et la Terre porte amour
au Ciel, comme à son époux bien aimé.

Cette longue kirielle de platitudes se trouve encore
dans la *Philosophie d'amour...* (Voyez *Astrologie
judiciaire*, *Horoscopes*, *Musique céleste*, *Nombres.*)

PLUIES *de crapauds et de grenouilles.* — Le peuple met ces pluies au nombre des plus épouvantables
phénomènes ; et il n'y a pas encore long-temps qu'on
les attribuait aux maléfices des sorciers. Elles ne sont
pourtant pas difficiles à concevoir : les grenouilles
et les crapauds déposent leur frai en grande quantité,
dans les eaux marécageuses. Si ce frai vient à être
enlevé, avec les vapeurs que la terre exhale, et qu'il
reste long-temps exposé aux rayons du soleil, il en

naît ces reptiles, que nous voyons tomber avec la pluie.

Pluies de feu. — La pluie de feu n'est autre chose que la succession très-rapide des éclairs et des coups de tonnerre, dans un temps orageux.

Pluies de pierres. — Des savans ont avancé que ces sortes de pluies nous venaient de la lune ; et cette opinion a grossi la masse énorme des erreurs populaires. Ces pluies ne sont ordinairement que les matières volcaniques, les ponces, les sables et les terres brûlées qui sont portées par les vents impétueux à une très-grande distance : on a vu les cendres du Vésuve tomber jusque sur les côtes d'Afrique. La quantité de ces matières, la manière dont elles se répandent dans les campagnes, souvent si loin de leur origine, et les désastres qu'elles occasionent quelquefois, les ont fait mettre au rang des pluies les plus formidables.

Pluies de sang. — De toutes les pluie prodigieuses la pluie de sang a toujours été la plus effrayante aux yeux du peuple ; et cependant elle est chimérique. Il n'y a jamais eu de vraie pluie de sang. Toutes celles qui ont paru rouges, ou approchant de cette couleur, ont été teintes par des terres, des poussières de minéraux, ou des matières semblables, emportées par les vents dans l'athmosphère, où elles se sont mêlées avec l'eau qui tombait des nuages. Plus souvent encore, ce phénomène, en apparence si extraordinaire, a été occasioné par une grande quantité de petits papillons, qui répandent des gouttes d'un suc rouge, sur les endroits où ils passent (1).

— Nos ancêtres, qui étaient si sages , voyaient dans ces phénomènes , aussi-bien que dans tout ce qu'ils ne comprenaient point , les signes précurseurs de la colère divine ; comme si Dieu , qui est si grand, pouvait *se mettre en colère* contre l'homme qui est si petit. D'ailleurs Dieu nous a faits libres ; il ne nous force point à faire le bien : il ne se met donc pas en *colère* , quand nous faisons le mal.

PLUTON. — Roi des enfers, selon les Païens ; et selon les démonomanes , archidiable, prince du feu , gouverneur général. des pays enflammés , et surintendant des travaux forcés du ténébreux empire.

PONT DU DIABLE. — Si la superstition est pardonnable quelque part , sans doute c'est dans la vallée de Schellenen, où l'imagination croit voir partout les traces d'une agence surnaturelle. Le diable n'est point , aux yeux de ces bons montagnards , un ennemi malfaisant, ingénieux pour le mal, ainsi qu'il l'est pour les habitans des plaines et de nos pays éclairés. Il est même assez bonne personne, et en perçant des Rochers , en jetant des ponts sur les précipices , etc., ouvrages, que lui seul, selon les

_____

(1) Voyez l'*Histoire naturelle de l'air et des météores*, par l'abbé Richard.

habitans, pouvait éxécuter, il a très-certainement
bien mérité de la patrie.

On ne peut rien imaginer de plus hardi, de plus
audacieux que la route qui parcourt la vallée de
Schellenen. Les obstacles qu'elle offrait paraissent
insurmontables. Quelquefois, entre deux précipices,
s'avance une chaussée si étroite, qu'on a placé des
quartiers de pierre sur les deux bords, pour empêcher les voyageurs de tomber, soit à droite, soit
à gauche; et lorsque le roc présente un rempart impénétrable et vertical, alors le sentier tourne autour
de ses flancs, supporté par des arcades, par des pi-
liers qui vont chercher leur point d'appui, bien loin
au-dessous, dans quelque crevasse, sur quelque pointe
saillante, dont l'industrie des constructeurs s'est em-
parée; et le chemin ressemble alors à un chapelet
suspendu contre le roc, au-dessus de l'abîme.

Après avoir suivi pendant quelque temps, tous les
détours capricieux de cette route, et parcouru des
sites, que l'imagination la plus féconde n'aurait
jamais su créer, et dont la meilleure description ne
peut donner qu'une imparfaite idée, on arrive à cette
œuvre de Satan, qu'on appelle *le pont du diable*.
Cette construction imposante et célèbre est moins
merveilleuse encore que le site où elle est placée. Le
pont est jeté entre deux montagnes droites et élevées,
sur un torrent furieux, dont les eaux tombent, par
cascades, sur des rocs brisés, et remplissent l'air de
leur fracas et de leur écume. (1)

_____

(1) *Voyage en Suisse* d'Hélène Marie Williams.

POPPIEL. — Poppiel Ier., roi de Pologne, vivait au commencement du neuvième siècle. Il régna
sans gloire et sans vertu, au milieu d'une cour de
belles femmes, mais injustes, orgueilleuses, qui ty-
rannisaient le peuple en son nom. L'historien Herburt
rapporte qu'il jurait souvent, et que son serment ordinaire était : *que les rats me puissent manger !* Si ce
serment ne lui fut pas funeste, il le fut du moins à sa
postérité, comme on va le voir. Il mourut de maladie, dans un âge peu avancé.

Poppiel second, son fils, fut un vrai tyran. On lui
avait donné pour tuteurs ses oncles, guerriers braves
et expérimentés, qu'il n'écouta point. Il épousa une
princesse qui s'empara de son esprit, lui rendit
d'abord ses oncles suspects, ensuite odieux ; et ses
conseils le décidèrent à les faire empoisonner. La cour
frémit et le peuple s'indigna à cette nouvelle. Poppiel, avec l'audace qui est le propre des grands criminels, accusa ses oncles de trahison, et défendit
qu'on leur accordât ni bûcher, ni sépulture.

Les Polonais, qui aimaient ces princes si lâche-
ment assassinés, murmurèrent de nouveau ; mais
on n'eût fait que les plaindre, si le ciel ne leur eût
envoyé des vengeurs. Du milieu de leurs restes tombés
en pourriture, il sortit une armée de rats que la Providence destinait à punir Poppiel. L'horreur qu'avait
inspiré son crime avait fait fuir la plus grande partie
de sa cour (1) ; elle était presque réduite à la reine et

_____

(1) Cependant les courtisans d'un prince scélérat sont ordinairement des scélérats comme lui.

à lui seul, lorsque ces bêtes les assiégèrent et vinrent à bout de les dévorer. Mais, malgré ses abominations, Poppiel ne fut dévoré des rats, que pour apprendre à son père à mieux choisir ses juremens....

— Halton, archevêque de Mayence, qui avait refusé de nourrir les pauvres, dans un temps de famine, et qui avait même fait brûler une grange, pleine de gens qui lui demandaient du pain, fut de même mangé par les rats. Ce dernier conte est plus moral et un peu moins ridicule que le premier.

POSSÉDÉS. — (Voyez *Démoniaques*, *Exorcismes*, etc.).

PRÉDICTIONS. — Stoflérus avait prédit un déluge effroyable pour l'année 1524, et cette année fut d'une sécheresse extraordinaire.

— Pompée, César et Crassus avaient été assurés, par d'habiles astrologues, qu'ils mourraient chez eux, comblés de gloire, de biens et d'années, et tous trois périrent misérablement.

— Charles-Quint, François I*er*. et Henri VIII, tous trois contemporains, furent menacés de mort violente, et leurt mort ne fut que naturelle.

— Un duc de Savoie, ayant appris d'un charlatan que bientôt il n'y aurait point de roi en France, entreprit, dans cette espérance, la guerre contre les Français. La prédiction s'accomplit ; car le roi de France en sortit, pour aller mettre le duc à la raison.

— Le grand-seigneur Osman, voulant déclarer la guerre à la Pologne, en 1621, malgré les remontrances de ses ministres, un santon aborda le sultan, et lui dit : « Dieu m'a révélé, la nuit dernière, dans » une vision, que si ta hautesse va plus loin, elle » est en danger de perdre son empire ; ton épée ne » peut cette année faire de mal à qui que ce soit. » Osman n'était pas aussi crédule qu'on le pensait : Voyons si la prédiction est bien certaine, dit-il, en prenant son cimeterre ; et en même temps, il ordonna à un janissaire de couper la tête à ce prétendu prophète, ce qui fut exécuté sur-le-champ. Cependant Osman réussit fort mal dans son entreprise contre la Pologne, et perdit, peu de temps après, la vie avec l'empire. Peut-être doit-on attribuer ce revers à l'effet que produisit, sur l'esprit superstitieux des troupes, la prédiction du santon.

— Guymond de La Touche était allé chez un prétendu sorcier, dans le dessein de s'en moquer, et de découvrir les ruses qu'il mettait en usage. Il accompagnait une grande princesse, qui montra en cette occasion plus de force d'esprit que lui. L'appareil religieux de chaque expérience, le silence des spectateurs, le respect et l'effroi, dont quelques-uns étaient saisis, commencèrent à le frapper. Dans l'instant que, tout troublé, il regardait attentivement piquer des épingles dans le sein d'une jeune fille : « Vous êtes bien empressé, lui dit elle, à vous » éclaircir de tout ce qu'on fait ici. Eh bien ? puis- » que vous êtes si curieux, apprenez que vous

» mourrez dans trois jours. » Ces paroles firent sur lui une impression étonnante ; il tomba dans une profonde rêverie, et cette prédiction, aussi-bien que ce qu'il avait vu, causa en lui une telle révolution, qu'il tomba malade, et mourut en effet, au bout de trois jours, en 1760. (Voyez *Imagination.*)

— Henri IV, roi d'Angleterre, à qui on avait prédit qu'il mourrait à Jérusalem, tomba malade subitement dans l'abbaye de Westminster, et y mourut, dans une chambre appelée *Jérusalem.* (Voyez *Astrologues, Devins, Horoscopes,* etc.)

Manière de prédire l'avenir. — Qu'on brûle de la graine de lin, des racines de persil et de violette ; qu'on se mette dans cette fumée : on prédira les choses futures (1)....

PRÉJUGÉS. — Le préjugé est la loi du commun des hommes.

— Lorsqu'un prince meurt au Japon, il se trouve ordinairement quinze ou vingt de ses sujets qui, par zèle, se fendent le ventre, et meurent avec lui. Ceux qui se font les plus belles incisions acquièrent le plus de gloire.

— Un officier de l'empereur du Japon se rencontra, en montant l'escalier impérial, avec un autre qui le descendait. Leurs épées se choquèrent ; celui-ci s'en offensa, et dit quelques paroles au

_____

(1) Wecker.

premier qui s'excusa sur le hasard, et ajouta qu'au surplus c'étaient deux épées qui s'étaient frottées, et que l'une valait bien l'autre. Vous allez voir, répond l'agresseur, la différence qu'il y a entre nos deux épées. Il tire en même temps la sienne, et s'en ouvre le ventre ; l'autre, jaloux de cet avantage, se hâte de monter, pour servir sur la table de l'empereur un plat qu'il avait entre les mains, et revient trouver son adversaire, qui expirait du coup qu'il s'était donné. Il lui demande s'il respire encore, et tirant sur-le-champ son épée, il s'en ouvre le ventre à son tour. Vous ne m'auriez pas prévenu, lui dit-il, si vous ne m'eussiez trouvé occupé au service de l'empereur ; mais je meurs satisfait, puisque j'ai la gloire de vous convaincre que mon épée vaut bien la vôtre.

Un français, en lisant ceci, gémira de la folie de ces deux orientaux ; et il ira, le soir même, exposer sa vie au fer d'un spadassin, et mourir d'un coup d'épée, pour punir le bretteur qui l'a insulté. C'est l'usage : un sot vous insulte, il faut qu'il vous tue pour réparer sa sottise.

— Ce gentilhomme espagnol qui refuse de mesurer son épée avec un homme qui lui est inférieur en naissance, recherche l'honneur de se battre contre un taureau.

— Au Malabar, et dans d'autres pays, les femmes veuves se couvrent d'honneur, en se jetant sur le bûcher de leurs maris.

— En France, et dans quelques autres contrées,

un honnête homme est déshonoré, s'il est parent d'un pendu : préjugé affreux, que peu de gens ont la sagesse de mépriser.

— Quand une femme se dégrade par l'adultère, le ridicule tombe sur le mari. Il est vrai que la femme a pour sa part quelque chose de plus que le ridicule : l'infamie, le mépris et la honte.

En Mingrelie, quand un homme surprend sa femme en adultère, il a droit de contraindre le galant à payer un cochon; et d'ordinaire, il ne prend point d'autre vengeance; le cochon se mange fraternellement entre le mari, le galant et la femme.

Ce n'est point un déshonneur, chez les Turcs, à un mari dont la femme est convaincue d'adultère; la honte retombe sur les parens de la femme.

—On confond souvent les préjugés avec les erreurs populaires et les superstitions. Il y a, entre ces trois enfans des siècles de barbarie, une différence facile à saisir. L'erreur est produite par l'ignorance, le préjugé par l'orgueil, la superstition par l'ignorance, l'orgueil et la peur. L'erreur peut se déraciner, le préjugé ne peut se détruire; il est dans les intérêts des grands, et quoiqu'il soit aussi leur tyran, ils n'éteindront pas un fantôme qui soutient la chimère de leur grandeur. Mais tous les efforts des sages ne parviendront jamais à dissiper entièrement la superstition, dans le cœur du vulgaire. Celui-là seul ne s'en laissera point infecter, qui sera au-dessus des préjugés et de l'erreur.

PRÉSAGES. — Cécilia, femme de Métellus, consultait les dieux sur l'établissement de sa nièce, qui était nubile. Cette jeune fille, lasse de se tenir debout devant l'autel, sans recevoir de réponse, pria sa tante de lui prêter la moitié de son siége. « De bon » cœur, lui dit Cécilia, je vous cède même ma place » toute entière ». Sa bonté lui inspira ces mots, qui furent pourtant, dit Valère-Maxime, un sûr présage de ce qui devait arriver; car Cécilia mourut quelque temps après, et Métellus épousa sa nièce.

— Dans le temps que le consul Octavius faisait la guerre à son collègue Cinna, la tête d'une statue d'Apollon tomba d'elle-même, et s'enfonça tellement dans la terre, qu'on ne l'en put tirer. Il jugea bien que ce prodige lui annonçait la mort, et la peur qu'il en eut réalisa bientôt le présage. Après donc qu'il eut perdu la vie, on arracha sans peine du sein de la terre la tête de la statue (1).

— Lorsque Paul Émile faisait la guerre au roi Persée, il lui arriva quelque chose de remarquable. Un jour, rentrant à sa maison, il embrassa, selon sa coutume, la plus petite de ses filles, nommée Tertia, et la voyant plus triste qu'à l'ordinaire, il lui demanda le sujet de son chagrin. Cette petite fille lui répondit que Persée était mort : (un petit chien, que l'enfant nommait ainsi, venait de mourir.) Paul saisit le présage; et en effet, peu de temps après,

_____

(1) Valère-Maxime.

il vainquit le roi Persée, et entra triomphant dans Rome (1).

— César débarquant en Afrique, pour faire la guerre à Juba, tomba à terre, et le prit en bonne part, disant, selon un de nos vieux traducteurs : *Afrique, Afrique, tu es à moi ; car je te tiens sous mes pates.*

— Un peu avant l'invasion des Espagnols au Mexique, on prit, au lac de Mexico, un oiseau *en forme de grue*, qu'on porta à l'empereur Montézume, comme une chose prodigieuse. Cet oiseau avait au haut de la tête une espèce de miroir, où Montézume vit les cieux parsemés d'étoiles, dont il s'étonna grandement. Puis levant les yeux au ciel et n'y voyant plus d'étoiles, il regarda une seconde fois dans le miroir, et aperçut un peuple qui venait de l'Orient, *armé*, *combattant et tuant.* Ses devins étant venus pour lui expliquer ce présage, l'oiseau disparut, les laissant en grand trouble. C'était à mon avis, dit Delancre, son mauvais démon, qui venait lui annoncer sa fin, laquelle lui arriva bientôt.

— Dans le royaume de Loango en Afrique, on regarderait comme le présage le plus funeste pour le roi, que quelqu'un le vit boire ou manger ; ainsi il est absolument seul et sans domestiques, quand il prend ses repas. Les voyageurs, en parlant de cette superstition, rapportent un trait bien barbare d'un

---

(1) Valère-Maxime.

roi de Loango : un de ses fils, âgé de huit ou neuf ans, étant entré imprudemment dans la salle où il mangeait, et dans le moment qu'il buvait, il se leva de table, appela le grand prêtre qui saisit cet enfant, le fit égorger, et frotta de son sang les bras du père, pour détourner les malheurs dont ce présage semblait le menacer.

Un autre roi de Loango fit assommer un chien qu'il aimait beaucoup, et qui, l'ayant un jour suivi, avait assisté à son dîner.

De quelques présages populaires. — Quand on va à la chasse, on sera heureux, si on rencontre une femme débauchée ; malheureux, si on rencontre un moine.

— Quand nous rencontrons en chemin quelqu'un qui nous demande où nous allons, il faut retourner sur nos pas, de peur que mal ne nous arrive.

— Si on voit une araignée le matin, on peut s'attendre à recevoir de l'argent.

— Qu'on mette de l'ortie verte, pendant vingt-quatre heures, dans l'urine d'un malade ; si elle se conserve verte, il vivra ; si elle se flétrit, il mourra.

— Quand on perd par le nez trois gouttes de sang seulement, c'est un présage de mort pour quelqu'un de la famille.

— Quand vous rencontrez dans un voyage des moutons qui viennent à vous, c'est un signe que vous serez bien reçu ; s'ils fuient devant vous, ils présagent un triste accueil.

— Quand de petits charbons se détachent de la chandelle, c'est une nouvelle; agréable, s'ils augmentent la lumière; fâcheuse, s'ils l'affaiblissent.

— Nos amis parlent de nous, quand l'oreille gauche nous tinte; et nos ennemis, quand c'est la droite.

— Si une personne à jeun raconte un mauvais songe à une personne qui ait déjeuné, le songe sera funeste à la première. Il sera funeste à la seconde, si elle est à jeun, et que la première ait déjeuné. Il sera funeste à toutes les deux, si toutes les deux sont à jeun. Il sera sans conséquence, si toutes les deux ont l'estomac garni.

— Trois flambeaux allumés dans la même chambre sont un présage de mort.

— Malheureux qui rencontre le matin, ou un prêtre, ou un moine, ou une vierge, où un lièvre, ou un serpent, ou un lézard, ou un cerf, ou un chevreuil, ou un sanglier! Heureux qui rencontre une femme débauchée; ou un loup, ou une cigale, ou une chèvre, ou un crapaud!

— Les hurlemens lamentables d'un chien égaré annoncent la mort.

— C'est un mauvais présage dans une maison, quand la poule chante avant le coq, et quand la femme parle plus haut que le mari. (Voyez *Superstitions.*)

PRESCIENCE. —

Rappelons-nous ici la sage maxime d'Hervey :
« Mortel , qui que tu sois , examine et pèse tant que
» tu voudras ; nul sur la terre ne sait quelle fin l'at-
» tend. »

— Thomas Cibber naquit de parens honnêtes qui
s'appliquèrent à lui donner une excellente éducation.
Un grand fonds de science le mit en état de lire et
d'écrire avant d'avoir atteint l'âge de seize ans : on
avait néanmoins découvert de bonne heure en lui le
penchant à suivre les traces des libertins ; il rejetait
les conseils de ses parens ; il montrait des inclinations perverses ; du matin au soir il avait les cartes
à la main ; il faisait le monsieur ; il maltraitait sa
mère, aussi-bien que sa gouvernante ; et , même dans
ses premières années , bien des personnes entendirent
son père répéter à plusieurs reprises : Thomas finira
par être pendu !

En avançant en âge , il devint chaque jour plus
passionné pour les plaisirs. On le vit souvent em-
prunter une guinée pour manger un ortolan. On raconte que trois livres sterlings, confiées à sa bonne
foi pour secourir un ami malheureux, satisfirent à
l'achat d'un plat de petits pois. Il contractait des
dettes avec toutes les personnes assez dupes pour lui
prêter, et jamais homme au monde ne porta plus
loin l'art profond d'abandonner un cabaret, sans sa-

tisfaire l'hôte. Ses nombreux créanciers s'écrièrent
bientôt d'une voix unanime : Thomas finira par être
pendu !

L'âge ne le rendit pas meilleur sujet : il recherchait
toujours les ortolans et les pois verts ; il avalait une
soupe au sucre, ou un consommé, dès que le hasard
ou la ruse lui fournissaient le moyen de l'escamoter ;
il trouvait les huîtres délicieuses, du moment que
quelqu'un les payait, ou, ce qui revient au même,
lorsqu'un marchand avait la sottise de les lui vendre
à crédit ; aussi tout le monde répétait : Thomas finira par être pendu ! Mais hélas ! quel homme peut
pénétrer les profondeurs de l'avenir ? Thomas Cibber
s'est noyé (1).

PRESTIGES. — Le bohémien Ziton changeait
quelquefois, dans des festins, les mains des conviés
en pieds de bœuf, afin qu'ils ne pussent rien prendre
des mets qu'on leur servait ; de sorte qu'il pouvait
prendre pour lui la meilleure part (2).

— Le magicien Sicidites, appuyé sur les fenêtres de
l'empereur Manuel Comnène, avec les courtisans,
regardait le port de Constantinople. Il arriva une
petite chaloupe chargée de pots de terre. Sicidites
offrit à ceux qui l'entouraient de leur faire voir le

_____

(1) Goldsmith.
(2) Delrio. = Ce même Ziton, voyant des gens à des fenêtres,
attentifs à regarder un spectacle qui contentait leur curiosité,
leur fit venir au front de larges cornes de cerf, pour les empêcher
de se retirer de ces fenêtres, quand ils le voudraient.

potier cassant ses pots ; ce qui s'effectua à l'instant,
au grand divertissement des courtisans, qui se pâ-
maient de rire ; mais ce rire se changea en compassion, quand ils aperçurent ce pauvre homme qui se
lamentait et s'arrachait la barbe, à la vue de tous ses
pots cassés. Et comme on lui demandait pourquoi
il les avait brisés de la sorte, il répondit qu'il avait
vu un grand serpent à crête rouge et étincelante, entortillé autour de ses pots, qui le regardait, la gueule
ouverte et la tête levée, comme s'il eût voulu le dévorer, et qu'il n'avait disparu qu'après tous les pots
cassés (1).

— Un autre jour, le magicien Sicidites, pour se
venger de quelques gens qui l'insultaient dans un
bain, se retira dans une chambre prochaine pour reprendre ses habits ; et dès qu'il fut sorti, tous ceux
qui étaient dans le bain détalèrent avec précipitation,
parce que du fond de la cuve du bain, ils avaient vu
sortir des hommes noirs, qui les chassaient à coups de
pied par les fesses (2).

— Un Égyptien devint tellement amoureux d'une
femme mariée, que, n'en pouvant obtenir aucune
faveur, il eut recours à un magicien habile qui, par
les prestiges du diable, fit voir au mari sa femme
changée en jument. Le mari, après avoir tenté tous
les remèdes, mena sa femme, liée comme une jument, à l'ermite Macaire, qui était dans son temps

_____

(1) Le Loyer.
(2) Idem.

en odeur de sainteté, et passait pour un grand faiseur de miracles. Macaire s'aperçut seul que cette
jument était une femme, quoique ses religieux, ainsi
que tous les assistans, y fussent trompés. C'est pourquoi il plongea la jument dans l'eau bénite, la désen-
sorcela, et la rendit femme à son mari (1).

— Pendant que le roi Artus était à Quiliny, un
jeune chevalier, nommé Carados de Vaigue, vint
lui demander une femme. Comme il était beau et
bien formé, Artus lui donna sa nièce; la belle Ysenne de Carahis, et invita à ce mariage tous ses barons,
ainsi que les dames et les pucelles de son royaume.
Or, il se trouva, dans la noble société, un célèbre eh-
chanteur nommé Éliaure, qui, pour avoir trop regardé la gracieuse épousée, en devint tellement épris
qu'il résolut de mourir s'il ne jouissait de ses faveurs.
C'est pourquoi il mit en usage tous ses enchantemens,
et entra au lit de la nouvelle mariée, qui le prit pour
Carados; et en place d'Ysenne, il substitua auprès
du mari, la première nuit des noces, une grande
levrette; la seconde nuit, une truie; et la troisième,
une jument. Après quoi, sa passion étant satisfaite,
il laissa les époux en paix (2).

— Wierius, dans son livre des prestiges, dit avoir
vu, en Allemagne, un sorcier qui montait au ciel, en
plein jour, devant tout le peuple; et comme sa femme,
à qui son départ faisait de la peine, voulait le rete-

---

(1) Palladius: vie de saint Macaire.
(2) Tiré de Perceval-le-Gallois.

nir par les pieds , elle fut aussi enlevée. La chambrière suivit sa maîtresse de la même sorte; et le mari de la chambrière , empoignant aussi les pieds de sa moitié , fit le quatrième. Ils demeurèrent assez long-temps en l'air , de cette manière.

PRIÈRES. —

Dieu veut des actions, bien plus que des prières.

D'ARNAULD.

Prière des bergers pour préserver les troupeaux de la gale , de la rogne et de la clavelée , trouvée dans un manuscrit rare et précieux. — « Ce fut par un lundi au matin que le sauveur » du monde passa , la sainte vierge après lui , mon- » sieur S. Jean , son pastoureau , son ami , qui cher- » che son divin troupeau , qui est entiché de ce » malin claviau , de quoi il n'en peut plus , à cause » des trois pasteurs qui ont été adorer mon sauveur » rédempteur Jésus-Christ , en Bethléem. (Cinq *Pater* et cinq *Ave.*)

» Mon troupeau sera sain et joli, qui est sujet à » moi. Je prie madame sainte Geneviève qu'elle m'y » puisse servir d'amie , dans ce malin claviau ici. » Claviau banni de Dieu, renié de Jésus-Christ, je te » commande de la part du grand Dieu , que tu aies » à sortir d'ici , et que tu aies à fondre et confondre » devant Dieu , comme fond la rosée devant le soleil. » Très glorieuse vierge Marie, et le saint -esprit , » claviau sors d'ici, car Dieu te le commande , aussi

» vrai comme Joseph-Nicodème d'Arimathie a des-
» cendu le précieux corps de mon sauveur et rédemp-
» teur Jésus-Christ, le jour du vendredi saint, de
» l'arbre de la croix : de par le père, de par le fils,
» de par le saint-esprit, digne troupeau, de bêtes à
» laine, approchez-vous d'ici, de Dieu et de
» moi, etc. »

— On pense bien qu'après une telle prière, et
quelques poignées de sel jetées en l'air, la gale, la rogne et la clavelée étaient forcées d'aller chercher leur
vie ailleurs.

Outre cette prière, il y en a encore d'aussi belles,
pour la garde des chevaux, des bœufs, etc. Mais la
plus fameuse, sans contredit, et, de l'aveu de tous
les experts, la plus digne de passer à la postérité,
est la célèbre oraison du loup. Quand on l'a prononcée pendant cinq jours, au soleil levant, on peut
défier les loups les plus affamés, et mettre les chiens
à la porte. La voici, pour la garde des moutons :

Oraison du loup. — « Viens, bête à laine ;, c'est
» l'agneau d'humilité ; je te garde. (*Ave Maria.*)
» C'est l'agneau du rédempteur, qui a jeûné qua-
» rante jours, sans rébellion, sans avoir pris aucun
» repas de l'ennemi, et fut tenté en vérité. Va droit,
» bête grise, à gris agrippense, va chercher ta proie,
» loups et louves et louveteaux ; tu n'as point à venir
» à cette viande qui est ici. Au nom du père et du fils,
» et du saint-esprit, et du bien-heureux saint Cerf.
» Aussi *vade retro o Satana !* »

La patenôtre blanche.—«Petite patenôtre blanche

» que Dieu fit , que Dieu dit , que Dieu mit en pa-
» radis. Au soir m'allant coucher, je trouvis trois anges
» à mon lit couchés , un au pied, deux au chevet ,
» la bonne vierge Marie au milieu , qui me dit que
» je m'y couchis , que rien ne doutis ; le bon Dieu est
» mon père , la bonne vierge est ma mère , les trois
» apôtres sont mes frères , les trois vierges sont mes
» sœurs. La chemise où Dieu fût né , mon corps en
» est enveloppé ; la croix Sainte-Marguerite à ma
» poitrine est écrite; madame s'en va sur les champs,
» à Dieu pleurant, rencontrit monsieur saint Jean :
» monsieur saint Jean , d'où venez-vous ?—Je viens
» d'*Ave Salus*. — Vous n'avez pas vu le bon Dieu ?
» — Si fait , il est dans l'arbre de la croix , les pieds
» pendans, les mains clouans , un petit chapeau
» d'épine blanche sur la tête.—Qui la dira trois fois
au soir , trois fois au matin , gagnera le paradis à la
fin.... fût-il le plus grand coquin de la terre !

Les prières de l'église, qui ne sont pas payées, sont
emportées par le diable, disent les démonomanes.

Histoire de la prière de Kadisch , chez les Juifs.
— Le rabbin Akibba , se promenant un jour dans un
lieu écarté, rencontra un homme tellement chargé
de bois qu'aucune bête de somme n'en aurait pu
porter autant. Il lui demanda s'il était homme vivant
ou spectre ? celui-ci lui répondit qu'il était mort ,
et qu'il venait tous les jours couper une pareille charge
de bois, dont il était brûlé dans le purgatoire. Akibba , après avoir appris de lui , d'où il était et le nom
de sa famille , vint apprendre à ses enfans *la prière*

de *Kadisch*, les assurant que leur père serait bientôt délivré de ses peines, s'ils la récitaient tous les jours. Ils n'eurent pas plutôt commencé, que le mort apparut la nuit au rabbin, pour le remercier, et pour lui dire qu'il était déjà entré dans le jardin du paradis terrestre. Cette bonne nouvelle, ayant depuis été écrite à toutes les synagogues du monde, avec un formulaire de cette prière, tous les enfans d'Israël la récitent présentement, pendant onze mois, pour la délivrance de l'âme paternelle ; car ils croient qu'il n'y a que les impies qui brûlent une année entière dans le purgatoire. Quand le défunt n'a point d'enfans, toute la synagogue en corps y supplée.

—Abdaliader, fameux docteur musulman, faisait ordinairement la prière suivante : « O Dieu tout-
» puissant, si, prosterné sans cesse devant ton être
» suprême, je ne m'occupe qu'à te rendre un culte
» digne de toi, daigne quelquefois jeter un regard
» de bonté sur ce vil insecte qui t'adore. »

Prière d'un ancien poëte : « O Jupiter, donne-nous
» ce qui nous est utile, que nous te le demandions
» ou non ; mais ne nous accorde point ce qui nous est
» funeste, quand même nous t'en prierions à ge-
» noux. » (1)

—Pascal III, qui avait canonisé Charlemagne, n'é-
tant pas regardé comme pape légitime, Alexandre III revisa cette canonisation et la confirma. Ainsi Char-

_____

(1) *O Jupiter, ea quæ bona sunt, nobis orantibus aut non oran
tibus tribue : quæ verò mala, etiam orantibus ne concede.*

lemagne, se trouvant incontestablement au nombre des saints, doit trouver fort mauvais que tous les ans , à Metz, on fasse un service, et qu'on prie pour le repos de son âme (ı).

PRODIGES. —

Pecudesque locuta ;
Infandum ! sistunt amnes , terræque dehiscunt ,
Et mæstum illacrymat templis ebur , æraque sudant.   •
                            VIRG.

— Sous le consulat de Volumnius , on entendit parler un bœuf, il tomba du ciel, en forme de pluie , des morceaux de chair, que les oiseaux dévorèrent en grande partie; le reste fut quelques jours sur la terre , et sans rendre de mauvaise odeur.

Dans d'autres temps , on rapporta des événemens aussi extraordinaires , qui ont néanmoins trouvé créance parmi les hommes : un enfant de six mois cria victoire, dans un marché de bœufs. Il plut des pierres à Picenne. Dans les Gaules , un loup s'approcha d'une sentinelle , lui tira l'épée du fourreau et l'emporta. Il parut en Sicile une sueur de sang sur deux boucliers ; et, pendant la seconde guerre punique , un taureau dit en présence de Cnœus Domitius : *Rome , prends garde à toi* (2) !

— Dans la ville de Galène , sous le consulat de Lépide , on entendit parler un coq d'Inde (3).

(ı) Saint-Foix.
(2) Valère-Maxime.
(3) L'Incrédulité savante.

—D'autres conteurs de prodiges rapportent qu'un agneau présagea à l'Égypte le bonheur qui l'attendait sous Bocchoris; et qu'un chien et un serpent parlèrent, quand Tarquin-le-Superbe fut chassé de Rome.

— La tête de Polycrite, se trouvant exposée sur un marché public, prédit aux Étoliens, alors en guerre contre les Acarnaniens, qu'ils perdraient la bataille (1).

— La tête d'un certain Gabinius, après qu'elle eut été retirée de la gueule d'un loup, chanta par un long poëme les malheurs qui devaient arriver à la ville de Rome (2).

— Delancre parle d'un sorcier, qui sauta du haut d'une montagne, sur un rocher éloigné de deux lieues. Quel saut !

— Un homme, ayant mangé du lait, vomit deux petits chiens blancs aveugles (3).

— Lorsque Midas, qui fut depuis roi de Phrygie, était encore enfant, un jour qu'il dormait dans son berceau, des fourmis emplirent sa bouche de grains de froment. Ses parens voulurent savoir ce que signifiait ce prodige ; et les devins répondirent que ce prince serait le plus riche des hommes (4).

— Pendant le siége de Jérusalem par les Romains, sous la conduite de Titus, outre l'éclipse de lune qui

_____

(1) Phlégon.

(2) Pline.

(3) Schenkius. — Il y en a qui ont pissé des petits chiens, si l'on en croit Mathiole.

(4) Valère-Maxime.

eut lieu, dit-on, pendant douze nuits de suite, et plusieurs autres prodiges, on aperçut un soir une multitude infinie de chariots de guerre et de gens armés qui, mêlés aux nuages, couvraient toute la ville, et l'entouraient de leurs bataillons. — Gaffarel dit à ce sujet, que ces armées qu'on voyait en l'air n'étaient autre chose que l'image des armées, qui environnaient la ville ; peut-être était-ce une aurore boréale.

— Lorsqu'on voulut enlever, par l'ordre de Caligula, la statue de Jupiter érigée en Élide, pour la transporter à Rome, cette statue se mit à éclater de rire, de telle sorte que les ouvriers s'enfuirent épouvantés (1).

— Tite-Live assure que la statue de Junon, interrogée par un soldat si elle voulait être transportée du temple de Veïes, où elle était alors, dans la ville de Rome, fit un signe de tête, pour marquer qu'elle le voulait bien.

— Lucien dit avoir vu une statue d'Apollon qui, étant portée sur les épaules de ses prêtres, s'avisa de les planter là, et de se promener dans les airs, pendant une bonne heure.

— Patris, étant au château d'Egmont, dans une chambre où un esprit venait de se montrer, ouvrit la porte de cette chambre, qui donnait sur une longue galerie, au bout de laquelle se trouvait une grande chaise de bois, si pesante que deux hommes

(1) Suétone.

avaient peine à la soulever. Il vit cette chaise maté- .
rielle se remuer, quitter sa place, et venir à lui
comme soutenue en l'air. Il s'écria : « Monsieur le
» diable, les intérêts de Dieu à part, je suis bien
» votre serviteur, mais je vous prie de ne pas me
» faire peur davantage. » Et la chaise s'en retourna
à sa place, comme elle était venue. Cette vision, dit
le chroniqueur, fit une forte impression sur l'esprit
de Patris, et ne contribua pas peu à le faire devenir
dévot.

— Les prodiges n'obtiennent des sages que le mépris; mais il en faut au vulgaire; et on en trouve
dans toutes les religions.

Rome était affligée depuis trois ans d'une peste
cruelle, dont aucun secours humain n'avait pu la délivrer. Les prêtres consultèrent les livres des sybilles,
et y trouvèrent que la peste ne cesserait que lorsqu'on aurait fait venir Esculape d'Épidaure à Rome.
On envoya aussitôt des ambassadeurs aux Épidau-
riens, qui les conduisirent sans délai au temple d'Esculape. Le dieu, que le peuple adorait sous la forme
d'un serpent, se montrait fort rarement; mais alors
il se promena lentement, et avec un regard serein,
durant trois jours, dans les principaux quartiers de
la ville; ensuite il alla de lui-même au vaisseau des
Romains, monta à la chambre de l'ambassadeur
Ogulnius, y fit plusieurs plis de son corps, et y demeura en repos. Les Romains charmés levèrent l'an-
cre; et, après une heureuse navigation, ils mouil-
lèrent à la côte d'Antium. Le serpent, qui jusque-là

était resté tranquille dans le vaisseau, en sortit, et alla visiter un temple d'Esculape, où il demeura trois jours, vivant des viandes que les ambassadeurs mettaient auprès de lui. Après quoi il retourna au vaisseau, qui remit à la voile pour Rome. Les ambassadeurs ne furent pas plutôt descendus sur les bords du Tibre, que le serpent traversa le fleuve et passa dans une île, où on lui éleva un temple magnifique; et son arrivée fit cesser la contagion (1). (Voyez *Alexandre de Paphlagonie.*)

— Voici encore une histoire qui est digne d'entrer dans les recueils de prodiges :

Un jeudi, que le vieux monsieur Santois priait Dieu dans ses heures, lorsqu'il voulut tourner le feuillet, il sentit je ne sais quoi faire du bruit sous sa main, et fut tout étonné de voir que le feuillet s'était déchiré de lui-même, mais si proprement, qu'il semblait que quelqu'un l'eût fait à dessein. D'abord ce bon vieillard eut la pensée que c'était lui qui l'avait déchiré sans y prendre garde ; mais, comme la même chose arriva en tournant le second feuillet, il commença à s'en effrayer, et appela ses enfans. Ils accoururent tous ; et, ayant appris la chose, ils tâchèrent de lui persuader qu'il s'était trompé. Mais le bon homme, ne pouvant consentir à passer pour visionnaire, leur dit : « Eh bien! mes enfans, vous » en jugerez, en cas que l'esprit soit d'humeur à en » déchirer un troisième ; car je ne veux pas que vous

---

(1) Valère Maxime.

» me croyiez hypocondriaque. » Là-dessus, il rou-
vrit son livre, et voulut tourner encore un feuillet ;
ce feuillet se déchira comme les autres. Le gendre ,
quoique convaincu , ne laissa pas de dire toujours
que c'était son beau-père qui le déchirait, de peur
que le vieillard n'en devint malade , s'il n'avait plus
de quoi douter ; et il lui alléguait pour raison qu'il
n'avait plus la vue ni le tact assez bons pour discerner s'il maniait rudement ou non le feuillet. Le bon
homme , se dépitant, prit ses lunettes , pour l'éprouver encore une fois , et y prendre garde de plus près ;
et, à la vue de tout le monde , les lunettes sortirent
d'elles-mêmes de son nez , et comme si elles eussent
volé ; firent toutes seules une promenade autour de
la chambre ; puis passèrent par la fenêtre, et s'allèrent arrêter dans un parterre de fleurs , à l'entrée
du jardin , où on les retrouva, avec les trois feuil-
lets (1).

— Pancrace coiffait , en Égypte , un bâton ou un
manche à balai , qu'il habillait en homme ; et, après
qu'il avait prononcé quelques paroles , on voyait
trotter ce bâton par le logis , faire les lits , laver la
vaisselle , rincer les verres , et s'acquitter fort habilement de toute la besogne de la maison. Puis , quand
tout était fait, son maître lui rendait sa première
forme (2). (Voyez *Merveilles* , *Apparitions*, *Miracles*,
Résurrection , etc.)

_____

(1) La fausse Clélie.
(2) L'Incrédulité savante.

PRONOSTICS POPULAIRES.—Quand les chê-
nes portent beaucoup de glands , ils pronostiquent un
hiver long et rigoureux.

— Tel vendredi , tel dimanche. Le peuple croit ,
sans aucune espèce de fondement, qu'un vendredi
pluvieux ne peut être suivi d'un dimanche serein.
Racine a dit , avec plus de raison :

> Ma foi sur l'avenir bien fou qui se fiera ,
> Tel qui rit vendredi, dimanche pleurera.

— Si la huppe chante, avant que les vignes ne ger-
ment , c'est un signe d'abondance de vin.

> — De saint Paul la claire journée
> Nous dénote une bonne aunée.
> Si l'on voit épais les brouillards ,
> Mortalité de toutes parts.
> S'il fait vent, nous aurons la guerre ;
> S'il neige ou pleut, cherté sur terre ;
> Si beaucoup d'eau tombe en ce mois ,
> Lors peu de vin croître tu vois.

—Des étoiles en plein jour pronostiquent des incendies et des guerres. Sous le règne de Constance, il y
eut un jour de ténèbres, pendant lequel on vit les
étoiles ; le soleil à son lever était aussi pâle que la
lune : *ce qui présageait la famine et la peste.*

> — Du jour de saint Médard , en juin ,
> Le laboureur se donne soin ;
> Car les anciens disent , s'il pleut,
> Que trente jours durant il pleut;

Et s'il fait beau , sois tout certain
D'avoir abondamment du grain

— Les tonnerres du soir amènent un orage ; les tonnerres du matin promettent du vent; et ceux qu'on entend vers midi annoncent la pluie.

— Les pluies de pierres pronostiquent des charges et des surcroîts d'impôts.

— Quiconque en août dormira
Sur midi, s'en repentira.
Bref en tout temps je te prédis
Qu'il ne faut dormir à midi.

— Trois soleils pronostiquent un triumvirat. On vit trois soleils , dit Cardan , après la mort de Jules-César ; la même chose eut lieu un peu avant le règne de François Ier, Charles-Quint et Henri VIII.

— Si le soleil luit avant la messe , le jour de la Chandeleur, c'est un signe que l'hiver sera encore bien long.

— Qui se couche avec les chiens se lève avec les puces.

PROSERPINE. — Épouse de Pluton , selon les païens , et reine de l'empire infernal. Selon les démonômanes , Proserpine est archidiablesse et souveraine princesse des esprits malins.

PUCELLE D'ORLÉANS. — (Voyez *Jeanne-d'Arc.*)

PYROMANCIE: — Divination par le feu.

On jetait dans le feu quelques poignées de poix broyée ; et , si elle s'allumait promptement, on en tirait un bon augure. Ou bien , on jetait une victime dans le feu , et on prédisait l'avenir sur la couleur et la figure de la flamme. Les démonomanes regardent le devin Amphiaraüs comme l'inventeur de cette divination.

PYTHAGORE. — Fils d'un sculpteur de Samos. Il voyagea pour s'instruire : les prêtres d'Égypte l'initièrent à leurs mystères ; les mages de Chaldée lui communiquèrent leurs sciences ; les sages de Crète , leurs lumières. Il rapporta dans Samos tout ce que les peuples les plus instruits possédaient de sagesse et de connaissances utiles ; mais , trouvant sa patrie sous le joug du tyran Polycrate , il passa à Crotone , où il éleva une école de philosophie , dans la maison du fameux athlète Milon. C'était vers le règne de Tarquin-le-Superbe. Il enseignait la morale , l'arithmétique , la géométrie et la musique. On le fait inventeur de la métempsycose.

Il paraît que , pour étendre l'empire qu'il exerçait sur les esprits , il ne dédaigna pas d'ajouter le secours des prestiges aux avantages que lui donnaient ses connaissances et ses lumières. Porphyre et Jamblique lui attribuent des miracles : il se faisait entendre et obéir des bêtes mêmes. Une ourse faisait de grands ravages dans le pays des Dauniens ; il lui ordonna de se retirer : elle disparut. Il se montra avec une cuisse d'or aux jeux olympiques ; il se fit saluer par le fleuve Nessus ; il arrêta le vol d'un aigle ; il fit mourir un serpent; il se fit voir, le même jour et à la même heure, à Crotone et à Métapont. Il vit un jour, à Tarente, un bœuf qui broutait un champ de fèves ; il lui dit à l'oreille quelques paroles mystérieuses, qui le firent cesser pour toujours de manger des fèves (1). On n'appelait plus ce bœuf que le bœuf sacré, et dans sa vieillesse il ne se nourrissait que de ce que les passans lui donnaient. Enfin Pythagore prédisait l'avenir et les tremblemens de terre, avec une adresse merveilleuse ; il apaisait les tempêtes, dissipait la peste, guérissait les maladies, d'un seul mot ou par l'attouchement.

Il fit un voyage aux enfers, où il vit l'âme d'Hésiode, attachée avec des chaines à une colonne d'airain, et celle d'Homère pendue à un arbre, au milieu d'une légion de serpens, pour toutes les fictions injurieuses à la divinité, dont leurs poëmes sont remplis.

Pythagore intéressa les femmes au succès de ses visions, en assurant qu'il avait vu dans les enfers beaucoup de maris rigoureusement punis, pour avoir maltraité leurs femmes ; et que c'était le genre de coupables le moins ménagé dans l'autre vie. Les femmes furent contentes ; les maris eurent peur ; et

_____

(1) Les Pythagoriciens respectaient tellement les fèves, que non-seulement ils n'en mangeaient point, mais même il ne leur était pas permis de passer dans un champ de fèves, de peur d'écraser quelque parent dont elles pouvaient loger l'âme.

tout fut cru. Il y eut encore une circonstance qui
réussit merveilleusement ; c'est que Pythagore , au
moment de son retour des enfers , et portant encore
sur le visage la pâleur et l'effroi qu'avait dû lui causer
la vue de tant de supplices , savait parfaitement
tout ce qui était arrivé sur la terre pendant son
absence.

Q.

QUESTION. — Voici comment on procédait ,
en Allemagne surtout , à la recherche des coupables
de sorcellerie , gens pendables s'il en fut jamais. Dès
que quelque personnage était réputé sorcier, il était
emprisonné et bientôt interrogé. S'il niait , on l'appliquait à la question, jusqu'à deux ou trois fois , et
plus souvent jusqu'à la mort.... s'il avouait , il prononçait sa condamnation....

Un sorcier était convaincu, lorsqu'il ne pouvait
pleurer. Il avait pourtant la puissance , quoique possédé du diable , de verser trois larmes de l'œil droit ;
mais ces trois larmes étaient une preuve, plus forte
encore que s'il fût resté l'œil sec. Quand on fit le
procès du curé de Loudun , l'exorciste lui dit : *Je te
commande de pleurer, si tu es innocent.* Comme il
n'obéit pas à la minute , et que même on prétendit
qu'il n'avait répandu aucune larme , ni avant , ni
après la question , quoiqu'il fût exorcisé de l'exorcisme des sorciers , on le jugea criminel; et, parce
qu'on croyait que le diable servait ses sujets et ses
confidens , avec toute l'adresse et toute l'énergie

dont il est capable , on prit le soin, ordinaire en ces occasions, de ne rien laisser sur lui , de peur qu'il ne portât quelque sort caché , par le moyen duquel il pût se délivrer des mains de ses juges : ainsi , on lui ôta tous ses vêtemens , et on examina en même temps s'il n'avait point les marques du diable. Après l'avoir dépouillé tout nu , comme cela se pratiquait alors , aussi-bien pour les femmes que pour les hommes , on lui rasa tout le poil du corps ; puis , pour le priver du secours qu'il pouvait espérer du diable , un capucin exorcisa l'air, la terre et les autres élémens , les coins , les bois et les marteaux de la question , à laquelle on l'appliqua de nouveau. Et , comme il protestait toujours qu'il était innocent , on remarqua trois larmes qui coulaient de son œil droit. Cette forte preuve , jointe aux autres présomptions foudroyantes qu'on avait contre lui , le fit condamner au bûcher; et il fut brûlé à Loudun. C'étaient des temps que ceux-là ! et nos ancêtres étaient plus chastes , plus éclairés , plus judicieux , et plus équitables que leur postérité , qui n'a plus ni foi , ni sorciers , ni bûchers , ni question.

On fit ces vers sur la mort du curé de Loudun :

> Vous tous, qui voyez la misère,
> De ce corps qu'on brûle aujourd'hui ,
> Apprenez que son commissaire
> Mérite mieux la mort que lui.

(Voyez *Démoniaques* , *Épreuves* , *Jugemens de Dieu.*)

Je ne parlerai point ici de ces tourmens hideux qui forçaient l'innocence à s'avouer coupable ; de ces tortures et de ces supplices affreux qu'on faisait subir à tout être que l'envie , ou la scélératesse , ou les haines particulières osaient accuser. Heureusement, la philosophie et les lumières, que les hiboux du siècle cherchent vainement à éteindre, nous ont délivrés de ces horreurs ; et la France, du moins, grâces au vertueux Louis XVI,ne s'en voit plus souillée.

R.

RELIQUES. — Les Catalans , ayant appris que Saint-Romuald voulait quitter leur pays, en furent très-affligés ; ils délibérèrent sur les moyens de l'en empêcher ; et le seul qu'ils imaginèrent, comme le plus sûr , fut de le tuer, afin de profiter du moins de ses reliques , et des guérisons et autres miracles qu'elles opéreraient après sa mort. La dévotion, que les Catalans avaient pour lui, ne plut point du tout à Saint-Romuald ; il usa de stratagème et leur échappa (1).

— On montrait à l'abbé de Marolles la tête de saint Jean-Baptiste , qui est à Amiens : « Dieu soit » loué , dit-il, en la baisant ! c'est la sixième que » j'ai l'honneur de baiser. »

— Les moines de Saint-Germain-des-Prés ceignaient les femmes grosses d'une ceinture de sainte Marguerite, dont ils ne pouvaient dire l'histoire,

_____

(1) Saint-Foix.

sans s'exposer à la risée des savans. Ils assuraient
néanmoins que ces femmes seraient délivrées de leur
grossesse, par la vertu miraculeuse de cette ceinture (1).

— Les moines de Vendôme s'imaginaient avoir ,
dans leur église , une des larmes que le fils de Dieu
versa sur la mort de Lazare. Pour justifier cette re-
lique , ils avaient fait imprimer un petit livre, intitulé : *Histoire véritable de la sainte Larme , que
notre Seigneur pleura sur Lazare ; comme et par
qui elle fut apportée au monastère de la sainte
Trinité de Vendôme ; ensemble plusieurs beaux et
insignes miracles , arrivés depuis* 630 *ans , qu'elle a
été miraculeusement conservée en ce saint lieu ,* etc.
Les religieux de l'abbaye de Saint-Pierre , au diocèse
d'Amiens , se glorifiaient de posséder la même re-
lique (2).

— Les moines de Coulombs , dans le diocèse de
Chartres , se vantaient d'avoir le prépuce de notre
Seigneur, que les bonnes gens appelaient le saint-
prépuce. Ils le montraient aux femmes grosses , en-
châssé dans un reliquaire d'argent , afin qu'elles
pussent accoucher sans peine (3).

— Le pape Pie VI , entendant parler du grand
nombre de miracles qu'opéraient sur les mâchoires
malades , les dents de sainte Apolline , se fit apporter

---

(1) Thiers.
(2) *Idem.*
(3) *Idem.*

toutes celles qu'il put connaître, pour éprouver leur vertu réelle, et distinguer les fausses d'avec les vraies, s'il était possible. Il s'en trouva plein un coffre.

— On voit, dans le cabinet du roi de Danemarck, l'ongle de Nabuchodonosor (1).

— On montrait au docteur Patin, dans une église de Prague, un portrait de la sainte Vierge peint par saint Luc : « Je ne suis fâché que de l'avoir vu » trop souvent, répondit-il ; saint Luc ne l'a pas peint » tant de fois, et l'ouvrage a ses marques modernes. »

— Jahel, héroïne israélite, enfonça un clou dans la tête du général Sisara : on conserve ce clou, dans plusieurs couvens grecs et latins, avec la mâchoire dont se servit Samson, la fronde de David, et le couperet avec lequel la célèbre Judith coupa la tête du général Holopherne, après avoir couché avec lui (2).

— Une dévote de village fit présent à son église d'un os de Jésus-Christ.

— Un religieux montrait les reliques de son couvent devant une nombreuse assemblée ; mais la plus rare, selon lui, était un cheveu de la sainte Vierge, qu'il présentait en écartant les mains. Un paysan, ouvrant ses deux grands yeux, dit en s'approchant : « Mais mon révérend père, je ne vois rien. — Par- » bleu ! je le crois, répondit le religieux ; il y a

_____

(1) Regnard : Voyages.
(2) Voltaire : Notes de la Pucelle.

» vingt ans que je le montre, et je ne l'ai point
» encore vu. »

RÉMORE. — On a fait bien des contes sur ce
poisson singulier.

« Les rémores, dit Cyrano de Bergerac, habi-
» tent vers l'extrémité du pôle, au plus profond de
» la mer Glaciale ; et c'est la froideur évaporée de
» ces poissons, à travers leurs écailles, qui fait geler
» en ces quartiers-là l'eau de la mer, quoique
» salée. »

» La rémore contient si éminemment tous les prin-
» cipes de la froidure, que passant par-dessous un
» vaisseau, le vaisseau se trouve saisi du froid, en
» sorte qu'il en demeure tout engourdi, jusqu'à ne
» pouvoir démarrer de sa place. La rémore répand
» autour d'elle tous les frissons de l'hiver. Sa sueur
» forme un verglas glissant. C'est un préservatif con-
» tre la brûlure..... »

Rien n'est plus singulier, dit le P. Lebrun, que ce
qu'on raconte de la remore. Aristote, Œlian, Pline,
assurent qu'il arrête tout court un vaisseau voguant à
pleines voiles. Mais ce fait est absurde, et n'est jamais
arrivé ; cependant plusieurs auteurs l'ont soutenu,
et ont donné, pour cause de cette merveille, une
qualité occulte, et même, dit Suarez, un peu d'influence céleste. Comme on ne peut toutefois l'expliquer, Scaliger ajoute qu'il a une vertu contraire au
mouvement du vaisseau, de même que le froid et le

chaud sont contraires, sans qu'on puisse dire pourquoi.

Au reste, ce poisson, qu'on nomme à présent *succet*, est grand de deux ou trois pieds. Sa peau est gluante et visqueuse. Il s'attache et se colle aux requins, aux chiens de mer et aux corps inanimés ; de sorte que, s'il s'en trouve un grand nombre collé au vaisseau, il peut bien l'empêcher de couler légèrement sur les eaux, mais non l'arrêter.

RÉSURRECTION.—Thespésius, citoyen de Cilicie, fort connu de Plutarque, était un mauvais sujet qui exerçait toutes sortes de friponneries, et ne laissait pas de se ruiner, de jour en jour, de fortune et de réputation. L'oracle lui avait prédit que ses affaires n'iraient bien qu'après sa mort. En conséquence, il tomba du haut de sa maison, se cassa le cou et mourut. Trois jours après, lorsqu'on allait faire ses funérailles, il ressuscita, comme de droit, et devint le plus juste, le plus pieux et le plus homme de bien de la Cilicie.

Comme on lui demandait la raison d'un tel changement, il disait qu'au moment de sa chute, son âme s'était élevée jusqu'aux étoiles, dont il avait admiré la grandeur immense et l'éclat surprenant ; qu'il avait vu dans l'air un grand nombre d'âmes, les unes enfermées dans des tourbillons enflammés, les autres pirouettant en tous sens, celles-ci très-embarrassées et poussant des gémissemens douloureux, celles-là, moins nombreuses, s'élevant en haut avec rapidité, et se réjouissant avec leurs semblables. Il racontait tous les supplices des scélérats dans l'autre vie ; et il ajoutait que, pour lui, une âme de sa connaissance lui avait dit qu'il n'était pas encore mort, mais que, par la permission de Dieu, son âme était venue faire ce petit voyage de faveur (apparemment en récompense de sa bonne conduite); et qu'après cela il était rentré dans son corps, poussé par un souffle impétueux.

— Pamilius de Phères, tué dans un combat, resta dix jours au nombre des morts ; on l'enleva ensuite du champ de bataille, pour le porter sur le bûcher ; mais il revint à la vie, et raconta des histoires surprenantes de ce qu'il avait vu pendant que son corps était resté sans sentiment (1).

—Dans la guerre de Sicile, entre Octave et Sextus-Pompée, un des gens d'Octave, nommé Gabinius, ayant été fait prisonnier, eut la tête coupée. Sur le soir, on l'entendit qui se plaignait et demandait à parler à quelqu'un. On s'assembla autour du corps ; alors il dit aux assistans qu'il était venu des enfers, pour dire à Pompée des choses importantes. Pompée envoya aussitôt un de ses lieutenans auprès du mort, qui déclara que les dieux infernaux recevaient les justes plaintes de Pompée, et qu'il serait vainqueur ; après quoi il se tut (2). Si ce trait a quelque fonde-ment, c'était une fourberie inventée pour relever le

_____

(1) Valère-Maxime, après Platon.
(2) Pline.

courage des troupes ; mais elle n'eut point de succès : car Sextus-Pompée, vaincu et sans ressource, s'enfuit en Asie, où il fut pris et tué par les gens de Marc-Antoine (1).

—Gaguin dit, dans sa description de la Moscovie, que dans le nord de la Russie, les peuples meurent le 27 novembre, à cause du grand froid, et ressuscitent le 24 avril : ce qui est une manière fort commode de passer l'hiver.

RÉVÉLATIONS. — Un citoyen d'Alexandrie vit, sur le minuit, des statues d'airain se remuer et crier à haute voix que l'on massacrait à Constantinople l'empereur Maurice et ses enfans : ce qui se trouva vrai ; mais la révélation ne fut publiée qu'après que l'événement fut connu.

— Apollonius de Thyanes annonça à Éphèse dans une assemblée publique, qu'on tuait le tyran Domitien ; ce qui se faisait en effet à Rome, au même moment ; mais Philostrate ne publia cette anecdote que plus de cent ans après la mort d'Apollonius ; et de plus, son ouvrage est un roman.

— L'archevêque Angelo Catto, dit Philippe de Commines, connut de même la mort de Charles-le-Téméraire, qu'il annonça au roi Louis XI, à la même heure qu'elle était arrivée.

— Le pape Pie V apprit pareillement, par révélation, la bataille de Lépante, gagnée par les chrétiens.

----

(1) Voyez Tite-Live.

— Cardan, pour donner de l'importance à son ouvrage *De la variété des choses*, disait qu'il avait été averti en songe de l'entreprendre, et que, d'après un pareil avis, il n'avait pu s'empêcher de mettre courageusement la main à la besogne.

REVENANTS. —

Squallentem barbam, et concretos sanguine crines,
Vulneraque illa gerens....

VIRG.

— On débite, comme une chose assurée, qu'un revenant se trouve toujours froid quand on le touche. Cardan et Alexandre d'Alexandrie sont des témoins qui l'affirment ; et Cajetan en donne la raison, qu'il a apprise de la propre bouche d'un diable qui, interrogé à ce sujet par une sorcière, lui répondit *qu'il fallait que la chose fût ainsi.* La réponse est satisfaisante. Elle nous apprend au moins que le diable se sauve aussi quelquefois par le pont aux ânes.

Un Italien, revenant à Rome, après avoir fait enterrer un de ses amis, qui venait de mourir en voyageant avec lui, s'arrêta le soir dans une hôtellerie, où il coucha. Étant seul et bien éveillé, il lui sembla que son ami mort, tout pâle et décharné, lui apparaissait et s'approchait de lui. Il leva la tête pour le regarder, et lui demanda en tremblant qui il était. Le mort ne répond rien, se dépouille, se met au lit, et se serre contre le vivant, comme pour se réchauffer. L'autre, ne sachant de quel côté se tourner, s'agite et repousse le défunt. Celui-ci, se voyant ainsi

rebuté, regarde de travers son ancien compagnon,
se lève du lit, se r'habille, chausse ses souliers, et
sort de la chambre, sans plus apparaître. Le vivant a
rapporté, qu'ayant touché dans le lit un des pieds du
mort, il le trouva plus froid que la glace (1).

—Pierre d'Engelbert avait envoyé à ses frais un de
ses serviteurs au secours d'Alphonse, roi d'Aragon,
qui faisait la guerre en Castille. Le serviteur revint
sain et sauf, quand la guerre fut finie ; mais bientôt
il tomba malade et mourut. Quatre mois après sa
mort, Pierre, étant couché dans sa chambre, vit entrer au clair de la lune un spectre à demi-nu, qui
s'approcha de la cheminée, découvrit le feu et se
chauffa. Pierre lui demanda qui il était. — « Je suis,
» répondit le fantôme, d'une voix cassée, Sanche,
» votre serviteur. » — « Eh ! que viens-tu faire ici ? »
— « Je vais en Castille, avec quelques autres, expier
» le mal que nous y avons fait. Moi en particulier,
» j'ai pillé les ornemens d'une église, et je suis con-
» damné pour cela à faire ce voyage. Vous pouvez
» me soulager par vos bonnes œuvres ; et votre fem-
» me, qui me doit huit sous, m'obligera infiniment
» de les donner aux pauvres, en mon nom. »

Pierre lui demanda des nouvelles de quelques-uns
de ses amis morts depuis peu ; Sanche le satisfit là-
dessus. « Et où est maintenant le roi Alphonse ? »
demanda Pierre. Alors un autre spectre, qu'il n'avait
point vu d'abord, et qu'il aperçut dans l'embrasure

---

(1) Alexandre d'Alexandrie.

de la fenêtre, lui dit : « Sanche ne peut rien vous ap-
» prendre touchant le roi d'Aragon; il n'y a pas
» assez long-temps qu'il est dans notre bande, pour
» en savoir des nouvelles ; mais moi, qui suis mort il
» y a cinq ans, je puis vous en dire quelque chose :
» Alphonse, après son trépas, a été quelque temps
» avec nous; mais les bénédictins de Cluni l'en ont
» tiré, et je ne sais où il est à présent. »

Alors les deux revenans sortirent. Pierre éveilla sa
femme, qui dormait à côté de lui, et lui demanda si
elle ne devait rien à Sanche. « Je lui dois encore huit
» sous, » répondit-elle. Alors Pierre ne douta plus,
fit des prières et distribua des aumônes pour l'âme
du défunt (1).

— Deux philosophes, Michel Mercati et Marsile
Ficin, causant sur l'immortalité de l'âme, se promirent, que le premier qui partirait de ce monde en
viendrait donner des nouvelles à l'autre. Peu après,
ils se séparèrent.

Un jour que Michel, bien éveillé, s'occupait de
l'étude de la philosophie, il entendit tout d'un coup
le bruit d'un cheval qui venait en grande hâte à sa
porte, et en même temps la voix de Marsile qui lui
criait : « Michel, rien n'est plus vrai que ce qu'on
» dit de l'autre vie. » Aussitôt Michel ouvrit la fenêtre, et vit son ami Marsile, monté sur un cheval
blanc, qui s'éloignait au galop. Michel lui cria de

_____

(1) Don Calmet, bénédictin.

s'arrêter ; mais il continua sa course , jusqu'à ce qu'il ne le vit plus.

Marsile demeurait à Florence , dit Baronius qui rapporte ce conte ; et il mourut à l'heure même où son ami le vit par sa fenêtre.

— Le marquis de Rambouillet et le marquis de Précy, tous deux âgés de vingt-cinq à trente ans , étaient intimes amis et allaient à la guerre , comme y vont en France toutes les personnes de qualité. Un jour qu'ils s'entretenaient des affaires de l'autre monde , après plusieurs discours qui témoignaient assez qu'ils n'étaient pas trop persuadés de tout ce qui s'en dit , ils se promirent l'un à l'autre que le premier qui mourrait en viendrait apporter des nouvelles à son compagnon.

Au bout de trois mois , le marquis de Rambouillet partit pour la Flandre , où la guerre était alors ; et le marquis de Précy , arrêté par une grosse fièvre , demeura à Paris. Six semaines après , Précy entendit , sur les six heures du matin, tirer les rideaux de son lit , et, se tournant pour voir qui c'était , il aperçut le marquis de Rambouillet , en buffle et en bottes. Il sortit de son lit , et voulut sauter à son cou , pour lui témoigner la joie qu'il avait de son retour ; mais Rambouillet, reculant quelques pas en arrière , lui dit que ces caresses n'étaient plus de saison , qu'il ne venait que pour s'acquitter de la parole qu'il lui avait donnée, qu'il avait été tué la veille, que tout ce qu'on disait de l'autre monde était très-certain , qu'il devait songer à vivre d'une autre manière , et qu'il n'avait point de temps à perdre, parce qu'il serait tué dans la première affaire où il se trouverait.

On ne peut exprimer la surprise où fut le marquis de Précy à ce discours ; ne pouvant croire ce qu'il entendait, il fit de nouveaux efforts pour embrasser son ami, qu'il croyait le vouloir abuser ; mais il n'embrassa que du vent ; et Rambouillet, voyant qu'il était incrédule, lui montra l'endroit où il avait reçu le coup, qui était dans les reins, d'où le sang paraissait encore couler. Après cela, le fantôme disparut, et laissa Précy dans une frayeur plus aisée à comprendre qu'à décrire. Il appela son valet de chambre, et réveilla toute la maison par ses cris.

Plusieurs personnes accoururent, à qui il conta ce qu'il venait de voir : tout le monde attribua cette vision à l'ardeur de la fièvre qui pouvait altérer son imagination, et le pria de se recoucher, lui remontrant qu'il fallait qu'il eût rêvé ce qu'il disait. Le marquis, au désespoir de voir qu'on le prît pour un visionnaire, raconta toutes les circonstances qu'on vient de lire ; mais il eut beau protester qu'il avait vu et entendu son ami, en veillant, on demeura toujours dans la même pensée, jusqu'à ce que la poste de Flandres, par laquelle on apprit la mort du marquis de Rambouillet, fût arrivée. Cette première circonstance s'étant trouvée véritable, et de la manière que l'avait dit Précy, ceux à qui il avait conté l'aventure commencèrent à croire qu'il en pouvait bien être quelque chose, parce que Rambouillet ayant été tué précisément la veille du jour qu'il

l'avait dit , il était impossible qu'il l'eût appris naturellement. Dans la suite , Précy, ayant voulu aller,
pendant les guerres civiles , au combat de saint Antoine , y fut tué. —

En supposant la vérité de toutes les circonstances
de ce fait , on n'en peut néanmoins tirer aucune
conséquence en faveur des revenans. Il n'est pas
difficile de comprendre que l'imagination du marquis de Précy, échauffée par la fièvre , et troublée
par le souvenir de la promesse que Rambouillet et lui
s'étaient faite , lui ait représenté le fantôme de son
ami, qu'il savait à l'armée et à tout moment en
danger d'être tué ; peut-être même était-il informé
qu'on devait , ce jour-là, avoir une affaire avec l'ennemi. Les circonstances de la blessure du marquis
de Rambouillet , et la prédiction de la mort de
Précy, qui se trouva accomplie, ont quelque chose
de plus grave ; cependant ceux qui ont éprouvé
quelle est la force des pressentimens , dont les effets
sont tous les jours si ordinaires , n'auront pas de
peine à concevoir que le marquis de Précy, dont
l'esprit, agité par l'ardeur de la maladie, suivait son
ami dans tous les hasards de la guerre , et s'attendait toujours à se voir annoncer par son fantôme ce
qui lui devait arriver à lui-même , ait prévu que le
marquis de Rambouillet avait été tué d'un coup de
mousquet dans les reins, et que l'ardeur qu'il se
sentait lui-même de se battre , le ferait périr dans la
première occasion. Et puis, je ne rapporte cette anecdote , ainsi que toutes les autres de ce genre , que

comme un conte populaire. Avant d'ajouter foi à des faits qui passent le cours ordinaire des choses, il faut en avoir la preuve certaine ; et on n'a ici ni témoins, ni monumens, ni historien, qui méritent une pleine confiance.

— Un curé de Valogne, et son ami, s'étaient promis mutuellement que le premier qui mourrait, viendrait dire des nouvelles de son état au survivant, et avaient signé de leur sang cet engagement réciproque. Ils ne tardèrent pas à se séparer ; et six semaines après, le curé eut des étourdissemens et des faiblesses, au milieu desquelles il vit son ami qui, le prenant par le bras, lui dit : « Je me suis noyé » avant-hier dans la rivière de Caen, en voulant me » baigner, et je te conjure de dire pour moi les sept » pseaumes, que j'ai eus en pénitence, dimanche » dernier, et que je n'ai pas eu le temps de réciter.» Le curé eut beau lui demander s'il était sauvé, s'il était damné, s'il était en purgatoire, il ne lui répondit rien et disparut (1).

On voit combien toutes ces extravagances se ressemblent. Je passe sous silence une foule de traits aussi absurdes, pour ne pas répéter cent fois les même sottises.

— Un aubergiste d'Italie, qui venait de perdre sa mère, étant monté le soir dans la chambre de la défunte, en sortit bientôt hors d'haleine, en criant à tous ceux qui logeaient chez lui que sa mère était

---

(1) L'abbé de saint Pierre.

revenue, et couchée dans son lit; qu'il l'avait vue, mais qu'il n'avait pas eu le courage de lui parler.

Un ecclésiastique qui se trouvait là, voulut y monter, et toute la maison se mit de la partie. On entra dans la chambre, on tira les rideaux du lit, et on aperçut la figure d'une vieille femme, noire et ridée, coiffée d'un bonnet de nuit, et qui faisait des grimaces ridicules. On demanda au maître de la maison si c'était bien là sa mère? « Oui, s'écria- » t-il, oui, c'est elle; ah! ma pauvre mère! » Les valets la reconnurent de même. Alors le prêtre lui jeta de l'eau bénite sur le visage. L'esprit, se sentant mouillé, sauta sur la tête de l'abbé et le mordit. Tout le monde prit la fuite, en poussant des cris.... Mais la coiffure tomba, et on reconnut que la vieille femme n'était qu'un singe. Cet animal avait vu sa maîtresse se coiffer; il l'avait imitée; et c'est à des riens pareils qu'on doit, pour l'ordinaire, les épouvantables histoires de revenans.

— Madame Deshoulières étant allé passer quelques mois dans une terre, à quatre lieues de Paris, on lui permit de choisir la plus belle chambre du château, à l'exception d'une seule, qu'un revenant visitait toutes les nuits. Depuis long-temps, madame Deshoulières désirait voir des revenans; et, malgré toutes les représentations qu'on lui fit, elle se logea dans cette chambre antique. La nuit venue, elle se mit au lit, prit un livre, selon sa coutume; et, sa lecture finie, elle éteignit sa lumière et s'endormit. Elle fut bientôt éveillée par un bruit qui se fit à la porte ; on l'ouvrit : quelqu'un entra , qui marchait assez fort. Elle parla , très-décidée , et assurant qu'elle n'avait point peur. On ne répondit point. L'esprit fit tomber un vieux paravent , qui tira les rideaux du lit, avec un bruit épouvantable. Elle harangua encore l'âme , qui s'avançait toujours très-lentement et sans mot dire. On passa dans la ruelle du lit , on renversa le guéridon , et on s'appuya sur la couverture. Ce fut là que madame Deshoulières fit paraître toute sa fermeté. « Ah ! dit- » elle , je saurai qui vous êtes !.... » Alors , étendant ses deux mains, vers l'endroit où elle entendait le spectre , elle saisit deux oreilles fort velues , qu'elle eut la constance de tenir jusqu'au matin. Aussitôt qu'il fut jour, les gens du château vinrent voir si elle n'était pas morte ; et il se trouva que le prétendu revenant était un gros chien, qui trouvait plus commode de coucher dans cette chambre déserte, que dans la basse-cour.

—Le maréchal de Saxe , passant dans un village , entendit parler d'une auberge où il y avait , disait-on , des revenans qui étouffaient tous ceux qui avaient l'audace d'y coucher. Comme le vainqueur de Fontenoy était au-dessus des craintes superstitieuses , il alla passer une nuit dans cette auberge , et se logea dans la chambre tragique. Muni de bons pistolets , et accompagné de son domestique , il lui ordonna de veiller autant qu'il le pourrait , devant lui céder ensuite son lit , et faire sentinelle à sa place. A une heure du matin , rien n'avait encore paru.

Le domestique, qui sentait ses yeux s'appesantir, va éveiller son maître, qui ne répond point. Il le croit assoupi, et le secoue, sans qu'il s'éveille. Effrayé, il prend sa lumière, lève les draps, et voit le maréchal baigné dans son sang. Une araignée monstrueuse, appliquée sur le sein gauche, lui suçait le sang. Il court prendre des pincettes, pour combattre cet ennemi d'un nouveau genre, saisit l'araignée et la jette au feu. Ce ne fut qu'après un long assoupissement que le maréchal reprit ses sens; et depuis lors on n'entendit plus parler de revenans dans cette auberge.

Ceux qui songeront aux maux qu'occasione la morsure de la tarentule, croiront aisément que ce fait n'est point exagéré.

— Il arriva, à l'aide de camp du maréchal de Luxembourg, une aventure à peu près semblable. Étant allé coucher dans une auberge où le diable étranglait tous ceux qui osaient s'y loger, il fut attaqué la nuit par une bête furieuse, qu'il tua à coups de sabre, après une heure de combat. C'était un gros chat sauvage, qui descendait par la cheminée, et qui avait déja étranglé une quinzaine de personnes.

— Un fermier de Southams, dans le comté de Warwick, en Angleterre, fut assassiné en revenant chez lui. Le lendemain, un voisin vint trouver la femme de ce fermier, et lui demanda si son mari était rentré. Elle répondit que non, et qu'elle en était dans de grandes inquiétudes. Vos inquiétudes, réplique cet homme, ne peuvent égaler les miennes;

car, comme j'étais couché cette nuit, sans être encore
endormi , votre mari m'est apparu , couvert de blessures , m'a dit qu'il avait été assassiné par John-
Dick , et que son cadavre avait été jeté dans une
marnière.

La fermière alarmée fit des recherches; on découvrit la marnière , et on y trouva le corps, blessé aux
deux endroits que cet homme avait désignés. Celui
que le revenant avait accusé fut saisi et mis entre les
mains des juges , comme violemment soupçonné de
meurtre. Son procès fut instruit à Warwick , et les
jurés allaient le condamner , aussi témérairement
que l'ignorant juge de paix qui l'avait arrêté , quand
lord Raimond , le principal juge suspendit l'arrêt et
dit aux jurés : «Je crois, messieurs, que vous donnez
plus de poids au témoignage d'un revenant, qu'il n'en
mérite ; quelque cas qu'on fasse de ces sortes d'histoires , nous n'avons aucun droit de suivre nos inclinations particulières sur ce point. Nous formons un
tribunal de justice, et nous devons nous régler sur
la loi : or je ne connais aucune loi existante qui
admette le témoignage d'un revenant ; et, quand il y
en aurait une, le revenant ne parait point, pour faire
sa déposition. Huissier , ajouta le juge , appelez le
revenant;» ce que l'huissier fit par trois fois, sans que
le revenant parût. « Messieurs , continua lord Raimond , l'accusé qui est à la barre est, suivant le témoignage de gens irréprochables , d'une réputation
sans tache ; et il n'a point paru , dans le cours des
informations , qu'il y ait eu aucune espèce de que-

relle entre lui et le mort. Je le crois absolument innocent ; et, comme il n'y a aucune preuve contre lui, ni directe, ni indirecte, il doit être renvoyé. Mais, par plusieurs circonstances, qui m'ont frappé dans le procès, je soupçonne fortement la personne qui a vu le revenant, d'être le meurtrier ; auquel cas, il n'est pas difficile de concevoir qu'il ait pu désigner la place des blessures, la marnière et le reste, sans aucun secours surnaturel. En conséquence de ces soupçons, je me crois en droit de le faire arrêter, jusqu'à ce qu'on fasse de plus amples informations.» Cet homme fut effectivement arrêté. On fit des perquisitions dans sa maison ; on trouva les preuves de son crime, qu'il avoua lui-même à la fin, et il fut exécuté aux assises suivantes.

. — Dans la Guinée, on croit que les âmes des trépassés reviennent sur la terre, et qu'elles prennent dans les maisons les choses dont elles ont besoin ; de sorte que, quand on a fait quelque perte, on en accuse les revenans. Cette opinion ne laisse pas que d'être favorable à certaines gens. (Voyez *Apparitions*, *Fantômes*, *Spectres*, etc.)

RIMMON. — Démon d'un ordre inférieur, peu considéré là-bas, quoique premier médecin de l'empire infernal.

Il était adoré à Damas : on lui attribuait le pouvoir de guérir la lèpre.

RUE D'ENFER. — Saint Louis fut si édifié du récit qu'on lui faisait de la vie austère et silencieuse des disciples de saint Bruno, qu'il en fit venir six, et leur donna une maison, avec des jardins et des vignes, au village de Gentilly. Ces religieux voyaient, de leurs fenêtres, le palais de *Vauvert*, bâti par le roi Robert, abandonné par ses successeurs, et dont on pouvait faire un monastère commode et agréable par la proximité de Paris. *Le hasard voulut* que des esprits, ou revenants s'avisèrent de s'emparer de ce vieux château. On y entendait des hurlêmens affreux. On y voyait des spectres traînant des chaînes, et entre autres, un monstre vert, avec une grande barbe blanche, moitié homme et moitié serpent, armé d'une grosse massue, et qui semblait toujours prêt s'élancer la nuit sur les passans. Que faire d'un pareil château? les chartreux le demandèrent à saint Louis; il le leur donna avec toutes ses appartenances et dépendances; et les revenans n'y revinrent plus. Le nom *d'Enfer* resta seulement à la rue, en mémoire de tout le tapage que les diables y avaient fait (1).

S.

SABATAI-SÉVI. — Imposteur qui se donna pour le messie des Juifs, en 1666, et qui se fit mahométan pour se soustraire aux dangers où l'avait jeté sa mission.

Les prophéties des Ziéglernes portaient que l'année 1666 serait une grande année pour les Juifs; que le messie tant désiré viendrait enfin visiter son peuple;

_____

(1) Saint-Foix.

qu'il disparaîtrait, neuf mois après son apparition; que plusieurs Juifs souffriraient le martyre pendant son absence ; qu'il reviendrait ensuite, monté sur un lion céleste ; qu'il guiderait sa monture, avec une bride miraculeuse, composée de deux serpens à sept têtes ; qu'il serait reconnu pour le seul monarque de l'univers ; qu'alors le saint temple descendrait du ciel, tout bâti, orné et paré de toutes sortes de magnificences ; qu'ils y sacrifieraient jusqu'à la fin du monde ; qu'ils jouiraient de tous les plaisirs de la vie ; qu'ils n'auraient aucune guerre à soutenir, etc., etc.

Ces prédictions occupaient beaucoup les Juifs et faisaient presqu'exclusivement le sujet de leurs conversations. On racontait aussi qu'une nation innombrable, formée des dix tribus d'Israël, perdues depuis tant de siècles, venait de se rassembler dans les déserts les plus éloignés de l'Arabie, pour retourner à Jérusalem, avec le messie. On avait vu, dans la terre promise, une colonne lumineuse, en forme d'arc-en-ciel ; c'était, selon l'opinion la plus commune, le signe certain de l'avénement du messie attendu.

En conséquence, les Juifs se disposèrent à le recevoir. Les uns jeûnaient jusqu'à mourir de faim, pour l'expiation de leurs fautes ; d'autres s'enterraient jusqu'au cou, dans leurs jardins, par un saint motif d'humilité; ceux-ci se couchaient dans la boue et y passaient des nuits entières, afin de refroidir leurs sens ; ceux-là se donnaient trente coups de fouet, et se piquaient le dos avec des épingles, en intention de pénitence ; tous vendaient leurs biens et leurs meubles, dans

l'attente continuelle où ils étaient de posséder , d'un
jour à l'autre , tous les biens des infidèles.

Les esprits étaient préparés. Soit qu'il fût poussé
par des Juifs puissans , soit qu'il voulût profiter de
l'occasion,un Juif d'Alep se mit à prêcher sur les chemins et dans les villages , en disant qu'il était le messie promis à Abraham , et qu'il venait régner sur le
peuple de Dieu.Cet homme se nommait Sabataï-Sévi;
il était né, de parens obscurs ; il avait l'esprit vif , le
corps assez bien fait, un abord gracieux, et quelque
majesté dans les manières. Il suivait régulièrement la
loi de Moïse, et connaissait tous les secrets du Thalmud.

Il se fit bientôt des sectateurs , parmi lesquels on
compte quelques rabbins. Nathan de Gaza , le plus
célèbre d'entre eux , et l'un des premiers partisans
de Sévi , se faisait passer pour son précurseur. En
vertu de cette qualité , il défendit les jeûnes à tous
les Juifs , leur ordonna de se livrer à la joie , et publia que , dans quelques mois , Sévi détrônerait le
grand-seigneur , qu'il l'emmènerait chargé de chaînes. à Jérusalem , et que tous les enfans d'Israël se
rallieraient autour de lui , des quatre parties du
monde.

Mais, quoique Nathan menaçât de faire tomber le
feu du ciel sur les incrédules , comme il en avait le
pouvóir,tout le monde n'était pas persuadé. Un Juif
de Smyrne , nommé Pennia , homme riche et de
grande considération, osa dire, en pleine synagogue,
que Sabataï n'était qu'un imposteur. Peu s'en fallut

que le peuple ne l'assommât ; car le peuple aime
toujours les charlatans. Cependant Pennia n'eut que la
peur, et se retira sans mésaventure.

Le gouverneur de Smyrne, qui commençait à prendre de l'ombrage, fit arrêter Sabataï, dans le dessein
de l'envoyer au sultan (1). Fort heureusement, le
gouverneur n'était pas incorruptible ; on le gagna,
et il se contenta d'exiler Sabataï de Smyrne, et de
défendre qu'on insultât les Juifs. Ceux-ci contèrent
aussitôt qu'on devait ce miracle à Élie, qui s'était
fait voir en songe au gouverneur, accompagné
d'Abraham et de Mardochée ; qu'Élie était assis sur
une colonne de feu ; que cette colonne était fort ardente ; que le gouverneur, s'en sentant incommodé,
s'était écrié : Élie, ayez pitié de moi ; que le prophète l'avait exaucé, mais en lui disant que, s'il s'a-
visait de maltraiter, ou de souffrir qu'on maltraitât
les Juifs, il lui rendrait les oreilles plus grosses que les
fesses et les épaules ; qu'après cela, Élie, Abraham
et Mardochée avaient disparu.

Pendant le temps de son exil, Sabataï épousa successivement trois femmes, qui l'abandonnèrent peu
après la noce, parce qu'il était impuissant.

Enfin Pennia fut séduit ; il devint partisan de l'imposteur, et chanta la palinodie. Sa famille se convertit avec lui ; sa fille tomba dans des extases et se mit
à prophétiser. Quatre cents personnes, gagnées par

---

(1) C'était le sultan Mahomet IV, fils et successeur du cruel
Ibrahim. Il régna depuis l'an 1649 jusqu'à l'année 1687.

l'argent que Pennia distribuait, le secondèrent admi-
rablement ; et la manie de prophétiser s'étendit jusqu'aux petits enfans. Le gouverneur permit à Sabataï de rentrer à Smyrne ; les rues furent tendues et
couvertes de tapis pour le recevoir, et on lui rendit
tous les honneurs imaginables. Un docteur juif, un
peu plus ferme que Pennia, voulut aussi éclairer sa
nation ; comme il avait de l'éloquence, le gouverneur
l'envoya aux galères.

Sévi, protégé, écrivit à toute la nation d'Israël une
longue lettre, dont voici le sommaire :

« Sabataï-Sévi, fils aîné de Dieu, messie et sau-
» veur des enfans de Jacob, vous apporte le salut et
» le bonheur. Célébrez des fêtes, et changez vos jours
» de tristesse en des jours de réjouissance : celui que
» Dieu vous avait promis est venu. Bientôt vous do-
» minerez sur tous les peuples de la terre, et même
» sur les nations inconnues qui sont au fond de la
» mer ; le tout pour votre plaisir, et pour la récom-
» pense des vertus de vos pères. »

Cette lettre fut écrite de Smyrne, en la même
année 1666. Sabataï avait alors quarante ans. Nathan
l'accompagnait toujours ; cependant Élie ne paraissait point. Sévi affirma qu'il était arrivé, et qu'il se
trouvait invisiblement parmi les Juifs ; ce qui était
bien prouvé par la vision du gouverneur de Smyrne.
C'est pourquoi plusieurs docteurs, échauffés par les
fumées du vin, virent le prophète Élie assis à leur
table, et se vantèrent même d'avoir bu avec lui.
De plus, un rabbin le rencontra dans les rues, ha-

billé à la turque ; et le prophète lui dit qu'on négli-
geait de porter des bandes de couleur d'hyacinthe,
aux revers des manches ; qu'on se coupait les cheveux
en rond ; qu'on n'observait pas régulièrement les traditions des anciens ; et qu'il n'était pas content de
tout cela. On se hâta d'apaiser Élie ; après quoi Sévi
se disposa à conduire le peuple de Dieu dans la terre
promise. Mais il fallait d'abord aller détrôner le
grand-turc, pour mettre de l'ordre dans l'exécution
des prophéties de Nathan de Gaza. Ainsi le messie
nomma les principaux de la synagogue, de Smyrne,
chefs des Israélites, pendant leur route à la terre promise, honneur qui leur causa une joie inexprimable,
et leur fit faire mille extravagances. Sévi recommanda encore au peuple de se tenir prêt à marcher ; puis
il sortit de Smyrne, accompagné des suffrages et des
vœux de tous les Juifs. A peine fut-il monté sur le
vaisseau qui devait le conduire à Constantinople,
que le vent commença à souffler du bon coin, et
que le vaisseau disparut avec une vitesse miraculeuse. Néanmoins le temps changea, et Sabataï fut
trente-neuf jours sur mer, balotté par des vents contraires, qu'il ne savait pas gourmander.

Les juifs de Constantinople, apprenant qu'il arrivait, allèrent à sa rencontre, et se prosternèrent devant lui, comme devant leur seigneur et maître. Il
leur annonça qu'il venait obliger sa hautesse à le re-
connaitre roi des Juifs, et à lui céder sa couronne,
pour donner l'exemple aux autres princes de la terre.
Cette audace, sur les terres du grand-turc, prouve

que Sévi n'était pas seulement un imposteur, mais aussi un fou et un visionnaire. On lui représenta que le sultan ne serait peut-être pas d'humeur à descendre du trône ; il répondit que Dieu le lui commanderait en songe. Si les prestiges qui entouraient cet homme, son singulier caractère, et sa conduite extraordinaire eussent frappé l'imagination du grand-seigneur, on aurait vu bien d'autres miracles.

Le grand-visir, instruit de tout ce qui se passait, et des désordres que pouvait causer cet homme, le fit arrêter et conduire en prison. Cet incident fut regardé comme une des tribulations qui devaient précéder la gloire du messie. Les juifs allèrent le voir avec autant de respect que s'il eût été sur le trône, pendant les deux mois qu'on le garda à Constantinople. Le sultan partant alors pour une expédition lointaine, on transporta Sabataï dans une des tours des Dardanelles. Ceux de sa nation y accoururent de tous les pays, et les Turcs profitèrent de la vénération qu'on lui portait, en faisant payer fort cher l'honneur de voir sa face. C'était là le vrai motif qui faisait qu'on lui laissait la vie ; mais les juifs prétendaient qu'on ne le faisait pas mourir, selon la coutume, parce qu'il était le fils de Dieu, et qu'on n'avait aucun pouvoir sur ses jours. Tout cela était d'autant plus vrai, qu'il convertissait ses chaînes de fer en chaînes d'or; qu'il les donnait aux fidèles qui venaient le visiter; et qu'on l'avait vu se promener avec ses disciples, dans les rues de Constantinople, quoique les portes de sa prison des Dardanelles fussent bien fermées. En conséquence, la dévotion des Juifs pour leur messie augmentait de jour en jour; les synagogues portaient des SS en or; on ne jurait plus qu'au nom de Sabataï; on expliquait les écritures en sa faveur, comme nous le faisons pour Jésus-Christ.

Mais les choses prirent bientôt une autre tournure. Néhémie-Cohen, savant dans la cabale juive et dans les langues orientales, se trouvant né avec d'heureuses dispositions à l'imposture, demanda à entretenir Sabataï. Après une longue conversation, Néhémie dit au messie qu'il devait y avoir deux envoyés; l'un pauvre, méprisé, et chargé seulement d'annoncer le second; l'autre, riche, puissant, et destiné à siéger sur le trône de David. Néhémie-Cohen se contentait d'être le pauvre messie *Ben-Éphraïm*. Mais Sabataï craignit qu'étant une fois reconnu pour Ben-Éphraïm, il ne lui prît envie de se donner pour le puissant messie *Ben-David*. Il rejeta donc sa proposition et le traita d'imposteur. Néhémie répondit sur le même ton, et ils se quittèrent ennemis. Leur dispute fit causer les Juifs; cependant on n'en respecta pas moins Sévi; Néhémie seul fut blâmé, et regardé comme un impie et un schismatique.

Cet affront lui était trop sensible, pour qu'il ne cherchât pas à s'en venger. Il se rendit à Andrinople, et accusa Sabataï de troubler le repos public. Plusieurs docteurs juifs, mécontens de l'état actuel des choses, secondèrent Néhémie auprès des ministres, et firent un portrait si ressemblant du prétendu messie, que le sultan l'envoya prendre, et commanda qu'on l'a-

menât en sa présence. La vue du grand-seigneur in-
timida tellement le fils de Dieu , qu'il oublia tout son
courage , et toute l'assurance qu'il avait montrée dans
la synagogue. Le sultan lui fit , en langue turque ,
plusieurs questions , auxquelles il ne put répondre
que par interprètes ; ce qui surprit étrangement les
assistans,qui pensaient que le messie dût parler toutes
les langues. Le sultan ne s'en tint pas là ; il voulut
un miracle : il ordonna qu'on dépouillât Sabataï ,
qu'on l'attachât à un poteau , et que les plus adroits
de ses archers tirassent sur lui. Il promit , en même
temps de se faire Juif, et sectateur du Messie , si son
corps était impénétrable. Sabataï consterné avoua
qu'il n'était qu'un pauvre Juif tout comme un autre.
« Eh bien! dit le sultan , pour réparer le scandale
» que tu as causé, tombe à genoux et adore Maho-
» met, ou tu vas être empalé à l'instant. »

Sévi, à l'extrémité,coiffa le turban, et adora le prophète de Médine. Les Juifs stupéfaits furent obligés
de retourner à leur commerce et à leur ancien culte.
Quelques-uns cependant se persuadèrent que Sabataï
ne s'était point fait Turc ; que son ombre seulement
était restée sur la terre; et que son corps était allé dans
le ciel, attendre des circonstances plus favorables.

SABBAT. —

Noctem peccatis et fraudibus objice nubem.
HORAT.

Le sabbat est l'assemblée des démons , des sorciers
et des sorcières , dans leurs orgies nocturnes. On s'y

occupe ordinairement à faire ou méditer du mal, à donner des craintes et des frayeurs, à préparer les maléfices, à des mystères abominables.

Le sabbat se fait dans un carrefour, ou dans quelque lieu désert et sauvage, auprès d'un lac ou d'un étang, ou d'un marais, pour faire la grêle, et exciter des orages. Le lieu qui sert à ce rassemblement reçoit une telle malédiction, qu'il n'y peut croître ni herbe, ni autre chose. Strozzi dit avoir vu, dans un champ auprès de Vicence, *un cercle en rond*, à l'entour d'un châtaignier, dont la terre était aussi aride que les sables de la Libye, parce que les sorciers y dansaient et y faisaient le sabbat.

Les nuits ordinaires de la convocation du sabbat sont celle du mercredi au jeudi, et celle du vendredi au samedi. Quelquefois le sabbat se fait en plein midi ; mais c'est fort rare.

Les sorciers et les sorcières portent une marque qui leur est imprimée par le diable, entre les fesses, ou dans quelque autre lieu secret, où elle ne puisse être vue ; cette marque, par un certain mouvement intérieur qu'elle leur cause, les avertit de l'heure du ralliement. En cas d'urgence, le diable fait paraître un mouton dans une nuée (lequel mouton n'est vu que des sorciers), pour rassembler son monde en un instant.

Dans les cas ordinaires, lorsque l'heure du départ est arrivée, après que les sorciers ont dormi, ou du moins fermé un œil, ce qui est d'obligation, ils se rendent au sabbat, montés sur des bâtons, ou sur des manches à balai , oins de graisse d'enfant ; ou bien des diables subalternes les y transportent , sous des formes de boucs , de chevaux , d'ânes , ou d'autres animaux. Ce voyage se fait toujours en l'air,

Quand les sorcières s'oignent l'entre-deux des jambes , pour monter sur le manche à balai qui doit les porter au sabbat, elles répètent plusieurs fois ces mots : *Emen-hétan! emen-hétan!* qui signifient , dit Delancre : *Ici et là! ici et là.*

Il y avait cependant, en France, des sorcières qui allaient au sabbat, sans bâton , ni graisse , ni monture , seulement en prononçant quelques paroles. Mais celles d'Italie ont toujours un bouc à la porte , qui les attend pour les emporter. Il est bon de remarquer encore qu'on est tenu de sortir par la cheminée , à moins qu'on n'ait une dispense, ce qui est fort difficile à obtenir.

Ceux ou celles qui manquent au rendez-vous payent une amende, attendu que le diable aime la discipline.

Les sorcières mènent assez souvent au sabbat, pour différens usages, des enfans qu'elles dérobent. Si une sorcière promet de présenter au diable., dans le sabbat prochain , le fils ou la fille de quelque gueux du voisinage , et qu'elle ne puisse venir à bout de l'attraper, elle est obligée de présenter son propre fils , ou quelque autre enfant d'aussi haut prix.

Les enfans, qui ont l'honneur de plaire au diable, sont admis parmi ses sujets , de cette manière :

Maître Léonard , le grand nègre , président des

sabbats, et le petit diable, *Maître Jean Mullin*, son lieutenant, donnent d'abord un parrain et une marraine à l'enfant ; puis on le fait renoncer Dieu, la Vierge et les saints ; et, après qu'il a renié sur le grand livre, Léonard le marque d'une de ses cornes dans l'œil gauche. Il porte cette marque pendant tout son temps d'épreuves, à la suite duquel, s'il s'en est tiré glorieusement, le diable lui administre le grand signe entre les fesses ; ce signe a la figure d'un petit lièvre, ou d'une pate de crapaud, ou d'un chat noir.

Durant leur noviciat, on charge les enfans admis de garder les crapauds, avec une gaule blanche, sur le bord du lac, tous les jours de sabbat ; quand ils ont reçu la seconde marque, qui est pour eux *un brevet de sorcier*, ils sont admis à la danse et au festin.

Les sorciers, initiés aux mystères du sabbat, ont coutume de dire : *J'ai bu du tabourin, j'ai mangé du cymbale, et je suis fait profès.* Ce que Leloyer explique de la sorte : « Par le tabourin, on entend la » peau de bouc enflée, de laquelle ils tirent le jus et » consommé, pour boire ; et, par le cymbale, le » chaudron ou bassin dont ils usent pour cuire leurs » ragoûts. »

Les petits enfans qui ne promettent rien de bon sont condamnés à être fricassés. Il y a là des sorcières qui les dépècent, et les font cuire pour le banquet.

Lorsqu'on est arrivé au sabbat, la première chose

est d'aller rendre hommage à maître Léonard. Il est assis sur un trône infernal, ordinairement sous la figure d'un grand bouc, ayant trois cornes, dont celle du milieu jette une lumière qui éclaire l'assemblée ; quelquefois sous la forme d'un levrier, ou d'un bœuf, ou d'un tronc d'arbre sans pied, avec une face humaine fort ténébreuse, ou d'un oiseau noir, ou d'un homme tantôt noir, tantôt rouge. Mais sa figure favorite est la première, celle du grand bouc.

Alors il a sur la tête la corne lumineuse, les deux autres au cou, une couronne noire, les cheveux hérissés, le visage pâle et troublé, les yeux ronds, grands, fort ouverts, enflammés et hideux, une barbe de chèvre, les mains comme celles d'un homme, excepté que les doigts sont tous égaux, courbés comme les griffes d'un oiseau de proie, et terminés en pointes, les pieds en pattes d'oie, la queue longue comme celle d'un âne ; il a la voix effroyable et sans ton, tient une gravité superbe, avec la contenance d'une personne mélancolique ; mais ce qu'il y a de singulier, c'est qu'il porte sous la queue, un visage d'homme noir, que tous les sorciers baisent, en arrivant au sabbat.

Une sorcière, interrogée là-dessus, si elle avait baisé le postérieur du diable ; répondit qu'*il y avait un visage entre le cul et la queue du grand-maître ; que c'était ce visage de derrière qu'on baisait, et non le cul ; que les petits enfans étaient exempts de cette cérémonie, et que Léonard leur baisait le derrière ;*

pendant qu'il recevait les hommages de ses grands serviteurs. Un pareil témoignage doit enlever tous les doutes.

Léonard donne ensuite un pou d'argent à tous ceux qui lui ont baisé le derrière ; puis il se lève pour le festin, où le maître des cérémonies place tout le monde, chacun selon son rang, avec un diable à son côté. Quelques sorcières ont dit que la nappe y est dorée, et qu'on y sert toutes sortes de bons mets, avec du pain et du vin délicieux. Mais le gros des sorcières mieux entendues avoue qu'on n'y sert que des crapauds, de la chair de pendus, des petits enfans non baptisés, et mille autres horreurs ; et que le pain du diable est fait de millet noir. On chante, pendant le repas, des choses très-impudiques ; et, après qu'on a mangé, on se lève de table, on adore le grand-maître ; puis chacun prend les plaisirs qui lui conviennent.

Les uns se mettent en chemise, et dansent en rond, ayant chacun un gros chat pendu au derrière. D'autres rendent compte des maux qu'ils ont faits, et ceux qui n'en ont point fait assez sont punis comme ils le méritent. Quelques sorcières répondent aux accusations des crapauds qui les servent ; quand ils se plaignent de n'être pas bien nourris par leurs maîtresses, les maîtresses subissent un châtiment. Les correcteurs du sabbat sont de petits démons *sans bras*, qui allument un grand feu, y jettent les coupables, et les en retirent quand il le faut.

II.

Ici, on baptise des crapauds, habillés de velours rouge ou noir, avec une sonnette au cou, et une autre aux pieds; un parrain leur tient la tête, une marraine la partie opposée. Après qu'on leur a donné un nom, on les envoie aux sorcières qui ont bien mérité des légions infernales.

Là, une magicienne dit la messe du diable, pour ceux qui veulent l'entendre. Ailleurs, *une femme se livre à l'adultère en présence de son mari, sans qu'il en soit blessé; il en est même qui s'en font honneur. Mais ce qui est plus abominable, le père déshonore sa fille sans vergogne, la mère s'abandonne à son fils, et la sœur à son frère* (1). Le plus grand nombre dansent nus; et les femmes, en cet état, s'interrompent de temps en temps pour aller baiser le derrière du maître des sabbats, avec une chandelle à la main. Quelques autres forment des quadrilles, avec des crapauds vêtus de velours, et chargés de sonnettes. Ces divertissemens durent jusqu'au chant du coq. Aussitôt qu'il se fait entendre, tout est forcé de disparaître. Alors le grand nègre pisse dans un trou, fait une aspersion de son urine sur tous les assistans, leur donne congé, et chacun s'en retourne chez soi (2).

_____

(1) Cet endroit est un peu scabreux; mais il tient trop aux mœurs du sabbat, pour que j'aie pu me permettre de le supprimer. D'ailleurs, j'ai adouci les plus terribles expressions, pour ne pas blesser ces personnes qui sont plus chastes des oreilles que de tout le reste du corps.

(2) Delancre, Bodin, Delrio, Maiol, Le Loyer, Danæus, Boguet, Monstrelet, Torquemada, etc.

— Un charbonnier, ayant été averti que sa femme allait au sabbat, résolut de l'épier. Une nuit qu'elle faisait semblant de dormir, elle se leva, se frotta d'une drogue et disparut. Le charbonnier, qui l'avait bien examinée, en fit autant, et fut aussitôt transporté par la cheminée, dans la cave d'un comte, homme de considération dans le pays, où il trouva sa femme, et tout le sabbat rassemblé pour une séance secrète. Celle-ci, l'ayant aperçu, fit un signe : au même instant tout s'envola ; et il ne resta dans la cave que le charbonnier qui, se voyant pris pour un voleur, avoua tout ce qui s'était passé à son égard, et ce qu'il avait vu dans cette cave (1).

— Un paysan, se rencontrant de nuit dans un lieu où on faisait le sabbat, on lui offrit à boire. Il jeta la liqueur à terre et s'enfuit, emportant le vase qui était d'une matière et d'une couleur inconnues. Il fut donné à Henri-le-Vieux, roi d'Angleterre, si l'on en croit le conte (2). Mais, malgré son prix et sa rareté, le vase est sans doute retourné à son premier maître.

— Pareillement, un boucher allemand entendit, en passant de nuit par une forêt, le bruit des danses du sabbat ; il eut la hardiesse de s'en approcher et tout disparut. Il prit des coupes d'argent qu'il porta au magistrat, lequel fit arrêter et pendre toutes les personnes, dont les coupes portaient le nom (3).

— Un sorcier mena son voisin au sabbat, en lui

(1) Delrio.
(2) Trinum Magicum.
(3) Joachim de Cambray.

promettant qu'il serait l'homme le plus heureux du monde. Il le transporta fort loin, dans un lieu où se trouvait rassemblée une nombreuse compagnie, au milieu de laquelle était un grand bouc, qu'on allait baiser au derrière. Le nouvel apprentif-sorcier, à qui cette cérémonie ne plaisait point, appela Dieu à son secours. Alors il vint un tourbillon impétueux : tout disparut ; il demeura seul, et fut trois ans à retourner dans son pays (1).

—Lorsqu'on fit le procès de Pierre d'Aguerre, qui fut condamné à mort, comme insigne sorcier, à l'âge de soixante-treize ans, deux témoins affirmèrent qu'il était le maître des cérémonies du sabbat ; que le diable lui mettait en main un bâton doré, avec lequel, comme un mestre de camp, il rangeait au sabbat les personnes et les choses, et qu'à la fin il rendait ce bâton au grand maître de l'assemblée.

—Marie d'Aguerre, et quelques autres jeunes filles que des sorcières avaient conduites au sabbat, déposèrent que, quand Léonard y arrivait, il sortait, en forme de bouc, d'une grande cruche qui se trouvait au milieu ; qu'étant sorti, il devenait si haut qu'il en était épouvantable ; et que le sabbat fini, il rentrait dans sa cruche.—Le sabbat se fait, disent les cabalistes, quand les sages rassemblent les gnomes, pour les engager à épouser les filles des hommes. Le grand Orphée fut le premier qui convoqua ces peuples souterrains. A sa première semonce,

(1) Torquemada.

Sabasius, le plus ancien des gnomes, fut immortalisé, en contractant alliance avec une femme. C'est de ce Sabasius qu'a pris son nom cette assemblée, sur laquelle on a fait mille contes impertinens, et que les sages ne convoquent qu'à la gloire du Souverain Être.

Les démonomanes prétendent aussi qu'Orphée fut le fondateur du sabbat, et que les premiers sorciers qui se rassemblèrent de la sorte, se nommaient *Orphéotelestes*. Mais la véritable source de ces *mille contes impertinens*, qu'on a faits sur le sabbat, a pris naissance dans les bacchanales, où l'on invoquait Bacchus en criant : *Saboé !* Au reste, Bacchus portait aussi, selon quelques-uns, le nom de *Sabasius*.

SACRIFICES. —L'homme a constamment aimé à se représenter l'Éternel comme un tyran destructeur, altéré de sang et avide de carnage. C'était par ce principe farouche, dit Hérodote, que les Scythes immolaient la cinquième partie de leurs prisonniers à Mars exterminateur.

Oléarius observe qu'autrefois les Sybériens se disputaient l'honneur de périr sous le couteau des prêtres. Une suite de désastres, que le sang des citoyens sacrifiés n'avait pu arrêter, fit changer l'ordre des sacrifices : le peuple décida qu'on immolerait désormais les prêtres, parce que leurs âmes plus pures étaient aussi plus dignes d'aller offrir aux dieux les vœux de la patrie.

—L'esprit humain est trop étroit pour se faire une

idée parfaite de la divinité; et la plupart des hommes
ont cru, de tous les temps, mériter les bonnes grâces
de leurs dieux, en leur offrant du sang et des victimes.
Le cœur de l'homme, naturellement porté au mal,
voulait ennoblir sa méchanceté, en se faisant des dieux
semblables à lui.

— Les peuples de la Tauride immolaient à Diane
tous les étrangers que le malheur ou le naufrage
jetait sur leurs rives.

— Il y avait un temple, chez les Thraces, où l'on n'immolait que des victimes humaines; les prêtres de ce
temple portaient un poignard pendu au cou, pour
marquer qu'ils étaient toujours prêts à tuer.

— Dans le temple de Bacchus, en Arcadie, et
dans celui de Minerve à Lacédémone, on croyait honorer ces divinités, en déchirant impitoyablement,
à coups de verges, de jeunes filles sur leurs autels.

— Les Germains et les Cimbres ne sacrifiaient les
hommes, qu'après leur avoir fait endurer les plus
cruels supplices.

— Il y a, dans le Pégu, un temple où l'on renferme les filles les plus belles et de la plus haute naissance : ces vierges sont servies avec le plus profond
respect; elles jouissent des honneurs les plus distingués; mais tous les ans, une d'elles est solennellement
sacrifiée à l'idole de la nation. C'est ordinairement la
plus belle des vierges consacrées qui a l'honneur
d'être choisie; et le jour de ce sacrifice est un jour de
fête pour tout le peuple. Le prêtre dépouille la vic-

time, l'étrangle, fouille dans son sein, en arrache le cœur, et le jette au nez de l'idole.

— Les Phéniciens enfermaient leurs enfans dans la statue de Moloch, et les y faisaient brûler, au son des tambours.

> Le ciel, le juste ciel, par le meurtre honoré,
> Du sang de l'innocence est-il donc altéré?
>   RACINE.

— Dans les sacrifices des païens, on ne se servait originairement d'encens, que pour chasser la mauvaise odeur du sang et de la graisse des victimes, dont on jetait toujours quelques parties dans les brasiers de l'autel.

— Les Mexicains immolaient des milliers de victimes humaines au dieu du mal. Presque tous les peuples ont exercé, sans scrupule, de pareilles barbaries, tant que régna l'ignorance, que quelques gens semblent regretter aujourd'hui.

— Cécrops, le premier législateur des Athéniens, en leur recommandant d'offrir aux dieux les prémices de leurs fruits et de leurs moissons, leur défendit expressément d'immoler aucun être vivant. Il prévoyait que, si l'on commençait une fois à sacrifier les animaux, les prêtres, pour établir leur despotisme, et faire trembler les rois même, ne tarderaient pas à demander des victimes humaines, comme plus honorables (1).

_____

(1) Saint-Foix.

—On accusait les sorciers de sacrifier au diable, dans leurs orgies, des crapauds, des poules noires et de petits enfans non baptisés. Mais du moins c'était au tyran de l'enfer qu'ils faisaient ces monstrueuses offrandes; cependant on les brûlait, quoique leur crime fût secret et le plus souvent supposé; tandis qu'on honora toujours ceux qui immolaient à Dieu leurs semblables, et dont l'atroce cruauté était publique.—Homme qui te dis chrétien, souviens-toi que le Christ ne te demande que ton cœur.—(Voyez *Inquisition*, etc.)

SALAMANDRES. — Les salamandres, selon les cabalistes, sont des esprits élémentaires, composés des plus subtiles parties du feu, qu'ils habitent.

Les salamandres, habitans enflammés de la région du feu, servent les sages; mais ils ne cherchent pas leur compagnie; et leurs filles et leurs femmes se font voir rarement. Les femmes des salamandres sont belles, plus belles même que les femmes des autres esprits, puisqu'elles sont d'un élément plus pur. De tous les hôtes des élémens, les salamandres sont ceux qui vivent le plus long-temps.

—Les historiens disent que Romulus était fils de Mars. Les esprits forts ajoutent : c'est une fable; les théologiens : il était fils d'un diable incube; les plaisants : Sylvia avait perdu ses gants, et elle en voulut couvrir la honte, en disant qu'un dieu les lui avait volés. Nous qui connaissons la nature, dit le comte de Gabalis, nous que Dieu a appelés de ces ténèbres à son admirable lumière, nous savons que ce Mars

prétendu était un salamandre qui , épris de la jeune
Sylvia , la fit mère du grand Romulus. (Voyez *Cabale.*)

—Il y a un animal amphibie, de la classe des reptiles,
et du genre des lézards , qu'on nomme *la Salamandre.* Sa peau est noire , parsemée de taches
jaunes , sans écailles , et presque toujours enduite
d'une matière visqueuse qui en suinte continuellement.
La salamandre ressemble pour la forme à un lézard. Les anciens croyaient que cet animal vivait dans
le feu , et c'est peut-être cette opinion qui a servi de
fondement aux contes des cabalistes.

« La salamandre loge dans la terre , dit Bergerac ,
» sous des montagnes de bitume allumé , comme
» l'Étna , le Vésuve et le cap Rouge. Elle sue de
» l'huile bouillante , et pisse de l'eau forte , quand
» elle s'échauffe ou qu'elle se bat. Avec le corps de
» cet animal , on n'a que faire de feu dans une cui-
» sine. Pendu à la crémaillère , il fait bouillir et
» rôtir tout ce qu'on met devant la cheminée. Ses
» yeux éclairent la nuit , comme de petits soleils ; et,
» placés dans une chambre obscure , ils y font l'effet
» d'une lampe perpétuelle..... »

SALMAC ou SABNAC. — Grand marquis , dé-
mon des fortifications. Il a la forme d'un soldat armé ,
avec une tête de lion. Il est monté sur un cheval
hideux. Il métamorphose les hommes en pierres , et
bâtit des tours, avec une adresse surprenante.

SALOMON. — Les philosophes, les botanistes, les devins et les astrologues orientaux regardent *Salomon* ou *Soliman* comme leur patron. Selon eux, Dieu, lui ayant donné sa sagesse, lui avait communiqué en même temps toutes les connaissances naturelles et surnaturelles ; et, entre ces dernières, la science la plus sublime et la plus utile, celle d'évoquer les esprits et les génies, et de leur commander. Salomon avait, disent-ils, un anneau chargé d'un talisman, qui lui donnait un pouvoir absolu sur ces êtres intermédiaires entre Dieu et l'homme. Cet anneau existe encore ; il est renfermé dans le tombeau de Salomon, et quiconque le trouverait, deviendrait le maître du monde. Mais on ne sait plus où trouver ce tombeau. Il ne reste que quelques formules, quelques pratiques, quelques figures, d'après lesquelles on peut acquérir, quoiqu'imparfaitement, une petite partie du pouvoir que Salomon avait sur les esprits. Ces beaux secrets sont conservés dans les livres qui nous restent de ce prince, et surtout dans sa précieuse *clavicule*.

Salomon fut le plus sage des rois d'Israël. Les théologiens lui reprochent, comme une tache, d'avoir laissé la liberté des cultes à ses peuples ; et c'est cette conduite, admirable pour le temps où il vécut, qui prouve, plus que tout le reste, la grande sagesse de Salomon.

SAS. — Divination par le sas ou tamis ; voyez *Cosquinomancie*.

SATAN. — Démon du premier ordre ; chef des démons et de l'enfer, selon les théologiens ; démon de la discorde , selon les démonomanes , prince révolutionnaire , et chef du parti de l'opposition , dans le gouvernement de Belzébuth.

Quand les anges se révoltèrent contre Dieu , Satan , alors gouverneur d'une partie du nord du ciel , se mit à la tête des rebelles ; il fut vaincu et précipité dans l'abîme , qu'il gouverna paisiblement jusqu'au jour, inconnu pour nous , où Belzébuth parvint à le détrôner et à régner à sa place ; ce qu'il fait probablement encore ; et comme Satan met tout en œuvre pour recouvrer sa couronne , qu'on n'aime pas à voir sur la tête d'un autre , les historiens , flatteurs comme d'usage , le traitent de révolutionnaire , pour faire leur cour au prince régnant.

Milton dit que Satan est semblable à une tour par sa taille; et, un peu plus loin, il fixe sa hauteur à quelques quarante mille pieds. '

SATYRES. — Les satyres étaient, chez les païens, des divinités champêtres , qu'on représentait comme de petits hommes fort velus , avec des cornes et des oreilles de chèvre, la queue , les cuisses et les jambes du même animal.

Pline le naturaliste croit que.les satyres étaient une espèce de singes ; et il assure que, dans une montagne des Indes , il se trouve des singes à quatre pieds , qu'on prendrait de loin pour des hommes : ces sortes de singes ont souvent épouvanté les bergers et poursuivi les bergères;peut-être sont-ce les inclinations lubriques de ces animaux qui ont donné lieu à toutes les fables que l'on conte touchant les satyres. Les théologiens disent que les satyres n'ont jamais été autre chose que des démons, qui ont paru sous cette figure sauvage ; et les cabalistes les regardent comme des gnomes qui recherchaient les hommes pour s'unir avec leurs filles.

— Saint Jérôme rapporte que saint Antoine rencontra, dans son désert, un satyre qui lui présenta des dattes, et l'assura qu'il était un de ces habitans des bois que les païens avaient honorés sous les noms de satyres et de faunes ; il ajouta qu'il était venu vers lui, comme député de toute sa nation, pour le conjurer de prier pour eux le sauveur commun, qu'ils savaient bien être venu en ce monde.

Le cardinal Baronius prétend que ce satyre n'était qu'un singe à qui Dieu permit de parler, comme autrefois à l'ânesse de Balaam.....

—On raconte que le maréchal de Beaumanoir chassant dans une forêt du Maine, en 1599, ses gens lui amenèrent un homme, qu'il avaient trouvé endormi dans un buisson, et dont la figure était très-singulière : il avait au haut du front deux cornes, faites et placées comme celles d'un bélier ; il était fort chauve, et avait au bas du menton une barbe rousse et par flocons, telle qu'on peint celle des satyres. Il conçut tant de chagrin de se voir promener de foire en foire, qu'il en mourut à Paris, au bout de trois mois. On l'enterra dans le cimetière de la paroisse de Saint-Côme ; et on mit sur sa fosse cette épitaphe :

Dans ce petit endroit à part,
Gît un très-singulier cornard ,
Car il l'était sans avoir femme.
Passans , priez Dieu pour son âme.

— « Sous le roi Étienne, dit Le Loyer, en temps de
» moissons , sortirent en Angleterre deux jeunes
» enfans de couleur verte, ou plutôt deux satyres ,
» mâle et femelle , qui, après avoir appris le langage
» du pays , se dirent être d'une terre d'antipodes ,
» où le soleil ne luisait, et ne voyaient que par une
» lumière sombre qui précédait le soleil d'orient , ou
» suivait celui d'occident. Au surplus , étaient chré-
» tiens et avaient des églises. »

SCEPTICISME. — C'est cette philosophie pusillanime et douteuse, que l'on a appelée pyrrhonisme ,
du nom de son instituteur.

Pyrrhon vivait environ trois cents ans avant Jésus-
Christ. Diogène-Laërce assure qu'il doutait de tout ,
et ne se précautionnait contre rien ; qu'il ne se détournait point ; qu'il allait droit à un char, à un précipice, à un bûcher, à une bête féroce ; qu'il bra-
vait, dans les occasions les plus périlleuses , le témoignage de ses sens.... Ceci est un peu difficile à
croire : Pyrrhon pouvait raisonner comme un fou ;
mais il fallait qu'il se conduisît en homme sensé ,
pour parvenir à l'âge de quatre-vingt-dix ans , à

travers les périls sans nombre dont nos sens seuls peuvent nous garantir.

Pyrrhon s'appliquait à trouver des raisons d'affirmer et des raisons de nier. Il prétendait que la vérité n'était nulle part ; et , après avoir bien examiné le pour et le contre , il se réduisait à dire : *Cela n'est pas évident.*

Son grand axiome était, qu'il n'y a point de raison qui ne puisse être balancée par une raison opposée et du même poids.

Il soutenait que vivre et mourir étaient la même chose. Un de ses disciples , choqué de cette extravagance , lui ayant dit : Pourquoi donc ne mourez-vous pas ? — C'est précisément, répondit-il , parce qu'il n'y a aucune différence entre la mort et la vie.

Pyrrhon, rencontrant un jour Anaxarque son maître, qui était tombé dans un fossé , passa outre , sans daigner lui tendre la main : « Mon maître , disait-» il , en lui-même , est aussi bien là qu'autre part.... » Et Anaxarque fut le premier à s'applaudir d'avoir un tel disciple.

Dans un voyage que Pyrrhon fit sur mer, son vaisseau fut sur le point de faire naufrage. Comme il vit tous les gens de l'équipage saisis de frayeur, il les pria , d'un air tranquille , de regarder un pourceau qui était à bord , et qui mangeait à son ordinaire : « Voilà , leur dit-il , quelle doit être l'insensibilité » du sage. » Et on donna à cet insensé le nom de philosophe !

SCOPÉLISME. — Sorte de maléfice qu'on donnait par le moyen de quelques pierres charmées.

On jetait une ou plusieurs pierres ensorcelées, dans un jardin ou dans un champ : la personne qui les découvrait ou y trébuchait, en recevait le maléfice, qui faisait parfois mourir (1).

Plutarque parle d'une pierre qui se trouvait dans le fleuve Méandre, et qui rendait fou celui dans le sein de qui on la jetait. Il pouvait se délivrer de cette folie, en apaisant la mère des dieux, qui n'était, dit Delancre, qu'un mauvais démon. (Voyez *Maléfices*, *Charmes*, etc.)

SCOX ou CHAX. — Duc des enfers. Il a la voix rauque, l'esprit porté aux mensonges, et la forme d'une cicogne. Il vole l'argent dans les maisons qui en possèdent, et ne restitue qu'au bout de douze cents ans, si toutefois il en reçoit l'ordre.

SECRETS MERVEILLEUX. — *De la chasse.* — Qu'on mêle le suc de *jusquiame* avec le sang et la peau d'un jeune lièvre, cette composition attirera tous les lièvres des environs.

— Qu'on pende le *gui de chêne*, avec une aile d'hirondelle, à un arbre, tous les oiseaux s'y rassembleront, de deux lieues et demie.

— Le crâne d'un homme, caché dans un colombier, y attire tous les pigeons des environs.

_____

(1) Delrio.

— Faites tremper telle graine que vous voudrez dans la lie de vin, puis jetez-la aux oiseaux. Ceux qui en tâteront s'enivreront et se laisseront prendre à la main (1).

De la pêche. — Qu'on prenne de l'herbe de *mille-feuilles* avec de *l'ortie*, qu'on les trempe dans du jus de *serpentine*, qu'on s'en frotte les mains, et qu'on jette le reste dans l'eau où on veut pêcher, on prendra facilement, avec la main, tous les poissons qui s'y trouveront (2).

Secret admirable pour se conserver toujours en santé. — Mangez, à jeun, quatre branches de rue, neuf grains de genièvre, une noix, une figue sèche, et un peu de sel, pilés ensemble (3).

Des remèdes contre les maladies. — Qu'on pile et qu'on prenne, dans du vin, une pierre qui se trouve dans la tête de quelques poissons, on guérira de la pierre (4).

— Les grains d'aubépine, pris avec du vin blanc, guérissent de la gravelle (5).

— La grenouille des buissons, coupée et mise sur les reins, fait tellement uriner, que les hydropiques en sont souvent guéris (6).

— Qu'on plume, qu'on brûle, et qu'on réduise en

---

(1) Albert-le-Grand.
(2) *Idem.*
(3) Le petit Albert.
(4) Avicène.
(5) Mizauld.
(6) Cardan.

poudre la tête d'un milan ; qu'on en avale dans de l'eau, autant qu'on en peut prendre avec trois doigts: on guérira de la goutte (1).

— Une décoction de l'écorce du peuplier blanc, appliquée sur les membres souffrans, guérit la goutte sciatique (2).

— Coupez la tête d'une anguille vivante, frottez les verrues et les porreaux, du sang qui en découle; puis enterrez la tête de l'anguille. Quand elle sera pourrie, les verrues et les porreaux que vous aurez aux mains ou ailleurs, tomberont, sans qu'il en reste un seul (3).

— Les racines d'asperges, séchées et mises aux dents malades, les arrachent sans douleur (4).

Des remèdes contre les accidens.—Qu'on brûle les poils du chien enragé, qu'on en boive la cendre dans du vin, on guérira de sa morsure (5).

— Une décoction de trèfle guérit les morsures des vipères (6).

—On fait sortir les ordures des yeux, en crachant trois fois et disant : *Pain béni* (7).

—La racine d'artichaut, cuite dans du vin, et bue à jeun, guérit la gonorrhée vénérienne (8).

---

(1) Mizauld.
(2) *Idem.*
(3) J. B. Porta.
(4) Mizauld.
(5) Lemnius.
(6) Wecker.
(7) Thiers.
(8) Langius

. — Pour se garantir des enchantemens, il faut cracher sur l'urine récente, ou sur le soulier du pied droit (1).

— On se préserve des maléfices, en crachant trois fois sur les cheveux qu'on s'arrache en se peignant, avant de les jeter à terre (2).

De la mort. — Si quelqu'un veut mourir en riant, qu'il mange de la grenouillette, (espèce d'herbe que recherchent les grenouilles et les crapauds)(3).

Du temps. — Une vierge arrête la grêle, en en mettant trois grains dans son sein (4).

Des secrets de ménage. — Une femme, dont le mari se refroidit, en sera plus satisfaite, si elle porte sur elle la moelle du pied gauche d'un loup(5).

— La femme qui fait porter à son mari un morceau de corne de cerf, a le plaisir de le voir toujours en bonne intelligence avec elle. Ce secret est infaillible (6).

— Pour qu'une femme avoue son secret, il faut lui mettre pendant qu'elle dort, le cœur d'un crapaud sur la mamelle gauche. Elle confessera aussitôt ce qu'elle a sur le cœur (7). On sait ordinairement le secret des femmes, sans avoir recours à ces grands moyens.

---

(1) Le Loyer, après Pline.
(2) Thiers.
(3) Wecker.
(4) Bollandus.
(5) Le livre de Cléopâtre.
(6) Mizauld.
(7) *Idem.*

— On empêche un mari de dormir , en mettant dans le lit un œil d'hirondelle (1).

Autres secrets divers.—Mettez un œuf dans le vin ; s'il descend de suite au fond , le vin est trempé ; s'il surnage , le vin est pur (2).

— Qu'on mêle l'herbe *centaurée* avec le sang d'une huppe fumelle , et qu'on en mette dans une lampe, avec de l'huile : tous ceux qui se trouveront présens se verront les pieds en l'air et la tête en bas. Si on en met au nez de quelqu'un , il s'enfuira et courra de toutes ses forces (3).

— Qu'on mette pourir la *sauge* , dans une phiole, sous du fumier , il s'en formera un ver, qu'on brûlera. En jetant sa cendre au feu , elle produira un horrible coup de tonnerre.

Si on en mêle à l'huile de la lampe , toute la chambre semblera pleine de serpens (4).

— La poudre admirable , que les charlatans appellent poudre de perlimpinpin , et qui opère tant de prodiges , se fait avec un chat écorché, un crapaud , un lézard et un aspic, qu'on met sous de bonne braise, jusqu'à ce que le tout soit pulvérisé (5).

—On pourrait citer une foule de secrets pareils , car nous en avons de toutes les couleurs ; mais ceux qu'on vient de lire suffisent pour donner une idée

---

(1) Mizauld.
(2) Wecker.
(3) Albert-le-Grand.
(4) *Idem.*
(5) Kiranneau.

de la totalité. — (Voyez *Livres de magie* , *Aiguillette* , *Charmes* , *Enchantemens* , *Maléfices* , *Superstitions* , etc.)

SEINGS. — *Divination par les seings* , *adressée
par Mélampus au roi Ptolémée.* (Cette divination
est encore un peu plus ridicule que la métoposcopie.)

— Un seing, au front de l'homme ou de la femme,
promet des richesses.

— Un seing, auprès des sourcils d'une femme, la
rend à la fois bonne et belle ; auprès des sourcils d'un
homme , un seing le rend riche et beau.

— Un seing , dans les sourcils , promet à l'homme
cinq femmes, et à la femme cinq maris.

—Un seing au nez annonce une personne insa-
tiable en amour , qui a un autre seing dans un lieu
secret.

— Celui qui porte un seing à la joue deviendra
opulent.

— Un seing à la langue promet le bonheur en
ménage.

—Un seing aux lèvres indique la gourmandise.

— Un seing au menton annonce des trésors. La
femme qui porte un seing au menton en a aussi un vers
la rate.

— Un seing aux oreilles donne une bonne réputation. La femme qui porte un seing aux oreilles en
a aussi un entre les cuisses.

—Un seing au cou promet une immense fortune.

— Celui qui porte un seing derrière le cou sera décapité....

— Un seing aux reins caractérise un pauvre gueux.

— Un seing aux épaules annonce une captivité.

—Un seing aux aiselles promet un heureux mariage.

— Un seing à la poitrine ne donne pas de grandes richesses.

— Celui qui porte un seing sur le cœur est ordirement méchant...

— Celui qui porte un seing au ventre aime la bonne chère.

— Ceux qui ont un seing aux mains auront beaucoup d'enfans.

— L'homme qui porte un seing aux parties sexuelles, n'aura que des garçons ; la femme, que des filles.(On sent que le cas deviendra très-embarrassant, si l'homme, qui porte un seing aux parties sexuelles, se marie avec une femme qui en ait un dans le même endroit.)

— Les Anglais du commun prétendent que c'est un signe heureux d'avoir une verrue au visage. Ils attachent beaucoup d'importance à la conservation des poils, qui naissent ordinairement sur ces sortes d'excroissances.

SEL.— Le sel, dit Boguet, est un antidote souverain contre la puissance de l'enfer , et comme Dieu a commandé expressément qu'on eut bien soin d'en mêler dans les sacrifices qu'on aurait à lui faire, et qu'on s'en servit au baptême, le diable a tellement

pris le sel en haine, qu'on ne mange rien de salé au
sabbat.

— Un Italien se trouvant par hasard à cette assemblée pendable, demanda du sel, avec tant d'importunités, que le diable fut contraint d'en faire servir
sur la table. Sur quoi, l'Italien s'écria : Dieu soit béni,
puisq... m'envoie ce sel ! et tout délogea à l'instant.

—Le sel est le symbole de l'éternité et de la sagesse,
parce qu'il ne se corrompt point.

SERPENT.—

> « Objet d'horreur ou d'adoration, les hommes ont pour
> lui une haine implacable, ou tombent devant son génie.
> Le mensonge l'appelle, la prudence le réclame, l'envie le
> porte dans son cœur, et l'éloquence a son caducée. Aux
> enfers, il arme le fouet des furies; au ciel, l'éternité
> en fait son symbole. »
>
> M. DE CHATEAUBRIANT.

— Il y a, dans les royaumes de Juïda et d'Ardra,
en Afrique, des serpens très-doux, très-familiers,
et qui n'ont aucun venin; ils font une guerre continuelle aux serpens venimeux; et voilà sans doute
l'origine du culte qu'on commença et qu'on a toujours
continué de leur rendre.

Un marchand anglais, ayant trouvé un de ces
serpens dans son magasin, le tua, et, n'imaginant
pas avoir commis une action abominable, le jeta devant sa porte : quelques femmes passèrent, jetèrent
des cris affreux, et coururent répandre dans le
canton la nouvelle de ce sacrilége. Une sainte fureur

s'empara des esprits ; on massacra tous les Anglais ;
on mit le feu à leurs comptoirs, et leurs marchandises furent toutes consumées par les flammes.

— Il y a encore des chimistes qui soutiennent que
le serpent, en muant et en se dépouillant de sa peau,
rajeunit, croît, acquiert de nouvelles forces ; et
qu'il ne meurt que par des accidens, et jamais de
mort naturelle.

On ne peut pas prouver, par des expériences, la
fausseté de cette opinion ; car si on nourrissait un
serpent, et qu'il vînt à mourir, les partisans de son
espèce d'immortalité diraient qu'il est mort de chagrin de n'avoir pas sa liberté, ou parce que la nourriture qu'on lui donnait ne convenait point à son
tempérament.

— Les ophites soutenaient qu'il y avait différentes
classes de génies, depuis Dieu jusqu'à l'homme ; que
la supériorité des unes sur les autres était réglée par
le plus ou le moins de lumières qu'elles avaient ;
qu'on devait continuellement invoquer le serpent, et
le remercier du service signalé qu'il avait rendu au
genre humain, en apprenant à Adam que, s'il mangeait du fruit de l'arbre de la science du bien et du
mal, il agrandirait son être par les connaissances qu'il
acquerrait.

Ces hérétiques tenaient un serpent renfermé dans
une cage ; et, quand ils voulaient célébrer leurs mystères, ils le mettaient sur une table, où il y avait plusieurs pains ; et, après lui avoir fait bien des prières
et des génuflexions, ils coupaient par morceaux les

pains autour desquels il s'était entortillé, et les distribuaient aux assistans (1). (Voyez *Impostures.*)

SIMON LE MAGICIEN. — Ce Simon , qui n'est
guère connu que pour avoir voulu acheter aux apôtres le don de faire des miracles , joue un grand rôle
dans les livres des démonomanes. Voici quelques-uns
des contes qu'on a faits sur ses talens magiques :

—Simon le magicien avait à sa porte un gros dogue,
qui dévorait ceux que son maitre ne voulait pas laisser entrer. Saint Pierre , voulant parler à Simon,
ordonna à ce chien de lui aller dire , *en langage hu-*
main , que Pierre , serviteur de Dieu, le demandait ;
le chien s'acquitta de cette commission , au grand
étonnement de ceux qui étaient alors avec Simon.
Mais Simon , pour leur faire voir qu'il n'en savait
pas moins que saint Pierre, ordonna à son tour au
chien d'aller lui dire qu'il entrât, ce que le chien
exécuta aussitôt (2).

—Simon le magicien disait que, si on lui tranchait
la tête, il ressusciterait trois jours après. L'empereur le fit décapiter ; mais par ses prestiges il supposa
la tête d'un mouton à la place de la sienne , et se remontra le troisième jour (3).

—Simon le magicien commandait à une faux de

(1) Saint-Foix.
(2) Cedrenus.
(3) S. Clément.

faucher d'elle-même ; et elle faisait autant d'ouvrage que le plus habile faucheur (1).

— Sous le règne de l'empereur Claude, Simon le magicien parut un jour en l'air, comme un oiseau, assis sur un char de feu. Mais saint Pierre, qui en savait plus long que lui, le fit tomber, et il se cassa les jambes (2).

SOMNAMBULES (3).

— Des gens d'une imagination vive, d'un sang trop bouillant, font souvent en dormant ce que les plus hardis n'osent entreprendre éveillés.

— Barclai parle d'un professeur, qui répétait la nuit les leçons qu'il avait données le jour, et qui grondait si haut, qu'il réveillait tous ses voisins.

—Johnson rapporte les traits suivans, dans sa *Thaumatographia naturalis* :

Un jeune homme sortait toutes les nuits de son lit, vêtu seulement de sa chemise ; puis, montant sur la fenêtre de sa chambre, il sautait à cheval sur le mur, et le talonnait, pour accélérer la course qu'il croyait faire.

Un autre descendit dans un puits, et s'éveilla, aussitôt que son pied eut touché l'eau, qui était très-froide.

Un autre monta sur une tour, enleva un nid d'oiseaux, et se glissa à terre par une corde, sans s'éveiller.

---

(1) L'incrédulité savante.
(2) S. Clément.
(3) Étymologie : qui marche en dormant.

Un Parisien, de même endormi, se leva, prit
son épée, traversa la Seine à la nage, tua un homme
que la veille il s'était proposé d'assassiner ; et, après
qu'il eut consommé son crime, il repassa la rivière,
retourna à sa maison et se remit au lit, sans s'éveiller.

—On peut expliquer le somnambulisme comme une
activité partielle de la vie animale. L'organe actif
transmet aussi l'incitation sur les organes voisins ;
et ceux-ci commencent également, par l'effet de
leurs relations avec la représentation qui a été excitée, à devenir actifs et à coopérer; par là , l'i-
dée de l'action représentée devient si animée, que
même les instrumens corporels, nécessaires pour son
opération, sont mis en activité par les nerfs qui agissent sur eux ; le somnambule commence même à agir
corporellement, et remplit l'objet qu'il s'est proposé,
avec la même exactitude que s'il était éveillé ; avec
cette différence néanmoins qu'il n'en a pas le sentiment général, parce que les autres organes de la vie
animale, qui n'ont pas participé à l'activité , reposent, et que par conséquent, le sentiment n'y a pas été
réveillé.—Gall a connu un prédicateur somnambule
qui, très-souvent, ayant un sermon à faire, se
levait la nuit en dormant, écrivait son texte, ou en
faisait la division, en travaillait des morceaux entiers, rayait ou corrigeait quelques passages , en un
mot, qui se conduisait comme s'il eût été éveillé ,
et qui cependant en s'éveillant n'avait aucun sentiment de ce qu'il venait de faire (1).

_____

(1) Cranologie du docteur Gall.

SONGES. —

Hunc circà passim, varias imitantia formas,
Somnia vana jacent.

Ovid.

— Le cerveau est le siége de la pensée, du mouvement et du sentiment. Si le cerveau n'est point troublé par une trop grande abondance de vapeurs crues, si le travail ne lui a pas ôté toutes ses forces, il engendre des songes, excités par les images dont il s'est vivement frappé, durant le jour, ou par des impressions toutes nouvelles, produites dans le cerveau par les affections naturelles ou accidentelles des nerfs, ou par la nature du tempérament.

— Saint Thomas prétend que Satan est le père des songes, et qu'il se tient toute la nuit à notre chevet. (En conséquence, il peut aussi se multiplier à l'infini, et se trouver à la fois dans trois ou quatre cent mille endroits divers.)

— Les songes surnaturels viennent de l'enfer, disent les partisans de la superstition. Les songes naturels, (et ils le sont tous) viennent des émotions de la journée et du tempérament des personnes.

Les personnes d'un tempérament sanguin songent les festins, les danses, les divertissemens, les amourettes, les plaisirs, les jardins et les fleurs.

Les tempéramens bilieux songent les disputes, les querelles, les combats, les incendies, les couleurs jaunes, etc.

Les personnes mélancoliques songent l'obscurité,

les ténèbres , la fumée, les promenades nocturnes ,
les spectres, et les choses tristes de la mort.

Les tempéramens pituiteux ou flegmatiques songent la mer, les rivières , les bains , les navigations ,
les naufrages , les fardeaux pesans, etc.

Les tempéramens mêlés, comme les sanguins-mé-
lancoliques , les sanguins-flegmatiques , les bilieux-
mélancoliques , etc., ont des songes qui tiennent des
deux tempéramens (1).

—Les anciens attachaient beaucoup d'importance
aux rêves ; et l'antre de Trophonius était célèbre pour
cette sorte de divination. Pausanias nous a laissé ,
d'après sa propre expérience , la description des cérémonies qui s'y observaient.

« Le dévôt passait d'abord plusieurs jours dans le
temple de la bonne fortune. C'était là qu'il faisait ses
expiations , observant d'aller deux fois par jour se
laver dans le fleuve Hircinas. Quand les prêtres le
déclaraient suffisamment purifié , il immolait au dieu
une très-grande quantité de victimes ; et cette cérémonie finissait ordinairement par le sacrifice d'un
belier noir. Alors le curieux était frotté d'huile par
deux jeunes enfans , et conduit à la source du fleuve ,
où on lui présentait une coupe d'eau du Léthé , qui
bannissait de l'esprit toute idée profane , et une coupe
d'eau de Mnémosyne, qui disposait la mémoire à
conserver le souvenir de ce qui allait se passer. Les
prêtres découvraient ensuite la statue de Trophonius,

(1) Pencer.

devant laquelle il fallait s'incliner et prier ; enfin , couvert d'une tunique de lin , et le front ceint de bandelettes , on allait à l'oracle. Il était placé sur une montagne , au milieu d'une enceinte de pierres ; cette enceinte cachait une profonde caverne , où l'on ne pouvait descendre que par une étroite ouverture. Quand, après beaucoup d'efforts, et à l'aide de quelques échelles , on avait eu le bonheur de descendre sans se rompre le cou , il fallait passer encore, de la même manière , dans une seconde caverne , petite et très-obscure. Là , il n'était plus question d'échelles ni de guides. On se couchait à terre , et surtout on n'oubliait pas de prendre dans ses mains une espèce de pâte , faite avec de la farine , du lait et du miel : on présentait les pieds à un trou qui était au milieu de la caverne , et dans le même instant , on se sentait rapidement emporté dans l'antre ; on s'y trouvait couché sur des peaux de victimes récemment sacrifiées , et enduites de certaines drogues, dont les prêtres seuls connaissaient la vertu ; on ne tardait pas à s'endormir profondément : c'était alors qu'on avait d'admirables visions , et que les temps à venir découvraient tous leurs secrets. »

— Hippocrate dit que, pour se soustraire à la malignité des songes , quand on voit, en rêvant, pâlir les étoiles , on doit courir en rond ; quand on voit pâlir la lune , on doit courir en long ; quand on voit pâlir le soleil , on doit courir tant en long qu'en rond....

— On rêve feu et flammes , quand on a une bile

jaune ; on rêve fumée et ténèbres , quand on a une bile noire ; on rêve eau et humidité , quand on a des glaires et des pituites (1).

— Songer à la mort, annonce mariage. Songer des fleurs , prospérité. Songer des trésors , peines et soucis. Songer qu'on devient aveugle , perte d'enfans.... (2)

— Songer des bonbons et des crèmes , annonce des chagrins et des amertumes. Songer des pleurs , annonce de la joie. Songer des laitues , annonce une maladie. Songer or et richesses, annonce la misère.... (3)

— Il y a eu des hommes assez superstitieux pour faire leur testament , parce qu'ils avaient vu un médecin en songe ; ils croyaient que c'était un présage de mort.

*Explication de quelques-uns des principaux songes ,
suivant les livres connus.*

Aigle. Si on voit , en songe , voler un aigle , c'est un bon présage. C'est un signe de mort, s'il tombe sur la tête du songeur.

Ane. Si on voit courir un âne , c'est un présage de malheur. Si on le voit en repos , caquets et méchancetés. Si on l'entend braire , inquiétudes et fatigues.

---

(1) Gallien.
(2) Artémidore.
(3) Jonghe.

Arc-en-ciel. Vu du côté de l'orient, l'arc-en-ciel est un signe de bonheur pour les pauvres ; vu du côté de l'occident, le présage est pour les riches.

Argent trouvé, chagrin et pertes. Argent perdu, bonnes affaires.

Bain dans l'eau claire, bonne santé. Bain dans l'eau trouble, mort de parens et d'amis.

Belette. Si on voit une belette en songe, c'est un signe certain qu'on aimera une méchante femme.

Boire de l'eau fraîche, grandes richesses. Boire de l'eau chaude, maladie. Boire de l'eau trouble, chagrins.

Bois. Être peint sur bois, dénote longue vie.

Boudins. Faire du boudin : présage de peines. Manger du boudin, visite inattendue.

Brigands. On est sûr de perdre quelques parens, ou une partie de sa fortune, si on songe qu'on est attaqué par des brigands.

Cervelas. Faire des cervelas : passion violente. Manger des cervelas : amourettes pour les jeunes gens, bonne santé pour les vieillards.

Champignons ; signe d'une vie longue et d'une bonne santé.

Chanter. Un homme qui chante : espérance. Une femme qui chante : pleurs et gémissemens.

Charbons éteints, mort. Charbons allumés, embûches. Manger des charbons, pertes et revers.

Chat-huant : funérailles.

Cheveux arrachés : pertes d'amis ou d'argent.

Corbeau qui vole : péril de mort.

Couronne. Une couronne d'or, sur la tête, présage des honneurs. Une couronne d'argent , bonne santé. Une couronne de verdure , dignités. Une couronne d'os de morts , annonce la mort.

Cygnes noirs : tracas de ménage.

Dents. Chute des dents , présage de mort.

Dindon. Voir ou posséder des dindons : folie. de parens ou d'amis.

Enterrement. Si quelqu'un rève qu'on l'enterre vivant, il peut s'attendre à une longue misère. Aller à l'enterrement de quelqu'un : heureux mariage.

Étoiles. Voir des étoiles tomber du ciel : chutes , déplaisirs et revers.

Fantôme blanc : joie et honneurs. Fantôme noir : peines et chagrins.

Femme. Voir un femme : infirmité. Des femmes qui accouchent : joie. Une femme blanche : heureux événement. Une femme noire : maladie. Une femme nue : mort de quelque parent. Plusieurs femmes : caquet.

Fesses. Voir des fesses : infamie.

Fèves. Manger des fèves : querelles et procès.

Filets. Voir des filets : *présage de pluie*.

Flambeau allumé : récompense. Flambeau éteint : emprisonnement.

Fricassées : caquets de femmes.

Galanterie. Si un homme rève qu'il est galant : bonne' santé. Si une femme rève qu'elle est galante : elle sera heureuse dans le commerce. Si c'est une fille qui ait ce songe : inconstance.

Gibet. Songer qu'on est condamné à être pendu : heureux succès.

Grenouilles : Indiscrétions et babils.

Hannetons : Importunités.

Homme vêtu de blanc : bonheur. Vêtu de noir : malheur. Homme assassiné : sûreté.

Insensé. Si quelqu'un songe qu'il est devenu insensé, il recevra des bienfaits de son prince et vivra longuement.

Jeu. Gain au jeu : perte d'amis.

Justice. Être tourmenté de la justice : amourette future.

Lait. Boire du lait : amitié de femme.

Lapins blancs : succès. Lapins noirs : revers. Manger du lapin : bonne santé. Tuer un lapin : tromperie et perte.

Lard. Manger du lard : victoire.

Limaçon : charges honorables.

Linge blanc : mariage. Linge sale : mort.

Lune. Voir la lune : retard dans les affaires. La lune pâle : peines. La lune obscure : tourmens.

Manger à terre : emportemens.

Médecine. Prendre médecine : misère. Donner médecine à quelqu'un : profit.

Meurtre. Voir un meurtre : sûreté.

Miroir : trahison.

Moustaches. Songer qu'on a de grandes moustaches : augmentation de richesses.

Navets : vaines espérances.

Nuées : discorde.

Œufs blancs : bonheur. Œufs cassés : malheur.

Oies. Qui voit des oies, en songe, peut s'attendre à être honoré des princes.

Ossemens. Traverses et peines inévitables.

Palmier, *Palmes* : Succès et honneurs.

Paon. L'homme qui voit un paon, aura une belle femme; la femme, un beau mari; les gens mariés, de beaux enfans.

Perroquet : indiscrétion, secret révélé.

Promenade avec une femme, bonheur de peu de durée.

Quenouille : pauvreté.

Rats : ennemis cachés.

Roses : bonheur et plaisirs.

Sauter dans l'eau : persécutions.

Scorpions, lézards, chenilles, scolopendres, etc., malheurs et trahisons.

Soufflet donné : paix et union entre le mari et la femme.

Soufre : présage d'empoisonnement.

Tempête : outrage et grand péril.

Tête blanche : joie. Tête tondue : tromperie. Tête chevelue : dignités. Tête coupée : infirmité. Tête coiffée d'un agneau : heureux présage.

Tourterelles : accord des gens mariés; mariage pour les célibataires.

Vendanger : santé et richesses.

Violette : succès.

Violon. Entendre jouer du violon et des autres ins-

trumens de musique : concorde et bonne intelligence
entre le mari et la femme, etc., etc., etc.

— Telles sont les extravagances que débitent les
interprètes des songes ; et Dieu sait combien ils trouvent de gens qui les croient ! Le monde fourmille de
petits esprits qui, pour avoir entendu dire que les
grands hommes étaient au-dessus de la superstition,
croient se mettre à leur niveau, en refusant à l'âme son
immortalité, et à Dieu son existence, ou du moins
son pouvoir ; et qui n'en sont pas moins les serviles
esclaves des plus absurdes préjugés. On voit tous les
jours d'ignorans esprits-forts, de petits sophistes
populaires, qui ne prononcent que d'un ton railleur
le nom sacré de l'Éternel, et qui passent les premières
heures du jour à chercher l'explication d'un songe
insignifiant, comme ils passent les momens du soir à
interroger les cartes sur leurs plus minces projets.
L'homme sera-t-il donc toujours faible et inconsé-
quent !.... J'ai entendu l'athée crier hautement contre la fatalité et contre les esprits crédules ; puis, le
moment d'après, je l'ai vu trembler à la pensée d'un
songe qui lui pronostiquait des choses sinistres.... (1)

_____

(1) Il y a des gens qui ne croient ni à Dieu, ni à l'immortalité
de l'âme, et qui mettent à la loterie, sur la signification des songes. Mais qui peut leur envoyer des songes, s'il n'y a pas de Dieu...
Comment songent-ils, quand leur corps est assoupi, s'ils n'ont
point d'âme ?.. Et, s'il y a un Dieu, ce Dieu est-il assez petit pour
s'amuser à nous envoyer des visions ?... Mais c'est là ce qui prouve la vanité de l'esprit humain ! on ne croit pas à Dieu qui existe,
et on croit aux songes, aux miracles, et aux diables qui n'existent
pas pour nous. — Deux savetiers s'entretenaient dernièrement de

Anecdotes sur les songes. — Amilcar, général des Carthaginois, assiégeant Syracuse, crut entendre, pendant son sommeil, une voix qui l'assurait qu'il souperait le lendemain dans cette ville. En conséquence, il fit donner l'assaut de grand matin, espérant se rendre maître de Syracuse, pour y souper, comme le lui promettait son rêve; mais il fut pris par les assiégés, et y soupa en effet. Il est vrai qu'il s'attendait à y souper en vainqueur, et non en captif (1). S'il eût emporté la ville, le songe était un prodige, un avis du ciel.

—Pendant la guerre des Romains contre les Latins, les consuls Publius Décius et Manlius Torquatus, qui étaient campés assez près du Vésuve, eurent tous deux le même songe, dans la même nuit : ils virent en dormant un homme d'une figure haute et majestueuse, qui leur dit que l'une des deux armées devait descendre chez les ombres, et que celle-là serait victorieuse, dont le général se dévouerait aux puissances de la Mort.

Le lendemain, les consuls s'étant raconté mutuellement leurs songes, firent un sacrifice pour

_____

matières de religion. L'un prétendait qu'on avait eu raison de rétablir le culte ; l'autre au contraire, qu'on avait eu tort : Mais, dit le premier, je vois bien que tu n'es pas foncé dans la *politiquerie*; ce n'est pas pour moi qu'on a remis Dieu dans ses fonctions, ce n'est pas pour toi, non plus; *c'est pour le peuple.* — Ces deux savetiers, avec tout leur esprit, se faisaient tirer les cartes et se racontaient leurs songes.

(1) Valère-Maxime.

s'assurer encore de la volonté des dieux ; et les entrailles des victimes eurent un parfait rapport avec ce
qu'ils avaient vu. Ils convinrent donc entre eux que
le premier, qui verrait plier ses bataillons , s'immolerait au salut de la patrie. Quand le combat fut engagé , Décius , qui vit fléchir l'aile qu'il commandait , se dévoua , et avec lui toute l'armée ennemie,
aux dieux infernaux , et se précipita dans les rangs
des Latins , où il reçut la mort, en assurant à Rome
une victoire éclatante (1).

Rome doutait du succès ; et le double songe des
consuls , et les présages des victimes, publiés dans
les deux armées , n'étaient qu'un coup de politique ;
comme le dévouement de Décius était un acte de ce
patriotisme, si fréquent chez les Romains.

— Deux amis arcadiens , voyageant ensemble , arrivèrent à Mégare. L'un se rendit chez un ami , qu'il
avait en cette ville ; l'autre alla loger à l'auberge.
Après que le premier fut couché , il vit en songe son
compagnon , qui le suppliait de venir le tirer des
mains de l'aubergiste , par qui ses jours étaient menacés. Cette vision l'éveille en sursaut , il s'habille à
la hâte et court à l'auberge où était son ami.

Chemin faisant , il réfléchit sur sa démarche , la
trouve ridicule , condamne sa légèreté à agir ainsi
sur la foi d'un songe ; et , après un moment d'incertitude , il retourne sur ses pas et se remet au lit. Mais
à peine a-t-il fermé l'œil , que son ami se présente de

_____

(1) Tite-Live et Valère-Maxime.

nouveau à son imagination , non tel qu'il l'avait vu
d'abord , mais mourant , mais souillé de sang , couvert de blessures, et lui adressant ce discours : « Ami
» ingrat , puisque tu as négligé de me secourir vivant ,
» ne refuse pas au moins de venger ma mort. J'ai
» succombé sous les coups du perfide aubergiste ; et
» pour cacher les traces de son crime , il a enseveli
» mon corps , coupé en morceaux , dans un tom-
» bereau plein de fumier, qu'il conduit à la porte de
» la ville. »

Celui-ci, troublé de cette nouvelle vision plus
effrayante que la première , épouvanté par le discours de son ami , se lève de nouveau , vole à la
porte de la ville , et y trouve le tombereau désigné ,
dans lequel il reconnaît les tristes restes de son compagnon de voyage. Il arrête aussitôt l'assassin et le
livre à la justice (1).

Cette aventure étonnante , rapportée par quelques
auteurs graves , a souvent embarrassé les gens d'esprit. On ne doit pourtant pas la regarder comme un
prodige : les deux amis étaient fort liés et naturellement inquiets l'un pour l'autre ; l'auberge pouvait
avoir un mauvais renom : dès lors , le premier songe
n'a rien d'extraordinaire. Le second en est la conséquence , dans l'imagination agitée du premier des
deux voyageurs. Les détails du tombereau sont plus
forts ; il peut se faire qu'ils soient un effet des pressentimens , ou d'une anecdote du temps , ou une ren-

(1) Valère-Maxime, et Cicéron.

contre du hasard. On n'a tant cité ce songe, que parce qu'il est surprenant ; et on en a cent millions à lui opposer qui ne signifient rien (1). Enfin, il est encore possible que cette anecdote ne soit qu'un conte, ou du moins que les historiens, qui l'ont écrite d'après les traditions populaires, l'aient embellie de quelques détails.

— Après la bataille d'Actium, où Antoine essuya une si grande défaite, Cassius de Parme, qui avait suivi son parti, se réfugia à Athènes. Là, pendant son sommeil, il crut voir venir à lui un homme d'une taille extrêmement haute, d'un teint noir, portant une barbe négligée et une longue chevelure. Il lui demanda qui il était. Le fantôme répondit d'une voix grêle : *Je suis ton mauvais génie.* Cassius, effrayé de cette vision et de ces mots épouvantables, appela ses serviteurs, et leur demanda s'ils n'avaient point vu ce monstre. Tous lui assurèrent que personne n'était entré, et qu'on n'avait point ouvert sa porte. Il se recoucha alors, crut s'être trompé et se rendormit. Mais le même spectre lui apparut une seconde fois, et de la même manière. C'est pourquoi, il se leva, fit apporter de la lumière ; et peu après, il fut tué par l'ordre de César (2).

Voilà encore un pressentiment. Cassius était cou-

---

(1) Combien y en a-t-il qui ont vu dans leurs songes la hache levée sur leur tête, leurs amis et leurs parens conduits à la mort, la fortune souriant à leurs vœux, etc.; et qui se sont levés *Gros-Jean comme devant...*

(2) Valère-Maxime.

pable , puisqu'il était vaincu ; on le cherchait pour.
lui donner la mort : les visions de la nuit n'étaient ,
dans son âme crédule et timorée , que les suites des
terreurs du jour.

— Une femme de Syracuse , nommée Hyméra , eut
un songe , pendant lequel elle crut monter au ciel ,
conduite par un jeune homme qu'elle ne connaissait
point. Après qu'elle eut vu tous les dieux et admiré
les beautés de leur séjour , elle aperçut , attaché
avec des chaînes de fer, sous le trône de Jupiter, un
homme robuste , d'un teint roux , et le visage taché
de lentilles. Elle demanda à son guide quel était cet
homme ainsi enchaîné ? Le jeune homme lui répondit que c'était le *mauvais destin* de l'Italie et de
la Sicile , et que , lorsqu'il serait délivré de ses fers ,
il causerait de grands maux. Hyméra s'éveilla là-
dessus , et le lendemain elle divulgua son songe.

Quelque temps après , quand Denys-le-Tyran se
fut emparé du trône de la Sicile , Hyméra le vit
entrer à Syracuse , et s'écria que c'était l'homme
qu'elle avait vu enchaîné dans le ciel. Le tyran ,
l'ayant appris , la fit mourir (1).

Ce conte n'est point rapporté par les historiens
dignes de foi ; en admettant pourtant que la vision
ait eu lieu , la figure sinistre du tyran de Syracuse a
pu frapper Hyméra , et lui présenter une ressemblance confuse avec le monstre qu'elle avait vu dans
son rêve.

_____

(1) Valère-Maxime.

— Un soldat de la suite de Henri, archevêque de Reims, s'était endormi, en campagne, après le dîner. Comme il dormait la bouche ouverte, ceux qui l'accompagnaient, et qui étaient éveillés, virent sortir de sa bouche une bête blanche, semblable à une belette, qui s'en alla droit à un petit ruisseau, assez près de là. Un gendarme, la voyant monter et descendre le bord du ruisseau, pour trouver un passage, tira son épée et en fit un petit pont sur lequel elle passa, et courut plus loin.

Peu après on la vit revenir, et le même gendarme lui fit de nouveau un pont de son épée. La bête passa une seconde fois, et s'en retourna à la bouche du dormeur où elle rentra. Il se réveilla alors; et, comme on lui demandait s'il n'avait point rêvé pendant son sommeil, il répondit qu'il se trouvait fatigué et pesant, ayant fait une longue course, et passé deux fois sur un pont de fer (1).

Le diable, dit Wierius, se sert souvent de ces machinations pour tromper les hommes, et leur faire croire que l'âme est corporelle et meurt avec le corps; car beaucoup de gens ont cru que cette bête blanche était l'âme de ce soldat, tandis que c'était une imposture du diable....

— « Advint que Pepin, père de Charlemagne, » voulut s'emparer d'Anisy, village de l'évêché de » Laon, et le tenir à titre de cens, ainsi que déjà il en

---

(1) *Le moine Helinand*, qui aimait beaucoup les miracles, et qui a écrit bien des impertinences.

» avait fait d'autres, les réunissant à la couronne.
» Saint Remy s'apparut à lui, comme il dormait audit
» Anisy, et lui dit : Que fais-tu ici ? pourquoi es-tu
» entré dans ce village qui m'a été octroyé par un
» homme plus dévot que toi, et que j'ai donné à l'é-
» glise de la mère de Dieu, ma maîtresse ?.... et le
» fouetta à bon escient; de façon que les apparences
» par après demeurèrent en son corps. Quand saint
» Remy fut disparu, Pepin, se levant, se trouva em-
» poigné d'une forte fièvre, de laquelle il fut long-
» temps tourmenté, et aussi soudain il abandonna le
» village. De là en avant, ne se trouve qu'aucun
» prince du royaume y ait pris sa demeurance (1). »

Floardus rapporte ce trait comme un miracle de
saint Remy, qui voulut empêcher Pepin de s'emparer
des biens de l'église, et effrayer ceux qui seraient
tentés d'imiter son exemple. D'autres ne voient là
dedans qu'un songe, produit sans doute par les craintes superstitieuses. Il en est qui pensent que ce roi
dont l'esprit n'était ni trop crédule, ni pusillanime,
reçut en effet, d'une main vendue aux moines d'A-
nisy, les mauvais traitemens qu'on mit sur le compte
de l'évêque de Reims. Mais le plus grand nombre
classe cette anecdote avec l'amas énorme des fables
et des absurdités qu'on trouve à chaque page dans nos
légendes.

—Enfin, on voit que de tout temps le peuple des
petits esprits a fait quelque cas des songes. Cependant

---

(1) Floardus, traduit par maître Nicolas Chesneau.

les rêves, que les anciens nous ont conservés, avaient un rapport immédiat avec l'événement dont ils donnaient le présage; au lieu que le vulgaire d'à présent voit la misère dans un songe doré, et la mort dans les réjouissances, etc. (Voyez *Loterie*, *Visions*, etc.)

SORCIERS.

L'univers les redoute, et leur force inconnue
S'élève impudemment au-dessus de la nue;
La nature obéit à leurs impressions ;
Le soleil étonné sent mourir ses rayons ;
Sans l'ordre de ce Dieu qui porte le tonnerre,
Le ciel armé d'éclairs tonne contre la terre ;
L'hiver le plus farouche est fertile en moissons ;
Les fleuves de l'été produisent des glaçons ;
Et la lune, arrachée à son trône superbe,
Tremblante et sans couleur, vient écumer sur l'herbe.

Brébeuf, traduit de Lucain.

Les sorciers sont des gens qui, avec le secours des puissances infernales, peuvent opérer tout ce que bon leur semble, en conséquence d'un pacte fait avec le diable, (lequel, quand surtout il s'agit de faire le mal, a une puissance, que celle de Dieu peut à peine balancer.) Tel est du moins l'avis des démonomanes. — Les hommes sensés ne voient dans les sorciers que des imposteurs, des charlatans, des fourbes, des maniaques, des fous, des hypocondres, ou des vauriens qui, désespérant de se donner quelque importance par leur propre mérite, se rendaient remarquables par les terreurs qu'ils inspiraient au stupide vulgaire et aux imbéciles.

— Il y avait à Paris, du temps de Charles IX, trente mille sorciers, qu'on chassa de la ville. On en comptait plus de cent mille en France, sous le roi Henri III. Chaque ville, chaque bourg, chaque village, chaque hameau avait les siens.

Dans ces temps *d'heureuse mémoire*, les bûchers ne cessaient de brûler pour l'extinction des sorciers ; et plus on en faisait mourir, plus le nombre s'en augmentait. C'est l'effet ordinaire des persécutions : l'homme se roidit contre ses tyrans, et quitte, par un penchant naturel, ce qui lui est permis, pour courir à ce qu'on veut lui défendre.

Tandis qu'en France on brûlait impitoyablement tout malheureux accusé de sorcellerie, les Anglais, plus sages, se contentaient de disputer sur les sorciers. Le roi Jacques Ier. a fait un gros volume, pour prouver que les sorciers entretenaient un commerce exécrable avec le diable, et que toutes les prouesses qu'on mettait sur leur compte n'étaient pas des fables.

— Les sorciers sont coupables de quinze crimes énormes, dit Bodin : 1°. ils renient Dieu ; 2°. ils le blasphèment ; 3°. il adorent le diable ; 4°. ils lui vouent leurs enfans ; 5°. ils les lui sacrifient, avant qu'ils soient baptisés (1) ; 6°. ils les consacrent à Satan, dès le ventre de leur mère ; 7°. ils lui promettent d'attirer tous ceux qu'ils pourront à son service ; 8°. ils jurent par le nom du diable, et s'en font honneur ;

_____

(1) Le grand inquisiteur *Spranger* condamna à mort une sorcière qui avait fait mourir quarante et un petits enfans.

9°. ils commettent des incestes ; 10°. ils tuent les personnes, les font bouillir et les mangent ; 11°. ils se nourrissent de charognes et de pendus ; 12°. ils font mourir les gens par le poison et les sortiléges ; 13°. ils font crever le bétail ; 14°. il font périr les fruits, et causent la stérilité ; 15°. ils ont copulation charnelle avec le diable.

« Voilà quinze crimes détestables, que tous les » sorciers commettent, ou en grande partie ; le » moindre desquels mérite *la mort exquise.* » Aussi ne se passait-il pas de mois où l'on n'en brûlât un bon nombre ; et, parmi les accusés cités à leur tribunal, les juges d'alors en condamnaient souvent les neuf dixièmes, comme *sorciers et magiciens, atteints et convaincus d'avoir fait alliance avec le diable.*

— Dans la guerre d'Uladislas, duc de Luques, contre Grémozislas, duc de Bohème, une vieille sorcière dit à son beau-fils, qui suivait le parti d'Uladislas, que son maître mourrait dans la bataille, avec la plus grande partie de son armée, et que pour lui il pouvait se sauver du carnage, en faisant ce qu'elle lui conseillerait ; c'est-à-dire, qu'il tuât le premier qu'il rencontrerait dans la mêlée ; qu'il lui coupât les deux oreilles, et les mît dans sa poche ; puis, qu'il fît, avec la pointe de son épée, une croix sur la terre, entre les pieds de devant de son cheval, et qu'après avoir baisé cette croix, il se hâtât de fuir. Le jeune homme, ayant accompli toutes ces choses, revint sain et sauf de la bataille, où périrent Uladislas et le plus grand nombre de ses troupes ; mais en

rentrant dans la maison de sa marâtre, le jeune guerrier trouva sa femme, qu'il chérissait uniquement, percée d'un coup d'épée, expirante et sans
oreilles....(1)

— Une sorcière de Béthélie, en Angleterre, avait
ordonné, en mourant, qu'on liât son cercueil avec de
grosses chaines de fer, pour que Satan ne pût l'emporter. Il ne laissa pourtant pas de rompre les chaines,
au milieu même de l'église; puis, ayant tout fracassé,
il empoigna la sorcière et l'entraina en enfer, avec
un grand bruit, à la vue de tout le monde. (2)

— Il y a, dit-on, beaucoup de sorciers en Laponie, et les Lapons les redoutent infiniment. On
trouve, dans Scheffer, cette description de leurs opérations magiques : « Ils se servent, pour faire leurs
sortiléges, d'un tambour fait d'un tronc de pin et
d'une seule pièce, couvert d'une peau de renne,
ornée de quantité de figures peintes grossièrement,
d'où pendent plusieurs animaux de cuivre et quelques morceaux d'os de renne. Si le sorcier veut interroger son tambour, c'est-à-dire, se servir de son
tambour pour consulter le diable, il se met à genoux, ainsi que tous ceux qui l'entourent; il commence par frapper doucement sur le tambour avec
un os de renne, en traçant avec cette baguette une
ligne circulaire, et en faisant à voix basse ses invocations; ensuite, s'animant par degrés, redoublant

(1) AEneas-Sylvius.
(2) Valdérama.

et ses cris et ses coups, il frappe avec violence, pousse des hurlemens affreux, s'agite, se tourmente, écume; son visage devient bleu, ses cheveux se hérissent. Excédé de fatigue, il tombe enfin en pamoison, il reste quelque temps immobile, et la face contre terre. Quand l'extase est passée, il se relève, croit avoir vu le diable, et rend compte à l'assemblée de l'entretien qu'il a eu avec lui.

» Ces sorciers ont encore un autre sortilége, qu'on regarde comme le plus terrible des maléfices, et qu'ils nomment le *tyre* : c'est une petite boule faite du duvet de quelque animal. Ils envoient, disent-ils, cette boule où ils veulent, à plus ou moins de distance, suivant l'étendue du pouvoir du sorcier. Ils croient qu'elle porte inévitablement la mort à tout ce qu'elle frappe. S'il arrive que ce soit un homme ou un animal, elle le tue aussitôt, et revient à celui qui l'a envoyé : au reste, elle roule avec tant de vitesse, qu'on ne peut l'apercevoir ; mais si celui à qui le *tyre* est envoyé est plus habile sorcier que son ennemi, il le lui renvoie, sans en être frappé, et le premier sorcier expire de la même mort qu'il a voulu donner. »

— D. Prudent de Sandoval, évêque de Pampelune, dans son *Histoire de Charles-Quint*, raconte que deux jeunes filles, l'une de onze ans et l'autre de neuf, s'accusèrent elles-mêmes, comme sorcières, devant les membres du conseil royal de Navarre : elles avouèrent qu'elles s'étaient fait recevoir dans la secte des sorciers, et s'engagèrent à découvrir toutes les femmes qui en étaient, si on consentait à leur faire grâce. Les juges l'ayant promis, ces deux enfans déclarèrent, qu'en voyant l'œil gauche d'une personne, elles pourraient dire si elle était sorcière ou non; elles indiquèrent l'endroit où l'on devait trouver un grand nombre de ces femmes, et où elles tenaient leurs assemblées. Le conseil chargea un commissaire de se transporter sur les lieux, avec ces deux enfans, escortés de cinquante cavaliers. En arrivant dans chaque bourg ou village, il devait enfermer les deux jeunes filles dans deux maisons séparées, et faire conduire devant elles les femmes suspectes de magie, afin d'éprouver le moyen qu'elles avaient indiqué. Il résulta de l'expérience que celles de ces femmes qui avaient été signalées par les deux filles comme sorcières, l'étaient réellement. Lorsqu'elles se virent en prison, elles déclarèrent qu'elles étaient plus de cent cinquante; que lorsqu'une femme se présentait pour être reçue dans leur société, on lui donnait, si elle était nubile, un jeune homme bien fait et robuste, avec qui elle avait un commerce charnel. On lui faisait renier Jésus-Christ et sa religion. Le jour où cette cérémonie avait lieu, on voyait paraître, au milieu d'un cercle, un bouc tout noir, qui en faisait plusieurs fois le tour; à peine avait-il fait entendre sa voix rauque, que toutes les sorcières accouraient et se mettaient à danser; après cela, elles venaient toutes baiser le bouc au derrière, et faisaient ensuite un repas avec du pain, du vin et du fromage. Lorsque le festin était fini, chaque sor-

cière chevauchait avec son voisin, métamorphosé en
bouc ; et, après s'être frotté le corps, avec les excrémens d'un crapaud, d'un corbeau et de plusieurs
reptiles, elles s'envolaient dans les airs, pour se
rendre aux lieux où elles voulaient faire du mal.
D'après leur propre confession, elles avaient empoisonné trois ou quatre personnes, pour obéir aux
ordres de Satan, qui les introduisait dans les maisons, en leur ouvrant les portes et les fenêtres, qu'il
avait soin de refermer lorsque le maléfice avait eu
son effet. Toutes les nuits qui précédaient les grandes
fêtes de l'année, elles avaient des assemblées générales, où elles faisaient beaucoup de choses contraires à l'honnêteté et à la religion. Lorsqu'elles
assistaient à la messe, elles voyaient l'hostie noire ;
mais, si elles avaient déjà formé le propos de renoncer à leurs pratiques diaboliques, elles la voyaient
dans sa couleur naturelle.

Sandoval ajoute que le commissaire, voulant s'assurer de la vérité des faits par sa propre expérience,
fit prendre une vieille sorcière, et lui promit sa
grâce, à condition qu'elle ferait devant lui toutes ses
opérations de sorcellerie. La vieille, ayant accepté
la proposition, demanda la boîte d'onguent qu'on
avait trouvée sur elle, et monta dans une tour, avec
le commissaire et un grand nombre de personnes.
Elle se plaça devant une fenêtre, et se frotta d'onguent la paume de la main gauche, le poignet, le
nœud du coude, le dessous du bras, l'aine et le
côté gauche ; ensuite elle cria d'une voix forte : *Es-tu*

II.   20

là ? Tous les spectateurs entendirent dans les airs
une voix qui répondit : *Oui* , *me voici.* La sorcière
se mit alors à descendre le long de la tour , la tête
en bas , se servant de ses pieds et de ses mains , à
la manière des lézards. Arrivée au milieu de la hauteur , elle prit son vol dans les airs , devant les assistans , qui ne cessèrent de la voir que lorsqu'elle
eût dépassé l'horizon. Dans l'étonnement où ce prodige avait plongé tout le monde , le commissaire
fit publier qu'il donnerait une somme d'argent considérable à quiconque lui ramènerait la sorcière. On
la lui présenta, au bout de deux jours qu'elle fut arrêtée par des bergers. Le commissaire lui demanda
pourquoi elle n'avait pas volé assez loin pour échapper à ceux qui la cherchaient ? A quoi elle répondit ,
que son maître n'avait voulu la transporter qu'à la
distance de trois lieues , et qu'il l'avait laissée dans
le champ où les bergers l'avaient rencontrée.

Le juge ordinaire, ayant prononcé sur l'affaire des
cent cinquante sorcières , elles furent livrées à l'inquisition d'Estella ; et ni l'onguent ni le diable ne
purent leur donner des ailes , pour éviter le châtiment de deux cents coups de fouet et de plusieurs
années de prison qu'on leur fit subir (1). (Voyez *Char-*
mes, *Loups-Garoux*, *Magiciens*, *Pacte*, *Sabbat*, etc.)

SORT. — Crocus II , duc de Bohème ; laissa en
mourant sa couronne à sa fille Libussa , qui , quelques

---

(1) Don Llorente. *Histoire de l'inquisition d'Espagne.*

années après , fut contrainte par le peuple de prendre un mari. Ayant peine à se décider , elle résolut
de consulter le sort , et de suivre son choix. Elle
envoya prendre un cheval blanc qui paissait dans un
pré , et le fit lâcher au milieu des courtisans et du
peuple , promettant d'épouser celui devant qui il
s'arrêterait. Le cheval courut environ mille pas, et
s'alla planter devant un pauvre villageois , nommé
Primislas , qui labourait son champ. On le salua
prince ; Libussa le prit pour époux ; et, quoique
élevé dans la campagne , il se montra digne de sa
bonne fortune.

C'est en mémoire de cette aventure que les sabots
que portait Primislas , la première fois qu'il parût
devant la princesse , furent conservés soigneusement ,
et portés depuis par les prêtres , le jour du couronnement des princes de la Bohème (1).

— Les hommes ont de tout temps consulté le sort,
ou , si l'on veut , le hasard. Cet usage n'a rien de ridicule , lorsqu'il s'agit de déterminer un partage , de
fixer un choix douteux , etc. Mais les anciens consultaient le sort, comme un oracle; et quelques modernes , aussi insensés , ont fait dépendre souvent
la vie des hommes , de l'aveugle décision du hasard.
(*Voyez Jugemens de Dieu.*) Dans l'histoire de
Jonas , on jette les sorts pour consulter l'Éternel.
Quel orgueil absurde à l'homme que de prétendre obliger le grand Dieu de tous les mondes à inter-

(1) Ænéas-Sylvius.

venir dans ses petits démêlés !....et ceux-là qui dé-
cimaient la multitude, pour trouver des victimes,
n'osaient-ils pas, dans leur misérable présomption,
demander au Dieu de justice un coupable, sur dix
innocens....

SORTILÉGES. — (Voyez *Charmes* , *Maléfices* ,
Scopélisme , etc.)

SPECTRE S. —

Simulacraque , Spectraque circàm ...

SILIUS.

Un spectre est une substance sans corps, qui se
présente sensiblement aux hommes, contre l'ordre
de la nature, et leur cause des frayeurs.

La foi aux spectres et aux revenans, presqu'aussi ancienne que le monde, est une preuve de
l'immortalité de l'âme, et en même temps un monument de la faiblesse de l'esprit humain.

—Olaüs-Magnus assure que, sur les confins de la mer
Glaciale, il y a des peuples, appelés Pilapiens, qui
boivent, mangent et conversent familièrement avec
les spectres.....

— Ælien raconte qu'un vigneron, ayant tué,
d'un coup de bêche, un aspic fort long, était
suivi en tous lieux par le spectre de sa *victime*. Ce
que c'est pourtant que le remords !....

— Suétone dit que le spectre de Galba poursuivait sans relâche Othon, son meurtrier, le tiraillait

hors du lit , l'épouvantait et lui causait mille tourmens.

— Il y avait , en Etolie , un citoyen vénérable ,
nommé Polycrite , que le peuple avait élu gouverneur du pays , à cause de son rare mérite et de sa
probité. Sa dignité lui fut prorogée jusqu'à trois ans ,
au bout desquels il épousa une dame. de Locres.
Mais il mourut la quatrième nuit de ses noces , et la
laissa enceinte d'un hermaphrodite , dont elle accoucha neuf mois après. Les prêtres et les augures , ayant
été consultés sur ce prodige , conjecturèrent que les
Étoliens et les Locriens auraient guerre ensemble ,
parce que ce monstre avait les deux natures. On
conclut enfin qu'il fallait mener la mère et l'enfant
hors des limites d'Étolie , et les brûler tous deux.

Comme on était près de faire cette exécution , le
spectre de Polycrite apparut , et se mit auprès de
son enfant ; il était vêtu d'un habit noir. Tout le
monde effrayé voulait s'enfuir ; il les rappela , leur
dit de ne rien craindre , et fit ensuite , d'une
voix grêle et basse , un beau discours , par lequel
il leur montra que , s'ils brûlaient sa femme et son
fils , ils tomberaient dans des calamités extrêmes.
Mais voyant que , malgré ses remontrances , les Étoliens n'étaient pas moins décidés à faire ce qu'ils
avaient résolu , il prit son enfant , le mit en pièces
et le dévora. Le peuple fit des huées contre lui , et
lui jeta des pierres pour le chasser ; il fit peu d'attention à ces insultes et continua de manger son fils ,
dont il ne laissa que la tête , après quoi il disparut.

Ce prodige sembla si effroyable, qu'on prit le dessein d'envoyer consulter l'oracle de Delphes. Mais la tête de l'enfant, s'étant mise à parler, leur prédit, en vers, tous les malheurs qui devaient leur arriver dans la suite ; et la prédiction s'accomplit (1).

—Voici encore un trait, rapporté par Phlégon, et qu'on présume être arrivé à Hypate en Thessalie, où, selon Apulée, il se faisait de jour à autre des miracles aussi surprenans que celui de Philinnion.

Philinnion, fille unique de Démostrate et de Charito, mourut en âge nubile ; ses parens inconsolables firent enterrer, avec le corps mort, les bijoux et les atours que la jeune fille avait le plus aimés pendant sa vie. Quelque temps après sa mort, un jeune seigneur, nommé Machates, vint loger chez Démostrate, qui était son ami. Un soir qu'il était dans sa chambre, Philinnion, dont il ne savait pas la mort, lui apparait, lui déclare qu'elle l'aime, et l'engage, par ses caresses, à répondre à sa passion. Machates, pour gage de son amour, donne à Philinnion une coupe d'or, et se laisse tirer un anneau de fer qu'il avait au doigt. Philinnion, de son côté, lui fait présent de son collier et d'un anneau d'or, et se retire avant le jour.

Le lendemain, elle revint à la même heure. Pendant qu'ils étaient ensemble, Charito envoya une vieille servante dans la chambre de Machates, pour voir ce qu'il y faisait. Cette femme retourna bientôt,

_____

(1) *Phlégon*, affranchi de l'empereur Adrien. Son livre est incomplet, tronqué, mais plein de contes et de merveilles.

éperdue, vers sa maîtresse, et lui annonça que Philinnion était avec Machates. On la traita de visionnaire ; mais comme elle s'obstinait à assurer que ce
qu'elle disait était très-vrai, quand le matin fut venu,
Charito alla trouver son hôte, et lui demanda si la
vieille ne l'avait point trompée. Machates avoua
qu'elle n'avait fait aucun mensonge à cet égard, raconta toutes les circonstances de ce qui lui était arrivé, et montra le collier et l'anneau d'or, que la
mère reconnut pour ceux de sa fille. Cette vue réveilla la douleur de la perte qu'elle avait faite : elle
jeta des cris épouvantables, et supplia Machates de
l'avertir quand sa fille reviendrait ; ce qu'il exécuta.

Le père et la mère la virent, et coururent à elle
pour l'embrasser. Mais Philinnion, baissant les yeux,
leur dit avec une contenance morne : « Hélas ! mon
» père, et vous ma mère, vous détruisez ma félicité,
» en m'empêchant, par votre présence importune,
» de vivre seulement trois jours, avec votre hôte,
» dans la maison paternelle, et d'y prendre quelque
» plaisir, sans vous gêner en rien. Votre curiosité
» vous sera funeste, car je m'en retourne au séjour
» de la mort, et vous me pleurerez autant que
» quand je fus portée en terre pour la première fois.
» Mais je vous avertis que je ne suis pas venue ici
» sans la volonté des dieux. » Après ces mots, elle
tomba morte, et son corps fut exposé sur un lit, à
la vue de tous ceux de la maison.

Enfin, on alla visiter le tombeau de Philinnion,
où l'on ne trouva point son corps ; mais seulement

l'anneau de fer et la coupe que Machates lui avait
donnés. Machates, pénétré de honte d'avoir couché
avec un spectre, se donna la mort.

— Mélancthon raconte que sa tante étant devenue
veuve, pendant sa grossesse, et se trouvant seule
auprès du feu, dans une soirée d'hiver, vit entrer
dans sa chambre deux personnages, dont l'un ressemblait à son mari défunt ; l'autre était en habit
de cordelier. Celui qui paraissait être son époux lui
demanda la main, en la priant de ne point s'effrayer
et de ne rien craindre. Elle obéit en tremblant, et
toucha le spectre. Mais il lui brûla cette main, tellement qu'elle ne put désormais s'en servir, et porta
toujours depuis la marque de la dernière caresse
conjugale. Après cela, les deux ombres disparurent.

— Théodore de Gaze avait en Champagne une
métairie, cultivée par un fermier, qui trouva, en
fouillant un monticule, un vase rond de quelque
prix, où étaient enfermées les cendres d'un mort.
Aussitôt il lui apparut un spectre qui lui ordonna
de remettre le vase en terre, avec ce qu'il contenait ;
qu'autrement, il ferait mourir son fils aîné. Le laboureur se moqua de ces menaces, emporta le vase ;
et peu de jours après son fils aîné fut trouvé mort
dans son lit. Le spectre lui apparut encore, au bout
de quelque temps, le menaçant de faire mourir son
second fils, s'il ne remettait le vase à sa place. Le
fermier, effrayé, alla tout conter à Théodore de Gaze,
qui fit reporter le vase au lieu où on l'avait trouvé (1).

_____

(1) *Le Loyer.* — On a profané, dans la révolution, les tom-

— Le professeur Hanov, bibliothécaire à Dantzik, après avoir combattu les apparitions et les folles erreurs des différens peuples, touchant les revenans et les spectres, raconte le fait suivant, avec toute la bonne foi des chroniqueurs du quinzième siècle :

« Flaxbinder, plus connu sous le nom de *Johannes de Curiis*, passa les années de sa jeunesse dans l'intempérance et la débauche. Un soir, tandis qu'il se plongeait dans l'ivresse des plus sales plaisirs, sa mère vit un spectre qui ressemblait si fort, par la figure et la contenance, à son fils, qu'elle le prit pour lui-même. Ce spectre était assis près d'un bureau couvert de livres, et paraissait profondément occupé à méditer et à lire tour à tour. Persuadée qu'elle voyait son fils, et agréablement surprise, elle se livrait à la joie que lui donnait ce changement inattendu, lorsqu'elle entendit, dans la rue, la voix de ce même Flaxbinder qui était dans la chambre. Elle fut horriblement effrayée ; on le serait à moins : cependant, ayant observé que celui qui jouait le rôle de son fils ne parlait pas, qu'il avait l'air sombre, hagard et taciturne, elle conclut que ce devait être un spectre ; et, cette conséquence redoublant sa terreur, elle se hâta de faire ouvrir la porte au véritable Flaxbinder. Il entre, il approche ; le spectre ne se dérange pas. Flaxbinder, pétrifié à ce spectacle,

_____

heaux de Saint-Denis, et les morts qui y étaient ensevelis n'ont point poussé de gémissemens. Si la même chose fût arrivée, quelques siècles plus tôt, quelles terribles histoires elle eût enfantées !

forme en tremblant la résolution de s'éloigner du vice, de renoncer à ses désordres, d'étudier enfin, et d'imiter le fantôme. A peine a-t-il conçu ce louable dessein, que le spectre sourit d'un horrible manière, jette les livres et s'envole. »

— Puisque nous sommes dans les contes, après en avoir rapporté quelques-uns qu'on nous donne pour des anecdotes authentiques, je terminerai cet article par l'histoire de *la Nonne sanglante*, qui ne nous est présentée du moins que comme un épisode de roman, et qui achèvera de faire connaître les revenans et les spectres.

La Nonne sanglante. — Un revenant fréquentait le château de Lindemberg, de manière à le rendre inhabitable. Apaisé ensuite par un saint homme, il se réduisit à n'occuper qu'une chambre, qui était constamment fermée. Mais tous les cinq ans, le cinq de mai, à une heure précise du matin, le fantôme sortait de son asile. C'était une religieuse couverte d'un voile, et vêtue d'une robe souillée de sang. Elle tenait d'une main un poignard, et de l'autre une lampe allumée, descendait ainsi le grand escalier, traversait les cours, sortait par la grande porte, qu'on avait soin de tenir ouverte, et disparaissait. Le retour de cette mystérieuse époque était près d'arriver, lorsque l'amoureux Raymond reçut l'ordre de renoncer à la main de la jeune Agnès, qu'il aimait éperdument.

Il lui demanda un rendez-vous, l'obtint, et lui proposa un enlèvement. Agnès connaissait trop la pureté

du cœur de son amant, pour hésiter à le suivre : « C'est
» dans cinq jours, lui dit-elle ; que la nonne san-
» glante doit faire sa promenade. Les portes lui seront
» ouvertes, et personne n'osera se trouver sur son pas-
» sage. Je saurai me procurer des vêtemens conve-
» nables, et sortir sans être reconnue ; soyez prêt à
» quelque distance.... » Quelqu'un entra alors qui
les força de se séparer.

Le cinq mai, à minuit, Raymond était aux portes
du chateau ; une voiture et deux chevaux l'attendaient dans une caverne voisine. Les lumières s'éteignent, le bruit cesse, une heure sonne : le portier,
suivant l'antique usage, ouvre la porte principale.
Une lumière se montre dans la tour de l'Est, parcourt une partie du château, descend.... Raymond
aperçoit Agnès, reconnaît le vêtement, la lampe,
le sang et le poignard. Il s'approche ; elle se jette
dans ses bras. Il la porte presque évanouie dans la
voiture ; il part avec elle, au galop des chevaux. Agnès
ne proférait aucune parole. Les chevaux couraient
à perte d'haleine ; deux postillons, qui essayèrent
vainement de les retenir, furent renversés. En ce moment, un orage affreux s'élève ; les vents sifflent dé-
chainés ; le tonnerre gronde au milieu de mille éclairs;
la voiture emportée se brise.... Raymond tombe sans
connaissance.

Le lendemain matin, il se voit entouré de paysans
qui le rappellent à la vie. Il leur parle d'Agnès, de la
voiture, de l'orage ; ils n'ont rien vu, ne savent rien,
et il est à dix lieues du château de Lindemberg. On

le transporte à Ratisbonne ; un médecin panse ses blessures , et lui recommande le repos. Le jeune amant ordonne mille recherches inutiles, et fait cent questions auxquelles on ne peut répondre. Chacun croit qu'il a perdu la raison.

Cependant la journée s'écoule. La fatigue et l'épuisement lui procurent le sommeil. Il dormait assez paisiblement , lorsque l'horloge d'un couvent voisin le réveille , en sonnant une heure. Une secrète horreur le saisit , ses cheveux se hérissent , son sang se glace , sa porte s'ouvre avec violence ; et, à la lueur d'une lampe posée sur la cheminée , il voit quelqu'un s'avancer : c'est la nonne sanglante. Le spectre s'approche, le regarde fixement , assis sur son lit, pendant une heure entière. L'horloge sonne deux heures. Le fantôme alors se lève , saisit la main de Raymond de ses doigts glacés , et lui dit : *Raymond, je suis à toi, tu es à moi pour la vie.* Elle sortit aussitôt, et la porte se referma sur elle.

Libre alors , il crie, il appelle ; on se persuade de plus en plus qu'il est insensé ; son mal s'augmente , et les secours de la médecine sont vains.

La nuit suivante , la nonne revint encore, et ses visites se renouvelèrent ainsi pendant plusieurs semaines. Le spectre , visible pour lui seul , n'était aperçu par aucun de ceux qu'il faisait coucher dans sa chambre.

Cependant Raymond apprit qu'Agnès , sortie trop tard , l'avait inutilement cherché dans les environs du château ; d'où il conclut qu'il avait enlevé la nonne sanglante. Les parens d'Agnès, qui n'approuvaient point son amour, profitèrent de l'impression que fit cette aventure sur son esprit, pour la déterminer à prendre le voile.

Enfin, Raymond fut délivré de son effrayante compagne. On lui amena un personnage mystérieux qui passait par Ratisbonne; on l'introduisit dans sa chambre, à l'heure où devait paraître la nonne sanglante. Elle le vit et trembla. A son ordre, elle expliqua le motif de ses importunités : religieuse espagnole, elle avait quitté le couvent, pour vivre dans le désordre, avec le seigneur du château de Lindemberg. Infidèle à son amant, comme à son Dieu, elle l'avait poignardé; et, assassinée elle-même, par son complice qu'elle voulait épouser, son corps était resté sans sépulture; son âme sans asile errait depuis un siècle. Elle demandait un peu de terre pour l'un, des prières pour l'autre. Raymond les lui promit, et ne la vit plus (1). (Voyez *Apparitions*, *Fantômes*, *Revenans*, *Vampires*, etc.)

SUCCOR-BÉNOTH. — Chef des eunuques du sérail de Belzébuth, favori de Proserpine, démon de la jalousie, des verroux et des grilles.

SUCCUBES. — Les démons succubes sont ainsi appelés, parce qu'ils prennent des figures de femmes et recherchent les hommes.

---

1 Lewis, le Moine.

— On trouve dans quelques écrits , dit le Rabbin Élias , que , pendant cent trente ans qu'Adam s'abstint du commerce de sa femme , il fut visité par des diablesses , qui devinrent grosses de ses œuvres , et qui accouchèrent de démons, d'esprits , de lamies, de spectres , de lémures et de fantômes.

— Sous le règne de Roger , roi de Sicile , un jeune homme , se baignant , au clair de la lune , avec plusieurs autres personnes , crut voir quelqu'un qui se noyait, courut à son secours, et, ayant retiré de l'eau une belle femme , en devint amoureux , l'épousa et en eut un enfant. Dans la suite , elle disparut avec sa progéniture , sans qu'on en ait depuis entendu parler. — La mère et l'enfant s'étaient cette fois noyés tout de bon , et nos spirituels ancêtres , ne la voyant plus, conjecturèrent sagement qu'elle ne pouvait être qu'un démon succube , lequel , ayant obtenu ce qu'il voulait , s'en allait ailleurs chercher un autre dupe.

—Pic de la Mirandole parle d'un visionnaire de soixante et quinze ans , nommé *Benedetto Berna* , qui, depuis sa trente-cinquième année, croyait recevoir les caresses d'un esprit succube , qu'il menait partout , et avec qui il s'entretenait , sans qu'il fut vu de personne.

— Un soldat , après avoir joui des faveurs d'une belle femme , ne trouva dans ses bras que le cadavre d'une bête pourie (1).

_____

(1) Guillaume de Paris.

— En 1581 , un homme marié, de Dalhem , nommé Pierron , conçut un amour violent pour une fille de son village. Un démon succube, qui s'en aperçut , apparut à Pierron , dans la campagne , sous les traits de cette fille. Pierron lui découvre sa passion : elle promet d'y répondre , s'il veut se livrer à elle et lui obéir en toutes choses. Pierron y consent et consomme l'adultère. Quelque temps après , elle lui demande , pour gage de sa tendresse , qu'il fasse manger à son fils unique une pomme qu'elle lui donne. Il le fait , et l'enfant tombe roide mort. Le père et la mère se lamentent. Le démon succube se montre de nouveau , toujours sous la même forme de femme , et promet de rendre la vie à l'enfant,si le père veut l'adorer.

Pierron s'y soumet : l'enfant ouvre les yeux et respire , mais plus hâve , plus défait , les yeux plus enfoncés et l'esprit plus stupide qu'avant sa mort ; il respire , ou plutôt un démon anime son corps , mais pendant un an seulement , au bout duquel , il l'abandonne avec grand bruit. Le jeune homme tombe à la renverse , son corps infect et d'une puanteur insupportable est porté en terre (1). On ne sait pas trop ce que le démon fit au père ; mais il est à remarquer que les écrivains superstitieux punissent toujours les enfans , des crimes de leurs parens. (Voyez *Incubes*).

---

(1) Remy.

SUPERSTITIONS. —

Comme un colosse immense, enjambant les deux mers,
La superstition règne dans l'univers.

VOLTAIRE.

— Saint Thomas définit la superstition, un vice opposé par excès à la réligion, qui rend un honneur divin à qui elle ne le doit pas, ou de la manière qu'elle ne le doit pas.

Plutarque et la plupart de ceux dont il s'appuie prétendent que l'athéisme est bien souvent moins dangereux que la superstition.

— Une chose est superstitieuse, 1°. lorsqu'elle est accompagnée de circonstances que l'on sait n'avoir aucune vertu naturelle, pour produire les effets qu'on en espère ; 2°. lorsque ces effets ne peuvent être raisonnablement attribués ni à Dieu, ni à la nature ; 3°. lorsqu'elle n'a été instituée ni de Dieu, ni de l'église ; 4°. lorsqu'elle se fait, en vertu d'un pacte avec le diable (1) : la superstition s'étend si loin, que cette définition même est superstitieuse à peu près autant qu'elle peut l'être.

— Il y a des gens qui jettent la cremaillère hors du logis, pour avoir du beau temps ; d'autres mettent une épée nue sur le mât d'un vaisseau, pour apaiser la tempête ; les uns ne mangent point de têtes d'animaux, pour n'avoir jamais mal à la tête ; les autres touchent, avec les dents, une dent de pendu, ou un os de mort, ou mettent du fer entre leurs

----

(1) Thiers.

dents , pendant qu'on sonne les cloches , le Samedi
Saint, pour guérir le mal de dents ; il en est qui
portent , contre la crampe , un anneau fait pendant
qu'on chante la passion ; ceux-ci portent au cou
deux noyaux d'aveline joints ensemble , contre la
dislocation des membres ; ceux-là mettent du fil
filé par une vierge , ou du plomb fondu dans l'eau ,
sur un enfant tourmenté par les vers. On en voit qui
découvrent le toit de la maison d'une personne malade , lorsqu'elle ne meurt pas assez vite , et qu'on
désire sa mort ; d'autres enfin chassent les mouches ,
lorsqu'une femme est en travail d'enfant , de crainte
qu'elle n'accouche d'une fille (1).

— Celui qui porte sur soi l'évangile de saint Jean ,
In principio erat verbum , écrit sur du parchemin
vierge et renfermé dans un tuyau de plume d'oie ,
le premier dimanche de l'année , une heure avant le
soleil , sera invulnérable , et se garantira de quantité
de maux (2).

— Ceux des Juifs, qui croyaient à l'immortalité de
l'âme, allaient à une rivière et s'y baignaient , en disant quelques prières ; ils étaient persuadés que , si
l'âme de leur père ou de leur frère était en purgatoire , ce bain la rafraîchirait (3).

— Dans quelques villes du royaume de Navarre ,
lorsque la sécheresse durait trop long-temps , le clergé
et les magistrats , suivis du peuple , faisaient porter

_____

(1) Bernardin de Siennes.
(2) Thiers.
(3) Saint-Foix.

la statue de saint Pierre au bord d'une rivière, et là on chantait : *Saint Pierre, secourez-nous! Saint Pierre, une fois, deux fois, trois fois, secourez-nous!* Si la statue de saint Pierre ne répondait point, le peuple se fâchait et criait : *Qu'on jette saint Pierre à la rivière!* Les principaux du clergé répondaient qu'il ne fallait point en venir à cette extrémité, que saint Pierre était un bon patron, et qu'il ne tarderait pas à les secourir. Le peuple alors demandait des cautions; on lui en donnait, et il pleuvait quelquefois dans les vingt-quatre heures (1).

— Voyez ces Hottentots, serrés les uns contre les autres, dans le plus profond silence, les bras croisés, les yeux humblement fixés sur la terre, tout le corps prosterné et immobile, devant un vase plein de lait : ils demandent au ciel de la pluie et des pâturages (2).

— Il est dangereux de se mal chausser. L'empereur Auguste, si sage d'ailleurs, restait immobile et consterné, lorsqu'il lui arrivait, par mégarde, de mettre le soulier droit au pied gauche, et le soulier gauche au pied droit.

— Malheureux qui chausse le pied droit le premier (3).

— Il ne faut pas brûler les coques des œufs, de

(1) Martin de Arles.
(2) Le voyageur Choisy.
(3) Thiers.

peur de brûler une seconde fois saint Laurent, qui a été brûlé avec de pareilles coques (1).

— Il y en a qui brisent les coques des œufs mollets, après en avoir avalé le dedans, pour que leurs ennemis soient brisés de même (2).

— Un couteau donné coupe l'amitié.

— Il ne faut pas mettre les couteaux en croix, ni marcher sur des fétus croisés. Semblablement, les fourchettes croisées sont d'un sinistre présage.

— Grands malheurs encore qu'un miroir cassé, une salière répandue, un pain renversé, un tison dérangé !....

— Certaines gens trempent un balai dans l'eau, pour faire pleuvoir; ce qui ne peut advenir que par l'entremise du démon (3).

— Les Indiens attribuent plusieurs vertus aux eaux du Gange. Ils croient que leurs péchés leur sont remis, lorsqu'ils se sont baignés dans ce fleuve. Ils pensent encore qu'elles préservent du tonnerre et de tout accident fâcheux. — Les Indiens ne sont pas les seuls qui donnent à l'eau de pareilles qualités.

— Baldœus dit qu'il y a, à Canara (4), auprès de Mangalor, une espèce d'ordre religieux fort puissant, et respecté jusqu'à l'idolâtrie : tous ceux de cet

---

(1) Thiers.
(2) *Idem*.
(3) Martin de Arles.
(4) Royaume d'Asie, sur la côte de Malabar. Mangalor en est la capitale.

ordre ont tout ce qu'ils désirent et ne font rien ; leur unique occupation est de rester dans les pagodes, et, à des jours marqués, de sortir nus dans les rues, les parties de la génération ornées de sonnettes ; lorsqu'on les entend passer, les femmes de toute condition, la reine même et ses filles, se hâtent d'accourir à eux, de s'incliner, de prendre, *et cum magnâ reverentiâ basiare et suaviari virgam virilem....*

— A l'île Formose, l'urine d'une prêtresse remet toutes les fautes. Heureux qui peut en être arrosé !...

— Chez les Lapons, celui qui a eu le bonheur de tuer un ours, le remercie d'avoir bien voulu se laisser tuer, sans faire de mal au chasseur ; et, par suite d'un usage superstitieux, le Lapon qui a tué l'ours doit s'abstenir, pendant trois jours, de vivre avec sa femme.

— Qu'on dise à un bon catholique qu'il y a, sur les rives du Gange, des Indiens qui croient s'assurer le paradis, s'ils tiennent dévotement, à l'article de la mort, une queue de vache dans leurs mains ; le bon catholique rira d'une superstition si vaine. — Qu'on dise à ces Indiens qu'il y a, en Europe, des chrétiens qui s'imaginent gagner le paradis quand, près de mourir, ils portent à leurs pieds la pantoufle de saint François ; ces Indiens auront-ils moins sujet de rire ?.... Cependant l'Indien et le catholique devraient respecter leur absurdité mutuelle, puis-

que le but est le même , quoique la pratique superstitieuse soit différente (1).

— La cendre de fiente de vache est sacrée chez
les Indiens. Ils s'en mettent tous les matins , au front ,
sur la poitrine , et aux deux épaules : ils croient qu'elle
purifie l'âme, et leurs moines, *les bramins* , en
mêlent , pendant leur noviciat , dans tout ce qu'ils
mangent.

— Il y a , chez les Banians, l'ordre de la queue de
vache ; le roi , après l'avoir passé au cou de celui
qu'il honore de cette marque de distinction , l'embrasse, en lui disant : *Aimez les vaches* , *aimez les*
moines (2).

— Un Juif s'arme d'un couteau , prend un coq ,
le tourne trois fois autour de sa tête , et lui coupe la
gorge , en lui disant : *Je te charge de mes péchés ,*
ils sont à présent à toi ; *tu vas à la mort , et moi je*
suis rentré dans le chemin de la vie éternelle (3).

— Un malade ne meurt point, lorsqu'il est couché
sur un lit de plumes d'ailes de perdrix (4).

— Les enfans qui naissent aux quatre-temps peuvent, bien plus facilement que les autres , apprivoi-
ser les démons (5).

— Quand une femme est en travail d'enfant, elle

---

(1) John Adams.
(2) Saint-Foix.
(3) *Idem.*
(4) Thiers.
(5) Wecker.

accouche sans douleur, *si elle met la culotte de son mari* (1).

— Pour empêcher que les renards ne viennent manger les poules d'une métairie , il faut faire dans les environs , une aspersion de bouillon d'andouille , le jour de carnaval (2).

— Quand on travaille à l'aiguille, les jeudis et les samedis après midi , on fait souffrir Jésus-Christ et pleurer la sainte Vierge (3).

— Les chemises, qu'on fait le vendredi , attirent les poux.....(4).

— Le fil , filé le jour de carnaval , est mangé des souris (5).

—On ne doit pas manger de choux, le jour de saint Étienne , parce qu'il s'était caché dans des choux , pour éviter le martyre (6).

— Les loups ne peuvent faire aucun mal aux brebis et aux porcs , si le berger porte le nom de saint Basile , écrit sur un billet , et attaché au haut de sa houlette (7).

— Le jeune Philippe , fils de Louis-le-Gros, passant , en 1131 , près de Saint-Gervais , un cochon s'embarrassa dans les jambes de son cheval , qui

---

(1) Thiers.
(2) *Idem.*
(3) *Idem.*
(4) *Idem.*
(5) *Idem.*
(6) *Idem.*
(7) *Idem.*

s'abbattit , et le prince mourut de la chute; de sorte qu'on rendit une ordonnance qui défendit de laisser vaguer à l'avenir des cochons dans les rues de Paris. Peu après , ceux qui dépendaient de l'abbaye Saint-Antoine furent privilégiés , l'abbesse et ses religieuses ayant représenté que ce serait manquer à leur patron , que de ne pas exempter ses cochons de la règle générale.

— Le grand lama prétend qu'il ne peut errer.

Le grand lama veut bien admettre les rois de sa religion , et leurs ambassadeurs , à lui baiser les pieds. On assure que son pot de chambre seul fait vivre fort à leur aise· plus de quatre mille moines , par les sommes qu'ils tirent de la vente de ses excrémens séchés , pulvérisés , et renfermés dans de petits sachets , que les dévots s'empressent d'acheter, et portent à leur cou (1).

— Vers l'an 1125 , un hérétique nommé Tanchelin était en si grande vénération , dans quelques provinces , qu'on buvait de ses urines , et qu'on gardait ses excrémens comme des reliques ; l'argent qu'en retiraient les principaux de sa secte , servait à l'entretien de sa table , qui était toujours délicatement servie. Les pères et les maris le priaient de coucher avec leurs filles et leurs femmes (2).

— Il existait une loi , chez les Babyloniens , qui ordonnait aux femmes d'aller s'asseoir près du temple

(1) Saint-Foix.
(2) *Idem.*

de Vénus-Militta , et d'attendre qu'un étranger jetât les yeux sur elles , pour faire en l'honneur de Vénus un sacrifice amoureux. C'était un acte pieux qu'il fallait accomplir, au moins une fois en sa vie.

— A Madagascar , on remarque , comme on le faisait à Rome , les jours heureux et les jours malheureux. Une femme de Madagascar croirait avoir commis un crime impardonnable , si , ayant eu le malheur d'accoucher dans un temps déclaré sinistre , elle avait négligé de faire dévorer son enfant par les bêtes féroces , ou de l'enterrer vivant , ou tout au moins de l'étouffer.

— A Chartres , le jour qu'on quitte l'*Alleluia* , un enfant de cœur jette dans l'église une toupie et la fouette. On appelle cette cérémonie l'*Alleluia fouetté*.

— On fait pleurer la bonne Vierge (quoiqu'elle soit dans le ciel) quand on chante , pendant le carême , *Alleluia* , qui veut dire *louange à Dieu* (1) !

— On peut boire comme un trou , sans craindre de s'enivrer , quand on a recité ce vers :

Jupiter his altâ sonuit clementer ab Idâ. (2)

— A la bataille d'Almanza , la première volée de canon emporta la bannière de saint Antoine de Padoue, et voilà toute une armée en déroute. Qui était donc le vrai général de cette armée ? saint Antoine de Padoue. Le fantôme protecteur , qui avait ses

_____

(1) Thiers.
(2) Idem.

pieds sur la terre , et sa tête dans les cieux , avait
disparu , et avec lui toute la confiance de l'armée (1).

— La superstition est la mère de la plupart de
nos erreurs. C'est cette faiblesse de l'esprit humain
qui attache aux moindres choses , une importance
surnaturelle. Elle engendre les terreurs religieuses ,
bouleverse les petites têtes , sème nos jours de tourmens éternels et de vaines inquiétudes. La superstition anime les démons , les spectres , les fantômes ; ses domaines sont les déserts , le silence et
les ténèbres; elle apparaît aux hommes , entourée
de tous les monstres imaginaires du sombre empire ,
et leur montre, d'un côté, le feu éternel et toutes ses
horreurs , de l'autre, le chemin du ciel , qui s'a-
chète par des amulettes , des chapelets , des oraisons
et les pratiques les plus ridicules. Elle promet à
ceux qui la suivent , de leur dévoiler les impénétrables secrets de l'avenir. Elle a enfanté le fatalisme , les sectes , les hérésies , les guerres de religion ; et tous les plus grands maux qui ont affligé
l'humanité sont les fruits de sa doctrine abominable.

(Voyez *Aiguillette* , *Amour* , *Amulette* , *En-*
fers , *Erreurs populaires* , *Funérailles* , *Hasard* ,
Ignorance , *Imagination* , *Maléfices* , *Miracles* ,
Oracles , *Prières* , *Révélation* , *Songes* , *Talis-*
mans , *etc.*, et le reste du Dictionnaire.)

---

(1) Diderot .

SUREAU. — Quand on a reçu quelque malé-
fice, de la part d'un sorcier qu'on ne connaît point,
qu'on pende son habit à une cheville, et qu'on
frappe dessus, avec un bâton de sureau : tous les
coups retomberont sur l'échine du sorcier coupable, qui sera forcé de venir, en toute hâte, ôter
le maléfice.

SYBILLES, ou mieux SIBYLLES. —

Insanam vatem aspicies quæ, rupe sub imd,
Fata canit.

                                                    VIRG.

— Les Sibylles étaient, chez les anciens, des
prophétesses, ou plutôt des folles, des enthousiastes,
des convulsionnaires, qui faisaient le métier de devi-
neresses.

— Leurs prophéties étaient en vers ; les morceaux
qui nous en restent sont supposés ; cependant on
peut les mettre, en grande partie, à côté des quatrains
de Nostradamus.

—Les Sibylles sont au nombre de dix, selon Varron. D'autres en comptent jusqu'à douze.

1°. *La Sibylle de Perse.*Elle se nommait Sambèthe,
et se disait bru de Noé, dans des vers sibyllins apocryphes. Elle a prédit l'avénement du messie, par la
bouche d'un poëte chrétien.

2°. *La Sibylle libyenne.* Elle voyagea à Samos, à
Delphes, à Claros, et dans plusieurs autres pays. On
lui attribue des vers contre l'idolâtrie, dans lesquels

elle reproche aux hommes leur sottise de placer tout leur espoir de salut dans un dieu de pierre ou d'airain, et d'adorer les ouvrages de leurs mains. Mais les vers ont trop de marques modernes, pour que l'homme de goût s'y laisse tromper.

3°. *La Sibylle de Delphes.* Elle était fille du devin Tyrésias. Après la prise de Thèbes, elle fut consacrée au temple de Delphes, par les Épigones (descendans des guerriers qui prirent Thèbes, la première fois). Ce fut elle, selon Diodore, qui porta la première le nom de Sibylle. Elle a célébré dans ses vers la grandeur divine ; et des savans prétendent qu'Homère a tiré parti de quelques-unes de ses pensées.

4°. *La Sibylle d'Érythrée.* Elle a prédit la guerre de Troie, *dans le temps que les Grecs s'embarquaient pour cette expédition.* Elle a prévu aussi, dit Boissard, qu'Homère chanterait cette guerre longue et cruelle. Si l'on en croit Eusèbe et saint Augustin, elle connaissait les livres de Moïse, car elle a parlé de la vierge Marie, mille ans avant qu'elle fût née, disant que le créateur du ciel habiterait dans son sein, et détaillant clairement la venue de Jésus-Christ, ses miracles, sa passion et son dernier jugement. Bien plus, elle a fait des vers, dont les premières lettres expriment, par acrostiche, *Jésus-Christ, fils de Dieu.* On l'a quelquefois représentée avec un petit Jésus et deux anges à ses pieds.

5°. *La Sibylle cimmérienne* a parlé de la sainte Vierge plus clairement encore que celle d'Érythrée, puisque, selon Suidas, elle la nomme par son propre nom.

6°. *La Sibylle de Samos* a prédit que les Juifs crucifieraient le vrai Dieu. Quelques écrivains modernes prétendent qu'on trouve ses prophéties dans les anciennes annales des Samiens.....

7°. *La Sibylle de Cumes*, la plus célèbre de toutes, faisait sa résidence ordinaire à Cumes, en Italie. On l'appelait Déïphobe ; elle était fille de Glaucus, et prêtresse d'Apollon. Elle rendait ses oracles au fond d'un antre qui avait cent portes, d'où sortaient autant de voix terribles qui faisaient entendre les réponses de la prophétesse. Ce fut elle qui offrit à Tarquin-le-Superbe un recueil de vers sibyllins, qui furent soigneusement conservés dans les archives de l'empire, au Capitole. Cet édifice ayant été brûlé, du temps de Sylla, Auguste fit ramasser tout ce qu'il put trouver des fragmens détachés de ces vers, et les fit mettre dans des coffres d'or, au pied de la statue d'Apollon Palatin, où on allait les consulter. Les factions des riches qui en étaient les dépositaires, les interprétaient à leur gré, et en tiraient grand parti auprès du peuple, qui les regardait comme des oracles. Le savant M. Petit, dans son traité *de Sibylla*, prétend qu'il n'y a jamais eu qu'une sibylle, dont on a partagé les actions et les voyages. Ce qui a donné lieu, selon lui, à cette multiplicité, c'est que cette fille mystérieuse a voyagé en divers pays. Ce sentiment est d'autant plus probable que tous les vers des Sibylles étaient écrits en Grec ; ce qui ne serait pas

arrivé, s'il y en avait eu en Perse, en Phrygie, etc.
Peut-être aussi a-t-on donné le nom de Sibylle à
quelques personnes qui, à l'imitation de la seule qu'on
doive reconnaître, se sont mêlées de prédire l'avenir. »

8°. *La Sybille hellespontine*. Elle naquit à Marpèse,
dans la Troade ; elle prophétisa du temps de Solon
et de Crésus. On lui attribue aussi des prophéties, sur
la naissance de Jésus-Christ.

9°. *La Sibylle phrygienne*. Elle rendait ses oracles
à Ancyre, en Galatie, près de l'endroit où Bajazet
fut vaincu par Tamerlan. Elle a prédit l'annonciation
et la naissance du Sauveur.

10°. *La Sibylle tiburtine*, ou *Albunée*, qui fut
honorée à Tibur, comme une divinité, fit des vers
contre l'adultère et la pédérastie. Elle prédit que
Jésus-Christ serait roi du monde, et qu'il naîtrait
d'une vierge, à Bethléem.

11°. *La Sibylle d'Épire*. Elle commença à prévoir
l'avenir, dit gravement Nicétas, et à pronostiquer
la naissance du Sauveur, du moment qu'elle sortit du
ventre de sa mère.

12°. *La Sibylle égyptienne* a prédit les mystères de
la passion, le crucifiement, la trahison de Judas, etc.

* Manto la hessalienne a laissé ces mots, qui l'ont
fait mettre au rang des Sibylles.

*Magnus veniet, et transibit montes et aquas cœli,
et regnabit in paupertate, et in silentio dominabitur,
nasceturque ex utero virginis* (1).

_____

(1) Il viendra quelqu'un de grand, qui traversera les monta-

— Toutes les prophéties des sibylles, qui concernent le Messie, n'étaient point connues des anciens, et sont regardées comme des contes par ceux des modernes qui ont un peu de bon sens; quoique saint Jérôme ait dit que les sibylles avaient reçu du ciel le don de lire dans l'avenir, en récompense de leur chasteté.

Il n'est pas vraisemblable que les prophéties des Sibylles se soient jamais publiées en vers; et il est impossible qu'on ait pu recueillir tout ce qu'elles ont annoncé. Elles vivaient dans des temps et dans des pays trop différens.

Au reste, on ne peut rien prononcer de certain sur les vers des Sibylles, car ils sont tous perdus; et les huit livres de vers sibyllins, que nous avons aujourd'hui, sont entièrement apocryphes.

SYLPHES. — Les sylphes sont des esprits élémentaires, composés des plus purs atomes de l'air qu'ils habitent.

L'air est plein d'une innombrable multitude de peuples, de figure humaine, un peu fiers en apparence, dit le comte de Gabalis, mais dociles en effet, grands amateurs des sciences, subtils, officieux aux sages, et ennemis des sots et des ignorans. Leurs femmes et leurs filles sont des beautés mâles, telles qu'on dépeint les Amazones. Ces peuples sont les sylphes.

---

gues, et les rivières du ciel; il règnera dans la pauvreté, et dominera dans le silence; et puis, il naîtra d'une vierge.

—Savez-vous qui fut le père de Melchisédech, demandait à quelqu'un le comte de Gabalis ? — Non vraiment, lui répondit-on, car saint Paul ne le savait pas. — Dites donc qu'il ne le disait pas, et qu'il ne lui était pas permis de révéler les mystères cabalistiques. Il savait bien que le père de Melchisédech était un sylphe, et que le roi de Salem fut conçu dans l'arche par la femme de Sem.

— Un petit sylphe s'immortalisait avec la jeune Gertrude, religieuse du diocèse de Cologne. Des ignorans le prenaient pour un diable ; mais, si cela était, le diable ne serait guère malheureux de pouvoir entretenir commerce de galanterie avec une fille de treize ans, et de lui écrire les billets doux qui furent trouvés dans sa cassette. Il a, dans la région de la mort, des occupations plus tristes et plus conformes à la haine qu'a pour lui le dieu de pureté (1).

— Une jeune Espagnole, aussi cruelle que belle, avait pour amant un cavalier castillan qui l'adorait sans être payé de retour. C'est pourquoi il partit un matin sans rien dire, et résolut de voyager jusqu'à ce qu'il fût guéri de sa passion. Un sylphe, trouvant la belle à son gré, fut d'avis de prendre ce temps pour toucher son cœur.

Il va voir la demoiselle, sous la forme de l'amant éloigné ; il se plaint, il soupire, il est rebuté. Il presse, il sollicite, il persévère ; après plusieurs mois de constance, il touche, il se fait aimer, il per-

_____

(1) Le comte de Gabalis.

suade ; enfin il est heureux. Il naît de leur amour un fils , dont la naissance est secrète et ignorée des parens , par l'adresse de l'amant aérien. L'amour continue, et il est béni d'une deuxième grossesse.

Cependant le cavalier , guéri par l'absence , revient à Séville , et, impatient de revoir son inhumaine, va au plus vite lui dire qu'enfin il est en état de ne plus lui déplaire, et qu'il vient lui annoncer qu'il ne l'aime plus.

Par hasard , le sylphe la quitta alors , parce qu'il avait à se plaindre d'elle , en ce qu'elle n'était pas assez dévote (car les sylphes sont fort saints).

On se figure aisément l'étonnement de cette fille , sa réponse , ses pleurs , ses reproches , et tout leur dialogue surprenant. Elle lui soutient qu'elle l'a rendu heureux , il le nie ; que leur enfant commun est en tel lieu , qu'il est père d'un autre qu'elle porte dans son sein ; il s'obstine à désavouer. Elle se désole , s'arrache les cheveux ; les parens accourent à ses cris ; l'amante désespérée continue ses plaintes et ses invectives ; on vérifie que le gentilhomme était absent depuis deux ans ; on cherche le premier enfant, on le trouve ; et le second naquit à son terme (1).

— Une belle sylphide se fit aimer d'un Espagnol , vécut trois ans avec lui , en eut trois beaux enfans, et puis mourut. On ne prétendra pas sans doute que ce fût un diable ; car selon quelle physique le diable peut-il s'organiser un corps de femme , concevoir,

_____

(1) Le comte de Gabalis.

enfanter et allaiter (1)?.... (Voyez *Cabale*, *Gnomes*,
Ondins, *Salamandres*.)

SYLVESTRE II. — Le pape Sylvestre II ordonna qu'après sa mort, on mit son corps sur un
chariot traîné par des bœufs, sans guide et aban-
donnés à eux-mêmes, pour être enterré au lieu où
ils s'arrêteraient; ce qu'ils firent devant l'église de
Latran, où son tombeau présageait la mort des
papes, par un bruit des os au-dedans, et par une
grande sueur et humidité de la pierre au dehors (2).

SYMPATHIE. — Les astrologues, qui rapportent tout aux astres, regardent la sympathie et l'accord parfait de deux personnes, comme un effet produit par la ressemblance des horoscopes. Alors tous
ceux qui naissent à la même heure sympathiseraient
entre eux ; ce qui ne se voit point.

— Les gens superstitieux regardent la sympathie
comme un miracle, dont on ne peut définir la cause.

— Les physionomistes attribuent ce rapprochement mutuel à un attrait réciproque de physionomie.

Il y a des visages qui s'attirent les uns les autres,
dit Lavater, tout comme il y en a qui se repoussent.
La conformité des traits entre deux individus qui
sympathisent ensemble, et qui se fréquentent sou-

_____

(1) Le comte de Gabalis.
(2) Platine.

II.   22

vent , marche de pair avec le développement de leurs qualités , et établit de l'un à l'autre une communication réciproque de leurs sensations privées et personnelles.

Il nous arrive à tous de prendre les habitudes , les gestes et les mines de ceux que nous fréquentons familièrement. Nous nous assimilons , en quelque sorte , à tout ce que nous affectionnons. Notre visage conserve , si j'ose m'exprimer ainsi , le reflet de l'objet aimé.

Le premier moment qu'une personne s'offre à vous , et dans son véritable jour , vous prévient-il en sa faveur ; cette première impression n'a-t-elle rien qui vous blesse , qui vous cause aucune gêne , aucune contrainte ; vous sentez-vous , au contraire , en sa présence , plus libre , plus serein , plus animé , et sans qu'elle vous flatte , même sans qu'elle vous parle , plus content de vous-même ; cette personne , soyez en sûr, ne perdra jamais dans votre esprit ; elle y gagnera constamment , pourvu qu'un tiers ne vienne pas se placer entre vous. La nature vous fit l'un pour l'autre.

— La sympathie n'est qu'un enfant de l'imagination. Telle personne vous plaît au premier coup d'œil , parce qu'elle a les traits du fantôme que votre cœur se formait , lorsqu'il était vide. Quoique les physionomistes ne conseillent pas aux visages longs de s'allier avec des visages arrondis , s'ils veulent éviter les malheurs qu'entraîne à sa suite la sympathie blessée , on voit pourtant tous les jours des unions de cette sorte, aussi peu discordantes que les alliances les plus sympathiques en fait de physionomie.

— Les philosophes sympathistes disent qu'il émane sans cesse des corpuscules, de tous les corps, et que ces corpuscules, en frappant nos organes, font dans le cerveau des impressions plus ou moins sympathiques, ou plus ou moins antipathiques. — On voit deux femmes pour la première fois; et l'une, quoique moins jolie que l'autre, nous plaît davantage.

— Le mariage du prince de Condé, avec Marie de Clèves, se célébra au Louvre, le 13 août 1572. Marie de Clèves, âgée de seize ans, de la figure la plus charmante, après avoir dansé assez long-temps, et se trouvant un peu incommodée de la chaleur du bal, passa dans une garde-robe, où une des femmes de la reine-mère, voyant sa chemise toute trempée, lui en fit prendre une autre. Un moment après, le duc d'Anjou (depuis Henri III), qui avait aussi beaucoup dansé, y entra pour raccommoder sa chevelure, et s'essuya le visage avec le premier linge qu'il trouva : c'était la chemise qu'elle venait de quitter.

En rentrant dans le bal, il jeta les yeux sur Marie de Clèves, la regarda avec autant de surprise que s'il ne l'eût jamais vue; son émotion, son trouble, ses transports et tous les empressemens qu'il commença de lui marquer, étaient d'autant plus étonnans que, depuis six mois qu'elle était à la cour, il avait

páru assez indifférent pour ces mêmes charmes, qui
dans ce moment faisaient sur son âme une impression
si vive, et qui dura si long-temps. Depuis ce jour,
il devint insensible à tout ce qui n'avait pas de rapport à sa passion; son élection à la couronne de Pologne, loin de le flatter, lui parut un exil; et quand il
fut dans ce royaume, l'absence, au lieu de diminuer
son amour, semblait l'augmenter; *il se piquait un
doigt*, toutes les fois qu'il écrivait à cette princesse,
et ne lui écrivait jamais que de son sang. Le jour
même qu'il apprit la nouvelle de la mort de
Charles IX, il lui dépêcha un courrier, pour l'assurer qu'elle serait bientôt reine de France; et lors
qu'il y fut de retour, il lui confirma cette promesse,
et ne pensa plus qu'à l'exécuter; mais, peu de temps
après, cette princesse fut attaquée d'un mal si violent, qu'il l'emporta à la fleur de son âge; et sa mort
renversa les projets de son amant.

Le désespoir de Henri III ne se peut exprimer; il
passa plusieurs jours dans les pleurs et les gémissemens; et lorsqu'il fut obligé de se montrer en public,
il parut dans le plus grand deuil.

Il y avait plus de quatre mois que la princesse de
Condé était morte, et enterrée à l'abbaye de Saint-
Germain-des-Prés, lorsque Henri III, en entrant
dans cette abbaye, où le cardinal de Bourbon l'avait
convié à un grand souper, se sentit des saisissemens
de cœur si violens qu'on fut obligé de transporter
ailleurs le corps de cette princesse. Enfin il ne cessa
de l'aimer, quelques efforts qu'il fît pour étouffer

cette passion malheureuse.—Il n'est pas besoin d'observer au lecteur que les historiens ont voulu jeter ici du merveilleux, et entourer de circonstances romanesques une passion vraiment extraordinaire.

— On raconte qu'un roi et une reine d'Arracan (dans l'Asie, au-delà du Gange), s'aimaient éperdument ; qu'il n'y avait que six mois qu'ils étaient mariés, lorsque ce roi vint à mourir ; qu'on brûla son corps, qu'on en mit les cendres dans une urne ; et que toutes les fois que la reine allait pleurer sur cette urne, ces cendres devenaient tièdes...... (1)

— Deux soldats juifs avaient fait plusieurs campagnes, dans le même corps. Leurs cœurs s'étaient tendrement unis par la ressemblance des goûts, par la communauté des dangers, et par cette sympathie qui ne se peut définir. Toute l'armée les connaissait et les admirait sous le nom des frères de l'amitié. Ils vivaient, ils combattaient l'un pour l'autre : leurs sentimens semblaient ne devoir jamais connaître de terme, lorsqu'un jeu de la fortune les divisa. La vanité du plus âgé fut blessée de voir son cadet devenu centurion, sous le fameux Jean, qui commandait un parti de Juifs mécontens.

Dès ce jour, la haine remplaça l'amitié : ils furent membres de factions opposées, et se cherchèrent dans les combats, avec une aveugle fureur. Deux années de suite, on les remarqua pleins d'une aversion réciproque et se vouant une haine implacable. Le parti où servait le simple soldat, ayant fait

(1) Saint-Foix.

alliance avec les Romains , fut complétement victorieux , et força Jean de se jeter dans le temple ,
avec tous les siens.

Les soldats romains l'entourèrent ; le temple parut
bientôt la proie des flammes , au milieu desquelles
on voyait des milliers d'hommes, qui s'étaient réfu-
giés dans l'enceinte sacrée. Dans cette crise fatale , ·
le soldat maintenant favorisé de la fortune , aperçut sur les créneaux de la plus haute tour
son ancien ami qui regardait avec horreur au dessous de lui , et que le feu était prêt à dévorer.

Soudain toute sa première tendresse se réveille ;
il n'envisage plus que l'homme de son cœur , au
moment de périr. Incapable d'étouffer les mouvemens généreux qui le transportent , il jette ses armes , il étend les bras , il prie son camarade de
se précipiter , pour trouver sur lui son salut. Le
centurion refuse ; mais cédant à des prières redou-
blées , il s'élance dans les bras qui lui sont ouverts.
Les deux anciens compagnons d'armes périrent ,
l'un écrasé sous le poids du corps qui tombait ,
l'autre mis en pièces par la grandeur de la chute (1).

— Tout le monde sait l'histoire de Damon et
Pythias , et de quelques autres qu'on n'imite plus
guère. Si c'est l'amitié qu'on nomme sympathie ,
à la bonne heure.

Les jeunes gens appellent encore sympathie un
éclair amoureux produit par une beauté frivole ,

_____

(1) Goldsmith.

TAB 343

ou par quelques attraits qui ne sont que du clinquant. Cet amour-là ne fait pas le bonheur. S'il n'est fondé sur une connaissance approfondie du caractère et des mœurs, et sur une estime réciproque, il pourra enfanter une sympathie d'un moment; puis après, une antipathie éternelle.

— Alexandre aimait Bucéphale.

Auguste chérissait les perroquets;

Néron, les étourneaux;

Virgile, les papillons;

Commode sympathisait merveilleusement avec son singe;

Héliogabale, avec un moineau;

Honorius, avec une poule;

Saint Antoine, avec son cochon;

Saint Denis, avec son âne;

Saint Corbinian, avec son ours;

Saint Roch, avec son chien. (Voyez *Antipathie*).

T.

TABAC. — Nicot, ambassadeur de France à Lisbonne, est le premier qui nous ait fait connaître le tabac; le cardinal de Sainte-Croix l'introduisit en Italie, et le capitaine Drack en Angleterre.

Jamais la nature n'a produit de végétaux dont l'usage se soit étendu si rapidement et si universellement que le tabac : mais il a eu ses adversaires, ainsi que ses partisans. Un empereur turc, un czar de Russie, un roi de Perse, le défendirent à leurs

sujets, sous peine de perdre le nez, ou même la vie.
Urbain VIII excommunia, par une bulle, ceux qui
en prenaient à l'église. Jacques I*, roi d'Angleterre, composa un gros livre, pour en faire connaître les dangers. La faculté de médecine de Paris
fit soutenir une thèse, sur les mauvais effets de cette
plante, prise en poudre ou en fumée ; et le docteur qui y présidait ne cessa de prendre du tabac,
pendant toute la séance.

— Les habitans de l'île Saint-Vincent croient que
le tabac était le fruit défendu du paradis terrestre,
et que ses feuilles servirent à couvrir la nudité de
nos premiers pères (1).

TALAPOINS. — La fourberie est tellement répandue parmi les hommes, dit quelque part Suidas,
qu'il serait plus facile de compter les feuilles du
printemps, que les imposteurs qui chargent la terre.
Cette triste vérité s'adresse à tous les peuples, mais
surtout à ces nations malheureuses chez qui l'éternelle superstition s'élève, comme un colosse inébranlable.

Les peuples de Lao (2), si l'on en croit Marini et
quelques autres voyageurs, sont doux et simples, hon-

---

(1) Saint-Foix.
(2) Royaume d'Asie, au-delà du Gange, au midi de la Chine.
Les Langiens ont une espèce de religion qui ressemble en quelque
chose à celle des Chinois ; ils croient à la métempsycose, qu'ils
ont défigurée par mille opinions ridicules, sur l'âme et ses trans-
migrations. Le roi de Lao ne se montre que deux fois dans l'année.

nêtes envers les étrangers, bienfaisans envers tous,
et d'un naturel assez ingénieux ; mais ils languissent
dans les ténèbres de l'ignorance, sous le despotisme
le plus avilissant, parce que les plus grossières superstitions écrasent leur énergie, et chassent de leur âme
tout autre sentiment que celui des folles terreurs. Les
Talapoins, leurs prêtres et leurs maîtres, gouvernent
le peuple à leur gré et font trembler le prince jusques
sur son trône. Ils sont pris dans la lie du peuple, et
ne deviennent Talapoins, qu'après avoir prouvé par
un long noviciat, qu'ils soutiendront dignement l'honneur de l'ordre. Leurs couvens sont riches ; et l'appartement du supérieur est plus somptueux que celui
du monarque. Il siége sur un trône plus élevé de
quelques degrés que le trône du roi. Le revenu le
plus considérable des Talapoins est l'offrande publique
qu'ils reçoivent pour l'idole *Chaca*, vers le commencement d'avril. Les dons des riches Langiens doivent
être d'or, d'argent, ou tout au moins d'étoffes précieuses. Au reste, les prêtres s'occupent peu de la
divinité. Tous leurs sermons tendent à persuader au
peuple l'excellence et la sublimité des Talapoins, leur
étonnante habileté dans la magie, la nécessité où l'on
est, pour vivre heureux dans cette vie, et beaucoup
plus dans l'autre, de leur donner ses biens, ses soins,
et, s'il le faut, sa vie, de les servir, de les craindre,
de les respecter, etc. Ils défendent aussi de boire du
vin, de mentir, de dérober, de commettre l'adultère et d'assassiner ; néanmoins, ceux qui ont du goût
pour ces sortes de choses, peuvent en passer leur en-

vie, à la faveur d'un brevet de dispense ou d'expiation, que les Talapoins délivrent, moyennant une
grosse somme. Ces actes sont écrits sur des feuilles de
palmier, avec un stylet de fer.

Les Langiens sont fort entêtés pour la magie et les
sortiléges. Ils croient que le moyen le plus sûr de se
rendre invincibles, est de se frotter la tête d'une certaine liqueur composée de vin et de bile humaine. Ils
en mouillent aussi les tempes et le front de leurs élé-
phans. Pour se procurer cette drogue, ils achètent,
s'ils sont assez riches, la permission de tuer. Puis ils
chargent de cette commission, des mercenaires qui
en font leur métier. Ceux-ci se postent au coin d'un
bois, et tuent le premier qu'ils rencontrent, homme
ou femme, lui fendent le ventre, et en arrachent le
fiel. Si l'assassin ne rencontre personne dans sa chasse,
il est obligé de se tuer lui-même, ou sa femme, ou
son enfant, afin que celui qui l'a payé ait de la bile
humaine, pour son argent.

Les Talapoins profitent, avec beaucoup d'adresse,
de la crainte qu'on a de leurs sortiléges, qu'ils
donnent et ôtent, à volonté, suivant les sommes
qu'on leur offre. Les Langiens les détestent; mais la
crainte les oblige à montrer la plus grande soumission
pour ces saints personnages, et à leur rendre les services les plus vils. Les grands et les princes vont, en
hiver, couper du bois dans les forêts, et le portent
publiquement, sur leurs épaules, aux monastères des
Talapoins, qui croiraient se déshonorer en travaillant.
Dans l'été, c'est à qui leur portera des simples et des

plantes aromatiques, afin qu'ils puissent se baigner plus voluptueusement.

Les Talapoins se font regarder aussi comme de grands faiseurs de miracles, et c'est par miracles qu'ils prétendent chasser toutes sortes de maladies. Quand un Langien est malade, ils lui envoient un de leurs vieux habits, dont le seul attouchement doit lui rendre la santé, fût-il à son dernier instant. Mais comme il est rare que cet habit miraculeux guérisse aucune maladie, les Talapoins ne manquent pas de s'en prendre à l'avarice du Langien qui n'a pas donné assez aux saints religieux, et à son incrédulité qui a repoussé le miracle.

Tous les Langiens sont obligés de se prosterner devant leurs prêtres; et le roi, qui les redoute à cause de leur grand nombre et du fanatisme qu'ils entretiennent dans l'esprit du peuple, les respecte lui-même, jusqu'à s'incliner devant eux, toutes les fois qu'ils se présentent. Un jeune homme, occupé de quelque grande affaire, passa sans y faire attention devant un de ces prêtres, et ne se prosterna point, selon l'usage. Le Talapoin furieux l'envoya arrêter, et le fit mourir à coups de pieu. Les parens ayant porté plainte, une foule de Langiens, ameutés par les prêtres, prirent le parti du Talapoin, et forcèrent le juge à prononcer en sa faveur. Le juge loua publiquement cet assassinat, dit Kempfer, comme une action généreuse qui honorait la religion et le sacerdoce.

En 1640 , pendant le séjour du voyageur Marini à Lao , on découvrit un Talapoin , qui faisait et répandait de la fausse monnaie , de concert avec tous ceux de son couvent. Le roi , menacé par le général de l'ordre, fit cesser les poursuites, et condamna, par un édit exprès, l'avarice des Langiens , qui, ne subvenant pas aux besoins des saints religieux , les avaient obligés de frapper de la fausse monnaie.

Un Talapoin , ayant formé le dessein de dérober des brasselets d'or , qu'il avait vus aux bras de deux jeunes personnes , et qu'il trouvait à son gré , se glissa dans leur maison pendant la nuit , les poignarda l'une et l'autre , et se mit à fouiller dans la chambre. Mais une servante , qui avait tout vu , cachée dans un coin , s'élança dans la rue et donna l'alarme au voisinage. Le Talapoin fut découvert. On n'osa pourtant pas l'arrêter , car c'est un crime , en ce pays , que de mettre la main sur un prêtre. On le cita devant le roi; et comme il niait son crime, en offrant de subir l'épreuve , le roi ordonna qu'il passerait sept jours dans les bois , et que ,s'il n'était point attaqué par les serpens , ni par les bêtes féroces , il serait déclaré innocent. L'assassin, escorté d'une foule d'esclaves,chargés de le défendre et de le garantir de tout accident , alla dans la forêt , et en revint , sans avoir éprouvé de fâcheuse aventure. Le roi , bien convaincu cependant qu'il était le meurtrier des deux jeunes filles , déclara qu'un diable avait pris la figure de ce saint Talapoin,et avait commis l'assassinat,pour nuire à la religion. Le prêtre justifié fit condamner la servante à un esclavage perpétuel , sans que le prince osât intercéder pour elle.....

TALISMANS.—Un talisman ordinaire est le sceau, la figure , le caractère ou l'image d'un signe céleste , faite , imprimée , gravée ou ciselée, sur une pierre sympathique, ou sur un métal correspondant à l'astre (1) , par un ouvrier qui ait l'esprit arrêté et attaché à l'ouvrage, sans être distrait ou dissipé par des pensées étrangères, au jour et à l'heure de la planète, en un lieu fortuné, par un temps beau et serein , et quand le ciel est en bonne disposition , afin d'attirer les influences (2).

Voilà, dira-t-on , une définition bien étendue! Mais plus elle en dit, moins elle en fait espérer, pour toutes les circonstances qu'elle exige.

---

(1) *Le talisman portant la figure ou le sceau du Soleil , doit être composé d'or pur , sous l'influence de cet astre, qui domine sur l'or. Le talisman de la Lune doit être composé d'argent pur, avec les mêmes circonstances. Le talisman de Mars doit être composé de fin acier. Le talisman de Jupiter doit être composé du plus pur étain. Le talisman de Vénus doit être formé de cuivre poli et bien purifié. Le talisman de Saturne doit être composé de plomb raffiné. Le talisman de Mercure doit être composé de vif-argent fixé. Quant aux pierres, la hyacinthe et la pierre-d'aigle sont de nature solaire. L'émeraude est lunaire. L'aimant et l'améthyste sont propres à Mars. La berile est propre à Jupiter. La cornaline convient à Vénus. La chalcédoine et le jaspe conviennent à Saturne. La topaze et le porphyre conviennent à Mercure.*

(2) *Les talismans justifiés, par un auteur sans nom.*

Les talismans furent imaginés par les Égyptiens, et les espèces en sont innombrables.—Le plus célèbre de tous les talismans est le fameux anneau de Salomon, sur lequel était gravé le grand nom de Dieu. Rien n'était impossible à l'heureux possesseur de cet anneau, qui dominait sur tous les génies.

— Apollonius de Tyane mit à Constantinople la figure d'une cigogne, qui en éloignait tous les oiseaux de cette espèce, par une propriété magique.

— Frey assure qu'il n'y a jamais eu de serpens ni de scorpions dans la ville de Hamps, à cause de la figure d'un scorpion gravée talismaniquement sur une des pierres des murailles de cette ville.

— Saint Grégoire de Tours dit que, comme on creusait les ponts de Paris, on trouva une pièce de cuivre, sur laquelle on voyait gravés un rat, un serpent et une flamme; et que, dans la suite, ayant été égarée, ou gâtée, ou rompue, la ville fut infestée d'un grand nombre de serpens et de rats, comme elle fut aussi plusieurs fois en proie aux incendies.

— Une figure de serpent d'airain, qui se trouvait à Constantinople, empêchait tous les autres serpens d'y entrer. Mais Mahomet II, après avoir pris cette ville, ayant cassé d'un coup de flèche les dents du monstre, une multitude prodigieuse de serpens se jeta sur les habitans, sans néanmoins leur faire aucun mal, parce que, le serpent d'airain étant édenté, il ne leur était permis d'entrer à Constantinople qu'avec les dents cassées.

— Saint Thomas, se trouvant incommodé dans ses

études , par le grand bruit des chevaux qui passaient tous les jours devant ses fenêtres , pour aller boire, fit une petite figure de cheval, qu'il enterra dans la rue ; et, depuis, les palefreniers furent contraints de chercher un autre chemin , ne pouvant plus , à toute force , faire passer aucun cheval dans cette rue ensorcelée (1).

— En Égypte, on croyait faire cesser la grêle , lorsque quatre femmes nues se couchaient sur le dos, les pieds élevés en l'air, en prononçant certaines paroles mystérieuses. Cette ridicule et impudente cérémonie était prise de la posture d'une figure talismanique, qui représentait une Vénus couchée et qui servait à détourner la grêle.

— Abaris, scythe de nation, qui parcourut toute la terre sans rien manger, voyageait à cheval sur une flèche, et traversait ainsi les mers, les fleuves et les rivières. Ce fut lui, si l'on en croit Jamblique et Scaliger, qui fabriqua le *Palladium*, talisman fait des os de Pélops (2), qui rendait imprenable la ville où il se trouvait.

— Selon le rabbin Aben-Esra, les idoles que les Hébreux appelaient Théraphim, étaient des talismans d'airain, en forme de cadrans solaires, pour connaître les heures propres à la divination. On les faisait de cette manière : on tuait le premier né de la

_____

(1) On admire encore dans la Champagne les marais de Saint-Gengoult , où l'on n'entend crier qu'une seule grenouille ; le patron du lieu leur ayant , dit-on, imposé silence, en jetant dans l'étang une petite pierre charmée.

(2) Clément D'Alexandrie.

maison, ensuite on lui arrachait la tête, qu'on salait de sel mêlé avec de l'huile ; puis on écrivait, sur une lame d'or, le nom de quelque mauvais esprit ; on mettait cette lame sous la langue de la tête de l'enfant, qu'on attachait à la muraille ; et, après avoir allumé des flambeaux devant elle, on lui rendait à genoux de grands respects. Cette figure répondait aux questions qu'on avait à lui faire, et on suivait ses avis (1). — On voit, par tous ces traits, qu'on faisait des talismans de bien des manières. Les plus communs sont les talismans cabalistiques, dont nous avons parlé d'abord ; ils sont aussi les plus faciles, puisqu'on n'a pas besoin, pour les fabriquer, de recourir au diable ; ce qui demanderait de grandes réflexions.

J'ajouterai encore que les talismans du Soleil, portés *avec confiance et révérence*, donnent les faveurs et la bienveillance des princes, les honneurs, les richesses et l'estime générale.

Les talismans de la Lune garantissent des *maladies populaires*. (Ils devraient alors garantir des superstitions). Ils préservent aussi les voyageurs de tout péril.

Les talismans de Mars ont la propriété de rendre invulnérables ceux qui les portent *avec révérence*. Ils leur donnent aussi une force et une vigueur extraordinaires.

Les talismans de Jupiter dissipent les chagrins, *les terreurs paniques*, et donnent le bonheur dans le commerce et dans toutes les entreprises.

---

(1) Rabbin Éliéser-Gadol.

Les talismans de Vénus éteignent les haines, font naître l'amour, et donnent des dispositions à la musique.

Les talismans de Saturne font accoucher sans douleur ; ce qui a été éprouvé plusieurs fois, *avec un heureux succès, par des personnes de qualité, qui étaient sujettes à faire de mauvaises couches.* Ils multiplient les choses avec lesquelles on les met. Si un cavalier porte un de ces talismans dans sa botte gauche, son cheval ne pourra être aucunement blessé.

Les talismans de Mercure rendent éloquens et discrets ceux qui les portent révéremment. Ils donnent la science et la mémoire ; ils peuvent même guérir toutes sortes de fièvres ; et, si on les met sous le chevet du lit, ils procurent des songes véritables, dans lesquels on voit ce que l'on souhaite de savoir, agrément qui n'est pas à dédaigner (1).

TEMPLIERS.

Un immense bûcher, dressé pour leur supplice,
S'élève en échafaud ; et chaque chevalier
Croit mériter l'honneur d'y monter le premier.
Mais le grand maître arrive ; il monte, il les devance ;
Son front est rayonnant de gloire et d'espérance
Il lève vers le ciel un regard assuré :
Il prie ; et l'on croit voir un mortel inspiré.
D'une voix formidable, aussitôt il s'écrie :
« Nul de nous n'a trahi son Dieu ni sa patrie !
» Français, souvenez-vous de nos derniers accens :
» Nous sommes innocens ; nous mourons innocens !

---

(1) Les admirables secrets du Petit Albert.

» L'arrêt qui nous condamne est un arrêt injuste;
» Mais il est dans le ciel un tribunal auguste,
» Que le faible opprimé jamais n'implore en vain ;
» Et j'ose t'y citer, ô pontife romain !
» Encor quarante jours, je t'y vois comparaître......»
Chacun en frémissant écoutait le grand maître;
Mais quel étonnement, quel trouble, quel effroi !
Quand il dit : « ô Philippe, ô mon maître, ô mon roi,
« Je te pardonne en vain, ta vie est condamnée,
« Au tribunal de Dieu je t'attends dans l'année....»

M. Raynouard.

Les templiers furent ainsi nommés, dit Saint-Foix, parce que Baudouin II, roi de Jérusalem, leur donna une maison, proche du temple de Salomon. Leur ordre ne subsista pas deux cents ans : il commença en 1118, et fut aboli en 1312.

Sous le règne de Philippe-le-Bel, la rigueur des impôts et l'affaiblissement des monnaies furent portés à un tel excès que la populace de Paris se souleva, investit le roi dans le temple, où il logeait alors, et empêcha pendant trois jours qu'on y portât des vivres. Marigny (1), dont la conduite avait causé cette sédition, accusa les Juifs et les templiers de l'avoir fomentée. Philippe-le-Bel, implacable dans sa haine, médita dès lors l'extinction de ces moines guerriers. D'ailleurs ce prince était avide, toujours pressé d'argent : il adopta sans peine le projet d'une

_____

(1) Enguerrand de Marigny, sur-intendant des finances, et favori du roi Philippe-le-Bel, était un de ces hommes qui se donnent pour les ministres d'un état, et qui n'en sont que les tyrans subalternes.

vengeance qui pouvait faire entrer dans ses coffres la
dépouille des Juifs, et une partie des richesses que
les templiers avaient apportées de l'Orient. Bientôt
le bruit se répandit dans Paris que les Juifs avaient
outragé une hostie, profané les vases sacrés, et cru-
cifié des enfans, le jour du Vendredi Saint. Le peuple, qui aime à croire tout ce qui peut exciter sa
fureur, ne tarda pas à crier qu'il fallait exterminer
ces ennemis du nom chrétien : le ministère les fit
tous arrêter, le 22 juillet 1306 ; leurs biens furent
confisqués, et on ne leur laissa que de quoi sortir
du royaume.

L'année suivante, on arrêta de la même manière
tous les templiers qui se trouvèrent en France ; on
érigea contre eux, dans toutes les provinces, des
tribunaux composés d'évêques et de moines. L'archevêque de Sens, frère d'Enguerrand de Marigny,
présidait celui de Paris.

Les templiers s'étaient livrés au faste, au luxe, à
une vie molle et voluptueuse ; leurs immenses revenus, leur naissance, leur valeur, la gloire dont ils
s'étaient couverts dans les combats leur inspiraient
un orgueil, un ton d'indépendance qui n'avaient pu
que déplaire infiniment à tous les souverains ; ils
avaient eu de très-vifs démêlés avec la plupart des
évêques, à l'occasion de leurs priviléges et de leurs
professions ; leurs railleries continuelles sur la fai-
néantise et les pieuses fraudes des moines leur avaient
attiré de dangereux ennemis ; mais tous ces torts

seraient restés impunis , si les templiers eussent été
moins puissans et moins riches.

On leur chercha donc des crimes , pour pallier
au moins, aux yeux du peuple, l'injustice de leur
condamnation. Deux scélérats, que le grand maître des
templiers avait fait mettre en prison , parce qu'ils
menaient une vie honteuse et donnaient dans l'hérésie , firent dire à Enguerrand de Marigny que, si
on voulait leur promettre la liberté et de quoi vivre ,
ils découvriraient des secrets dont le roi pourrait tirer
plus d'utilité que de la conquête d'un royaume. Ce
fut sur les dépositions de ces deux misérables qu'on
déclara les templiers criminels , et qu'on les arrêta le
13 octobre 1307.   •

Voici les abominations qu'on imputait aux templiers. On disait qu'à leur réception dans l'ordre , on
les conduisait dans une chambre obscure , où *ils
reniaient Jésus-Christ , et crachaient trois fois sur le
crucifix ; que celui qui était reçu baisait celui qui le
recevait , à la bouche , ensuite *in fine spinæ dorsi
et in virgâ virili* ; qu'ils adoraient une tête de bois
doré , qui avait une grande barbe , et qu'on ne montrait qu'aux chapitres généraux ; qu'on leur recommandait d'être chastes avec les femmes , mais très-
complaisans envers les frères , *dès qu'ils en étaient
requis* ; que , s'il arrivait que d'un templier et d'une
pucelle il naquit un garçon (1) , ils s'assemblaient ,
se rangeaient en rond , se le jetaient les uns aux

_____

(1) Gaguin.

autres, jusqu'à ce qu'il fût mort, etc. ; qu'en Languedoc, trois commandeurs, mis à la torture, avaient avoué qu'ils avaient assisté à plusieurs chapitres provinciaux de l'ordre ; que, dans un de ces chapitres, tenu à Montpellier, et de nuit suivant l'usage, on avait exposé *une tête* ; qu'aussitôt le diable avait apparu, sous la figure d'un chat ; que ce chat, tandis qu'on l'adorait, avait parlé et répondu avec bonté aux uns et aux autres ; qu'ensuite plusieurs démons étaient venus, sous des formes de femmes, et que chaque frère avait eu la sienne.

On représenta vainement qu'il n'était pas vraisemblable que des hommes renonçassent à la religion où ils étaient nés, pour croire à une idole, sans aucun motif d'intérêt, et qu'aucun de ceux qui s'étaient présentés pour entrer dans l'ordre, n'eût eu horreur de ces abominables mystères, et ne les eût révélés ; que le roi, par ses lettres, avait promis la liberté, la vie, et des pensions, aux templiers qui se reconnaîtraient volontairement coupables, et qu'on avait livré aux plus cruelles tortures ceux qu'on n'avait pu séduire par des promesses, ou effrayer par des menaces ; qu'il était prouvé que plusieurs templiers, étant tombés malades dans les prisons, avaient protesté en mourant, avec toutes les marques du repentir le plus vif et le plus sincère, que les déclarations qu'on avait exigées d'eux étaient fausses, et qu'ils ne les avaient faites que pour se délivrer des horribles traitemens qu'on leur faisait souffrir ; qu'on n'avait point confronté les témoins aux accusés, et qu'enfin, aucun des templiers qu'on avait arrêtés dans les autres royaumes de la chrétienté, n'avait déposé rien de semblable aux abominations qu'on leur imputait en France, où leur perte avait été résolue et préparée par tous les moyens que peuvent employer la force et la séduction.

Les archevêques de Sens, de Reims et de Rouen, loin d'avoir égard à ces remontrances, firent décider dans les conciles de leurs provinces, qu'on traiterait comme relaps, et comme ayant renoncé à Jésus-Christ, les templiers qui se rétracteraient de ce qu'ils auraient déclaré à la question; et quelques jours après, conformément à cette barbare et singulière jurisprudence, on en brûla cinquante-neuf, dans l'endroit où fut bâti depuis l'hôtel des mousquetaires noirs. L'évêque de Lodève, historien du temps, nous représente ces infortunés, dévorés par les flammes, attachant les yeux au ciel, pour y puiser les forces qui leur avaient manqué dans les tortures, et demandant à Dieu de ne pas permettre qu'ils trahissent une seconde fois la vérité, en s'accusant, et en accusant leurs frères, de crimes qu'ils n'avaient pas commis.

Dans le concile général de Vienne, en Dauphiné, composé de plus de trois cents archevêques, évêques et docteurs d'Allemagne, d'Italie, d'Angleterre, d'Espagne et de France, tous (excepté un prélat italien et les archevêques de Sens, de Reims, et de Rouen) représentèrent qu'il serait contre l'équité naturelle de supprimer l'ordre des templiers, avant que de les avoir entendus dans leurs défenses, et sans les confronter à leurs accusateurs, comme ils l'avaient demandé dans toutes leurs requêtes. Le pape, étonné de cette opposition générale à ses intentions, s'écria que *si l'on ne pouvait, par le défaut de quelques formalités, prononcer juridiquement contre eux, la plénitude de sa puissance pontificale suppléerait à tout, et qu'il les condamnerait par voie d'expédient, plutôt que de fâcher son cher fils le roi de France....*

En effet, quelques mois après, dans un consistoire secret de cardinaux et d'évêques, que la complaisance ramena à son avis (1), il cassa et annula l'ordre des Templiers : la sentence portait que, n'ayant pu les juger selon les formes de droit, il les condamnait d'autorité apostolique, et par provision (2).

. Guillaume de Nogaret, si connu par la violence de son caractère, et Frère Imbert, dominicain, confesseur du roi et revêtu du titre d'inquisiteur, donnaient à la poursuite de cette affaire toute l'activité possible. Bientôt on n'entendit plus parler que de

---

(1) Vertot.

(2) Clément V occupait la chaire de saint Pierre. Presque tous les historiens disent que ce pape faisait un honteux trafic des choses sacrées; qu'à sa cour, en vendait publiquement les bénéfices; qu'il avoit établi le saint-siége en France, pour ne pas se séparer de la comtesse de Périgord, fille du comte de Foix, dont il était éperdument amoureux; que Philippe-le-Bel lui avait offert de le faire élire pape à six conditions, dont la principale était l'extinction des templiers; qu'il avait juré, sur le saint sacrement, de les exécuter; etc.

chaînes , de cachots , de bourreaux et de bûchers.
On attaqua jusqu'aux morts ; leurs ossemens furent
déterrés , brûlés., et leurs cendres jetées au vent.
Plusieurs , qui n'auraient pas craint la mort , épouvantés par l'appareil des tourmens , convinrent de
tout ce qu'on leur disait d'avouer. Il y en .eut aussi
un grand nombre, dont la constance ne put être
ébranlée , ni par les promesses , ni par les supplices.
On en brûla cinquante-quatre derrière l'abbaye de
Saint-Antoine , qui tous , au milieu des flammes ,
protestèrent de leur innocence , jusqu'au dernier
soupir. Le grand maître , Jacques de Molai , qui avait
été parrain d'un des enfans du roi, et trois autres des
premiers officiers de l'ordre , après avoir été conduits
à Poitiers, devant le pape, furent ramenés à Paris ,
pour y faire une confession publique de leur corruption. Philippe-le-Bel, qui n'ignorait pas qu'on
l'accusait hautement de ne persécuter les templiers
que pour s'emparer de leurs immenses richesses ,
espérait que cette cérémonie en imposerait au peuple,
et calmerait les esprits effrayés par tant d'exécutions
dans la capitale et dans les provinces.

On les fit monter tous les quatre sur un échafaud dressé devant l'église de Notre - Dame ; on
lut la sentence qui modérait leur peine à une prison perpétuelle ; un des légats fit ensuite un long
discours , où il détailla toutes les abominations et les
impiétés dont les Templiers avaient été convaincus ,
disait-il . par leur propre aveu ; et afin qu'aucun
des spectateurs n'en pût douter , il somma le grand

maitre de parler et de renouveler publiquement la
confession qu'il avait faite à Poitiers. « Oui, je
» vais parler, dit l'infortuné vieillard, en secouant ses
» chaînes, et s'avançant jusqu'au bord de l'écha-
» faud ; je n'ai que trop long-temps trahi la vérité.
» Daigne m'écouter, daigne recevoir, ô mon Dieu,
» le serment que je fais; et puisse-t-il me servir quand
» je comparaîtrai devant ton tribunal ! Je jure que
» tout ce qu'on vient de dire des Templiers est faux;
» que ce fut toujours un ordre zélé pour la foi, cha-
» ritable, juste, orthodoxe; et que si j'ai eu la fai-
» blesse de parler différemment, à la sollicitation du
» pape et du roi, et pour suspendre les horribles tor-
» tures qu'on me faisait souffrir, je m'en repens. Je
» vois, ajouta-t-il, que j'irrite nos bourreaux, et
» que le bûcher va s'allumer; je me soumets à tous les
» tourmens qu'on m'apprête, et reconnais, ô mon
» Dieu, qu'il n'en est point qui puisse expier l'of-
» fense que j'ai faite à mes frères, à la vérité et à la
» religion. »

Le légat, extrêmement déconcerté, fit reconduire
en prison le grand maître, et Guy, frère du dauphin
d'Auvergne, qui s'était aussi rétracté : le soir même
ils furent tous les deux brûlés vifs, et à petit feu, dans
l'endroit où est aujourd'hui la statue de Henri IV. Leur
fermeté ne se démentit point ; ils invoquaient Jésus-
Christ, et le priaient de soutenir leur courage. Le peuple consterné, et fondant en larmes, se jeta sur leurs
cendres et les emporta comme de précieuses reliques(1).

_____

(1) Les deux commandeurs qui n'avaient pas eu la force de se

Mézeray rapporte que le grand maître ajourna le pape à comparaître devant le tribunal de Dieu, dans quarante jours, et le roi dans un an. Mais rien ne prouve que cet ajournement puisse être vrai : on ne l'a probablement imaginé qu'en voyant la mort du pape et celle du roi de France suivre de si près la destruction de l'ordre des templiers (1).

Sur les lettres et les instances du pape, on avait arrêté les templiers dans tous les états de la chrétienté : mais il n'y en eut de condamnés à mort qu'en France, et dans le comté de Provence, qui appartenait alors au roi de Naples et des deux Siciles. Philippe-le-Bel partagea leurs biens avec les chevaliers hospitaliers de Saint-Jean de Jérusalem (2). Rapin de Toiras dit qu'Édouard II, roi d'Angleterre, dans l'espérance de profiter des richesses des templiers, fit tenir à Londres un synode national, où ils furent condamnés; mais qu'on ne les traita point avec autant de rigueur qu'en France, et qu'on se contenta de les disperser dans des monastères, pour y faire pénitence, avec une pension modique, prise sur leurs revenus. Le roi de Castille s'empara aussi des biens des templiers et les unit à son domaine.

---

rétracter furent traités avec douceur, parce qu'ils s'étaient avoués coupables de toutes les infamies qu'on prêtait à leur ordre....

(1) Le pape mourut quarante jours, et le roi de France un an après la mort de Jacques de Molai; et ceux qui rapportèrent l'ajournement lui donnèrent l'espace de quarante jours pour le pape, et d'un an pour le roi Philippe-le-Bel.(Voyez *Ajournement*.)

(2) Les chevaliers de Malte.

Le roi de Portugal les donna à l'ordre du Christ qu'il institua; et le roi d'Aragon s'appropria dix-sept forteresses qu'ils possédaient dans le royaume de Valence. Le pape eut sa bonne part dans cette riche dépouille, surtout dans les états de Charles II, roi de Naples et de Sicile, comte de Provence et de Forcalquier; il partagea avec ce prince l'argent et tous les effets mobiliers de ces infortunés (1).

TERREURS PANIQUES. — Un cavalier pariait qu'il irait, la nuit, donner la main à un pendu. Son camarade y court avant lui, pour s'en assurer. Le cavalier arrive bientôt, tremble, hésite; puis s'encourageant, prend la main du pendu et le salue. L'autre, désespéré de perdre la gageure, lui donne un grand soufflet, tellement que celui-ci se croyant frappé du pendu, tombe à la renverse et meurt sur la place (2).

— Il y avait à Bâle un chaudronnier qui, pour ses maléfices, fut condamné à être pendu. Après qu'il fut exécuté, on l'attacha au gibet patibulaire, qui n'était pas éloigné de la ville. Le lendemain, un paysan qui ne savait rien de tout ceci, étant venu de grand matin au marché de la ville, et se doutant que les portes n'étaient pas encore ouvertes, se reposa sous un arbre tout près de ce gibet. Quelque temps après, d'autres paysans qui allaient aussi au marché avant le jour, passant auprès du gibet où

(1) Saint-Foix.
(2) Le Loyer.

était le pendu, lui demandèrent, *par manière de gausserie*, s'il voulait venir avec eux. Celui qui était sous l'arbre, croyant que c'était à lui qu'on parlait, et étant bien aise de trouver compagnie, répondit à ces passans : Attendez-moi, je vous suis. Ceux-ci, s'imaginant que c'était le mort qui leur faisait cette réponse, en furent si épouvantés, qu'ils prirent la fuite à travers les champs, de toutes les forces de leurs jambes (1)

—*La belle Paule*, qu'on regardait à Toulouse comme le modèle de toutes les perfections physiques, fut enterrée dans un caveau du couvent des cordéliers de cette ville (2). Un jeune cordélier, un peu échauffé par le vin, fit un soir le pari de descendre dans ce caveau, seul et sans lumière, et d'enfoncer un clou sur le cercueil de la belle Paule. Il y descendit en effet, mais en plantant le clou, il attacha par mégarde un pan de sa robe au cercueil, et quand il voulut sortir, il eut une telle frayeur de se sentir arrêté, qu'il tomba roide mort sur la place.

—Saint Jean Damascène dit, dans son *Traité des morts*, qu'un homme, passant par un cimetière, heurta contre la tête d'un mort, qui se recommanda à ses prières, et lui causa une peur inexprimable.

— Aristodème, roi des Messéniens, étant en guerre contre ses sujets, entendit un soir les chiens

_____

(1) Bébelius.

(2) Elle mourut à la fin du seizième siècle. Ce fut long-temps l'usage, à Toulouse, de visiter son tombeau, le jour anniversaire de sa mort.

hurler contre les loups ; et ses devins lui ayant dit que c'était un présage sinistre, il en fut si effrayé qu'il se donna la mort.

— Domitien se faisait souvent un plaisir cruel des inquiétudes et des peines d'autrui. Après la victoire des Valaches, pour témoigner la joie qu'elle lui causait, il donna des festins à toutes sortes de gens, et surtout aux sénateurs et aux chevaliers romains, qu'il fêta de cette manière. Il fit élever tout exprès une maison peinte en noir, tant au dedans qu'au dehors ; le pavé, la muraille, le plancher, le lambris, tout était noir. La salle du festin n'était éclairée que par quelques lampes sépulcrales, qui répandaient une clarté plus effrayante que les ténèbres.

Il fit venir les chevaliers et les sénateurs, sans leur permettre d'être suivis d'aucun domestique. Lorsqu'ils furent entrés, il les plaça chacun devant un petit tombeau, où leurs noms étaient écrits. Alors, parut une troupe de jeunes enfans nus, barbouillés de noir, depuis les pieds jusqu'à la tête, et semblables à des démons, qui faisaient des sauts et des gambades, avec des contorsions lugubres et effrayantes. Après qu'ils eurent bien sauté, ils se posèrent aux pieds des convives, pendant qu'on fit toutes les cérémonies ordinaires aux obsèques des morts. Cela fait, on apporta dans des plats noirs, des mets et des entremets noirs, tels qu'on avait coutume d'en offrir aux morts dans les funérailles. Tous les convives croyaient qu'on leur allait couper la gorge. Cependant un silence stupide régnait dans cette assemblée ; et Domitien , pour les entretenir , ne leur parlait que de meurtre et de carnage.

Le repas fini , il les fit reconduire chez eux, par des gens inconnus. A peine étaient-ils arrivés, qu'on les redemanda de la part de l'empereur. Nouvelle transe ; mais c'était pour leur donner la vaisselle qu'on avait servie devant eux , et à chacun un de ces pages qui avaient joué les démons, mais bien lavés, et richement vêtus (1).

— Du temps de la guerre civile de Pompée et de César , un capitaine du parti de Pompée assiégea Salone en Dalmatie , par mer et par terre. La ville était défendue par Gabinius , du parti de César. Les habitans , ennuyés du siége , formèrent , avec les femmes de la ville , le complot de faire , la nuit , une sortie sur les ennemis. Les hommes étaient bien armés , et les femmes, échevelées , portaient de longues capes noires qui les couvraient entièrement ; elles tenaient aussi à la main des torches allumées ; de sorte que, dans cet appareil, elles ne ressemblaient pas mal à des furies. Les assiégeans, prenant cette armée pour une troupe de diables , en eurent une si grande peur, qu'ils prirent la fuite dans le plus grand désordre, et furent complétement défaits (2).

— Les terreurs paniques ont une cause méprisable , et leurs effets sont terribles dans les têtes faibles , où elles peuvent apporter la démence.

_____

(1) Dion.

(2) Idem.

Une grande terreur double les forces ou les
abat , dit le docteur Foderé ; elle excite les convulsions , rend confuses les sensations, précipite le
cours du sang , et peut même anéantir la vie.

La crainte d'un mal qu'on croit inévitable affaiblit l'entendement , étouffe les forces du cœur , détruit l'appétit , supprime la transpiration , efface les
vaisseaux rouges de la peau , relâche les sphinc-
ters, détend tous les muscles et donne la diarrhée.

THAMUZ. — Démon du second ordre , inven-
teur de l'artillerie et de l'inquisition. Ses domaines
sont les flammes , les grils , les bûchers. Les ardeurs
amoureuses dépendent aussi de lui. Quelques démonomanes lui attribuent l'invention des bracelets ,
que les amoureux portent des cheveux de leurs maîtresses , ou les belles des cheveux de leurs amans.

THÉOMANCIE. — C'est cette partie de la cabale
des Juifs qui étudie les mystères de la divine majesté,
et recherche les noms sacrés. Celui qui possède cette
science sait l'avenir , commande à la nature , a plein
pouvoir sur les anges et les diables , et peut faire des
miracles. On prétend que c'est par ce moyen que
Moïse a tant opéré de prodiges ; que Josué a pu arrêter le soleil; qu'Élie a fait tomber le feu du ciel , et
ressuscité un mort ; que Daniel a fermé la gueule
des lions ; que trois enfans n'ont pas été consu-
més dans la fournaise ; etc.

Cependant , quoique très-experts dans les noms

divins , les Juifs ne font plus rien des merveilles
qu'on attribue à leurs pères.

THÉURGIE. — Commerce des bons esprits.
L'art notoire et les révélations tiennent à la théurgie.

| TRADITIONS POPULAIRES. — On montre ,
dans une église d'Amiens , un vieux relief dégradé ,
qui représente une scène de la décollation de saint
Jean-Baptiste. C'est l'instant où l'on présente la tête
du divin précurseur à la belle sœur d'Hérode. Une
servante qui se trouve là , est si troublée de cette
vue , qu'elle tombe morte , ou tout au moins évanouie ; et saint Jean-Baptiste se change en poulet ,
pour ne plus causer à l'avenir de pareils accidens.

— Il y a à Montpellier une vieille tour, que le peuple de cette ville croit aussi ancienne que le monde ;
sa chute droit précéder de quelques minutes la
déconfiture de l'univers.

—C'est une tradition, parmi les bonnes femmes de
la Suisse , que saint Bernard tient le diable enchaîné
dans quelqu'une des montagnes qui environnent l'abbaye de Clairvaux : et c'est sur cette tradition qu'est
fondée la coutume des maréchaux du pays de frapper,
tous les lundis , avant de se mettre en besogne , trois
coups de marteau sur l'enclume , comme pour resserrer la chaîne du diable.

(Voyez *Colonne du diable* , *Muraille du diable* ,
Pont du diable , *Reliques* , etc.)

TRÈFLE A QUATRE FEUILLES : — Herbe qui croît sous les gibets. Un joueur qui la cueille après minuit, le premier jour de la lune, et la porte sur soi respectueusement, est sûr de gagner à tous les jeux.

TREIZE. — Nos anciens regardaient le nombre treize comme un nombre fatal, ayant fort habilement remarqué que, de treize personnes réunies à la même table, il en mourait infailliblement une dans l'année ; ce quin'arrive jamais quand on est au nombre de quatorze.

TRIBUNAL SECRET DE WESTPHALIE. —

Non hospes ab hospite tutus,
Nec socer à genero.

Ovid.

— Le tribunal secret, qu'on pourrait appeler aussi l'inquisition du Nord, mérite de figurer ici, puisqu'il fut élevé par la superstition et le fanatisme. L'histoire ne nous a conservé sur cet établissement que des notions peu satisfaisantes, parce que les francs-juges qui le composaient s'engageaient, par un serment terrible, à la discrétion la plus absolue, et que ce tribunal était si fort redouté, lorsqu'il florissait en Westphalie et en Allemagne, qu'on osait à peine prononcer son nom. C'est pourquoi, comme il serait impossible de présenter au lecteur un morceau bien suivi, nous nous contenterons de rassembler ce qu'on

II. 24

a écrit de plus curieux à ce sujet, mais sans en garantir l'authenticité.

— Charlemagne, vainqueur des Saxons, envoya un ambassadeur au pape Léon III, pour lui demander ce qu'il devait faire de ces rebelles, qu'il ne pouvait ni dompter, ni exterminer. Le saint père, ayant entendu le sujet de l'ambassade, se leva sans rien répondre, et alla dans son jardin, où, ayant ramassé des ronces et des mauvaises herbes, il les suspendit à un gibet qu'il venait de former avec de petits bâtons. L'ambassadeur, à son retour, raconta à Charlemagne ce qu'il avait vu; et celui-ci institua le tribunal secret, dans la Westphalie, pour forcer les païens du Nord à embrasser le christianisme, et pour faire mourir les incrédules (1).

Une politique barbare autorisa long-temps les jugemens ténébreux de ces redoutables tribunaux, qui remplirent l'Allemagne de délateurs, d'espions et d'exécuteurs. Le tribunal secret connut bientôt de tous les crimes, et même des moindres fautes, de la transgression du décalogue et des lois de l'église, des irrévérences religieuses, de la violation du carème (2), des blasphèmes (3), etc. Son autorité s'étendait sur

---

(1) *Scriptorum Brunswick*, tom. III.

(2) Anciennement, en Pologne, on arrachait les dents à quiconque était accusé et convaincu d'avoir mangé de la viande un carême.

(3) Le Lévitique condamne à mort les blasphémateurs : *Qui blasphemaverit nomen Domini morte moriatur.* (Cap. 24.) Saint

tous les ordres de l'état; les électeurs, les princes, les évêques même y furent soumis, et ne pouvaient en être exemptés que par le pape ou par l'empereur. Par la suite néanmoins, les ecclésiastiques et les femmes furent soustraits de sa juridiction. Plusieurs princes protégèrent cet établissement, parce qu'il leur était utile pour perdre ceux qui avaient le malheur de leur déplaire.

Les francs-juges étaient ordinairement inconnus. Ils avaient des usages particuliers et des formalités cachées pour juger les malfaiteurs; et il ne s'est trouvé personne à qui la crainte ou l'argent aient fait révéler le secret. Les membres du tribunal parcouraient les provinces, pour connaitre les criminels, dont ils prenaient les noms; ils les accusaient ensuite devant les juges secrets rassemblés ; on les citait; on les condamnait ; on les inscrivait sur un livre de mort; et les plus jeunes étaient chargés d'exécuter la sentence (1).

Tous les membres du tribunal secret faisaient

___

Louis leur faisait marquer la lèvre, avec un fer chaud. Sous d'autres princes, on leur perçait la langue. Bien souvent et dans bien des pays, on les a fait mourir, suivant le précepte du Lévitique. Saint Jean-Chrysostôme, et le jésuite Drexelius prétendent que si on châtie ceux qui outragent la majesté des rois, on doit punir bien plus sévèrement ceux qui blasphèment le nom de Dieu. Et moi je soutiens que c'est un blasphème de comparer un être d'un moment à l'Éternel, un mortel fragile au Toutpuissant, l'homme faible et méchant au Dieu de force et de clémence.

(1) Æneas Sylvius.

cause commune ; et, quand bien même ils ne s'étaient jamais vus, ils avaient un moyen de se reconnaître qui nous est inconnu, aussi-bien que la plupart de leurs pratiques (1). Quand le tribunal avait proscrit un accusé, tous les francs-juges avaient ordre de le poursuivre, jusqu'à ce qu'ils l'eussent trouvé; et celui qui le rencontrait était obligé de le tuer. S'il était trop faible pour se rendre maître du condamné, ses confrères étaient forcés, en vertu d'un serment terrible, de lui prêter secours.

Quelquefois on sommait l'accusé de comparaître, par quatre citations. Souvent aussi, au mépris de toutes les formes judiciaires, on le condamnait sans le citer, sans l'entendre, sans le convaincre. Un homme absent était légalement pendu ou assassiné, sans que l'on connût ni le motif, ni les auteurs de sa mort.

Il n'était point de lieu qui ne pût servir aux séances du tribunal secret, pourvu qu'il fût caché et à l'abri de toute surprise. Les sentences se rendaient toujours au milieu de la nuit. Ceux qui étaient chargés de citer l'accusé épiaient, dans les ténèbres, le mo-

_____

(1) On prétend que les mots qui faisaient reconnaître les affiliés du tribunal secret étaient ceux-ci : Stoc, Stein, Graa, Gazin : bâton, pierre, herbe, pleurs. Au reste, le secret qu'on gardait dans la société des invisibles était si bien gardé, dit Mosser, que l'empereur lui-même ne savait pas pour quels motifs le tribunal secret faisait exécuter un coupable.

ment favorable pour afficher à sa porte la sommation de comparaître devant le tribunal des invisibles (1).

Les sommations portaient d'abord le nom du coupable, écrit en grosses lettres , puis le genre dé ses crimes vrais ou prétendus, soit comme sorcier, ou comme traître, ou comme impie, etc.; ensuite ces mots : *Nous, les secrets vengeurs de l'Éternel, les juges implacables des crimes, et les protecteurs de l'innocence, nous te citons d'ici à trois jours, devant le tribunal de Dieu. Comparais! comparais!*

La personne citée se rendait sur un carrefour, où aboutissaient quatre rues. Un franc-juge masqué et couvert d'un manteau noir s'approchait lentement, en prononçant le nom du coupable qu'il cherchait. Il l'emmenait en silence et lui jetait sur le visage un voile épais pour l'empêcher de reconnaître le chemin qu'il parcourait. On descendait dans une caverne. Tous les juges étaient masqués et ne parlaient que par signes , jusqu'au moment du jugement. Alors on sonnait une cloche ; le lieu s'éclairait , l'accusé se trouvait au milieu d'un cercle de juges (2), vêtus de noir. On lui découvrait le visage, et on procédait à son jugement.

Mais il était rare qu'on citât de la sorte , hormis

_____

(1) Les francs-juges se nommaient aussi *les invisibles*, et *les inconnus*. Ils tenaient leurs séances *partout et nulle part ; et* leurs bras *se trouvaient en tous lieux, comme la présence de l'Éternel.*

(2) Dans le procès de Conrard de Langen, où il fut condamné, il se trouva au tribunal secret plus de trois cents francs-juges.

pour les fautes légères. Il était plus rare encore que la personne citée comparût. Le malheureux que les francs-juges poursuivaient se hâtait de quitter la Westphalie (1), trop heureux, en abandonnant tous ses biens, d'échapper aux poignards des invisibles.

Quand les juges, chargés d'exécuter les sentences du tribunal, avaient trouvé leur victime, ils la pendaient, avec une branche de saule, au premier arbre qui se rencontrait sur le grand chemin. Poignardaient-ils, ils attachaient le cadavre à un tronc d'arbre, et y laissaient le poignard, afin qu'on sût qu'il n'avait pas été assassiné, mais exécuté par un franc-juge.

Il n'y avait rien à objecter aux sentences de ce tribunal; il fallait les exécuter sur-le-champ avec la plus parfaite obéissance. Tous les juges s'étaient engagés, par un serment épouvantable, à dénoncer, en cas de délit, père, mère, frère, sœur, ami, parent, sans exception; et à immoler ce qu'ils auraient de plus cher, dès qu'ils en recevraient l'ordre : celui qui ne donnait point la mort à son frère condamné, la recevait aussitôt.

On peut juger de l'obéissance servile qu'exigeait le tribunal secret, de la part de ses membres, par ce mot du duc Guillaume de Brunswick, qui était du nombre des francs-juges : « Il faudra bien, dit-il un

___

(1) Le tribunal secret désignait la Westphalie sous le nom symbolique de *la terre rouge*.

» jour tristement (1), que je fasse pendre le duc
» Adolphe de Sleswick, s'il vient me voir, puis-
» qu'autrement mes confrères me feront pendre moi-
» même. »

Il arriva quelquefois qu'un franc-juge, rencontrant
un de ses amis condamné par le tribunal secret,
l'avertit du danger qu'il courait, en lui disant : *On
mange ailleurs aussi bon pain qu'ici*. Mais dès lors
les francs-juges ses confrères étaient tenus par leur
serment de pendre le traître, sept pieds plus haut que
tout autre criminel condamné au même supplice.

Un tribunal si détestable, sujet à des abus si crians
et si contraires à toute raison et à toute justice,
subsista pourtant pendant plusieurs siècles en
Allemagne. Il devint si terrible que la plupart
des gentilshommes et des princes furent obligés
de s'y faire agréger. Vers la fin du quatorzième siècle,
on le vit s'élever tout à coup à un degré de puissance
si formidable, que l'Allemagne entière en fut épou-
vantée. Quelques historiens affirment qu'il y avait
à cette époque, dans l'empire, plus de cent mille
francs-juges qui, par toutes sortes de moyens, mettaient à mort quiconque avait été condamné par leur
tribunal. Dès que la sentence était prononcée, cent
mille assassins étaient en mouvement pour l'exécuter,
et nul ne pouvait se flatter d'échapper à leurs recherches. On raconte que le duc Frédéric de Brunswick ;

(1) Jean de Busche.

condamné par les francs-juges , s'étant éloigné de sa
suite , à peu près de la portée d'un arc , le chef de
ses gardes, impatienté de sa longue absence, le suivit,
le trouva assassiné , et vit encore le meurtrier s'enfuir.

—Enfin,après avoir été réformé à plusieurs reprises,
par quelques empereurs qui rougirent des horreurs
que l'on commettait en leur nom, le tribunal secret,
souillé de tant de crimes , fut entièrement aboli par
l'empereur Maximilien Ier. au commencement du
seizième siècle (1).

U.

UKOBACH, — Démon d'un ordre inférieur. Il
se montre toujours avec un corps enflammé. On le
dit inventeur des fritures et des feux d'artifice. Il est
chargé , par Belzébuth , d'entretenir l'huile dans les
chaudières infernales.

UPHIR, — Démon chimiste, très-versé dans la
connaissance des simples. Il est responsable aux enfers
de la santé de Belzébuth et des grands de sa cour. Les
médecins l'ont pris pour leur patron , depuis le dis-
crédit d'Esculape.

V.

VALAFAR, — Duc des enfers. Il a la forme d'un
lion , et la tête d'un voleur. Il entretient la bonne

---

(1) On croit que ce fut en 1512.

intelligence entre les brigands , jusqu'au pied de la potence (1).

· VAMPIRES. — C'étaient des morts qui sortaient la nuit de leurs cimetières , pour aller sucer les vivans. La Hongrie , la Pologne , la Moravie , en furent long-temps infestées. Il en parut considérablement , en Russie et en Pologne , vers la fin du dix-septième siècle.

Les vampires, peuvent quitter leurs cercueils, depuis midi jusqu'à minuit. Ils vont la nuit embrasser étroitement leurs parens et leurs amis , et leur sucent le sang , jusqu'à les exténuer et leur causer la mort.

—Quand on déterre les vampires , il sort de leur corps une grande quantité de sang, que quelques-uns mêlent avec de la farine pour faire du pain , lequel garantit celui qui le mange des vexations du revenant. Ceux qui ont été sucés par les vampires , sans avoir eu soin de s'en guérir, ou en mangeant ce pain magique , ou en avalant un peu de la terre qui couvrait le cadavre du mort , ou en se frottant de son sang , ceux-là deviennent vampires , et sucent à leur tour, quand ils sont morts , sans qu'on puisse trouver la raison , bonne ou mauvaise , de ces prodiges effrayans.

— Un pâtre des environs de Kadam en Bohême , revint, comme bien d'autres , quelque temps après

(1) Wierius.

sa mort. Il se montrait la nuit dans son village, et
appelait par leur nom certaines personnes, qui mouraient dans la huitaine. On déterra son corps, qu'on
cloua d'un grand pieu, sur la terre. Mais il se releva la nuit suivante, effraya plusieurs bonnes femmes
dignes de foi, et suffoqua un grand nombre de gens.
On livra alors le cadavre au bourreau, pour le brûler.
Le mort hurlait avec fureur et remuait pieds et pates,
comme s'il eût été vivant; et, quand on le brûla, il
poussa de grands cris, rendit du sang très-vermeil,
et en grande abondance; mais il ne reparut plus....

— Il mourut, *dans un village* de la Servie, un
vieillard âgé de soixante-deux ans, qui apparut à son
fils, trois jours après sa mort, et lui demanda à
manger. Celui-ci lui ayant servi un bon repas, le
papa l'avala de bon appétit, et se retira ensuite sans
mot dire.

Il ne se montra point la nuit suivante. Mais, la
troisième nuit, il se fit voir encore, à son fils seulement; et on trouva le lendemain le fils mort dans
son lit. Le même jour, cinq ou six personnes du
village tombèrent subitement malades et moururent
l'une après l'autre.

Les magistrats, instruits de ce qui se passait,
envoyèrent deux experts au village en question, pour
examiner l'affaire. On ouvrit les tombeaux de tous
ceux qui étaient morts depuis six semaines; quand
on vint à celui du vieillard, on le trouva les yeux
ouverts, d'une couleur vermeille, ayant une respi-

ration naturelle , cependant immobile et mort ; d'où l'on conclut judicieusement qu'il était un insigne vampire. Le bourreau lui enfonça un pieu dans le corps , après quoi on réduisit en cendres le cadavre , qui ne se montra plus....

— Un paysan *d'un canton* de la Hongrie , nommé Arnold , fut écrasé par une charrette de foin. Trente jours après sa mort , quatre personnes moururent subitement , et de la manière que meurent , suivant la tradition du pays , ceux qui sont sucés par les vampires. Arnold fut exhumé , et on trouva sur son cadavre tous les signes du vampirisme. Son corps était frais ; ses cheveux , ses ongles , sa barbe s'étaient renouvelés , et ses veines étaient remplies d'un sang fluide , qui coulait de toutes les parties de son corps , sur le linceuil où il était enseveli. Le bailli du lieu , devant qui se fit l'exhumation , et qui était un habile homme , fit enfoncer, selon la coutume , un pieu fort aigu dans le cœur d'Arnold , qui jeta un cri effroyable, comme s'il eût été en vie. Cette expédition faite , on lui coupa la tête , et on le brûla. Dès lors il ne parut plus....

— En 1726 , on ouvrit la fosse d'un vampire , qu'on trouva l'œil éveillé , le teint frais , et l'air gaillard. On lui fit enfoncer un pieu dans le cœur, on lui coupa la tête , on le brûla ; après quoi , il ne suça plus personne , et ne se montra plus.... (1)

(1) Comme tous ces traits se ressemblent, je crois faire plaisir au lecteur en lui épargnant l'ennui d'en lire davantage. Ceux qui pourraient s'amuser de ces contes , en trouveront un grand nombre

— Les uns ont regardé le vampirisme comme une maladie. Les autres, considérant qu'on ne désignait ni le lieu, ni le temps précis où s'était passé la fait avancé, ont mis les histoires des vampires au nombre des contes les plus absurdes. — Un homme fort crédule racontait les prouesses d'un vampire russe, sur la foi d'un compilateur de prodiges. Une dame, qui avait un peu plus d'esprit, lui répondit qu'il n'y avait rien là de surprenant, la chose s'étant passée dans un pays, où (selon Gaguin) les gens meurent en novembre pour ressusciter en avril.... C'est ainsi qu'on devrait recevoir les extravagances que débitent les sots. On se souvient de ce voyageur qui se vantait d'avoir vu un chou gros comme une maison. — Je le crois, répliqua quelqu'un; moi j'ai vu une marmite grande comme une église : on la construisait pour faire cuire votre chou.

Mais, grâces à la philosophie, les vampires sont passés de mode. Que ne peut-on en dire autant des revenans et des spectres! Cependant, si la foi aux apparitions a encore un reste de vie, ce n'est plus que dans les cervelles étroites. (Voyez *Apparitions*, *Fantômes*, *Revenans*, *Spectres*, etc.)

VAUVERT. — Le château où les diables faisaient leur sabbat, du temps de saint Louis, se nommait le château de Vauvert.

d'aussi édifians dans les *Apparitions des esprits et des vampires*, de dom *Calmet*, et dans quelques autres ouvrages aussi judicieux.

— On appelait aussi *le grand diable Vauvert*, celui qui présidait à ces assemblées épouvantables. Il parcourait, dit-on, la rue d'Enfer, sur un chariot enflammé, et tordait le cou aux téméraires qui se trouvaient sur son passage. (Voyez *rue d'Enfer.*)

VENEUR. — LE GRAND VENEUR DE LA FORÊT DE FONTAINEBLEAU. — L'historien Mathieu raconte que le grand roi Henri IV, chassant dans la forêt de Fontainebleau, entendit, à une demi-lieue de lui, des jappemens de chiens, des cris et des cors de chasseurs ; et qu'en un instant tout ce bruit, qui semblait fort éloigné, s'approcha à vingt pas de ses oreilles, tellement, que le roi étonné commanda au comte de Soissons de voir ce que c'était. Le comte s'avance ; un grand homme noir se présente dans l'épaisseur des broussailles, et disparaît, en criant d'une voix terrible : *M'entendez-vous?....* Les paysans et les bergers des environs dirent que c'était un démon qu'ils appelaient *le grand veneur*, et qui chassait assez souvent dans cette forêt. D'autres prétendaient que ce fut la chasse de saint Hubert qu'on entendait aussi en d'autres lieux. Quelques-uns, moins amis du merveilleux, disaient que ce n'était qu'un adroit compère qui chassait impunément les bêtes du roi, sous le masque protecteur d'un démon. Mais voici sans doute la vérité du fait :

Il y avait, à Paris, en 1598, deux gueux qui, dans leur oisiveté, s'étaient si bien exercés à contrefaire le son des cors de chasse, et la voix des chiens,

qu'à trente pas on croyait entendre une meute et
des piqueurs. On devait y être encore plus trompé
dans des lieux où les rochers renvoient et multiplient
les moindres cris. Il y a toute apparence qu'on s'était
servi de ces deux hommes pour l'aventure de la forêt
de Fontainebleau, qui fut regardée comme l'apparition véritable d'un fantôme. Si Henri IV avait eu
la curiosité d'avancer, on lui aurait sans doute lancé
un dard, et on aurait dit ensuite que, n'étant pas
dans le cœur, bon catholique, c'était le diable qui
l'avait tué pour purger l'église.

VENTS. — Les anciens donnaient à Éole plein
pouvoir sur les vents; la mythologie moderne a imité
cette fable en donnant une pareille prérogative à certains sorciers.

— Les Finnes vendaient aux navigateurs trois
nœuds magiques, serrés avec une courroie. En dé-
nouant le premier de ces nœuds, ils avaient des vents
doux et favorables; le second en élevait de plus
véhémens; et le troisième excitait de si affreuses
tempêtes, que le vaisseau ne pouvait manquer d'y
périr, que par un miracle (1).

— Henri, roi de Suède, faisait changer les vents,
en tournant son bonnet sur sa tête, pour montrer
au démon, avec qui il avait fait pacte, de quel côté il
les voulait; et le démon était si exact à donner le
vent que demandait le signal du bonnet, qu'on aurait

(1) Olaüs Magnus

pu , en toute sûreté , prendre le couvre-chef royal pour une girouette (1).

, — Il y avait , dans le royaume de Congo , un petit despote qui tirait des vents un parti plus lucratif. Lorsqu'il voulait imposer un nouveau tribut à .son peuple , il sortait dans la campagne , par un temps orageux , le bonnet sur l'oreille ; et obligeait à payer l'*impôt du .vent* , ceux de ses sujets sur les terres de qui tombait le bonnet.

VERDELET , — Démon du second ordre , maître des cérémonies de la cour infernale. Il est chargé du transport des sorcières au sabbat. Verdelet prend aussi le nom de *Jolibois* ou de *Vert-Joli* ou de *Saute-Buisson* , ou de *Maître-Persil* , pour allècher les femmes , et les attirer dans ses piéges , dit Boguet , par ces noms agréables et tout-à-fait plaisans.

VIRGILE, — Prince des poëtes latins , né au village d'Andès, près de Mantoue, l'an de Rome 684 , et mort à Brunduse , dans la Calabre , l'an de Rome 735.

Le rival d'Homère ne s'attendait pas à se trouver un jour au rang des sorciers. Cependant , Gervais et quelques autres chroniqueurs l'habillent en magicien , et mettent sur son compte une foule de

(1) Hector de Boëce.

choses surprenantes . Nous rapporterons ici les principaux enchantemens qu'on lui attribue.

— Il alluma , près de Naples , un feu public qui
brûlait toujours , sans que la flamme eût besoin d'aucun aliment , et où chacun avait la liberté de se
chauffer à son aise.

Il avait aussi placé , tout près de là , un archer
d'airain , qui tenait une flèche. et un arc bandé ,
avec cette inscription : *Si quelqu'un me touche , je
tirerai ma flèche.* Un fou ayant frappé cet archer ,
il tira aussitôt sa flèche sur le feu , et l'éteignit (1).

— Il mit sur une des portes de Naples deux statues de pierre , l'une joyeuse et belle , l'autre
triste et hideuse , qui avaient cette puissance , que
qui entrait du côté de la première réussissait dans
toutes ses affaires ; et qui entrait du côté de l'autre
était malheureux, durant tout le séjour qu'il faisait à Naples (2).

— Virgile mit encore une mouche d'airain sur
l'une des portes de Naples ; et, pendant l'espace de
huit ans qu'elle y demeura , elle empêcha qu'aucune mouche entrât dans la ville (3).

— Fusil assure que dans la grande boucherie de
Tolède , il n'entrait , de son temps , qu'une mouche
dans toute l'année (4).

---

(1) Gervais.
(2) *Idem.*
(3) *Idem.*
(4) Les boucheries de Troyes, en Champagne, sont tellement
disposés, l'entrée en est si bien interdite au soleil , la fraîcheur y

Bodin dit quelque chose du même genre, dans sa Démonomanie : «Il n'y a pas une seule mouche au » palais de Venise , et il n'y en a qu'une au palais » de Tolède. Mais il faut juger , s'il est ainsi de » Venise et de Tolède, qu'il y a quelque idole en- » terrée sous le seuil du palais , comme il s'est dé- » couvert , depuis quelques années , en une ville » d'Égypte , où il ne se trouvait point de crocodiles , » ainsi que dans les autres villes qui bordent le Nil , » qu'il y avait un crocodile de plomb , enterré sous » le seuil du temple, que Méhémet - Ben-'Thau- » lon fit brûler ; de quoi les habitans se sont plaints , » disant que depuis les crocodiles les ont fort tra- » vaillés. »

— Virgile fit construire des bains où se guéris- saient toutes les maladies. Les médecins les firent détruire.

— Il entoura sa demeure et son jardin , où il ne pleuvait point , d'un air immobile , qui faisait l'office d'une muraille.

— Il bâtit un pont d'airain , par le moyen duquel il se transportait où il voulait , aussi vite que la pensée.

— Il construisit un clocher, avec un artifice si admi- rable , que la tour s'ébranlait avec la cloche , et que toutes deux avaient le même mouvement...........

(Voyez *Cloches.*)

---

est si constamment entretenue par les courans d'air, qu'on n'y voit jamais de mouches. Le peuple regarde cela comme un miracle , et en fait honneur à saint Loup, son ancien évêque, dont le buste en plâtre décore la principale galerie de l'édifice.

. —Il fit des statues, que des prêtres gardaient nuit et jour, et qu'on appelait *la Salvation de Rome*, parce qu'aussitôt que quelque nation voulait prendre les armes contre l'empire romain , la statue qui portait la marque de cette nation , et qui en était adorée , s'agitait , sonnait d'une cloche qu'elle avait au cou , et montrait du doigt le peuple rebelle.

—Comme il vit que la ville de Naples était infestée de sangsues , il l'en délivra , en jetant une sangsue d'or dans un puits (1). .

— Une courtisane romaine ayant suspendu Virgile dans une corbeille , au-dessous de sa fenêtre , il s'en vengea , en éteignant tout le feu qui se trouvait dans Rome, et en obligeant cette femme à le rallumer (2). Gratian du Pont trouva ce dernier trait si joli , qu'il le fit entrer dans ses *controverses du sexe féminin et masculin* , comme une preuve très-manifeste de la méchanceté des femmes. Il adresse ces vers à la courtisane :

> Que dirons-nous du bon homme Virgile ,
> Que tu pendis , si vrai que l'Évangile ,
> Au corbillon, jadis en ta fenêtre ,
> Dont tant marri fut qu'était possible être ?
> A lui qui fut homme de grand honneur
> Ne fis-tu pas un très-grand déshonneur ?
> Hélas ! si fis ; car c'était dedans Rome , .

---

(1) Alexandre Neckam, bénédictin anglais. .
(2) Albert de Eib.— Ceux qui connaissent l'original, m'excuseront de l'avoir un peu altéré. . . .

Que là pendu demeura le pauvre homme,
Par ta cautèle et ta déception,
Un jour qu'on fit grosse procession,
Parmi la ville.....

Pauvre Virgile ! te voilà donc magicien, enchanteur et bon homme !....

VIRGINITÉ. — Il y avait, près de Lavinium, un bois sacré, où l'on nourrissait des serpens. De jeunes filles étaient chargées de leur faire des gâteaux de farine et de miel, et de les leur porter. Si l'un de ces serpens ne mangeait pas son gâteau, avec un certain appétit, ou s'il paraissait languissant et malade après l'avoir mangé, c'était une preuve que celle qui l'avait fait n'était plus vierge.

— Voici le même trait, rapporté par un de nos chroniqueurs. Il n'est plus reconnaissable, tant la superstition dégrade tout ce qu'elle touche, même son propre ouvrage !

A Lavinium, dans un bocage sacré, il y avait une caverne assez large, où demeurait un dragon. A certains jours de l'année, on envoyait de jeunes filles lui porter à manger, ce qui se faisait de cette manière : les filles avaient les yeux bandés, et allaient à la grotte du dragon, portant à la main son repas ; et conduites par un souffle diabolique, qui les faisait marcher aussi droit que si elles avaient vu. Quand elles étaient entrées, le dragon ne mangeait que les mets qui lui étaient présentés par des pucelles (1).

_____

(1) Delrio.

Si cette cérémonie existait encore, le dragon serait bientôt mort de faim.

— Les prêtres de Bélus avaient persuadé au peuple que la divinité honorait de sa présence toute vierge babylonienne, qui se rendait dans un lit magnifique, dressé dans le lieu le plus élevé du temple; et, toutes les nuits, une compagne nouvelle se dévouait à l'heureux Bélus.

— L'auteur du petit Albert donne cet admirable secret, pour reconnaître si une fille est encore vierge: qu'on fasse prendre une demi-once de jais, réduit en poudre, à la demoiselle dont on est amoureux; si elle a conservé le trésor de sa virginité, elle n'éprouvera rien d'extraordinaire; si elle n'est plus vierge, elle sortira aussitôt pour un besoin pressant.... quelle sotte impertinence!

VISIONS.

« Je vis quelqu'un dont je ne connaissais pas le visage; un spectre parut devant moi, et j'entendis une voix faible comme un petit souffle.

» Jos. »

Il y a plusieurs sortes de visions, qui toutes ont leur siége dans l'imagination, et qui ne deviennent importantes que pour ceux qui croient aux revenans et à la prescience des rêves.

— A la bataille de Philippes, Cassius crut voir, dans le fort de la mêlée, Jules-César, qu'il avait assassiné, accourir à toute bride, avec un regard foudroyant. Il en fut tellement épouvanté, qu'il se perça de son épée.

Quand on est sans remords, on vit toujours sans crainte.
VILLEFRÉ.

— Aristote parle d'un fou qui demeurait tout le jour au théâtre, quoiqu'il n'y eût personne ; et là, il frappait des mains, et riait de tout son cœur, comme s'il avait vu jouer la comédie la plus divertissante.

— « J'ai eu une vision, dit saint Grégoire de » Tours, qui m'a annoncé le décès de Chilpéric. » Trois évêques l'amenèrent enchaîné, en ma pré- » sence ; l'un était Tétricus, l'autre Agricola, le » troisième Nicétius. Deux de ces évêques disaient : » *Nous vous prions de le détacher, et, après l'avoir* » *puni, de permettre qu'il s'en aille.* Mais l'évêque » Tétricus répondit, en amertume de cœur : *Il ne* » *sera pas ainsi, mais il sera brûlé, à cause de ses* » *crimes.*

» Ces propos tenus entre eux, comme par alterca- » tion, je vis de loin un chaudron qui bouillait sur » le feu ; et lors, quoique je baignasse ma face de » pleurs, je vis ces évêques saisir le misérable Chil- » péric, et, lui ayant rompu les membres, le plon- » ger dans le chaudron bouillant, où tout à coup il » fut tellement dissous et fondu par l'ardeur des » bouillons ondoyans, qu'il n'en demeura pas un » petit reste. »

On devine aisément l'intention de cette imposture ;

mais elle donne beaucoup à réfléchir. Chilpéric brûlé, *sans qu'il en demeure un petit reste*, ne grille
pas éternellement, et saint Grégoire de Tours n'est
pas un saint *orthodoxe*.

— Un jeune homme, d'une innocence et d'une
pureté de vie extraordinaire, étant venu à mourir
à l'âge de vingt-deux ans, une vertueuse veuve vit
en songe plusieurs serviteurs de Dieu qui ornaient
un palais magnifique. Elle demanda pour qui on le
préparait ; on lui dit que c'était pour le jeune homme
qui était mort la veille. Elle vit ensuite, dans ce
palais, un vieillard vêtu de blanc, qui ordonna à
deux de ses gens de tirer ce jeune homme du tombeau et de l'amener au ciel.

Trois jours après la mort du jeune homme, son
père, qui était prêtre et qui se nommait Armène,
s'étant retiré dans un monastère, le fils apparut à
l'un des moines, et lui dit que Dieu l'avait reçu
au nombre des bienheureux, et qu'il l'envoyait chercher son père. Armène mourut le quatrième jour (1).

— Un moine du neuvième siècle, nommé Vétin,
étant tombé malade, vit entrer dans sa cellule une
multitude de démons horribles, portant des instrumens propres à bâtir un tombeau. Il aperçut ensuite des personnages sérieux et graves, vêtus d'habits religieux, qui firent sortir ces démons. Puis
Vétin vit un ange environné de lumière, qui vint
se présenter au pied de son lit, prit le malade par

_____

(1) Lettre de l'évêque Evode à saint Augustin.

la main, et le conduisit par un chemin très-agréable,
sur le bord d'un large fleuve où gémissait un grand
nombre de damnés, livrés à des tourmens divers ;
selon la quantité et l'énormité de leurs crimes. Il y
trouva plusieurs personnes de sa connaissance, entre
autres, des prélats et des prêtres coupables, qui brûlaient, attachés par le dos à des potences. Les femmes
qui avaient été leurs complices étaient vis-à-vis, et
souffraient le même supplice.

Il y vit un moine, qui s'était laissé aller à l'avarice,
et qui avait osé posséder de l'argent en propre. Il
devait expier son crime, dans un cercueil de plomb,
jusqu'au jour du jugement.

Il remarqua, d'un autre côté, des abbés, des
évêques, et même l'empereur Charlemagne, qui se
purgeaient par le feu, mais qui devaient être délivrés dans un certain temps.

Il visita ensuite le séjour des bienheureux qui
sont dans le ciel, chacun à sa place et selon ses
mérites.

Après cela, l'ange du Seigneur lui déclara quels
crimes étaient les plus odieux devant Dieu, et il
nomma en particulier la sodomie, comme le plus
abominable.

Quand Vétin fut éveillé, il raconta au long toute
cette vision, qu'on écrivit aussitôt. Il prédit en même
temps qu'il n'avait plus que deux jours à vivre ; il se
recommanda aux prières des religieux, et mourut
en paix le matin du troisième jour. Cette mort ar-

riva le 31 octobre 824, à Augre-la-Riche (1). — Et
la vision extravagante de ce moine ignorant, offrit
de précieux matériaux aux burlesques peintures qu'on
nous a faites de l'abîme infernal.

— Il y a beaucoup de visions, qui ne sont que des
allégories. Telle est, entre mille autres, celle-ci d'A-
ristophane, dans une comédie, où il raille cruellement Cléon et le peuple d'Athènes :

« Il me sembla, étant à mon premier sommeil,
» que je voyais des brebis assises, avec des bâtons
» et des manteaux ; et une baleine, semblable à une
» truie enflée, qui les haranguait. »
(Voyez *Apparitions*, *Révélations*, *Songes*, etc.)

VŒUX. — Une reine de France, que l'on croit
être Catherine de Médicis, fit vœu que si elle ter-
minait heureusement une entreprise, elle enverrait
à Jérusalem un pèlerin, qui en ferait le chemin à
pied, en avançant de trois pas, et en reculant d'un
pas à chaque troisième. Il fut question de trouver
un homme assez vigoureux pour entreprendre le
voyage, et assez patient pour reculer d'un pas sur
trois. Un picard se présenta et promit d'accomplir
scrupuleusement le vœu. Il remplit ses engagemens,
avec une exactitude dont la reine fut assurée par des
perquisitions. Cet homme, qui était marchand de
profession, reçut en récompense une somme d'argent
et fut anobli (2).

(1) Lenglet Dufresnoy
(2) Saint-Foix.

— L'histoire nous a conservé plusieurs traits à peu près semblables. Tout le monde connaît les vœux indiscrets de Gédéon, de Saül, d'Idoménée ; et ce vœu ridicule de Clovis, qui promettait à Dieu de l'adorer, s'il lui donnait la victoire.... Malheureux insensés qui composent avec leur maître ! qui osent proposer *un marché* à l'éternel !....

, VOITURE DU DIABLE. — On vit, pendant plusieurs nuits, dans un faubourg de Paris, une voiture noire, traînée par des chevaux noirs, conduite par un cocher également noir, qui passait au galop des chevaux, sans faire le moindre bruit. Elle paraissait sortir, tous les soirs, de la maison d'un seigneur mort depuis peu. Le peuple se persuada que ce ne pouvait être que la voiture du diable, qui emportait le corps.

On reconnut par la suite que cette jonglerie était l'ouvrage d'un fripon, qui voulait avoir à bon compte la maison du gentilhomme. Il avait attaché des coussins autour des roues de la voiture, et sous les pieds des chevaux, pour donner à sa promenade nocturne l'apparence d'une œuvre magique.

VOIX. —

Vox quoque per lucos vulgo exaudita silentes
Ingens.

Vic.

— Sous le règne de Tibère, à peu près vers le temps de la mort de Jésus-Christ, le pilote Th——

mus , côtoyant les îles de la mer Égée , entendit
un soir, aussi-bien que tous ceux qui se trouvaient
sur son vaisseau , une grande voix qui l'appela plusieurs fois par son nom. Lorsqu'il eut répondu , la
voix lui commanda de crier , en un certain lieu ,
que le grand Pan était mort.

A peine eut-il prononcé ces paroles dans le lieu
désigné , qu'on entendit , de tous côtés , des plaintes
et des gémissemens , comme d'un grand nombre de
personnes affligées de cette nouvelle (1).

L'empereur Tibère assembla des savans pour
expliquer ces paroles. On les appliqua à Pan , fils
de Pénélope , qui vivait plus de mille ans auparavant. — Ce *grand Pan* , suivant Eusèbe , était
Jésus-Christ lui-même , dont la mort causa une douleur et une consternation générale. Elle arriva effectivement sous l'empire de Tibère ; et Dieu voulut
apparemment la faire connaître à tout l'univers par
une voix surnaturelle. — Selon d'autres , il faut entendre , par le *grand Pan* , le maître des démons ,
dont l'empire était détruit par la mort de Jésus-Christ.
(Cependant il a depuis possédé bien des gens, et
fait bien des tours de maître.) — Les écrivains sensés
attribuent aux échos les gémissemens qui se firent
entendre au pilote Thamus ; et quelques-uns mettent
tout le fait au rang des fables.

Cette grande voix , dit le comte de Gabalis , était
produite par les peuples de l'air, qui donnaient avis

_____

(1) Eusèbe, après Plutarque.

aux peuples des eaux que le premier et le plus âgé
des sylphes venait de mourir.... Et, comme il s'en-
suivrait de là que les esprits élémentaires étaient les
faux dieux des païens, il confirme cette conséquence, en ajoutant que les démons sont trop malheureux et trop faibles pour avoir jamais eu le
pouvoir de se faire adorer ; mais qu'ils ont pu persuader aux hôtes des élémens de se montrer aux
hommes, et de se faire dresser des temples ; et que,
par la domination naturelle que chacun deux a sur
l'élément qu'il habite, ils troublaient l'air et la mer,
ébranlaient la terre, et dispensaient les feux du ciel
à leur fantaisie : de sorte qu'ils n'avaient pas grande
peine à être pris pour des divinités.

— Clément d'Alexandrie raconte qu'en Perse,
vers la région des mages, on voyait trois montagnes,
plantées au milieu d'une large campagne, et distantes
également l'une de l'autre. En approchant de la
première, on entendait comme des voix confuses
de plusieurs personnes qui se battaient ; près de la seconde, le bruit était plus grand ; et, à la troisième,
c'étaient des bruits d'allégresse, comme d'un grand
nombre de gens qui se réjouissaient.

Le même auteur dit avoir appris d'anciens historiens, que, dans la Grande-Bretagne, on entend,
au pied d'une montagne, des sons de cymbales et
de cloches qui carillonnent en mesure.

— Il y a en Afrique, dit Isigone, dans certaines
familles, des sorcières qui ensorcellent par la voix
et la langue, et font périr les blés, les animaux et

les hommes *dont elles parlent*, *même pour en dire du bien*.

X.

XAPHAN. — Démon du second ordre. Quand Satan et ses anges se révoltèrent contre Dieu, Xaphan se joignit aux mécontens ; et il en fut bien reçu, car il avait l'esprit inventif. Il proposa aux rebelles de mettre le feu dans le ciel; mais il fut précipité avec les autres, au fond de l'abîme, où il est continuellement occupé à souffler la braise des fourneaux, avec sa bouche et ses mains.

On voit aisément que Xaphan n'est autre que Phaëton, un peu défiguré.

XEZBETH.—Démon des prodiges imaginaires, des contes merveilleux, et du mensonge. Il serait impossible de compter ses disciples.

XYLOMANCIE. — Divination par le bois. On la pratiquait particulièrement en Esclavonie. C'était l'art de tirer des présages, de la position des morceaux de bois sec, qu'on trouvait dans son chemin. On faisait aussi des conjectures non moins certaines, pour les choses à venir, sur l'arrangement des bûches dans le foyer, sur la manière dont elles brûlaient, etc. C'est peut-être un reste de cette divination qui fait dire aux bonnes gens, lorsqu'un tison se dérange, *qu'ils vont avoir une visite.*

Y.

YEUX. — Les sorcières ont deux prunelles dans un œil (1).

— Les sorcières Illyriennes avaient la même singularité dans les deux yeux. Elles ensorcelaient mortellement ceux qu'elles regardaient, et tuaient ceux qu'elles fixaient long-temps (2).

— Il y avait, dans le Pont, des sorcières qui avaient deux prunelles dans un œil, et la figure d'un cheval dans l'autre (3).

— Il y avait, en Italie, des sorcières qui, d'un seul regard, mangeaient le cœur des hommes et le dedans des concombres (4).

— On redoute beaucoup, dans quelques contrées de l'Espagne, certains enchanteurs qui empoisonnent par les yeux. Un Espagnol avait l'œil si malin, qu'en regardant fixement les fenêtres d'une maison, il en cassait toutes les vitres. Un autre, même sans y songer, tuait tous ceux sur qui sa vue s'arrêtait. Le roi qui en fut informé, fit venir cet enchanteur, et lui ordonna de regarder quelques criminels condamnés au dernier supplice. L'empoisonneur obéit, et les criminels expiraient à mesure qu'il les fixait. Un troisième faisait assembler dans un champ toutes

---

(1) Boguet.
(2) Lsigone.
(3) Tlidymas.
(4) P. Della Valle.

les poules des environs, et sitôt qu'il avait fixé celle
qu'on lui désignait, elle n'était plus (1).

Z.

ZAGAM.—Démon des faux-monnoyeurs et de la
fourberie. Il a la figure d'un taureau et des ailes de
griffon. Il change l'eau en vin, le sang en huile, le
plomb en argent, et le cuivre en or.

ZÈLE. — *Fleury rapporte que* Sergius, père de
saint Romuald, s'étant fait moine au monastère de
saint Sévère, près de Ravennes, s'en repentit au
bout de quelques mois, et voulut retourner dans le
monde; mais saint Romuald alla le trouver, le lia
fortement, prit un bon bâton; et le rossa si bien, pendant quelques jours, qu'il lui fit revenir la vocation.
Peu de temps après, ajoute l'historien, saint Romuald eut le plaisir d'apprendre que son père était
mort très-saintement.

ZÉPAR. — Grand-duc de l'empire infernal. Il
a la forme d'un guerrier. Il pousse les hommes à la
pédérastie (2).

ZOROASTRE. — Zoroastre passe pour le premier et le plus ancien de tous les magiciens; comme
Caïn fut le premier homicide; Nembrod, le premier

---

(1) *Voyage de Dumont*, liv. 3.
(2) Wierius.

tyran ; Ninus, le premier idolâtre ; et Simon, le premier hérétique (1).

Sixtus Senensis reconnaît deux magiciens de ce nom : l'un, roi des Perses, et auteur de la magie naturelle ; l'autre, roi des Bactriens, et inventeur de la magie noire ou diabolique (2).

L'historien Justin dit que Zoroastre régnait dans la Bactriane, cinq mille ans avant la guerre de Troie ; qu'il fut le premier magicien, et qu'il infecta le genre humain des erreurs de la magie.

— Voici ce que l'anglais Hyde rapporte sur Zoroastre, d'après un historien arabe : — Le prophète Zoroastre étant venu du paradis prêcher sa religion chez le roi de Perse Gustaph, le roi dit au prophète: « Donnez moi un signe ? » Aussitôt le prophète fit croître, devant la porte du palais, un cèdre si gros, si haut, que nulle corde ne pouvait ni l'entourer, ni atteindre sa cime. Il mit au haut du cèdre un beau cabinet où nul homme ne pouvait monter. Frappé de ce miracle, Gustaph crut à Zoroastre.

Quatre mages, ou quatre sages (c'est la même chose), gens jaloux et méchans, empruntèrent du portier royal, la clef de la chambre du prophète, pendant son absence, et jetèrent parmi ses livres des os de chiens et de chats, des ongles et des cheveux de morts, toutes drogues, comme on sait, avec les-

---

(1) Naudé.

(2) Quelques historiens prétendent qu'il fut consumé par le feu du ciel.

quelles les magiciens ont opéré de tout temps. Puis
ils allèrent accuser le prophète d'être un sorcier et
un empoisonneur. Le roi se fit ouvrir la chambre par
son portier. On y trouva les maléfices, et voilà l'envoyé du ciel condamné à être pendu.

Comme on allait pendre Zoroastre, le plus beau
cheval du roi tombe malade ; ses quatre jambes
entrent dans son corps, tellement qu'on n'en voit
plus. Zoroastre l'apprend ; il promet qu'il guérira le
cheval, pourvu qu'on ne le pende pas. L'accord étant
fait, il fait sortir une jambe du ventre, et il dit :
« Sire, je ne vous rendrai pas la seconde jambe, que
» vous n'ayez embrassé ma religion. — Soit, » dit
le monarque. Le prophète, après avoir fait paraître
la seconde jambe, voulut que les fils du roi se fissent
Zoroastriens ; et les autres jambes firent des prosélytes de toute la cour. On pendit les quatre malins
sages au lieu du prophète, et toute la Perse reçut
sa foi.

— Bundari ; historien arabe, conte que Zoroastre
était Juif, et qu'il avait été valet de Jérémie ; qu'il
mentit à son maître ; que Jérémie, pour le punir, lui
donna la lèpre ; que le valet, pour se décrasser, alla
prêcher une nouvelle religion en Perse, et fit adorer
le soleil au lieu des étoiles.

— Le voyageur français qui a écrit la vie de Zoroastre, après avoir observé que son enfance ne pouvait manquer d'être miraculeuse, dit qu'il se mit à
rire dès qu'il fut né, du moins à ce que disent Pline et
Solin. Il y avait alors, comme tout le monde le sait,

un grand nombre de magiciens très-puissans; et ils savaient bien qu'un jour Zoroastre en saurait plus
qu'eux , et qu'il triompherait de leur magie. Le
prince des magiciens fit amener l'enfant , et voulùt le
couper en deux; mais sa main se sécha sur-le-champ.
On le jetta dans le feu , qui se convertit pour lui en
bain d'eau rose. On voulut le faire briser sous les
pieds des taureaux sauvages , mais un taureau plus
puissant prit sa défense. On le jetta parmi les loups ,
ces loups allèrent incontinent chercher deux brebis
qui lui donnèrent à téter toute la nuit. Enfin il fut rendu à sa mère Dogdo, ou Dodo, ou Dodu , femme
excellente entre toutes les femmes ; ou fille admirable
entre toutes les filles (1).

— Bérose prétend que Zoroastre n'est autre que
Cham , fils de Noé. Il ajoute qu'il noua l'aiguillette
à son père , et le rendit impuissant.

— Les cabalistes ont de Zoroastre une opinion toute
différente ; mais , si les démonomanes le confondent
avec Cham , les cabalistes le confondent avec Japhet.
Ainsi les uns et les autres s'accordent à le faire fils de
Noé.

« Zoroastre , autrement nommé Japhet , dit le
» comte de Gabalis , était fils du salamandre Oro-
» masis, et de *Vesta* , *femme de Noé.* Il vécut douze
» cents ans, le plus sage monarque du monde ; après
» quoi, il fut enlevé par son père. Sa naissance pa-
» raîtrait un outrage pour Noé ; mais les patriar-
» ches tenaient à grand honneur d'être pères putatifs

(1) Voltaire, *Dictionnaire philosophique.*

II.   26

Lightning Source UK Ltd.
Milton Keynes UK
UKOW05n1438020517

300341UK00001B/7/P

9 781297 501234